Berthold Viertel
Schriften zum Theater

KU-615-834

Berthold Viertel
Schriften zum Theater

UNIVERSITY NOTTINGHAM LIBRARY

Kösel-Verlag München

Herausgegeben von Gert Heidenreich
unter Mitarbeit von Manfred Nöbel
Mit einem Geleitwort von Herbert Jhering

Titel-Nr. 910166
© 1970 by Kösel-Verlag KG, München
Printed in the German Democratic Republic
Gesamtherstellung Sachsendruck Plauen
Einbandentwurf Klaus Nicolai

LC 75492603

6 00 187081 9   TELEPEN

WITHDRAWN

Inhaltsverzeichnis

5

Über Schauspielhäuser und Theaterstädte

Wien (1911–1918)

Berlin (1922–1949)

Düsseldorf (1927)

Theaterkritiken

Wien (1910–1912)

Prag (1918)

Kritiker

Zur Theatertheorie und Theaterpraxis

Anhang

Zum Geleit

Herbert Jhering:
Berthold Viertel – Der Schriftsteller als Regisseur

Berthold Viertel gehört zu den Begabungen, die sich an der Grenze von Literatur und Theater bewegen, die sich sowohl artistisch wie literarisch ausdrücken. Viertels Werk hat einen besonderen Akzent. Ich kannte ihn schon, als er 1914 Dramaturg und Regisseur an der Volksbühne in Wien war und später als Spielleiter an das Königliche Schauspielhaus in Dresden engagiert wurde. Ich sah von ihm die beste Aufführung von Sternheims ›Bürger Schippel‹ mit Rudolf Forster 1914 in Wien. Ich glaube, Viertel kam von der distanzierten Literatur zum Theater. Oder, noch deutlicher gesagt: was er sah, was er las, was er erlebte, wurde ihm als Schriftsteller zu einer betont gegliederten, zugleich wienerisch eleganten und klug überschauenden Sprachform. Entscheidende Impulse dazu empfing er von Karl Kraus, dem Herausgeber der ›Fackel‹, mit dem er über dreißig Jahre freundschaftlich verbunden war. In der ›Fackel‹ vollzog sich der Prozeß des Übergangs, und hier erschienen die ersten Gedichte, die ihm zum Durchbruch verhalfen. Viertel war weder Realist noch Expressionist, sondern – so versuche ich zu formulieren – ein Meister, der Erlebnisse in diskrete Farbe überträgt und so als optisch gliedernder und formender Wortkünstler gestaltet und sie dann in seinem Schreibtisch sammelt.
Ich will aber auch an einigen Theaterbeispielen sein Werk kritisch erklären. Viertel arbeitete in Berlin schon 1922 als Regisseur. Er inszenierte am Deutschen Theater Hebbels ›Judith‹ mit Agnes Straub in der Titelrolle und Heinrich George als Holofernes, nachdem er vorher schon ›Die Wölfe‹ von Romain Rolland in Szene gesetzt hatte. Ich glaube, die ›Judith‹ war Viertels Durchbruch in Berlin, weil die konzentrierte Sprache Hebbels seinem Gehör entsprach. Trotzdem war es noch ein Beginn, der sich in der Entwicklung erst bei den großen Schauspielern Agnes Straub als Judith und Heinrich George als Holofernes zeigte. Viertels klarer Kunst*wille* war aber schon in der ganzen Aufführung erkennbar. Und dieser mußte sich, wie ich früher oft geschrieben habe, gegen sein manchmal unklares Kunst*gefühl* durchsetzen.
Viertel trat auch in die Kampfsituation des Theaters der zwanziger Jahre. Moritz Seeler hatte die Junge Bühne gegründet, die den Uraufführungen bisher unbekannter Dramatiker gewidmet war. Die erste Premiere galt dem ›Vatermord‹ des jungen Arnolt Bronnen. Viertel inszenierte. Und er fand

in der Darstellung fast den konzentriert distanzierenden Ausdruck seiner eigenen Sprache. Man spürte es an dem jungen Hans Heinrich von Twardowski, an Alexander Granach und Agnes Straub.

Bronnen hat in der Nazizeit versagt. Aber in seinen Anfängen war vorstoßende Begabung erkennbar. Diese spürte Viertel und gestaltete eine ausgezeichnete Ensemble-Aufführung, deren sprachliche Präzision sich gerade im Repertoire bewährte. Denn dies war die Bestätigung der Inszenierung: die Schauspieler Agnes Straub, Alexander Granach, Hans Heinrich von Twardowski, die sich idealistisch für eine experimentierende Matinee zur Verfügung gestellt hatten, waren unter Viertels Regie sprachlich so eingearbeitet, daß die Aufführung, wie zuerst gar nicht beabsichtigt, auf den Erfolg hin in den Spielplan der Kammerspiele übernommen werden konnte. Das Verantwortungsbewußtsein des Regisseurs und der Schauspieler war über die Vorbereitung einer Matinee weit hinausgegangen und hatte sogar in der Zeit der Repertoire-Verschluderung ein Beispiel der Werktreue geschaffen.

Es war deshalb nur eine Folge solcher Versuche, daß Viertel bald selbst eine Truppe gründete und mit ihr in die Theater zog. Aber leider gab es auch hier zuerst Mißverständnisse. So produktiv, so sehr von einem echten Kunstwillen angestachelt die Idee dieser Truppe war, so bekämpfte doch in der Eröffnungs-Vorstellung noch das Kunstgefühl den Kunstwillen. Viertel inszenierte mit Fritz Kortner als Shylock den ›Kaufmann von Venedig‹. Und hier gelang Viertel weniger als in seinen anderen Aufführungen die sprachliche Konzentrierung. Er ließ sich von der Sprache Shakespeares in eine falsche Richtung verführen. Er romantisierte. Er dekorierte. Er verschnörkelte manche Rolle. Wobei niemals Kortners genialer Shylock vergessen werden darf, obwohl er insular spielte. Er hatte selbst seine Szenen einleuchtend gegliedert. Man spürte schon den Regisseur Kortner. So gab es phänomenale Glanzstücke der Rolle, geniale Einlagen des Mißtrauens, der Empörung, des Schmerzes, der Rache. Aber es blieben eigene Strukturen, eigene Grundrisse. Die anderen Mitwirkenden: Johanna Hofer als Porzia, Leonard Steckel als Prinz von Marokko, Paul Bildt als Kaufmann – gute, sehr gute Schauspieler, aber die Idee der ›Truppe‹ setzte sich noch nicht durch.

Bald inszenierte Berthold Viertel mit seiner Truppe Knut Hamsuns ›Vom Teufel geholt‹, ein Probstück für ihn selbst. Denn in dieser ihm entfernten Welt konnte er sich erst schwer zurechtfinden, obwohl er schon gute junge Schauspieler für die Aufführung fand, wie Leonard Steckel, Martin Wolfgang, Walter Franck. Zu einem wirklichen Ensemblespiel sollte es erst kommen. Viertel mußte in sich den Literaten überwinden. Und dies gelang ihm gerade bei einem Literaturstück, bei Robert Musils Komödie ›Vinzenz oder die Freundin bedeutender Männer‹, die ›die Truppe‹ in Berlin, wie schon den Knut Hamsun am Lustspielhaus, gab. Ein Stück – man kann fast sagen – wie zwischen Wedekind, Sternheim und Georg Kaisers ›Nebeneinander‹, und so inszenierte auch Berthold Viertel. Ihm gelang der Versuch, die zerbrechliche, zerfließende Literaturwelt Musils sternheimisch zu verschärfen und damit szenische Kritik an der Zerbrechlichkeit der Auftritte zu erreichen. Rudolf Forster gab gewissermaßen seinen zweiten Bürger Schippel. Sehr gut auch Erhard Siedel in einer kleinen grotesken Rolle. Das Ereignis war, daß gerade mit einem literarischen Stück gegen das formale Literaturtheater gekämpft wurde, gewissermaßen gegen das Kunstgewerbe mit dem Kunstgewerbe und so wichtige Erkenntnisse schaffend.

Nachdem Viertel im Lessing-Theater O'Neills ›Gier unter Ulmen‹ inszeniert hatte, gestaltete er im Kleinen Theater von dem französischen Dramatiker Paul Raynal ›Das Grabmal des unbekannten Soldaten‹. In beiden Aufführungen hatte er sich gefunden. Viertels Irrtümer waren nie vergeblich gewesen. Jede literarische Verschnörkelung blieb aus. Ethische Werke und Stücke mit wenig Personen lagen ihm. Die menschliche, geistige und sprachliche Führung überwand jede literarische Abweichung und jede sentimentale Vernebelung. Ein ergreifendes Dokument war geschaffen, das die Schauspieler Albert Steinrück, Sybille Binder und Günter Hadank überzeugend spielten. Nicht vergessen werden darf auch der Gegensatz. Viertel inszenierte die ›Papiermühle‹ von Georg Kaiser und fand jetzt in den Kammerspielen mit Heinz Rühmann eine köstliche Präzisionsleistung, sicher, klar und beschwingt. Die Sprache wurde nicht literarisch konstruiert, sondern mimisch durchlebt. Auch seine Fehlinszenierungen bewiesen ihre produktive Notwendigkeit.

Nun zum Film. Schon der Stummfilm faszinierte Berthold Viertel. Doch bevor wir diese Arbeit kurz erwähnen, müssen wir an Viertels Emigration während der Nazizeit denken, aber auch erwähnen, daß er schon vor 1933, auf Grund einer Einladung von Friedrich Murnau, nach Hollywood ging. Für Berthold Viertel war gerade die Erfindung des Tonfilms ein persönliches Ereignis. Denn der Tonfilm verlangte neue Menschen als Künstler und Techniker, als Begabungen, die neben dem Bildgefühl auch schöpferisches Bewußtsein für die Sprache hatten, wie Berthold Viertel.

Aber entscheidender war für Viertel die Zeit seiner Emigration, er inszenierte in New York Brechts ›Furcht und Elend des Dritten Reiches‹ in beiden Sprachen, deutsch und englisch. Als er nach Europa zurückkehrte, hatte er zunächst noch einen Rundfunkvertrag mit BBC in London. Er wirkte dann in Zürich und Wien als Regisseur. Er hatte in Zürich Ibsens ›Hedda Gabler‹, in Wien Strindbergs ›Kronbraut‹ und Shaws ›Major Barbara‹ dichterisch durchgesetzt, wobei besonders die Aufführung der ›Kronbraut‹ mit Käthe Gold am Akademietheater in Wien erwähnt werden muß, die Publikum und Presse enthusiasmierte. Den entscheidenden Neubeginn nach 1945 an einer deutschsprachigen Bühne erzielte Viertel eigentlich mit der Inszenierung von Tennessee Williams' ›Glasmenagerie‹ am Wiener Akademietheater, einem Stück, das er sehr liebte und das er als Übersetzer in Deutschland eingeführt hatte. Trotzdem kam Viertel zur künstlerischen, zur grundlegenden Arbeit auch wieder nach Berlin zurück, wie er nach 1918 das Dresdener Hoftheater in ein Staatstheater mit umbildete und hier ein Jugenddrama Friedrich Wolfs ›Das bist Du‹ inszenierte und August Stramm und Hasenclever zur Geltung brachte.

Die Rückkehr Viertels nach Berlin und die Inszenierung von ›Wassa Schelesnowa‹ und ›Endstation Sehnsucht‹ können nicht vergessen werden. Gorkis ›Wassa Schelesnowa‹ wurde als Gastspiel des Berliner Ensembles, das noch nicht sein Theater am Schiffbauerdamm hatte, in den Kammerspielen des Deutschen Theaters gegeben. Teo Otto hatte das Bühnenbild geschaffen. Therese Giehse spielte die Titelrolle. Friedrich Gnaß gab den Mann, Maria Schanda die Schwiegertochter, Angelica Hurwicz die Sekretärin. Die übrigen Rollen waren mit Werner Segtrop, Peter Lehmbrock, Willi Schwabe, Ilse Nürnberg, Sabine Thalbach, Gert Schaefer besetzt. Ich erwähne die Besetzung, ich betone Gorki, weil sich an diesem Abend zeigte, wie sehr Viertel die literarische Akzentuierung der Sprache überwunden hatte und die realistischen Hintergründe eines Werkes als Regisseur treffen konnte. Ähnliches bewies ›Endstation Sehnsucht‹ von Tennessee Williams, das Barlogs Schloßparktheater als Gastspiel im Theater am Kurfürstendamm gab. Wieder ein wesentlicher, ein künstlerischer Erfolg Viertels, diesmal mit Peter Mosbacher und Marianne Hoppe, mit Franz Nicklisch, Angelika Hauff, Erna Sellmer.

Berthold Viertel gehört zu den wenigen Schriftstellern und Regisseuren, die die Entwicklung von einem Wiener Feuilletonisten über einen distanzierten Literaten und Spielleiter zu einem realistischen Erkenner und Künstler durchgemacht haben. Berlin ist daran beteiligt, die amerikanische Emigration und wieder Berlin. Viertel ist ein geistiges Beispiel für die zwanziger Jahre, ein Gegenbeispiel zur Nazizeit und ein schöpferisches Beispiel für die Nachkriegsjahre. Wir wissen viel, wenn wir Viertel kennen.

Über Dramen

Über Dramen

›Die Bacchantinnen‹ des Euripides

Euripides, der Tantalide! Der unglückselige Sohn des unglückseligen Geschlechts! Ja, er war geladen an den Tischen der Götter, er hat mitgepraßt,
hat sich unendlichen Genusses, der ganzen Fülle des Blutes erdreistet – und
wurde verjagt wie keiner, zurück- und hinuntergestoßen in ein Menschentum, darin er, noch geblendet von Festen, die er nun als greuelvollen Frevel
erkennt, als in einer Armut ohnegleichen, bettelhaft ernüchtert, erwacht.
Hier unten kann der Mensch, kaum daß der Jubel täuschender Mitgöttlich-
keit auf erblaßter Lippe abbrach, nichts anderes mehr sagen als nur noch
eine unendlich rührende Klage, die dennoch ein Gebet ist.
Wie sein Ahnherr Tantalos hat der Erotiker Euripides das Fleisch und Blut
des eigenen Geschlechtes den Göttern zur Speise angeboten und selbst mit
verzehrt und dabei Göttliches zu schmausen geglaubt. Und da er erkennt,
was er genossen hat, wird sein Ekel und sein Grauen doch überboten von
dem Triumph des grausamen Gottes Dionysos, der da vernichtet, die ihn
leugnen, und sich selbst vernichten läßt, die ihn bekennen und erfüllen –
und umgekehrt.
Das ist der tragische Jubel des Euripides!
Weil er Tantalide ist, ist er Tragiker, ist er Dramatiker!
Wer kennt wie er den Rausch – und das Erwachen?
Von der glorreich ersiegten Humanität der Vorfahren hat er sich, eine Generation später, und dem titanischen Patriarchentum des Aischylos schon ganz
entwachsen, durch das milde, leidende Gefühlsheroentum des Sophokles
nicht mehr gestillt, zu den Dämonen unter der Brust ab- und zurückgewen-
det; hat den urbar gemachten Boden wieder verlassen und sich im Chaos,
als der allgemeinsten Heimat, wieder angesiedelt.
Er besitzt sie immer noch, die große Kraft des Hellenen, den Titanentrotz
vor dem Schicksal und die erhabene Menschenfassung nachher – aber es ist
nicht mehr die anbrechende Kraft des Beginns, und nicht die auf der Höhe
der Mitte, im Zenit des Wandelgangs; sondern vom späten Abend, vom
verbrennenden, verdunkelnden Ende her. Er ist Künstler, nicht um eine
Welt aufzurichten, sondern um sie noch einmal auszurasen, sie dann zu begraben und zu beweinen. Seine Geschöpfe und jene Medea und jene Phaidra,
die ewigen Asiaten der Leidenschaft, wohlvertraute Fremdlinge in Europa,
das nicht aufhört, sie mit Grauen erschauernd zu suchen und zu ehren.

Sein Eros ist der frevelhafte ohne Maß, der unersättliche, der das ganze Geschöpf verschlingt, und nach zerstörten Grenzen im dunkeln Jubel sich gegen sich selber wendet. Die Aufgabe ist hier die vollkommene Selbstaufgabe; und man weiß nicht, ob sie sich mehr am Frevel oder an der Strafe erfüllt, und was gewaltiger ist, der Genuß oder das Opfer, die Verzehrtheit oder die Versagtheit.

Dunkle Riesenflammen, so stehen diese theatralischen Geschöpfe, Schauspieler der verbrennenden Raserei, auf allen Wegen der Menschheit.

Panik ins Blut hinein, das scheint die Bewegung zu sein, zu der sie verlocken und vor der sie warnen.

Wo alles wachsen will, reißen sie an der Wurzel und reißen sich mit der Wurzel aus.

Weib ist Mann geworden und Mann Weib, so wird das Geschlecht durch Vernichtung erlöst und erledigt.

Kein rührenderes Denkmal für diesen wilden Eros als die Selbst-Opferung der milden Alkestis, die der Liebende aus der Unterwelt zurückerfleht. Ach, erst wieder auf Erden angelangt, wird er sie in Liebe zu Tode quälen. – Und kein gewaltigeres Mysterium als die ›Bacchantinnen‹. Hier ist die Bühne zum Opferaltar geworden, auf den das Blut der Geschöpfe in rasenden Güssen niederströmt. Hier schwärmen die Bacchantinnen, und die Mutter erlegt, verblendete Jägerin, den eigenen Sohn, der das Schwärmen ihr stört. Agave ist der grandiosere Tantalos. Sie kann von sich sagen, daß sie den Dionysos furchtbarköstlich bewirtet hat. Und daß nach ihrer Tragödie keine mehr übrigbleibt, um die grausame Allmacht des Rausch-Gottes vor Menschenohren und -Augen zu bekräftigen. Sie bringt sogar den asiatischen Chor, der den Sieg des Gottes über Menschen tanzt, ins Wanken. Aber sie erschüttert nicht den Dionysos selbst, der sie alle nur bestraft hat, Gläubige und Zweifler, der ihnen allen nur gegeben hat, was sie mit Gier von ihm nahmen, sie nur gefaßt hat, wie sie ihn erfaßten – und sie alle, die er gemartert hat, doch, auf seine Weise, geliebt und beseligt hat.

Jener grausame, allbewegliche Dionysos, Gott des Weines und Herr des Feuers, der in Menschengestalt auftritt als Vortänzer eines Chors von Mänaden, der verlockt und verführt und höhnt und jubelt, ein witziger, zungengelenkiger Dämon, zuletzt aber als Stimme über den Wolken erhaben unbewegt mit stählernem Lakonismus richtend – er, über zerfetzten Gliedern und Blutbädern nur um so reiner und schöner aufsteigend, das ernsteste Lächeln auf furchtbar geschwungenen Lippen – er liebt den Unhold Pentheus, der ihn bekämpft, nicht weniger als die Gorgone, die ihm ihr eigenes Kind schlachtet. Und wie er die ehrlichste Bekennerin nur (und in welch eine Entrückung leidender Lust!) erhebt, um sie zu fällen – so fällt er seinen ehrlichsten Feind, indem er ihn über das enge Ich hinaus erhebt.

Maßloser Mann! Und dein Verhängnis ohne Maß!
Bis zu den Sternen führt dich dieser Weg!
Streck aus die Hand, Agave! Denn ich sende
In einen großen Wettkampf diesen Mann – dir in die Hände! –

So entläßt er das fatal geschmückte Opfertier, den Mann im Weiberrock, in das Martyrium, in den übermenschlichen Waffengang. Es ist ein höchstes Mysterienspiel und eine wahrhaft göttliche Arglist, wie dieser Dionysos die Nüchternheit in eine Raserei steigert, welche sie in den Rausch wollüstig übergehen lassen muß; wie er den rationalistischen Mann in die Weiberkleider als in eine Falle der Natur lockt und den so Eingekleideten, den Popanz des Eros, in den Taumel der Weihen! Wie er die Weiber den Mann in der sonderbarsten Mänade wittern läßt, sie gegen das erschlichene Geschlecht, den über seine Grenzen hinausgeschlichenen Urfeind, um so toller entfesselt – und deshalb die Mutter gegen den Sohn, den sie als Sohn nicht erkennt, weil sie nur noch den Mann, den Störenfried, das Ungeheuer, den Berglöwen in ihm aufspürt –: es ist, in seiner ganzen Greuelhaftigkeit, wie eine letzte Lösung aller Bande, eine triumphale Aufhebung aller Grenzen und eine tiefgeheime, urwahre, ewig wirkliche Übersteigerung und Vermischung der Gegensätze, der Triumph des ureinen All-Lebens im Untergang der Gattung.

So sind sie alle vom Dionysos auserwählt und alle verworfen in ihrer allzu menschlichen Gebrechlichkeit. Und erreichen doch, die Zerschmetterten in der Tiefe, den Boden einer Resignation ohnegleichen: welche die Endgröße dieses durch Himmel und Hölle des Allgefühls stürzenden Schauspiels ist. So groß ist dieses Schauspiel, daß sich auch heute noch – und gerade heute wieder – ein Chor denken läßt, der für einen erschütterten Augenblick hingerissen auf die Knie fällt.

Diesem Chor reiht sich der dichterische Bearbeiter an als ein später Empfinder, der sehr wohl weiß, daß er vom Dionysos nur erfaßt wurde, soweit er ihn gefaßt hat. Eine gewissenhafte Philologie, als die treue Bewahrerin und Verwalterin ehrwürdiger Geistesschätze, mag die vielleicht allzu freie Selbständigkeit des Umformens und Umdeutens – besonders der Chöre – verzeihen, und dabei bedenken, daß hier ein Theatermensch für das Theater seiner Zeit gestrebt hat. Auf den Spuren gediegener Übersetzungen wie der altväterisch-gefühlvollen von Johannes Minkwitz und der wertvollen Modernisierung von Hans von Arnim, die ich für das Theater zu gewinnen suchte, bin ich unwillkürlich, bald allerdings durchaus willentlich zur eigenen Formung, zu einem neuen Ausdruck gelangt. Wo ich – in einzelnen Fällen – Worte, Sätze, Auffassungen beibehalten habe, geschah es, weil ich sie meinem Gefühl gemäß fand und sie daher nicht zu verbessern wußte.

Gedient habe ich nach besten Kräften der Version, wonach die ›Bacchantinnen‹ als frömmstes Endwerk des über die Verzweiflung aller Zweifel hinaus gesteigerten Dichters gelten. So, als die abschließende, letzte Fassung eines tragisch Gläubigen erschien auch mir diese Dichtung, welche die grausame Schönheit mit blutigen Tränen aufopfernd vergöttert. Und je unwiderstehlicher mich die geradezu erschreckende Ähnlichkeit vieler Züge mit der Physiognomie unserer Zeit erfaßte, um so ungeduldiger strebte ich der wunderbaren Windstille und Meeresruhe des Gefühls der Märtyrer am Schlusse zu – einer allerhabenen Erlebnistiefe, die unsere Epoche so dringend brauchte, wie sie ihr täglich mehr versagt zu werden scheint. Wir haben heute die Auflösung, die Vermischung, die Verprassung bis auf den letzten Rest – aber ohne Frömmigkeit, ohne Tiefe und Höhe und das Maß der Zustände. Wenn es ein Taumeln in den Untergang ist – werden auch wir drunten noch den Dionysos hören und ihm antworten können? Mit tragischem Jubel? Mit dem letzten Ernst der Tragödie?

Das zu erproben, kehre uns heute, mitten in einer Zertrümmerung ohnegleichen, Euripides wieder – wie seit je mit den großen Bildern die großen Bildner in immer neuen rechten Augenblicken wiederkehren.

Denn es gibt ein geistiges Himmelsgewölbe über uns, dessen Gestirne, in ihren Konstellationen sich drehend, zwar nicht sich nach dem Auge richten, doch ihm nach großer Regel erscheinen, damit das Auge nach dem Stern sich richte.

[Shakespeare-Gestalten]

Wir können ruhig annehmen, unter bewußter Vernachlässigung des übrigen Teils der Geschichte, daß Shakespeare den individualistischen Schauspieler geschaffen hat. Ergründen wir dabei nicht, was [er] an und mit Shakespeare geschaffen hat. Die ungeheure Organisation dramatischer Welt dieses Namens, setzt sie nicht eine Fülle Lebens voraus, das dramatisch werden wollte und mußte? Ja, aber mehr als das: was alles wollte und mußte da auf die Bühne? Wir sprechen von Renaissance, und halluzinieren ein breites, sinnenerfülltes, hochwüchsiges *genus humanum,* zum Bersten plastisch und ins Körperhafte drängend, Könige und Sünder, das Üppigste an Weib und Mann, vom Lebensfest berauscht, Gewalttäter, überhoben vom Naturrecht der Kraft, Parteigänger des Blutes. – Und zwischen ihnen eingeklemmt sehen wir den Dichter, der mit dem Blick auf sie die Dialektik der Leidenschaft betreibt, und indem er den ganzen Knäuel von Menschen und Schlangen, all diese Laokoons auf die Bühne stößt, als ihr Theaterdirektor waltet, immer noch Zeit und Raum findet für seine Monologe, für seine Reflexionen, an blühendem Fleisch erprobt, für seine Melancholie, seinen Pessimismus und seine Weisheit. Wir können uns Shakespeare nicht anders denken als mitzechend in den Schenken, wir sehen ihn bei Hof, im Gefolge der hohen

Herren und der herrischen Frauen; als einen Zechbruder hier, der mit dem Mörder würfelt und als seinesgleichen fühlt; als den Spaßmacher und Hofnarren dort, gewärtig, für seine stachelige Weisheit gehätschelt und gepeitscht zu werden. Aber auf der Bühne ist und bleibt er der Richter aller und über allen! Während er seine Schauspieler mit der Welt, deren Spion er war, großfüttert und abspeist, behält er für sich nur die Würde, die Weisheit und die Klage. –

Der große Spieler, der wahrhaftig ein Zeitalter an den Drähten hängen hat, und dessen Marionetten unendlich zu sein scheinen und personeller als lebendige Personen, er bewahrt sich mitten im buntesten Tumult der Szene, und gerade durch die Orgie des Augenblicks abgeschlossen und vereinzelt, sein geistlich Teil und Heil, seine Zelle eines Eremiten. Er brauchte nicht den Timon gemacht zu haben, nicht den Prospero, nicht den Jaques; er brauchte vor allem nicht im ›Hamlet‹ die ganze Welt der Unmittelbarkeit, der Tat, der Sinne angeklagt und verworfen, entlarvt und erschüttert zu haben, um als die Gegeninstanz der Renaissance erkannt zu werden, die er ist. Sein Hamlet ist freilich in dieser Welt das, was in andern Reichen ein Savonarola und ein Pascal und ein Kant gewesen sind. Die große Schwermut des Christen bedarf nicht des wörtlichen Bekenntnisses zum Dogma, um sich auszuleben, und es ist eine besondere Frage, an welcher Grenze sie sich heroisch abschließt und zusammenfaßt. Wenn Shakespeare nichts anderes geschaffen hätte als den Macbeth und den Othello, wäre der große Protestant in ihm sichergestellt. Ja, Macbeth ist der Machtgierige und Othello der Eifersüchtige – und doch, ein schlechter Schauspieler, wer sie nur daraufhin wagte! Er müßte versagen. Was sich mit der Figur des Macbeth losringt, schwer und zäh, als ob eine ungeheure Wurzel aus einem uralten Erdreich geschraubt würde, als ob ein Geschöpf aus einem Pfuhl von Pech sich höbe: das ist der Protestant, die individuelle, christliche Seele, die unsterbliche Einzelseele, die ihre Erkenntnistheorie der Sünde und des Frevels in der dramatischen Praxis erfahren, durch Tun erleiden muß. Diese Seele sucht ihr neues Maß, dazu gebraucht sie die Maßlosigkeit, sie weiß noch nicht, wohin sie reicht, sie muß es erst ertasten in einem Meer von Blut. Wohl wird sie dabei nicht vom Glauben geführt, sondern vom Aberglauben (was kein so übler Führer ist in der dramatischen Praxis). Aber sie will und kann ja auch nicht mehr glauben, sie will und muß wissen. Es tut ihr, ganz christlich, nur das eine not: zu erfahren, ob sie wirklich die heidnische Macht ertragen kann, ob sie das sucht, was wir uns populär als das Renaissance-Menschentum vorstellen, ob sie das zuletzt brauchen kann, ob es für sie ausreicht. Das tut es aber nicht. Denn diese Seele, die alles wagt, hat ein neues Maß in sich. Und um dieses Maß zu erproben, dazu sind ihre Maßlosigkeiten da; ganz genau ergibt sich fortwährend, was sie kann und was sie nicht kann. Und nur wer dieses Maß erfühlt, kann den Macbeth spielen, gut oder schlecht, aber er kann ihn überhaupt erst einmal *spielen*.

Ich sage sehr bewußt: spielen, nicht: sein! Denn der Dramatiker Shakespeare verlangt Spiel, Sein als Spiel, Sein im Spiele. Mit der Identität wäre ihm nicht geholfen, da ergäbe sich kein Maß, da fehlte der Überfluß, der Schwung, die große Rhythmik, die Geburt auf der Bühne, vor dem Zuschauer. Der Schauspieler spielt den Macbeth zur Schau. Und es wird mit dem Macbeth gespielt, vom Dichter, von den Mächten, von der christlichen Ironie, vom Blut, von den Hexen. Und dieses Spiel erst offenbart das Maß. Duncan kann sein, Macduff kann sein; hier bedarf es nur der Identität, des Repräsentanten. Aber für den Macbeth ist der Schauspieler notwendig, der Schauspieler, wie ihn erst Shakespeare erfunden und eingeführt hat. Macbeth ist als Christ das, was Saul als Jude gewesen ist; dieser der allerjüdischste, jener der allerchristlichste Heide. Macht: das letzte große, ewige Heidentum, an dem Shakespeare sein christliches Herz, sein modernes Herz erprobt hat. Was hier mit der Macht sich zu decken versucht, ist die Individualität im nachchristlichen Sinne, des Menschen in seinem Widerspruch. Deshalb mußte für eine solche Figur der individualistische Schauspieler erfunden werden, noch Vollmensch, aber schon mit dem Bruch; Typus, aber mit individuellen Zügen; der Schauspieler mit Physiognomie, die aus dem Helldunkel seiner Natur hervortaucht. Das was die Porträtkunst absolut gemacht hat, das, was Rembrandt zu einem Porträtisten gemacht hat, wird hier vom Schauspieler verlangt. Hier tritt ein Held auf, der dumm ist und alles ahnt, der stark ist und zittert, der großartige Reflexionen spricht, aber mit einer schweren Zunge. Der Nebel Schottlands ist das Rembrandtsche Helldunkel, das Dunkel dieser Seele, aus der ihr Maß sich loslöst. Niemals war Shakespeare mit Rembrandt verwandter als im ›Macbeth‹. Geburt nordischer Welt. Jenes (wenn man will) germanische Christentum wird geboren, jener dunkle mystische Protestantismus, der an Gestalt und Hintergrund dem Alten Testament ähnlicher scheint als dem Neuen. Um ein peinliches Wort zu gebrauchen: Macbeth ist ein Recke mit tönernen Füßen, aber diese sind christlicher Provenienz. Es zieht diesen Macbeth ins Alte Testament zurück, es stößt ihn über das Neue hinaus vor, ins Allzumenschlich-Allmenschliche, in die moderne Individualität; in der Renaissance kann er nicht hausen. Macbeth ist ein Glaubenskämpfer. Und wer ist es mehr als Othello? Hier handelt es sich gewiß nicht um die Frage des französischen Konversationsstückes: ob Desdemona treu war oder nicht. Hier handelt es sich darum (und das begründet die christlich-teuflische Dialektik Jagos): ist es möglich, daß Desdemona untreu sein kann. Dann stürzte der Glaube, dann zerspränge das Firmament, und der Kosmos bräche ein. Othello, ob Mohr oder Maure, ist nicht nur schwarz, um wild sein zu dürfen, er ist schwarz, um weißer zu sein als die Weißen, päpstlicher als der Papst. Er glaubt den Madonnenglauben der Christen naiver und wilder und gläubiger als die Christen! Da der Madonnenglaube fallen muß, tötet Othello. Ein urprotestantisches Problem. Und nur von hier aus gibt es eine schauspielerische Lösung. Nur in diesem Sinne kann und darf Othello wild sein. Nur so weit wild, als er gläubig gewesen war. An seiner Gläubigkeit messe ich den Othello, an seiner wilden Christlichkeit. Bassermann hatte sie, Kortner war auf dem Wege zu ihr. Kortners sanfter Othello war wohl der innerlich weiße Mann, die individuelle Seele war erfaßt; aber der Höhepunkt wurde nicht erreicht, und das verschob die ganze Klimax. Kortner war ein liebender Othello, kein gläubiger. Kortner hatte den höchsten Glücksmoment, den auf Cypern, der von der nächtlichen Störung durch Cassio gefolgt wird und vom ersten Wildheitsausbruch des Othello. Kortner zeigte, daß es gefährlich ist, das Vertrauen des liebenden Mohren zu enttäuschen. Er zeigte nicht, daß Vertrauen hier ein Teil des religiösen Glaubens ist, und deshalb der Zorn Othellos, wenn er Cassio degradiert, das Vorzucken des Weltgewitters, der Glaubensagonie, wenn er Desdemona erwürgt. Das heißt: er erwürgt sie sanft, er erwürgt sie liebend, und das vermochte Kortner herrlich. Aber es fehlte ein Zug darin, jener, der glaubhaft macht, daß Othello die Desdemona nicht erwürgt, sondern richtet, nein, opfert! Religiös opfert! Christliches Menschenopfer eines allzu inbrünstig getauften Afrikaners. – Bassermann dagegen erfand für den Neger, der Shakespearische Verse spricht, ein Negerdeutsch, ein Urtöne abwandelndes Kauderwelsch, phantastischer, schöpferischer Naturalist, der er ist. Er verundeutschte sich seinen Othello auf naturalistisch. Und dementsprechend chargierte er ihn, wie wir heute sagen, baute ihn aus vielen kleinen Skizzen zusammen. Aber er hatte das große Moment und die großen Momente des Glaubens, er erflog, mitten aus seiner Detaillistik, den Gipfel der religiösen Klimax. Bassermann hatte den entscheidenden Augenblick bald, sofort wenn Jago ihm zum ersten Male das Gift des Zweifels eingegeben hat und dieser Organismus, bisher rein von solchem Greuel, sofort von jener Krisis erfaßt wird, die nicht mehr enden soll (auch im Jenseits nicht): da kommt Desdemona wieder vorbei, und Othello erblickt sie leiblich als das makellose Gefäß seines Glaubens, und sagt, sagt es zum letztenmal mit dem ganzen Glauben: »Ist diese falsch, o, dann lügt selbst der Himmel! Ich glaub es nicht.« Hier tat Bassermann etwas überraschend Geniales, etwas, das ungeheure Helligkeit bis in den letzten Winkel dieser Seele warf: Er kniete nieder, er kniete plötzlich vor Desdemona nieder, der Feldherr, der Krieger, der Mohr kniete nieder, wie ein Troubadour, nein, wie ein Christ vor einem Altar der Maria. – Eine Eingebung, wie sie sich wahrhaftig nur in der dramatischen Praxis finden läßt, ja, wie sie das, was ich so nennen will, recht eigentlich bedeutet: ein Einschlag aus der gesammelten Elektrizität einer Gestalt, eines Charakters, organisch in der Atmosphäre eines Dramas (und Atmosphäre ist für mich Ideengehalt; nicht Stimmung, sondern bestimmte Stimmung, gestimmte Eigenart) gedeihend und wesend. Ein Einfall, der die richtige Entfesselung aus richtiger Gebundenheit wagte und vermag! Vergebens würde ein Virtuose, und hätte er noch so gewaltige *vires*, versuchen, dieses Individuelle des Othello, seine besondere Mischung von Glauben und Zweifel, seine persönliche Beteiligung am Problem, nochmals irgendwie tierisch oder menschlich zu befreien oder zu individualisieren. Aus der Dialektik des Glaubens, die sich zwischen ihm und Jago und allen sonstigen Geschehnissen und Zeichen des Werkes ganz genau bindet, ist kein Othello zu erlösen. Und kein Jago! Durch die Dialektik sind Othello und Jago ein gemeinsamer geistiger Organismus, den Versucher und den Versuchten verbindet ein Gesetz, dessen Gläubiger (im Doppelsinn des Wortes) Shakespeare heißt. Eine Skepsis, welche dieses Gesetz anfräße, bekäme es mit dem Richter Shakespeare zu tun und müßte ihn ausschließen, um sich an das Werk heranmachen zu können. Mit dem großen Maß ginge das ganze Werk zugrunde, und es wäre für die Welt Shakespeares gleichgültig, was außerhalb ihrer mit der Figur Othello geschähe. – Deshalb bleibt die Kraft, diese geistige Organisation zu verstehen, das A und Z aller Shakespeare-Regie, und die Voraussetzung aller dramatischen Praxis, die an diesen Dramatiker sich heranwagt. – Freilich ist und bleibt es zugleich das Eigentümliche der Anschaulichkeit Shakespeares, und das erste und letzte Wie seiner Schauspielerei (und darin mag Shakespeare ruhig als ein Renaissance-Mensch gelten), daß, wie im ›Macbeth‹ der Glauben durch den Aberglauben, so im ›Othello‹ der Glauben durch die Geschlechtsliebe, durch den Eros gesehen und gestaltet wird. Denn Shakespeare läßt das Geistige und Geistliche auf seinem Theater nur als ungebrochenen sinnlichen Wuchs, nur als vegetative Typik und Charakterologie, nur als körperliche, allseitig runde, dreidimensionale Erscheinung und Plastik gelten. Mit einem Terminus aus der Sphäre der dramatischen Praxis gesprochen, ist Macbeth sowohl Naturbursche wie Held, Othello aber sowohl Liebhaber wie Charakterspieler. Wenn eine Zeit also den hohen ungebrochenen Wuchs eines Matkowsky (nach der Überlieferung beurteilt) nicht mehr erreicht, muß ihre dramatische Praxis solche Figuren verzerren, aber jedenfalls muß sie ihre Höhenperspektive so einstellen, daß, wie auch immer, mit welchen sonstigen Verlusten auch immer, die Scheitelhöhe der Figur, der geistige Kopf eines Macbeth oder Othello noch sichtbar wird. –

›Othello‹

Bemerkungen anläßlich der Neuinszenierung im Burgtheater

I

Die Neuaufführung des ›Othello‹ geschieht in der alten Übersetzung, der romantischen, des Grafen Wolf von Baudissin, die gesäubert und gekürzt wurde, um sie den Ausdrucksmöglichkeiten heutiger Schauspielerei näherzubringen. Dem Schauspieler von heute sitzt ein heutiges Publikum gegenüber, das durch die Erfahrungen und Erschütterungen der gleichen Zeitperiode gegangen ist. Der Vermittler zwischen beiden Teilen, den Darstellern und den Hörern, der als Bearbeiter und Regisseur fungiert, fühlt sich vor allem der großen Dichtung gegenüber verantwortlich, wobei sein Bestreben nicht nach einer Originalität der Auffassung geht, soweit sich eine solche ihm nicht auf die ungezwungenste Weise aus der innigen Befassung mit dem Werk ergab. Er hat verschiedene Übersetzungen, bis zu den neuesten, vorliegen gehabt und verschiedene Aufführungen gesehen, bevor er sich an die Inszenierung heranwagte. Manches mag in ihm von den vorangegangenen Versuchen, darunter meisterhaften, unbewußt haftengeblieben sein, anderes hat er wissentlich übernommen, weil es ihm richtig und bühnenpraktisch erschien. Es ist eine Aufgabe bedeutender Art, ein Werk wie den ›Othello‹, das man seit der Kindheit kennt, mit wirklicher Aufmerksamkeit zu lesen; ich meine das nicht in textkritischer Hinsicht, obwohl es mir wichtig scheint, auf das englische Original zurückzugehen, weniger um die Bedeutung jeder einzelnen Stelle zu überprüfen, als um das Gefühl für die Dichtung zu erfrischen. Wer kann sagen, daß er heute ein Werk Shakespeares unbefangen liest, als läse er es zum erstenmal? Und doch erschließt sich die Dichtung, in ihrer unverlierbaren, durch die Zeit unzerstörbaren allmenschlichen Gültigkeit umso tiefer, je näher der Leser an diesen Zustand eines neuen Kennenlernens heranzukommen vermag. Daraus einen neuen Darstellungsstil zu gewinnen, ist eine Frage der Begabung, wenn nicht der Begnadung. Es hat auf dem deutsch sprechenden Theater, seit den Klassikern und Romantikern, einen Shakespearestil nach dem anderen gegeben, jeder von ihnen ein Meilenstein der Entwicklung. Shakespeare wandelt sich mit der Auffassung der Zeitperioden, und bleibt doch immer der gleiche, er scheint unserem Verständnis, unserer Interpretation immer ein gutes Stück voraus zu sein. So reich an Welt sind seine Werke, zeitgebunden und doch überzeitlich, wie sie sind. Die Bühne vermag diesen Reichtum immer nur in beschränktem Maße zu bergen. Sie unterliegt dem Zwang, wenn nicht dem Bestreben, aus dieser Fülle ein wirksames und auffaßbares Theaterstück zu schneiden, eine Handlung, die sich darstellen läßt; wobei das Gelingen zuerst und zuletzt von der Besetzung abhängt. So groß, so übergroß sind die Charaktere der Renaissance, daß der moderne Darsteller, ebenso wie der Regisseur, vor der Aufgabe steht, ein Riesenmaß zu erreichen und es, ohne zu schwindeln, auszufüllen.

II

Das Faßbarste am ›Othello‹ ist, daß es sich in diesem Werke um einen grandiosen und erschütternden Fall von Eifersucht handelt. In der Eifersucht Jagos hat die tragische Entwicklung ihren Ursprung. Jago ist eifersichtig auf Othello wegen eines Geredes: daß der Mohr mit Emilia, Jagos Gattin, eine erotische Beziehung gehabt habe. Er überprüft den Tatbestand nicht, weil er ihm bei seiner zynischen Auffassung vom Wesen der Liebe und des Weibes, wie auch nach seinem Wissen um die lockeren Sitten Venedigs, von vornherein glaubwürdig erscheint. Jago ist auch eifersüchtig auf den Cassio, der statt seiner zum Leutnant und Adjutanten Othellos avanciert. Hier nistet der Haß des in der Praxis des Krieges erfahrenen und erprobten Feldsoldaten, der in der Beförderung übergangen wurde, gegen den studierten Günstling des Kommandos, der vom Kriege nur die Theorie gelernt hat; zugleich gegen den Schönling, dem die Weiber nachrennen. Das alles schließt er aus seiner Kenntnis um den Lauf der Welt, den er zu korrigieren unternimmt. Diese Beweggründe teilt Jago sofort, gleich am Beginn des Stückes, dem Publikum in seinen Selbstgesprächen mit, die sein Denken und Planen, das er sonst so geheim hält, preisgeben; freilich braucht er auch vor dem Rodrigo, seiner ihm hörigen Marionette, kein Blatt vor den Mund zu nehmen. Noch tiefer, und davon spricht er wenig aus, liegt wohl die Eifersucht Jagos auf das höhere Menschentum, die ungebrochene edle Natur seines Generals, jenes Othello, der in Jagos Augen eben doch nur ein Mohr ist und bleibt, ein landfremder Abenteurer, wie Rodrigo, Jagos Schüler, ihn nennt. Es steckt, modern ausgedrückt, ein gutes Teil Rassen- und Klassenhaß in Jagos Eifersucht. Jago ist zur einen Hälfte ein typischer Subalterner und von bitterstem Ressentiment erfüllt. Er ist aber, zur anderen Hälfte, ein großartiger Renaissance-Charakter, dessen Zynismus durch seine bedeutende logische Konsequenz ins Ungemeine wächst. Er ist der Raisoneur des Stücks, der zu einem gewissen Teil auch die witzige, unterhaltende Funktion eines Shakespeareschen Narren übernimmt. Man hat darauf hingewiesen, daß seine Bosheit keinen Zweck hat, daß sie eigentlich *l'art pour l'art* ist. Das stimmt nicht. Er ergötzt sich jedoch sichtlich an den exakten Wendungen, die seine niederträchtige Weltbetrachtung für ihn – und für seine Opfer – nimmt. Er ist ein Menschenkenner der perfidesten Art, ein von seiner eigenen Findigkeit verblüffter Spieler mit dem Einsatz von Menschenseelen und -schicksalen. Sein Spezialgebiet, das eines tollkühnen Experimentators, ist die Erotik, und daher die Eifersucht, der erotische Neid; ein Opfer seines Neides am Ende er selbst. Er ist, immer auf seinem Gebiete, der Versucher, gleich dem Mephisto; Shakespeare hat in Jago eine großangelegte Konzeption des Bösen gestaltet. Er ist der Giftmischer, der gläubigen Seelen den Zweifel einträufelt. Das Gebiet der Eifersucht erstreckt sich bis zur Randfigur des Rodrigo, eines Eifersüchtigen aus hilfloser Hörigkeit; bis zum Straßenmädchen Bianka, die dadurch, daß sie eifersüchtig ist, beweist, daß sie liebt. Teile eines genialen Satyrspiels mitten in der Tragödie, einer umfassenden Tragödie der erotischen Leidenschaft. Sie hat ihr Gegenspiel in der köstlichen Figur der Emilia, einer Vorläuferin eigenartiger Frauenrechtlerei; ihre Brandrede gegen das Männerrecht, das eine Tyrannei sei, und für die erotische Natur der Frau, ist ein merkwürdiges Pendant zur berühmten Rede des Shylock: »Wenn ihr uns stecht, bluten wir nicht?« Sie könnte in einem Stück Frank Wedekinds stehen, des erotischen Dialektikers von gestern. Wäre Desdemona die Frau, als die Jago sie verleumdet, so könnte Emilia ihre Kupplerin geworden sein, so aber, um der Reinheit Desdemonas willen, wird sie zur Blutzeugin, zur Märtyrerin. Das sind Perspektiven, die ich selten, wenn überhaupt, aufgezeigt aufgefunden habe. Das ganze Werk ist entwickelt als ein Experiment Jagos, und aus seiner gespaltenen Natur heraus, seinem Schritt für Schritt angekündigten Vorhaben und der etappenweise folgenden Durchführung. Das Experiment gelingt weitgehend, aber nicht bis zum Ende; es scheitert – ideell – schließlich an der Reinheit Desdemonas, am Edelsinn Othellos, wie das Vorhaben Mephistos am Höherstreben Fausts scheitert.

III

Othello und Desdemona, die Opfer des Neides und der Verleumdung, sind die beiden Reinen und Glücklichen. Eine glückliche Liebe verbindet sie, die kann nicht zerstört werden; eine glückliche Ehe, an deren Störung sie sterben. Weil sie glücklich liebt, und sich um des Glücks ihrer Liebe willen frei und sicher fühlt, sich mit ahnungsloser Unschuld benimmt, geht Desdemona zugrunde. Weil er so groß, so restlos vertraut hat, ist Othello so anfällig für das ihm eingeimpfte Mißtrauen. Die Tragödie der erotischen Leidenschaft ist, von diesen beiden her gesehen, eine Tragödie des Glaubens. Liebt er Desdemona nicht mehr (was ihm freilich nicht glückt), ist diese falsch, so kehrt für Othello das Chaos wieder, sein Weltall stürzt ein. Er mordet die Ungetreue nicht, der rasche unglückselig-selige Mann und Liebhaber, er richtet sie im Namen der Menschheit, damit sie nicht andere so grenzenlos wie ihn betrüge. Weil Schönheit nicht mit Wahrheit, mit Treue zur Deckung gebracht werden kann, darum rast Othello; wenn er gegen seine Liebe rast, tobt er freilich gegen die Wahrheit, gegen sich selbst. Der Vertrauensseligste wird zum Mißtrauens-Unseligsten, der glücklichste zum unglücklichsten aller Menschen, der, nachdem ihm das Leben alles gebracht, und er alles zerstört hat, den Tod als die einzige Rettung ersehnt, unglücklicher als Ödipus, der sich blendet, weil er blind gewesen war. Othello, von Eifersucht geblendet, muß sich auslöschen wie das Licht der Kerze, das Lebenslicht Desdemonas. Daß es so leicht sein würde, in dem Mohren den Argwohn gegen sein Glück, also gegen Desdemona, zu erregen, das hatte der Versucher, Jago, mit tiefem Blick erkannt; Othellos ganze äußere und innere Situation enthielt gerade deshalb die Möglichkeit der Eifersucht, weil sie ihm so wesensfremd war. Diese stolze Natur konnte nur rein und groß glauben; begann er einmal zu zweifeln, dann war er verloren. Er hatte den Ehrbegriff Venedigs, das er im Kriege schirmte, angenommen; die Reste einer urtümlicheren Kultur, die der Mohr in sich trug, gewährten ihm keinen Schutz gegen das eingeimpfte Gift. Er hätte zynischer sein müssen, um dagegen immuner zu sein. So ist Desdemona wehrlos gemacht gerade durch ihre bedingungslose Hingegebenheit. Hätte sie auch nur eine Spur von der skeptischen Lebensklugheit, von der zynischen Erfahrenheit einer Emilia in sich gehabt, sie hätte sich zu wehren gewußt. Aber dieses blühende Geschöpf kann nur blühen in der Harmonie seiner Liebe, es hielte einem anderen Klima nicht stand. Sie kann, die reine Desdemona, ihre Reinheit nur beteuern, aber nicht verfechten, die Wut ihres rasend gewordenen Liebsten über sich ergehen lassen, aber sie nicht verstehen, sie daher noch weniger entkräften. Der tollwütig gewordenen Leidenschaft zum Opfer gefallen, wird sie für ihren Mörder Zeugnis ablegen; ihr letzter Seufzer ist ein Liebesseufzer. Sie ist der Cordelia im ›Lear‹ verwandt, deren Gefühl keine Schliche kennt, und die daran zugrunde geht, daß sie nicht für sich sprechen kann. Sie ist keine sentimentale Liebhaberin, sie ist die Liebe selbst. –

Es schien dem Regisseur dieser Aufführung das Wichtigste und Shakespeare-Würdigste zu sein, das Glück des Othello und der Desdemona so reich wie möglich zu instrumentieren: Nur so, wenn und überhaupt, konnte er hoffen, die Fallhöhe dieser Tragödie zu erreichen, in der die Gewalt der zerstörerischen Wut die Tiefe der Liebe ermessen läßt; in rächende Verneinung verkehrt, reißt sie die Wurzel aller Lebensbejahung aus. So wird durch den Othello, nach den Gesetzen der Tragödie, mit den Feuern der in ihm entfesselten Hölle die Schönheit und die Wahrheit seiner hohen Gefühle erleuchtet, und die Liebe triumphiert erst recht und um so überzeugender im Untergang.

›Antonius und Kleopatra‹

Diese gewaltige Darstellung des Verfalls menschlicher Größe und Leidenschaft, mit der innersten Gegenbewegung und dem schließlichen Triumphe der Aufopferung und der Liebe, entstammt, wie Thema und Behandlung sofort anzeigen, der Endperiode des Dichters. Der fünffüßige Jambus wird längst nicht mehr mit pedantischer Korrektheit exekutiert; die Handlung ergötzt sich bald an subtiler Kleinmalerei, bald holt sie zu riesigen Sprüngen und Schlägen aus; das Stück wirkt in mancher Partie aphoristisch, wie ja auch in der Sprache genial pathetischer Bombast und lakonische Schlagfertigkeit oft abrupt wechseln. Ähnlichen Erscheinungsformen begegnen wir nicht selten in den Alterswerken der großen Gestalter. Eine gewisse Weitsichtigkeit, die dann auch wieder das ganz nahe Heranrücken mancher Teile notwendig macht; der Griff, der hier und da unsicher genannt werden könnte, erfaßt doch immer wieder mit einer geradezu rätselhaften Sicherheit das Höchste und das Tiefste. Die Entstehungszeit des Werkes ist übrigens auch daraus erkennbar, daß es in vielen Zügen den Dichter der Sonette verrät, der die Erkenntnisse der Sonette, das ihnen zugrunde liegende Erlebnis bereits hinter sich hat. Kleopatra ist eine nahe Verwandte der »schwarzen Dame«, ihre ägyptische, durch historische Beglaubigung groß gewachsene Schwester; und die Ausbrüche des Antonius gegen die »Königshure« könnte der Dichter der Sonette, ihr Ich, ihr Will geflüstert und gedonnert haben. Das Lob und der Fluch, welche der großen Hetäre hier gezollt werden, äußert sich nicht nur in den Reden, von den kaustischen Randbemerkungen eines Enobarbus bis zu den Tiraden des unglücklich Liebenden im Nessushemd, eines Herakles, dem die Haut am Leibe verbrennt: sie ist in diesem Werk dramatischer Vorwurf und Vorgang geworden. Der Dämon des Geschlechts feiert seinen erbarmungslosen Triumph nicht weniger verheerend als in den ›Bacchantinnen‹ des Euripides, in welchen der Gott als handelnde Figur auftritt und die Rache an den ungläubigen Menschenkindern vollzieht: den Überlebenden, die sich, von Eros-Dionysos geblendet, greuelhaft vergangen und befleckt haben, bleibt am Ende nur, nach der letzten Verzweiflung die Erkenntnis der Schwäche, daß sie Menschen aus Fleisch und Blut sind, und die tiefste Resignation. Anders bei Shakespeare, dem es nicht genügt, den blinden, menschenzerstörenden Trieb sich ausrasen zu lassen bis an den Rand des Nichts, also des Nihilismus. Shakespeare wird auch durch die radikale Beweisführung dieser Handlung nicht zum Nihilisten; noch im Abgrund der Verzweiflung glaubt er an die Liebe. ›Antonius und Kleopatra‹ ist eine Liebestragödie, und als solche das späte Pendant zu ›Romeo und Julia‹. Dort das unendlich süße Erwachen junger Menschen zu einer Seligkeit, die an äußeren Umständen, am Sippenhaß, scheitert; im Grunde gehen sie freilich an der Unbedingtheit ihres Gefühls, das sie blind und wehrlos für die Realität macht, zugrunde. Hier dagegen ist das Thema der Tragödie die sinnlich-seelische Leidenschaft zweier Alternder, die beide viel gelebt und vieles erlebt haben, die aber auch ihr Wissen, ihre überreiche Erfahrung nicht schützen kann. Es sind nicht Unbekannte wie Romeo und Julia, die erst und nur durch ihre Liebe unsterblich werden. Antonius und Kleopatra sind historische Persönlichkeiten, die, auch wenn sie einander nicht zerstört hätten, einen Platz in der Geschichte beansprucht und zugewiesen bekommen hätten. Zwei königliche Gewaltnaturen, der große römische Feldherr und die Königin des Ostens, äußerster Gegensatz, deren Sich-Begegnen das Aufeinanderstoßen von Europa und Afrika bedeutet; einander verwandt darin, daß sie große und rückhaltlose Genießer sind, denen gewaltige Machtsphären, schier unerschöpfliche Mittel jeder Art zur Verfügung stehen, ihr leisester Wink über Länder und Reiche, über Tausende von Menschen gebietend, befähigt, mit jedem Atemzug Glück und Unglück, Aufblühen oder Zerstörung zu spenden. Und doch, als Geschlechtswesen, dem Naturtrieb untertan und ihm hilflos ergeben, Sklaven der Liebe beide und durch diese Sklaverei aneinander gebunden mit unsichtbaren Ketten, einander auf Gedeih und Verderb ausgeliefert. Sie, das Urweib, wie es Jahrhunderte später in den Dramen Strindbergs und Wedekinds, in moderner Verzerrung und ohne das wahrhaft klassische Format, das sie bei Shakespeare gefunden hat, auftritt.

Er, der Urmann, stolz, gewalttätig, stiernackig und durch den Erfolg des großen Feldherrn beglaubigt, einer der den römischen Weltkreis beherrschenden Triumvirn, dabei aber doch naiv und kindlich geblieben, ja, ein Riesenkind, das Kind im Manne repräsentierend. In diesem Riesengenießer steckt, wie Ewald Balser bemerkte, ein alt gewordener Romeo. Und Kleopatra, die große Verführerin, die Königshure, die alle bedeutenden Männer ihrer Epoche, einen um den anderen, in ihr Joch gezwungen hat, lebt der Liebe, um an ihr zugrunde zu gehen wie irgendein verliebtes Mädchen, irgendein Gretchen, wie die arme Magd, als die sie sich im Unglück fühlt und bekennt. Und all ihre Tricks, durch die sie die Macht über den Mann auszuüben und sich zu erhalten strebt, all ihre Koketterien und Temperamentsausbrüche, ihre »Wetter und Winde«, wie der unfehlbare Beobachter und Betrachter Enobarbus es ausdrückt, »ihre Leidenschaften bestehen aus nichts als aus den feinsten Teilen reiner Liebe«. Was zwischen diesem Mann und dieser Frau spielt, könnte als das frühere Original und Muster aller französischen Ehe- und Eifersuchtskomödien angesprochen werden, wenn es nicht eine große Tragödie wäre, und zwar eine von weitestem historisch-politischem Horizont. Sie spielt zwischen Ägypten und Italien, Alexandrien und Rom, Athen, Actium, Misenum, den wichtigen Häfen, den Knotenpunkten des damaligen Weltverkehrs. Sie bezeichnet das Ende der römischen Republik und den Beginn des Kaisertums, welcher das Resultat des Entscheidungskampfes zwischen Antonius und Octavius Cäsar ist. Als historisches Drama ist ›Antonius und Kleopatra‹ die Fortsetzung von ›Julius Cäsar‹, aber in seinem Apparat der dichtverzweigten Geschehnisse, die oft nur skizzenhaft angedeutet werden, viel schwerer, wenn überhaupt, mit einiger Vollständigkeit für die Bühne zu retten und einem modernen Publikum nahezubringen, das seinen Plutarch nicht in der Tasche trägt. Dennoch mußte genug erhalten bleiben, um die historische Perspektive hereinleuchten zu lassen, die heute wohl auch für den nicht historisch Gebildeten leichter zu verstehen sein dürfte als etwa vor 25 Jahren. Die Welt hätte sich anders entwickelt, wenn es Antonius gelungen wäre, den Cäsar zu schlagen und sein geträumtes Reich des Ostens zu errichten und auszubauen. Rom war nicht aufzuhalten, seine Weltherrschaft nicht zu verhindern, die Prärogative des Westens blieb gewahrt. Die Schlachten zu See und Land sind jedoch in diesem Werk Attribute der Charaktere, Cäsars auf der einen Seite, Kleopatras und des Antonius auf der anderen. Nichts ist hier Psychologie im kleinlichen Sinne, und doch dient alles und jedes der Darstellung der Seelen in ihrem Liebes- und Lebenskampfe. Der ungeheure Trieb zum Leben wird bei Antonius und Kleopatra am Ende abgelöst von einem ebenso gewaltigen Trieb zum Tode, der aber nichts Schwüles und Mystisches an sich hat. Im Tode finden sich die beiden, in der Abkehr vom Leben dringt ihre Liebe erst klar durch, mit einer Unentrinnbarkeit, die durch Trug und Täuschung nicht aufzuhalten war. Erst wenn alles verloren ist, ergibt sich diese heitere Gefaßtheit angesichts des Todes, die an Beethoven erinnert, an das, was Otto Weininger bei Beethoven die »gerettete Freude« genannt hat. Sie ist über jeden Zweifel erhaben und läßt jede Verzweiflung hinter sich.

Die Bearbeitung des Werkes, die der hier gespielten Inszenierung zugrunde liegt, hatte es darauf abgesehen, den Weg zu diesem Endziel durch alle Klüfte des Werkes hindurch klarzulegen. Wo die Übertragung nicht nur als eine Säuberung der romantischen, sondern als selbständige Übersetzung anzusprechen ist, wurde sie in innigem Anschluß an das englische Original geleistet, ohne vor einzelnen, vereinfachenden Freiheiten zurückzuschrecken.

›Maria Stuart‹

Friedrich Schiller, den theatralischen Genius der Deutschen, überwunden zu haben, war die tiefgemeinte Meinung eines Zeitalters der Psychologie. Kann man es übrigens ein Zeitalter nennen? Und ist es bereits vergangen? Ist Psychologie mehr als eine Atempause der Magie? Ist Psychologie mehr als ein Grenzfall magischer Verwirklichung? Grenzt alles Wissen, Messen, Beobachten nicht unaufhörlich an das Tun und Leiden, dem wir uns nicht entziehen können? Und strömt Tun und Leiden nicht aus einer Wurzel, die unter, über allem Wissen ansetzt, je nachdem ob sie aus der Erde oder aus dem Geist, aus dem Äther ihre Kräfte holt?

Das psychologische Genie der Deutschen, Friedrich Nietzsche – als Analytiker umfaßt er uns noch gewaltig –, hat denn auch mit Friedrich Schiller energisch aufgeräumt. Er war ihm der Moral-Trompeter von Säckingen, also der Moralist für die große Menge, der Idealist mit der Perspektive der Theaterkulisse. Und Otto Weininger, Charakterologe von dämonischem Tiefblick, zergliederte zornig die Tatsache, daß zwischen Goethe und Schiller im Volksbewußtsein ein Und gesetzt wird. Goethe selbst empfand anders. Und – eine Kluft dazwischen – Dostojewski empfand anders, der Seher, der alle beide, Nietzsche und Weininger, in sich enthält. – Der Seelenseher Dostojewski sah durch alle Analyse, durch alle Charakterologie hindurch, auf den grundlosen Grund, aus dem die Tat, der Wille aufsteht, der Flug ansetzt. Er erblickte jenseits aller kritischen Wissensmöglichkeiten die Naivität der Idee, von der die Menschheit lebt, wenn sie nicht der Entmenschlichung anheimfallen will.

Aber was hat Menschlichkeit mit Theater zu tun? Mag das ›Lied an die Freude‹, um seines weltumfassenden Schwunges willen, bestehen bleiben. Mag der Dithyrambiker Schiller völkerverbrüdernd weiterwirken! Der Erfinder von Theaterheroen jedoch, einer krassen Schwarz-Weiß-Manier frönend, spreche allem Hohn, was wir uns an Tatsachensinn, an Differenzierung erobert hätten.

Und wir glaubten die Welt als eine Tatsachen-Welt zu kennen und zu beherrschen – da kam der Krieg dieser Welt. Die Gleichgewichts-Politik Europas hatte ihn gebracht. Unsere feuerfeste Wissenschaftlichkeit hat den Brand, wenn nicht entfacht, so doch nicht verhütet. Die höchst differenzierte Vermenschlichung verhinderte nicht den Absturz in die greuelhafteste Barbarei aller Zeiten.

Nach diesem Kriege sahen wir Friedrich Schiller mit veränderten Augen! Und wir sahen das Theater mit veränderten Augen! Glühendes Feuer der Menschlichkeit, Schwung der Idealität, der allernaivsten, ist nicht länger banal. Und das Theater, mag es auch die Auguren der Weisheit nicht befriedigen, mag es sich an uns nur wenden, soweit wir Volk, *zoon politikon,* Masse sogar sind, es wagt heute wieder sein Übermaß der Figuren, seine Perspektive auf weite Sicht hin, seine magische Beleuchtung der Ideen, seine befruchtende Kraft des Darlebens.

Ich sagte: *zoon politikon,* der Mensch als das soziale, als das politische Tier, der Mensch als Masse. Ganz gewiß ist Friedrich Schiller der große politische Dichter der Deutschen. Als solchen haben wir ihn neu entdeckt. Wir konnten es erst, nachdem uns Politik – die Kunst (aber wer spricht heute hier von Kunst?) des Miteinander-Lebens der Menschen, lebenswichtig – mehr als das: todeswichtig geworden war. Seitdem unsere Besten in heillosen Massen an der ›Politik‹ gestorben und verreckt sind, können wir sie nicht mehr übersehen.

Schiller – nicht Shakespeare – ist der politische Dichter der Bühne. Shakespeare enthält Politik nur, wie er alles enthält. Er ist nie und nimmer auf den politischen Nenner zu bringen, ohne gröbste Unterschlagung, ohne schwindelnden Verlust von Werten ethischer, ästhetischer, religiöser Art. Nicht einmal der ›Coriolan‹, auch nicht ›Julius Cäsar‹ ist politisches Drama. Vom ›Hamlet‹ ganz zu schweigen! Man kann sagen, daß ›Troilus und Cressida‹, den Verfall einer Heroenwelt, welche von Mars und Cupido korrumpiert wird, abmalend, als das zeitgerechteste Drama alle Politiker der Erde im Parkett vereinigen sollte. Und doch bietet es, über alle Politik der Welt hinaus, eine Welt der überpolitischen Fatalität. Eine Entfesselung, deren Bindungen ganz tief im rein Seelischen, wenn man will, im biologisch-Kosmischen sitzen.

Auch Schiller ist nicht zu beleben, indem er politisiert wird. Und er ist – in seiner Rhythmik der Allgemeinheit, in seiner Musik der Ideen – nicht auf ein Parteiprogramm festzulegen. Wenn, wie es in Berlin geschah, nach neurussischem Muster ›Die Räuber‹ zu einer Art von bolschewistischem Gelegenheitsstück abmontiert werden, so hat nicht zuletzt der Kommunismus als Idee den Schaden davon. Trotzki ist wahrscheinlich imposanter als Spiegelberg; und den Karl Moor als bürgerliches Muttersöhnchen bloßstellen, heißt nicht nur die Autorrechte, die ewigen, durch keine Enteignung zu treffenden, Friedrich Schillers mit Füßen treten, es heißt auch: vor lauter Revolution das Revolutionäre nicht sehen! Ein gut bürgerlicher deutscher Idealistenirrtum, im Grunde. Man macht Revolution gegen ein Buch, das glücklicherweise nicht verstümmelt werden kann, denn es ist und bleibt in Reclams Universalbibliothek unversehrt erhältlich. Man glaubt, sehr kühn gewesen zu sein – gegen einen Text, der, im Original, viel revolutionärer ist als die ganze tollkühne, ja halsbrecherische Bearbeitung. Die Naivitäten eines Karl Moor sind, mit Respekt zu sagen, rührend in ihrer ewig jugendlichen Großartigkeit, sie sind volkstümlich, sie sind dichterisch, sie wirken deshalb auch heute wie je auf die Masse. Die parteipolitisch ausgerechneten Intellektualitäten des Bearbeiters sind kleinliches Menschenwerk, das auch den politischen Ernst nicht heranbringt, sie bleiben Atelierscherz, sie wirken nur auf den Fachmann – soweit nicht zeitecht und stark empfundene Massenszenen vorübergehend die Publikumsnerven aufwühlen. Schiller wird immer Proletarier begeistern. Der zum Proletkult zurechtgerückte Schiller würde nur die Organisation der Volksbühne dezimieren.

Aber vor Schiller sind wir alle Volk – wenigstens wenn wir in einem richtigen Theater sitzen. Die Unterschiede der Menschen, von diesem Feuer berührt, schmelzen hin – und wir können ruhig uns nach den Enterbten richten. Denn Aug' in Aug' mit der durch alle Himmel und Höllen hinstürmenden Idee sind wir alle Enterbte. Das bürgerliche Selbstbewußtsein wankt – und man wird wieder Kind, den kindlichsten Genius im Gehör! Das Böse an sich und das Gute an sich – wer darf mit solchen Farben malen und doch eine Menschenwelt unter einem gewölbten Firmament für vier flammende Stunden erstehen lassen – wenn nicht ein Begnadeter? Laßt den Schicksalssturm über die Seelen hinbrausen und fühlt die elementare Reinigung, die tiefe Erweckung der Menschenwürdigkeit! Ein Feuer vom heißen Inneren der Erde ist ausgebrochen, ein Vulkan erschüttert unsere Phantasie – und befruchtet Herz und Hirn. Man möchte, vom Theaterereignis eines Schillerschen Dramas gepackt, zwar nicht sagen: hier ist alles zu Ende, im Sinne von vollendet, wie man es bei Goethe so oft empfindet –; man möchte aber sagen: hier fängt alles erst an! Und dieses Gefühl ist es, welches uns heute wieder so tief trifft! *Fundamentum regnorum!* könnte auf dem Giebel manches Schillerschen Dramas stehen. Aber auch: *Fundamentum populi!* Und: *Fundamentum saeculi. Fundamentum humanitatis aeternae.* Urgrund ewiger Menschheit und Menschlichkeit!

Und ›Maria Stuart‹ – der Lebens- und Todeskampf zweier königlicher Schwestern? Man hat dieses Werk romantisch interpretiert, man hat es sentimentalisiert seit Jahr und Tag. Die romantische und sentimentale Maria lebte im Schulbuch, lebte im Theater ihre letzten schmerzlichen Erdentage – und sie war oft eine Heilige, noch bevor sie gesündigt, noch bevor sie gebüßt hatte. Noch bevor ihr Gelegenheit gegeben war, den Tod zu fürchten und ihre Todesfurcht zu überwinden, starb sie an ihrem Edelmut, welcher dem Henkerbeil nicht viel mehr zu erledigen übrig ließ. – Was ihr entgegenstand – außer der unzerstörbar-charakteristischen Elisabeth –, war meistens nur eine glatte Welt von Höflingen und Schranzen, mit den beiden Königinnen in ein gemeinsames Netz von Intrigen dicht verwickelt. (Eine neuere Aufführung der ›Maria Stuart‹ in Frankfurt, inszeniert von Richard Weichert, brachte bereits wesentlich lebendigere Züge wenigstens der Elisabeth-Welt.)

Tritt man heute vor das Werk, so erschrickt man vor der Besessenheit politisierter Menschen, die uns aus mächtigem Rahmen entgegenspringen. Politik in allem, über allem, unter allem, Politik bis zur Tobsucht. Aber Idee in der Politik, menschenmordende, weltenschaffende Idee!

»Jeder Engländer ist eine Insel«, sagt Novalis. Dieses Wort ist ein Schlüssel zu diesem Werk. Jeder Engländer eine Insel, so stehen diese Lords um den Thron Ihrer Königin, welche selbst inselhaft auf ihrem Thron aufgerichtet ist. Es ist die Welt des konstitutionellen Königtums, die Welt des Parlamentarismus, die Welt des Protestantismus, die Welt des strengen Individualismus. Wie dieser Individualismus von einem Burleigh, dem robespierrehaften Staatsmann-Fanatiker, über den ritterlichen Gentleman der Güte Talbot bis zu einem Leicester, dem Günstling, Erotiker und Vabanque-Spieler hinüberwechselt, das macht den wundervollen Farbenreiz des Dramas aus. Aber sie alle sind Pfeiler, Träger einer Staatsidee, einer menschheitlichen Idee, deren Gefangene, deren Eingemauerte die Königin selber ist. Das schroff Grenzenhafte, Monadenhafte bannt, umklammert und verrenkt hier die Naturen, am grausigsten eine Frau wie Elisabeth. – Diesem Prinzip muß Maria, die Katholische, die frei und überfrei Sinnliche, die offene, maß- und grenzenlose Natur als der Gottseibeiuns erscheinen. Für Elisabeth ist Maria nicht nur die Gefahr, sondern auch die stetige, an der Seele und am Fleische fressende Mahnung, was alles eine Elisabeth an Leib und Leben, an weiblicher Selbstverständlichkeit und Selbstgenügsamkeit, an naturhafter Befriedigung einbüßen muß. Da Maria keine Grenzen duldet und anerkennt, müssen ihr künstliche gesetzt werden. Man sperrt sie ein. Aber noch durch die Mauern des Gefängnisses hat sie alles, nimmt sie alles – Männer, Menschen, Seelen, den Anschein des Rechtes, das Mitleid – alles, was strömend ist in der Menschennatur, strömt ihr entgegen. Trotz der Mauern, der geistigen und der steinernen. – Ein Amokläufer gegen diese Mauern, die geistigen und steinernen, ist jener Mortimer, der Renegat der englischen Idee. Er rast vom Protestantismus in den Katholizismus, vom Geiste in die Sinne, von der göttlichen Liebe in die irdische Liebe – bis in die Raserei der selbstverbrennenden Gier! Märtyrer und Heiligenschänder, Platoniker und Vergewaltiger, explodiert er gleichsam an der Sprengkraft der Gegensätze. Mit seiner satanischen Gottverzücktheit bringt er die ungeheuerste Gegenbewegung in das Spiel der Kräfte.

So sieht der grandiose Grundriß des Werkes aus; so wirkt seine geniale Dynamik. Sie wirkt in so viele Ecken und Winkel der Menschennatur

hinein, daß noch lange nicht alle aufgehellt sind, sooft man auch hineingeleuchtet hat. Die Figuren erfahren eine wahrhaft dämonische Vertiefung um
so mächtiger, je mehr die Durchsetzung der Luft mit dem Ideellen und
Chimärischen dieser Art von Staatskunst fühlbar wird. Die Durchsetzung
der Weibnatur mit Politik bis zur Greuelhaftigkeit ist dem Dichter unvergleichlich gelungen; so wie die Unerschöpflichkeit der politischen Suada bei
Schiller sogar Shakespeare überbietet; Reden sind hier Kämpfe, Leidenschaften, Taten, auch wo sie dem Leser trocken erscheinen könnten. Politische Weiber genialer Art sind beide Königinnen; Maria ist es nicht weniger
als Elisabeth. Bis zur großen Überwindung in Gott hört ihr Kampf auf
Leben und Tod nicht auf, ein Machtkampf, ein Kampf um den politischen
Anspruch zu sein. Maria ist aktiv, nicht sentimental, hochplanend, männlich
denkend, wie sehr sie auch weibliche Sünderin sein mag. Wenn sie mordet,
ist Sprengstoff ihre Waffe. (Elisabeth, die Schwester, zündet Dynamit der
Gedanken an.) Gewissensangst und Reue, Todesfurcht in allen Steigerungen,
so heiß und so kalt sie sie anfallen, können doch nie den Willen der Maria
zur Herrschaft, ihre Vitalität der Herrin unterdrücken und beugen. Es geht,
in stürmischem Auf und Ab, um das Leben, es geht aber auch um den Sieg –
es geht freilich zuerst und zuletzt um das Eine, Einzige: geliebt zu werden.
Die Sicherheit, geliebt zu werden, ist die Gnade, welche einer Maria, zuletzt
vom Himmel noch, zuteil wird. Die Furcht, nicht geliebt zu sein, der Fluch
der auf Erden den Sieg behauptenden Elisabeth.
Leicester zwischen beiden, der äußerste Gegensatz des Mortimer: der Mann,
der die Hölle kennt, nicht zu wissen, welches sein Himmel ist, welches sein
Weib, welches sein Schicksal. Seine Fieber, seine Ängste, die Beseligungs-
Gaukelspiele seiner Gier und der Phantasie seiner Gier! Fieber des Spielers, welcher ewig rechnet – des Hasardeurs mit der vermeintlichen Tabelle
der Chancen. Seine kühnsten Drehungen und Sprünge lassen ihn zuletzt doch
nur in einen Abgrund seines unersättlichen, schließlich leeren Ichs verschwinden.
Ist Mortimer ein Glaubensverzückter, der zwischen Gottheit und Götzenbild
taumelt, Renegat und Bekenner, am Ende Gotteslästerer: so ist Leicester
der einzige Gottlose, Ideenlose in dieser Welt der Idee (sein Zerrbild der
vom Gewissen hinweggeraffte kleine Streber Davison), die auch über einen
Paulet ihr Licht wirft. Daß und wie die Religionen, als lebendige Ideen,
hier miteinander kämpfen, ist längst gewürdigt, nicht immer dargestellt
worden. Katholizismus und Protestantismus: sie erfüllen sich, jenseits aller
Menschlichkeiten, an Maria und Elisabeth so, wie die seelische, die ideelle
Wahl des Menschen sich immer an ihm selbst entscheidet. Maria holt aus
der Tiefe ihres Glaubens alles: die Sünde, die Buße und die Gnade – Elisabeth: Individualität, Verantwortung, Verzicht. Was du bittest, das soll dir
gewährt werden.
Es ist beglückend, an einem Werke wie ›Maria Stuart‹ die Wonnen der

Verleiblichung zu erleben. Das neue Theater leidet noch immer an der aus-
zehrenden Sucht, sich selbst zu inszenieren. Schiller hat, heute wie je, das
Zeug in sich, von solcher Manie zu heilen. Wer von seinem Feuer erfaßt
wird, hat nicht länger Lust, sich mit Kleinigkeiten abzugeben. Groß sehen,
groß fühlen, groß handeln wird hier zum dringenden Gebot. Ein Übermaß
von Figur nimmt den willigen Spieler auf und reißt ihn zur Höhe. Tief ein-
gelebte Hemmungen fallen. Überall öffnet sich Situation, die das heißeste,
angespannteste Dasein, in jedem Augenblick eine glühende Bereitschaft der
Sinne erfordert. Der Zeitpunkt scheint gekommen, da das deutsche Theater
es wieder wagen darf, nach reiner Fülle zu verlangen. Befreiend wirkt in
diesem Augenblick der Erhebung der Dichter der Freiheit.

Vorbemerkungen zu Kleists Lustspiel ›Der zerbrochne Krug‹

Kleists Lustspiel ›Der zerbrochne Krug‹ – ein vereinzeltes Meisterstück in
der deutschen Literatur – hat erst spät seinen Nachfolger gefunden, in der
naturalistischen Epoche, deren Vorläufer er in mancher Hinsicht war, in
Gerhart Hauptmanns ›Biberpelz‹. Mutter Wolffen kann als eine Art Pendant zum Dorfrichter Adam angesehen werden. Das Vorläufertum des
Kleistschen Werkes erklärt, warum es so lange gedauert, bis sich das wahre
Verständnis und die volle Bühnenwirkung einstellten. Die Uraufführung am
2. März 1808 in Weimar unter Goethes Patronat ging im Stil fehl und wurde
zu einem berühmten Theaterskandal, über den Friedrich Hebbel später das
Votum abgab: »Der zerbrochne Krug gehört zu denjenigen Werken, denen
gegenüber nur das Publikum durchfallen kann.« Und er stellte fest: »Seit
dem Falstaff ist im Komischen keine Figur geschaffen worden, die dem
Dorfrichter auch nur die Schuhriemen auflösen dürfte.«
Inzwischen hat sich nicht nur die zeitlose Gültigkeit der Komödie durchgesetzt, sondern die Weltereignisse haben ihr auch neue aktuelle Bedeutung
verliehen. Weder Thema noch Gestaltung bedürfen heute besonderer Hinweise, sie beleuchten einander gegenseitig auf das klarste. ›Der zerbrochne
Krug‹ ist die Komödie der irdischen Gerechtigkeit, dargestellt am Beispiel
des ungerechten Richters (»Ich kann Recht so jetzt, jetzo so erteilen«). Dessen allzumenschliche Schwäche macht ihn zum eingefleischten Adam, aber
da er seine Blöße mit der Staatsrobe der gesetzlichen Gewalt bedecken will,
wird er zum eingeteufelten Teufel, als den ihn eine abergläubische Zeugin
tatsächlich verkennt. In seine Hand scheinen die Ehre eines Mädchens und
ihrer Familie, das Lebensglück zweier junger Menschen zum willkürlichsten
Amtsmißbrauch gegeben. Die Komödie streift an mehr als einem Punkt
ihrer Peripherie das Tragische, sonst wäre sie auch nicht ein Erzeugnis echten
Humors und nicht aus so saftigen menschlichen Charakteren herausgelebt,

36

wie eine Marthe Rull, eine Eve, ein Ruprecht, der Schreiber Licht, die Frau Brigitte, der Gerichtsrat Walter es sind. Ihnen gegenüber der unverwüstliche Dorfrichter Adam, der, wie Otto Brahm es ausdrückt, »sich immer tiefer hineinverhört« in die Enthüllung seiner eigenen Schuld. Kleist zieht in der Vorrede zu seinem Lustspiel sogar den Vergleich mit der Tragödie des Ödipus, dem allerdings schuldlos Schuldigen. »Jede der Hauptpersonen«, bemerkt Friedrich Gundolf, »ist zugleich Opfer und Richter, oder Scherge.« Nur Eve und der Richter selbst »haben das vollkommene Wissen des ganzen Tatbestandes, aber beide sind gezwungen, ihn zu verbergen«. Die dritte Partei, die bald nach dem Beginn vom Dichter ins Einverständnis gezogen wird, ist das Publikum. Dessen Mitwisserschaft mag, wie dem Werk oft zum Vorwurf gemacht wurde, die gegenständliche Spannung beeinträchtigen, die künstlerische Spannung wird gerade dadurch erhöht. Denn das Interesse, das vom Was der Handlung abgezogen wird, erhält dadurch die beglückende Möglichkeit, sich auf das Wie der Gestaltung zu konzentrieren. Und gerade dieser Umstand prädestiniert das unsterbliche Werk zum Festspiel.

Beschreibung einer Rolle

Frau Brigitte in Kleists ›Zerbrochnem Krug‹

Die Sensation, mit der Muhme Briggy geladen ist, die sie in den Gerichtssaal mitbringt und kaum zurückhalten kann, so bis zum Bersten voll ist sie damit, und doch verpufft sie sie nicht, sondern bringt sie mit epischer Umständlichkeit, ist: daß sie den leibhaftigen Gottseibeiuns, den Teufel in Person erblickt hat; daß sie ihm begegnet ist und seine Spur verfolgt hat, zwar zitternd vor Schreck, aber doch eben heldenhaft! Es ist die gruseligste Märe, die sie erzählt, und wer es erfährt, sollte das Fürchten erlernen und müßte eine Gänsehaut kriegen und Schauder über den Rücken rieseln fühlen, wie es ihr selbst noch bei der Erzählung wieder passiert.

Vom ersten Satz an ist das Ziel ihrer atemlosen und doch altjüngferlichen pedantischen Erzählung diese Enthüllung: der Teufel, Beelzebub persönlich, hat den Krug zerbrochen!

Und ihre große Enttäuschung, die sie erleben muß, ist, daß nicht der Teufel, sondern ein Mensch, ein allzu menschlicher Mensch, der Dorfrichter Adam, es getan hat. »Der dort?« ruft sie aus und deutet auf ihn. »Der dort?« Darin liegt ihre tiefe Enttäuschung!

Die Perücke hält sie steif von sich weg, sie trägt sie mit einer gewissen Feierlichkeit, und nicht ohne Grausen, denn der Teufel hat sie auf dem Kopf gehabt!

Sie beginnt: »Ihr Herrn, der Ruprecht, mein' ich, halt zu Gnaden, / Der war's wohl nicht.« Geringschätzig. Nein, kein Bauernklachel, ihr eigener

Neffe gar? Nein, nichts so Gewöhnliches, so Ordinäres. Nein, der Kerl, der an ihr vorbeihuschte, kahlköpfig, mit einem Pferdefuß, und stinkenden Dampf von Pech und Schwefel hinter sich zurücklassend, die Glatze wie faules Holz leuchtend, es war Satanas selbst, niemand wird es ihr ausreden: »Ich weiß, was ich gesehen und gerochen!« Und am nächsten Morgen, als sie »den Krugzertrümmrer auszuspionieren, ... Den Platz, wo er gesprungen«, untersucht: »find' ich im Schnee, ihr Herrn, euch eine Spur.« – Sie stockt vor Erregung über ihre sensationelle Entdeckung: »Was find' ich euch für eine Spur im Schnee? ... Ein ungeheurer Pferdefuß«, »unförmig grobhin eingetölpelt.« Mit Schaudern und Gänsehaut schildert und malt sie das Greuel, geradezu plastisch, rhythmisch. Wo der Sprung des Teufels geschehen, ein weiter schneezerwühlter Kreis, als ob sich eine Sau (pfui, wie säuisch-gruselig!) darin gewälzt. Sie zeigt, mit rhythmischer Geste: »Und Menschenfuß und Pferdefuß von hier, / Und Menschenfuß und Pferdefuß, und Menschenfuß und Pferdefuß«: sie hinkt es dem Gericht vor! Es hat etwas von Hexenformel und Teufelsbeschwörung. Die Hexe im alten Weibe kommt zum Vorschein! Und nun kommt ihr Triumph, den sie sich bisher aufgespart, den sie sorgfältig vorbereitet hat: sie hat die Fährte gefunden! Kein Waidmann kann so triumphieren, kein Jäger, der die Fährte des Dachses aufgefunden hat. Und sie verhöhnt das Gericht, richtet aber ihren Hohn charakteristischerweise an die subalternste Person: »Herr Schreiber Licht, spart eure Session« (und die Gerichtskosten möchte sie sagen), »den Krugzertrümmrer judiziert ihr nicht, / Der sitzt nicht schlechter euch, als in der Hölle: / Hier ist die Spur, die er gegangen ist.« Als ob die Teufelsspur mitten durch den Gerichtssaal liefe! Und tut sie das nicht wirklich? Ist der Adam nicht der Teufel? Durch diese geniale Erfindung Kleists, die Erfindung dieser Figur, der Frau Brigitte, ist er wirklich, wenigstens für diesen Moment, der leibhaftige Teufel. Das Publikum müßte mit der Brigitte das Gruseln lernen, auch wenn es über sie lacht!
Das ist für mein Gefühl die Idee, die Vision der Brigitte! Und die Vision Kleists!
Und so geht ihre Schilderung weiter. Wie der Teufel bei ihr »angeprellt« ist: »ein Kreis, / Wie scheu ein Hund etwa zur Seite weicht, / Wenn sich die Katze prustend vor ihm setzt«. Hund und Katze! In diesem Fall auch: Teufel und Hexe! Und dann das ‹Denkmal› des Teufels, vor dem sie erschrickt und sich die Nase zuhält: er hat hingeschissen!
Und Briggy verfolgt die Spur weiter: Lindengang, Schulzenfeld, »den Karpfenteich entlang, / Den Steg, quer übern Gottesacker dann« – (natürlich, übern Friedhof würde er stapfen, der Teufel!) – »Hier, sag' ich, her, zum Herrn Dorfrichter Adam.« Das hat im Versmaß etwas von einer Litanei: auch eben Teufelsbeschwörung!
Ich weiß nicht, ob das hilft. Eigentlich ist es ja selbstverständlich, steht ja alles im Buch. Mir hat diese plötzlich scharf erblickte Perspektive geholfen,

nicht nur die Figur (und Rolle) der Briggy klar zu sehen, sondern das ganze Stück von diesem Punkt her. Das Stück ist göttlich, aber so zum Bersten voll, mit tausend charakteristischen, menschlichen, komischen und auch tragischen Details vollgepfropft bis zum Rande. Ich kenne den ›Krug‹ und liebe ihn seit der Kindheit, aber gerade weil er mir so bekannt ist, komme ich ihm erst jetzt, allmählich, auf die Spur.

Nestroys ›Kampl‹

Mit Nestroy eröffnen, heißt mit einem deutschen Klassiker eröffnen. Mit einem Klassiker des Humors, mit dem Klassiker österreichischen Mutterwitzes. Altwiener Art und Mundart hat sich hier mit einer geistigen Schärfe ausgeprägt, welche das Werk eines zu seiner Zeit überaus wirksamen Possendichters mit unvergänglicher Bedeutung erfüllt. Nestroys Witz: die böse Goschen des Wieners, bis zur satirischen Genialität geschliffen; der unmittelbarste Alltag des Volkes, von einem überlegenen Meister in seinen drastischen Situationen gepackt, mit dem Blitzlicht, der blitzschnellen Laune eines Improvisators geschaut und getroffen und gestaltet; die geriebenste Klugheit eines wachen Kopfes, bis zur wahrhaftigen Lebensphilosophie durchlebt und vertieft. Nestroy hat sein Wien von dereinst aus der Vogelperspektive und aus der Froschperspektive gesehen; er hat die Leute, wie sie waren, sind und sein werden, auf ihre komischen Beine gestellt und herumlaufen lassen, daß die Zuschauer vor Lachen weinten, während der Humorist selbst in seinem Zerrbild die ganze bitterernste, tragikomische Menschenwelt erkannte.

Man hat Nestroy schon zu Lebzeiten Welt- und Menschenverachtung, Zynismus, galligen Pessimismus vorgeworfen; man hat gewußt, daß dieser Porträtist nicht schmeichelte, sondern traf, mit unheimlicher Schärfe – aber er war doch ein Menschenalter hindurch der gefeierte Liebling gewesen, er hatte seine Leute in der Gewalt gehabt, und sie jubelten ihm zu und verwöhnten ihn, den Schauspieler und den Autor. Als dann gegen das Ende zu freilich die Reaktion kam, als er in den Zeitungen verrissen, verleumdet wurde, da verstummte Nestroy, schrieb nicht mehr. Aber nur kurze Zeit. Und als er wieder begann, da zeigte sich, daß er dem Publikum nicht etwa nachlief – im Gegenteil, er hatte sich in aller Heimlichkeit erneuert und gereinigt, hatte vieles, was er der praktischen Theaterwirkung zuzugestehen pflegte, abgetan und sich den Possenzwang leichter gemacht. An den reifen Werken des späten Nestroy, seinen letzten Erfolgen, die dann kamen, sah man es besonders deutlich, wie sein Dichten auf den Menschencharakter hinzielte, und der erfolggewohnte Spaßmacher beschränkte sich mehr als je auf die echte Meisterschaft seines gestaltenden Humors.

Solch ein Nestroy ist der ›Kampl‹: Das ‹Theaterstück› darin, die ‹Handlung›, ist mit der linken Hand gemacht, aber mit einer bewunderungswürdig flinken und geschickten linken Hand. Man braucht die ganze wirre Vorgeschichte nicht zu verstehen, man kann sie sich ruhig schenken. Genug, Pauline von Felsbach ist die reiche Erbin, die umschmeichelt wird und Wahrheit und Liebe erst findet, als sie ungekannt einen Hausball bei einfachen Leuten besucht – und ihre Schwester Netti wächst bei den Brunnerischen als Kind im Haus auf, bis sich ihr das Unglück, von einem Baron geliebt zu werden, in ein rechtmäßiges Glück verwandelt. Und der Doktor Kampl, der Tausendsassa des Stückes, der exzentrische Helfer in der Not und Jongleur mit Weisheiten und Pointen, der die brillantesten Nestroy-Aphorismen zu sprechen hat, der zungenflinke Wahrheitensager, der sich in alles mischt und die Handlung zu ihrem erfreulichen Ende bringt: – es kommt nicht darauf an, ob das Dasein dieser Figur überzeugend begründet wird, sie ist eben da in ihrer ganzen vielfachen, sprühenden und verblüffenden Lebendigkeit und Beweglichkeit. Der Kampl ist der witzige Führer durch die prächtige Fülle der Gestalten, durch die karikierten Prunkgemächer der Reichen, wo krasse Larven sich tummeln und nur selten eine fühlende Brust darunter, wo Intrigen gesponnen und zerrissen werden, und durch die heimischen Zimmer der gewöhnlichen Leute, wo es ja auch schlechte Menschen gibt, wo aber doch die gute, gesunde, volkstümliche Art gedeiht, die ungezwungener und echter sich gibt und bewährt. Hier entzückt die verschwenderische Kunst Nestroys, die reife, frohe Meisterschaft. Da ist der Ball bei Schulzmanns, da sind die Szenen im Hause Brunner, voll unverwüstlicher Ursprünglichkeit. Da ist vor allem der Gabriel Brunner, eigentlich ein übles Subjekt, ein verdorbener, fauler, leichtsinniger Parasit, und dabei doch eine höchst liebenswürdige Persönlichkeit, ein Herzenfänger, ein kleines Genie an Mutterwitz. Wie überall in den Brunnerszenen, so zeigt sich in diesem Gabriel die sonst unbändige satirische Angriffslust Nestroys künstlerisch gebändigt. Der Gabriel ist eine von lachender Echtheit strotzende Gestalt, der Urtypus eines Wieners, mit satirischer Liebe geschaffen, mit seinen angestammten Fehlern und seinem versöhnenden Charme. Allein um dieser Figur willen verdient es das einst mit Begeisterung begrüßte, oft und oft gespielte Werk, das seit Jahrzehnten von den Theatern übersehen und dem Nestroyleser überlassen war, auf der modernen Bühne mit aller Liebe erneuert zu werden. Und dabei ist der Gabriel Brunner nur der Hauptrepräsentant in einer Reihe höchst gelungener Typen und Figuren, die erst alle zusammen, in ihrem drastischen Durcheinander und Miteinander, das klassische Bild des alten Wien geben, wie ein überlegener Wiener und scharfsichtiger Meister es sah.

Ludwig Thoma und seine ›Magdalena‹

Ein Volksstück nennt Ludwig Thoma sein neuestes dramatisches Werk: die ›Magdalena‹.

Er hat die deutsche Bühne bisher nur als Satiriker, als Humorist gesucht und gewonnen. Mit verulkenden Lebensbildern aus unseren deutschen Tagen, Darstellungen, die mit gemütlichem Hohn und derber Treffsicherheit allerlei weitverbreiteten Herzens- und Gesellschaftsunfug der Heiterkeit preisgaben, so das Politisieren des deutschen Bürgers oder seine Moralheuchelei in erotischer Hinsicht. Der Spießer, der Bürokrat, der Professor, der Bauer und der Pfaffe – Lebensfremdheit, Streberei, Muckertum, Pharisäertum, Phrasenbombast und Herzensöde: das sind die Haupttypen und -themen des Satirikers Thoma. Wie er Jus nur studiert zu haben scheint, um den Kontrast zwischen Leben und Jus recht genau kennenzulernen, so ist er, der Försterssohn, überhaupt ein Waldmensch, ein Naturkind geblieben, der mit überlegener Gesundheit den ganzen deutschen Zivilisationsjammer herzlichst bedauert und verachtet und das Beste seines heimatlichen Menschenschlages im bajuvarischen Bauern wiedergefunden hat.

Ludwig Thoma wirkt und bessert seit Jahren als der populärste deutsche Grobian, als der charaktervolle, furchtlos und opferbereit aufrichtige Peter Schlemihl des ›Simplicissimus‹, der viele saftige deutsche Hiebe ausgeteilt hat, von denen so mancher sicher saß. In Politik und Gesellschaftlichkeit, den täglichen Ereignissen und den Kulturproblemen gegenüber urteilt und schilt dieser praktische Demokrat, der gehört sein will, um verstanden zu werden, und den jeder verstehen kann, weil er immer das Einfache predigt: den gesunden Menschenverstand, das natürliche Recht. Thoma hat nicht die bittere Schärfe seines Kampfgenossen, des Zeichners Thomas Theodor Heine, auch nicht dessen anarchistische Intelligenz. Heine ist sarkastisch, Thoma kotzengrob. Heines Hohn vergiftet und sein Blick verzerrt. Thoma belustigt sich und andere, er übertreibt karikaturenhaft, aber er läßt der Welt ihren harmlosen Untergrund, er ist letzten Endes gutmütig und wohlwollend; er klopft dem Gesindel den Buckel aus, dann läßt er's laufen. Die Dummheit der Leute versöhnt ihn mit ihrer Schlechtigkeit, und er schätzt den deutschen Michel als einen relativ anständigen Kerl, trotz manchen üblen Subjekts. Heine ist unerbittlich, er hat einen gefährlichen Blick, Thoma ist voll Herzlichkeit und innerster Jovialität.

In Heine triumphiert der geniale Witz, aber Ludwig Thoma hat Humor. Deshalb kauft sein Angriffsobjekt, der deutsche Bürger, seine Bücher so gern. Die ›Lausbubengeschichten‹, die ›Kleinstadtgeschichten‹, der ›Josef Filser‹, und wie die Bücher alle heißen, die es zu respektablen Auflageziffern gebracht haben, leben von einer breiten, herzlichen Lustigkeit. Sie strotzen von lebendiger Beobachtung und sind übervoll von natürlicher Güte. Sie ergötzen nicht nur den Geist, sondern auch das Gemüt, sie erfrischen das Herz. Sie sind positiv, gedeihlich, sie propagieren die unsentimentale, herzhafte Liebe zum Kind, zu den Armen, zu den Bauern, überhaupt zu allem einfach Menschlichen, Herzensechten, Unverdorbenen, zur kräftigen, ungezwungenen, unverbildeten Art des Volkes.

Aber es gibt noch einen anderen Thoma als den Peter Schlehmil des ›Simplicissimus‹, als den Thoma der Spott- und Stachelverse, der Schwänke und Humoresken. Der Bauerndichter Thoma ist dieses Autors ernstestes und eigenstes Künstler-Ich, das naturgemäß nicht so überaus populär werden kann wie der aktuelle Drauflosgeher und der Erzähler lustiger Geschichten. Der Bauernroman ›Der Wittiber‹ wird längere Zeit brauchen, bis er die 43 Tausend der ›Lausbubengeschichten‹ erreicht. Als gelassen objektiver Schilderer seiner Bauern zeigt aber Thoma sein tiefstes Wesen, seinen radikalen Purismus, der die Vereinfachung des Lebens und die Vereinfachung der Menschen fanatisch begehrt und fordert. Pures Menschentum, pures Leben – das glaubt Thoma am ehesten noch bei seinen Bauern gefunden zu haben. Und so gibt er sie, ohne Romantik, ohne betonte Realistik, ohne lyrischen Mystizismus, ohne Erdphilosophie und Naturreligion, ohne Vertiefung und Erhöhung – nein, einfach gewöhnliche, gesunde Menschen von derber Art, überzeugend und erfrischend in ihrer Selbstverständlichkeit, nicht literarisch verarbeitet, sondern gesehen und gestaltet. Der Dichter verbirgt seine Liebe zu diesen Geschöpfen, er verbirgt sich selbst, er läßt sie für sich da sein, ungezwungen wie sie sind, ein Stück Natur mitten in der Natur, ein Stück lebendiger Gegensatz zu unserer Empfindsamkeit und Intellektualität, ein Stück robuster Wirklichkeit, sachlich und kraftvoll im Leben und im Sterben, in Humor und Tragik, hart und kantig und lebenswarm, festes Material. Diese Sachlichkeit der Darstellung ist aber wesentlich mehr als photographische Treue. Diese Objektivität ist Anschauung, ist ein künstlerischer Wert, ist Schöpferkraft und sicheres Können.

Mit der ›Magdalena‹ versucht Thoma diese Art des Erzählens zur Tragik emporzusteigern. Die Handlung ist die denkbar Einfachste. Ein Bauernmädel ist in der Stadt in die Prostitution geraten und wird von der Behörde heimgeschickt. Thoma schildert ihre Heimkehr. Wie das Heimatdorf die Leni aufnimmt und behandelt, wie man sie umstellt und belauert, wie in ihrem dummen Herzen eine arge Bitternis gestiftet wird – bis man sie so weit hat, bis sie in aller Einfalt wieder das Kapitalverbrechen begeht und für das, was die anderen Bauernmädchen umsonst geben, ein paar Mark verlangt – da hat man sie auch schon und kann sie dem Schutz des Vaterhauses entreißen, sie jagen, hetzen.

Das ist die der Menschenbestie eingeborene Brutalität in ihrer Naturform, ohne Pathos und Sentimentalität dargestellt, das ist ein erbärmliches, einfältiges Weiberschicksal. Und ebenso ohne Pathos und Sentimentalität die Tragik der guten Eltern, das verzweifelte Sterben einer sehr mütterlichen Mutter und der Kampf des rechtschaffenen Vaters, der genau so denkt wie seine Umwelt, der aber, um der Tochter willen geächtet, Haus und Kind verteidigt und schließlich das Mädel lieber niedersticht, als daß er sie der Bestialität in Land und Stadt als freie Beute auslieferte. Die Dummheit wird hier vom Dichter schärfer genommen, als verelendendes Prinzip, und die Schlechtigkeit der Herzen ist ihr Zwilling. Eine wortkarge, beherrschte Schilderung, sparsam auch mit Tränen und Schreien, die das Ergriffensein den Hörern überläßt, die auch das absolut Rührende trocken und sachlich gibt, und ihre Wucht und Würde, ihren mitfühlenden Ernst darin bewährt, daß sie menschliche Dinge mit so seltener Schlichtheit behandelt.

›Die Sippe‹
Ein Schauspiel von Ludwig Thoma

In ›Magdalena‹ hat Ludwig Thoma die erbarmungslose Verfolgung dargestellt, die ein bayrisches Dorf einer aus der Großstadt reuig heimgekehrten armen Sünderin angedeihen läßt. Da war der liebe Nebenmensch an der Arbeit, der es auf den Splitter im Auge des Nächsten scharf hat. Die schamlose Neugier nach Privatsachen, die Zudringlichkeit aller, die's nichts angeht, das Munkeln und Zischeln und Sticheln, das schließlich in eine regelrechte Menschenjagd ausartet, und zwar in eine Treibjagd. Das Wild wird aufgespürt, rings umstellt, zur Strecke gebracht. Eine Lynchjustiz der Verleumdung, die von der ‹Gemeinde› offenbar für ihr gutes Recht gehalten wird, ja für ihre Pflicht, zur Wahrung idealer Interessen, der öffentlichen Sittlichkeit. Zur Verteidigung der Gemeindegrenzen gegen jede Anfechtung durch Stadtsitten, die den borniertten Kreis erweitern könnten. Ein Fall, der als höchst typisch gelten muß.

Einen noch weit typischeren Fall behandelt Thomas neuestes Drama. Die Familie, oder, verächtlicher, zum Unterschied von der Familie im guten Sinn: Die ‹Sippe›. Sippe, Sippschaft hieß im altdeutschen Recht die Blutsverwandtschaft. Heute hat das Wort einen mehr ironischen Sinn angenommen. Heute bezeichnet es das Verwandtengesindel, die Enge der Interessen, die Kleinlichkeit der Anschauung, den bösen, hämischen, intriganten Geist, die stickige Luft, die Heuchelei und den Dünkel, kurz, alles Üble, das sich leicht im engen Kreis der Familie ansammelt, eine Atmosphäre, wie in einem Zimmer, das zu selten gelüftet wird. Nicht die Familie in ihrer Bedeutung, in ihrem ethischen und sozialen Wert, sondern die Familie in ihrer Entartung. Es sind die lieben Verwandten, die das Familienmitglied wie eine Fehme belauern und tyrannisieren, ducken, quälen und hemmen. Leute, denen man gar nicht innerlich angehört, die aber tun, als ob man ihnen mit Haut und Haaren gehörte, die unser Glück wollen, nicht wie wir es uns erträumen, sondern wie es ihnen in den Kram paßt, und die mit scheinbarem Wohlwollen jeden besseren, edleren Keim zerstören. Das Hauptinteresse, das sie an ihren Opfern nehmen, scheint der Neid zu sein, ihre Hauptkunst die, böses Blut zu machen, ihre Hauptwaffe der Tratsch. Sie sind Tugendwächter, aber nur beim lieben Nächsten; sie haben für alles Fleischliche den lasziven Blick und für alles Materielle die eigennützigste Deutung. Sie sind von Natur aus reaktionär, und, wo sie einen Unterschied bemerken, gleichmacherisch wie eine Erdwalze. Wehe dem Familienmitglied, das einen eigenen Weg wählt, einen persönlichen Geschmack betätigt, selbständig denkt und will! Wehe aller Jugend, aller wahren Leidenschaft, allem Freiheitlichen und allem Suchen nach Schönheit, nach Liebe und stolzer Menschlichkeit. Wehe dem, der dem Götzen ‹Sippe› nicht getreulich opfert, der nicht mittratscht und mitheuchelt. Bei den fremden Leuten findet man tausendmal mehr Wohlwollen, wahres Interesse und Verständnis als bei dieser Art Verwandtschaft. Hat einer Talent, sie glauben's nicht und werfen ihm Prügel vor die Füße – freilich ändert sich das Bild, wenn sich der Erfolg einstellt. Leidet einer – sie merken's erst, bis es zu spät ist. Strebt einer – sie werden ihm solange zusetzen, bis er das Selbstvertrauen verliert. Und verfehlt sich einer – dann sind sie es, die sich auf ihn stürzen und ihn hinunterziehen, statt ihn zu stützen und aufzurichten. Es ist nicht väterliche, mütterliche, brüderliche Duldung, Hilfe, Aneiferung, Selbstlosigkeit und Hingabe – es ist eben Sippschaft, nicht Familie. Ihr ausgeliefert und furchtbar durch sie gefährdet sind vor allem die Zarten, die Empfindlichen, denen solches Wesen, wie tief sie's auch durchschauen mögen, zu Herzen und auf die Nerven geht, die sich dem Gift nicht zu entziehen vermögen – die der Sippe immer wieder auf die großen Worte, die heiligen Begriffe hineinfallen, die sie ständig im Munde führt, um damit zu verleumden.

Diese so verstandene Sippe ist eine inoffizielle Macht, die nicht unterschätzt werden darf. Ludwig Thoma, dessen Satire ja immer nach sozialen Zielpunkten strebt, will ihr mit diesem Volksstück praktisch zu Leibe gehen. Das Beispiel, das er gibt, ist möglichst einfach und alltäglich. In eine Familie, die sich viel auf ihr Patriziertum, auf ihre vererbte, wohlhabende, korrekte Bürgerlichkeit zugute tut, kommt, durch Heirat mit dem Stammhalter, Jenny, ein armes Mädchen, das noch dazu Künstlerin war. Sie wird von der Sippe systematisch wieder hinausgebissen. Der Fall wird akut durch die unverhoffte Heimkehr des alten Henjes, Jennys Vater, der, als Opfer des Ausnahmegesetzes, wegen sozialistischer Bestrebungen seinerzeit nach Amerika auswandern und sich dort mit Armut und Kümmernis jahrelang herumschlagen mußte. Da ihn jetzt eine sozialdemokratische Zeitung als Redakteur aufnehmen will, droht er seinem Schwiegersohn Walter direkt gefährlich zu werden. Walter ist nämlich Reserveoffizier, und die lieben Verwandten haben es leicht, ihm die Erschütterung seiner Position durch eine solche ‹Beziehung› zur Sozialdemokratie deutlich zu machen. Wie er

44

sich nun, aus Gründen dieser Art, gegen den alten Mann, dessen Schicksal und Kindlich-menschliche Art – und damit gegen Hedwig selbst – stellt und benimmt, das öffnet der Frau die Augen über seinen Charakter. Hedwig erkennt, daß Walter im Grunde eben auch nichts anderes ist als ‹Sippe›. Sippe, wie sie ringsum lauert und sich in der ganzen Stadt überall fortsetzt. Sie zieht es vor, mit ihrem Vater zu gehen und mit ihm gemeinsam den Kampf ums Dasein neu aufzunehmen. In der Art und den Anschauungen des Walter Eickenrot schildert und bekämpft Ludwig Thoma wie schon oft den Typus des strebsamen Bürgers, wie er in seiner Schneidigkeit nach außen und in seiner innerlichen vorsichtigen Abhängigkeit von den gültigen gesellschaftlichen Anschauungen für das moderne Deutschland charakteristisch ist.

Der Kampf um ›Glaube und Heimat‹

Es wäre das liebe deutsche Theaterpublikum, bei aller echten und unechten Begeisterung, wohl kaum darauf gekommen, daß Schönherrs Drama ›Glaube und Heimat‹ ein Pamphlet ist (sein soll), ein protestantisches Pamphlet gegen den Katholizismus. Zwar: der Reiter, der die ketzerischen Bauern drangsaliert, schlachtet und aus dem Lande hetzt, treibt seine Untaten wie einen religiösen Minnedienst für die Gottesmagd. Solche Charakteristik soll nicht den Marienkultus herabsetzen, sie soll nur, in dichterischer Weise, der Gestalt einen Zug von mystischer Schwärmerei verleihen, soll die Gestalt verschönen. Wenn dieses Detail nicht wäre, man müßte sich den Katholizismus aus den Reminiszenzen des Geschichtsunterrichtes ergänzen. Keineswegs werden sonst Eigentümlichkeiten des katholischen Ritus irgendwie auch nur erwähnt, der Katholizismus wird nicht mit einem einzigen Worte befehdet. Wohl raufen zwei Glauben miteinander; der eine ist gekennzeichnet als die anerkannte Religion, welche die politische Macht hat und diese Macht rücksichtslos gegen ein neues, revolutionäres Bekenntnis anwendet, das sich im Gewissen der Bauern festgesetzt hat, das die Bekenner durch Martyrium und Opfer zu ihrem Eigensten gemacht haben und immer mehr zu ihrem Eigensten machen. Diese Bauern sind sonderbare Helden. Sie lästern den zur Zeit der Reformation doch in mancher Hinsicht recht lästerungswerten Katholizismus mit keiner Silbe, sie haben keinen Schimpf, kein Drohen und Hassen für die Regierung, welche sie foltert. Sie müssen nur eben ihrem Gewissen gerecht werden, um alles. Hie Landesreligion, welche die Gewissen vergewaltigen will, hie Ketzertum, welches die Gewissensfreiheit behauptet. Auch vom Protestantismus erfährt man nichts als das: Du sollst bekennen! Man hat der Dichtung, mit mehr Recht, den

Vorwurf gemacht, daß sie eigentlich wenig charakteristisch Religiöses enthält, man meinte damit die Gefühlsweihe und Gefühlstiefe des religiösen Seelenlebens. Während es Schönherr ‹nur› auf den Heroismus des Gewissens abgesehen hat, das puritanisch männliche Sollen, den kategorischen Imperativ (ins Bäurische gewandt). Man hat der Dichtung auch, mit einem Schein von Berechtigung, den Vorwurf gemacht, daß sie nicht ‹historisch› sei, ohne historische Perspektive, sogar keine Haupt- und Staatsaktion, daß sie die ganze Farbenpracht des historischen Milieus zugunsten ihrer bäurischen Knappheit und Kargheit verschmähe. Ein paar welt- und zeitabgeschiedene Bauern – das ist hier alles, und ist, wie mir scheint, nicht wenig. Man könnte (was übrigens auch konstatiert wurde) statt des Katholizismus und des Protestantismus zwei beliebige andere Religionen einsetzen, die eine in der Vollkraft ihrer politischen, im religiös zweifelhaftesten Sinn irdischen Macht, die andere in der Vollkraft ihrer die Seelen erobernden Reinheit und Keuschheit. Diese typische Konstellation ist nun aber mit historischer Treue gesehen. Das kann kein katholischer Eiferer leugnen, wenn er es mit der Wahrheit halten will und darf. Gewiß läßt sich manches sagen über die geistige und seelische Fruchtbarkeit, die kulturzeugende Kraft des Katholizismus. Nur daß solche historische Wahrheiten nicht das Geringste zu tun haben mit dem bäurischen Bekennerdrama, das Schönherr sah und mit echt künstlerischer Beschränkung gestaltete. Und es blieb jener Glaubenstreue, die den Protestantismus noch heute als Ketzertum verdammt und alle Ehrlichkeit des Herzens und des Geistes, allen Heroismus der Tat, so in Deutschland reformiert und erfolglos gegenreformiert ward, am liebsten aus der Welt lügen möchte, jener nicht sehr verehrungswürdigen Glaubenstreue blieb es vorbehalten, das Werk Schönherrs als einen böswilligen und verlogenen Angriff auf den Katholizismus zu brandmarken.
Man braucht ›Glaube und Heimat‹ nur zu lesen, um die schiefe Perspektive dieser Betrachter zu korrigieren. Weshalb ich die ganze Aktion, abgesehen davon, ob sie mit Geist und Geschick geführt wurde, für höchst unzweckmäßig halte. Die ganze Propaganda war überflüssig genug. Verächtlich und lächerlich wird sie, wenn man nun auch noch mit dem Argument des Plagiats zu arbeiten beginnt. Gewiß, die katholische Enrica von Handel-Mazetti ist eine große Dichterin, Schönherr ein arger Sudler. Hätte Schönherr etwa ein Drama aus der Zeit der neronischen Christenverfolgung geschrieben und das christliche Martyrium überhaupt, ohne eine besondere Couleur desselben zu bezeichnen, als eine heroische Angelegenheit geschildert, dann wäre auch er ein Meister, sicherlich. So urteilt nun einmal *homo sapiens*, welches ein Tier ist, das in Parteien gedeiht. Aber Plagiat! Die Insinuierung eines Plagiats ist fast immer dumm, beweist fast stets nichts anderes als die an sich belanglose Tatsache, daß, wer sie ausspielt, nicht ahnt, worauf es in der Kunst eigentlich ankommt. Nein, so einfach geht das nicht: daß ›Glaube und Heimat‹ zwar ein Machwerk ist, daß aber, was daran gut ist, aus den

Romanen der katholischen Dichterin gestohlen wurde. Wenn Schönherr auch zwei Dutzend Worte einfach von einem anderen übernommen hätte, sie wären, im neuen Ganzen, dennoch von ihm, von Schönherr und von keinem sonst. Man braucht, um das zu behaupten, nicht einmal die beiden Romane zu kennen, man muß außer ›Glaube und Heimat‹ nur noch das frühere Schaffen Schönherrs kennen. ‹Gut› an dem Drama ist nämlich das dramatische Bauerntum, das erst mit Schönherr auf die Welt kam, seine ganz eigene Art, Bauern dramatisch darzustellen. Er hat eine persönliche Fähigkeit, lebendig zu zeigen: wie die Bauern in ihrem Erdreich wurzeln. Und es ist das Geheimnis seines neuen Werkes, die Schwäche, aber auch die Kraft dieser unhistorischen Dichtung, daß er wieder nur dieses, und dieses mit einer bedeutenden Wucht des Ausdrucks gezeigt hat: was seinen Bauern die Heimat ist, wie furchtbar viel, wie tragisch alles, und wie sie es dennoch opfern, weil ihr Gewissen das Opfer fordert, weil sie auch geistig Zähe und Verwurzelte sind; wie sie dennoch bekennen. So hat sein Werk keinen Reichtum an lebendiger, differenzierter Religiosität mitbekommen, wohl aber wird es von einer ernst zu nehmenden ethischen Kraft aufrecht erhalten. Will man gegen ein solches Werk kluge Politik treiben, so bekämpfe man es mit kunstkritischen Einwänden, nicht anders. Aber man suche nicht den künstlerischen Schaden, den der Sensationserfolg anrichtet, durch moralische Beschuldigungen auszugleichen.

Schönherrs Drama

Diese Dichtung aus der Zeit der Gegenreformation in den österreichischen Alpenländern ist kein historisches Drama. Sie ist geradezu antihistorisch. Sie ist ins Elementare gerettet, ist sachlich, menschlich, ethisch elementar und, um alles mit einem Wort zu sagen, elementar dichterisch; nicht ganz ohne die fragwürdige Nebenbedeutung des Wortes elementar. Schönherr hat auch dieses Thema in die unmittelbare, primitiv-menschliche Drastik gezwungen, die ihn vor den Dramatikern der Zeit auszeichnet. Daß er die ›Heimat‹ anders gestaltet, als die Heimatkünstler es sich träumen lassen, und mit welchem Können, das wußte man seit seiner ›Erde‹. Für den ›Glauben‹ fürchtete ich. Aber das Werk hat mich widerlegt. In ›Erde‹ hatte Schönherr die Erdkraft seines Bauerntums beschworen. Nun beschwor er ihren Bauerngeist. Er hat nie vorher seine Menschlichkeit mit solcher Inbrunst ausgedrückt. Er hat sie nie zu solcher Höhe gejagt. Wie seine Menschen wurzeln, wie das Leben sie nimmt und sie das Leben nehmen, das gab er schon stark, nun gibt er es stärker. Und gibt ein Neues: wie sie bekennen. Er drückt allerdings den ›Glauben‹ durch die ›Heimat‹ aus. Indem er zeigt, was sie mit ihrer Heimat opfern, und wie sie es doch opfern für ihren Glauben. Sie haben sich in ihrer zähen, schweren, aber schließlich doch überzeugenden Art zum Geiste gestellt. Hier lernt man fühlen, welche Aufgabe es wäre, sie zu brechen oder gar zu biegen. Ihre innerste Treue, trotz aller irdischen Gebundenheit, singt diese wilde, zwingend gesteigerte Ballade. Die Begriffe Katholizismus, Protestantismus sind belanglos für das lyrische Pathos ihrer Blutzeugenschaft. Es ist schwere, schwerste Zeit, und schwerer Sieg. Katholizismus, das bedeutet nicht viel mehr als ein: »Unser gnädigster Herr und Kaiser will uns Lutherische nimmer gedulden!« mit all seinen Konsequenzen. Die Konsequenzen sind das Wesentliche. Protestantismus: »Mein G'wissen ist noch ein viel g'strengerer Herr als Papst und Kaiser!« Möge man es als ein lutherisches Pamphlet auffassen, aber als ein Pamphlet gegen jede Religion, die sich als Macht wider ein anderes Bekenntnis kehrt. Und als Erlöserschrei jeder Religion, die zur Zeit wirklich nichts ist als reines Bekenntnis. Es gilt nicht die Überprüfung eines Gedankens, ein Menschentum bewährt sich: sein heißer, erdnaher Lebensernst, sein zäher, grobknochiger Wille, sein fanatisches, unausrottbares Herz. Und die ganze kleine, enge Welt dieser Menschen sättigt sich mit einer Eindringlichkeit, daß man überall den Gedanken, der in ihr so unbarmherzig treibt, zu spüren bekommt, obwohl man ihn nirgends fassen kann. ›Erde‹ ist das besser verwurzelte Werk, aber ›Glaube und Heimat‹ ist das Lieblingskind des Dichters, aus seiner heißen Liebe geboren.

Macht gegen Bekenntnis: ein ewiges Problem aller Religion auf Erden. Ohne darüber auch nur einen Augenblick lang zu theoretisieren, hat Schönherr seine Menschen sofort in die unmittelbare Praxis des Bekennens gestellt. Damit das Experiment gelinge, sind alle Umstände möglichst vereinfacht. Der Zweifel (das höhere Religionsproblem) ist ausgeschaltet. Die lutherischen Bauern zweifeln hier nie an der Wahrheit ihres Bekenntnisses, aber auch nie an der Berechtigung der kaiserlichen Befehle. Daß einer irgendwie den Komplex ›Heimat‹ als problematisch empfände, daran ist natürlich gar nicht zu denken. Instinkte, nicht Begriffe. Heimat ist hier ganz konkret; Besitz vor allem. Ist der Acker, den sie mit Schweiß und Blut betreut haben, von dessen Ertrag sie gelebt haben, seit sie leben. Das Vermögen ist bei ihnen zugleich unentrinnbarer Gebrauch, Geräte, Haustiere, die dienend mit den Menschen leben, von deren Dienst die Menschen leben. Der Boden ist ihre absolute Gegenwart, aber auch die Vergangenheit und Zukunft ihres Geschlechtes, sie wurzeln in ihm, mit ihren tiefsten Gattungsinstinkten. Ihr Boden ist für sie Freiheit, Selbstbestimmungsrecht, Menschenrecht, Menschenwürde, und die Sicherheit all dieser Güter. Ist der ihrer einzig würdige Aufenthaltsort auch noch als Grabstätte. Ist ihr soziales Selbstbewußtsein, unbeirrbarer Kastengeist. Und wie sie selbst im Boden wurzeln, so verwurzelt sich in ihnen ein Gedankenkeim, der in die Fruchterde dieser Seelen fällt. Und ihre ganze mütterliche Treue umfaßt diese Pflanze ihres Innern, eine Treue bis zur Selbstaufopferung. Aus diesen primitiven, unbeirrbaren Kräften ergibt sich die rauhe Dynamik des Dramas. Es gibt natürlich solche Menschen nicht, aber es gibt seit Schönherr ein solches Drama. Er hat seine Bauern aus einer inneren Primitivität, aus einer irgendwie zugleich sehr persönlichen und überpersönlichen Urmenschlichkeit herausgeholt, die sich nicht weiter aus einem Milieu ableiten, die sich nur künstlerisch miterleben läßt. Die menschliche Anlage ist hier identisch mit einer dramatischen Begabung, wird restlos durch eine Technik ausgedrückt. Ein Triumph dieser Technik scheint mir die Vermenschlichung der Staatsmacht und des Besitzraubes durch zwei Kraftgestalten. Da ist der Reiter, dieser Mythenmensch, wie aus der Balladenphantasie des Volkes geholt. Ein Würger mit Herz, den man persönlich bekämpfen und seelisch überwinden kann. Der ganzen Konzeption des Werkes nach soll der Katholizismus den Bauern nur erscheinen als solch ein kaiserlicher Reiter, der mit seinen »Fanghunden«, den Soldaten, die Gegend säubern kommt. Die Gestalt entschädigt dichterisch für solche krasse Verkleinerung. – Und der andere, der mächtige, humorhafte »Häuserfraß«, der Geldbauer, der alle erledigten Güter zusammenkauft. Auch er, seine prächtig erfundene Situation und Gesinnung, wirkt Person gegen Person, pointiert das Zurückweichen, das Opfern der Anderen menschlich. Das kann Schönherr: sachliche Zusammenhänge in menschliche Situationen, und Innerlichkeiten in Gegenständliches verwandeln. – Aber das eigentlich Neue der Schönherrschen Technik scheint es mir zu sein, wie alle die Menschen mit sehr raffinierter Sparsamkeit, die reiche Fülle vortäuscht, rein motivisch verwendet werden, wie sich eigentlich nur ein dualistischer Zustand entwickelt, die Schicksale der einzelnen aber nur als Bewegungsakzente in diesem Zustand auftauchen, während er fortschreitet. Schönherr ist ein Meister der repräsentativen Momente. Die Ausführung des kaiserlichen Befehls bringt in ihrem natürlichen Verlauf eine sorgfältigste Steigerung des Antagonismus Glaube – Heimat, Bedrängnis – Bekenntnis, Enteignung – Opfer. Eine genaue Artikulation bis in die Abschiedsgebärden hinein. Es ist erstaunlich, wie durchgreifend die wenigen Elemente verwertet werden, wieviel Bewegung die wenigen Figuren machen, wie sie die Bewegung weitergeben, individualisieren, pointieren. Wie kunstvoll Hemmung und Verzögerung sich ergibt. Die beiden Gesten des Festhaltens und des Aufgebenmüssens sind raffiniert ineinanderkomponiert. Mit wenigen Mitteln wird sehr stark der Eindruck des sich Ankrampfens, des Entwurzeltwerdens, des von der Kraft des Glaubens Ausgestemmtwerdens und Fortgeschleiftwerdens erweckt. Und, bei aller Passivität, der Eindruck des Sich-Befreiens, des Überwindens. Die wahrhaft christliche Selbstüberwindung des Letzten steht am Ende einer organischen Reihe und wirft das Licht ihrer Bedeutung auf alle anderen zurück. Wie perspektivisch das Kleinleben verteilt ist, die menschlichen Züge. Diese sechs Menschen repräsentieren immerhin Volk. Wenn ein Anwesen verkauft wird, der Schreiber die Leute verliest, die der Reiter austreibt, dann fühlt man stark das Losreißen aus einem Organismus. Wie die Leute sich noch einmal umwenden, oder sich ein für allemal abwenden, die Verschiedenheit des Schrittes, der sie wegführt, das merkt man sich. Vergißt nicht mehr tausendfaches Zaudern und doch Müssen. Der Reiter brauchte gar nicht sein Schwert zu zerbrechen. Man weiß ihn besiegt.

›Justiz‹
Drama in vier Akten von John Galsworthy

In seinem Drama ›Justiz‹ hat John Galsworthy, der soziale Dichter, die Unmenschlichkeit der menschlichen Gerechtigkeit zum Drama verdichtet. Und er hat in der modernen Justiz eine blinde, grausame Gewalt entdeckt, die ebenso schrankenlos und unerbittlich mit Menschenschicksalen schaltet, wie das blinde, grausame Verhängnis in den Tragödien der alten Griechen. William Falder, Schreiber in der Kanzlei eines angesehenen Rechtsanwaltes, ein junger, unerfahrener Mensch von schwächlichem und empfindsamen Charakter, hat eine Frau kennengelernt, die an einer unglücklichen Ehe schwer leidet. Um sie zu retten, um jenseits des Ozeans gemeinsam mit ihr ein neues, besseres Dasein zu finden, fälscht er einen Scheck. Der Unterschleif wird entdeckt, und damit ist Falder aus seiner harmlosen Alltagswelt gerissen und in die Welt der Schrecken geworfen. Es beginnt damit, daß der ehrenwerte Rechtsanwalt der Moral, der Gesellschaft eine Ahndung des Verbrechens, eine Brandmarkung des Täters schuldig zu sein glaubt. Der Schutzmann streckt die Hände gegen Falder aus. Falder weicht zurück: »Ach nein, ach nein«, stammelt er. Aber jetzt gilt kein Zurückweichen mehr. – Im zweiten Akt sitzt Falder auf der Anklagebank. Der Richter thront gleichgültig über dem Gewimmel des Gerichtssaales. Der korrekte Staatsanwalt ist da, dem die ganze Geschichte nur irgend einen Fall unter tausend Fällen bedeutet, wie sie täglich vorkommen. Und nun duelliert sich die Staatsanwaltschaft mit der Verteidigung, sie kämpfen um die Zeugen, deren Aussagen jeder Teil auf seine Art für die Geschworenen zu deuten versucht. Cokeson, der ehemalige Bureauvorstand Falders, sucht den Angeklagten zu retten. Cokeson ist ein simpler Bureaumensch, aber mit einem wunderbar väterlichen Herzen. Er schildert den wahnsinnigen Aufregungszustand des Angeklagten zur Zeit der Tat, wie er wegen seiner Privatgeschichte, wegen der von ihrem Gatten mißhandelten Frau, ganz aus dem Häuschen war. »Haben Sie schon einmal einen Hund gesehen, der seinen Herrn verloren hat? Er war sozusagen überall zugleich mit seinen Augen.« – Und die Frau kommt und bezeugt ihr Unglück, bezeugt stoisch die erste, noch keusche Liebe, die sie mit Falder verband, wie es dem jungen Menschen zur fixen Idee geworden war, sie zu retten, um jeden Preis. Sie sei am Morgen der Tat zu Falder geflüchtet und habe ihm erzählt, wie der Gatte sie eben jetzt mißhandelte. Falder schildert, wie sie kam: »Die Abdrücke seiner Finger waren an ihrem Hals sichtbar.« – Aber für das menschliche Recht handelt es sich hier um den genauen Buchstaben. »Ehe Sie Unzurechnungsfähigkeit annehmen«, apostrophiert der Staatsanwalt die Geschworenen, »müssen Sie durchaus überzeugt sein, daß der Geisteszustand des Angeklagten ihn in diesem Augenblick für ein Irrenhaus qualifiziert hätte.« – So streng befragt, müssen die Geschworenen ihr »Schuldig« sprechen. Und auch mildernde Umstände werden nicht zugebilligt, denn, wie der Vorsitzende scharfsinnig ausführt: der Angeklagte war Schreiber bei einem Rechtsanwalt, müsse sich also über die Tragweite seines Vergehens besonders deutlich bewußt gewesen sein. Und dann sei auch die Absicht der Tat eine unsittliche gewesen: nämlich die Entführung einer verheirateten Frau. – Das Urteil lautet auf drei Jahre Zuchthaus.

Der dritte Akt, im Gefängnis, Abteilung für Einzelhaft. Die Gefangenen planen Fluchtversuche, sie murren, zeigen Trübsinn und Auflehnung. Und sie beginnen zu klopfen, an die Eisentüren zu hämmern. Das ist ihre Sprache, wenn Unruhe ihre Herzen packt. Was ist der Grund dieser furchtbaren Unruhe, die bei den Einzelhäftlingen ausbricht und schwindet, schwindet und wieder ausbricht? »Wie bei den Pferden«, sagt der menschlich fühlende Gefängnisdirektor, »es geht durch ganze Kavallerieschwadronen.« Was ist's? »Weil Weihnachten nahe ist«, sagt jemand. Wie merkwürdig, dieses Wort »Weihnachten« in dieser Umgebung! Falder ist trübsinnig. In der furchtbaren Einsamkeit der Einzelzelle grübelt und bangt er immerfort: was das Schicksal der Frau sei, die er ungeschützt in der gefährlichen Welt da draußen zurücklassen mußte. »Ich würde keinen Hund monatelang allein einsperren, auch nicht, wenn er mich am ganzen Leibe gebissen hätte«, sagt der getreue Cokeson. Und er bittet den Gefängnisdirektor: »Lassen Sie ihn doch mit den anderen herumlaufen.« Aber der Gefängnisarzt kann nichts konstatieren. Der Gefangene habe nicht an Gewicht abgenommen. Und die Seele wird hier nicht gewogen. Die Seele soll ja gezüchtet werden. – Falder in seiner Zelle allein. Aber das ist nicht mehr Falder, das ist Nr. 3007. Wie er denkt, herumgeht, horcht! Da tönt das Klopfen an sein Ohr, das furchtbare Klopfen der anderen namenlosen Nummern in den Nebenzellen. »Es bannt ihn. Er kriecht, Zoll für Zoll, an die Türe heran. Plötzlich hebt auch er die geballten Fäuste hoch. Heftig keuchend, wirft er sich gegen die Tür und schlägt dagegen.« – Diese stumme Szene war in England die große, grausige Sensation dieses Dramas.

Letzter Akt der Tragödie. Falder ist wieder Falder, ist wieder frei. Aber ist ein Abgestrafter und bleibt darum stellenlos. Sein früherer Chef will ihn wieder nehmen, wenn Falder auf das unmoralische Verhältnis mit der Frau verzichtet, obwohl es immer noch eine keusche und tief unglückliche Liebe ist! »Aber es ist das Einzige, was ich noch habe!« ruft Falder. »Aber das heißt: all das durchgemacht haben – seine Gesundheit zerrütten – meine Nerven sind in einem furchtbaren Zustand – für nichts und wieder nichts. Ich hab's um *sie* getan.« Und schon erscheint auch wieder der Schutzmann. Falder steht ja noch unter Polizeiaufsicht und hat sich nicht vorschriftsmäßig gemeldet, ist verdächtig, ein Zeugnis gefälscht zu haben. – Und Falder stürzt sich aus dem Fenster. »Er muß verrückt gewesen sein, wenn er geglaubt hat, er kann mir so entwischen«, meint der Schutzmann. Aber Falder ist jetzt endgültig entwischt; denn er ist tot.

Dieses Stück gestaltet Galsworthy mit der strengen, zwingenden Objektivität, die seine Größe ist. In England hatte seine Tragödie sofort ihre tiefgreifende Wirkung. Vom Dichter belehrt, kürzte das englische Parlament die Fristen der Einzelhaft sehr erheblich und schuf Vorsorgen für das Schicksal der entlassenen Sträflinge, die ja nicht wirklich entlassen sind, solange der Bann der Polizei auf ihnen lastet. So ging unendliche Wohltat von dieser Dichtung aus, Wohltat für Menschen, die sich verfehlt haben, die aber doch Menschen sind. Und wenn solch eine soziale Wirkung auch nicht den künstlerischen Wert eines Theaterstückes beweisen kann, sie zeugt jedenfalls für die lebendige Kraft eines Dichters, der so zu rühren verstand, als er die einfachste Wahrheit zeigte.

Anton Tschechow:

›Die Möwe‹

Der ›Komödie in vier Aufzügen‹, wie sie offiziell genannt wird, ›Die Möwe‹ – sie könnte ebensogut eine Tragödie genannt werden, sie ist beides in einem, in einer staunenswerten Verschmelzung – kommt theaterhistorisch eine große Bedeutung zu. Das Werk fiel zuerst, am Kaiserlichen Alexandrinski Theater in Petersburg uraufgeführt, durch. Zwei Jahre später, im Jahre 1898, errang es, als eine der frühesten Inszenierungen an Stanislawskis Künstlertheater in Moskau, einen vollen Sieg. Und wurde mitbestimmend für den Stil dieser berühmten Bühne, sowie ja heute noch das Bild einer Möwe als Symbol auf dem Vorhang des Moskauer Künstlertheaters angebracht ist. Als Regisseure zeichneten die beiden Begründer des Künstlertheaters, K. S. Stanislawski und Wl. I. Nemirowitsch-Dantschenko. Stanislawski schrieb: »Der Zauber der Tschechow-Aufführung besteht darin, daß er nicht mit Worten wiedergegeben werden kann; er liegt zwischen den Zeilen verborgen, in den Pausen, oder in den Blicken der Schauspieler, in der Ausstrahlung ihres inneren Gefühles. ... Alles ist in der schöpferischen Intuition und im Gefühl beschlossen.« Und Nemirowitsch-Dantschenko urteilte: »Auf der Bühne war etwas, wovon die Belletristen, die die Theater besuchten, so viele Jahre geträumt hatten – da war kein Bühnenleben, sondern das ›richtige‹ Leben in einfachen menschlichen und doch szenischen Kollisionen.« Dieses, im Jahre 1895 – also vor mehr als einem halben Jahrhundert – geschriebene Stück gehört als klassisches modernes Kammerspiel der Weltliteratur an. Es ist das unvergängliche Muster jener Stücke, um derentwillen, um sie zur letzten Wirkung zu bringen, intime Theater gebaut wurden. Als Anton Tschechow sich mit dem Gedanken trug, diese tragische Komödie zu schreiben, bezeichnete er ihren Inhalt als »etwas sonderbar«. Bei der Uraufführung in Petersburg, im Herbst 1896, wurde ›Die Möwe‹ weder vom Publikum noch von der Kritik verstanden, am wenigsten verstanden sie wohl die Schauspieler. Der Dichter hatte ihnen, die Proben einleitend, gesagt: »Die Hauptsache, meine Damen und Herren, ist Natürlichkeit. Sie müssen schlicht und einfach sein, denn die Personen, die Sie darzustellen haben, sind Menschen des Alltags.« Am Tage der Premiere äußerte sich der Dichter verzweifelt: »Ich weiß nicht, was ich machen soll. Die Schauspieler können ihre Rollen nicht, hören nicht auf mich, begreifen den Sinn des Stückes nicht, kurzum, ich bin überzeugt, daß die ›Möwe‹ mit Glanz durchfallen wird.« Das tat sie denn auch. Die Ablehnung des Premierenpublikums nahm die rüden Formen eines Theaterskandals an. Als die Darstellerin der jungen Schauspielerin Nina den seltsam erhabenen Monolog in dem merkwürdig symbolistischen Drama des jungen Dichters Konstantin Treplew: »Menschen, Adler, Hirsche...«, das übrigens auch im Stück als absonderlich belächelt und nicht zu Ende gespielt wird, sprach, »ertönte plötzlich«, wie Maurice Hirschmann in seiner Tschechow-Biographie berichtet, »lautes Gelächter, das sich im Hause verbreitete. ... Im dritten Akt setzte das Lärmen neuerlich ein, und Tschechow verschwand vor Schluß der Vorstellung aus dem Theater. Man kann sich von dem Skandal, der sich gegen Schluß des dritten Aktes abspielte, kaum eine Vorstellung machen.« Zwei Jahre später erlebte die ›Möwe‹ eine neue Premiere am nicht lange vorher gegründeten Moskauer Künstlertheater Stanislawskis. Das Kaiserliche Alexandrinski Theater hatte zehn Tage lang probiert, das Moskauer Künstlertheater probierte ein halbes Jahr lang. Dafür spielte es das Stück dann jahrelang und gastierte damit in der ganzen Welt. Das Resultat dieser Arbeit der jungen Schauspieler-Gemeinschaft war ein triumphaler Erfolg. Die Schauspieler fielen sich weinend und lachend in die Arme.

Ob das Leben, das die dramatischen Personen in der ›Möwe‹ führen, ein richtiges Leben sei, wie Nemirowitsch-Dantschenko es nannte, muß bezweifelt werden. Denn die Mehrzahl von ihnen verzweifelt daran, eben kein richtiges Leben zu führen oder geführt zu haben, und der Held des Stückes endet durch Selbstmord. Aber ein scharf gesehenes, und wunderbar genau und tief von einem großen Dichter, einem großen Beobachter und Diagnostiker menschlicher Charaktere und Schicksale gestaltetes Gemälde aus dem Leben ist es zweifellos. Es handelt sich bei diesen zehn Personen, die in

Tschechow ihren unbestechlichen und dabei unvergleichlich zartfühlenden Autor gefunden haben, um gebildete und kultivierte Menschen der bürgerlichen Klasse im zaristischen, westeuropäisch orientierten Rußland am Ende des neunzehnten Jahrhunderts. Zwei sind Schriftsteller, ein älterer und ein ganz junger, zwei Schauspielerinnen, eine ältere und eine jüngere, einer ist Provinzarzt, Gynäkologe, einer Gutsbesitzer und Geheimrat, den Rest bildet die Familie des Gutsverwalters: Vater, Mutter und die Tochter Mascha. Heute, nach einem halben Jahrhundert, während dem sich nicht nur die Lebensverhältnisse ihrer Heimat von Grund aus verändert haben, sondern auch Menschen ihrer Art eigentlich als historische Kuriosa empfunden werden müßten, sind sie uns in jedem ihrer Züge ergreifend verständlich geblieben. Ihre Leidenschaften kommen uns ebenso nahe wie ihre Gedanken. Sie sind keine Präparate der naturalistischen Periode, denen ihre »hems« und »hohos« abgeguckt wurden, sie sind wirklich Menschen, die ihre Leidenschaften durchleben und ihre Gedanken denken, in einer so durchsichtigen Klarheit, daß wir in ihre geheimsten Regungen hineinblicken können. Ihre Handlungen sind in ihren Charakteren und Situationen eindeutig und genau begründet, aber die Handlung des Stückes, das zwischen ihnen spielt, ist in ihrem Auf und Ab, in ihren Kreuz- und Zickzackwegen nicht leicht wiederzugeben, es ist eben keine konstruierte Theaterhandlung, sondern ein faszinierender Versuch, der widerspruchsvollen Logik der Wirklichkeit mit einer vorher nie und nachher selten gewagten und erreichten Treue zu folgen. Ein Mitarbeiter hat richtig bemerkt, daß in dem Reigen der Liebe, der sich auf dem Gutshof, im Park, am See abspielt, immerzu ein Menschenwesen hinter einem anderen herläuft in der Verfolgung der Liebe, Mascha, die Tochter des Verwalters, hinter dem Sohn des Hauses, dem jungen Treplew, dieser hinter der jungen Schauspielerin Nina, Nina hinter dem berühmten Schriftsteller Trigorin, der selbst in den Banden der älteren Schauspielerin Arkadina schmachtet und vergeblich von der Hingabe Ninas einen großen Aufschwung erhofft; und die Mutter Maschas, Polina, hinter dem Arzt, dem Skeptiker Dorn. Man könnte sie alle, den Titel einer Hamsun-Novelle auf sie anwendend, ›Sklaven der Liebe‹ nennen, und zwar einer unheilvollen, tragischen, zerstörenden Liebe, zu deren Tragödien das Paar Polina-Dorn im Verhältnis eines Satyrspieles steht. Konstantin Treplew, der Selbstmörder aus unglücklicher Liebe, wäre als eine Art russischer Werther anzusehen, freilich ohne die Idylle, die den Werther so anziehend macht, ohne dessen Naturverwobenheit, die ihn, trotz seinem tragischen Ende, immer noch als einen in einer anderen Konstellation glücksbegabten Menschen erscheinen läßt. Konstantin ist eher ein moderner Hamlet; diese Parallele wird sogar auf sein Verhältnis zur Mutter anspielend angewandt. Tschechow hat wenig von einem Goethe. Er verbohrt sich schwermütig in das Unglück seiner Menschen, nach deren Schicksal zu urteilen das Leben als ein ziemlich aussichtsloses Unternehmen zu betrachten wäre.

Diese Menschen kranken am Leben, wie ja auch ihr Dichter ein von schwerer Krankheit gezeichneter Mensch war. Aber Tschechow war ein Überwinder, wenn auch ein schwergeprüfter, des Schicksals schon durch seinen Humor. Er sieht auf das schwere Leben mit dem Blick des großen Satirikers, zugleich mit dem des Arztes und daher, trotz aller heroischen Objektivität, mit hilfsbereiter Güte und mit verzeihendem Erbarmen. So schamhaft sich diese Züge des jeder Sentimentalität abholden Dichters auch verbergen, sie sind doch immer da und wirksam in wahrhaft bezaubernden Details. Tschechow war gewiß kein Optimist, aber er ist noch weniger als ein Nihilist zu bezeichnen. Weist eine der Figuren der ›Möwe‹ selbstbiographische Züge auf und spricht Bekenntnisse des Dichters aus? Bestimmt auch der gesunde, lebenskräftige Arzt Dorn, ein Lebensbejaher und -genießer, der nur die glückliche Liebe kennengelernt hat, und zwar zur Genüge, der es für einfach leichtfertig erklärt, wenn jemand, der es bis zu sechzig Jahren gebracht hat, abfällig über das Leben spricht. Aber gerade dieser robuste, oft sarkastische Provinzarzt sagt über die Kunst die schönsten und tiefsten Dinge, die wahrscheinlich die Überzeugungen Tschechows ausdrücken. – »Gestalten Sie immer nur das Große und Ewige«, redet er dem jungen Dichter zu. »Jedem wahren Kunstwerk muß ein großer Gedanke zugrunde liegen. Nur das Ernste ist schön ... In jedem Kunstwerk muß eine klare, bestimmte Idee zum Ausdruck kommen. Sie müssen wissen, *wozu* Sie schreiben, aber wenn Sie sich auf diesem blütenreichen Pfade ohne ein bestimmtes Ziel ergehen, werden Sie sich verirren und Ihr Talent wird Sie zugrunde richten.« Ansichten eines Alltagsmenschen. Dagegen bezeichnet der berühmte Schriftsteller Trigorin sein künstlerisches Schaffen als eine Tretmühle. Sein einziger ungetrübter Lebensgenuß ist das Angeln. Sonst kommt er zu keinem wahren Erleben, weil er alles, was ihm zustößt, sofort als literarisches Material verwenden muß, alles bereits mit diesem Bewußtsein empfängt. Wir sehen ihn durch das Stück gehen und sich unablässig Notizen machen. So notiert er auch die Handlung der ›Möwe‹, noch ehe sie sich erfüllt, als Stoff für eine kleine unbedeutende Erzählung: »Es lebt ein Mädchen an einem See, das dort geboren ist, ebenso wie Sie. Es liebt den See wie eine Möwe, und wie eine Möwe ist es frei und glücklich. Da kommt eines Tages ein Mann daher, sieht das Mädchen und richtet es zugrunde, bloß so, aus Langeweile – wie Ihr Freund diese Möwe hier geschossen hat.« Trigorin hat die Möwe nicht geschossen, sondern Konstantin tat es. Aber er ist es, der Nina, für welche die Möwe das Symbol ist, zugrunde richtet. Dem Stück liegt ein wahrer Vorfall zugrunde, den sich Tschechow notiert haben dürfte, genau wie es Trigorin einem Charakter in dem zu schreibenden Stück ›Die Möwe‹ als ein charakteristisches Detail zuweist. Das spricht für eine Identität, allerdings nur in einem Punkte. So mag auch in den Selbstanklagen Trigorins ein Stoßseufzer Tschechows über die menschliche Problematik des Dichterberufes eingeflossen sein. Aber er war nicht der typische Modeschriftsteller, der über einen, wenn auch noch so guten Durchschnitt nicht hinauskommt, als den Trigorin sich selbst, und erst recht Konstantin ihn charakterisiert. Sein äußerster Gegensatz ist der junge Symbolist Konstantin, mindestens zur Zeit, da er sich noch im revolutionären Zustand der Jugend befindet. Der Gegensatz zwischen Konstantin und Trigorin ist nicht nur der zwischen wesensverschiedenen Charakteren und Naturen, sondern auch der zwischen zwei Generationen. Die Vertreter der jüngeren, der Sohn- und Tochter-Generation, die Leben und Kunst ernster und leidenschaftlicher nehmen als ihre Vorgänger, gehen zugrunde. Das kann als eines der sich kreuzenden Hauptthemen dieser Komödie mit tragischem Ausgang genommen werden. Ob Nina, die Möwe, wie sie sich selbst nennt, ihr Ziel erreicht, eine große Schauspielerin zu werden, bleibt am Schluß des Stückes fraglich. Ihre Jugend ist gescheitert, ihre Ideale aus Träumen haben sie im Leben irregeführt, aber sie versucht, über ihre Enttäuschung hinwegzukommen, das Leiden auf sich zu nehmen und in ihrem Beruf weiterzustreben. Sie hat sich den Glauben gerettet, den Konstantin nach dem katastrophalen Ende seiner ersten Liebe nicht mehr aufbringt. Vielleicht hat er ihn nie besessen, er ist, trotz seiner Begabung, keine glückliche Natur. Ihm folgt, wie ein Schatten seiner Glücklosigkeit, die Verwalterstochter Mascha, die ihn vergeblich liebt. Trigorin schreibt über sie in sein Notizbuch: »Schnupft Tabak, trinkt Schnaps, trägt immerzu Schwarz.« Auch ihre Liebe ist, wie die Konstantins, und wie die Ninas, wie die der auch im Leben spielbesessenen Komödiantin Arkadina, eine große Leidenschaft, aber sie verlangt keine Erhörung und gibt sich keinen Illusionen hin, im Gegenteil, sie erkennt klar die Aussichtslosigkeit ihrer Gefühle und bekämpft sie, trachtet sie zu verwinden, freilich vergebens.

Eine Figur wie die der Mascha – oder die des lebenssüchtigen alten Sorin – ist bezeichnend für die vielfache Perspektive, in der das Hauptmotiv des Stücks, die Wege der Liebe, in Erscheinung tritt, in verschiedenen Spiegelungen. Man könnte es auch bezeichnen mit den Worten: Ideal und Leben, oder: Illusion und Realität. In verschiedenen Spielarten und Registern: der Künstler und sein Privatleben, der Mensch hinter seiner Leistung, das erste Theater und seine gesellschaftliche Funktion als Stätte der Unterhaltung. Und hinter alldem, immer noch eine Schicht tiefer: Das Ich und die Weltseele, an die Tschechow glaubte, die zu beschwören er strebte; das Ich und das Du; das Ich und die Gesellschaft; die gesellschaftliche Auflösung, an der das Ich seine eigene Fragwürdigkeit erlebt. Das eigentlich und unverwechselbar Tschechowsche ist das Herausarbeiten der Widersprüche des Lebens: jemand tut eine begeisterte Äußerung, da ertönt ein Schnarchen: einer der Hörer ist eingeschlafen. Das ist die Tragik Tschechows und der Humor davon. Viele treffende Momentphotographien, kombiniert und konzentriert zu einem wahrheitsstrotzenden Gemälde, in dunklen Farben mit wundervollen Erhellungen.

Bemerkungen zu ›Wassa Schelesnowa‹

In ›Wassa Schelesnowa‹ stellt Gorki eine Familie der russischen Provinz-Bourgeoisie in den Jahren der Stolypinischen Reaktion, die nach der Niederlage der Revolution von 1905 einsetzte, dar. Die ›Wassa‹ gehört zu den Dramen, die Gorki ›Szenen‹ nannte. Man könnte auch sagen, daß es sich um eine Art Genre-Bild handelt, um eine epische Schilderung, die mit dramatischem Konflikt geladen ist. Das vorliegende Werk ist eine zweite Fassung und die letzte Bühnenarbeit des Dichters. In ihr hat er der Besitzerin einer großen Schiffahrtsgesellschaft in einer Provinz an der Wolga, Wassa Schelesnowa, die sozialistische Revolutionärin Rachel Topas gegenübergestellt. Das Drama entwickelt sich immer mehr zu einem Kampf auf Leben und Tod zwischen den beiden Frauen, der älteren und der jüngeren. Das Kampfobjekt ist ein Kind, der Sohn Rachels, den die Großmutter der Mutter nicht herausgeben will. Rachel konnte das Kind auf ihrem Flüchtlingsleben nicht mitnehmen. Sie muß es aber jetzt aus der Hölle dieses Hauses, aus dem Untergang der Familie retten. Da sie wiederkommt, wird sie gewahr, wie die moralische Zersetzung, die sie als das Schicksal einer Klasse erkennt und diagnostiziert, überhand genommen hat. Was der Großmutter als ein hohes Ziel vorschwebt, daß der Enkel der Erbe ihres Millionengeschäfts werden soll, muß der Mutter als äußerste Verderbnis erscheinen. Das ist es, was diesen Kampf zwischen der Raubtierseele Wassas und der Einsicht Rachels über das Private hinaushebt.

Rachels Konflikt ist der zwischen der Sache, der sie dient, und der Erfüllung ihrer Mutterpflichten. Auch Wassa ist eine tragische Mutter: der einzige Sohn, der im Stück nicht auftritt, dem Tode geweiht; die zwei Töchter dem moralischen Untergang, der sich auch physisch manifestiert; und sowohl Bruder als Gatte Beispiele destruktiver Verkommenheit, Verbrecher. Das Hinuntergleiten der Familie in den gesellschaftlichen Sumpf kann Wassa, trotz all ihrer Kraft und Klugheit, nicht aufhalten. Ihr Unternehmen aber erhält und fördert die Geschäftsfrau nur durch die gefährlichen Winkelzüge, die auch sie zur Verbrecherin machen, durch Betrug, Raub, Bestechung, wie sie soziale und ökonomische Verhältnisse der sich hier auswirkenden Gesellschaft möglich und notwendig machen.

Wassa ist in vieler Hinsicht ein großangelegter Charakter, umsichtig und tatkräftig, realistisch, von unerbittlicher Konsequenz, und ebenso hemmungs- wie rücksichtslos. Menschen sind für sie Schachfiguren in einem Spiel, das sie trotz aller Findigkeit schließlich verlieren muß.

Die Unentrinnbarkeit des Verfalls, dessen mehr als private und psychologische Ursachen freigelegt werden, macht das Zustandsbild zur Tragödie. Das dichte Netz der Beziehungen, die gesellschaftliche Struktur des Dramas verlangen einen Realismus der Darstellung, der nicht im Ausmalen eines naturalistisch ausgepinselten Milieus steckenbleiben darf.

Der Familienname Schelesnow kommt übrigens von dem Wort ›Scheleso‹, das Eisen bedeutet. »Du bist wie aus Eisen«, wird von Wassa gesagt. Die Schelesnows aber, als Familie, in die Wassa eingeheiratet hat, erweist sich als die Schwächere im Vergleich mit den Chrapows, denen Wassa entstammt. Das querdurchschneidende Nebenmotiv eines biologischen Kampfes, der von den sozialen und ökonomischen Gegensätzen genährt wird.

General Gabler

Eine wichtige Figur im Drama erscheint (wie Oswalds Vater in den ›Gespenstern‹) nur stumm, als Porträt an der Wand. Es ist Heddas Vater, der General Gabler.

Sein Porträt hängt, nach den räumlichen Angaben Ibsens, über jenem Sopha, auf dem Hedda sich erschießen wird; mit seiner Pistole, einer von General Gablers Pistolen. Die andere hat sie Lövborg als Andenken auf seinen letzten Weg mitgegeben, mit dem Bedeuten, sich ihrer zu bedienen. – Nachdem sie selbst sich, vor dem Beginn des Dramas, ihrer bedient hat, um Lövborgs tätliches Liebeswerben abzuwehren. Oder begann mit dieser damaligen Handlung Heddas ihr Drama einer enttäuschten Romantikerin?

Diese Pistolen des General Gabler sind mehr als ein Symbol, und so ist auch das Porträt des Vaters mehr als ein Dekorationsstück. Die Pistolen sind ein väterliches Erbe, ebenso wie das Porträt. Aber sie sind nicht das einzige Erbe, das der General seiner Tochter hinterlassen hat. Von ihm hat sie wohl den einen oder anderen Charakterzug übernommen, so den Stolz, der ein Merkmal seines Standesbewußtseins gewesen sein mag. Zwischen Hedda und dem guten Tesmann, dem ›Fachmenschen‹, klafft der unüberbrückbare Abgrund zweier Gesellschafts-Klassen. Auf der einen Seite das Soldatisch-Herrische, das Aristokratische, auf der andern das Kleinbürgerliche. Zwei verschiedene Kinderstuben, zwei Lebensauffassungen. Tesmann gehört zu den braven Tanten, die den Elternlosen erzogen und vergöttert haben. Deren Glaube, deren Hoffnung knüpften sich an den Pflegesohn. Hedda stellt herrische Forderungen an das Leben, die so, wie sie es sich denkt, in bürgerlicher Welt nicht erfüllt werden können. Wenn sie sich, als unentbehrliche Bestandteile ihres Haushalts, ein Reitpferd und einen gallonierten Diener wünscht, so sind das nur Symptome dafür, daß sie sich eine andere, bürgerlichere, Existenz gar nicht vorstellen kann. Ihr Vater, der General, würde verstehen, daß es sich dabei nicht um eine kindische Überheblichkeit handelt, sondern um eine Selbstverständlichkeit, die allerdings in das neue Milieu nicht mehr hineinpaßt. Ebenso unentrinnbar notwendig ist es für Hedda, sich vorzustellen, daß Tesmann es zum Minister bringen könnte, wenn sie den Ehrgeiz in ihm weckte und ihn anleitete. Dann wäre Tesmann auf einem Niveau angelangt, das dem ihrer Herkunft, dem ihres Vaters entspräche. Ja, heraus aus den kleinen, engen, außen und innen drückenden Verhältnissen *muß* Hedda, koste es, was es wolle. Wenn die Langweile ihrer Ehe, die ein Kompromiß war, nach einem Ausdruck Frank Wedekinds »ins Gigantische wächst«, dann bleiben ihr zum Trost General Gablers Pistolen. Sie sind nicht nur ein Spielzeug mit dem Feuer, sie sind eine Garantie der Macht, welche Hedda wenigstens über *eine* Seele, über ein Menschenschicksal haben muß, daß sie in die Hände, ins Ungemeine treiben will. Die Pistolen ihres Vaters garantieren ihr den Notausgang aus einem Dasein, das im Häßlichen, im Gemeinen wie in einem Sumpf zu versinken droht.

Sie wählt, da sie sich rettungslos verstrickt sieht, zuletzt diesen Ausweg. Was ihr dabei vorschwebt, was sie ihrem Lövborg zuschieben wollte, ist die *Tat*, eine Tat der Freiwilligkeit, ein Bewahren der *Freiheit*, ohne die sie nicht existieren kann.

Es ist das Entweder-Oder in ihrer Natur, das sie zwingt, den Freitod statt einer verpfuschten, geknebelten Existenz zu wählen. Aus einem engen Gesichtswinkel gesehen, wäre sie einem Offizier zu vergleichen, der wegen unbezahlter Spielschulden aus dem Leben scheidet. Sozial betrachtet, ist sie die Vorläuferin, die verzerrte Skizze der Frauenemanzipation. Man könnte auch sagen: sie verurteilt sich zum Tode, weil sie ihr Liebesleben, ihren tiefsten, menschlichsten Lebenstrieb verraten hat.

Der General, sein Porträt, sieht zu. Sieht, wie die Tochter, einem gefangenen Raubtier gleich, rastlos den Salon der seligen Staatsrätin durchmißt. Daß sie ihrer Liebe zu einer verwandten hochfliegenden männlichen Natur nicht nachgegeben hat, hätte der Vater wohl gebilligt. Denn Lövborg ist trotz seiner Begabung eine haltlose Natur. Hedda bezichtigt sich nachher der Feigheit in diesem Punkte. Auch dieses *Motiv* hätte der General gebilligt, und schon gar, daß sie dem Skandal den Freitod vorzieht. Das Manisch-Depressive, das sich, als ein Zeichen der Dekadenz, in Hedda kundtut, hätte der Soldat nicht begriffen, und gewiß nicht bejaht, und Taktik und Strategie in der Lebensschlacht, wie Hedda sie anwendet, hätte er vielleicht als am unzureichenden Objekt vergeudete, soldatische Manöver abgelehnt. Und nicht ihre Sucht nach *Freiheit*, wohl aber ihre Jagd nach *Schönheit*, Schönheit im Leben, und, wenn da nicht durchzusetzen, wenigstens im Tode: vielleicht hätte er diesen ganzen Komplex, der erst das Drama ausmacht, als Weiberkram, als Empfindsamkeits-Dusel sogar belächelt.

Wir wissen es nicht. Das Porträt bleibt stumm. Wir können höchstens aus den Nervenkrisen, aus der Lebenskrise, aus den Gefühlen und Gedanken der Tochter zu erraten versuchen, was der General Gabler gefühlt und gedacht hätte, wäre er noch am Leben und Zeuge der Tragödie seines Kindes gewesen.

›Gespenster‹

Eine Aufführung der ›Gespenster‹ wie diejenige, welche dem Spielplan unseres Schauspielhauses angehört, kann dem Betrachter, der sie, von auswärts kommend, zum ersten Male erlebt, Erschütterungen verursachen, die er im ganzen weiten Bereiche des heutigen Theaters vergeblich suchen würde. Erschütterungen und Erkenntnisse, die einen nach dem wahren Wege Suchenden – und dieses Suchen hört nimmer auf – entscheidend weiterbringen können. Diese Begegnung mit einem lange nicht – seit Brahm nicht – gesehenen Werke geschah unverhofft. Denn daß ein Theaterzettel ein Stück ankündigt, muß noch nicht bedeuten, daß die Vorstellung wirklich und wahrhaftig die Dichtung desselben Namens sich ereignen lassen wird. Im fanatischen Eifer neuer Versuche, die Bühne der Idee zu erobern, mochte manch ein um Wahrheit und Wesenheit Ringender von dem vergeblichen Wunsche überschlichen werden, für einen prüfenden Abend zu Brahm zurückversetzt zu sein, oder gar, noch höher hinauf, in den höchsten Rang des alten Wiener Burgtheaters. Solch ein Gelüsten käme aus dem tieferen Bedürfnis des Vergleichens abgeschlossener Vollendungen mit werdenden Formen. War der Naturalismus im Vollbesitz seiner Mittel nur Beschränkung und Beschränktheit, war der Idealismus auf seiner reichen Höhe ein allzu schöner Schein? Aber man kann die Zeit nicht zurückdrehen, um sich eines Besseren oder Schlechteren zu belehren. Eine Aufführung der ›Gespenster‹ etwa im Sinne Brahms wäre heute gar nicht zu leisten, auch wenn man dieselben Schauspieler zusammenbrächte, die damals mitgespielt haben. Der Raum, in dem sie gegeneinanderstanden, ist nicht mehr aufzubauen, er ist auseinandergefallen. Die Luft um die Gestalten ist nicht mehr zu haben, sie ist ausgegangen. Der Geist, der das Werk beseelte, hat sich verflüchtigt – vielleicht ist er in andere stoffliche Verbindungen eingegangen. Man holte ihn nicht zurück, auch wenn man die alten Tische rückte. Die Tradition ist unterbrochen und abgebrochen.

Nun weiß man in ganz Deutschland, daß das Düsseldorfer Schauspielhaus noch eine Ibsen-Tradition besitzt, und zwar eine eigene. Man hört, noch bevor man sich selbst davon überzeugt hat, daß diese Tradition nicht eben eine naturalistische genannt werden kann, daß sie mehr überzeitlicher Art ist und eine noch lebendige Form bedeutet. Solchen Ruf zu überprüfen, war meine Absicht nicht. Und es ist nicht meine Absicht, nun meinerseits zu werten. Nicht etwa, weil mein Urteil heute hier als befangen abgelehnt würde. Die Leitung einer ernsthaften Zeitschrift, welche ganz offenkundig im lebendigen Zusammenhang mit der praktischen Arbeit eines Theaters steht, muß solche Mißdeutung nicht scheuen. Wie hier keineswegs der Kritik vorgebeugt werden soll, wenn versucht wird, von einem neuen Werke jene Vorzüge zu zeigen, die uns zur Arbeit verlockt haben; wenn die Ansicht der Künstler von dem, was sie arbeiten, und ihre Absicht damit ausgesprochen wird, Schritte voraufdeutend, die dann vielleicht doch nicht gelingen: so wäre es auch nicht Eigenlob im nachhinein, wenn anerkannte Leistungen noch einmal hier widergespiegelt werden sollten. Die innere Bindung an eine gemeinsame Sache ist – heute mehr als je – durchaus des offenen Einbekennens wert. Der freiwillig und mit guten Gründen Gebundene will sich selbst und allen, denen er etwas geben kann, deuten, ja, und auch höher deuten, was ihn, tiefer als ein Vertrag, hier bindet. So dient er sich selbst und zugleich dem Sinne der Sache. Die Befangenheit soll gar nicht geleugnet werden, soweit in gemeinsamer Arbeit, gar in künstlerischer, befangen sein ein mit allen Sinnen Gefangensein bedeutet. Das Erlebnis dessen wird frei, eben indem es sich ausdrückt und mitteilt. Ist es wirklich ein Erlebnis, so wird es sich schrankenlos und ohne Scheu mitteilen. Darum, und nicht um Wertung, ist es mir zu tun; obwohl das künstlerische Erlebnis Wertung immer mit einbegreift.

Dieselben ›Gespenster‹, die unserer frühen Jugend erschienen sind, und die heute, in von Grund auf veränderter Zeit, wieder erscheinen! An einem Frühjahrsnachmittag des Jahres 1900, in einem Walde in der Umgebung Wiens, traten sie dem Fünfzehnjährigen aus den Seiten eines Buches zum erstenmal entgegen. Noch fühle ich die Schauer, die mir zu Kopfe stiegen; und am nächsten Tage erschien mir die Schultafel gespenstisch, auf der ich eine Gleichung mit einer Unbekannten lösen sollte. Ich legte die Kreide weg und erklärte dem Lehrer, jene andere Gleichung, welche Ibsen mir aufgegeben habe, beschäftige mich zu sehr, als daß ich nichtige Nebendinge zu treiben imstande wäre. »Ja, wenn ein Kind zu Hause solchen Unsinn liest!«, meinte der Lehrer, und er schickte den Gespenster-Seher in die Bank zurück, nicht ohne eine schlechte Note in den Katalog einzutragen. Aber das Kind war ein Kind der Zeit, und die Gespenster wollten auch in der Bank nicht von ihm weichen. Sie waren auch keineswegs an den klinischen Einzelfall im Hause Alving gebunden; sie gingen in allen Häusern um, auch wo keine böse Krankheit, die ein Arzt konstatieren konnte, sich herabvererbt hatte. Sie setzten sich, wie Banquos Geist, an alle Tische bürgerlichen Behagens, machten sich breit zwischen Eltern und Kindern, zwischen Lehrern und Schülern und, an noch härteren Tischen, zwischen den Richtern und den Verbrechern der Gesellschaft. Die Stickstoff-Luft der norwegischen Kleinstadt verbreitete sich plötzlich über ganz Europa; und Jugend hieß, was die Fenster auf- oder einschlagen wollte nach einem Draußen, das es geben mußte, wenn es überhaupt eine Hoffnung auf Gegenwart und Zukunft gab. Daß Oswald nach der Sonne griff, war den Kindern der Zeit nicht etwa nur eine Gebärde des Schwachsinns, sondern der symbolische Griff eines plötzlich allgemeinsamen Hungers nach Licht, Leben, Freiheit! Henrik Ibsen aber, der große Moralist der Epoche, erschien als ein Retter und Erlöser, als der erste Mensch am Ursprunge einer neuen Welt, die groß und

wahr und schön und herrlich werden mußte. Die Gespenster, welche er beschwor und bannte und verjagte, waren die Lügen unseres Lebens, die
lebensmordenden: eine falsche Sittlichkeit, die uns nicht länger erdrücken
sollte; eine heuchlerische Tradition, wie eine giftige Krankheit vererbt; all
die zum Alpdruck entarteten Ideale der Vergangenheit. Es war, als ob
Mauern Risse bekämen und fielen. Herein brachen frische, ozonreiche Luft,
neuer Mut, eine neue Selbständigkeit des Lebens und Erlebens, das neue
Selbstbewußtsein noch unverbrauchter, natürlicher Kräfte, die bis jetzt verleumdet und zurückgedrängt worden waren. Schaffensfreude ohnegleichen,
kühnste Lebensbejahung gingen von den ›Gespenstern‹ aus und ermutigten
die Generation. Wer hätte uns damals einzureden vermocht, daß uns hier
nur ein effektvolles Theaterstück, zuletzt also doch nur eine bürgerliche
Abendunterhaltung geboten worden war! Ins Leben selbst hineingerückt
waren uns diese Kulissen; und der Vorhang, der über der vernichteten
Familie Alving fiel, öffnete die gewaltigen Horizonte der am herrlichsten
diesseitigen aller Welten, in die wir nun ohne Verzug hineinschreiten, nein,
laufen und springen wollten.

Seitdem sind wenige Jahrzehnte vergangen, und doch ist Ungeheuerstes und
Ungeheuerlichstes geschehen; als ob sich, durch einen heimtückischen Zauber,
Jahrhunderte dazwischen geschoben hätten. Die Umwertung des Ansehens
eines Dramatikers erscheint heute vielen als das geringfügige Symptom ganz
anderer Verwandlungen. Einer neuen Jugend waren die Figuren Ibsens
Gespenster allesamt, ein Gespenst der Dichter selbst; und zwar: Theater-
gespenster. Ibsen war ein ‹Fall› geworden, ein abschreckendes Schulbeispiel
für eine neuere Dramaturgie, die in seinem Szenarium die Fehlersumme
einer rasch veralteten Theatermache nachrechnete. Seine Menschendarstellung ein bürgerliches Zwischen- und Schattenspiel, von dessen Gespensterei
die Bühne befreit und gesäubert werden mußte, wenn sie für den Aufbau
elementarer dramatischer Kräfte wieder Raum gewinnen wollte. Ibsen hatte
das Drama psychologisiert, nun sollte es wieder elementarisiert werden. Der
Theaterwille Ibsens wurde verneint, gerade weil er das Theater von aller
neu empfundenen Lebensfülle abzuschnüren im Begriffe war. Die Werke der
ersten Periode des Dichters, seine Ideen-Dramen – ›Peer Gynt‹, ›Brand‹,
›Die Kronprätendenten‹ –, blieben wenigstens in prinzipieller literarischer
Geltung. Sie wären vielleicht längst, und zwar als Mythen, nach abgeschnit-
tenem rationalistischem Gerank, in erneuter Form erstanden, wenn nicht
auch sie von der mittleren, der gesellschaftskritischen Periode des Dichters,
überschattet worden wären. Seine Alterswerke, in denen eine gewisse Weitsichtigkeit private und psychologische Welt in symbolhaft verschwimmenden
Umrissen erscheinen läßt, verlockten noch am ehesten zu vereinzelten Wie-
derbelebungsversuchen. Viele naturalistische Spätwerke gingen ja mit ver-
fließender Grenze in den Expressionismus über.

Was aber den Radikalismus Ibsens anbelangt, die Unerbittlichkeit seiner

Zeit-Kritik, so hat die Wirklichkeit seither so radikal in Grund und Boden kritisiert, daß mit Millionen Menschen, mit staatlichen Ordnungen angeblich auch die Anschauungen und Verhältnisse gefallen sind, an denen Ibsen demonstrativ gerüttelt hat. Was kümmerten eine neue Jugend noch die elenden Provinzialismen von Christiania, wo es längst um den inneren, wenn nicht um den äußeren Bestand Europas geht. Und auch jenseits von ganz Europa, tief durchdrungen von der Voraussetzungslosigkeit jedes Ichs, wird mancher Pennäler heute die Beweisführung der ›Gespenster‹ als eine simple Gleichung mit einer Unbekannten – x ist gleich eine Zukunft, welche wir hinter uns haben – abtun, als eine Vergeblichkeit, mit der verglichen ein Baukasten, aus dem unsere Knaben Flugzeuge bauen, einen lebenswichtigen Betrieb bedeutet.

Als der Vorhang sich hob, sprach mich zunächst eine ›Dekoration‹ an, ein Zimmer, ein Raum. Er stand so groß da, es war ihm – mit jedem Türrahmen, mit jedem Möbelstück – eine so überragende Dimension gegeben, daß er von vornherein mehr zu beherbergen schien als eine Familie von anno dazumal. Dieses überlebensgroße Zimmer hatte aber seine düstere Behaglichkeit, es war perspektivisch in ein Haus eingebaut und doch – Farben und Formen wirkten so – hermetisch abgeschlossen. Hier nun begann die bohrende Kleinlichkeit der Verhältnisse zu spielen mit kleinlichen Leuten und, wie es schien, mit einer kleinlichen Genauigkeit. Fast pedantisch war Zug um Zug hingesetzt; aber nichts lud zum Verweilen im Milieu ein. Es wurde nicht um der Differenzierung willen differenziert, sondern um die Lückenlosigkeit eines Gewebes zu geben, durch das ein dunkler Faden unaufhaltsam weiterlief. Die seelischen Bedrängnisse des Pastor Manders, seine Hemmungen als Mensch und Priester, als Bürger, spannen ein Lustspiel aus. Frau Alving, eine vereinsamte Dame, schien ruhelos, und doch bewies sie viel Geduld mit Konflikten, die ihr nicht mehr nahegehen konnten; zuinnerst erledigte Dinge, zu breit und anspruchsvoll, als daß sie noch wahr sein konnten. Welch eine emsige Spinne saß hinter diesem Netz, das sie verknüpfte, ohne sich um das Tempo unserer Zeit zu kümmern! Engstrand humpelte geisterhaft vorüber, ein diabolischer Tischler, dessen Humor noch wirkt. Aber wie hätte ihn Strindberg zu einem Alpdruck verdichtet, wie Knut Hamsun, der große Überlebende, ihn undurchsichtig gemacht! Zurück in den Fundus, alter Knabe! Du schmeckst nach Theater. Zu wenig nach Theater schmeckte dagegen der erste Aktschluß, das Auftauchen der Gespenster im Eßzimmer. Hier müßte doch durch einen elektrischen Schlag ohnegleichen in all den langen Leitungen Kurzschluß entstehen! Ja, aber dann könnte das Stück im zweiten Akt nicht so in die Breite weitergehen, sagte ich mir später. Das Hauptgespenst, der Kammerherr Alving, hat alle seine Schrecken verloren. Die gesellschaftlichen Probleme, die hier, eins um das andere, von den Seelen abgelöst werden, wirken tatsächlich viel gespenstischer. Und Oswald war heimgekehrt; seine Familienähnlichkeit mit der

Mutter bedrückte leise, aber tief das Herz. Zweieinsam diese Beiden, in die Enge geraten, von Platzfurcht bedroht. Hoffnungslose Naturen. Sie resigniert, er krank – was ist ärger? Sie können einander nicht helfen. Wann wird ihre Panik ausbrechen? Ihre Panik wäre das Um und Auf jedes neueren Dichters gewesen. Mehr haben wir ja im Augenblick noch nicht klar und deutlich zu sagen als unsere Panik.

Aber Ibsen bewahrt den unglaublich längeren Atem. Er war inzwischen geduldig im Hinterhalt gelegen und hatte mit gründlichen Erörterungen den Verstand beschäftigt. Unvermerkt hat sich das Gefühl jedoch in diesen beiden Menschen verfangen, Mutter und Sohn. Schon glaubt man an sie, leidet mit ihnen, erträgt jede Pein der Nerven, um sie nicht mehr aus dem Auge zu verlieren, um mit ihrem Atem eins zu sein. Das ließe nun das Herz nicht mehr los, umschlang es, bis es atemlos beschäftigt war mit der Tragödie des Sohns, der Tragödie der Mutter, bis zum Ende. Über alles hinweg, über die große Pause zwischen dem zweiten und dritten Akt hinüber, lebte und wechselte jetzt: Rührung, Mitleid, Entsetzen, Erschütterung, Bewunderung, Befreiung: alles, was je der Tragödie, von den Griechen bis heute, als wesentliches Kennzeichen nachgesagt wurde, war da und steigerte sich unaufhaltsam. Von dem Augenblicke an, da Sohn und Mutter allein einander gegenüberstanden, und die entsetzliche Wirklichkeit, daß und wie der Sohn verloren ist, heraufkam, wuchs und wuchs die Situation, außen und innen, mit Allgewalt. Das hat keiner errechnet, das ist bis ins Mark der Welt erlebt, ist erschaut, stammt aus der Vision, der übermenschlichen Heimat dieser menschlichsten Menschen.

Sagte ich, daß es über die große Pause, da die Zuschauer einander im Foyer begegnen, hinübertrug? Da war mitten im zweiten Akt eine ganz andere Pause gewesen, eine Pause bei offener Szene, zwischen Mutter und Sohn, wie ich noch niemals eine Pause auf dem Theater erlebt habe. Diese Pause war so ungeheuer ausgehöhlt von der ungeheuersten Einsamkeit, der Einsamkeit des modernen individualistischen Menschen, tiefer als die Einsamkeit des Wilden im Urwald – und doch reichten die unzerreißbaren Fäden des Schicksals hinüber! Es mag übertrieben klingen: lechzend trank mein Gefühl diese Pause und wurde nicht satt davon. Sie verflog wie eine gehetzte Sekunde, so endlos sie war. Denn das Herz des Zuschauers, im tiefsten zur Tragik aufgefordert, wurde von dieser Pause – so reich war die Spannung zwischen den beiden Spielern! – nur beflügelt. Große Tragik ist eine Nahrung, die jenseits der Zeit verschlungen wird – interpolierte Zeit kräftigt nur den Hunger des Herzens nach Restlosigkeit.

Was geschah weiter? Der Untergang. Sonst nichts. Ja, doch, eine Tür ins Freie sprang auf: als Regine entlief, ins Leben, wohin die Jugend entläuft. Den Knaben hatte das damals erlöst, der Mann heute wartete ungeduldig, daß die kleine Tür wieder zufiel. So, nun waren endlich alle Türen vermauert, für ewig, nun drohte keine Störung mehr, nun war dieses Zimmer der rechte Ort, nun konnte das Große geschehen. Und Oswald ging zugrunde, der ewige Sohn, an der Erbsünde der Väter. War es die Syphilis? Die Paralyse? Oh, etwas viel Unheilbareres! Die Vergeblichkeit des modernen individualistischen Menschen mit seinen Wünschen, Hoffnungen, Strebungen. Hatte ich als Knabe bedauert, daß er seine Regine nicht bekam? Den Mann beglückte es, wie schön sie ihm erspart blieb. Tabula rasa mit aller Abhängigkeit, Unzulänglichkeit, Unfreiheit innen und außen! Im tiefsten Verlust kam einer mehr zu sich selber, als es jemals bei seinen gemaltesten Bildern gelungen wäre. Das befristete Geschöpf wird gespenstisch und wich. Ganz einfach, ohne Effekt, verflackerte die Seele zur Sonne empor. Und die Mutter wuchs, wuchs, die Geberin des Lebens, die Austeilerin der Hoffnung, die Stellvertreterin der Schöpfung. Wuchs in zeitlose Größe hinan, ward Hekuba – und war mir mehr als Hekuba –, ward Niobe. Furchtbarer ist auch die Mutter in den ›Bacchantinnen‹ des Euripides nicht, die erwacht, nachdem sie, im Rausche des Dionysos, ihren Sohn zerstückelt hat. Gewaltiger keine tragische Figur auch der heroischen Epochen; und doch Dame, Frau unserer Zeit, Schwester jener Mütter, die während unseres Weltkrieges erleben mußten, daß sie den Tod geboren hatten. Frau dieser Zeit und Gebärerin des Todes, der alle Zeit verschlingt. Aber auch Gebärerin des Geistes, der allen Tod überwindet. Modern und groß durch die elektrische Helligkeit ihres Bewußtseins. Das macht Frau Alving unvergleichlich – wenn sie so ganz erfühlt und bis zur letzten Höhe erfüllt wird, wie es hier geschah –: ihr Erkennen, ihre tragische Wissenschaft, ihr tätiger Wille über alles hinaus.

Dahin führte nun die Lückenlosigkeit des veralteten Ibsen. War er auch ein alter Mechaniker in seiner Technik, so hat doch über diese seine Kleinarbeit in brüchigem Material hinweg seine Vision eine uns überragende Höhe erreicht. So hoch haben uns seither auch die freizügigsten Ekstasen nicht getragen. Was jener an natürlichen Kräften befreite, haben wir vergeblich in die Hölle der Zeit gepulvert. Das ist kein Vorzug. Ach, wir waren in seine differenzierte Beobachtung, die wir überholt haben, leider mit einbegriffen. Das soll uns zu getreuen Verwirklichungen in Kunst und Leben, im härteren Material dieser Zeit nur um so entschlossener machen. Aber sobald der Schutt aller Zerstörungen weggeräumt ist, wird der Blick wieder frei zu den Gipfeln aus starrer, eisiger Größe, wo solch ein Haupt hinaufgelangt ist, wie das einer Frau Alving: ein Haupt, das von der Notwendigkeit gebildet wurde, und das uns nun fordernd anblickt, Haupt der Mutter aller Hoffnung und Vergeblichkeit.

Bemerkungen zu Gerhart Hauptmanns ›Gabriel Schillings Flucht‹

Ein Künstlerdrama, das zwei Künstlertypen einander gegenüberstellt. Professor Mäurer ist der Mann der Leistung (und des Erfolges). Gabriel Schilling ist einer, der Großes will, ein Suchender und Sehnsüchtiger, der zugrunde geht. Man müßte eigentlich von Mäurer Statuen und von Schilling Bilder gesehen haben, um sie als Künstler einschätzen zu können. Das Drama zeigt sie als Menschen.

Mäurer, der Professor, hat sein Leben von der Leistung aus geregelt. Das Wichtigste ist die Sache, die Arbeit, welche durch nichts gestört werden darf. So hat er sich seine Geliebte, die Geigerin Lucie Heil, erzogen, und es ist charakteristisch, daß er sich gerade mit dieser gesunden, tapferen und unabhängigen Frau zusammengefunden hat. Und doch wird man das Gefühl nicht los, daß dieses prachtvolle Mädchen mit ihrer tiefen Herzensanmut, ihrer charaktervollen, harmonischen Feinfühligkeit besser ist, als es Mäurer um sie verdient. Sie bindet ihn nicht, sie belastet und stört ihn nie, sie betätigt ihm gegenüber einen vornehmen Stolz und eine feine Klugheit (sie verlöre ihn, wenn sie anders wäre) und macht ihm dadurch eigentlich sein Künstlerdasein recht bequem. Mäurer aber arbeitet und genießt mit weiser Ökonomie, ein Kenner und Könner. Dämonisch ist er nur in seinen Radierungen, in Leben und Liebe hat er viel von einem gesunden deutschen Gelehrten.

Gabriel Schilling ist lebensuntüchtig. Er läßt sich von einer beschränkten kleinen Frau heiraten und läßt sich lieben von einer hysterischen Russin mit wirrem Lebenswandel. Als Mann ist er schwach; wenn er sich einmal gebunden hat, kann er sich nicht mehr losreißen. Mit seiner Frau Eveline verknüpft ihn ein subtiles Pflichtgefühl, mit Hanna Elias eine nervöse Empfänglichkeit für ihren lebhaften geistig-physischen Reiz. Mäurers Sympathie für Lucie ist – trotz gelegentlichem Abschwenken – echt und stark, aber gemächlich. Schillings Hängen an Hanna ist eine Leidenschaft, die den ganzen Menschen bis in seinen letzten Nerv erfüllt. Schilling liebt in Hanna etwas, was weit über diese Person, ja über die Liebe selbst hinausgeht, seine Liebe ist die bluterfüllte Phantasie eines Künstlers, die, statt ein Werk zu leisten, sich an einem Weib erschöpft.

Und so stehen sie auch beide zur Natur. Mäurer kommt auf die Insel der Ostsee, um sich für neue Arbeit zu erholen. Und er hat vor der Natur die tiefste Achtung; er bewundert sie als Künstlerin, als schaffendes Prinzip. Für Schilling ist die Natur das reinigende Element, in das er sich ganz und endgültig auflösen möchte. Auch hier greift Schillings Fanatismus über das Menschlich-Irdische hinaus und lechzt nach einem absoluten Idealzustand.

Mäurer kann, trotz aller Lebensklugheit, den Freund kaum ganz verstehen und gewiß nicht retten. Er ruft Schilling auf die Insel. Schilling kommt, ein sicherer Mann, mit zerrütteten Nerven und zermürbtem Willen. Er hat mit

Hanna gebrochen und empfindet von dieser Liebe nur mehr den bittern Rest. Es ist erschütternd, wie er an die See herangelaufen kommt, als wäre er hier geborgen und gerettet und wie der erste Anblick ihn überwältigt. Er erholt sich auch merklich am Meere und in der Gesellschaft dieser glücklichen Menschen, die so schön und so tapfer um ihn werben. Fröhlichkeit flackert auf, Hoffnung regt sich, neue Pläne: reisen, schauen, arbeiten, wieder schaffen!

Aber Hanna eilt ihm nach, dringt mit ihrem ganzen Elend, aber auch mit ihrer ganzen Leidenschaftlichkeit auf ihn ein. Und wie genau er sie auch in ihrer peinlichen Ichsucht kennt und erkennt, wie scharf er sie als Komödiantin – bei aller Echtheit ihres Gefühls, das sie adelt – durchschaut, wie erbittert er sie als herunterziehendes Prinzip bekämpft, sein Blut strömt doch wieder ihrem Reiz entgegen. Schilling hat sich in die gefährlich auflösende Elementargewalt dieser Liebe zu tief verstrickt, als daß er sich mit Erfolg wehren könnte. Für ihn ist die Erotik eine tödliche Krankheit geworden.

Nach diesem Rückfall zeigt es sich bald, wie siech er ist. Er wird nie nach Griechenland gehen, wohin Mäurer, der typische deutsche Griechenlandschwärmer, ihn locken wollte. Er hat sich einen Augenblick lang an diesem Reiseplan wie an einer letzten Rettungsmöglichkeit ermuntert. Aber was soll ihm Griechenland? Er weiß zu genau, daß die schöpferische Phantasie überall ihr Paradies findet. Die seinige ist erschöpft. Aus einem Sekundenrausch mit Hanna bitterlich erwachend, findet er sich endgültig an eine häßliche und erbärmliche Wirklichkeit gebunden. Sein Katzenjammer ist schon beinahe Wahnsinn. In dieser tiefen Seelenqual wendet er sich dem Meere zu, und noch einmal sammeln sich die Kräfte seiner Seele zu einer Vision von der strahlenden göttlichen Reinheit des Naturelements. Dann bricht er zusammen.

Es bleibt ihm noch das Bitterste auszukosten. Vor der Tür seines Krankenzimmers stoßen Eveline und Hanna zusammen und balgen sich und kratzen sich um den Mann. Nie vorher hat er vielleicht so ganz begriffen, welch ein Kampfobjekt sein menschliches Teil geworden. Er hört, wie die Weiber einander die peinlichsten Wahrheiten zuschreien, und er wankt erblassend unter dem berechtigten Vorwurf Evelines. Unendlicher Ekel steigt in ihm auf. »Wir sind keine Griechen«, stammelt er.

Und in hellem und hellseherischem Wahnsinn sucht er seinen letzten Weg, den Weg ins Meer. Er flieht, wohin ihn Keiner verfolgen kann, wie der alte Tolstoi im Wahnsinn des Idealismus aus den fesselnden Niedrigkeiten des Lebens in die russische Winternacht, in den Tod hinausfloh. Und diese Flucht ins Meer, diese Panik einer Seele macht wie nichts anderes die herrliche, unbeirrbare Sehnsucht des Künstlers Schilling fühlbar, die er nicht im Leben und nicht in der Kunst, nur im Sterben durchzusetzen vermochte.

Das scheint mir die Hauptlinie dieses reichen Werkes zu sein, in das Gerhart

Hauptmann so viele und so vielfache Erfahrung vom Menschen und ein so starkes Naturgefühl hineingeformt hat. Der ‹Held› ist ein Schwächling, ein Kranker, ein Verzweifelter, aber ein Mensch der zartesten Art, und sein Leiden steigert ihn, so daß er sein Äußerstes verrät, daß er letzte Dinge offenbart, die dem alltäglichen Wohlbefinden verschlossen bleiben. Und mit der Krisis dieses Einzelnen sind die Anderen verflochten, der Freund, die Frauen, die Fischer, die Natur. Lebendigstes Fühlen waltet und webt zwischen ihnen, in Gesprächen, die Innerstes deutlich werden lassen, in Ausbrüchen, knappen Szenen, wo ganze Schicksale sich in einem leidenschaftlichen Wortwechsel entladen. Und alles in einer Atmosphäre vibrierend, die so zart ist, daß die Wirkung des Wetters auf die Nerven, die Seeluft, zitternde Sonne, die Spannung vor dem Sturm, das Aufgefrischtsein nach dem Sturm fühlbar werden. Und aus den Dingen werden Symbole, indem sie das Leben der Menschen anziehen, wie sie ja Produkte des Lebens und seiner Ereignisse sind.

›Die Ratten‹

Anläßlich der Aufführung des Burgtheaters zum 90. Geburtstag
Gerhart Hauptmanns

Als eine ›Berliner Tragikomödie‹ bezeichnet Gerhart Hauptmann sein Drama ›Die Ratten‹. Sehr merkwürdig diese Ortsangabe, die eine besondere Gattung geographisch-historischer Art bestimmen zu wollen scheint: die Bindung des dramatischen Vorwurfs an Berliner Verhältnisse. Trotzdem (oder gerade deshalb?) ist das Stück bei seiner Berliner Premiere im Jahre 1911, also drei Jahre vor dem Ausbruch des ersten Weltkrieges, durchgefallen. Auch die fähigsten und gewitztesten der dortigen kritischen Beurteiler wußten mit Inhalt und Form nichts anzufangen. Als der Dichter Berlin einen Spiegel vorhielt, wollte es sich darin aufs erste nicht wahrnehmen, seine eigene Physiognomie nicht erkennen. Es war also wohl ein Zerrspiegel, der eine Fratze zeigte – oder was damals als eine solche erschien, während das Bild in seiner erschreckenden Ähnlichkeit erst ein paar Jahre später, schon während des Krieges, sichtbar wurde.
Bei einer neuerlichen Aufführung im Jahre 1917 fragte sich ein so gewissenhafter Kritiker wie Siegfried Jacobsohn: »Weswegen bin ich 1911 vor diesen ›Ratten‹ durchgefallen?« Wie es vortempierte Granaten gibt, die deshalb nicht weniger sicher treffen, so gibt es eben auch vortempierte Dichtungen: es sind die prophetischen. Der Verfasser der vorliegenden Einleitung, zugleich der Regisseur der heutigen Aufführung, war damals, 1911, über Wien nicht hinausgekommen, er hatte Berlin nicht gesehen, sondern nur Gastspiele von Berliner Ensembles, aber er verteidigte die ›Berliner Tragikomödie‹ in

der Wiener ›Fackel‹ (Nr. 317/318 des XII. Jahres, erschienen am 28. Februar) in einem Aufsatz ›Für Gerhart Hauptmann‹ geradezu fanatisch, jedoch gewiß nicht ohne Verständnis für die damals zu neuartige Eigenart dieser Tragikomödie: die kühne Mischung tragischer und komischer Elemente; das Ineinander und Übereinander von Realismus und symbolisch-phantastischer Überhöhung und Deutung; die sozialkritisch-historische, dabei menschlich so ergreifende Perspektive, die an die Vorgänge angelegt wird, noch während sie sich ereignen; das Autobiographische des Dichters, zur prophetischen Allgemeingültigkeit der Dichtung ausgewertet. Eingesehen wurde aus der Wiener Distanz der »improvisierte Einheits-Dachboden dieses Dramas« – an sich die Rumpelkammer für den Fundus eines verkrachten Theaterdirektors, die ihm als Masken-Verleih dient –, »wo die Gegensätze so sinnvoll-sinnlos durcheinanderleben«, und der »nur zu gut das Kunterbunt der ›Gesellschaft‹, das zufallmäßige, aber teuflisch-beziehungsvolle Durcheinander, das Nation geheißen sein will, zu symbolisieren« vermag. Vom Dichter hieß es: »Er ist ganz drin und doch darüber hinweg gehoben. Er kommt gleichzeitig von unten und von oben. Er hat die deutsche Kulturmenschheit (in ihren gebildeten Vertretern) ganz nahe herangezogen, bis auf die Bühne, hat eine Zuschauermenge um die Heldin gruppiert, zu grauenhaft-drolligen Kontrasten. Die Kultivierten und die Lebendigen, die Redegewandten und die Buchstabierenden...« »Das scheinbar allen Gemeinsame, das Leben, dem einen ist es eine Larve, dem andern ein zuckendes Gesicht...«

Ich könnte es heute, 40 Jahre später, nicht besser ausdrücken. Was die besondere Perspektive des Werkes ausmacht, ist der Rückblick Hauptmanns auf eine frühere Periode, auf die eigene Jugend, als hätte er sich gefragt: ›Wie kam ich damals zum Naturalismus, was war er mir, und welchem allgemeinen Zustand entsprach er historisch?‹ So schildert er den drohenden Verfall schon während der Gründerperiode des Deutschen Reiches und, nicht ohne Selbstironie, den kurzlebigen Eifer eines Gefühlsreformismus, der die tragische Entwicklung der Dinge nicht aufhalten konnte. Und er sagte zugleich, vorahnend, das Heraufkommen der ›Ratten‹ voraus, destruktiver Kräfte, die allerdings von verschiedenen Gesichtspunkten her verschieden gedeutet werden können. Das Stück spielt, während jenes Reichstagsgebäude errichtet wird, das später wie auf ein Stichwort in Brand aufging. –

Man könnte mit einem gewissen Recht sagen, daß der Held des Stückes das Berlin von damals ist, oder vielmehr dieses bestimmte Vorstadthaus, ehemalige Kaserne, mit seinen Menschen und mit seinen Ratten, wobei die Ratten auch unter den Menschen zu suchen und zu finden sind: »Was so hier in diesem alten Kasten mit schmutzigen Unterröcken die Treppe fegt und überhaupt schleicht, kriecht, ächzt, seufzt, schwitzt, schreit, flucht, lallt, hämmert, hobelt, stichelt, stiehlt, treppauf, treppab allerhand dunkle Gewerbe treibt, was hier an lichtscheuem Volke nistet, Zither klimpert, Harmonika spielt – was hier an Not, Hunger, Elend existiert und an lasterhaftem Lebenswandel geleistet wird –«: diesen Höllenbrueghel entwirft der Theaterdirektor Hassenreuter, der sich hier während seiner ‹Hedschra›, während der Zeit der Erfolglosigkeit mit seinem Fundus eingenistet hat. Und der Maurerpolier John auf dem Höhepunkt seiner Tragödie, indem er an die Wände klopft und auf den Fußboden stampft: »Horchen Se ma, wie det knackt, wie Putz hinter de Tapete runterjeschoddert kommt! Allens ist hier morsch! Allens faulet Holz! Allens unterminiert, von Ungeziefer, von Ratten und Mäuse zerfressen! (Er wippt auf der Diele.) Allens schwankt! Allens kann jeden Oojenblick bis in Keller durchbrechen.« Der Dichter kann dieses Gewimmel der Zersetzung freilich nur sprachlich-lyrisch ausdrücken, er kann es nicht an die Wände malen, und seine Handlung ist nur ein perspektivisch gesehener Ausschnitt. Sie zieht allerdings verschiedene Stände und Generationen heran und setzt eine bunte Reihe von Charakteren und Typen in Bewegung, aber sie dreht sich um wenige Menschenschicksale, im Zentrum die Kindeserschleichung der Frau John, die, auch wenn sie als Heldin des Stückes umstritten sein sollte, jedenfalls das Herz des Stückes ist. Und welch ein Herz, welch ein großes Menschenherz. Das Herz einer Mutter, der ein eigenes Kind versagt blieb, die daher in unstillbarem Muttertriebe sich ein fremdes aneignet. Aus dem wahrsten innigsten Sehnen ihrer urgewachsenen Menschlichkeit wird sie zur Verbrecherin, sie, die retten, bewahren, beglükken wollte und daran glücklich werden, nichts als das! Man kann ihren Fall als einen psychologischen Grenzfall bezeichnen, der schließlich in Wahnsinn endet, man kann ihr Tun und Leiden pathologisch schelten und wird es damit doch nicht abtun. Zu groß, zu wahr steht es vor uns kraft der begnadeten Gestaltung des größten deutschen Mitleids-Dichters, dessen herzaufwühlendes Christengefühl das fragwürdig Stoffliche, es verzehrend, durchdringt.

So wird die Mutter John immer große Darstellerinnen herausfordern und ermächtigen. Sie wächst in all ihrer Echtheit ins Dämonische, ihre Besessenheit treibt das Stück vorwärts in das hohe Maß einer Tragödie, in die sie ihren prächtigen, soliden Mann hineinreißt, sowie sie unwillentlich ihren entarteten Bruder zur Mordtat anleitet. Mit ihrem armseligen Schicksal liefert sie dem jungen Idealisten Spitta den Beweis, daß eine Berliner Putzfrau zur tragischen Heldin werden kann, und ihre erschütternde Echtheit überzeugt sogar den schönredenden Komödianten Hassenreuter von der Triftigkeit des Satzes, den er zuerst verlacht hat: »Vor der Kunst wie vor dem Gesetz sind alle Menschen gleich, Herr Direktor!«

Einheit des Ortes und der Zeit in dieser Tragikomödie zwischen ihren Simultan-Handlungen: Während die John ihren Plan durchsetzt und rast, das polnische Dienstmädchen Piperkarcka einem unehelichen Kinde das Leben gibt, oder ein verhungerter Hurenbalg mit Tod abgeht, treibt der gute Hassenreuter sein Spiel, das von Lustspielzügen strotzt, gibt dramatischen Unterricht oder genießt eine Schäferstunde mit seiner Rütterbusch, ergeben sich Kunstdebatten und erwacht die gesinnungsstarke, opferbereite Liebe junger Menschen. Einer der Höhepunkte, ein Moment von furchtbarer Ironie: Während sich eine schlechte Mutter und eine vermeintliche Mutter um einen verhungernden Säugling streiten, stirbt das Kind! Ein wenig Entsetzen und gleich darauf die erlösende Phrase. Premierenstimmung!

Es soll zum Schlusse dieser Anmerkungen erwähnt werden, daß für die diesjährige Geburtstagsfeier Gerhart Hauptmanns nicht nur das Wiener Burgtheater, sondern eine ganze Reihe deutscher Bühnen ›Die Ratten‹ als Festspiel ausersehen haben.

›Die lange Jule‹ von Carl Hauptmann

Dieses Drama spielt in einem schlesischen Dorfe, im Riesengebirge. Und sein Stoff könnte aus der Sagenwelt dieser lieben, uns dichterisch schon vertrauten Gegend genommen sein. Jedenfalls wurde er im schaffenden Geiste Carl Hauptmanns zu einem Volksmärchen großen Stiles.

Der alte Hallmann ringt mit dem Tode. Sein riesenhafter Trotzschädel schlummert schon hinüber, er hört schon, »wie die Spule abläuft« (»wenn sie zu guter Letzt anfängt zu schnurren«), aber noch stemmt sich der Alte mit seiner Urkraft gegen den Tod, denn er hat noch ein Wichtigstes zu erledigen. Er hat die lange Jule, seine einzige Tochter aus erster Ehe, zugunsten seiner zweiten Frau Beate enterbt, und nun hat er den Dreiblatt-Schuster, einen berüchtigten Winkelagenten, zu sich bestellt, der hypothekarische Rechte auf das Hallmann-Gut besitzt. Der Schuster muß dem Sterbenden versprechen, daß er die Hypothek nicht aus den Händen lassen wird, daß er sie hüten wird vor dem Wunsch der Jule nach ihrem Vatergut, und so das Gut der Beate Hallmann erhalten wird. Indessen steht die lange Jule unten im Hofe und verlangt laut und dringend Einlaß in das Sterbezimmer. Knechte sind aufgestellt, die ihr den Weg verwehren sollen. Jule, streitbar bis zum Äußersten, hat sich mit einer Mistgabel bewaffnet, und mit einer Hacke erbricht sie schließlich die Türe. In der wilden und rührenden Szene zwischen Vater und Tochter stoßen die beiden harten Bauernschädel wuchtig wider einander. Jule greift resolut nach dem Herzen des Vaters. Der alte Hallmann aber rafft noch die letzten Kräfte zusammen, um sein wildes Kind zu verfluchen und zu verjagen. »Stief«, sagt die Jule zu ihrem Mann, »du hast's gehört, nun gut ... das hat getroffen.« – Der Jugendfreund Hallmanns aber, ein wunderlicher Dorfheiliger, ‹Vater Jonathan› genannt, flüstert dem endgültig Entschlafenen zu: »Nein ... so ein Starrkopf ... Wer soll denn das vor Gotte wieder gut machen ... nein ... noch in der letzten Minute ... nein, so eine Dummheit.«

71

Mit wie wenigen Worten es auch erzählt wird, man fühlt in dieser Szene, welch einen langen erbitterten Kampf es zwischen zwei so gleich harten Charakteren gegeben haben muß. Dieser erste Akt wirkt wie der letzte Akt einer alten Tragödie. Aber an seinem Vorgang entzündet sich das Drama der langen Jule. Ihr Herz ist tief verletzt, ihre Seele ist vergiftet worden. Mit ihr hat jetzt der Teufel ein leichtes Spiel.

Der zweite Akt führt in die Familie der langen Jule, in das Haus des alten Stief. Es ist ein frommes, herrnhutisches Haus voll sanfter Seelenschlichtheit. Es hat die Atmosphäre Stiefs, eines Gottergebenen nahe an die Siebzig. Hier träumt auf seiner Geige der sanfte, bucklige Theobald, Stiefs Sohn aus erster Ehe, der Liebling der langen Jule, hier wächst die heiter ungebärdige Gertraud auf, Jules echte Tochter und darum, aus tiefem Gegensatz, des Stief Lieblingskind. Aber wie diese Ehe die Urkräfte der langen Jule nicht befriedigen und befreien konnte, so hat diese herrnhutische Atmosphäre sie nicht einfangen können. Es sind Menschen, die das Gute wollen und den Bösen gewähren lassen, die, wenn ihnen das Herz beklemmt ist, ans Spinett eilen und sich mit den erhabenen Klängen eines Chorals beschwichtigen. Und der Dorfprophet, der halb verrückte, halb wahrhaft seherische Vater Jonathan schleicht durchs Haus und raunt angstvoll von der langen Jule, die dem Satan verfallen sei. Die Jule hat nämlich den Kampf um ihr Vatergut begonnen. Sie hatte früher schon ringsum Grundbesitz angekauft und hat nun alles veräußert, um sich für den Dreiblatt-Schuster mit Bargeld auszurüsten. Sie kennt genau die zwei großen Leidenschaften dieses bäurischen Wucherers, der im Dorfe als der reine Satanas selber gilt. Die eine heißt: Geld. Die andre: tierische Brunst. Der Schuster saß im Zuchthaus, weil er ein Weib mit Gewalt zwingen wollte und sie mit dem Messer bedrohte. Darauf gründet sie ihren Plan.

Im dritten Akt kommt es im Dorfwirtshaus zu dem entscheidenden Ringen zwischen dem Teufel und einer starken Seele. Die lange Jule lockt den »Höllenschuster« mit Gold, und, als das blanke Metall nicht zu verfangen scheint, kirrt sie ihn als Weib. Denn sie kennt keine Hemmung, wo es das väterliche Gut gilt, ihre tiefe Bauernsehnsucht nach dem Erdboden, auf dem sie geboren wurde.

Während nun die warnenden Prophezeiungen des Vater Jonathan im vierten Akt sich zu Fluch und höchster Seelenangst steigern, wächst die Gestalt der Jule ins Grausame und Hexenhafte. Sie hat dem Schuster die Hypothek entrissen, sie verjagt die alte Hallmann, sie deliriert vor Freuden, weil sie sich des Bodens bemächtigt. Sie hat Fiebervisionen vom alten, lindenumrauschten Vatergiebel, Visionen, in die sich mit irrsinniger Deutlichkeit die fürchterliche Gestalt des toten Vaters eindrängt. Aber auch mit Gespenstern wird sie fertig. Denn sie ist stark, sie ist die Lebendige und [hat] das rücksichtslose Recht der Lebendigen. Sie tanzt im Jubel ihres Sieges über Lebende und Tote hinweg und reißt sogar die Stiefs in ihren tollen Reigen mit. – Da läßt der Dichter, ganz nach den Begriffen einer volkstümlichen Gerechtigkeit, den Hallmannhof in Flammen aufgehen, als ob der Geist des alten Hallmann selbst ihn märchenhaft in Brand gesteckt hätte. Da bricht die Jule zusammen und mordet sich selbst.

Die Welt dieser märchenhaften Dorfgeschichte ist von der frommen und kernigen Phantastik Schlesiens erfüllt, die Gestalten wie die Stiefs und die des selig irren Bauernapostels, des Vater Jonathan, des frommen Warners und Fluchers und Urchristen gebiert. Und die wichtigste Gestalt von allen, die das meiste Leben gewann: die der langen Jule. Das Schönste an ihr scheint mir eben ihre bäurische Lebensfülle, ihre Heiterkeit in allem Wahn, ihre Herzensgüte in aller Besessenheit, ihre derbe, schlaue, griffsichere Lebenspraktik bei aller Herzenszartheit.

Herbert Eulenbergs Dichtung ›Alles um Geld‹

In der Buchausgabe steht vor dem Drama selbst eine ›Ouvertüre als Zueignung für meine Eltern‹. Sie beginnt mit den Versen:

> Nur Geld und Geld, das dritte Wort um Geld!
> So schreit und seufzt mit des Jahrhunderts Stimme
> dies Stück vom Geld, ein Abbild unsrer Welt,
> die jeden zwingt, erbarmungslos im Grimme,
> daß er sich willig ihrem Joche stellt
> und sich verrät, verkauft ...

Und:

> So sah ich Eltern Euch, da ich ein Kind,
> vor unbekannter Macht den Rücken biegen ...

Aber aus dem Kind ward ein Mann.

> Nun kenn' ich ihn, den allgewaltigen Herrn,
> dem Eure Hände harte Jahre fronten ...
> Nun hab' ich gleichfalls seinen Druck gefühlt,
> dem Geld ins hohle Auge oft gesehen ...

Der Dichter muß den Druck furchtbar gefühlt haben, er muß in das hohle Auge gestarrt haben mit tiefstem Weh und Grauen und vom Irrsein angeweht: da befreite sich die gequälte und erschütterte Seele durch eine Dichtung, die das Geld darstellt, das Geld als Dämon und Götze, als Alpdruck und Gespenst, als Satan und Würgengel. Und das quälende und zugleich rührende Gedicht ist unserer Epoche des Geldes nahe wie nur irgend eines, wenn es sich auch in kühner, unbändiger Romantik über die Nüchternheit unseres Alltags hinausschwingt. Es ist ein wüster Traum vom

Geld, ein Angsttraum und ein Sehnsuchtstraum, bunt, abenteuerlich, verzerrt in grausiger Fratzenhaftigkeit, wie ein böser Spuk, und dann wieder verzehrend schön und rührend hold wie ein edles, zartes, sehnsüchtiges, leidendes Menschenantlitz.

Das Stück spielt, wie der Dichter angibt, in »ein paar Stuben unserer ehernen Zeit.« Aber die Menschen haben hier nur Vornamen und sprechen eine gesteigerte, versverwandte, bilderreiche Sprache. Man kann sie sich nur in modernen Kleidern denken und kann sie sich in solchen nüchternen modischen Gewändern wieder doch nicht ganz vorstellen, sondern möchte ihnen irgendwelche altväterischen, vertrauten, märchenhaften Schnörkel darantun. Sie stammen aus der Realität unseres Alltags, aber wie in einem Traum gesehen, und ihre Gebärden und Handlungen haben das Sprunghafte, Märchenhafte, Vereinfachte und Verzerrte eines phantastischen Traumes.

Das Ganze könnte ein Traum sein des Helden, des unglücklichen, sonderbaren Vincenz, von dem wir hören, daß er ein Kaufmann ist und an der Börse spielt, von dem wir sehen, daß er, auf der schiefen Ebene des Defizits abwärtstaumelnd, nur mehr borgt und borgt, wie ein Verzweifelter, der nie den Sinn und Wert des Geldes verstand und ihn nun schon gar nicht mehr fassen kann. Hätte Vincenz Millionen, er wäre ein großer Freudenbringer, er würde festlich leben und Geist, Güte und Schönheit verschwenden. Er ist der leichtblütigste Phantast, der sich auch noch das bitterste Elend vergolden kann, aber er muß in der Zeit der nüchternen Geldfron zum leichtfertigen Spekulanten werden, muß ein Hilfloser und Verlorener sein unter den geschickten Rechnern. Er hat nicht den geringsten Sinn für bürgerliches Eigentum. So gerät er in die Schuldenlawine und schließlich in völlige Anarchie. Aber noch in der blutigsten Not verachtet und mißhandelt er das Geld. Eine Summe, von der er und die Seinen wochenlang das Leben fristen könnten, wirft er hin, um sich sofort von einem zuwideren Menschen zu befreien. Er wäre im Stande, den Brillantschmuck seiner Stiefmutter zu stehlen, aber er bringt es nicht über sich, weil diebische, freche Diener diesmal unschuldigerweise verdächtigt werden.

Nichts vermag das Zartgefühl und die Noblesse des Vincenz besser zu schildern als das kurze, unvergeßliche Gespräch, das er mit seiner Tochter Susanne führt. Susanne: »Hör einmal, warum willst du nicht eine zweite Heirat wagen?« Vincenz: »Möchtest du eine andere Mutter haben? War dir die Deine nicht gut genug?« Susanne: »Doch! Mir könntest du nie eine bessere, nein, nie eine andere geben. – Ich sage es auch nur, da ich nun selber bald Mutter werde.« Vincenz: »Du! (lachend) Ha, ha! Du träumst wohl wie Cassian. Du bist noch viel zu klein dazu.« Susanne: »Ich habe geträumt. Nun wird es bald wahr werden.« – Vincenz: »Du bist wohl toll. Woher solltest du ein Kind haben? Aus der Luft? Vom Bücherlesen?« Susanne: »Ich werde dir den Mann schon sagen, wenn ich die Kraft dazu habe.« Vincenz: »Warum kommt er nicht selbst zu mir? Warum läßt er dich allein reden und vor mir rot werden?« Susanne: »Weil er nicht kann.« Vincenz: »Das scheint mir ein häßliches Geheimnis zu sein.« Susanne: »Vater, frage nicht weiter, ich bitte dich!« Vincenz: »Ich werde nicht hineinleuchten, wenn du selber kein Licht mir machen willst. Aber was soll geschehen? Ein Kind muß doch königlich empfangen werden, wenn es zur Welt kommt. Damit ihm nicht gleich die Lust vergehe.« Dieses Gespräch zwischen einem Vater, der sein Kind abgöttisch liebt, und dessen edle Art mit tiefem, unverrückbarem Vertrauen kennt, und seiner Tochter, die ihre ‹Schande› eingesteht, ist einzig in aller Literatur. Einzig durch den Seelenadel, durch die bis zur Paradoxie unkonventionelle Menschlichkeit, durch die so unbürgerliche Freiheit des Herzens. Keinen noch so leisen Vorwurf macht der Vater. Und kaum hat er das Unglück der Tochter begriffen, als er auch schon einen phantastischen Plan ausheckt, um es in ein Mutterglück zu verwandeln.

Oder Vincenz, verdüstert durch den Tod seines Söhnchens Titus, verbrennt den Abschiedsbrief, den ihm sein reicher Vater Sigismund geschrieben. Aber es war ein rettendes Vermögen in dem Briefe. Der Brief war der letzte Versuch Sigismunds, den Sohn aus der Hölle der Schulden zu befreien. Der Vater kommt dazu und brüllt auf vor Wut. Aber Vincenz denkt nur an den Tod des Kindes: »War das Todesfanal seiner nicht würdig? Wie ein Engel lebte dies Kind unter uns Menschen. Fette Tiere wurden zärtlich um seinetwillen. Wenn ich Rom verbrannt hätte, es wäre nicht zuviel gewesen, für dieses unglückliche, reine Geschöpf.« Der Vater hält ihn für verrückt. Aber Vincenz sagt an einer anderen Stelle: »Ihr seid ja alle wahnsinnig, außer mir. Ihr macht ein wichtiges Geschrei um Dinge, die keine Träne wert sind, und geht über das Wichtigste mit Nagelschuhen weg!«

So sind diese Eulenbergschen Menschen, voll Liebe, weltfremd, in Träume sich rettend, kindlichen Gemütes. Der kleine, krankhaft überreife Titus welkt dahin, unaufhörlich ein Märchen dichtend, wie sein Vater eines Tages wieder zu Geld und Glück und Schönheit kommt. Und Susanne, die geträumt hat, daß der Mann, den sie liebt, so sein muß wie Vincenz; die sich an einen ängstlichen Bürger verschenkt hat und dann mit Grauen entdecken muß, wie Menschen wirklich sind, wie feig, wie klein, wie kalt – erwürgt sich, als sie hört, daß ihr Vater eine reiche Heirat machen will. Für sie ist das ein Verrat an der toten Mutter, eine Bestätigung, daß auch ihr Vater nicht groß und unendlich geliebt hat, eine Besiegelung der Liebeslüge, die ihr das Herz bricht. Niemand kann sie halten, auch Cassian nicht, der Schreiber des Vincenz, dieser fanatischste Träumer und Traumdeuter, der Hilfloseste in der Welt der Tinte und der Zahlen, der Freieste, Stärkste, Reichste in der Welt des Herzens.

Dies ist die Edelfamilie, in ihrer leeren, nüchternen, gemiedenen Stube bedrängt und gequält und entwürdigt von der zudringlichen, boshaften, brutalen und gemeinen Meute der Wucherer und Gläubiger, die wie ein wüster Chorus durch das Stück ziehen, als greulichen Refrain immer nur ihr gieriges »Geld! Unser Geld!« in allen Tonarten zischend. Das sind die Lebenskräftigen, Wirklichkeitssichern, die der Dichter als Spuk, als Schemen beschwört in ihrer unmenschlichen Seelenunwirklichkeit. Oder die Gesellschaftsmenschen (im zweiten Akt), die fühllosen, leeren, plappernden und öde genießenden Marionetten. Furchtbar und überwältigend im dritten Akt die Sitzung der Gläubiger im Hause des Vincenz, das Herzufliegen der Aasgeier, die einen Sterbenden umflattern – eine Szene von dämonischer Steigerung.

Nicht die Geldnot, der Verlust seiner Kinder treibt Vincenz in den Irrsinn. Aber die Form seines Wahnes ist die Geldsucht. Er schneidet aus alten Zeitungen Banknoten und hat für alle menschlichen Angelegenheiten nur mehr die Ausdrücke der Börse. Und in nächtlichen Visionen sieht er die ganze, fürchterliche Hetzjagd seines Lebens, wie das Kind in der kalten, herzlosen Welt der Erwachsenen zum Bewußtsein seiner selbst erwachte, wie der Jüngling nach Geld zu jagen begann und wie der Mann von den Gläubigern gejagt wurde, bis der Greis übrig blieb, kinderlos, ein Wrack, ein ekelhaftes Gespenst, in dessen Bild der irre Vincenz sich niederschießt. »Er hat«, sagt der getreue Cassian an der Leiche, »lange genug böse vom Geld und den vermaledeiten Zahlen geträumt. O ihr unzähligen Himmel über uns! Er darf jetzt die Erde vergessen.«

Hermann Bahrs ›Prinzip‹

Der geistige Anspruch dieser Komödie geht nicht so weit, daß mit Problemen Ernst gemacht wird, daß ein Zwiespalt in seiner ganzen Unversöhnlichkeit dargestellt wird. Der Gegensatz zwischen dem Idealisten Friedrich Esch und dem Leben hat seine Tragik, die nur hier nicht in ihren grausamen Konsequenzen gezeigt wird. Gezeigt ist immerhin der Gegensatz in seinen beiden Seiten: der Idealist und das Leben. Friedrich Esch ist – und das wird lebhaft anschaulich gemacht – ein edler und eigentlich ein rührender Mensch, ein kindlicher Optimist, dem man es glaubt, daß er durch die Reinheit seines Wollens veredelnd wirken kann. Sein Ziel: eine moderne Humanität, die selten genug von vereinzelten Menschen erreicht werden dürfte, die aber in unserer Zeit häufig von Schwärmern verkündet und von Praktikern versucht wird. Friedrich Esch strebt nun dieses Ziel mit kindlich idealen Mitteln an, die sich um die strengen Wirklichkeiten der Welt wenig kümmern. Er guckt in den Himmel, wie leicht könnte er da in eine der vielen Gruben fallen! Dabei experimentiert er mit einem besonders heiklen Stoff: mit Menschenseelen – oder im Einzelfalle: er erzieht seine Kinder. Das heißt, er erzieht sie eben nicht. Aber wenn sein Knabe, ein aufgeweckter Gymnasiast, in der

Übertriebenheit seiner augenblicklichen Stimmung hingeht und sich mit einem Dienstmädchen verlobt, dann sucht Friedrich Esch die Köchin in der Küche auf, stellt sich ihr, da sie ihm gefällt, als zukünftiger Schwiegervater vor und will den Dummenjungenstreich zu einer erwachsenen Torheit machen. Oder wenn sein Töchterchen mit einem – allerdings ungewöhnlichen – Gärtnerburschen durchgeht, dann verliert Friedrich Esch nicht den Kopf, er wird keinen Augenblick an den beiden halbwüchsigen Menschen, die er für gute und feine Menschen hält, wirklich irre, er läuft ihnen nicht nach, hetzt ihnen keine Polizei auf den Hals, sondern er bleibt zuhause und wartet ab, mit unerschütterlichem Vertrauen.

Dieser Idealist hat nun im Lustspiel Bahrs Glück mit diesen seinen Objekten, sie sind gutes Material. Die Köchin ist wirklich eine ganz prächtige Person, deshalb läßt sie sich auch nicht den Kopf verdrehen und zieht, nach kurzem Schwanken, den Oberkellner dem Obergymnasiasten vor. Und der als Jünger geschulte Gärtnerbursche ist wirklich ein vertrauenswürdiger Jüngling, er entführt das Mädchen nicht in die weite Welt, sondern nur in die nahe Waldhütte, und wie er den Wagen einfach immer rund herum fahren läßt, um in der Nähe der Eltern zu bleiben, darf man ihm glauben, daß er auch sonst das Beste des Mädchens wollen und tun wird. Auch in dem Mädchen hat sich der ideale Vater nicht getäuscht, sie ist sein echtestes Kind, sie läuft nicht aus Verdorbenheit davon, sondern aus purer Empfindsamkeit, weil sie ihr junges Gefühl vor aller Welt verbergen will. Jedenfalls bleibt diese romantische Verlobung als problematischer Rest zurück, und es ist auch keineswegs verbürgt, daß der prinzipiell hochsinnige Vater seinem Sohn nicht eines Tages doch zu einer Riesendummheit verhilft, die der Junge allein nicht getroffen hätte.

Wie man sieht, greift im Lustspiel das Prinzip des Dr. Esch nicht gerade radikal in das Schicksal der Menschen ein, aber es kontrastiert lustig und edel zugleich mit einer herzhaft geschilderten Wirklichkeit. Der Apostel in der Küche – das ist ein Paradox und zugleich eine Lustspielsituation. Die Gegenspieler des Idealisten: die Leni Kuk (ein modernes deutsches Dienstmädchen gesündester Art) und ihr lebenstüchtiger Oberkellner; die kluge, wirklich zu einer überlegenen Humanität herangereifte Frau Esch und ihre Kinder, ein moderner Gymnasiast und ein Backfischseelchen von sezessionistischer Schlankheit; auch der mystische Gärtnerbursche: sie alle leben um ihrer selbst willen, auch wenn das Prinzip sich nicht bewahrheiten sollte. Und das Pendant zum gefährlichen Heiligen, das Weltkind: der grantige Weinhändler i. P. Preger, aktiver Pessimist und geschworener Todfeind des Prinzips, der zu den prinzipiellen Tiraden des Doktor Esch die praktischen Antitiraden spricht – ein ganz besonders gelungener Typ, wie solche unter den deutschen Lustspielonkeln gewiß nicht oft vorkommen.

Hermann Bahrs ›Prinzip‹ ist eine leichte und leichtnehmende Komödie, welche Weisheiten plaudert, Wahrheiten anregt und an einem Abgrund behaglich vorbeispaziert, ohne sich irritiert zu zeigen oder sich gefährlich lange aufzuhalten. Hier gibt es nur sympathische und anständige Menschen, die es dem Dichter leicht machen; es passiert auch nichts Böses, es sieht nur so aus, als ob etwas passieren könnte. Es wird nur allerlei gut gesagt und drastisch gezeigt, was einem reifen, wohlwollenden und geistreichen Menschen- und Lebenskenner wichtig ist, einem gründlichen Kenner insbesondere moderner Herzens- und Geistesströmungen, der zugleich ein Kenner des Publikums ist und es – nicht zum Schaden der guten Laune – ein wenig wie ein Kind behandelt. Es ist eine freundliche und vergnügte Herablassung aus der Welt des Denkens in die Scheinwelt des Theaters. Als Resultat bleibt: ein Lustspiel, das mit seinen Figuren, seinen Situationen und seinen Aphorismen ein Genre geistig bereichern will, das in Deutschland geradezu kärglich gedeiht.

Karl Kraus:
›Die letzten Tage der Menschheit‹

Nur mit dem größten Schrecken ließe sich der Gedanke erfassen, daß durch die katastrophalen Ereignisse dieser Zeiten die Kontinuität des Weltbewußtseins zerstört werden könnte! Persönliches Unglück mag zu vergessen trachten. Aber es gilt die Erhaltung eines überpersönlichen Zusammenhangs, der die Tatkraft keineswegs lähmt und den Lebenswünschen erst ihre Richtung gibt. Die großen Zeugen und Zeugenden der Geistesgeschichte sind die Not- und Geburtshelfer solcher Erinnerung. Sie waren sich dessen wohl bewußt, für die Zukunft gewirkt zu haben. Zwar äußerte Karl Kraus – der in diesen Tagen siebzig Jahre alt geworden wäre – über sich: »Warten wir's ab, ob die Schande, die ich in Form gebracht habe, versunken sein wird und mit ihr – wie gern! – ihr Künstler.« Dieses: »wie gern!« drückt die Paradoxie des Satirikers aus, der die große Krise vor- und deshalb rechtzeitig erkannt hat, ohne sie aufhalten oder mildern zu können; der seine Lebensfrist damit verbrachte, seine Zeit bei jedem Wort zu nehmen, das sie dann nicht mehr wahrhaben wollte. Sein Beruf – und seine Berufung – war, zu gestalten, was er verabscheute: es sollte vergehen, die Gestalt aber bestehen. Es war ihm unerträglich zu lesen, was er geschrieben hatte – außer daß er es öffentlich vorlas, immer wieder, und das Meisterwerk der Sprache durch die Meisterschaft des Sprechers immer neu erschuf; oder daß er es redigierte für den Druck seiner Bücher, die bleiben sollten.
Diese Bücher mit ihren tausend durchdringend geformten Sprüchen und Widersprüchen, ihren Klagen und Anklagen, mit ihrer Fülle an Gedichten und Gedanken waren aus der ›Fackel‹ geschöpft, einer Zeitschrift, wie sie

heute nicht mehr erstehen und bestehen könnte. Sie geben das immer näher und uns auf den Leib rückende Wandelbild einer jüngsten Vorzeit, in der wir heute noch blutig befangen sind: nur daß heute keine einzelne Persönlichkeit den Anspruch erheben kann, sich so frei und unbedingt, so außerhalb der Parteien, zu äußern. Dichter, sehr wenige, tun es, aber sie sprechen im Namen und in der Form der Gattung.

Karl Kraus hatte die frühreife Begabung, die Todeskrankheit seiner Epoche an den winzigsten Symptomen zu erkennen; von allem Anfang an nicht leiden zu können, was später uns alle und die ganze Menschheit leiden machte. Er durfte von sich sagen: »Ich sehe von einem Terrain nur die Sümpfe, von ihrer Tiefe nur die Oberfläche, von einem Zustand nur die Erscheinung, von der nur einen Schein und selbst davon nur den Kontur. Und zuweilen genügt mir ein Tonfall oder gar nur die Wahnvorstellung.« So sah der Anti-Österreicher sein Österreich, so sah einer der besten Europäer sein Europa schließlich »nur noch als eine Umgebung der Sümpfe«, die eine Epoche verschlingen sollten. So wuchs er im ersten Weltkrieg und durch ihn zur Gestalt des großen Anklägers und Zeugen, als die er in unserem Bewußtsein weiterlebt.

Damals entstand sein heute klassisches Hauptwerk, jenes ungeheure und ungeheuerliche Drama ›Die letzten Tage der Menschheit‹, dessen Aufführung »einem Marstheater zugedacht« war, und das auf Erden bisher ein Buchdrama geblieben ist. »Theatergänger dieser Welt vermöchten ihm nicht standzuhalten« – heute, da die Menschheit den zweiten Teil dieser ihrer Tragödie in zerrissenem Fleisch und vergossenem Blut erleidet, weniger denn je. »Die Handlung, in hundert Szenen und Höllen führend, ist unmöglich, zerklüftet, heldenlos wie jene (die Menschheit). Der Humor ist nur der Selbstvorwurf eines, der nicht wahnsinnig wurde bei dem Gedanken, mit heilem Hirn die Zeugenschaft dieser Zeitdinge bestanden zu haben. . . . Die unwahrscheinlichsten Taten, die hier gemeldet werden, sind wirklich geschehen; ich habe gemalt, was sie nur taten. Die unwahrscheinlichsten Gespräche, die hier geführt werden, sind wörtlich gesprochen worden; die grellsten Erfindungen sind Zitate. . . . Das Dokument ist Figur; Berichte erstehen als Gestalten, Gestalten verenden als Leitartikel; . . . Phrasen stehen auf zwei Beinen – Menschen behielten nur eines. Tonfälle rasen und rasseln durch die Zeit und schwellen zum Choral der unheiligen Handlung. . . . Larven und Lemuren, Masken des tragischen Karnevals, haben lebende Namen, weil dies so sein muß und weil eben in dieser vom Zufall bedingten Zeitlichkeit nichts zufällig ist. Das gibt keinem das Recht, es für eine lokale Angelegenheit zu halten. Auch Vorgänge an der Sirk-Ecke sind von einem kosmischen Punkt regiert.« So erlebte er den Untergang der österreichisch-ungarischen Monarchie als ein Jüngstes Gericht. –

Dieser Höllenbreughel der jüngsten Vergangenheit hatte seine eigene Art von Zuversicht; aber wie drückte er sie aus? »Es mag zu befürchten sein, daß noch eine Zukunft, die den Lenden einer so wüsten Gegenwart entsprungen ist, trotz größerer Distanz der größeren Kraft des Begreifens entbehre. Dennoch muß ein so restloses Schuldbekenntnis, dieser Menschheit anzugehören, irgendwo willkommen und irgendeinmal von Nutzen sein.« Diese Bescheidenheit eines großen Arbeiters und Künstlers, nachdem er sein Hauptwerk vollbracht hat, wirkt heute wahrhaft erschütternd. Ist dieses »irgendwo« bereits der Ort geworden, auf dem wir stehen und verweilen? Ward dieses »irgendeinmal« schon erreicht? Karl Kraus sah weit voraus. Der Ausbruch des ersten Weltkrieges hatte ihm die Rede verschlagen, aber nur von August bis Anfang November 1914. Dann brach er sein ergriffenes Schweigen mit dem berühmten Aufsatz: ›In dieser großen Zeit‹. Und da hieß es: »Mögen die Folgen dieser umfangreichen Angelegenheit nicht böser sein als ihre Begleitumstände, die sie nicht die Kraft hatte, von sich zu treten.« Er fragte sich sofort: »Ist er (dieser Krieg) eine Erlösung oder nur das Ende? Oder gar nur eine Fortsetzung?« Dieser Krieg war aber der Anfang. Jene schweren Tage waren nicht die letzten der Menschheit gewesen, schwerere hatten zu folgen. Wer das Werk heute liest und hinter der Polyphonie der Gespräche dem Argument des Warners folgt und die Reflexion des großen Individualisten und Pazifisten mit neuer Erfahrung wieder durchdenkt, der wird genug und übergenug prophetische Stellen finden, Ahnungen und Befürchtungen dessen, was aller Warnung zum Trotz kam. Karl Kraus schloß ein Zeitalter ab; er reicht mit seinem bangen Herzen in das neue, dessen volles Erleben ihm erspart geblieben ist.

Wenn er heute noch mit uns wäre, wenn er unseren fragwürdigen Zustand der Emigration teilte, würde er auch unsere Meinungen, würde er unsere Hoffnungen teilen? Soviel politischen Bezug und soziale Bedeutung hatte, was er dachte und schrieb, der strafende Moralist aus Menschheitserbarmen war durch kein politisches Parteiprogramm zu binden, durch keine Tagesmeinung seiner freien Reaktion zu beschränken. Er kam zu seinem demokratischen Glauben auf den weiten Wegen einer durchaus persönlichen, aber immer wesentlichen und symptomatischen Dialektik. Am Ende seiner Tage, die arbeitsreiche Nächte waren, drohte sich dieser Glaube zu verdunkeln. Als, im Februar 1934, die österreichische Arbeiterschaft, deren Freund er immer gewesen war, sich zur Notwehr setzte gegen den verhängnisvollen Bruch der demokratischen Verfassung, da verkannte er die Situation. Er sah nur noch eines: die Rettung Österreichs als eines letzten Erdenflecks deutschsprachiger Kultur – und er meinte, die könnte durch einen Mussolini geleistet werden. Diese Diagnose war ein tragischer Irrtum. Aber der Wunsch, der Vater dieses verzweifelten Gedankens, könnte dennoch eine historische Erfüllung finden: Österreich nicht als der letzte, aber als der erste Erdenfleck einer wieder befreiten deutschen Sprachkultur. Das ist eine Hoffnung von heute. Daß es keine Enttäuschung von morgen werde, dazu mindestens könnte das Werk des Karl Kraus, wie er sagte, »von Nutzen sein«.

Christian Wach

[R. Dehmel: ›Die Menschenfreunde‹]

Richard Dehmels Drama ›Die Menschenfreunde‹ ist ein lückenloser seelisch-dialektischer Prozeß. Es ist die allseitige, mit allem Für und Wider genau entwickelte Fragestellung eines bestimmten Rechtsproblems, das spiralenförmig bis auf seine letzte ideale Höhe emporgefragt wird. Der Dichter verfährt dabei geradezu mathematisch, wie ein Schach-Theoretiker, der ein interessantes Endspiel ausgerechnet hat und es nun als Rätsel aufgibt und löst. Der Held, Christian Wach, soll mattgesetzt werden. Er verhält sich dabei merkwürdig. Er verteidigt sich zwar; aber wenn wir ihn schon gerettet glauben, macht er immer wieder absichtlich einen Fehler. Es sieht aus, als wollte er seinem Gegenspieler neue Gewinst-Chancen bieten; er reizt den Partner, verlockt ihn, eifert ihn an, als ob er solcherart einer düsteren Spielleidenschaft frönen wollte, als würde ihm das Raffinement des aufregenden, nervenverzehrenden Spieles noch gewürzt durch die Wollust der Selbstvernichtung, des Erliegens. Aber er erliegt nicht, er siegt, er setzt schließlich den Gegner matt; oder vielmehr, um im Bilde des Schach-Vergleiches zu bleiben, er erreicht es, patt zu werden – was hier moralisch den höchsten Sieg bedeutet, da er dem Partner die Sinnlosigkeit, die Nutzlosigkeit, die Wertlosigkeit der Spieltechnik und des Spielaufwandes beweisen will. Freilich will Christian Wach zuerst und zuletzt sich selber etwas beweisen – nur daß ganz am Ende alles überflüssig wird und nur das Inkommensurable einer Seele, das Inkommensurable der Menschenseele überhaupt übrigbleibt.

In ›Handlung‹ ausgedrückt: Christian Wach ist ein großer Menschenfreund und Wohltäter, soll aber das weltbeglückende Millionenvermögen durch einen Mord erworben haben. Einer also, der mordet, um wohlzutun; der sich selbst nichts gönnt und luftlos, lichtlos, asketisch dahinsiecht, nur um den andern etwas gönnen zu können. Da nun, nach Jahren, ein Verfolger auftritt, mit einem Indizienbeweis und aller grausamen Jagdlust versehen, rechtfertigt sich Christian Wach unschwer; bringt sich aber sofort selbst wieder in Verdacht, gesteht stückweise, um seine eigenen Geständnisse im nächsten Augenblick zu entkräften, und um wieder weiter zu gestehen, und so fort. Er zwingt den Partner, die ganze unersättliche Grausamkeit eines Verfolgers zu enthüllen, um ihn dann auszulachen. Er benutzt den Partner, um herzerschütternd zu beichten und auch die geheimste Gedankensünde auszusagen, und desavouiert das Ganze sofort wieder spielerisch. Ein Katze-und-Maus-Spiel auf Tod und Leben, wobei der Angeklagte eigentlich seinen Untersuchungsrichter hinter sich her hetzt, bis der Erschöpfte keinen Atem mehr hat. Es geht wirklich um Tod und Leben, denn der herzkranke Christian Wach verbraucht für dieses grausame Spiel all seine Kräfte. Und als er sich schließlich aufgezehrt hat, als der Tod endlich dem Verfolger sein Opfer auf Nimmerwiedersehen entführt, wissen wir immer noch nicht, ob Christian Wach die Tat begangen hat; er nimmt sein Geheimnis mit sich hinüber. Er hat, sterbend, gesiegt.

Wozu aber der ganze Kampf? Wollte er wirklich nur seinem Gegner und sich selber seine Überlegenheit beweisen? Oder drängte ihn die eigene Gewissensqual, alles zu gestehen – und hielt ihn die eigene Verstocktheit oder der Selbsterhaltungstrieb immer wieder zurück? Der guten Anne, seiner seelischen Wehmutter gegenüber, die ihn um Christi willen von seinem Geständnis entbinden will, sieht es so aus. Quälte ihn die Sehnsucht, sich vor allen Menschen zu demütigen – und verschloß ihm dann wieder der Abscheu, sich vor dem Pöbel zu entblößen, den Mund? Aber er verrät sich auch vor der guten Anne, bis ans Ende, nicht. Und dem bösen Vetter, dem Pharisäer Justus gegenüber, dreht sich das Spiel so, als wollte Christian Wach ihn menschlich überzeugen – ihn dazu bringen, nicht mehr blind am Faktum zu hängen, sondern den ganzen Menschen zu sehen und zu lieben, die unsterbliche Seele in seinem Nächsten zu ehren und zu heiligen. Geschieht nun dieser Kampf um ein Herz, in den der Kampf um das Recht sich hier großartig aufgipfelt, wirklich allen Ernstes, weil der an der Menschheit verzweifelnde Menschenfreund Christian Wach einen letzten Halt sucht, um die Welt, trotz der Mördergrube im eigenen Herzen, zu bejahen? Oder sucht der an sich selbst verzweifelnde Menschenverächter Christian Wach einen letzten Grund, um die Welt endgültig abzulehnen? Triumphiert am Ende das Gemüt eines Reuigen über den Verstand? Oder siegt der Herrenwille eines Übermenschen über die menschliche Schwäche in ihm selbst und außerhalb? Keine Antwort. Noch der gestammelte Anruf Gottes, womit der Sterbende gesteht und zugleich sein Geständnis widerruft, ist vieldeutig. Aber eines bleibt übrig: der Weg, den Christian Wach und mit ihm der Hörer in diesem Drama durchlaufen hat, der steile Höhenweg einer Seele, die irrend sich des rechten Weges stets bewußt war, weil sie das Ziel, den Polarstern, niemals aus dem Auge verlor. Übrig bleibt der bohrende Gedanke, der schlaflose Zweifel, das folternde Gewissen, der fragende Geist, der ringende Wille, das niemals rastende Herz des Sonderlings Christian Wach – sein Weltbekenntnis; sein mit den Ängsten ringendes und dann wieder ironisierendes Wahrheit-Stottern!

Alles in diesem Drama ist seltsam unwirklich. Unwirklich sind nicht nur die Honoratioren, die keinen Namen haben und gleichsam auch kein Gesicht, die nur nach ihren Titeln heißen und äußere Ehren bringen, die innerlich nichts bedeuten –: der Sanitätsrat, der Oberbürgermeister, der Präsident, der Minister – Gestalten, die aus Etikette und Formalität bestehen. Auch der neidische Ankläger, der hämische Vertreter irdischer Gerechtigkeit, der ungerechte Justus – und die erbarmungslos barmherzige Anne, die unerbittliche Caritas, die ihren Huckepack auf dem Rücken trägt wie Christian den seinigen auf der Seele: sind Allegorien, und wirken, wie sie kommen und gehen und sich gebärden, als tauchten sie nur aus Christians Seele empor. Sie alle haben etwas Gespenstiges wie die Photographie der Ermordeten, die, eine stumme Figur, aber immerfort mitspielend, an der Wand hängt und mit ihrem in die Weite fragenden Blick den schlaflosen Wach verfolgt. Sie alle zusammen machen den Alpdruck aus, der auf Christians Gewissen lastet. Und noch andere Gespenster spielen mit: die Gesellschaft und ihre Menschenfreundlichkeit, ihre selbstgerechte Gerechtigkeit; die philanthropische Betätigung, überhaupt alle menschliche Betätigung und aller menschliche Lohn, alle menschliche Strafe; ja die ‹Menschheit› selber, dieses allumfassende Obergespenst. Diese Dinge und Figuren stufen sich freilich ab in ihrem irrealen Wirklichkeitswert: Anne ist die Güte, das unterdrückte Herz Christians – und deshalb gefühlsmäßig lebendiger als die übrigen; Justus die personifizierte gemeine Wirklichkeit der Welt, mit der Christians Seele ringt, ohne sich je ganz ablösen zu können – und deshalb unausweichlich, nicht abzuschütteln, die zähe Gegenkraft, welche sich von den Skrupeln und Hemmungen nährt. Je nachdem, was eine Figur Christian bedeutet, wächst sie im Augenblick zur Bedeutung auf, und so wird der Minister der echteste Mensch dieser engen Welt, als er eintritt, da Christian einen Menschen braucht. Unwirklich die Millionen, die der Wohltäter ausgibt, denn sie bringen keine Erlösung, keine Linderung, sie fließen in das Nichts des Egoismus, sie nähren das Abstraktum ›Menschheit‹. So wird es Christian zum letzten Schluß seiner trostlosen Weisheit, daß ein wenig Güte von Mensch zu Mensch unvergleichlich wirklicher gewesen wäre als alle, mit furchtbaren Opfern bezahlte Liebe zur Menschheit.

Unwirklich ist schließlich auch dieser Mord, auch wenn Christian ihn begangen hat. Und wirklicher als der Mord ist die Gedanken-Sünde, die er unzweifelhaft gesteht. Die Raskolnikow-Frage: »Darf ich ein unmenschliches Neutrum, eine kranke, böse, alte Hexe, töten, darf ich solch ein Schemen, das niemandem zu Nutz und sich selbst zur Last hinvegetiert, austilgen, um mit den Schätzen des Drachen Güte zu säen?« – diese schlaflose Frage eines absonderlichen Menschenfreundes –: während das Herz immer deutlicher antwortet: »Du sollst nicht töten!«, fragt der Verstand unerbittlich weiter: »Aber die Menschen töten doch alle! Die Menschheit tötet rastlos, ohne Ende. Die Menschen töten, um zu leben, um zu essen; sie töten im Kriege, für das Vaterland, oder für Thron und Altar und Kapital, oder für Freiheit, Gleichheit und Brüderlichkeit...« Ja, sie töten sogar für den Heiland, der das Töten verboten hat! Und das Morden für die »großen Rosinen« verherrlicht die Weltgeschichte. Und die Menschheit betet ihre Massenmörder an, während sie ihre kleinen Mörder verfolgt, foltert, jagt und sich unvergleichlich unmenschlicher gegen sie beträgt, als der ärgste Unmensch sich je betragen hat. Alle diese Gespenster spielen mit im Stück: die großen Menschenfreunde, die ihre Milliarden mit Menschenschinderei erwerben müssen, um dann Millionen verschenken zu können; die Menschenfreunde, die humanitäre Gesellschaften gründen und jederzeit bereit sind, ihre Mitmenschen zu verdächtigen, zu verachten, zu verfemen. Wir alle spielen mit, die wir einander Böses antun und uns einreden, daß es um des Guten willen geschieht. Wir alle spielen gegen den einen Wirklichen, Wachen, der sich eingesetzt hat, der sich, um unseretwillen, verfehlt und ausgeliefert hat. Gegen den Ausnahme-Menschen, der sein armes, kurzes Dasein opfert, um, zu spät, zu erkennen, daß er doch nur die Regel bewiesen hat. Und doch nicht zu spät! Und nicht zu seinem Bedauern! Zwar hat er seinen Beruf als Unmensch verfehlt – aber in seinem Leiden, in der Strafe, die er keinem Büttel überläßt, die er unerbittlich an sich selber vollzieht, läutert er sich empor über die kleine Wissenschaft, daß die Wahrheit des Menschen nur in seinem Tun bestünde. Nein, die Wahrheit des Menschen ist sein Sein, ist das Wie des Geistes, der ihn beseelt. Die Sache entschuldigt die Person, meint der Minister, und die innere Stimme entscheidet und beglaubigt. Wir sind alle nur Werkzeuge Gottes, meint Anne, und Gottes ist die Gnade. Alle diese Begnadigungen genügen Christian Wach nicht. Aber da er seinen großen Kampf ungebeugt zu Ende geführt hat, weiß er, daß wahre Individualität unverlierbar bleibt. Zwischen Menschenfreundschaft und Menschenverachtung wählt der Wache, der keinen Richter über sich anerkannt hat, dennoch die Menschenfreundschaft – wir fühlen es. Wir fühlen es in seinem letzten Triumphe, in der Glorie, die sein Sterben umstrahlt – sein trotziges Sterben, das sich dennoch zu Gott emporhebt. Er bleibt der Handelnde, der sich eingesetzt hat – der sich vergeudet hat; und der deshalb erlöst wird, der Reinheit seines Willens wegen, der Wahrheit seines Innern wegen, und weil er den Kampf um sein ideales Recht niemals aufgab! Die Menschen haben ihn nicht erkannt, aber er hat nicht gerastet, bevor er in dem letzten Winkel seines Herzens selbst kennen lernte, wie bitter diese Schule auch war. Der Häscher Justus steht an Christians Leiche wie Mephisto bei Fausts Resten, um das unsterbliche Teil betrogen: noch will er die greifbare Schuld haschen, ein zäher Gläubiger. Aber Anne-Caritas weist ihn hinaus: »Gehen Sie endlich, Sie armer Mensch.« – Ja, Justus, der kleine Mensch, ist der eigentlich Bemitleidenswerte, der Mensch in seinem kläglichen Recht, der auf dem Schein besteht und korrekt bleibt, aber niemals wirklich wird, und also nie gelebt hat.

Arno Holz und sein Drama ›Ignorabimus‹

In einem Vorwort der ersten Buchausgabe seines Dramas ›Ignorabimus‹ – (Arno Holz, Berlin. Die Wende einer Zeit in Dramen. Ignorabimus. Tragödie. Verlegt bei Carl Reißner, Dresden, 1913; so lautet die Titelseite des

Werkes in dieser Ausgabe) – stellt der Dichter selbst die Stufen fest, welche ihn, im Gange einer notwendigen Entwicklung, zu seiner Höhe emporgeführt haben. Wer Arno Holz auch nur aus seinen Büchern kennt, weiß um die fanatische innere Logik, die den wagemutigen Mann seit jeher vorwärts getrieben hat. Und da diese unerbittliche Logik im letzten Grunde nichts anderes ist als strengste Selbstverantwortung, so hat in diesem heroischen Falle der autobiographische Rechenschaftsbericht den Wert einer Aussage jenes Zeugen, der den schwierigen Gegenstand weitaus am besten beherrscht.

Die Dramen Arno Holz' waren von vornherein als eine zusammenhängende Reihe, eben mit dem Gesamttitel: ›Berlin. Die Wende einer Zeit in Dramen‹ gedacht. Vollendet wurden bis jetzt: ›Sozialaristokraten‹, ›Sonnenfinsternis‹, ›Ignorabimus‹. Sie verkörpern drei übereinander gelagerte Schichten eines geistigen Massivs. –

In einem Vorwort zu der Komödie ›Sozialaristokraten‹, geschrieben im Jahre 1896, steht die lapidare These angeschlagen: »Die Sprache des Theaters ist die Sprache des Lebens. *Nur* des Lebens!« Der Kampfruf der Jugend von damals, von ihrem kühnsten Vorkämpfer ausgestoßen. Und schon damals hat Arno Holz die letzten Folgen dieser »Neuerung« für die Literatur vorausverkündigt: »Und ob mit, oder wider Willen, aber es wird niemand sein, der sich auf die Dauer ihr wird entziehen können. Es ist nicht im mindesten zu viel gesagt: durch sie in Erschütterung versetzt, wird mit der Zeit kein Stein der alten Konvention auf dem anderen bleiben. Was die alte Kunst mit ihren primitiveren Mitteln, an die wir nicht mehr glauben, die uns keine Illusion mehr geben, schon einmal getan, diese neue Kunst mit ihren komplizierteren Mitteln, hinter denen wir mal wieder bis auf weiteres noch nicht so die Fäden sehn, wird es noch einmal leisten: den ganzen Menschen von neuem geben! Und es bedarf nicht erst einer Prophezeiung, daß gegenüber dieser Unsumme von Arbeit, die dieser differenzierteren Technik auf diese Weise harrt, und aus deren allmählicher Bewältigung durch sie ein Drama hervorgehn wird, das das Leben in einer Unmittelbarkeit geben wird, in einer Treffsicherheit, von der wir heute vielleicht noch nicht einmal eine entfernte Vorstellung besitzen, noch geradezu eine ganze Reihe von Generationen vergehn wird, ehe ein ähnlich tiefer Einschnitt in der Geschichte des Theaters auch nur möglich sein wird.« – Und von Stund an wurde kein einziges Jambendrama von Bedeutung mehr geschrieben. Die Ära des Naturalismus hatte begonnen. – Aber schon am ersten Beginn handelte es sich einem Arno Holz nicht nur um »die Sprache des Lebens«, sondern um »den ganzen Menschen von neuem«.

Im Jahre 1908, also zwölf Jahre später, erschien das zweite Drama der Reihe, ›Sonnenfinsternis‹. Damals schrieb Arno Holz an Brahm: »Mit diesem Stück habe ich die Technik von 1890, deren ausschließlicher Urheber ich bin, um einen neuen, bedeutsamen Schritt weitergeführt. Was meiner Generation nach meinem Vorgehn gelungen war, sind nur simple Schicksale nicht geistiger Menschen gewesen, dargestellt durch pseudonatürliche Mittel! . . . Was ich mit meinem Stück als erster meiner Generation jetzt fertiggebracht habe, läßt sich auf die nachstehende Formel ziehn! Komplizierteste Schicksale geistiger Menschen durch natürliche Mittel dargestellt! Die neue Fortschrittsetappe, an der alle bisher gescheitert waren!« – (Ich möchte hier bemerken: Wem die stolze, selbstbewußte Rede des Neuerers gegen das an verlogene ‹Bescheidenheit› gewöhnte Ohr geht, der vergleiche die strenge Sachlichkeit dieses Tones etwa mit der selbstverzückten Dithyrambik eines d'Annunzio. Was man in mittlerer Zone ‹Rechthaberei› nennt, bedeutet in klarer Höhenluft, also unter unerbittlich geistigen Männern: Recht haben und nicht Unrecht behalten dürfen.) –

Arno Holz macht, auf dieser zweiten Stufe, einen gewaltigen Unterschied zwischen der »Sprache des Lebens«, wie er sie initiiert hat, ihrer »Unmittelbarkeit« und »Treffsicherheit« – und »pseudonatürlichen Mitteln«. Es ist der Unterschied zwischen der kleinlichen Nachahmung des Lebens und seiner schöpferischen Bewältigung. Es handelt sich also nicht nur um die Sprache, sondern darum, wer spricht und was er spricht. Die Darstellung »simpler Schicksale nicht geistiger Menschen« soll überboten werden durch jene höhere »komplizierteste Schicksale geistiger Menschen«. – Es ist gewiß bedeutungsvoll, daß der Theoretiker Holz zuerst von der Form, dann aber vom Inhalt her seine Schlüsse zieht: aber es sind nur zwei Seiten derselben Sache, das eine trifft und betrifft immer auch das andere. Jedenfalls könnte kein Expressionist schärfer und bündiger über den literaturnotorisch gewordenen Begriff ›Naturalismus‹ hinaus urteilen, als es hier, selbstentscheidend, der erste und getreueste Naturalist bereits im Jahre 1908 tat. Arno Holz ist das große, einheitliche Beispiel von der Folgerichtigkeit dieser Entwicklung, welche heute durchaus noch nicht abgeschlossen ist. – Und der geistige Mensch betrat wieder die Bühne, die er für eine kurze Frist der Mittelmäßigkeit überlassen hatte. – Es ist für das Historische des Falles unwesentlich, ob er es nun tatsächlich mit den ›Sozialaristokraten‹ erfolgreich getan hat.

1913 – also fünfzehn Jahre später, ein Jahr vor Kriegsbeginn: ›Ignorabimus‹. – Der Dichter sagt in der Vorrede: »Jede Wortkunst, Lyrik wie Drama – vom schlapp gewordenen ›Epos‹, vom Roman, der stets eine Zwitterform war, wie er stets, die betreffenden Gründe gab ich anderswo, eine solche bleiben wird, ebenso vom sogenannten Prosadrama, das sich mir heute, trotz seines letzten Großen, Ibsen, nur als eine bloße Auflösung spiegelt, sehe ich hier ausdrücklich ab – jede Wortkunst, von frühester Urzeit bis auf unsere Tage, war, als auf ihrem letzten, tiefuntersten Formprinzip, auf Metrik gegründet. Diese Metrik zerbrach ich und setzte dafür ihr genau diametrales Gegenteil. Nämlich Rhythmik. Das heißt: permanente, sich immer wieder aus den Dingen neu gebärende, komplizierteste Notwendigkeit, statt, wie bisher, primitiver, mit den Dingen nie, oder nur höchstens ab und zu, nachträglich und wie durch Zufall, koinzidierender Willkür!« –

Er sagt selbst, das »hört sich ›wie nichts‹ an, etwa ähnlich, wie die Umkehrung des Satzes, die Sonne dreht sich nicht um die Erde, sondern die Erde um die Sonne« und fährt fort: »Lyrik und Drama – bereits bei der ›Sonnenfinsternis‹ war mir das aufgegangen, aber erst durch das ›Ignorabimus‹ ist es mir heute Gewißheit – haben sich formal wieder zu einer Einheit geschlossen! Denselben rhythmischen Notwendigkeitsorganismus, den jedes mir geglückte ›Phantasus‹-Gedicht darstellt, nur noch entsprechend differenzierter, bilden jetzt auch diese Tragödien! Meine Arbeit, die mit diesem ihrem ersten Haupt- und konstruktiven Teil hinter mir liegt, war eine mühevoll lange, die Hemmnisse und Schwierigkeiten, die sich mir entgegengestellt, innre wie äußre, schienen mir oft die denkbar niederdrükkendst unüberwindbarsten, aber ich habe sie bewältigt und brauche daher mein Leben, das ich an diese Aufgabe gesetzt, nicht zu bereuen! –«

Das Vorwort nimmt nun, nach diesem groß gefaßten Selbstbekenntnis, im Sinne eines Bekenntnisses zu sich selbst, eine noch persönlichere Wendung, der Dichter zweifelt daran, ob es ihm vergönnt sein wird, seine weiteren Pläne auszuführen, und er schließt: »Wenn ich daran denke, wie ich mein ›Buch der Zeit‹ in jungen Jahren auf einem Plättbrett verbrechen mußte, das ich über einen alten, wackeligen Waschtisch und eine Stuhllehne gelegt, und daß ich heute, mit bereits in wenig Monaten Fünfzig, noch immer buchstäblich in einer Dachbude hocke – man möchte fast lachen! – – Geschrieben in dem Jahr, Spätere werden das registrieren, in dem Impotenz Trumpf war. Dezember 1912.«

Ein Formprinzip ist genau soviel wert, als es dem Schöpfer, der in ihm lebt, bei seinem Werke hilft. Das ist keine skeptische Anschauung, sondern der Glaube an die Identität von Form und Inhalt. Form ist gereinigter Inhalt. Dieser Satz, wenn man ihn richtig versteht, gilt selten so unbedingt wie bei Arno Holz und seiner Tragödie ›Ignorabimus‹. Ich will damit im Augenblick die Entscheidung umgehen, ob die von der Persönlichkeit erfüllte Metrik nicht wesentlich dasselbe ist wie die restlos ausgelebte Rhythmik. Vom Zeitgefühl her empfunden, geschieht ja wirklich überall etwas, das man als eine Umdeutung von Metrik in Rhythmik beschreiben könnte. Rhythmik ist der umfassendere Begriff. In der Anwendung bei Arno Holz ist er allumfassend.

Ein gewaltiges Unternehmen, dieses ›Ignorabimus‹. Ein Drama, das ungestrichen acht volle Stunden spielen würde. Die Handlung führt einen Menschentag durch und gibt mit strotzender Ausführlichkeit fünf Menschenleben von der Wiege bis zum Grabe; von mehreren Ahnen ganz abgesehen. Diese Tragödie enthält einen Dostojewski-Roman bis in die letzten psychologischen Verästelungen. ›Epische Breite‹ wirkt neben dieser rastlosen und restlosen Erfassung des individuellen Details wie ein leichtfertiges Vorhaben. Das Drama führt ferner eine wissenschaftliche Debatte durch über den Spiritismus, die für sich Stunden der angespanntesten Aufmerksamkeit in Anspruch nimmt. Das Drama entfaltet dabei, in allgegenwärtiger Anschaulichkeit, den Sonderfall selbst, an dem für und gegen den Spiritismus bewiesen wird, also eine mit unheimlicher, raffiniertester Suggestivkraft gesteigerte Geistergeschichte. Aber diese Folge von Phänomenen übersinnlichen Lebens entschleiert sich mehr und mehr und schließlich mit überwältigender Vollständigkeit als die Schicksalstragödie einer Familie, in einem nicht minder gewaltigen Bogen gespannt als die dramatische Geschichte der Atriden, aber nach modernen wissenschaftlichen Methoden auf die exaktesten Begründungen gebracht; in Generationen gliedernd und so wirklich die Wende einer Zeit hereinbrechen lassend als ein kosmisches Strafgericht. Zugleich eine Kette von Ehedramen, die über den Tod hinausreichen: das Wurzelleben der Gattung, Individualitäten als Träger ihrer Eigenheiten, Tendenzen, als Gesichter des nimmer ruhenden Gesamt-Willens emporschickend. Es läßt sich nicht in einer halben Stunde aufzählen, was die Riesenkraft eines Arno Holz hier in vier Jahren des Studiums, der Berechnung, der Imagination an Problemen, Daten, an Gedachtem, Geschautem, Erfahrenem, an Bildern und Nerven aufgespeichert hat. Er wendete diese unermeßliche Mühe eines mit ungewöhnlichen Kräften der Wahrnehmung und des Ausdrucks begabten Proteus an das Problem ›Erkenntnis‹, welches in seiner beschränkten – dem Faustischen des Urtriebes Wagner-haft entgegengesetzten – Erscheinungsform ›Wissenschaft‹ heißt. Deren enge Praxis, deren allzumenschliche Grenzenhaftigkeit ins grenzenlos Übermenschliche zu erweitern, als ein Held des Bewußtseins, das allem Vergänglichen ein Ewiges, jedem Diesseits ein Jenseits sucht, ist hier ein junger Gelehrter in unaufhaltsamen Schwung gesetzt und gleichsam rasenden Fluges in den dramatischen Raum geworfen. Daß ihn dabei nur sein Privatleben, sein Liebesdämon, ihm selbst unbewußt, vorwärts jagt, ist wahrhaft tragisch; entsetzlich aber ist, daß er, wo er das Übermenschliche zu ergreifen glaubte, wahrscheinlich nur im Untermenschlichen angelangt war. Diese Doppelgesichtigkeit aller Tatsachen und Probleme strömt eine herzumdrehende Dämonie in dieses Werk, welche grandios verkörpert wird durch die Doppelgestalt Marianne–Mariette, die polare Gegensätzlichkeit der Weibsnatur, Hetäre und Freundin, in eine Lebende und eine Tote spaltend, die derart ineinanderwachsen, daß man nicht zu sagen wüßte, wer eigentlich als Figur im Stücke waltet, Marianne oder Mariette, das Medium oder das Gespenst. Daß hier alle Menschen Besessene, vom Lebenselixier Berauschte sind, und dabei doch alle erschütternd reinen und wahren Herzens, das bewährt mir den hohen Rang dieser Dichtung, die zuerst und zuletzt ein Pandämonium der Liebe, der himmlischen und der höllischen ist! Eros gegen den Geist – dieser unerbittlichste Kampf auf Leben und Tod und über Leben und Tod hinaus ist fieberhaft in jedem vibrierenden Wort, in jeder dahinstürmenden Zeile entbrannt. Siegt der

Eros? Siegt der Geist? Beide, möchte man antworten, und mit Verzweiflung triumphieren. –

Wenn man nun am Ende nochmals, im Sinne des Dichters, behauptet, daß dieses Werk, genau genommen, nur aus der dramatischen Sprache von dem allen, also aus dem lebendigen Rhythmus dieser ineinander gespeicherten und verdichteten Welten besteht, dann erhebt sich noch einmal die Frage: Was ist hier Rhythmus? – Rhythmus bedeutet hier: die schöpferische Möglichkeit der Sprache der Ineinander-Organisation und -Konzentration, der Durchnervung, Durchblutung und Durchseelung eines Riesensystems von Beziehungen, von vitalen und geistigen Strebungen, von Gefühlen, Gedanken, von Menschen und Dingen. Der Rhythmus unternimmt diese Steigerung von der Alltags-Sprache her, ohne doch das anzustreben, was Holz ›Prosa‹ nennen würde, Prosa im Gegensatz zu Dichtung. Die Färbungen, Tönungen der Tages-Rede, ihr Blutdruck, ihre wechselreiche Dynamik, ihre explosive Mischung aus Urlaut und Phrase, ihre Wort- und Satz- und Ton- und Tempo-Physiognomik, das unendliche Sich-Umschlingen, Begatten, Fortpflanzen des Ausdrucks, das Spiel der Lichter, das Suchen und Streben des Geistes und der Geistigkeiten: all das speist eine kämpferische, Gegensatzgeborene, Augenblicks-gesättigte und ins Zeitlose hinauswachsende Melodik, die Partitur einer riesenhaften Symphonie. Die Sprache, die das Individuellste mit Idee durchleuchtet und der Idee eine sehr aggressive Plastik und Drastik gibt, ist unzweifelhaft, so sehr sie sich aus einem spezifischen Idiom nährt, Sprache eines einmaligen, unvergleichlichen Dichters, allerdings eines bis zur Verbohrtheit männlichen, schönen Seelen daher vielleicht unsympathischen Dichters. Auf sentimentale Schönheit hat er es nicht abgesehen, so sehr er auch von tausend Idyllen überschäumt, ihm geht es um härteste Wahrheit und um nichts als Ausdruck. Zur letzten Nüchternheit entschlossen, vor keiner noch so grausamen Ernüchterung zurückschreckend, bringt er doch in diesem Werk auch das Weichste und Heimlichste zum Klingen, spricht er die Nerven des Hauses, in dem es gespenstert, nicht weniger aus, als den Duft des Gartens, der es umblüht, und die herbe Keuschheit der preußischen Menschen, die es bewohnen. Eine Seelensauberkeit von einer heroischen Zartheit, die sich eben nicht photographieren, sondern nur dichten läßt – nur singen, hätte ich beinahe gesagt –, kommt hier überall zum identischen Ausdruck, daß man oft das Gefühl hat, ein Fontane wäre zum Dostojewski geworden. Und man denkt an Kleist, so grausam kämpfen die Seelen miteinander und mit sich selbst. Mit dem mechanischen Maschinen-Rhythmus verglichen, der heute oft als der einzig wahre und zeitechte gilt, entfaltet sich hier, jedem individuellen Blutdruck folgend, eine vielfache Rhythmik, die fast tropisch-üppig und maßlos wuchert, in der zwar alles mit jedem und das Einzelne mit dem Ganzen unlösbar verquickt erscheint, die aber die Grenzen des heute Hörbaren und Aufnehmbaren oft zügellos überbrandet. Die Sprache wächst in die Höhe, aber auch in die Breite, und mit ihrer Tendenz, alles zu umfassen und dabei doch alles zu umfühlen, kann sie den hastigen Leser wahnsinnig machen. Sie malt, sie tönt, sie wiederholt, sie fühlt sich selbst als ein Labyrinth wie das Wagnersche Orchester, nur daß sie nicht aus einem romantischen Lebensgefühl, sondern aus einem bis zum Orgasmus an der eigenen Nüchternheit berauschten Wirklichkeitsfanatismus ins Ungeheuerliche greift. Die Baumeisterphantasie dieses Wortdomes erinnert mich trotz aller Traversen und Krane an einen gotischen Dom, mitsamt den Chimären, die in den Raum springen. Die Schmerzenswucht der gottsuchenden Leidensvision an Grünewald. Gespensterseherei müßte noch nicht Prophetie sein, ich weiß es wohl. Aber der ganze Spiritismus in seiner Fragwürdigkeit ist zuletzt doch nur Anreger eines Dithyrambus, der mit ungeheuerlicher Ekstase Lust und Not des Daseins, Sucht und Sehnsucht der Kreatur ins Weltall hinaussteigert. Ein so herbes Liebeslied wie dieses, zugleich eine Apokalypse, die tiefe Angst einer Untergangs- und Übergangszeit kündend, zugleich einen erotomanischen Totentanz bewegend, hat Größe. Und Größe – ist nicht nur selten geworden, sie ist es immer gewesen.

Louise Dumont und der Regisseur des Abends hatten seit Jahren eine Aufführung dieses Dramas von ungeheuerlichen Ausmaßen unabhängig voneinander geplant, beide haben zu der dramaturgischen Bearbeitung das ihrige geleistet, obwohl mir die letzte Zusammenfassung erst auf der Bühne selbst, in der lebendigen Zusammenarbeit mit den individuellen Vertretern der fünf Rollen und aus meiner Regie-Anschauung heraus möglich war. Erlaubt hat sie der Dichter nach demselben Grundsatz, nach dem er sie bisher nicht erlaubt hatte: alles oder nichts!, ganz oder gar nicht! Das heißt, er hat ganzes Vertrauen walten lassen.

Kann dieses Vertrauen durch die Leistung gerechtfertigt werden? Das Kürzen und Zusammendrängen hatte es diesmal so verantwortlich schwer wie selten. Es mußten doch zum mindesten alle Perspektiven – zum Beispiel der Familiengeschichte – geöffnet bleiben. Es durfte nicht auf dem Prokrustesbett eines Bühnenabends eine Gespenstergeschichte daraus werden, oder ein wissenschaftlicher Disput, es durfte das Seelendrama nicht verschwinden, und es mußte doch alles Sonstige, Handlungsmäßige oder Geistige, wenigstens in der Hauptsache, gewahrt bleiben. Aber was ist hier Haupt-, was Nebensache? Welches Wagnis, diese Rhythmik zu beschneiden, zu stutzen, was so unmäßig, dabei aber gesetzmäßig gewachsen und geworden ist! Sprachglieder einer notgedrungenen Chirurgie – denn manchmal war es mehr Chirurgie als Dramaturgie – zu opfern und doch Sinn und Seele des Gebildes zu erhalten! Einen Dichter, der die Notwendigkeit seine Muse nennt, einer ihm fremden Not, der des heutigen Publikums, zu unterwerfen! –

Und die Darstellung! Ganz abgesehen davon, daß in diesen Figuren das

Prinzip der Individualität solche durchdringenden Triumphe feiert, daß diese Rollen eigentlich außer mit identisch Seienden nur schwer besetzt werden können! Und wer spricht diese Millionen Beziehungen im Wort? Wer eignet sie sich an, ohne monatelang ihnen nachzuleben und sie sich täglich viele Stunden lang im wahrsten Sinne des Wortes ›einzubilden‹? – Und schließlich: Dieses Werk verlangt die letzte Meisterschaft des Naturalismus, und dabei wäre diese Meisterschaft hier nur die primitivste Voraussetzung eines ganz neuen, erst werdenden, ungeahnt schwierigeren Könnens darüber weit und hoch hinaus. Denn dieser grenzenlose Naturalismus ist das wunderbare Gegenteil jedes begrenzten.

Ich sage das alles nicht, um die Anforderungen an den Theaterabend, der nach seinen eigenen Maßstäben erlebt und beurteilt sein will, herabzusetzen, sondern um der ungeheuren Dichtung über die Theaterwirkung hinaus noch besondere Eigenrechte zu wahren. Es war zu verlockend, die Verkörperung dieses Werkes zu wagen – es war zu wichtig, um sie zu lassen. Wem sie nicht genügt, der wende sich dem Buche zu!

Paul Raynal:

›Das Grabmal des unbekannten Soldaten‹

Darin scheinen sich die Überlebenden des Weltkrieges einig zu sein: daß man ihn vergessen haben muß, um weiterleben zu können. So wie man diesen Krieg schönfärben mußte, um ihn ertragen zu können, solange er als gewalttätige Gegenwart auf der Menschheit lag, wie ein blutiges Ungeheuer aus Urzeiten. Und jedes Bild, das sich einer Menschenphantasie aufdrängt, um die Greuel dieses Krieges auszudrücken, bleibt der unausdenkbaren Wucht der Tatsachen gegenüber ein für allemal doch wieder nur Schönfärberei: ob man nun sich einen Drachen vorstellt, ein unerbittliches Ungetüm von sagenhaften Ausmaßen, welches eine Generation zum Fraße verlangt und erhalten hat; oder ob man an eine Epidemie denkt, die sich unaufhaltsam zu Ende rasen mußte, nicht nur das Blut, sondern auch die Gehirne vergiftend; Tod bringend nicht nur dem einzelnen Menschen, sondern auch der Menschlichkeit! Man fürchtet, daß der nächste Krieg hauptsächlich mit giftigen Gasen geführt werden wird; aber wurde es nicht schon auch dieser? Und zwar auch er bereits mit einem giftigen Nebel, welcher sich über die Hinterländer hin wälzte, das öffentliche Bewußtsein vergasend!

Die zahllosen Märtyrer, die sich mit einer Aufopferung ohnegleichen in allen Ländern dem Ungeheuer hingaben, sie sahen nicht den Krieg, wie er war; und wenn sie ihn auch sahen, so erblickten sie doch über und hinter ihm ein anderes: das Wohl ihres Vaterlandes, die Zukunft ihres Volkes! Sie durften schönfärben, denn sie färbten mit ihrem Blute. Sie durften vergessen, denn sie vergaßen zuerst und zuletzt sich selber, ihr Leben, ihre Lieben, ihre Eltern, ihre Kinder! – Dürfen aber auch die Überlebenden noch weiterhin schönfärben, dürfen sie vergessen? Die Einen, um eines Alpdrucks von Erinnerung ledig zu werden, der ihnen das Leben ungenießbar machen müßte? Die Anderen vielleicht gar, um die Seelen zur Bereitschaft für einen neuen Krieg verführen zu können? – Gewiß, vergessen ist menschlich; ist es aber in diesem Falle auch nur menschenmöglich? Können und dürfen wir je die unendlichen Opfer vergessen, die gebracht wurden? Müssen wir nicht stets bereit sein, sie uns vor die Seele stellen zu lassen? Sind und bleiben wir nicht diesen Opfern und diesen Opfernden für immer und ewig verschuldet, bis in die letzte Tiefe? Und welcher Partei, welchen politischen Glaubens wir auch sein mögen, schulden wir nicht alle unseren Kindern die sichere Gewähr: daß, wenn je wieder Krieg sein sollte, so gewiß nicht darum, weil wir vergessen haben, wie der letzte Krieg war?

Ich weiß nicht, zu welcher politischen Überzeugung sich der Franzose Paul Raynal, der Errichter des Grabmals eines unbekannten Soldaten in Worten, sich bekennt. Ich glaube nicht, daß er sein Drama der Kriegsseele geschrieben hat, nur um pazifistische Tendenz auszudrücken. Kein Freigeist eifert hier, vielmehr als ein gläubiger Katholik will er nicht nur weltliche Zeitgeschichte, sondern auch ein religiöses Mysterium darstellen. Sein Held ist nicht der bewußte Revolutionär, der neue Formen der Gemeinschaft fühlt und verkündet. Sein Held ist ganz einfach der heutige Jedermann, zum Märtyrer eines christlichen Mysteriums erhoben. Sein Held ist der unbekannte Soldat, der alles opfert, und der sich, als moderner Mensch, bis ins Letzte selbst überwinden muß, um alles opfern zu können. Er ist der geistige junge Mann, einer Generation angehörend, welche die furchtbaren Fragen der Zeit mit unerschrockenem Ernste stellt. Ganz sachlich, mit stoischer Sachlichkeit, sieht er, was an der Front alle sehen; denkt er, was alle denken; leidet er, was alle leiden! Und er denkt für alle, handelt für alle, stirbt für alle. Aber sein großes Opfer, welches der Dichter mit tiefer Absicht so gestaltet hat, daß es restlos wird, macht ihn hellsichtig, erhebt ihn fast über Menschenmaß, verklärt ihn bis ins Prophetische; obwohl er sich selbst den Halt und Trost der Religion nicht gestattet, obwohl er bis in den Tod hinein der Zweifler bleibt, der auch den Fluch wagt. Seine klare und scharfe Art, die Dinge kühn zu sehen und sie bestimmt beim Namen zu nennen, macht ihn nur um so heroischer. Obwohl er vom Kriege sagt: »Jetzt gibt man ihm seinen richtigen Namen: Fron. Die schwerste von allen, die eintönigste, die erdrückendste aller Fronen. Das ist dieser herrliche Krieg. Weitaus stumpfsinniger als schrecklich! Ich fürchte ihn nicht, ich verabscheue ihn; ich führe ihn und ich verachte ihn!«: fordert er doch von sich und allen, von Front und Hinterland, das Absolute. Obwohl er sein Schicksal und das Schicksal all seiner Kameraden kurz abfertigt mit dem skeptischen Satz: »Es gibt Generationen, die kein Glück haben!«: fordert er für die übermenschliche Leistung, das übermenschliche Opfer ein ewiges Leben im Herzen aller Menschen, verlangt er Unvergeßlichkeit des Gelittenen, des Getanen. Aus seinem Blute, das morgen vergossen sein wird, speist er das Idol der Liebe. Er hat für alle Überlebenden nur den einen Abschiedsruf: »Seid glücklich!« Das ist sein ganzes Testament. Mehr hinterläßt er nicht. Er kommt, um für immer zu gehen und um alles zurückzulassen. Aber indem er alles hingibt, steht er doch da und fordert: tätige Erinnerung; und daß das Opfer empfangen werde, wie es gegeben ist; daß es fruchte; daß es wohl ganz, aber nicht vergeblich sei! Er, der ausruft: »Gibt es denn Kriege, die nicht Bruderkriege sind?« und dem Krieg das Stigma eines sinnlosen Schreckensregimentes anheftet als ein Schandmal; er verkündet doch auch: »Heute bin ich die Jugend, die über der Flut der Barbarei, in die Europa versunken ist, die Ehre des Menschengeschlechtes, die Hoffnung und den Schwur, daß es wieder schön sein wird, den Namen Mensch zu tragen, rettet!« – Diese Ehre zu wahren, diesen Schwur zu halten, diese Hoffnung zu erfüllen und diese Rettung zu vollenden, hat Paul Raynal dem unbekannten Soldaten ein Grabmal errichtet: erschütternde Mahnung den Zeitgenossen, um sie am Vergessen zu hindern.

Der Theaterdichter Raynal hat aber nicht etwa nur Sätze formuliert, die ins Herz treffen, ins Herz des Gegenstandes und ins Herz der Hörer; er hat ein Liebesdrama gegeben; und ein Familiendrama. Seine Aude, Braut und Witwe des unbekannten Soldaten, ist das reine Mädchen, ein romantisches Herz, eine gläubige Seele. Aber sie ist mehr als das. Sie ist die Seele überhaupt, die den Krieg erlebt; sie ist die hoffende, wartende und verzweifelnde Seele zu Hause. Ihre Tragödie ist es, daß sie liebende Frau ist; und daß ihre Liebe, die nur warten kann, ihr Frauentum, das sich nur hingeben kann, ihr so unsagbar ohnmächtig, klein und nichtig erscheinen gegenüber der Gewalt und dem Mysterium des Krieges. Es ist ihre Demut, die sie an ihrer Liebe zweifeln macht; und nichts kann sie ja leisten als eine letzte Aufrichtigkeit, welche sie dem Geliebten als bitteren Willkommentrunk reicht: das Eingeständnis ihrer Ohnmacht und Schwäche, ihrer verzagenden Menschlichkeit. Aber ein ganz tiefer Liebesinstinkt treibt sie dazu! Ermächtigt sie den Geliebten dadurch doch der letzten Wahrhaftigkeit gegen sie und sich; zwingt sie doch sich und ihn zur Erfüllung eines übermenschlichen Maßes des Gefühls, das sie – mit dem Geliebten – erreichen will. Nur so wird aus dem beabsichtigten frommen Betrug hüben und drüben die große, wache, tragische und religiöse Bereitschaft zum letzten Opfer. – Der Vater des Soldaten aber, ein guter und anständiger Mann, repräsentiert das Hinterland mit seiner billigen Lebenslüge; die freilich erst fallen muß, damit wirklich Wahrheit und echte Gemeinschaft frei werden kann zwischen Vater und Sohn. Der Gegensatz der Generationen – hier zugleich der Gegensatz zwischen Front und Hinterland – muß erst überwunden sein. Das Vater-

und-Sohn-Drama, der Zeit bis zum äußersten gegenwärtig, entbrennt auch hier, lodert sich aus – die Revolution der Heimkehrer vorwegnehmend –: aber nicht um die Seelen zu trennen, sondern um sie zu verbinden. Damit sie einander finden können, müssen sie einander wehtun, muß auch der Vater seine Tragödie erleben und wissend werden. Bis auch er vom Kriege verkündet: »Man kann ihn nur verstehen, wenn man von ihm geschlagen ist.« Dieser Vater muß erst seinen patriarchalischen Egoismus ausgeblutet haben; und jene Kraftmeierei, die ein Opfer zu bringen glaubt, indem sie den Sohn einer großen Sache hingibt, ohne die Sache zu kennen, und ohne die Hingabe wahrhaft erlebt zu haben, muß ihre grauenhafte innere Schwäche restlos einbekennen. Dann erst ist der eingefleischte alte Adam ausgetrieben, der menschliche Kern gelöst und die innere Berechtigung, diesem Sohne Vater zu sein, errungen. – Die Mutter freilich fehlt in diesem Drama. Und es ist der beste Trost für alle, daß sie dahingehen durfte, bevor der Krieg kam. Die Mutter zu gestalten, hat der fühlende Dichter nicht gewagt; er hat es sich und uns erspart. Und das ist die entscheidende Milderung, die ihm erst alle die uns aufwühlende Wahrhaftigkeit ermöglicht hat. Einem andern Schöpfer hat er das Furchtbare auferlegt, die Mutter des unbekannten Soldaten zu beschwören. Die Religion ist davor nicht zurückgewichen.

Das Drängen des Herzens, das nicht eher ruht, als bis die letzte Klarheit erlitten und errungen und das letzte Opfer gebracht ist: das ist die vorwärtstreibende Kraft, die Handlung in dem Mysterium dreier Seelen, aus denen Raynal sein ›Grabmal‹ gebaut hat. Als Bearbeiter, zugleich als Regisseur der Uraufführung am Berliner Kleinen Theater, habe ich getrachtet, diese Handlung dem deutschen Gefühle nahe zu bringen: dadurch, daß ich das System der Zeichen zwischen Menschen und Herzen, der stillen Blicke, der unausgesprochenen Fragen, der leisen Entscheidungen, der überzeugenden Gebärden erhalten und ausgestaltet habe, unter Verzicht auf manche Reflexion, auf manche kühn angelegte Tirade, die dem französischen Sprachgeiste, aber nicht unserem innersten Gehör entspricht. Meine mit Liebe vorgenommenen, aber durchaus nicht zaghaften Kürzungen haben sich insofern bewährt, als sie seither über manche deutsche Bühne gegangen sind. Ich glaube dem Dichter mit ganzem Herzen gelauscht zu haben, bevor ich entschieden habe, was die Schauspieler mit Worten sprechen, und was sie durch die Gebärde sagen sollen. In aller Stille werde hier das tägliche Leben, unter dem Triumphbogen des Opfertodes, zur heiligen Handlung.

›Wollen Sie spielen mit mir?‹

Die Zirkuskomödie von Marcel Achard

Eine Zirkuskomödie. Vier Mitspieler. Nein, fünf. Drei Clowns, ein Zirkusmädchen, Mademoiselle Isabel, und die Statue des ‹Stallmeisters›, Monsieur Loyal, am Manegenrand aufgestellt. Dieses, daß eine Büste mitspielt, charakterisiert den Sonderfall dieser Komödie. Monsieur Loyal steht da als das personifizierte Arbeitsgewissen der Clowns, er hat eine Peitsche in Händen, die er zwar nicht gebraucht, die aber als Symbol seiner Autorität wirkt. Sein gläsernes Auge überwacht die Vorgänge. Die eigentlichen Clowns sind zwei, der Engländer Crockson und Monsieur Rascasse, der robuste Sanguiniker und der zartfühlende Phlegmatiker. Sie kommen zur Probe, sie wollen arbeiten, wie eben Artisten arbeiten, mit Exaktheit und Pflichtgefühl. Aber sie können nicht arbeiten, denn sie sind beide verliebt, verliebt in eine kleine Kollegin, Mademoiselle Isabel. Und nun, statt der Arbeit, mitten in der Arbeit, die je nach dem Seelenzustand doch weitergeführt und wieder unterbrochen wird, spielen sie, spielen sie das ewige Spiel der Liebe, ein bitteres und süßes, leichtsinniges und schwermütiges Spiel. Sie lieben und spielen die Liebe als Clowns, etwa den Brüdern Fratinelli verwandt, deren Kunst dieses Werk des Pariser Komödiendichters Achard inspiriert haben mag. Aber der uralte Pierrot blickt überall durch, dessen Herz beim Schein des Mondes bricht. Dieser Pierrot, der geschminkte Spieler der Liebe und des Lebens, ein hamletisches Gemüt in der Narrenjacke, hat in der französischen Literatur eine niemals unterbrochene Tradition. Er steckt sogar in den scharf und tief gesehenen Menschenfiguren Molières, auch noch ein ganz schwerblütiger Narr der Liebe wie der betrogene Ehemann Dandin trägt seine Züge. Der große Lyriker Verlaine verleugnet ihn bis in seine, das Herz aufreißenden, katholischen Bußen und Beichten hinein niemals, und Laforgues ›Pierrot lunaire‹, dem Arnold Schönberg eine so merkwürdige Tonsprache verliehen, ist seine modernst-sensible Abart.

Daß er es ist, der hier die Liebe spielt und das Spiel des Lebens, das Leben als Spiel erleidet, wird klar, wenn der dritte Clown die Manege betritt. Er ist der dumme August, der Tollpatsch. Er ist eigentlich kein Clown von Beruf, sondern ein Clown von Neigung. Er war im Zuschauerraum gesessen und hatte der Probe zugesehen, mit dem brennenden Verlangen, da oben mitzuspielen. Er hat sich in das Clowntum verliebt, in seine Existenz, in seine Arbeit und natürlich auch in Isabel. Er kommt nun herauf und bettelt: »Wollen Sie spielen mit mir?« Aber das ist nicht so einfach. Er muß erst auf seine Eignung hin, ein Clown zu sein, geprüft werden, ob er das Zeug in sich hat zu einer Lebenshaltung, welche ich die exakte Demut nennen möchte. Ob er das Talent besitzt, Fußtritte zu empfangen, ohne »oh!« zu machen. Ob er die Schmach verbeißen kann und die Schande, um ohne alle Empfindlichkeit die heroische Selbstverbeugung des Clowns zu erreichen. Nun, mit den Fußtritten findet er sich ganz leidlich ab, und so wird er als Neuling aufgenommen, als solcher freilich auch ein wenig geschunden, ein wenig verhöhnt, soweit die Berufsehrlichkeit des Clowns es zuläßt. Denn diese kleine, buntscheckige Welt hat ihren Komment, ihre Ehre, ihr Gesetz, das eingehalten werden muß, damit das Spiel fair und ernsthaft bleibt. Und der neue dumme August, da er sich seine Lebensberechtigung in dem illustren Kreise verschafft hat, tritt nun auch auf Mademoiselle Isabel zu, mit seiner großen, kindlichen Bitte: »Wollen Sie spielen mit mir?« Und auch hier wird er aufgenommen, in dieses Hauptspiel, in das Spiel der Liebe, das weit grausamere Anforderungen an den Clown im Menschen stellt, als Tritte auszuhalten.

Dieser frischgebackene dumme August ist niemand Geringerer als der Dichter. Der Dichter in Person, das naivste Herz des dichterischen Menschen, das ewige Kind im Dichter, der Pierrot im Dichter, der Clown im Dichter. Für ihn ist die Welt eine Phantasie und die Liebe eine Inspiration. Und das Spielen mit den bunten Dingen ist seine Frömmigkeit. Indem er auszieht, um mitzuspielen, hat er etwas von jenem Burschen an sich, der auszog, um das Fürchten zu lernen. In aller Unbefangenheit seiner Märchenseele lernt er etwas Rechtes und etwas Schweres, er lernt spielen, indem er das Weib kennenlernt, indem vom Weibe mit ihm gespielt und ihm mitgespielt wird. Es ist ein reizendes und doch schmerzenreiches Spiel, aufregender als jedes andere, ein halsbrecherisches Auf und Ab der Illusionen und der Enttäuschungen, eine Tragikomödie der Gefühle. Hat er das Spiel gewonnen, wenn er am Ende seine Isabel einheimst, hat er es verloren? »Ich glaube, daß meine Stunde gekommen ist«, sagt er, jetzt erst, in der Gewißheit seines Glücks, zweifelnd. »Nein, die meine«, ruft Isabel und versetzt ihm eine Ohrfeige. Ach, es ist zu fürchten, daß er im Glück der Liebe nicht länger ein Dichter bleiben, dagegen aber etwas ganz anderes werden wird, nämlich ein Ehemann. Die Statue des Monsieur Loyal, welche die ganze Spielerei mit angeschaut hat, mag sich gratulieren, daß sie nur aus Holz ist, und daß ihr also erspart bleibt, dies Grausame des Herzens mitzumachen.

Die Spielerin mit dem Herzen aber ist Mademoiselle Isabel. Sie ist in ihrer Art ein kleiner Star dieses gefährlichen Spieles. Sie ist noch Kind und schon Frau; ein Zirkusmädchen, am Artistischen wissend geworden, von der Freiheit ihrer Sphäre hoch getragen, über dem nützlichen Leben schwebend; auf dem Reck pirouettierend oder mit der Springschnur dahintanzend, auf dem Manegenrand laufend, kennt sie kein Verweilen, das nicht ihrer Laune entspricht. Diese ihre Laune aber ist das reinste Aprilwetter, bald Regen, bald Sonnenschein, und doch lebt eine sinnreiche Methode in dem frei beweglichen Spiele! Wessen sie bedarf, ist die Illusion der Liebe mehr als die wirkliche Liebe, ist der Widerschein ihres eigenen Zaubers – also eben das fesselnde Spiel der Liebe anstelle ihres anders fesselnden Ernstes. Die Männer aber sind so täppische Gegenspieler, gehandikapt durch den Egoismus ihrer Eitelkeit, ihres Begehrens, ihres Besitzwahnes, am rein ästhetischen Wunder kein Genügen findend. Am wenigsten störend und also als der die Magie der zarten Beziehung am wenigsten zerstörende Partner beträgt sich eigentlich Monsieur Loyal, die Holzfigur, welche von Klein-Isabel tiefsinnigerweise in ihre Liebesspiele mit einbezogen wird. Er ist der wahre Freund und Vertraute, diskret und zuverlässig, in seinen Glasaugen spiegelt sich die Welt immer genau so, wie Isabel gerade empfindet; ihm darf sie ruhig beichten, ohne fürchten zu müssen, daß er es je gegen sie gebrauchen wird. Heiraten kann man einen Monsieur Loyal zwar leider nicht, obwohl er der gegebene Gatte wäre, und der Dichter besser ein fremder Gast an Feiertagen der Seele bliebe. Aber diesem Herrn Loyal gegenüber bringt Isabel sogar ein paar Tränen auf. Denn weinen, weinen, das kann Klein-Isabel noch nicht, eine so tüchtige, gewappnete und selbständige Person sie sonst auch sein mag. Weinen möchte sie so gerne lernen, sie, die so viele Männer spielend zum Weinen bringt; und sie wird es auch lernen, später einmal, im wirklichen Leben, in das sie ihren Dichter an der Springschnur nachzieht. Ihr Dichter wird es ihr schon beibringen, dann, wenn es nicht mehr zum Dichter, sondern nur noch zum Ehemann langt; so wie sie ihrem Dichter, diesem verspielten Gemüte, ihrerseits den Ernst des Lebens beibringen wird. Dann, wenn es zu spät ist, obwohl sie längst ja gesagt hat; und wenn die ideale Grausamkeit des spielenden Kindes den schwebenden Leichtsinn eingebüßt haben wird.

Der Ernst des Lebens liegt allerdings außerhalb der Bezirke dieses köstlichen Spieles, das Isabel, von der Geberlaune Achards geleitet, drei lustige Akte lang treiben darf. Aber überall schimmert doch dieser böse, schwere Ernst durch; durch die Leiden, welche Isabel erregt, und durch die Leiden, welche sie empfängt. Und ernster als ernst, von bitterster Trauer kündend, droht überall hinter dem köstlichen Augenblick die Ernüchterung des Alltags, welche wie die Schwerkraft die entzückenden Chimären der Sehnsucht auf den Grund, auf den platten Boden der Wirklichkeit hinunterziehen wird. Freilich ist alles Reale hier spielerisch drapiert und von Grazie verzaubert. Solch ein herrlicher Bursche wie der englische Clown Crockson, der im bürgerlichen Leben ein brutaler Kerl wäre, wie ist er durch seine strotzende Spielfreude und seine empfindliche Spielehre geadelt und liebenswürdig, ja liebenswert geworden! Das Spiel geht ihm über alles, und so überwindet und verwindet er alles. Das läßt ihn in gewissen Momenten geradezu herrisch erscheinen. So, wenn er eine Liebe quittiert: »Sie lieben mich nicht. Kapiert. Ich werde Sie vergessen.« Nichts wird ihn je dazu bringen, oh! zu machen. – Oder jener tiefsinnig-bedächtige Clown Rascasse, vielleicht der menschlichste von ihnen allen, der vor dem Spiele, dem er nicht immer gewachsen ist, in den Seelenfrieden der Mathematik flüchtet und Liebeserlebnisse als algebraische Gleichungen auf die Tafel schreibt: »Nehmen wir an: Pi minus Unendlich ist gleich ›Ich liebe Sie‹ und Alpha plus Omega ist gleich ›Was soll ich damit anfangen, guten Abend!‹: Dann ist Pi minus Unendlich gleich Alpha plus Omega und ›Ich liebe Sie‹ ist gleich ›Was soll ich damit anfangen‹, guten Abend!« *Quod erat demonstrandum. Was zu beweisen war.* – So tröpfelt hier und da Öl irrationaler Weisheit auf die Sprungfeder dieses Spieles und macht sie nur noch elastischer! Erstaunlich aber ist das Unbelastende, Springende, Huschende, Tanzende der Einfälle; der Witz trifft und streichelt doch, was er trifft, Sentimentalität bleibt Sentiment, und das Ganze ein Sieg geistiger Leichtigkeit. Das Artistentum als ein letzter Schlupfwinkel der romantischen Ironie im allzu hart und allzu exakt gewordenen Leben.

›Die schöne Schlafende‹

von Rosso di San Secondo

Das Werk des italienischen Autors ist ein Legendenspiel, eine Marienlegende; aus volkstümlichen Motiven gewoben und von der Einfalt eines liebenswürdigen Glaubens zusammengehalten, empfängt es seine Wirkungen von der Landschaft, in der es gewachsen ist, und die nicht nur einen bestimmten Himmelsstrich, sondern auch ein Erdreich des Herzens bedeutet. Sizilien mit seinen brennenden Tagen und überklaren Nächten, die Schwefelminen und ihre Arbeiter, die Städte und Dörfer, ihr buntes, elementar fühlendes Volk, die Krämer und die Bauern, die Jahrmärkte mit ihrem Tumult von Geschäft und Vergnügen: das alles ist hier mehr als Kulisse, es ist nicht nur von außen drastisch angemalt, sondern es wächst aus dem Geblüt und entfaltet sich in der Phantasie; bei aller gewollt urwüchsigen Derbheit ein zartes, ja überzartes Spiel.

›Die schöne Schlafende‹, das Wundertier einer Jahrmarktsbude, die lebendige Erwerbsquelle der Kupplerin Blaubacke, ist ein armes Freudenmädchen, das, nicht auf sich bedacht, ihren Körper hingibt, während ihre Seele abwesend zu sein scheint, hinübergerettet in eine Region wohltätigen Unbewußtseins. Sie ist schön, diese auch im Wachen Schlafende, und ihr an den Trieb der Welt verlorenes Tun, ihr Weggeworfensein an das Bedürfnis der Menschen, bewahrt eine so tiefe Demut, daß auch die rohesten Herzen davon angerührt und ergriffen werden. Wer ist sie, diese undurchdringliche, geheimnisvoll geadelte Seele? Ein einfältiges Bauernmädchen mit mystischem Hange, oder nur zu zart geartet für die derbe Welt, in die sie geboren wurde? Jedenfalls macht sie aus sich und ihrem Schicksal kein Wesen, sie leistet gegen das, was mit ihr geschieht, keinen Widerstand, und das ist vielleicht ihre innerste Kraft. Früh verführt von einem Notar, in dessen Dienst sie stand, hat sie, als abgründig gehorsame Magd, doch nur getan, was ihr Herr wollte und weil er es wollte. Und so wurde sie fortgejagt, ohne daß sie Widerspruch erhoben oder ihren Verführer bezichtigt hätte; so wird sie nun von Jahrmarkt zu Jahrmarkt geschleppt, ohne daß sie sich beklagte oder gar auflehnte.

Aber jetzt, drei Jahre später, wird ihr Zustand, eine Art von somnambulem Fatalismus, erschüttert durch die Tatsache, daß sie sich Mutter fühlt. Von wem? Sie weiß es nicht, es kümmert sie nicht; und sie könnte es auch nicht erkunden. Hat sie doch keinen gekannt, obwohl alle sie erkannt haben! Aber es zeigt sich, daß sie nun aus ihrem Hindämmern erwacht, daß die scheinbar so Hilflose von einem großen Willen beseelt ist, und sie, die Weltahnungslose, weiß auch den Weg für diesen Willen, und sie geht ihn wie eine Nachtwandlerin, sie nimmt eine kühne und wunderbare Luftlinie zu ihrem heiligen Ziel. Dieses Ziel ist: das Kind zu gebären, es zu retten, es zu sichern, ihm das Leben zu geben, und zwar ein besseres Leben, als es der Mutter beschert war. Für die seherische Torheit ihres Herzens – das jetzt nur mehr das Gefäß eines neuen Lebens und einer neuen Seele ist, und das aufhören wird zu schlagen, wenn sie dieses Leben dargebracht hat –, ist die scheinbar paradoxeste Lösung die selbstverständlichste: Sie hat nur einen Mann gekannt, eben jenen Notar, der sie vor drei Jahren verführte – also ist er der Vater, also muß das Kind zu ihm gebracht werden, und er muß es aufnehmen und dafür sorgen. Sie denkt nicht etwa daran, den Mann, der die ganze Verantwortung für ihr Schicksal trägt, zur Verantwortung zu ziehen –, die Idee der tiefsten Verantwortung leuchtet, ohne daß ›die schöne Schlafende‹ sie wahrnimmt, auf, in ihrer religiösen und sozialen Bedeutung –: sondern sie handelt in naivem Wunderglauben. Und dieses Wunder ihres Glaubens, der für sie die einfältigste, natürliche Wahrheit ist, durchdringt und verwandelt die Herzen der Menschen.

Sofort ist ein Helfer da, einer, der die Aufgabe hat, sie zu schützen, sie zu führen: der Schwarze aus der Mine, ein gewalttätiger Arbeiter, Raufbold und Totschläger, aber ein heißes, naives Herz, in dem das religiöse Gefühl sich mit dem sozialen Recht mischt. Längst ist die schöne Schlafende seine ›Anbetung‹, längst hat er die Reinheit ihres Herzens erkannt! Sie ist es, deren bloßer Anblick seine Brutalität in das zarteste, das ritterlichste Empfinden wandelt.

Und er führt sie aus dem Gewahrsam der Kupplerin, er bringt sie in das Haus des Notars, sein ungefüges und krauses Wort wird zur Stimme der sozialen Wahrheit, der religiösen Forderung. Und es zeigt sich, daß alles bereit ist, das Wunder zu empfangen. Jene ›verzweifelte Alte‹, die Tante des Notars, sie, die das Geld hat und das Haus und die Menschen im Hause und die Seelen der Menschen, die um des lieben Geldes willen die Tyrannei der mißtrauischen und verbitterten Herrin ertragen: sie hat längst gewußt, daß, wie in der ganzen Welt, so auch in ihrem engsten Bereich, etwas nicht in Ordnung ist, sie wartet längst darauf, den Quell des Übels zu finden. Und sie ergreift mit religiösem Fanatismus den Tatbestand, der sich ihr bietet. So tief sie die Eitelkeit der Welt verabscheut, und trotz ihrer an Wahnsinn grenzenden Furcht vor der Berührung dieser Welt, glaubt sie dem Totschläger und nimmt sie die Hure auf. Das Absurde werde Wahrheit, der Notar heirate die Magd, und das Kind werde der Sohn des Hauses und der rechtmäßige Erbe! Der schönen Schlafenden aber obliegt nur noch, zu gebären und zu sterben, dahinzuschwinden wie die Lilien auf dem Felde.

Und je weiter die einfachen, aber zart gehüteten Vorgänge sich enthüllen, um so deutlicher wird, was dem Autor vorgeschwebt hat: ein Heiligenleben, wie die Phantasie des Volkes es in der ärmsten und sonderbarsten Gestalt zu erkennen vermag. Ohne Zweifel steckt viel verfeinerter Lyrismus und überhaupt ein erfahrener literarischer Geschmack in all dieser Primitivität; aber das innere Interesse heutiger Menschen wird angesprochen durch die Liebe zur einfältigen Kreatur, die über die geschäftige Vernunft des Tages siegt. Der Glorienschein um das Haupt der ärmsten aller Mütter ist daraus geflochten. Der pathologische Grenzfall erhöht sich zum erschütternden Beispiel wahrer Menschenwürdigkeit.

Ferdinand Bruckners Drama ›Die Rassen‹

»Wirklich, ich lebe in finsteren Zeiten«, sagt Brecht. Man könnte sagen: in einer Periode der Sonnenfinsternis der Humanität.

Als das Licht der Menschlichkeit auszulöschen schien, wurde – im Zwielicht – dieses Stück geschrieben, das wir Ihnen heute vorlesen – Ihnen durch eine Vorlesung vorleben wollen – wir: Schriftsteller und Schauspieler im Exil, die wir kein Theater besitzen – noch immer kein Theater besitzen – die wir aber Dramatiker haben und ein Publikum.

Aus dem Vorhandensein eines Dramas – und aus der Not an einem Theater ist diese vorläufige Form entstanden: einer dramatischen Vorlesung mit verteilten Rollen, aber ohne Dekorationen. Die deutsche Universität werden Sie sich selber vorstellen müssen, an der dieses Stück spielt – in den Tagen der sogenannten deutschen Erhebung – oder war es nicht vielmehr der deutsche Niederfall? – März und April 1933 – in den Tagen der Machtergreifung und des Judenboykotts. –

Bald darauf ist dieses Drama geschrieben –: das Copyright des Verlages Oprecht in Zürich, wo das Buch erschien – bereits nach der Uraufführung in Zürich – trägt noch die ominöse Jahreszahl 1933! – Es weht noch die Luft des damaligen Deutschland in dem Stück – frisch eingefangen, wenn man das in diesem Falle sagen darf! Sie ist ja ein wahrer Hauch aus der Hölle, diese Luft! – und in den Dialogen der Menschen erklingt noch der Ton jener Zeit, sentimental und barock kommt er uns vor, heute, da wir alle – unter den Erfahrungen dieser Zeit – nüchterner und sachlicher geworden sind. Aber es ist unverkennbar, erschreckend und ergreifend, der Tonfall jener heute so ferngerückten Tage, da mit diesen deutschen Studenten, mit der bürgerlichen – der akademischen Jugend eine so ungeheuerliche Verwandlung geschah! – Das ›Gaudeamus igitur‹ hatte dem Horst-Wessel-Lied Platz gemacht; das Lehrziel hatte gewechselt: es war nicht mehr die klassische Bildung, es galt auch nicht den modernen Wissenschaften – sondern der Abschlachtung von Sündenböcken, der Niedertrampelung des Herzens und des Geistes, der Niederknüppelung und Folterung zahlloser Geiseln, die bis dahin Mitmenschen und gleichberechtigte Mitbürger gewesen waren... kurzum der gründlichen Vorbereitung – worauf? nun auf den Weltkrieg, den Raubkrieg, in dem wir jetzt alle sind – hereingerissen von jener rasenden widernatürlichen, widervernünftigen Bewegung, die Ferdinand Bruckner in diesem Stück geschildert hat:

Rassenhaß: das ist nur die notwendige Vorstufe, die Vorübung zum *Massenhaß!*

Als dieses Stück ein paar Jahre – ein paar Semester, hätte ich bald gesagt – nach seiner Entstehung auch in New York – am Broadway – aufgeführt wurde: wie übertrieben, wie unwahrscheinlich mag es damals noch erschienen sein!

Heute – wissen wir Bescheid! Heute wissen wir um die schreckliche Wahrheit dieser Dinge, für die seitdem bereits Millionen von Menschen verblutet sind und noch Millionen von Menschen verbluten werden! –

Der wahre Dramatiker ist der anschaulichste und packendste Historiker! – Die Historie kennt solche Perioden. Es gab Hexenverfolgungen! Es gab die Bartholomäusnacht und den Dreißigjährigen Krieg – als der Rassenkampf zwischen Christen und Christen wütete. Und es gibt die Dramen Shakespeares – es gibt ›Macbeth‹ und ›Richard III.‹ –, Dramen, die auch für übertrieben, für unwahrscheinlich gehalten wurden, als ich noch auf die Universität ging. Veraltete, mittelalterliche Dramen, die jetzt mit jedem Tag moderner und aktueller werden – und die man noch immer nicht so realistisch spielt, wie sie es verdienen! –

Das Erstaunliche an einer geistigen Epidemie ist ja nicht einmal, daß sie in irgend einem unglücklichen Lande, durch besondere politische und wirtschaftliche Verhältnisse begünstigt, ausbricht – sondern, welche weltweite Ansteckungskraft sie besitzt! – Die Verbreitungsfähigkeit geistigen Giftgases! –

Sie werden diese entsetzlichen Tiraden hören – und sich dann – so hoffe ich – tief erschrocken verwundern, darüber, daß sie Eingang und Nachahmung finden konnten in den fernsten Ländern – und in ihrer nächsten Nähe.

Ferdinand Bruckner hat sie aus der nächsten Nähe erlauscht – und aufgeschrieben – mit der Kraft eines Mannes, der eine Chronik seiner Zeit schreibt – und dem auch das Entsetzen nicht die Feder aus der Hand reißt!

Er war der Mann zu solcher Leistung. Hatte er doch schon früh gesehen und erkannt, was da herankam – die Zeichen gedeutet – die Diagnosen gestellt – als ein guter und getreuer Arzt seiner Zeit. Schon sein erstes Stück hieß: ›Die Krankheit der Jugend‹. In diesem und in seinem zweiten, ›Die Verbrecher‹ – und in einem nächsten ›Die Kreatur‹ – hat er ein warnendes Menetekel an die Wand der Zeit geschrieben – das nur nicht beachtet wurde, trotz dem großen, zeitgerechten Erfolg dieser Stücke.

Wir glauben ja immer, daß die Dichter uns nur Märchen erzählen. Wenn sie aber wahrhaftige Dichter sind, dann erzählen sie uns die grausigen, die erschütternden und die rührenden Märchen dieses Lebens – unseres Lebens. Ein Märchen, ein Wunschtraum ist dieses Märchen höchstens nur wegen der Schnelligkeit, mit der die Bekehrung dieser jungen Menschen erfolgt. Aber auch das ist ein Dichterzug in Bruckners Werk: er sieht das Menschliche sogar im Todfeind, der ihn beschimpft, der ihn vertrieben hat – der viele seinesgleichen auf das brutalste entrechtet, auf das unmenschlichste gefoltert und getötet hat. Bruckner will auch seinen jungen Nazis gerecht werden. – Und deshalb ist dieses Stück kein Greuelmärchen, sondern ein Zeitdokument und ein Drama. Beim ersten Anblick mögen die krassen Züge überwiegen. Wer sich näher damit beschäftigt, wird den menschlichen Gehalt finden. Auch der Jude in diesem Stück flucht nicht und zittert nicht. Er ist aufs tiefste erschreckt. Er ist noch mehr erschüttert: als er unter seinen Quälern einen nahen Bekannten, einen Kollegen erblickt, mit dem er jahrelang umgegangen ist, ruft er aus: »Und ich hatte gedacht, das sind Menschen aus einer andern Welt.« Nein, guter Siegelmann: es sind Menschen aus dieser, aus unserer Welt! – Das ist es, was er nicht verwinden kann! Mit seinen Worten: den »Zusammenbruch der Erfahrung: Mensch – das, woran wir als an das Leben des Lebens glaubten.« – Nicht nur um sich selbst – auch um sich diesen Glauben zu retten, um für das Weiterleben des Lebens zu arbeiten und zu kämpfen, wandert er aus. Und so sitzt er vielleicht jetzt mitten unter uns – und erlebt in diesem Stück *sein* Drama wieder, wie wir das unsere erleben. Und dennoch weiter erleben wollen, wo immer es uns gegönnt ist, um nachzuholen, was wir versäumt haben: wie Karlanner am Ende sagt: »Wir waren eine schwache und hilflose Demokratie. Wir hätten eine starke aus ihr machen sollen. Das war die große Aufgabe der deutschen Jugend. Wir haben sie versäumt.« Dieses schlichte Eingeständnis – es ist die Botschaft, die der Dichter in seine neue Heimat mitgebracht hat, als die beste Gabe. Möge sie empfangen werden!

Georg Kaiser
[›Der Gärtner von Toulouse‹ u. a.]

»Alle sind auf der Flucht.«

Das neueste Werk Georg Kaisers, das Schauspiel ›Der Gärtner von Toulouse‹ (soeben bei Querido erschienen) macht auch auf den Leser, der es nicht in der Sinnenfülle des Theaters erlebt, sinnlichen Eindruck. Man liest es mit tiefgründigem Interesse. Man verzehrt es in der Stille und von innen her mit einer Anteilnahme und mit einer Spannung, die wollüstig-schmerzlicher Natur sind. Von Anfang an herrscht Treibhauswärme, eine belastende Schwüle, die den Mitspieler – und das ist jeder empfängliche Leser eines Dramas – fiebern macht und ihm leisen Kopfschmerz erregt. Das Stück spielt auch tatsächlich in einem Treibhaus, das die handelnden Personen – es sind ihrer nur vier – von der Welt hermetisch abschließt. Die Verbindung mit der Welt stellt der Agent Quechartre, eine Neben-, eine Verbindungs-Figur her. Der Agent kommt hastig aus der Außenwelt hereingewirbelt und bringt ihre hektische Geschäftigkeit, die des Handels und Verkehrs, mit. Er schwitzt in seinem Anzug, dem Kostüm der Alltagsgeschäftigkeit. Wäre Quechartre ein Deutscher, er hieße vielleicht Quecksilber. Seine Seele ist ein Thermometer, das auf die Temperaturgrade von Angebot und Nachfrage ohne moralischen Vorbehalt reagiert.

Der Agent ist es, der die primitiv-spärlichen, stilisierten Vorbedingungen der Handlung geschaffen hat. Er hat den Garten samt Treibhaus im Namen der Stadt Toulouse an die Fremde Dame, Frau Téophot, verkauft, die sich hierher von der Welt zurückziehen will, sich und ihr Geld in endgültige Sicherheit bringend. Wir wissen zunächst nicht, wie sie dieses Geld erworben hat. Sie legt Wert darauf, die Spuren ihres sozialen Herkommens zu verwischen, mit Hilfe einer Mystifikation, die sofort dramatischen Verdacht erregt. »Vergessen Sie nicht, daß man erben kann«, sagt sie zu dem Agenten, als der eine indiskrete Anspielung versucht. Der Erlös des Grundstücks geht – so wird betont – an die Armen der Stadt Toulouse, die im Drama nicht auftreten.

Auch den Gärtner François Bertin hat der Agent besorgt. Da zur Bedingung gestellt war, daß der Gärtner verheiratet sei, hat François kurzerhand Janine geehelicht, die er zufälligerweise beim Agenten traf. Auch sie war dort auf Stellungssuche, eine etwas verhärmte, aber reizvolle jugendliche Frauensperson.

François ist ein Naturmensch, ein blonder, blauäugiger Riese, in mancher Hinsicht eine Art Kaspar Hauser, wie er Rousseau vorgeschwebt haben könnte, als dieser seinen idealen Mann plante. François ist Gärtner aus Leidenschaft und Überzeugung. Er widmet sich der Betreuung des unschuldsvoll unbewußten organischen Wachstums der Pflanzen, welches er in bewußten Gegensatz bringt zur verbrecherischen Beweglichkeit der Menschen, die ihre Freiheit, ihren Spielraum im Lebensprozeß dazu benützen, die Natur in sich und um sich herum zu verderben und zu verwüsten. Wie sehr war ihm also um den Posten zu tun! Die daran geknüpfte Bedingung war es, welche François auf die Idee und zu dem Entschluß brachte, das verschlossene Wesen zu heiraten, das er gutgläubig für eine darbende Näherin hielt. (Naivität der gesellschaftlichen Anschauung.) Ihre voreheliche Sittlichkeit verstand sich von selbst für den Riesen, der noch kein Weib erkannt hatte. Nun liebt er einen Dualismus, der ihm zur seligen Einheit verschmilzt: seine Gärtnerei und seine Janine. Liebt seine Janine auch ihn? Sein Glück ist lyrisch beredt und beflügelt, das ihre wortkarg und schwerfällig. – François: »Ich sehe Deine Brust.« Janine (ohne ihre Haltung zu ändern): »Ist sie Dir neu?« – Verhältnismäßig neu, möchte der mitspielende Leser bemerken, der sich über Janines einsilbige Reaktion wundert und geneigt ist, sie verdächtig zu finden. Sie kann aber auch die Keuschheit einer welttiefen Leidenschaft durch Schweigen ausdrücken (Cordelia-Motiv). – François hat einen erotischen Einfall. Er fesselt sich, ein freiwilliger Simson, die Hände mit Bastschlingen, die er zum Abbinden der Bäume hergestellt hat, legt sich eine um den Hals und fordert Janine auf, sie zuzuziehen. Seine Janine tut es. Spielt sie gehorsam mit – oder handelt Unbewußtes mit einer tieferen Absicht? Jedenfalls, François erstickt beinahe, und der zum Glück hereinwirbelnde Agent muß ihn befreien. Janine hätte es verabsäumt, denn – so sieht es aus – sie hielt seine Erstickungsangst für gemimt, für einen Teil des Spieles. – Sonderbarer Einfall, auf den unser tragisches Ahnungsvermögen mit einem Schauder reagiert. Sollte die eheliche Umarmung der Janine ihren Baum von einem Mann zu sehr abbinden? –

Ich will die weitere Entwicklung nur kurz und schlagwortartig umschreiben. Die Besitzerin des Treibhauses kommt. Sie ist eine blonde (das heißt: eine »rot- und kraushaarige«) Bestie, Frau Welt in Person. Sie erscheint »mit aufgespanntem Sonnenschirm. Ihr weicher Körper steckt in einem rosa Kleid mit großen gelben Blumen . . . Gesicht und Lippen sind stark gepudert und geschminkt.« – Sie trifft Janine und erkennt sie. Denn Frau Téophot hat ihr Geld als Bordellwirtin erworben, als eine Art Frau Warren. Und Janine hat als Freudenmädchen für sie gearbeitet, und zwar als ein besonders tüchtiges, das keinen Kunden zurückwies, auch nicht – horribile dictu – Neger und Chinesen. Frau Téophot will sich hier, in diesem Treibhausparadies, zur faulen und nahezu buddhistischen Ruhe setzen. Sie kann hier nichts dulden, was sie an die Welt, in der man sein Geld macht, erinnert, also entläßt sie Janine und den ihr noch unbekannten Gärtner. Als sie den jedoch persönlich kennenlernt, ändert sie ihre Absichten. Sie nimmt ihn sich ebenso kurzerhand (in die Mooskammer), wie François Janine heiratete, und schiebt Janine auf ein Nebengeleise, in die anständige, aber schmutzige Dienstbotenarbeit ab. Eine erpresserische, brüsk-geschäftliche Ausbeuterlösung, welche im Paradies sofort wieder die sozialen Verhältnisse der Außenwelt herstellt. Aber die Téophot hat ihre kluge Rechnung ohne die beiden Opfer gemacht, die zugleich Opfer einer höheren Gewalt sind: der Liebe, die bekanntlich kein[en] Kompromiß duldet.

Erste Kaisersche Drehung: Janine ist durch die unbefleckte Empfängnis der Liebe des Naturmenschen innerlich, im weiblichen Kerne, erschlossen und gewandelt worden. Nun sucht sie sofort den Ausweg über den Agenten. Sie will lieber wieder Hure sein, als François mit Frau Téophot teilen. Selbstzerstörerisch will sie ihr erst durch diese Liebe geschaffenes Dasein tilgen, das allerdings keines mehr ist, seit die Berührung der Téophot ihr Verhältnis zu François verunreinigt hat. Der Plan mißlingt, denn François stellt seine Janine über alles. Er will lieber das Treibhaus und seine Gärtnerei (inklusive Frau Téophot) aufgeben und in die unmenschliche Sklaverei der industriellen Arbeit gehen als Janine verlieren. Er verliert sie freilich doch, als Frau Téophot ihm unreinen Wein über Janines Vergangenheit einschenkt. Darüber kommt kein Gärtner weg. Er erwürgt – zweite Kaisersche Drehung – nicht Janine, sondern die rote Bestie mit der schon am Beginn der Handlung geknüpften Bastschlinge. Und, dritte Kaisersche Drehung: mit einer grandiosen Selbstverständlichkeit schiebt er Janine den Mord zu. Und sie nimmt Schuld und Buße wortlos an. Denn sie fühlt, daß die Liebe ihr und sich dieses Opfer auferlegt. Die Liebe, welche nicht nur dort triumphiert, wo sie zeugt, sondern auch dort, wo sie vernichtet.

Und so argumentiert François seiner Janine gegenüber: »Sühne dein Vergehen, als ob du es begangen hättest. Doch wie du wirklich dich vergangen hast – mit deines Leibes Leben – das sühnst du nie. Das kann dir nie vergeben werden. Oder sind wir Menschen so ausgestoßen, daß uns nichts verunglimpft?« Nicht an ihm hat sie sich also vergangen, sondern an der Heiligkeit ihres Lebens. So rechtet sein sexual-ethischer Radikalismus, der schon wieder modern zu sein scheint. Er entspricht seiner Rousseauschen Gärtnerethik, seiner Vision vom Leben, wie es sein soll: »Wie leben Pflanzen? Pflanzen, Baum und Strauch, die wurzeln in der Erde. Wenn die Zeit der Reife kommt, dann weht der Wind vorbei – dann fliegen Bienen, Hummeln von Kelch zu Kelch. Nie rührt ein Kelch den andern an. Und doch herrscht Liebe. Das ist das Meisterstück der Schöpfung.«

Allerlei Bedenken melden sich, die ich, zur Unterdrückung nur mehr wenig geneigt, nicht unterdrücken will. François selber hat mit Frau Téophot nicht gerade gebient und gehummelt. Trotzdem war er bereit, sein Leben mit Janine fortzusetzen. Allerdings, im Verführungsakt der Téophot spielte das Geld keine Rolle; François benahm sich durchaus vegetativ, als eine Pflanze, wenn auch nicht als ein Gärtner. Aber wissen wir über die Formen der Ausbeutung im Leben der Pflanzen wirklich so genau Bescheid? Der botanische Glaube des François scheint mir höchst mangelhaft fundiert zu sein und deshalb untauglich als ein Regulativ für so extreme Handlungen. Wenn ich ihn ethisch beurteile, muß ich diesem Ehemann, der eine Stellung geheiratet und sich von seiner Brotherrin mißbrauchen lassen hat, die Legitimation zum höchsten Richteramt, das so unerbittlich scharf richtet, rundweg verweigern; und ich lehne mich auf gegen die Gefügigkeit der Gattin, die ihr eigenes Menschen- und Lebensrecht verleugnet, indem sie das Verdikt annimmt. Das Drama, das zwischen den beiden Antagonisten hier erst begönne, würde ich gerne geschrieben sehen. Aber ich leugne nicht die theatralische Wirksamkeit des vorliegenden Schlusses, der einen Strich durch die Rechnung macht, ohne sich um den periodischen Bruch zu kümmern, der in ihr steckt. – Freilich könnte man antworten, was kümmert sich die reine Liebe um ein ethisches Rechenexempel! Als ein Liebesmysterium mag dieses Werk annehmbar sein für ein Gefühl, das die Voraussetzungen überspringt. So lieben sie sich eben, François und Janine, zwei Geschöpfe der Phantasie, die in und von der Kaiserschen Diktion leben und durch sie glaubhaft werden: lyrisch glaubhaft, insofern sie beide, dialogisch ineinander verstrickt, und jedes für sich und für das andere, ihren Traum von der Reinheit spinnen; einen Traum, der sich vielfach und auch soziologisch deuten läßt. – Wie ist man doch politisiert bis in den Grund der Seele! Ich kann nicht umhin, diesem radikalen Gärtner mein Mißtrauen auszusprechen. Wenn ich ihn mir etwa in die überpreußische, unterösterreichische Diktion Hitlers übersetze, dann möchte ich diagnostizieren, daß er von der Blubonenpest angesteckt ist. Sie reden von der Reinheit, diese blauäugigen, blondhaarigen Riesen; was sie aber in der Praxis meinen, ist die Macht und die Rache, die sie ausüben, ohne auf das Recht der andern zu achten und ohne ihr eigenes Unterbewußtsein zu kontrollieren. Der Utopist Georg Kaiser hat immer schon das Paradies am Ursprung gesucht; aber es war die Bedeutung des Dramatikers, daß er sich und uns den Weg dahin schwerer und komplizierter zu machen pflegte, als er es dieses Mal tut. Der Gärtner François wäre dem heutigen Deutschland – so fürchte ich – ein durchaus wünschenswerter Bürger; was von dem Dramatiker Georg Kaiser allerdings nicht behauptet werden kann.

Der ist lange drüben geblieben, viel zu lange, für unser Gefühl; vereinsamt, mundtot, verschollen. Nun ist er draußen. Wir wollen ihn von der Liste der Vermißten herunternehmen und auf die Liste der Lebenden setzen, von denen wir etwas erwarten. Wir hoffen, daß die Emigration in seinem Geiste Epoche machen wird. Er ist der Mann, der ›Die Koralle‹ und ›Gas‹ geschrieben und damit eine damals (und auch heute noch) neue Art von Drama geschaffen oder mindestens entworfen hat; neu in Form und Inhalt, wobei der neue Inhalt die Form zwangsläufig erneuerte. Großangelegte Entwürfe, über deren Exzentrizität die Menschen lächelten, die ja immer glauben, daß der Teufel sie nur kitzeln will, wenn er sie bereits am Kragen hat! Diese Dramen im Telegrammstil verdichteten die ethischen Forderungen, welche die Epoche der Technik und des Monopolkapitalismus an den Menschen aller Klassen stellte. Georg Kaiser sah die Problematik der Zeit und ihren Ablauf mit einer erschütternden Ernsthaftigkeit und Genauigkeit, sich asketisch auf das Wesentlichste beschränkend; er sah, mit einem Röntgen-Blick, das dramatische Skelett der neuen, unserer Welt. Da war, zum Lachen und zum Grauen, der kollektive Mensch, den die Technik bestimmte, da war das zeitgemäße Personenverzeichnis, das nur Gattungsnamen kannte und nannte: den Milliardär, den Arbeiter, den Ingenieur; und aus den blitzblanken Maschinen, den ihrer Ornamente beraubten Wänden kamen all die Gespenster, denen Macbeth noch nicht begegnet war, all die grauen und weißen Herren, Explosionen ankündigend, die Utopien im Gefolge hatten, und umgekehrt. Eine Welt der technischen Umwälzungen und der sozialen Komplexe, der Planungen und der Einstürze – ein Drama, das selbst einer blitzenden Maschine glich und als ein mit elektrischen Spannungen geladenes Feld verstanden und dargestellt werden mußte. Obwohl der besessene Seher nicht wahrhaft begriffen wurde, blieb, was und wie er darstellte, in der Kulturwelt aller Nationen nicht ohne Folgen.

Seine ›Koralle‹ – wie eigenwillig schien sie in der Erfindung, als sie herauskam! Erst heute wissen wir, wie sehr sie eine prophetische Zeitdiagnose war. Der Milliardär, der heute die Koralle des Sekretärs trägt; der abgedankt hat, weil ihm seine sozialistischen Kinder »den Gewinn aus der Hand schlagen« wollten, für den er ein Leben lang so hart gearbeitet hatte: Er hat die Macht an einen schlimmen Verwalter abgetreten, der, wie sehr er sich auch als Führer fühlt, um die immer fälligere große Abrechnung nicht herumführen wird. Auch ihm wird es nicht gelingen, die Zukunft zu bestimmen, indem er die Vergangenheit, die historischen Voraussetzungen, zu fälschen versucht. »Wie eine Kreuztragung lastet das auf uns – diese Masse der Vergangenheit, von der wir nicht wegkommen ohne Gewalt und Verbrechen – wenn es sein muß!« – »Ist das möglich – ohne Selbstbetrug«, fragt der Arzt (in der Zeit der Psychoanalyse) und antwortet sich dann selbst: »Ich fürchte, die Kreuztragung ist unabwendbar.« – Dringender als je lautet heute die Frage: »In wen gehe ich unter und verliere diese Angst und tosenden Aufruhr?« – Alternative, die wir erleben: »Voran – voran! – Hinter uns das Chaos!« Und vor uns? – Wo immer wir das alte Stück aufschlagen, springen uns solche Sätze an, als wären sie die chemischen Formeln unseres Unglücks. Der Milliardär beschreibt seine ganze Leistung als Flucht vor dem Elend seiner proletarischen Kindheit: »Rastloser Fleiß – rastlose Flucht.« Wie deutsch ist das! – Der Herr in Grau fragt: »Die Klassen sind kürzer oder weiter vorgekommene Flüchtlinge?« Der Milliardär: »Alle sind auf der Flucht.« Nicht nur die Emigranten, auch die im Inland, die sich nicht von der Stelle rühren können. »Es werden immer mehr Menschen geboren, die sich tiefer erschrecken.« – Und die Schicksalsfrage: »Wissen Sie denn noch, wer Sie sind?«, diese Frage äußerster Selbstentfremdung.

Das Problem der Entfremdung des Menschen ist, in so vielen – psychologischen, romantischen, satirischen und utopistischen – Abwandlungen, Georg

Kaisers Problem gewesen, das ihn so dringend beschäftigte, daß es ihn beinahe in den Wahnsinn trieb. Immer wieder beunruhigte ihn das äußere und das innere Doppelgängertum als ein gespenstisches Zeitphänomen. Wo ist noch ‹der Mensch›, zu finden? Überall nur der Mensch als Maschinenbestandteil; ganze Chöre so grausig Verkrüppelter, um ihre Menschlichkeit Gebrachter, die nun rhythmisch klagen, fordern, Schlagworte skandieren; oder das zur Karikatur entartete, zum grotesken Zerrbild zusammengeschrumpfte Ich. Von allen Seiten her legte dieser Dramatiker seine Zündschnur an. Unvergessen ein dramatischer Sprengungsversuch wie ›Von morgens bis mitternachts‹; darstellend den vergeblichen Fluchtversuch der Kreatur aus mechanisierter, kapitalisierter Umwelt. Das waren geniale Würfe, von großer Explosivkraft.

Manchmal waren es auch nur dramatische Putschversuche, zu einer Zeit, als es in Deutschland von rechts und links putschte. Als wir, in der Berliner ›Truppe‹, die Premiere von ›Nebeneinander‹ hatten, einer in der Typenschilderung brillanten Inflations-Tragikomödie, mit den kühnen zeitkritischen Dekorationen von George Grosz und John Heartfield, die das Stück weiterführten und paraphrasierten; und auf der in einen preußischen Gefängnishof verwandelten Bühne ein schwarz-weiß-rot gestrichener Henkersblock stand, mit dem daran befestigten Beil (man hielt das damals für ein übertriebenes Detail): versuchten Ludendorff und Hitler ihren römischen Marsch nach Berlin, der bei der Feldherrnhalle aufgehalten wurde. Wir erwarteten die Berserker in der Friedrichstraße als Premierengäste. Sie langten erst zehn Jahre später an. Seitdem existiert das deutsche ›Nebeneinander‹ der tollsten Gegensätze nicht mehr, das Gemenge ist tatsächlich explodiert. Die Dinge sind nicht mehr in der Schwebe. Oder sind sie es schon wieder?

Ich erinnere mich dieser Zeit als ein Regisseur verschiedener Georg-Kaiser-Stücke, zugleich als ein alter, eingefleischter und noch immer nicht endgültig entmutigter November-Verbrecher. Freilich wäre es eine Zwangskonstruktion, das vielfältige Werk des Dramatikers Georg Kaiser, in dem sich zahlreiche Antriebe und Ideen mischten, und das einem Laboratorium rastloser Versuche zu vergleichen ist, auf die eine Linie festzulegen, die uns hierher geführt hat, wo wir jetzt stehen. Eine eingehende Kritik hätte Welten und Stile zu scheiden, die elektrisch durcheinander zuckten, und denen nur fallweise eine Ausreife zur Vollgestalt vergönnt war (›Die Bürger von Calais‹, ›Der gerettete Alkibiades‹, ›Oktobertag‹). Vor zwei Jahren hatte ich einen Streit mit einem englischen Theatermann, der das Werk Georg Kaisers als ein Museum der Abstrusitäten wissen wollte, in dem kaum ein Stück dem geläuterten englischen Geschmack entspräche. Meine Antwort war: daß eine Kiste voll Kaiser-Manuskripten, plötzlich aufgefunden, genug Idee und Stoff enthielte, um eine ganze Generation von englischen Theaterdichtern reichlich zu versorgen.

Heute mehr denn je! Die Welt hat sich von Georg Kaiser weg – und dann doch wieder auf ihn zu – bewegt. Es ist eine doppelläufige, doppelsinnige Bewegung, bestenfalls eine Spirale. Wir stehen heute geistig in London und New York vielfach dort, wo wir in Deutschland bereits nach dem Kriege angelangt waren. Vielleicht kommt erst jetzt Georg Kaisers große internationale Stunde. Sein Hauptproblem – die Entseelung, die Verbiegung, die Vergewaltigung des Menschen – ist das allgemeinste, brennendste Problem der ganzen Welt geworden. Seine Allegorien haben sich mit konkretestem Inhalt gefüllt. Aus seinen Gespenstern sind Barbarenmächte gewachsen, die, nachdem sie mehr als eine Kulturnation unterjocht haben, sich anschicken, die Menschheit zu verheeren. Die Verwüstung im Inneren ist schon heute unabsehbar. Der Schrei in ›Gas‹: »Sind Menschen geboren? Von Menschen – Menschen, die nicht schreien und greulich drohen?«, ertönt aus uns allen mit der Stimme unserer Angst, wenn nachts der Albdruck unserer Tage uns aus dem Schlaf emporjagt. – »Überschlug sich die Zeit – und schickte den Menschen ans Licht? Wie ist sein Anblick? – Ich verlor sein Bild. Wie sah er aus?« – Müssen wir uns wirklich das Muster des verlorengegangenen, des furchtbar getrübten und verwirrten Bildes bei den Pflanzen holen? Im Treibhaus? Und nicht bei denen, die sich dem Kampfe stellen? – Man kann wohl verstehen, daß viele, ermattet, sich heute nichts anderes mehr träumen als etwa eine Flucht auf die Südseeinseln. Oder geradezu ins Treibhaus. Aber auch ein solches gewährt keine Zuflucht. Weder die Südseeinseln noch ein Treibhaus können isoliert bleiben: das ist ja gerade die tragische Erfahrung, die der ›Gärtner von Toulouse‹ macht; nur daß wir nicht mehr sehen, wie er sie beherzigt – in diesem Stück, das immer noch genug von der Essenz eines Dichters enthält, der oft größer war in der Fragestellung als in der Lösung. Die Elendshaut der Utopie, die er seit jeher bei seinen kühnen dramatischen Expeditionen am Herzen trug, scheint bedenklich zusammengeschrumpft zu sein. Wir wünschen ihm, daß die freiere Welt des Kampfes, in die er jetzt tritt – die der willentlichen Bewegung, welche die pflanzenhafte Passivität überwunden hat – sie wieder ausdehnt.

Zur Uraufführung von ›Zu viel Geld‹

Eine Komödie von Bernard Shaw

> »Die Zukunft gehört den Lernenden«
> *Shaw*

Von Bernard Shaw könnte man heute sagen: in seiner Person blickt ein Jahrhundert auf uns herab.

Der mehr als Neunzigjährige ist längst eine Institution geworden, und zwar eine internationale. Er hat diese einzigartige Stellung erreicht, indem er ein

Doppelmenschenalter lang die Wahrheit gesagt hat, seine Wahrheit, und zwar mit der größten Unbefangenheit, oder Unverfrorenheit, wie die Leute es nennen werden, die er geärgert hat, geärgert eben durch seine Wahrheit, ferner durch die Art, wie er sie sagte: denn seine Form ist und war das Paradox, und seine Wirkung das Lachen. Völlig unbewegten, ernsthaften Gesichtes schnellt er seine Sätze ab, und wo sie landen, springt Gelächter auf.

Aber Shaw hat sich nicht etwa nur mit Sätzen begnügt, geschriebenen oder gesprochenen. Sein Werkzeug ist die Situation, sein eigentlichstes Wirkungsfeld die Bühne. Es hieße Winternebel nach London tragen, wenn man die Behauptung aufstellte, daß Bernard Shaw der vornehmlichste moderne Komödienschreiber ist. Bis zu einem hohen Grade könnte man ihn den Erfinder der modernen Komödie heißen. Ich erinnere mich noch der skandalisierenden Wirkung, die seine Stücke hatten, als sie – vor mehr als einem halben Jahrhundert – frisch und neu auf den europäischen Bühnen auftauchten. Waren das überhaupt Stücke? Konnte man denn dergleichen aufführen? Überraschend und fremd die Form, fremd und überraschend der Inhalt. Das schien alles punkt verkehrt zu sein, ausgedacht und konstruiert, um zu verblüffen und zu schockieren. In diesen Stücken stand die Welt auf dem Kopf. Aber es dauerte gar nicht lange, da hatte man sich an die Knockabout-Wirkung gewöhnt, und man begann zu sehen, daß es unsere Welt war, die dastand, und stand sie verkehrt, so war es ihre Schuld, nicht die ihres Betrachters. Das eigentlich Verblüffende an Shaws Komödien ist die Wahrscheinlichkeit des Unwahrscheinlichen, der unleugbare Wahrheitsgehalt des komödienhaft Gezeigten und Aufgezeigten. So war es, und so ist es geblieben. Und heute staunt man nicht mehr darüber, daß Shaws reiches Werk, Komödie auf Komödie, in Spruch und Widerspruch, in einer langen Folge von Gestalten eine bestimmte Anschauungsart entwickelt hat, einen Gedanken in all seinen Windungen und Schleifen, auch in den Abirrungen einen stetig vorrückenden Gedanken.

Das ist Shaw, der Denker, der Gesellschaftskritiker, der Reformer, der Sozialist, der Utopist. Daß er ein Angreifer war und ist, ein Polemiker, verleiht seinem irisch-englischen Witz die Würze, seiner unerschütterlichen Impossibilität das hinter ihrer Maske wirkende Temperament. Gewiß ist Bernhard Shaw der überzeugteste Rationalist, den es heute vielleicht gibt: er glaubt an die Vernunft, wenn nicht der irdischen Dinge, wie sie sind, so doch, wie sie werden könnten, wenn die Menschen fähig wären, sie mit Vernunft zu regeln. Gerade seine bockbeinige Entschlossenheit zur Vernunftanwendung ist es, die das Ärgernis erregt.

Und wen hat Bernard Shaw nicht geärgert? Seine Landsleute, die Engländer, gewiß – denn gegen sie schien es zu gehen. Gelegentlich ärgerte und ärgert er uns alle, die Menschen aller Richtungen und aller Himmelsstriche, sozusagen die ganze Zeitgenossenschaft. Und trotzdem hat er sich durchgesetzt wie kaum ein anderer, hat sich die Bühne beider Hemisphären erobert, und schließlich ist ihm von aller Welt ein Privileg zuerteilt worden, das Narrenprivileg, die Wahrheit sagen zu dürfen. Daß dies Zeitalter noch kein ihm sitzendes Kleid gefunden hat, daß es in scheußlicher Nacktheit einhergeht, mit Lappen von Illusionen notdürftig bedeckt: Bernard Shaw durfte es sagen und damit Gelächter, aber auch Nachdenklichkeit erregen. Und bei manchen Gelegenheiten wurden wir, behaupte ich, der merkwürdigen Tatsache gewahr, daß aus dem Narren die Vernunft, ja das Weltgewissen sprach. Bernard Shaws Vernunft ist sein Gewissen, und sein Gewissen ist seine Vernunft.

Damit soll seine ›unmanierliche Komödie‹, oder wie sie auf englisch heißt: ›a comedy of no manners‹, also über keine Manieren oder in keinerlei Stil, nicht präjudiziert werden. Nicht nur der Untertitel, auch der Haupttitel des Stücks, das auf deutsch ›Zu viel Geld‹ heißt, ist vieldeutig: ›Buoyant Billions‹, die obenauf schwimmenden Billionen, zugleich die des Billionärs oder Milliardärs Bill Buoyant oder des Herrn Obenauf. Auch sonst hat Shaw einige Figuren dieser Komödie in geradezu Nestroyscher Weise benamst, der Name ist bereits eine Satire auf den Charakter der Figur. Der berühmte, wohl auf Grund seiner Erfolge geadelte Rechtsanwalt heißt Sir Flopper, was nicht Erfolg, sondern Niederlage andeutet. Herr Prozeßverlierer, nein, das deckt es nicht. Sir Versager oder Verlierer: Es läßt sich nicht verdeutschen. Mit dieser Nomenklatur will Shaw wohl einen bestimmten Typus von angesehenen Advokaten hänseln. Wen sonst will die Komödie ärgern? Die letzten englischen Besitzer großer ⟨arbeitsloser⟩ Vermögen? Oder die Labourregierung? Die konservativen Väter oder die radikalen Söhne? Erstaunlich ist, wie aktuell der Zweiundneunzigjährige geblieben ist; mit welcher Folgerichtigkeit er, vom neunzehnten Jahrhundert herüberblickend, das zwanzigste Jahrhundert schaut und stellt, wie er dessen – unsere – Probleme sichtet und behandelt. Ein Sohn sagt zu seinem Vater: »Zu deiner Zeit waren die Jungen Nachmarxisten, und ihre Väter waren Vormarxisten. Heutzutage sind wir alle Nachatomisten.« Dies ist der springende, der sprengende Punkt. Die große Krise der Zeit wirft ihren drohenden Schatten über diese eigenwillige und leicht gefügte Komödie, deren Gehalt nicht nur, sondern auch deren Form die Weitsichtigkeit des Alters verrät. Wegen dieses seines hohen Alters entschuldigt sich der Autor in seinem erschütternd liebenswürdigen Vorwort, das Charme mit Würde vereint. Man könnte sagen, das Geld sei der Held der Komödie. Aber sie dreht sich zugleich um die Ehe und um die Liebe und um die Vernunft in beiden. Der Mangel an ›Handlung‹ bereitet Shaw in diesem einzigartigen Diskussionsstück wenig Sorge; ist er doch sicher, immerzu über Dinge diskutieren zu lassen, die alle Menschen angehen. Das Merkwürdigste aber: das sarkastische Stück des Uralten enthält – neben bravourös gezeichneten, ergötzlichen Figuren – das schönste Liebesgedicht in Prosa, das Bernard Shaw geschrieben hat, und ein nicht weniger hohes Lied zum Preis der Wissenschaft.

›Androklus und der Löwe‹

Märchenspiel von Bernard Shaw

Androklus ist bei Shaw ein kleiner Schneider, der sein böses Weib Megära, eine richtige Xanthippe, wie ein richtiger Sokrates erträgt und behandelt – ein armes schwaches Schneiderlein mit einer ans wahrhaft Heilige grenzenden Liebe zu den Tieren und einem wahrhaft genialen Verständnis für sie. Und der Löwe ist im Märchenspiel ein Märchenlöwe geworden, ein kindlicher und menschlicher Löwe, eine Bestie mit dem allernaivsten und dankbarsten Gemüt. Sie begegnen einander. Androklus und der Löwe, im Waldesdickicht, stolpern beinahe übereinander. Der Löwe ist just sehr zahm, denn er hat sich einen riesigen Dorn eingetreten. Und Androklus, dessen Mitgefühl mächtiger ist als seine Furcht, kuriert den kranken Löwen, geht mit ihm um wie eine Mutter mit dem Kindchen, das ein Wehweh hat. Wenn dann der glücklich erlöste Löwe und der von Güte beseligte Androklus miteinander zu tanzen beginnen – dann mischt sich in das Gelächter über die scherzhafte Darstellung das rührende Gefühl einer paradiesischen Welt.

Androklus wird mit anderen Christen nach Rom eskortiert, wo sie alle in der Arena den Martertod sterben sollen. Die Christen sind ganz aufgeräumt, ja ausgelassen, sie singen und lachen, sie gehen dem Schrecklichen voll Mut und Zuversicht entgegen. Eine von ihnen, ein junges Mädchen, die edle Lavinia, sieht die größte Schwere des Martyriums darin, daß die Christen gerade jetzt die Welt verlassen sollen, da ihr neuer Glaube ihnen das Leben so stark und wunderbar macht. Aber es gilt, sich einer Idee aufzuopfern und die Festigkeit des Glaubens der gewaltigen Probe auszusetzen. Ein junger Hauptmann (ein skeptischer Weltstädter, der seine grausame Pflicht tut, nicht ohne sich innerlich über die Grundsätze des Regimes, unter dem er dient, ein wenig lustig zu machen) liebt Lavinia und will sie retten. Sie müsse ja nur eine reine Formalität erfüllen und eine Prise Weihrauch auf den Altar eines alten Gottes werfen. Aber gerade diesen Skeptizismus weist Lavinia zurück. Gerade weil sie weiß, daß die Götter auch für die meisten rechtgläubigen Römer längst tot, daß der Altar »das Symbol des Schreckens und der Finsternis, durch die sie wandeln, geworden, das Symbol ihrer Grausamkeit und Gier, ihres Gotteshasses und ihrer Menschenunterdrükkung« – könnte Lavinia es nie über sich gewinnen. Es ist der Unterschied zwischen einer neu entstehenden Religion, die ihren Anhängern noch ein wahres Herzensbekenntnis und eine Selbstbesinnung auf alle menschlichen Rechte und Werte ist, und einer altgewordenen Religion, die dem Staate nur mehr als Firnis und Helfershelfer für seine Gewalt und Gewalttätigkeit dient. Das kann der junge Hauptmann, sosehr er den Mut und das Pflichtgefühl der Lavinia würdigt, nicht verstehen, er muß sie für eine sonderbare Heilige halten.

Ein sonderbarer Heiliger ist wirklich der Christ Ferrovius, ein riesenhaft starker, hitziger und kriegerischer Mann, der eine Art unglücklicher Liebe zu den milden und demütigen Satzungen des Christentums gefaßt hat. Wie leicht hat es ein Schwächling, ein milder, verträglicher Mensch, seine Feinde zu lieben und die andere Wange hinzuhalten, wenn man ihn auf die eine schlägt (wie ja für Androklus das Christentum das Selbstverständliche, geradezu Angeborene ist). Von Ferrovius könnte man sagen: der Geist ist willig, aber das Fleisch ist stark. Wenn Ferrovius ein Schwert in die Hand bekommt, dann muß er losgehen, dreinhauen, *muß* er siegen. Einstweilen führt er wunderbare Bekehrungen durch, das heißt: er hält seine Opfer so lange zwischen seinen Riesenarmen wie in Schraubstöcken festgeklemmt, bis sie vor Furcht weiße Haare bekommen und auf alles, was er ihnen vorsagt, mit Ja und Amen antworten.

Da ist noch Spintho, der Wüstling, auch er ein höchst sonderbarer Christ. Er zerstört Tempel, zertrümmert Heiligtümer, besäuft sich mit Opferwein, stiehlt die goldenen Gefäße und vergewaltigt die Priesterinnen. Aber das Martyrium soll alles wieder gutmachen. Erst wie ein Schwein leben, dann doch in den Himmel kommen – dieses Geschäft will Spintho mit der neuen Religion machen. Er ist der Wortgläubige – der erste Jesuit.

In der Arena ergibt sich der schneidende tragikomische Kontrast zwischen neuer und alter Welt. Vor allem durch die Person des Kaisers, durch seinen naiven Zynismus, der uns heute sehr vertraut klingt. Für ihn sind die Schrecken der Arena ein gewohntes Vergnügen von hohem ästhetischem Reiz, dem gegenüber Menschenleben und Menschenleiden gar nicht in Betracht kommen. Den Ferrovius will er sofort für seine prätorianische Leibgarde haben. Aber Ferrovius möchte lieber zu den Erzengeln eingereiht werden. »Ich kann nicht glauben«, sagt Cäsar, »daß die Erzengel – wer immer sie sein mögen – es nicht vorziehen würden, ihre Rekruten aus der prätorianischen Leibgarde zu nehmen.« Und als dann Ferrovius, von seinem Naturell fortgerissen, als einzelner nackter Mann sechs der besten und tapfersten Bewaffneten erschlägt, dann ruft Cäsar in der Ekstase des Entzückens: »Herrlicher Fechter, ich könnte dir beinahe meinen Thron abtreten.« Und: »Wenn Christen so fechten können, dann will ich, daß nur mehr Christen für mich fechten.« Durch die Argumente des Ferrovius wäre der Kaiser in seinem kindlichen Gemüte sogar zum Christentum zu bekehren.

Shaw läßt die Sache sich in relatives Wohlgefallen auflösen. Nur der scheußliche Spintho stirbt als Abtrünniger, er will zum Altar rennen, opfern und rennt dem Löwen in den Rachen. Ferrovius muß bekennen, daß er zum Krieger geboren ist, und Androklus wird von dem Löwen als Dornauszieher erkannt und statt mit Krallen zerrissen zu werden, mit Sammetpfoten gestreichelt. Auch Lavinia geht frei aus, und man fühlt, daß die Liebe zu dem Hauptmann eines Tages stärker in ihr sein wird als ihr Beruf zur Märtyrerin. Diese Lösung ist weltlich und tief humorhaft, aber sie ist deshalb nur menschlich, nicht vielleicht skeptisch oder ironisch gegen das Religiöse. In der schweren Stunde, da sie in der Arena auf ihren Tod warten, zeigen diese Christen ihre Schwächen, aber auch ihre Todesverachtung, ihren Opfermut, ihren Edelsinn. Gewiß, Lavinia spricht nicht wie ein Pfaffe, aber wie ein tief gläubiger Mensch im edelsten Sinne des Wortes, und der kleine Schneider Androklus ist in der Einfalt seines Kinderherzens ein wahrer Heiliger, der, wenn er nicht Wunder wirkt, dennoch das Wunder in sich trägt, im reinen Gefühle.

Man kennt Bernard Shaw, den kampffreudigen Sozialisten, den ernsthaften Denker, als einen Mann, der seine Wahrheiten selten anders gezeigt hat als in drolligen Übertreibungen und Umdrehungen, als mit Humor. Man sagt ihm nach, daß er die Dinge auf den Kopf zu stellen liebt. Aber er hat in seiner überraschenden und ergötzlichen Manier schon so manches Ding, das allzulange kopfstand, resolut wieder auf die Beine gestellt. Natürlich sieht das alte Rom bei ihm anders aus als in den Schulbüchern, und seine Christen ähneln modernen revolutionären Seelen wie sein Cäsar einem modernen Kultursnob. Aber ich glaube, daß gerade dieser Realismus der historischen Wahrheit näher kommt als die Schulweisheit. Diese Christen sind jedenfalls echte Menschen, die wir verstehen können, die wir lieben und achten müssen. Und die ausgezeichnete Laune, der gütige Humor dieses Märchenspiels ändert nichts daran, daß Shaw hier die Religiosität, wie er sie als wirklichkeitsbewußter Mensch von heute auffaßt, auf das innigste ausgedrückt hat, ganz prägnant in den gedankenreichen Gesprächen zwischen Lavinia und dem Hauptmann. »Was ist Gott?« fragt der römische Hauptmann. Und Lavinia antwortet: »Wenn wir das wissen, Hauptmann, werden wir selbst Götter sein.« Aber sie fühlt die Wahrheit Gottes nie stärker als in dem Augenblick, da sie bereit ist, sich für einen neuen Gedanken zu opfern, für ihr Gefühl einer neuen Menschenwürde zu sterben.

Bernard Shaws ›Major Barbara‹

›Major Barbara‹ stammt aus dem Jahre 1905. Die Handlung des Lustspiels bezieht sich auf den russisch-japanischen Krieg, für den die Firma Undershaft und Lazarus Waffen liefert. Der Autor und die Zuhörerschaft der früheren Aufführungen des Werkes verfügten also noch nicht über die Erfahrungen des ersten Weltkrieges. Was England, Europa, die ganze Menschenwelt seither erfahren haben, konnte damals nicht vorausgesehen und nur von den Wenigsten in dunklen Umrissen geahnt werden. Daher empfahl es sich heute, das Werk im Kostüm seiner Entstehungszeit, als ein historisches Drama zu spielen. Gerade daß es so in die Distanz gerückt wird, mag es einem zeitgenössischen Publikum näherbringen. Der Versuch einer Aktualisierung hätte nur auf Unstimmigkeiten mit der Gegenwart hingewiesen, während die Belassung des Zeitkolorits eher geeignet sein dürfte, die prophetischen Züge hervortreten zu lassen.

Das ist, kurz und bündig ausgesprochen, eine der Intentionen dieser Inszenierung. Wovor Bernard Shaw warnen wollte, das ist bereits eingetreten. Aber was sich inzwischen ereignet hat, wirft seine Schatten auf das voraus, was sich morgen ereignen könnte. Der Sozialkritiker Bernard Shaw erscheint heute als ein Historiker, und zwar ein vorwärts gewandter, dessen Voraussicht noch immer nicht erschöpft ist. Konfrontiert mit den Problemen der Gegenwart, offenbart sein Werk, worin sich die Probleme der Vergangenheit gewandelt und abgewandelt haben, und worin sie einer ferneren Entwicklung und der schließlichen Lösung harren.

Mit seiner ganzen Problematik bietet sich ›Major Barbara‹ heute als eine klassische moderne Komödie dar, die in Stil und Inhalt nichts Überraschendes mehr bietet. Ihre Situationen wirken nicht mehr so paradox wie ehedem, sie befremden weniger, als daß sie gerade durch ihre Gültigkeit, ihre Dauerhaftigkeit anziehen, durch die Klarheit der Gestaltung erfreuen. Das gleiche gilt von den Charakteren, die hier ins Spiel gebracht werden. Es handelt sich um englische Charaktere einer bestimmten, heute bereits klar definierbaren Epoche. Das scharfe Auge des Beobachters hat sie mit unerbittlicher Genauigkeit, aber gewiß nicht ohne Liebe gezeichnet. Sein irisches Temperament macht sie wohl dramatischer und bunter, als sie in ihrem Alltagsdasein einschienen sein mögen, und sein Humor kam bei ihrer Schilderung – zum Vorteil der Zuschauer – nicht zu kurz. Aber er hat dramatisiert, nicht willkürlich übertrieben. Er hat Charaktere und Typen geschaffen, nicht aber Karikaturen, wie man ehemals oft geglaubt hat. ›Major Barbara‹ zeigt den Lustspieldichter Bernard Shaw als den großen Realisten, als der er nicht von allem Anfang an erkannt wurde. Wer in England gelebt hat, kann aus eigener Anschauung bezeugen, wie lebensecht, mit welcher Treue die englische Gesellschaft, in ihrer klassenmäßigen Differenzierung, hier gezeichnet ist. Wohl fehlt dem deutschen Übersetzer die Möglichkeit, den Cockney-Dialekt nachzubilden, und die Heilsarmee hat bei uns niemals eine ähnlich bedeutende Rolle gespielt wie in London. Es fehlt auch nicht an manchem Detail, das die abweichende Eigenart von Zuständen und Typen nicht verleugnet. Trotzdem verstehen wir diese Menschen und ebenso die menschliche und gesellschaftliche Dialektik ihrer Gegensätze. Auch in ihren besonderen Varietäten erkennen wir unsere Probleme wieder und erleben unmittelbar, was zwischen Frau und Mann, Vater und Sohn, Vater und Tochter, was zwischen den Generationen, zwischen Liebenden, zwischen den Vertretern verschiedener Klassen spielt. Die Tochter des Earl von Stevenage und der Selfmademan Undershaft, der Muttersohn Stefan und die Lieblingstochter des Vaters, Barbara, der verbitterte alte Arbeiter Shirley, der naiv-trotzige Bill Walker und der zynische Taugenichts Snobby Price, sie alle sind, in Abwandlungen, auch bei uns zu finden, wenn wir nur richtig suchen. Wenn wir uns von Bernard Shaw die Augen öffnen lassen, entdecken wir sie, oder ihre Abkömmlinge, auch heute noch bei uns, wenn auch nie – oder höchst selten – zu so eigenartigen, eigenwilligen Individualitäten gesteigert wie bei Shaw. Und das macht die dichterische Bedeutung des Werkes aus. Ein oberflächlicher, obwohl geistig interessierter Leser von ›Major Barbara‹ könnte zu dem Fehlurteil gelangen, daß er ein reines Gedankenspiel vor sich hat, eine auf Personen und Typen verteilte Diskussion über ein intellektuelles, paradox durchgeführtes Thema, eine Art von platonischem Dialog, wie ihn ein sozialkritischer Satiriker und Pamphletist am Ende des 19., am Beginn des 20. Jahrhunderts gestalten konnte. Wer aber tiefer eindringt, wer versucht, der Komödie zum vollen Leben auf der Bühne zu verhelfen, der wird bald gewahren, daß er eine Reihe von überdurchschnittlichen Personen dazustellen hat, individuell ausgeprägte Charaktere, die, jeder von ihnen, ihrer persönlichen Logik folgen und ihre selbständigen Gedanken denken. So dieser Undershaft mit seinen Theorien und Utopien, dem man trotzdem den großen Unternehmer glaubt, nicht ohne in ihm die mephistophelischen Züge, den Versucher, den Macchiavell (und was sonst immer Cusins in ihm sieht) aufblitzen zu sehen.

Und Barbara, die Undershaft als seine wahre Tochter anerkennt, auch sie ist ein menschlicher Charakter in seinem Widerspruch: die Mischung von Gefühl und Verstand, von Herz und Geist in ihr macht sie zu einer überlebensgroßen Gestalt, wie auch ihr Vater eine ist. Und Cusins, der zukünftige Undershaft, der Griechischprofessor, überzart und dennoch mutig und stark, wenn es darauf ankommt; Ästhet, wie der ihm geistesverwandte Dubedat in ›Doctor's Dilemma‹, aber mit den merkwürdigen Anlagen eines Praktikers; begeistert und zielbewußt; Don Quixote und Pionier zugleich: welch ein Liebhaber, welch ein sinnlich-übersinnlicher Freier! Gibt es diese Figuren im Leben, oder sind sie eines Dichters erträumte Geschöpfe? Lady Britomart ist eine der täglichen Erfahrung eher erreichbare britische Mutter, aber wie ergötzlich vielfältig auch sie! Und Bill Walker, der ‹Wurm›, aus dem Major Barbara durch ein höchst ergötzliches Verfahren einen wahren Mann, einen Menschen macht, wie infantil und zugleich lebenskräftig ist er, naiv und stolz: ein vertrotzter Knabe, ein Raufbold mit einem überempfindlichen Herzen, das so leicht zu erwecken ist, wenn es an der Wurzel berührt wird. Dazu die Erfindung des Findlingsmotivs, in ihrer Phantastik doch nicht etwa nur ein Lustspielbehelf, sondern ein paradox gewendeter wesentlicher Grundgedanke, der seine soziale Richtigkeit hat und dabei sich so überaus ergiebig für die Shawsche Dialektik erweist. Der wahre Erbe ist eben nicht der Sohn Stefan, mit seiner, allerdings nicht unbelehrbaren, aber ungenialen Korrektheit, sondern die Kombination von Cusins und Barbara. Hier wird das Lustspiel zum modernen Märchen, zum utopischen Wunschtraum, der im Satiriker den Dichter verrät, und der den Ernst dieses Spieles auf das anmutigste verkleidet. Was Shaw in jenem Zeitpunkt zu geben hatte, konnte er – der prophetische Warner – eben nur, über alle kritische Bewußtheit hinaus, in einer Parabel offenbaren. Wer es versteht, sich des Spieles zu erfreuen und zu gleicher Zeit die tiefere Bedeutung nicht zu missen, wird ihm dafür Dank wissen –: auch wenn solch ein Zuschauer, am glücklichen Ende angelangt, erkennen müßte, daß die Lösung nur neue Probleme, und zwar die schwierigsten, nach sich zieht. Denn was Barbara Undershaft und Adolphus Cusins sich mit ihrer Entscheidung, mit ihrer Wahl eingehandelt haben, werden sie erst später, bereits im 20. Jahrhundert, erfahren. Das wäre Gegenstand eines neuen Spieles, und es fragt sich, ob ein Lustspiel daraus werden könnte.

Sean O'Casey:

›Der Preispokal‹

Der große irische Dramatiker Sean O'Casey hat seine Tragikomödie ›Der Preispokal‹ (The Silver Tassie) nach dem ersten Weltkrieg geschrieben. Sie ist gegen den Krieg gerichtet, als das Werk eines anklagenden Pazifismus. Sie enthält eine erschütternde Anklage gegen unbekannte Täter, oder vielmehr – obwohl es an Hinweisen auf konkret Beschuldigte durchaus nicht fehlt – gegen einen kollektiven Täter: der *Mensch* wird angeklagt, als des Krieges schuldig. Die in der einfachen Handlung von den zwei Soldaten, deren einer blind-, deren zweiter lahmgeschossen wird – eine moderne Fassung der Legende vom Blinden und vom Lahmen – mehrmals wiederkehrende Glaubensformel: »Der Herr hat gegeben, der Herr hat genommen, der Name des Herrn sei gelobt«, wird am Ende des Dramas richtiggestellt: »Der Herr hat gegeben, der *Mensch* hat genommen, der Name des Herren sei gelobt!« Das ist die ganze Entwicklung der Idee innerhalb der vier Akte, die nichts anderes vorzuhaben scheinen, als das menschliche Gefühl richtiger einzustellen auf die einfache Erkenntnis der Wahrheit.

Im zweiten Akt geschieht da nun auf der Bühne etwas Merkwürdiges, das vor Jahren, bei der englischen Uraufführung, sehr verschiedene Beurteilungen erfahren hat und wahrscheinlich bei jeder neuen Aufführung erfahren wird. Während nämlich im ersten Akt einige individuelle Charaktere: Angehörige, Nachbarn und Freunde der Arbeiterfamilie Heegan, darunter deren Sohn Harry, ein hervorragender Fußballspieler, zweimaliger Gewinner eines Silberpokals für den Club der Avondales, und als solcher fast eine Art von Nationalheld, in ihrem irischen Wohnzimmer eingeführt werden, und zwar an dem Tage, da Harry während eines Urlaubs von der Front den Pokal zum drittenmal gewonnen hat und sich nun anschickt, in die Schützengräben zurückzukehren, scheint sich bei Beginn des zweiten Aktes die Rückwand des Zimmers zu öffnen, und die Zuschauer gewinnen wie durch Magie einen freien Blick – wohin? »Irgendwo in Frankreich«, so bezeichnet der Programmzettel, der alles weiß und meldet, den Ort.

In Wahrheit ist es eine phantastische Landschaft, die wir seither aus mehr als einem Weltkrieg und in mehr als einem Lande kennengelernt haben, jene wahrhaft apokalyptische Landschaft, die Millionen Zeitgenossen in der Realität erlebt haben, an der sie gestorben sind, während so viele andere sie in ihren Angstträumen nicht weniger deutlich erblickt haben mögen: hier scheint sie zwischen Realität und Traum sich zu erstrecken. Bei näherem Zusehen erkennen wir den Ort als einen Artilleriestützpunkt, eine einzelne Kanone steht da und richtet ihr Rohr zunächst auf die Zuschauer; eine Gruppe von Soldaten wankt übermüdet heran und sinkt in Ruhestellung. Alles hat den gespenstischen Rhythmus der Entseeltheit. Und in diesem Rhythmus beginnen diese kaum mehr Menschen zu nennenden Puppen zu sprechen, zu singen, als ob sie Gebete murmelten, die aber zwischen ihren Lippen zu Gassenhauern werden, welche die Not des Volkes in der Sprache des Volkes besingen, Klagen werden zu Anklagen mit mutterwitzigen Wendungen, satirischen, welche die Quäler der Völker verhöhnen. Was schluchzt sich hier alles aus, in diesen monoton heruntergeleierten, sich hie und da zu schlagenden Pointen verdichtenden Strophen? Heimweh, Hoffnungslosigkeit, das Einerlei des Krieges, dessen Schmutz, dessen Fron: um sich am Schluß des Aktes, der alle wachrüttelt, weil der Feind angreift und sie zur Aktivität um die Kanonen versammelt, zu einem gewaltigen Gebet zu steigern, das den zwei schützenden Wächtern gilt: *Gott* und der *Kanone* – ›Blasphemie‹ werden manche rufen, welche die Not und Angst des Krieges nicht einmal in der Phantasie erlebt haben, während anderen die Erschütterung eine solche Kritik verbietet. –

Wo habe ich dergleichen bereits gehört, ja selbst auf der Bühne inszeniert? In dem Riesendrama, das Karl Kraus ›Die letzten Tage der Menschheit‹ betitelt hat, und das, wie dieser zweite Akt, zu einer Mischung aus satirisch gesehener Realität und apokalyptischer Vision, aus Prosa und Lyrik, aus Gebet und Operettentext wurde, indem es ebenso wie dieser zweite Akt O'Caseys die dichterische Gestaltung des ersten Weltkrieges erstrebte. Solche Übereinstimmung bei gegenseitiger Unabhängigkeit ist kein Zufall. »Eine blutige Operette« hat Karl Kraus damals diesen Krieg, der bis heute noch kein Ende gefunden hat, genannt. Für das Drama des Iren ist der katholische Einschlag charakteristisch, die Durchsetzung liturgischen Tones mit veristischen Alltagselementen. Wie bei Karl Kraus treten auch hier satirisch gezeichnete Figuren, Karikaturen auf: ein hereinhüpfender Stabsoffizier, der den Übermüdeten absurde Befehle überbringt, ein angstbebender Frontbesucher, dem Phrasen eines verlogenen Heldentums wie Schweißtropfen von der glatten Stirne fallen.

In diesem Akt hat O'Casey mit einer Kühnheit einen Schwebezustand zwi-

schen Wirklichkeit und Vision, zwischen Frosch- und Vogelperspektive geschaffen, eine Zwischentonart, wie sie nur ein Dichter wagen und durchhalten kann.
Welch ein wahrhaft magischer Flug! Wenn dann der dritte Akt beginnt, sind wir in einem Militärspital gelandet und befinden uns, nachdem wir das Leiden der *Gattung Mensch* mitgemacht haben, wieder unter den Einzelmenschen und Einzelschicksalen des ersten Aktes: bei den Überlebenden, den Opfern des Krieges, die am stärksten durch das Paar des Gelähmten und des Erblindeten repräsentiert werden.»Tragikomisch« mögen wir, wenn wir unser Mitleid zügeln, das Schicksal des Fußballhelden nennen, der nun in der Blüte seiner Jugend lernen muß, auf Spiel und Liebe verzichtend, dennoch weiterzuleben. Eine ›Tragikomödie‹ nennt jedenfalls der heroische Dichter sein Drama, das trotz aller privaten und kollektiven Tragik so reich an komischen Zügen ist, weil eben Menschen geschildert werden, wie nur der irische Humor sie zu gestalten vermag. Es ist Volkskunst, die Kunst eines Volkes, das es selbst geblieben ist und das trotz aller Unterdrückung, trotz seiner Armut, die es zur Rückständigkeit zwang, seinen Willen zur Freiheit nicht aufgab, und dessen innere Quellen nie versiegt sind. O'Casey ist selbst solch eine innere Quelle, würzig und erquickend, erfrischend in ihrer Kraft und Aufrichtigkeit, und reich sind die Wahrheiten über Leben und Sterben, über Weiterleben und Überleben, die aus ihr hervorsprudeln.

Jean-Paul Sartres Höllenfahrt

> Edgar: Du bist doch nicht so kindisch,
> an die Hölle zu glauben?
> Kurt: Glaubst du denn nicht an die Hölle,
> du, der du dich mitten in ihr befindest?
> *Strindberg* ›*Totentanz*‹

Tragödiendichter sind Höllenbeschwörer. Doch gelangt der Mensch in ihre Hölle nicht erst nach dem Tode. Er befindet sich in ihr bereits auf Erden. Die ›Orestie‹ des Aischylos schildert eine Hölle von gewaltigen Ausmaßen. Ihr Ort ist der Königspalast von Argos. In der ‹Chronique scandaleuse› der Atridenfamilie, von der die Phantasie der europäischen und amerikanischen Literatur noch immer nicht losgekommen ist, sind die Sphären reinlich geschieden. Könige und Helden begehen ihre von den Göttern inspirierten Verbrechen. Das Volk, die gewöhnlichen Menschen sehen zu, beschwichtigen, bedauern und betrauern und beglückwünschen sich, daß ihr Dasein in bescheideneren Grenzen verläuft. Die Reue ist noch erfolgreich, sie bringt die Läuterung und damit die Erlösung. Eine höhere Gerechtigkeit, ein ausgleichendes Maß waltete über den Göttern und Königen. Die Ehetragödie des Agamemnon, der Gattenmord, der sich im Muttermord fortsetzt, rührt das ganze Weltall auf, sie ist religionsbildend und gesellschaftsschaffend. Der richtende Areopag am Ende ist die Verklärung einer athenischen Geschworenenbank, die auf dem Boden des eben errungenen demokratischen Gesetzes steht.

Die moderne Hölle aber, die entgötterte, die in der bürgerlichen Gesellschaft spielt, hat der große Strindberg auf die Bühne gebracht. In seinen Kammerspielen, in der ›Gespenstersonate‹ oder im ›Scheiterhaufen‹, werden die gepflegten Zimmer ehrbarer Leute, der Stützen der Gesellschaft, zu wahren Schreckenskammern. Würdenträger entpuppen sich als Seelenmörder, als Wucherer und Diebe, als Übervorteiler, die im Alter von den Visionen ihrer Taten, von den zu Gespenstern gewordenen Ziffern ihrer Lebensbilanz verfolgt werden und hinter Wandschirmen Harakiri machen. Seinen ausführlichsten und gewaltigsten Höllenbreughel hat Strindberg in seinem zweiteiligen ›Totentanz‹ geschaffen, der die Hölle der bürgerlichen Ehe beschwört, und zwar mit so drastischen Zügen, mit so infernalischen Effekten, daß sich kein Theaterleiter davon ein Geschäft verspricht. Hollywood verläßt sich lieber auf die Zugkraft der Fiktion, daß die Ehen im Himmel geschlossen werden. Was aber Strindberg mit so aufwühlender dramatischer Kraft schildert, ist nicht nur die Gefahr, die dem menschlichen Glück im Sexus, in der Antinomie von Mann und Weib droht; es ist die Problematik des Alltags, die er so höllisch ernst nimmt. Aus den Rissen der Ehe grinsen bei ihm gespenstisch die Tabus seiner Zeit und seiner Klasse. Wo die individuelle Existenz Brüche aufweist, werden zugleich die berstenden gesellschaftlichen Fundamente sichtbar. In der Tiefe ihrer Leiden ringen Strindbergs Menschen um ein höheres Verstehen, und die tragisch heranreifende, aber noch nicht reif gewordene Erkenntnis ist der blasse Schein, der jenseits dieser Hölle dämmert.

Jean-Paul Sartre, ein Hauptvertreter der im Nachkriegs-Paris gestarteten literarischen Schule der Existentialisten, hat mit seinem Höllendramolet ›Huis-Clos‹, das bis vor kurzem auf dem Broadway unter dem Namen ›No Exit‹ lief, ein beträchtliches Aufsehen erregt. Von der Pariser Aufführung strahlten in alle Weltrichtungen ernstnehmende Berichte aus, als hätte das kleine Stück eine große Bedeutung, und zwar nicht nur eine künstlerische, sondern auch eine philosophische, ja sogar eine politische. Die Art der Sensation, die das Werk in intellektuellen Kreisen hervorrief, rechtfertigt eine ausführlichere, eine prinzipielle Betrachtung. Der dramatische Einfall, ein modisches Stück in der wirklichen Hölle spielen zu lassen, ist apart, amüsant, und, wie sich herausstellt, in einer bestimmten Weise wirkungsvoll. Nur erwarte man sich keine authentische Information von drüben, drunten, keine, die nicht schon im heutigen, oder im gestrigen Paris einzuholen gewesen wäre. Denn auch Sartres Hölle ist natürlicherweise nicht die ‹wirkliche›, vielmehr hat sie Wirklichkeit nur, insofern sie eine projizierte, eine von der gesellschaftlichen Wirklichkeit abgezogene, abgespielte ist. Ihre Wirklichkeit ist, verglichen mit jener der Strindbergschen Hölle, zahmer, wenn auch eleganter, sie verfügt nicht über ähnliche Klüfte, Abgründe und Wellenberge, sie gibt einen schmäleren Ausschnitt und ist überhaupt eigentlich eine Hölle im Handformat, galant und witzig, und nicht geeignet, einen tieferen, allgemeineren Kummer über das menschliche Verhalten zu erregen. Eher schon jenen existentialistischen Weltekel, der die Hauptentdeckung von desselben Autors Roman ›La Nausée‹ bildet.

Eine fashionable Hölle, als Hotelzimmer für bessere Leute eingerichtet. Seine spezielle Grausigkeit verdankt der Ort in der New Yorker Aufführung dem Bühnenarchitekten Frederic Kiesler. Der hat keineswegs mit Übertreibungen und Verzerrungen gearbeitet. Keine Fratzen starren die drei zum ewigen Bewohnen dieses Raumes verurteilten Sünder an. Ganz offen liegt er da, ohne geheimnisvolle Winkel und den Spukzimmern, von denen Theater- und Filmbesucher sonst das Gruseln lernen sollen, so unähnlich wie nur möglich. Keine Schlagschatten und Halbschatten, volles Licht, einförmig, ohne ‹Stimmung›, und doch eine peinvolle Unbehaglichkeit verbreitend. Die drei Sitzgelegenheiten, stillose Stilmöbel, nehmen die Breite ein. Sie sind gepolstert, versprechen Bequemlichkeit, werden aber dieses Versprechen nicht halten. Das Grün und das Rot der Polsterung sind weder giftig noch brennend, doch haben sie das Unfreundliche, das Menschenfremde, die falsche Pracht der Ramschware. Diese Möbel sind ekelhaft unpersönlich. (Ich mußte, im Gegensatz dazu, an den riesenhaften Mammut-Kitsch des amerikanischen Raumes denken, in welchem – in jenem unvergessenen Orson-Welles-Film ›Citizen Kane‹ und Gemahlin intim auseinanderlebten.) Der Miet- und Warencharakter jedes Gegenstandes scheint auszurufen: »Laßt, alle Hoffnung draußen!« Dieser Kamin kann nur zu schwache oder zu starke Wärme abgeben. Wird das hinter dem Vorhang diskret verborgene Fenster geöffnet, dann stellt sich heraus, daß es vermauert ist. Das alles entspricht gewiß den Vorschriften und Absichten des Autors, seiner Idee von der Hölle. Ich erwähnte noch nicht die Türe im Hintergrund, die sich willkürlich öffnet und schließt, so wie die Klingel, die nur gehorcht, wenn sie es für richtig findet. Auf dem Kaminsims die gräuliche Statue eines Amor, dort angewachsen, als wäre sie ein Geschwür des Kamins. Das Dolchmesser, das sich wie Kautschuk biegen wird, falls einer der Insassen den anderen, wie auf Erden, zu ermorden versucht. Das Requisit ist spärlich, aber bedeutungsvoll, in prästabilierter Harmonie mit dem, was geschehen wird, und was, wenn schon nicht die Vorsehung, so doch jedenfalls der Dichter vorausgewußt hat. Die Maschinerie eines Schauermärchens, zu den Paraphernalien heutiger – gestriger? – Banalität zusammengeschrumpft.

Die drei, die nun, ein Menschenexemplar nach dem anderen, als gezwungene Zwangsmieter – gewaltsam auslogiert aus ihrer irdischen Existenz, aber sie unmittelbar und bewußt fortsetzend – hier eintreffen, sind zwar Franzosen,

aber sie könnten dem sogenannten *fast set* der Luxusmenschheit jeder Weltstadt, die sich heute noch solchen Luxus leisten kann, entstammen. Die
Hölle ist bekanntlich eine Vorrichtung zur Produktion von Reue. Sartre
hat drei Typen gewählt, denen man für gewöhnlich keine Reue zutraut:
einen politischen Journalisten, ein zur gleichgeschlechtlichen Liebe bereits
im Diesseits verurteilt gewesenes Überweib, und eine Gesellschaftsschönheit,
die nur zu sehr Weib gewesen und geblieben ist, Weibchen, funktionell genommen, jedoch ohne die Funktion der Mutterschaft.
Um einander auf die Nieren zu gehen, brauchten sie gar nicht die Verbrechen begangen zu haben, deren sie sich selbst bezichtigen – ich habe sie
ihnen keinen Augenblick lang geglaubt, vielleicht lügen sie sie einander auch
nur vor: den Kindesmord und einen Mord mit Suggestion, nach vorausge-
gangener Ehesprengung. Was eigentlich den Journalisten vor die Gewehr-
läufe eines *firing squad* gebracht hat, verstand ich nicht genau. Und doch ist
er die Zentral-, die Hauptfigur des dramatischen Höllendreiecks: der zwei-
felhafte Held der Tragikomödie; die Pointe der Anekdote. In der amerikanischen Bearbeitung ist er ein Kollaborationist, ein Repräsentant von Vichy.
Im Original, das ich mir nicht beschaffen konnte, soll er einfach ein Pazifist
gewesen sein, der also nur, wie er ja auch behauptet, seiner Überzeugung
treu blieb, als er sich im Kriegsfall über die Grenze zu schwindeln versuchte.
Freilich war es der Krieg gegen den Erbfeind, der zugleich der Feind der
Menschheit war, und was er, durch seine Dienstverweigerung, verraten hat,
war die letzte Résistance, der Befreiungswille seiner Nation. Auf der Flucht
verhaftet, als Deserteur abgeurteilt, plagt er sich jetzt mit der Frage, ob das
eigentliche Motiv seiner Handlungsweise nicht einfach Feigheit gewesen sei.
Diese wird ihm nämlich nachgesagt, ihn quält – und das ist seine Hölle –
der schlechte Ruf, den er hinterlassen hat, und den er nun nicht mehr entkräften kann, nicht einmal bei sich selbst, denn die Motive hinter seinen
Motiven wird er auch nicht in der Hölle erforschen können. Er vermag sie
auf dem schlüpfrigen Grund seines Unterbewußtseins nicht zu begreifen, und
sucht er die Antwort beim Weibe, das ihm in zwei Spielarten beigegeben ist,
so wird die Versicherung des Weibchens, er sei ihr Held, ihm nichts helfen,
denn sie bejaht in ihm das Männchen, das sie auch in der Hölle nicht
entbehren kann, empfänglich für seinen Mannscharakter, jedoch völlig
immun gegen seine Charakterskrupel; während das Überweib in ihm nur
den Konkurrenten im Geschlechtskampf sieht und haßt, und ihn in diesem
Kriege als einen Feigling empfinden muß, da er den natürlichen Vorteil
ausnutzt, den er vor ihr, auch als charakterloser Mann, in der Hölle wie auf
Erden, voraus hat, und von dem er hier nur nicht Gebrauch macht, weil ihn
sein Nachruf mehr aufregt als die gegenwärtige Partnerin.
Die drei Charaktere sind so aufeinander eingestellt, daß sie der Reihe
nach und in der Reihe herum einander quälen müssen, wobei sich immer
neue Kombinationen ergeben, die jeweilig eine der Personen ins Zentrum

rücken, und zwar in einer rückläufigen Kreisbewegung, so daß die Qual kein Ende findet. Das Stück schließt, wo es begann und beginnt damit wieder. Was Sartre hier, gewiß nicht ohne Ingeniosität, erfunden hat, ist ein *perpetuum mobile*, das keinen Ausweg gestattet, aber auch keine Entscheidung zuläßt. Wenn es je ein anschauliches Symbol für eine falsche Unendlichkeit gegeben hat, so ist es dieses Stück, darin noch mehr Kunststück als Kunstwerk, und, gerade um seines Kreislaufes willen, keine Tragödie, sondern eine Komödie der Vergeblichkeit. Zwei charakteristische Momente sollen hervorgehoben werden: Eine Maßnahme der Folter besteht darin, daß es in dem Raume keinen Spiegel gibt. Dadurch sind die Insassen verurteilt, sich der eine in dem andern zu spiegeln. So wird das ganze Stück zum Vexierspiegel eines Gesellschaftsausschnittes, mit nur geringer Verzerrung, die daher kommt, daß extreme Fälle, Grenzfälle gewählt wurden. Das macht die Sache pikant und amüsant, verdeckt aber die tiefere Erkenntnis, daß sich die Spannung, die eine Stunde lang gehalten wird, bald totlaufen und sodann jenes Höllenstadium erreicht werden müßte, das den erotischen Gesellschaftsspielen bereits auf Erden droht: die Langeweile, das bare Nichts, das sie vergeblich zu zerstreuen trachten. Ein anderer bemerkenswerter, wahrhaft dichterisch erfundener Zug: wenn die Büßer, auf der Höhe der Marter, tobend herausverlangen und an die Höllentüre hämmern, öffnet sich diese plötzlich. Jedoch die drei Sünder schrecken vor der Freiheit zurück, mit der sie nichts anzufangen wüßten. Lieber in der perpetuierlichen Hölle des einander Irritierens und psychologisch-erotisch Benagens als – außerhalb dieser. Nichts charakterisiert treffender die klassenmäßige Abgeschlossenheit dieser Typen. Ihr *perpetuum mobile* wäre nur möglich, wenn die Wirklichkeit nur aus ihrer Klasse bestände, und wenn die Geschichte still stände. Das wäre dann allerdings die Hölle auf Erden, und zwar für die ganze Menschheit.

Die wird hier nicht hinreichend repräsentiert, sie kann sich also auch nicht getroffen fühlen. Die klassenbedingte Exklusivität dieser Vertreter menschlichen Geschicks drückt sich in jedem Zuge ihres Verhaltens aus, in ihren Umgangsformen, in ihrem Lebensinhalt, vielmehr in dem Mangel an einem solchen, in der Sprache, die aus ihnen spricht, in ihrer Wertskala, in dem, was und wer für sie ‹zählt› oder nicht. Dem entspricht, daß ihr Gewissen nicht an ihnen (auch nicht am Zuschauer) rüttelt, es schabt und feilt an ihnen. Die Plombiermaschine des Autors arbeitet freilich dicht am Nerv, und da es in der Hölle geschieht, ist kein Anästhetikum erlaubt. Unerlaubt ist auch der Zwischenvorhang, den die – überhaupt allzu konziliante – New Yorker Aufführung eingeschaltet hat, wohl um das Publikum zu schonen. Über eine solche Atempause reicht die Spannung der Marter kaum. Im zweiten Teile begann man sich bereits darüber zu wundern, daß die Hölle, auch eine fiktive, heutzutage keine anderen Sorgen hat, als die Instandhaltung dieses *vicious circle*. ›Vicious circle‹ – so hieß das Stück in

England. Sollte dieser Name nicht auch als ein warnendes Omen über dem ganzen Existentialismus schweben, der als eine Fortsetzung der deutschen Existenz-Philosophie wie eine geistige Ansteckung aussieht, und bestenfalls einer Schutzimpfung durch denselben Bazillus gleichkommt? Daß der französische Zusammenbruch, daß der deutsche Terror Weltekel auslösen konnten, ist verständlich. Doch sollten der Wille und die Tat der Résistance, an der auch Existentialisten teilnahmen, diesen giftigen Nebel vertrieben, die Seelen und die Geister von ihm gereinigt haben, so daß neue Fundamente des Lebens sichtbar werden. Sartre selbst versucht in den ›Fliegen‹ – einem größer angelegten, aber dramatisch schwächeren Werke – den Gespensterbann zu durchbrechen. ›Die Fliegen‹ sind seine – ins skurril-Heutige gewendete – Orestie. Der Muttermörder als der Rächer des Vaters ist zugleich der Vertreiber der Rachegeister. Seine Tat erhebt ihn über Götter und Menschen, sie ermächtigt ihn zu einer Freiheit, die, paradox und individuell wie sie ist, einem Freiheitskampf der Völker kein Beispiel bietet. Es bedarf anderer Symbole und einer anderen Perspektive zur Befreiung von einer Hölle auf Erden, die weiter besteht und einen breiteren Raum einnimmt, der Reue aber zu wenig Raum gewährt. Zwar sind die deutschen Konzentrationslager geschleift, die Vergasungsfabriken außer Betrieb gesetzt worden. Aber die Displaced Persons sind noch immer eine abgesonderte, von wahrer Hilfe ausgeschlossene Menschenklasse geblieben. ›No Exit‹ heißt für sie ›No Entrance‹ in die menschliche Gemeinschaft.

Bemerkungen zu Tennessee Williams' ›Endstation Sehnsucht‹

I

Tennessee Williams wurde während des Krieges mit seiner ›Glasmenagerie‹ entdeckt, einem episodischen und von Lyrik durchzogenen Werke wehmütig-bitterer Erinnerung an die vergebliche Jugend während der dreißiger Jahre. Er erwies sich damit als zu der Gruppe junger amerikanischer Dramatiker gehörend, als deren andere Vertreter Thornton Wilder und William Saroyan angesprochen werden können; ihnen gemeinsam war ein erhöhter oder vertiefter Realismus – um das Modewort ›Surrealismus‹ zu vermeiden. Trotz ihrer Prosa war die ›Glasmenagerie‹ eine Dichtung voll hauchartiger Eingebung, die sich überraschenderweise als sehr bühnenkräftig erwies, nicht etwa nur in Amerika, sondern auch in Europa.

›A Streetcar named Desire‹ (Endstation Sehnsucht) hat dann diesen Erfolg noch weit überboten. Wieder spielt das Drama in der Heimat des Dichters, in den Südstaaten, die das farbige und drastische Milieu liefern. Wieder scheint es dem Leser eine Art von dramatisiertem Roman zu sein und enthüllt erst durch die Realisierung auf der Bühne seine ungewöhnliche theatralische Kraft, die es nicht nur in den Serienaufführungen in New York, sondern auch in den europäischen Wiedergaben, in London, Paris und Berlin bisher bewährt hat. Auch ›Endstation Sehnsucht‹ ist wieder ›episches Theater‹, eines ohne politische Tendenz, jedoch nicht ohne soziale Struktur. Wieder ist das Stück eine Elegie, wieder schildert es das tragische Herunterkommen einer bürgerlich-patrizischen Klasse, die ins Kleinbürgertum absinkt. Es ist freilich ungleich dramatischer und robuster geartet als die ›Glasmenagerie‹. Die Wirrnisse eines in die Enge geratenen und zur Ausweglosigkeit verdammten Trieblebens, das die tragischen Konflikte nährt, führt zu gewaltsamen Entladungen, wie die ›Glasmenagerie‹ sie nicht hat ahnen lassen. Es fehlt diesem Werke von Williams nicht an sexualpathologischen Zügen, die dem Erfolg eine sensationelle Beimischung gaben. Aber nicht sie, sondern die menschliche Tragödie, zu deren Symptomen sie gehören, war das eigentliche Vorhaben des Autors und muß das Ziel einer Aufführung sein.

Die knappen, meisterhaft gesteigerten Vorgänge des Dramas spielen sich in einem Bezirk von New Orleans ab, der nach den elysischen Feldern benannt ist. Dahin gelangt man mit einer Straßenbahn, die, wie ortsüblich, auch ihrerseits einen Namen trägt; sie heißt ›Desire‹. Desire kann Sehnsucht bedeuten, aber auch Begierde, blinder Trieb. Dies zur Erklärung des Titels, den Tennessee Williams seinem Drama gegeben hat. Der deutsche Titel versucht, die symbolische Bedeutung, die keinem Zuschauer verborgen bleiben wird, umschreibend einzufangen.

II

Tennessee Williams bringt psychologische Grenzfälle, deren Darstellung man von ihm nicht für bühnenmöglich gehalten hätte, zur dramatischen Wirkung. Die Spaltung des Ichs versuchte allerdings schon vor Williams der *poeta laureatus* des amerikanischen Theaters, Eugene O'Neill auf der Bühne zu demonstrieren. In ›Strange Interlude‹ sprach eine Person durchgehend zweierlei Texte: sie antwortete ihren Partnern auf deren Rede regulär mit dem, was die konventionelle Lüge als Antwort verlangte, und unvermittelt daneben sprach sie aus, was sie sich insgeheim dachte, also die Wahrheit. Was diese Person sagte, wurde solcherart auf der Stelle konfrontiert mit dem, was sie dachte, aber verschweigen mußte. Der Charakter der Sprecherin blieb bei klarem Bewußtsein, einheitlich und gesund.

Bei Williams verwischen sich die Grenzen der Realität im Bewußtsein seiner Personen. Deren Zustände nähern sich dem Pathologischen, um ihm schließlich, wie die Figur der Blanche du Bois, ganz zu verfallen. Bei Pirandello handelte es sich, in ähnlichen Experimenten, um den Kontrast zwischen Schein und Sein, ganz allgemein genommen, mit dem gespielt wurde. Williams zeigt den Zwiespalt zweier gesellschaftlicher Klassen in der Spannung und Zerrissenheit einer menschlichen Seele; und das nirgends so dringend wie in ›Endstation‹. In der ›Glasmenagerie‹ entrann die Tochter Laura der realen Wirklichkeit, indem sie sich in eine Traumwelt, eben die der Glasmenagerie, flüchtete und sich in ihr einspann; während ihre Mutter Amanda, als die Stärkere und Tüchtigere von beiden, zwar ‹realitätsangepaßt› blieb und gegen die täglichen Sorgen ihrer verarmten Familie auf ihre etwas verschrobene Weise praktisch ankämpfte, daneben aber ihren Tagträumen von der verlorengegangenen gesellschaftlichen Position, der eingebüßten Wohlhabenheit mit ihren verfeinerten Sitten redselig nachhing.

In ›Endstation‹ verläuft der gesellschaftliche Bruch, der zum menschlichen wird, in der Realität scharf und eindeutig zwischen den Schwestern Blanche und Stella du Bois. Die jüngere, Stella, hat die Illusionen ihrer Kindheit in der Ehe mit dem Reisenden Kowalski endgültig aufgegeben. Sie hat in ihrer Ehe eine neue vereinfachte Grundlage, einen primitiveren Boden, in dem sie Wurzeln schlagen konnte, gefunden. Blanche aber, die entlassene Lehrerin, irrt haltlos umher, in Not und Schande geraten, und, da sie sich um jeden Preis ihre Romantik erhalten will, von der Spaltung ihres Bewußtseins, von Schizophrenie bedroht. Sie hat frühzeitig einen bösen Schock erlitten. Seitdem wird sie von Halluzinationen verfolgt, bis ein noch brutaleres Erlebnis sie in völlige Umnachtung schleudert. Daß sie im Hause der einst so geliebten Schwester Zuflucht suchte, wird ihr zum Verhängnis; das schwesterliche Heim, dessen Grundpfeiler sie zu erschüttern droht, erweist sich als eine Falle, aus der sie nicht mehr heil herauskommt. Sie ist ärmer an Natur, aber reicher an seelischer Differenzierung als ihre glücklichere Schwester. Sie hat Charme und Phantasie und treibt damit ein gewagtes Spiel, das der Dichter, ebenso teilnehmend wie unerbittlich-grausam, verfolgt, bis es in völliger geistiger Verwirrung endet und sie in den Wahnsinn ‹rettet›. Der Kampf auf Leben und Tod, der sich in wenigen Sommerwochen in der engen Wohnung der Kowalskis mit ihren durchsichtigen Wänden, die auch jeden Ton durchlassen, zwischen dem ›Gorilla‹ Stanley und der lazertenhaften, vom Dichter auch mit einem Nachtfalter (a moth) verglichenen Blanche entspinnt, führt ins Untermenschliche, ins Dunkel instinkthafter, sexualverbrecherischer Triebhandlung, in der sich das Minderwertigkeitsgefühl ebenso wie die Rachsucht des in der Sicherheit seines Besitzes bedrohten Männchens entlädt. Rührender, und in einem noch höheren menschlichen Sinne tragisch, ist die Problematik, in welche die Schwestern gegeneinander geraten. Nachdem die jüngere, Stella, ihre seit der Kindheit bewunderte Blanche aufgegeben hat, um die Existenz der eigenen Ehe zu retten, wird ihr nicht, wie der anderen, die Wohltat eines umnebelten Bewußtseins zuteil. Stanley Kowalski vertritt den Schwestern gegenüber die Norm eines undifferenzierten Trieblebens, die robuste Realität, die, wenn im Lebensinteresse gestört, keine Schonung kennt. Das höhere Prinzip, das Humane, tritt also in diesem Drama in dekadenter Form in Erscheinung.

126

III

Bei der Darstellung einer Dekadenzproblematik dieser Art fragt es sich: ob der Darstellende selbst Teil und Repräsentant des geschwächten, krankhaften Zustandes ist; oder ob er ihn dadurch, daß und wie er ihn formt, abgrenzt und sich von ihm distanziert. Das Schweben zwischen Realität und Illusion hat seine ihm eigene Lyrik, die Tennessee Williams gewiß nicht verschmäht; im Gegenteil, er hat es in ihrer Auswertung zur Meisterschaft gebracht. Die Bühne, die er sich für seine Zwecke erfunden und mit der im Sinne er seine Handlung gefügt hat, mit ihren durchsichtigen Haus- und Zimmerwänden, ihren genau vorgeschriebenen Beleuchtungseffekten und ihren wohlberechneten musikalischen Kontrastwirkungen, ist und bleibt Illusionstheater, das sich aller Stimmungen bedient und sie pflegt. Das Brutalste wird neben das Zarteste gesetzt, und der aus dem Bühnenhintergrund hereinmeckernde Jazz scheint manchmal das Menschenleid zu verhöhnen. Man könnte sagen, diese Tragödie sei aus dem Geiste des Jazz geboren. Aber alle diese Vorrichtungen hat der Dramatiker getroffen, um seiner Zeit und seinem Milieu gerecht zu werden, um auf die ihm mögliche Weise der Wahrheit zu dienen und dadurch fördernd zu wirken. In seinen Vorbemerkungen zur ›Glasmenagerie‹ sagt er programmatisch: »Wenn ein Theaterstück unkonventionelle Techniken anwendet, so geschieht das nicht, oder sollte nicht geschehen, um der Verantwortung zu entgehen, welche die Behandlung der Realität, die Interpretation der Erfahrung dem Autor auferlegt, sondern solche Abweichungen sind in Wahrheit, oder sollten wenigstens sein, der Versuch, einen näheren Zugang zu den Dingen, wie sie sind, einen mehr durchdringenden und lebhaften Ausdruck für sie zu finden.«

»Bornierte Analyse«

Lieber Max Schroeder,
Deinem gedankenreichen kritischen Aufsatz (im ›Sonntag‹, 21. Mai 1950) über das von mir in der Berliner ›Komödie‹ inszenierte Drama von Tennessee Williams ›Endstation Sehnsucht‹ gabst Du obigen Titel, der Dein Verdikt über Werk und Autor formuliert: ›Bornierte Analyse‹, das heißt: ›bornierte *gesellschaftliche Analyse*‹, womit Du eine historische und soziale Einordnung vollzogst, die Deinen Anschauungen entspricht. Du stelltest bei diesem Anlaß eine überaus interessante These auf: »Ideen, nicht noch so richtige Analysen, haben die Eigenschaft, zur Gewalt werden zu können. Ohne die treibende Idee bleibt auch die scheinbar richtige Analyse borniert.« Damit, glaube ich, ist die Absicht des Autors weit überboten; so weit, daß ihm mit diesem Maßstab kaum mehr Gerechtigkeit getan werden kann. In seinen Vorbemerkungen zur ›Glasmenagerie‹ bekannte sich Wil-

liams jedenfalls nur zu dem Vorsatz, »einen näheren Zugang zu den Dingen, wie sie sind, einen mehr durchdringenden und lebhaften Ausdruck für sie zu finden«. Es fragt sich nur, »ob solch ein Vorhaben, sogar wenn seine restlose Durchführung gelingt, der Liebesmühe eines dramatischen Dichters, der Schauspieler und des Publikums wert und würdig ist«. Diese Frage würde ich bejahen und habe sie durch meine Arbeit als Übersetzer und Regisseur, so gut ich konnte, bejaht.

Die zweite Frage wäre, ob dem Autor gelungen ist, was er sich vornahm. Nun, einen lebhaften, dramatischen Ausdruck hat er jedenfalls gefunden, ob auch einen durchdringenden? Hier beginnt Deine wesentliche Kritik, die ich nicht entkräften, aber ergänzen will. Mir schien und scheint, daß Williams seine kleine Welt geschildert und abgerundet und sie mit lebensvollen Gestalten eigener Prägung bevölkert hat. Das gestaltenschöpferische Talent billigst auch Du ihm zu. Aber seine Welt, sofern sie ein organischer Teil der ganzen, wirklichen Welt ist, betrachtet er, Deiner Meinung nach, mit Augen, welche Scheuklappen tragen, und sieht sie daher in beschränkter Weise. Der Kreis, den er sich und seinen Figuren gezogen hat, ist – das sei zugegeben – ein enger, und die durchsichtigen Zimmer- und Hauswände, die er anwendet, lassen doch nur die nächste Umgebung der Kowalskischen Wohnung in dem betreffenden Viertel von New Orleans mehr ahnen als sehen; Geräusche dringen herein, die Jazzkapelle einer nahen Schenke mischt sich fast wie ein Kommentator (den es diesmal nicht gibt) in die dicht verzahnte Handlung. Man könnte von Williams, ein Wort Mussets anwendend, sagen: Sein Glas ist klein, aber er trinkt aus seinem Glase.

Seine »Idee vom Zusammenstoß zweier gesellschaftlicher Repräsentanten«, stellst Du fest, »erfaßt nicht präzis ihre gemeinsame Position im gesellschaftlich historischen Kosmos«. Dieser Kosmos ist in der ›Endstation‹ nur ein abgeschlossener Winkel, was ich schon durch die Übersetzung des Titels anzudeuten strebte, nämlich daß die Straßenbahn die arme Blanche, nachdem sie sie in der Wohnung der Kowalskis abgeladen hat, nicht mehr weiter fährt als bis zur Endstation Sehnsucht. »Der Gegenspieler siegt auf der ganzen Linie«, stellst Du fest. »In Kowalskis Gestalt wird die Borniertheit der Analyse deutlich.« Was vor allem deutlich wird, ist – finde ich – die Borniertheit Kowalskis. Er ist nämlich durchaus der Repräsentant menschlicher und gesellschaftlicher Borniertheit. Als solcher wird er in ›Endstation‹ gezeichnet und, in all seiner brutalen Naivität, an den dramatischen Pranger gestellt. Sein Ideal ist, wie er selbst verrät, Huez Long, ein tatsächlich existent gewesener lokaler Fascist, der auf der rasch erklommenen Höhe seines Erfolges von dem Sohn eines seiner Opfer erschossen wurde. Dadurch, daß der Autor seinem Kowalski diesen Zug gibt, bestimmt er Zeit und Ort und politische Zugehörigkeit der Figur eindeutig. Wo der Dichter selbst steht, macht er freilich nicht deutlich, aber Kowalski ist keineswegs sein ‹Held›. Kowalski ‹siegt›, gewiß. Aber wie, wenn an einem bestimmten Ort zu einer bestimmten Zeit tatsächlich die gesellschaftliche und menschliche Borniertheit, wenigstens vorläufig gesiegt hätte? Beschriebe dann nicht der Autor, der diesen Tatbestand an einem bestimmten Einzelfall erhärtet, die realistische Wahrheit? Ein bestimmter und konkreter Einzelfall wird gegeben, denn über wen siegt Stanley Kowalski? Über seine ihm hörige Gattin, die ihm eben doch und eben damals einen Sohn und Erben gebiert und über seine Schwägerin, die stellungslose Lehrerin Blanche du Bois: also über eine Schwangere und eine geistig Verwirrte. Ferner siegt er über einige Mitglieder seines Kegelklubs, mit denen er Poker zu spielen pflegt und die, obwohl der arbeitenden Klasse angehörend, selbst als menschlich und gesellschaftlich bornierte Leute dargestellt sind. Es ist richtig, daß aus diesem apathisch-kleinbürgerlich-verheerten Kreise, den Williams hier abgesteckt hat, kein Weg in die großen Kämpfe der Zeit, keine noch so spärlich angedeutete Perspektive einer besseren menschenwürdigeren Zukunft hinaus führt. Es sei denn, daß der eben geborene Sohn Kowalskis später einmal, in der nächsten Generation, einen solchen Weg fände und beschritte. Dieser Säugling wird am Ende des Stücks in die Arme seiner Mutter gelegt – ein stummes Handlungsmoment, das ich in der Aufführung gestrichen habe, weil es auf der Bühne ja doch nur als eine sentimentale Geste wirken könnte: womit ich allerdings Deiner Beurteilung des Stückes in einem gewissen Sinne Recht gegeben zu haben scheine.

Bleibt der Grenzfall Blanche du Bois, der den Hauptinhalt und das eigentliche Zentrum des Stückes bildet; ein pathologischer Fall, hier mit ungewöhnlicher Breite geschildert; die Geschichte einer seelischen Krankheit, deren Entwicklung der Dichter vom ursprünglichen Choc bis zum Ende in völliger Umnachtung in allen Spiralwindungen gibt. Für diesen Einzelfall, den er nicht beschönigt, fordert er unser Interesse und unsere Anteilnahme. Dieses Interesse und diese Anteilnahme mag man dem Autor und seiner Figur verweigern. Aber man wird zugeben müssen, daß es sich bei diesem bis in Phantastisch-Skurrile gesteigerten, sich auf der ganzen Skala der Gefühle und des schauspielerischen Ausdrucks hinbewegenden Einzelfall um einen *gesellschaftlich genau bedingten* Fall handelt. Die Krankheit der Blanche ist als eine gesellschaftliche Erkrankung mit lückenloser Genauigkeit diagnostiziert. Ihre Schizophrenie, ihre seelische Spaltung verläuft entlang der Linie des Bruches zwischen zwei Klassen; aus der einen ausgestoßen, landet Blanche, ein gehetztes Menschentier, in der anderen und geht an ihr zugrunde, da sie sich ihr nicht anzupassen vermag: eine gestrandete Romantikerin, die ihre Vorstellungen von Bildung und höherer Menschlichkeit der brutalen, kleinbürgerlichen Realität gegenüber nicht behaupten kann und sich in den Irrsinn gewissermaßen ‹rettet›. Dadurch wird sie *zeit-symptomatisch* und zum warnenden Beispiel. Auch sie ist von Williams nicht als ‹Heldin› gedacht. Den ‹Humanismus›, den sie ihrer Schwester predigt, und der ihr als Ziel mehr vorgaukelt als vorschwebt, ist längst zur Illusion und »Sehnsucht« geworden, ihr unerreichbar und der Schwester nicht mehr verständlich, ein Produkt der Halbbildung der Lehrerin in englischer Literatur, ein Überbleibsel der gemeinsamen Kindheit der beiden Schwestern auf dem inzwischen verschleuderten Gute ›Belle Rêve‹, ein »schöner Traum« und sonst nichts. »Wir dürfen nicht zurückfallen auf das Niveau der wilden Tiere«, ruft Blanche die Schwester an. »Es hat doch einigen Fortschritt gegeben! Es sind doch Dinge zur Welt gekommen wie Kunst, Poesie und Musik!... Bei manchen Völkern, in manchen Menschen sind doch zärtliche Gefühle erweckt worden! Diese Gefühle müssen wir doch wachsen lassen! An ihnen müssen wir festhalten, wir müssen sie als unsere Fahne schwingen – auf diesem unserem Marsch durch das Dunkel der Zeiten auf das ungewisse Ziel hin, was immer es sein mag, dem wir uns nähern...« Man könnte, ohne den Dichter Lügen zu strafen, behaupten, daß eben diese Ungewißheit des Zieles es ist, woran Blanche zugrunde geht. Der Dichter schrieb, mit vielen satirischen Zügen und Lichtern, die Elegie dieses Unterganges, dessen ökonomische und gesellschaftliche Ursachen er nicht verschweigt. Weiter ging er allerdings nicht, das Ziel des Marsches der Menschheit durch das Dunkel der Zeit zeigt er nicht, vielleicht kennt er es ebensowenig wie seine Blanche. Darin liegt seine Beschränkung, oder seine Selbstbeschränkung: seine Borniertheit, wie *Du* es nennst. Zugleich aber seine Wahrhaftigkeit und seine unleugbare dramatische Kraft. Sein Glas ist klein, aber er trinkt aus seinem Glase.

Tennessee Williams:

›Sizilianische Rose‹

Man kann in der Kunst, wie überhaupt im Leben, nicht mehr geben und tun, als sein Bestes. Das haben, bei der Erstaufführung der ›Sizilianischen Rose‹ in der Josefstadt, Regie und Darstellung auch getan, und es ist dabei ein interessanter, mich überaus erregender und sicher sehr sehenswerter Abend herausgekommen. Daß ich, je weiter er fortschritt, und besonders gegen das Ende hin, steigend den Eindruck gewann, einem anderen Stück beizuwohnen, als dem, das ich übersetzt habe, liegt eigentlich nicht an Strichen und Textveränderungen. Die Aufführung ist bis zu einem hohen Grade buchstabentreu, um die Realisierung der Details, bis zu einem verrutschten Korsett als Spannungsmoment, bemüht. Daß mir trotzdem am Ende beinahe etwas wie eine gelungene Parodie herauszukommen schien, liegt an der Instrumentierung und Pointierung: Beweis für die suggestive Kraft einer in sich konsequenten Gestaltung. Gewiß kam das Dorf, mit den Weibern als einem griechischen Chor, zum Leben, aber ihr Gekicher überwog die pathetischen Akzente des Spiels, und so wurde es nicht das hohe

Lied der irdischen Liebe, das Tennessee Williams trotz aller grotesken und derbkomischen Details, gewollt und geschaffen hat. Gewiß, das bacchantische Evoe der trotz Leid, Tod und Untreue sieghaften Lebenslust, [das] erklingen sollte, drang nicht durch.

Ein Kritiker erwähnt, daß ich durch die Bezeichnung des Stücks als Komödie eine Begriffsverwirrung verschuldet habe. Das war so gemeint: eine Komödie in dem Sinn, in dem die ›Möwe‹ und die ›Ratten‹, trotz herzzerreißender Tragik, als Komödie bezeichnet wurden, vielleicht mit Unrecht. Die ›Sizilianische‹ – besser: ›Die tätowierte Rose‹ gerät nie so tief ins Tragische, aber sie ist noch viel weniger eine Farce trotz ihrer Bockfüßigkeit und Panskomik. Serafina ist als eine große Figur gedacht, keusch und elementar in Leid und Glück, und das muß besonders am Schluß, wo sie vorausahnend die Hoffnung hat, wieder Mutter zu werden, mit Erschütterung erlebt werden. Von hier aus ist Stück und Charakter darzustellen, von diesem verklärenden Ende aus, wie Edgar Allan Poe es gefordert hat, als mächtiges Ja zu den Grundtatsachen des Lebens. Dahin führt, mühelos und zwingend, eine wesensandere Interpretation, die von der Wahl des Interpreten abhängt. Man vergleiche den Abend in der Josefstadt mit einer Bemerkung, die der Dichter im Vorwort des Dramas macht: [»Wir sehen ein Interieur, so bunt wie eine Faschingsbude. Viele religiöse Gegenstände und Bilder aus Rubin und Gold, ein Messingkäfig für einen bunten Papagei, ein großer Behälter für Goldfische, Karaffen und Vasen aus gepreßtem Glas, Tapeten mit Rosenmuster und ein rosa Teppich: alles strahlt das Herz einer Frau aus, die leidenschaftlich liebt. An der Wand zwischen den beiden Räumen ist ein kleiner Altar mit einem Betstuhl und einer kleinen Madonnastatue in einem mit Sternchen besetzten blauen Kleid und mit goldener Krone. Davor brennt ein ewiges Licht in einer Schale aus Rubin. Unsere Absicht ist es, diese bunten, kindlichen Mysterien zugleich mit Humor und Gefühl zu zeigen, ohne sie lächerlich erscheinen zu lassen, und mit Respekt für die religiösen Sehnsüchte, welche sie symbolisieren.«]

Noch eines: Meine Übersetzung ist eine freie Übertragung ins Deutsche, keine Bühneneinrichtung, die stammt vom Autor und manifestiert sich in den genauen Regiebemerkungen. Frei ist die Übertragung insofern, als das Stück in einer Art Patois – dem Dialekt der sizilianischen Einwanderer – geschrieben ist, während ich die Charakteristik in einer dialektfreien Sprache – denn jeder deutsche Dialekt würde das Stück völlig entstellen – nachzuempfinden und nachzubilden strebte. Ob es mir gelungen ist, das ist eine andere Frage.

Über Dramatiker

Kleist der Überlebende

Ein Epilog

Es war in diesen Tagen viel von Kleist die Rede. Von seinem tragischen, rätselhaften Tode und von seinem rätselhaften, tragischen Leben. Man beklagte die Tragik. Und man löste nicht etwa die Rätsel, man erörterte sie. Ach, alle die Beurteilungen! Es war für den echten Kleist-Verehrer, der in immer erneutem Umgang mit der Dichtung des Gefeierten lebt, ziemlich qualvoll, immer wieder immer dieselben Merkwürdigkeiten aufgezählt zu hören. Es ward einem dabei nicht gerade feierlich zumute. Wenn ich meinen entscheidenden Eindruck sagen soll: es war, als ob unter all den Werken des Meisters gerade das eine besprochen worden wäre, das ihm mißlungen. Seine Biographie gleicht oft genug dem Werk eines Künstlers von gewaltigen Intentionen, der allzu gewaltsam formt, sich im Stoff vergreift, in den Mitteln irrt. Kleist hat unablässig an seinem Leben gedichtet. Aller Überschuß seiner Phantasie wandte sich gegen die Realität – das war Kleists heilige Krankheit. Und deshalb eignet sich seine Biographie so sehr zur Mythenbildung; man entwickelt einfach die dichterischen Elemente, die Kleist hier anlegte. Aber nicht die Vollkommenheit, die Erfülltheit, nicht das Heldentum, welche Kleist persönlich, als Mensch, außerhalb des Werkes, um jeden Preis erzwingen wollte und rastlos erstreben mußte, können ihm zugebilligt werden. Ein Heros war er nur als Künstler, im Kampf um die Befreiung seines Dichterdämons, im Ringen um das Werk. Er diente, wie kaum ein Zweiter, seiner Bestimmung; darin war er groß. Aber wo er nicht nur Künstler, wo er der beste, der reinste, der glücklichste Mensch sein, wo er erziehen, befreien, retten wollte, da tat und erlitt er immer wieder das Eine: das Mißverständnis zwischen Imagination und Realität. Solch eine Phantasie mußte sich an der Wirklichkeit verheben. Seinen Triumphen schob das Leben Maulwurfshügel unter, und seine Depressionen überschätzten entsetzlich die Anlässe. Seine Art der Hingabe konnte nur bei den Käthchen und Penthesilea seiner Phantasie Erwiderung finden, nicht bei wirklichen Menschen, und seine Art der Selbstbewahrung tat den Freunden in der Realität unrecht. Auch noch seine größten Erlebnisse in der Welt der Tatsachen haben diesen unwirklichen Zug, dieses – ich sage es mit Ergriffenheit – tragikomische Doppelgesicht. Deshalb glaube ich auch nicht, daß er an seinen Mißerfolgen, an Deutschland, an der Familie gestorben. Er starb an sich selbst. Er starb imaginär, wie er imaginär lebte. Wie Arthur

Eloesser in einem ungewöhnlich feinfühligen Aufsatz ›Der unbekannte Kleist‹ es sagte: »Was wissen wir von einem, den es so fort zog, den es mehr kostete zu bleiben als zu gehen?«

Immerhin war in manchem Aufsatz, der den hundertsten Todestag Kleists feierte, eine Nachwirkung der ungeheuren Wucht des Wollens, welches dieses Individuum sprengte, zu spüren. Etwas von der Überlegenheit eines Martyriums, das ein großes Schaffen begleitete. Eine nachzitternde Bewegung des gewaltigen Wogenganges, der Kleists tägliches Leben aufwühlte. Aber wann endlich lernen wir Distanz zu den Mysterien der Natur? Wir vermögen nicht einmal das Innere durchschnittlicher Menschen zu erkunden, die mit und neben uns leben. Das mehr oder minder unbefugte, dilettantische Befingern der Künstlerpsychologie zu Feuilletonzwecken sollte endlich eingeschränkt, unter scharfe Zensur gestellt werden. Glücklicher Shakespeare, der sein Privatleben so gründlich vor der Nachwelt zu sichern wußte!

Man hätte sich mehr an das klar gewordene, von den Zufälligkeiten und Hemmungen des individuellen Lebens gereinigte Wesen Kleists halten sollen: an sein Werk. Das ist Kleist, der Überlebende. Sein Dasein war eine Folge von Katastrophen, sein Werk ist eine Folge von Siegen. Sein Leben blieb ein Fragment, ein merkwürdiger Torso, aber sein Werk wurde Vollendung, monumentale Ganzheit. Sein Leben ein Chaos, sein Werk ein Kosmos. Sein Leben Vergangenheit, sein Werk Gegenwart und Zukunft. Sein Leben subjektiv, wie alles Erleben und Erleiden, sein Werk in die große Sachlichkeit der Form hinübergerettet. Ich habe aus all dem, was ich las, durchaus nicht den Eindruck empfangen, als ob uns dieses Werk schon so zur Selbstverständlichkeit geworden wäre, daß wir uns interessanten psychologischen Experimenten zuwenden dürften. Jeder Gebildete hat es ja heute der Dichtung Kleists gegenüber leichter, als es Goethe, selbst Goethe, zu des Dichters Lebzeiten hatte. Kleist war den geistigen Bedingungen seiner Zeit vorausgewachsen. Goethe durfte einen Zukünftigen mißverstehen, wie er ja auch Beethoven nicht verstand. Hier, an dem Seelengestalter Kleist, konnte unser Zeitalter der Psychologie seine neugereifte Einsicht, die es mit so hohen Preisen bezahlen mußte, bewähren. Man wandte sich lieber einem im Dunkel des Todes entflohenen Privatleben zu, an dem man mit Notwendigkeit versagen mußte. Kleist, der Entdecker des tragischen Menschen nach Shakespeare, ist noch so wenig entdeckt. Die Mythenbildung um sein Leben herum wird mit Eifer betrieben. Aber indessen wartet das Werk.

Was tut die Zeit, um es neu zu erobern (denn sie besitzt es nicht)? Man belobt und man beklagt. Man wiederholt rastlos den Bericht: wie die Vergangenheit, als sie noch Kleistens Gegenwart war, sich an ihm versündigte; was er zu entbehren hatte, woran er verzweifeln mußte. Wie man ihm seine herrlichen Gaben übel lohnte, wie man ihm sein Werden und Wollen tödlich erschwerte. Man habe ihn verleugnet und verleumdet, gehetzt, vielleicht sogar erlegt. Man habe ihn physisch und psychisch ausgehungert. Welche

Verständnislosigkeit mußte er erfahren, welche Barbarei hat diese Kulturwelt an ihrem begnadeten Sohn verübt. Das Deutschland von ehemals! – Gewiß, dieser Teil der Legende geht das Gewissen der Allgemeinheit sehr nahe an. Aber ist die untätige Klage nicht die würdige Fortsetzung des alten Spiels? Die Zeiten lernen nichts von einander, gerade in dieser Hinsicht bleiben sie ungelehrig und unbelehrt. Die Zukünftigen scheitern an ihrer speziellen Gegenwart, oder sie überwinden sie. Wann aber erreichen sie ihre Gegenwart?

Wie hat man in diesen Tagen, während man den Menschen beklagte, dem Werk gehuldigt? Mit welchem Eifer? Hat man sich in Unkosten gestürzt, kühne Experimente gewagt? Was hat man für den Dramatiker Kleist getan, in Wien zum Beispiel? Kunstverständige, die der Aufführung des ›Prinzen von Homburg‹ im Burgtheater beiwohnten, wissen nichts Feierliches davon zu berichten, im Gegenteil. Von dem ›Käthchen von Heilbronn‹, welches das Deutsche Volkstheater zum hundertsten Todestage des Dichters in einer gewiß nicht erneuerten Montagsvorstellung brachte, spricht man in diesem Zusammenhang am besten nicht. Also, wie hat man in Wien gefeiert? Mit schönen Essays? Mit schwungvollen Gedenkreden? Zugegeben. Aber Kleist ist das große dramatische Genie des deutschen Volkes, der berechtigte Rivale Goethes. – Wien gehört der Operette. (Nur Graz hat etwas getan: es wagte die ›Familie Schroffenstein‹.)

Nun, Kleist kann warten. Er hat Zeit. Er hat noch manchen hundertjährigen Gedenktag vor sich. Er ist ausdauernd, er kann auch noch das goldene Zeitalter der Operette zu Ende warten. Und sollte nachher das Zeitalter des Kinos kommen – Kleist hat Geduld. Weimar verschloß sich ihm, als er noch atmete und stritt. Welche Stadt wird die hohe Ehre in Anspruch nehmen, als erste die ›Penthesilea‹ zum Siege zu führen? Noch hat die Reproduktion keinen Stil für die erotischen Mysterien Kleists gefunden. Und seiner leichter faßbaren Werke erinnert man sich gelegentlich und machtlos.

Was Kleist betrifft, kommt es heute immer noch ganz und gar auf den Leser an. Für sich, zuhause, verfügt jeder Empfängliche über die Phantasiebühne, welche Kleist, nach dem Vorwurf Goethes, fordert. Jedes Werk hohen Stiles ist schließlich auf sie angewiesen. Die ›Iphigenie‹ nicht minder als die ›Penthesilea‹, diese in der Ewigkeit gespiegelte Seele Kleists, gedeihen in ihrer wahren Herrlichkeit nur durch jene innerliche Inszene, welche der fähigste Regisseur, die Einbildungskraft des ergriffenen Lesers, veranstaltet. Diese Bühne bleibt der ewige Zufluchtsort der vor der Realisierung immer zurückweichenden Dichterschönheit. Ich fürchte nur, daß die Leser unserer Zeit die Strenge, die Größe, die paradiesische Gesundheit und Übergesundheit der Kleistschen Welt nicht aufbringen. Es wäre eine interessante und wichtige Enquête: wie viele Menschen in diesen Tagen Kleist gelesen haben, und wie sie ihn lasen. Erst wenn man das feststellen könnte, wüßte man: ob er gefeiert wurde oder nicht.

Karl Schönherr

Auch die novellistischen Versuche Schönherrs sind Dramen. Es war nur zu wenig Stoff da, oder der Dichter hat diese Dramen nicht gewähren lassen. Alles drängt ungestüm aus der epischen Fläche heraus, ins Dreidimensionale. Alles ballt sich zu einer Drastik, der nur die Szene genugtun kann. Jede Einzelheit macht Situation. Die Worte sind ganz renitent vor lauter unterdrückter Streitlust. Man liest diese Worte nicht, man hört sie, man spricht sie. Sie erzwingen sich Schall und Ausdrucksbewegung. Diese Menschen dulden es nicht, daß man sie gelassen betrachtet, sie fordern mimisches Mitleben. Es sind nicht Seelen, sondern heraustretende Gebärden. Der alltäglichste Vorgang wird Pointe, schließt sich an die Bewegung eines agierenden Menschen.

Unwillkürlich gedenkt man vieler Dramen, die gar nicht aus der Fläche hochzureißen sind, trotz aller Anstrengung des Autors immer wieder dahin zurücksinken; oder anderer, die sich immerzu lyrisch-gasförmig verflüchtigen. – Während bei Schönherr die Lyrik hart wird, sachlich, sich kristallisiert. Er ist geborener Dramatiker.

Schönherr, der Natursucher, Naturfinder, ist eine dichterische Naturkraft, die, in exzessivem Drange, oft im Elementaren wühlt, im Krassen wütet. Als Gefahr droht ihm das Sich-Verlieren im Rabiaten und Wüsten, in der Gier und in der Verdüsterung, im Gemeinen und Grausamen. Aber diese Gefahr kommt ihm nie sehr nahe. Ihn bändigt und erzieht ein Kulturgesetz, man nenne es nun Volk oder Drama. Ein edles Gesetz meistert von allem Anfang an den entschlossenen Theatraliker. Keine mitleidige, sentimentale, kraftlos verliebte Annäherung der Bourgeoisie an das Volk. Im Dichten Schönherrs ist das Volk selbst, das Volk persönlich. Ein praktischer, aufrechter Menschenschlag, aus dem Grundstock unverbildeten Menschentums, das die Kulturen speist. Beginnende mit Werde-Instinkten, zähe, robuste Kerle, geschaffen für eine grobe Welt, oft gemein bis auf die Knochen, ordentlich blühend und strotzend von gesunder, selbstverständlicher Gemeinheit; und Volksadel, herbe, keusche, stolze Menschen, Herz, das sich dem Verstand noch nicht assimiliert hat, Urherz, das sich gegen die Tücken und Fallen des Lebens nicht zu wehren weiß. Aber nie tatlos ist, sich nie ins Spintisieren der Begriffe und Gefühle verliert, immer zugreifend, sachlich, handelnd, dramatische Naturen. Diesseitige, Erdnahe. Und immer Erdnähere. Bis diese Ur-Bauern der ›Erde‹ kamen, diese in einem guten Lebens- und Kunstsinne Primitiven. Schönherr brauchte nicht botanisieren gehen, er hatte seine Natur in sich. Wirkliche Erde, strotzende, drängende Fruchterde, anschauliches Naturgesetz. Dieses Gesetz immer deutlicher, die Verhältnisse einer Ur-Welt immer übersichtlicher zu machen, das Sachliche der Natur immer geprägter zu geben: daran arbeitete er unbeirrt. Die Wurzel der Instinkte will er bloßlegen, die Ursprünge des Vegetativen, die

Grundwahrheit des organischen Lebens. Was der Bauernstudent, der Arzt Schönherr von der modernen Wissenschaft, von der modernen Kunst lernen konnte, führte ihn nur um so dringlicher und gewisser zu seiner eigenen Art zurück. Auch ihm wird das Prinzip der Auslese, der Kampf ums Dasein der Sinn des Dramas; ein grausames Gesetz, hinter dessen Gerechtigkeit zu kommen er sich müht. Er hat das mitbekommen, die ernste Ehrfurcht vor dem Notwendigen, und er gelangt schließlich zum heroisch-sachlichen Humor. Er lernt auch einsehen, daß er, mit der Gebundenheit eines echten Talentes, auf sein ›Milieu‹ angewiesen ist (lernt dieses Einsehen durch manch schmerzliches Versagen), und er lernt dieses Milieu immer besser die Welt repräsentieren zu lassen. Er war ja nie ein Tastender, sondern von allem Anfang an ein reinlicher Arbeiter, der feste, starke Theaterstücke machte. Aber es ist imponierend, wie er bis auf den eigenen Grund grub, wie er sich zur Ökonomie seiner Gaben zwang, wie er ein Meister seiner Beschränkung ward. So kam er, das Gesetz seiner Einfachheit aufdeckend, zu einer persönlichen Technik, zur Reife.

Ich erinnere mich noch, welch eigentümlich tiefe Wirkung vor Jahren Schönherrs Erstling machte: ›Die Bildschnitzer‹. Ein rapider Akt, einige sparsam, aber sehr ausdrucksvoll hingesetzte Szenen, ein kondensierter Vorgang. Es war eigentlich eine damals oft variierte Proletariergeschichte, Hunger, Elend, Ehebruch. Aber die Grausamkeit des Lebens war hier von kongenialer Hand mit einem ungestümen und doch sicheren Griff gepackt. Diese Künstlerhand wurde aus lauter Mitgefühl nur noch unerbittlicher. Und mitten in der finsteren Niedertracht der Verhältnisse eine brennend keusche Idylle des Menschenherzens. Diese drei Proletarier waren die wahren Kinder einer jungen Dichterkraft. »In Gott's Namen! Tun wir uns wehr'n!« Das schlicht Heroische des Kampfes ums Brot kommt stark heraus. Ein Bildschnitzer ist verletzt umgesunken, mit einer Wunde an der Arbeitshand, kampfesunfähig. Seinem Weib, seinen Kindern springt der Freund bei, in der tiefverwurzelten Kameradschaftlichkeit der Armut; Kampfesbruder des Elends, der Entbehrung. Es reicht natürlich nicht. Sie werden gehetzt. Aber sie wehren sich. Der Kranke wird die Hand verlieren. Aber er hat sein Weib, seine Kinder. Er wird sich weiter wehren, mit einer linken Hand. Da bedroht es diese Menschen von innen heraus. Die beiden Gesunden lieben einander. Sie haben ja keine Zeit, an derlei zu denken, sie haben auch nie daran gedacht, haben gekämpft, gesorgt, gearbeitet. Aber das Elend drängt sie so hart aneinander; in der Treu zu einem verunglückten Lebensgefährten lernen sie einander kennen. Plötzlich steht ihr gutes Gefühl gegen sie auf. Dagegen hatten sie sich nicht vorgesehen. All ihre Tapferkeit und Tüchtigkeit mobilisierten sie gegen die Not, da versahen sie sich nicht der Liebe, und wenn sie es auch gelernt haben, den Schmerz zu verbeißen, nun verrät sie plötzlich die Freude. Der Kranke siehts, und will

139

nicht mehr gerettet werden. Der Freund schreit: »I pack mi z'sammen und geh in die Welt und komm nimmer!« Aber der Andere, dieses »Herzbinkerl Gottes«, hat plötzlich die Absicht des Lebens verstanden, die zu verstehen mitunter so schwer fällt, die Vernunft der Gattung: »Dableib'n ... für dein Weib ... und die Kinderlen sorg'n!« Und: »legt sich langsam vollends ins Bett, zieht mühsam die Decke an sich herauf und dreht sich wie zum Schlafen«. Arme Leute brauchen nicht viel Zeit zum Testamentmachen. – Die einfache Logik dieser Handlung charakterisiert den jungen Schönherr. Diese stille Tragik: Dem Leben gerecht werden. Aber das Überzeugende in der Kunst ist immer das Wie. Wie herb und aufrecht dieses Schicksal dasteht, wie schmucklos und geradezu. Wie stark äußerlich und keusch innerlich. Das alles geht so lapidar vor sich, man lebt und stirbt ohne Umstände und ohne Lärm, ist heroisch, wie andere banal sind. Diese Proletarier wollen dem Leben nichts anderes zeigen als ihre Arbeit, ihre Tüchtigkeit. Nur weil es gar so tief in ihnen wühlt, müssen sie einiges verraten: eine krampfhafte Gebärde des Glücksverlangens, ein Aufschluchzen des Mitleids, ein Zucken des Verzichts, ein Niedersinken der Verzweiflung. In der nächsten Sekunde wird der Eine gelassen sterben, von seinem Posten abtreten, die Anderen werden sich weiter wehren. Eine blitzartige Entladung der Herzen. Eine verheimlichte Tragödie. All das selig Keusche zurückgedrängt ins Innere des armen Tages, so daß es nur manchmal durch die Ritzen schimmert, bis es dann doch hervorbricht, unaufhaltsam, in einem nackten Augenblick, Tod und Liebe. – Dieser Einakter ›Die Bildschnitzer‹ scheint mir die reinste Form, die dem Dichter vor ›Erde‹ glückte.

Seine seelenvollste, individuellste Gestalt ist der Martin Rofner im ›Sonnwendtag‹, der Brudermörder, der Bauernkain. Die Haltung dieses Schwerfälligen läßt sich nicht vergessen, wenn er den schweren Weg seines Schicksals wandelt, bewaffnet mit einer Güte, die ein Trotz geworden ist, spröde, sodaß sie ihm in der Hand zerbricht. Seine männliche Tragik durchglüht, durchblutet dieses noch unreife Werk. Ein Gebender, der sein Opfer der Erde aufdringen will, der sie zwingen will, ihn zu segnen. Er ist der Echte, aber er ist verleugnet. Die Erde verleugnet seine Arbeit. Die Mutter hat ihn verleugnet. Als ihn nun auch der Bruder verleugnet, schlägt er ihn nieder. Und findet, als die Mutter irrtümlich in der Dunkelheit den Mörder des Lieblings für den Liebling selbst nimmt, das unvergeßliche Wort: »Mutter ... jetzt habt Ihr mich auch einmal gehatschelt.«

›Sonnwendtag‹ gibt die neue soziale Situation eines Bauerntums, das Proletariat wird. Martin Rofner ist der in die Enge getriebene, im tiefsten Herzen verletzte Typus der guten alten Art. (Ein dekadenter Grutz.) Diese gute alte Art ist im ›Sonnwendtag‹ schon sehr stark beschworen. Ihre treue, erdnahe, keusche Seele. Ihre ernste, starke, überzeugende Gebärde. Am Schluß des Werkes erhebt sich solch eine gewaltige Gebärde: wie die alte Rofnerin, von ihrem Herrgott enttäuscht, den Hausaltar abräumt.

Die Komödie ›Erde‹ ist wohl deshalb die reinste Form Schönherrscher
Meisterschaft geworden, weil sie auf die platonische Idee des Bauerntums
zurückgeht, anders als der ›Sonnwendtag‹, auf die zeitlosen Urbedingungen.
Was diese Leute bewegt, das könnten die Probleme von Bäumen in einer
Fabel sein: Wurzeln, Blühen, Fruchtbarsein, Welken. Alles Tun und Leiden
ist hier wie ein Drängen der Keime, ein Steigen der Säfte. Der alte Grutz
eine Rieseneiche, gegen deren mächtige Wurzeln jüngere Triebe vergeblich
ankämpfen, um die Fruchterde zu erobern. Und doch Menschen mit einer
naturhaften Lebenspraxis; mit einer instinktiven und dabei sehr klaren Vernunft der Gattung. Karg an Wort und Bewegung, aber immer notwendige
Gebärde, wesentlicher Ausdruck. Menschen eines ewigen Anfangs, die darum den heutigen Problem-Menschen etwas bedeuten können. Vater und
Sohn, Herr und Knecht: Urkonflikte, Kampf ums Dasein, Zuchtwahl, in
unmittelbarer Gestalt. Urformen der Sozietät. Man könnte viel darüber
sagen, wie nahe Schönherr der Typik alles organischen Lebens kam, als er
diese primitive Welt durch einen so einfachen Sonderfall beschwor. Ein
Wissenschaftler, ein Psychologe könnte hier manches vom Dichter lernen.
Aber Schönherr gab mehr: er gab die Künstlerfreude seiner überlegen sicheren Gestaltung, den Humor seiner Reife. Seine Kraft hat sich verwurzelt.
Seine Gerechtigkeit steht hier über der Welt, die er schafft. Das entzweite
Ich wird in einem einzigen Moment hörbar, da der Landarzt, der Fremde
in dieser heimatlichen Enge ausruft: »Du trübselig's Trübsal! Wo man hin-
kommt... überall die gleiche Raunzerei! Und g'schehen tut ja doch, was
(deutet durch die Fenster auf die Natur hinaus, zähneknirschend) *die da
draußen will!*« Aber die Komödie knirscht nicht mehr mit den Zähnen. Sie
weiß sich eins mit der da draußen, und genießt tief atmend ihre vegetative
Sicherheit, ihr gutes, unbeirrbares Gedeihen.
Der »Grutzenhof« ist kein realistisches Gehöft, das zu einer bestimmten
Gemeinde gehört; er könnte eher aus einer indogermanischen Bauernmythe
überliefert sein. Der alte Grutz hat eines jener merkwürdigen deutschen
Bauerngesichter, ein scharfes Charaktergesicht mit feinem Mund und kühlem
Blick. Ungerührt geht er an den Leiden der anderen (Nebenpersonen im
Sinn von Nebenmenschen) vorbei. Wenn er so wieder einmal die stöhnen-
den Bitten des Sohnes um den Hof (und das ist: um Eigenleben, Vaterschaft) mit seinem herrlich herrischen »Laß *mir* über!« abgewehrt, die sich
alt wartenden Mägde verhöhnt hat und nun, allein geblieben, in der Stube
herumzuhopsen beginnt: »Horax tax ... nimm's bei der Hax ... nimm's
beim Fueß ... horax tax ...«, ist er ganz der alte Teufel, der Dämon. Aber
ist nicht nur die beinahe grausige Erdkraft, er ist auch der Erdwille, die
Vorsehung, das Herz dieser Welt, insofern sie aus Ackererde, pflanzlichem
Leben, Tierheit besteht. Die andern Menschen sind und bleiben Knechte,
weil er der weitaus Tüchtigste ist. Wie er lebt, das zwingt sie; aber wie er
stirbt (er wenigstens glaubt zu sterben), sein guter Heidentod, das besiegt

sie tief. Während sie schon bedauern, daß es ihm so schlecht geht, sie, die brutal an seinen Wurzeln gezerrt haben, kommt er ganz gelassen: »G'worfen hat's mi heut... der ganz'n Läng nach! Zum erst'nmal! Der Boden will mi nimmer trag'n.« »Laß mir über!«, sagt jetzt die Erde zu ihm, und der gehorcht er auf den ersten Wink. Disponiert noch herrisch sein Sterben, sorgt für einen ausgiebigen Sarg, damit sein Leib sich in der Erde nur ja behaglich strecken könne, sorgt dafür, daß kein widerwärtiger Nachbar neben ihm zu liegen komme, legt sich hin. »Da habt's enkern Fraß«, heißt sein Abschied. Er fürchtet die Erde nicht. – Mena ist von seiner Art. Dieses breite Bäuerinnengesicht mit dem schlichten schwarzen Scheitel. Eine unbeugsam Zweckbewußte, keine Empfindsame wie die Trine, die, um Liebe, neben ihrem Hannes hinwelkt. Eine starke Szene, wenn, nach dem Verschwinden des Alten, die Trine noch einmal aufblüht: »Mei' Tag ... mei' Festtag! ... Jetz' wird für mi' auch amal a Festtagschüssl 'deckt!« Aber Mena wird rasch mit ihr fertig, unglaublich brutal, verklopft das »Trinele« mit dem Pantoffel, verhöhnt sie grimmig, herzzerreißend überlegen. Aber wie dann der Hannes nach ihr, der Mena, tastet, die Andere einfach beiseite schiebt, die Starke wählt, bricht sie mächtig aus: »Bauer! I? Da hast mi'! Wie i bin, so bin i! Fehler g'rad g'nug. Es ist amal so auf der Welt. Wo Menschen sein, da menschelt's! Aber a g'sunder Knochen bin i ... Und auf's Hauswesen will i dir schau'n, wie keine!« Das versöhnt. Die Tücke, die Bosheit dieser Menschen: nun ja: es menschelt. Ihr dumpfes, vergebliches Sehnen, ihr jämmerlicher Jammer: wieder nur: es menschelt. Aber ihre Erdkraft (die Schwachen haben dafür eine tief lindernde Erdgüte), die Rasse: das hebt sie in die Gediegenheit, die Pracht und Macht der Natur! – Wie dann der Grutz wieder aufersteht, frühlingstrunken, und sein neues Leben mit den Worten beginnt: »Seids ihr auf mein' Hof da als Faulenzer ang'stellt, oder als Knecht? Fertig ess'n! Und zur Arbeit!«, bricht es wirklich wie kräftige Sonne der Natur durch feuchten Nebel der Menschlichkeit, man denkt nicht mehr an den vernichteten Hannes, man fühlt mit den Knechten, die sich, froh, ihren wahren Herren wieder zu haben, um den Grutz scharen: »Bauer, schaff an!«
Sein Triumph ist jetzt wie eine Gewißheit ewigen Lebens, die Unsterblichkeit der Erdkraft. Die Steigerung des Lebensgefühls in dieser Komödie ist außerordentlich. Mit der Auferstehung wagt sie ihr Kühnstes, das Wunder. Wer im ersten Akt darüber staunte, wie weitab von aller herkömmlichen Bauernromantik, wie brutal und lapidar sich hier die Dinge entwickeln, der mag, wenn er es nicht schon früher merkt, im letzten Akt darüber staunen, daß ›Erde‹ ein Mysterienspiel und ein Dithyrambus ist.
Die Konstellation des Anfangs kehrt in sich selbst zurück; aber die Handlung hat sich in einer Spirale bewegt; es ist wohl dieselbe Situation, nur in anderer Höhe. Der alte Grutz steht wieder im Übermut seiner Kraft, im unangefochtenen Herrentum da; aber wie wunderbar hat er seine Position

bewiesen und neu erobert. Hannes und Trine haben rekurriert und ihren Prozeß noch einmal verloren, jetzt aber endgültig; ihre Resignation hat sich vollendet, sie sind ihrer jetzt gewiß. Diese Menschen haben ihr Schicksal, das ihnen nach den unverbrüchlichen Gesetzen ihrer Naturen gebührt, noch einmal, in letzter Steigerung, durchlaufen. Die Konstellation des Anfangs hat ihre Notwendigkeit, ihre ganze Bedeutung dargetan. Nur Mena, ohne die sich nichts von der Stelle bewegt hätte, ist geradlinig fortgeschritten. Der alte Grutz hat sie besiegt. Den Grutzenhof bekommt sie nicht, aber sie faßt doch Wurzeln, muß sich allerdings mit kargerem Boden begnügen, der aber ihrer Kraft Gelegenheit gibt, sich zu bewähren. Mena ist für ihre Vermessenheit tragikomisch bestraft worden, aber sie bekommt einen tüchtigen Kerl, zu dem sie paßt, der sie verdient. Und das Kind, das sie von Hannes haben wird, ist schließlich doch ein Kind. Nur das Knechtl macht niemand mehr lebendig. Diesen Träumer, der im Sommer Blüten sah und im Winter Lerchen hörte. Diesen Uranfang eines Künstlers »A'reiß'n tu i nix. Nur anschaun.« Dem groben Erdmenschen ist er im Wege gewesen, und die Lawine weicht ihm nicht aus, wenn er ihr, mit Träumen spielend, in den Weg läuft. Eine Lawine für den »Tirili«! Welch ein Aufwand. Aber die Natur kostet es nichts. Sie kümmert sich nicht um die Menschen und ihre Maße. Wer durchkommen will, muß sich um sie kümmern. Hat das Schicksal des Hannes und der Trine die Grausamkeit einer Amputation, die doch von einem haltlosen Zustand befreit; das Schicksal der Mena den Humor einer mit derber Faust zurechtrückenden Gerechtigkeit; das Schicksal des Knechtl hat die geheime Seligkeit eines Frühlingsopfers. Die siebzehn Jahre des Knechtl und die einundsiebzig des Grutz: Die Komödie wagt diese Paradoxie in der inbrünstigen Rechthaberei ihrer Bejahung. Die Komödie verteilt ihre Gaben. Grutz und Mena haben die Erde, Hannes und Trine haben die Seele (das Leid, die Sehnsucht und den Traum); und wen sie am allerliebsten hat, das Knechtl, der sieht vor lauter Traum die Erde nicht und darf früh sterben. Aber die Komödie sagt doch ja, sie hat einen tiefen Respekt vor der Vernunft und dem Recht der Gattung. Und sie fühlt ja, wenn sie all das Leben, Reifen, Dasein und Dingsein fühlt, und das Alleseins des Triebes. Und wagt dann ein tapferes, frohes Lachen, das direkt aus dem Gedeihen der Vegetation heraus zu singen scheint.

Diese Konzeption hat Größe. Und prächtig ist ihr Gedeihen. Welche konzentrierte Sparsamkeit, die unablässig das Gefühl überflüssiger Fülle schafft, weil sie ein Reichtum an Wesentlichem ist. In wenigen Situationen, in wenigen repräsentativen Augenblicken, in formelhaft gedrängten Worten und Leitmotiven erschöpfen, vollenden sich die Charaktere, die Schicksale. Es herrscht nicht etwa die peinliche Übersichtlichkeit eines leeren Gerüstes. Das dramatische Leben, trotz der Spärlichkeit der Elemente ein reichbewegter Kampf, hat, trotz der Deutlichkeit des Grundrisses, eine erfrischende Unwillkürlichkeit der Vorgänge. Die Episoden (die Werbungen des Eishofbäuerleins, das Knechtl, das Totenweibele, die Bestellung des Grabes) sind liebevoll entwickelt, der dramatische Rechtsprozeß bewegt sich aber ungestört, ja durch sie immerzu gefördert und bereichert, hindurch, während die kleine Welt sich, bildhaft, farbig, individuell und immer und überall anschaulich, entwirkt. Die Raumverteilung, die Anordnung der Menschen, ihrer Gebärden, Bewegungen, Handlungen ist meisterhaft. Alles kommt aus den Dimensionen des Bauernhofs, fügt sich in den Ablauf des Bauerntags, geht mit dem derben, kraftvollen Rhythmus dieses Lebens. Die Natur ist hinein verwoben, wie es hier nicht anders sein kann. Und keine Metapher, kein Gedanke, der nicht dem Bannkreis der Bauern-Erfahrung entwachsen wäre. Jedes Wort, aus den tatsächlichen Verhältnissen herausgesprochen, gehört zugleich einem durchgängigen Symbolismus an. Alltagsvorgänge, auf ihr Typisches gehoben, geben zugleich die Dämonie, die Drastik, die Idee. (Dieses Bauerndrama hat vom besten Ibsen gelernt.) Und wie die Menschen sich ausreifen, wie harmonisch hier die Kraft Schönherrs sich verteilt. – Die Komödie ist mit der Regelmäßigkeit eines Gedichtes gebaut; und sie ist ein Gedicht, voll organischer Lyrik. Grundformeln der individuellen Charaktere, vom Rhythmus der Gattung getragen. Wie ja auch Reime sich andeuten, latente Verse und Reime. Und so wächst aus all diesen herben Worten und simplen Metaphern des Dialekts ein Dithyrambus empor.

Man kann das Wunder solcher Einheitlichkeit nicht mit dem Einwand abtun, daß dieses Werk eben auf sehr wenigen Voraussetzungen beruht und mit primitiven psychologischen und gedanklichen Elementen arbeitet. Das ist ja richtig. Aber ›Erde‹ bleibt dennoch eine vorbildlich geglückte Komödie. Und eine Dichtung von köstlicher Reife, der Saft, der durch ihren Körper treibt, sie färbt, formt, belebt, hat die Süße eines reinen Blutes. Und die Erd-Physiognomie, die sich aus all den Zügen zusammensetzt, verkündet herrisch den Wert eines Dichters.

Die Komödie Sternheims

Sternheims Komödien ›aus dem bürgerlichen Heldenleben‹ kündigen – mit diesem höhnischen Übertitel – eine pathetische Würdigung (um nicht zu sagen: Verherrlichung) des ewig, unausrottbar Bürgerlichen nicht nur an, sie sind es; allerdings eine satirische! Sternheim macht ganze Arbeit. Er würde auch den Urvater Adam, wenn er ihm eine Komödie weihte, als einen Spießer entlarven müssen, um dessen lächerlich wichtige Person die großen Worte und Begriffe der Bibel als hohler Pomp, als Phrasen schlotterten. Das Philistertum ist für Sternheim die menschliche Erbsünde, ist das alte, immer neue, kleine, gernegroße Komödien-Ich, das in jedem von uns steckt; das wir mit Idealismus gerne maskieren, aber um keinen Preis aufgeben.

So erscheint die verzerrte Welt Sternheims ausnahmslos mit Karikaturen bevölkert, die sich aber wie richtige Menschen benehmen, ihre Lappalien tragisch nehmen und mit besonderer Heftigkeit des Triebes hassen und begehren, kämpfen und posieren, sich begeistern und deklamieren. Diese Zerrbilder können lügen, sich verheimlichen und verstellen; doch sie können auch ihre innerste Wahrheit herausschreien; und sie entwickeln sich mit einer Folgerichtigkeit der Psychologie, die erstaunlich ist. Sie haben nicht Fleisch und Blut, haben gewiß kein Herz – und sind doch so wesentlich. Sie stocken förmlich von einem prallen Egoismus – das allgemeinste Kennzeichen Sternheimscher Gestalten –; einem Egoismus, der, während er zugleich heuchelt und prahlt, sich in jeder Regung, mit allen Mitteln des Dünkels, der Eitelkeit, der Scheinheiligkeit, der Unduldsamkeit, der List und der Brutalität geradezu gewaltsam durchsetzt. Diese Figuren sind alle wie mit explosivem Egoismus geladen. Nicht der Mensch, der – segne ihn der Himmel! – strebend sich bemüht, ist ihr platonisches Urbild; sondern schlechterdings der Streber. Vom Duckmäuser bis zum Protzen, vom Schwärmer bis zum Lyriker – alles Streber, Kriecher, Rechner, Mogler und bestenfalls Glücksritter. Sie reden denn auch in keiner menschlichen Sprache, sondern sie geben Phrasen von sich, die sich Sprache dünken: die Sprache dieser Komödien ist eine einzige überhitzte, üppig treibende, phantastisch wuchernde Phrase, in der sich die Sprache der Klassiker und Romantiker, das edelste Deutsch also, mit schwulstigem Zeitungsstil und mit einem teils umständlichen, teils telegraphisch knappen Geschäftsstil peinlich und ergötzlich mischt. Aber diese mit Genuß herausgemeißelte Abart, diese gelungene Unart einer Sprache drückt Sternheims Figuren vollkommen aus, kleidet und enthüllt sie, verwickelt und entfaltet sie. Dazwischen Kraftworte, Kernworte, brutale Urworte, die, aufblitzend, das Innerste des Triebes plötzlich bloßlegen.

Gibt es denn da ein Innerstes? Ja und nein. Diese Frage läßt sich ebensowenig eindeutig beantworten wie jene andere: ob denn Sternheims Figuren Menschen sind? Es sind Geschöpfe der Phantasie, und zwar einer entmenschlichenden und doch porträtgetreuen Phantasie; aber nie fehlt ihnen ein Rest von Liebenswürdigkeit, der sie mehr als erträglich, der sie erst lebendig und belustigend macht. Im ›Bürger Schippel‹ z. B., Sternheims liebenswürdigster, ‹gemütlichster› Komödie, wird das sehr deutlich. Alle diese Spottgestalten – die Spießbürger, die Frauen, der ‹Prolet› Schippel, der Fürst – könnten, so fühlt man, für das Menschentum gerettet werden. Im bärtigen Oberbürger Hicketier, wie er strebert und dienert und bramarbasiert, steckt doch ein tüchtiger, vollsaftiger, ehrenwerter Kerl. Sein Schwesterchen Thekla genügt, mit Grazie, hier ihrer verbotenen Liebeslust, dort der stillschweigenden Verpflichtung, ein ahnungsloses Gänschen zu scheinen; aber sie verrät sich doch immer wieder als eine Frau von echter Komödienrasse und Mutterwitz. Der kleine Fürst gebärdet sich zwar als ein Gewaltherrscher von Gottes Gnaden, verleugnet aber keinen Augenblick den netten, verzogenen Jungen. Schippel, der umstürzlerische Held und Maulheld, erweist sogar durch die Art, wie er das Herrentum Krähwinkels von unten herauf anpöbelt und anschmachtet, bis er es selig erreicht hat, seine insgeheime Dichterseele, seine nur nicht vollgültige Künstlernatur. Und noch in der skurril aufopferungsvollen Liebe des köstlichen, nebulos schwärmerischen Buchdruckereibesitzers Wolke – der wohl alle Bücher, die er erzeugt, auch liest, ohne sie zu verstehen – zu dem ergötzlichen, hilflos korrekten Beamten Krey kündigt sich irgendwie – ›ja, also wie‹ – eine edlere Freundschaft, eine Gemütsverklärung an. Freilich – gesehen im Zerrspiegel Sternheims.

Es ist verwunderlich, daß dieser grausame Zerrspiegel so ausschließlich dem Kleinbürgertum zugekehrt steht. Es hieße die – bereits billig gewordene – Kleinbürger-Komik überschätzen und Sternheims Kunst unterschätzen, wenn man in ihr nur eben eine ›Satire‹ auf das Kleinbürgertum zu finden glaubte. Ein noch so beschränktes Kleinbürgertum, das sich die bessere, treuherzigere alte Art bewahrt hätte, stünde sofort über dem Blickpunkt Sternheims. Auch muß man schon ein Großbürger sein, um die geistige Überlegenheit dieser Komödie würdigen zu können – und sich zugleich getroffen zu fühlen. Nein. Sternheim meint gar nicht die ›Kleinbürger‹. Er meint nicht Abdera, er wählt es nur zum Helden, wie er, um die Gesellschaft zu schildern, einen Kellner, um das Regime zu schildern, einen Polizisten gestaltete. So gewinnt er Abstand und Perspektive für den bösen Blick seiner *camera diabolica* – er hält das Opernglas verkehrt, um die Welt kleiner zu sehen. Allerdings, nirgends wie in Krähwinkel spottet die Wichtigkeit, zu der eine nichtige Sache sich aufbläht, so überanschaulich ihrer selbst und weiß gar nicht wie; nirgends wie in Abdera klafft eine so grinsende Luftleere zwischen engen Verhältnissen und weiten Phrasen. Aber was von dem Blickpfeil, der zurückschnellt, getroffen wird: ist's nicht eher das Überkrähwinkel in der Weltstadt, eine gewisse Geistigkeit etwa Berlins in der Gründerzeit? Dort dürfte diese herzlose Komödie ihre Luftwurzeln haben. Ohne das Berlin des seelenlosen, mechanisierten Betriebes und Erfolges ist sie kaum denkbar. Von wo, wenn nicht von dorther, bringt sie diese Geschöpfe mit, die aus kahlem Egoismus und prunkvoller Aufmachung, aus Schnoddrigkeit und Sentimentalität, aus Ellbogen und Phrase bestehen. Von dorther näherte sich ja auch, seelisch, unser Macht-Bürger, unser Erfolg-Spieler, unser Hurra-Philister. Aber damit sei gewiß nicht gesagt, daß die Komödie Sternheims etwa nur für Berlin gälte – und also bleiben möge, wo sie hingehöre. ›Berlin‹ ist hier nur beispielmäßig zu verstehen für das, was ich mit einem kühnen Wort Anti-Weimar nennen möchte. Anti-Weimars Luft weht uns an, wird von einem lustigen Hohn fortgeblasen; und zurückbleibt eine reinere Atmosphäre, in der dann edlere Gebilde atmen und gedeihen könnten. Sternheim trifft damit, weit über die Grenzen Deutschlands hinaus, allgemein gültig, aber vielleicht nicht allgemein verständlich, den rasenden »Ichismus« (mit einem Worte Peter Altenbergs) der Epoche. Wie ein wahres Herz, wenn alle Denkmäler der Dichtung untergingen, aus nur vier Zeilen Hölderlins das ganze Firmament des menschlichen Gemütes erneuern könnte, so ein wahrer Kopf aus vier Sätzen Sternheims die armselige Dämonie des materialisierten »Ichismus« – und die noch entsetzlichere Dämonie der Phrase.

Man hat die Kunst Sternheims, nicht mit Unrecht, als eine Vorläuferin des Expressionismus (Kunst des Ausdrucks an sich) angesprochen. Aber damit ist wenig gesagt, wenn sich zu diesem neuen Begriffe nicht deutliche Merkmale einstellen. Die Komödie Sternheims – eine Charakterkomödie im extremsten Sinn, nur aus Situation und Charakteristik bestehend – ist ein Zerrspiegel; aber ein mit besonderen Tugenden begabter. Die Gesichter, die Figuren verändern sich vor diesem Spiegel nicht nur so, daß, zum unheiligen Zwecke der Komik, etwa alles Rundliche wie zusammengequetscht aussieht und alles Längliche sich übermäßig hinzieht; sondern die Umrisse lösen sich gleichsam von den Dingen los, werden selbständig und verzerren sich; die ganze Welt wird verzerrter Umriß. Aber diese grotesken Linien erstarren nicht, indem sie so viel Lebendiges, mildernde Übergänge, Gefühlsinhalte, Empfindungswärme, seelische Werte verlieren; sie bewegen sich weiter, wie sich das echte Leben bewegt; als müßten die bloßen Umrisse jetzt für sich selber da sein und weiter machen; nur noch hastiger, gereizter, charakteristischer bewegen sie sich, zucken, laufen, krampfen sich zusammen und schnellen auseinander. Eine dämonische Macht, vielleicht nicht das echte Leben selbst, aber dem Leben tief verwandt, scheint sie anzutreiben. Bald scheint diese Macht der Witz zu sein, der grausame Witz, der oft genug in Hohn umschlägt; bald scheint nur eine Art von schmerzlichem Zwang zu wirken, eine Sachlichkeit wider Willen, die den Komödiendichter zwingt, das Charakteristische herauszuholen und zu verzerren; bald glaubt man eine stumme oder unausgesprochene Achtung, eine heimliche, unterdrückte oder erfrorene Liebe hinter dem Figurenspiel zu ahnen und weiß nicht, ob diese Achtung, diese Liebe dem allmächtigen Leben, das ja auch diese kühnen und geistreichen Arabesken zeichnet, oder nur dem Spiel der krausen Linien, der wunderlichen Zeichnung selbst gelten. Man weiß es nicht. Denn die Formen bewegen sich wohl, indem sie sich abspiegeln, sie bewegen sich hektisch und abrupt, wie in einem lachlustigen Rausch; dann wieder laufen sie mit Grazie und zartem zierlichem Schwung über den Spiegel hin. Aber der Spiegel selbst, auf dessen Fläche es sich so vehement bewegt, bleibt bewegungslos, kühl, klar und glatt, wie es sich für einen Spiegel geziemt. Glas ist ein hartes, sprödes und grausames Material; ob es auch die Tiefe ausschöpft, es bleibt doch Fläche; ob es auch funkelt, man kann nicht dahinter kommen. Und ein warmer, menschlicher Hauch trübt es sofort und läßt das Bild verschwinden.

Sternheims Kunst kennt bis heute wahre Größe nicht, doch ist ihr auch Kleinlichkeit fremd. Es fehlt ihr Menschenwärme, die sich bis zum erlösenden Humor durchfühlen, durchleiden und durchlieben kann. Sternheim leidet nicht und freut sich nicht, er lächelt kaum, bleibt ernst, indem er uns lachen macht – doch glaubt man sein unsichtbares, unhörbares, verhextes Lachen hinter seinen Komödien zu erraten. Sternheim ist auch kein Satiriker, wenn zum Satiriker Kampf, Blutwallung, Pathos gehört. Er läuft nicht Sturm gegen das Böse, das Falsche, das Dumme, weil er Güte, Wahrheit, Weisheit zornig liebt. Er zeigt nicht die erschütternden – wie von Agonie entstellten – Züge Frank Wedekinds, des Idealisten, der die Gorgo ›Welt‹ gesehen hat und daran stirbt. Wedekinds unbewegtes Gesicht preßt die Zähne aufeinander; seine Clownerie weint und betet innerlich; und auch noch, wenn wir am lautesten bei Wedekind lachen, tut uns das eigene Gelächter in der Seele weh. Sternheim dagegen wirkt überaus ergötzlich, ja köstlich; er trifft ins Schwarze, so daß man Bravo! rufen muß; er kann sogar entzücken durch Anmut und Bravour; und immer fesselt er, stets regt er an. Man wird, indem man vor seinen Komödien sitzt, hellsichtiger, klüger, witziger, beweglicher, aufrichtiger, freier. Aber man wird im Herzen nicht besser und nicht schlechter, das Gefühl für die Welt wächst nicht bedeutend. Weniger »Geist« wäre vielleicht mehr Genie. Sternheim ist auch nicht Pilatus, der Skeptiker, welcher fragt: Was ist Güte? Was ist Wahrheit? Was ist Weisheit?; und dann untätig seufzt. Sternheim ist auch nicht respektlos; im Gegenteil, respektiert er mit peinlicher Genauigkeit das Gesetzliche seiner kleinen Welt, die ja in einem wichtigen Bezug unsere große Welt ist. Während in den alten Lustspielen wichtige Dinge leicht genommen werden, nimmt Sternheim die nichtigsten tragisch. Sternheim waltet seines Amtes gerecht, wie der Unbeteiligte, der Dritte, der zusieht und aufzeichnet. Aber dieser scheinbar so Unbeteiligte ist – trotz der unerbittlichen Kälte seiner Betrachtung – zuerst und zuletzt dennoch – wie sein Paul Schippel – ein Dichter. Nur gelingt es nicht so leicht, die eingefrorene Romantik, die verhexte Idylle aus seinem Zerrspiegel herauszuholen. Dazu gehört schon Liebe – und mehr noch: Liebhaberei.

Die ultrabürgerliche Komödie

Es war ein produktiver Augenblick der deutschen Charakterkomödie, als Carl Sternheim die Idee seines Zyklus aus dem bürgerlichen Heldenleben faßte. Er war auf eine ergiebige Ader im Gestein der Zeit gestoßen. Und nun sprengte er tapfer ein Stück nach dem anderen los, solange der Vorrat reichte. Das sichere Gefühl, reiches und unverbrauchtes Material in den

Händen zu haben, stärkte ihn zu harter, präziser Arbeit. Und seine sehr zeitgerechte Dramaturgie hat sich immer wieder auf der Bühne gelohnt. Die deutsche Literatur ist mit Komödien von geistiger Prägung nicht übermäßig gesegnet. Der große Nestroy, in einem dahingeschwundenen Volkstum wurzelnd, hat seine Genialität vergeblich zu den Sternen verpufft. Mitten im Vormärz hatte er auf offener Bühne einer göttlichen Freiheit gefrönt, den ewigen alten Adam im menschlichen Zwergenwuchs aufs Haupt zu schlagen, daß ein Feuerwerk von Geistesblitzen aus den Schlafmützen stob. Mit bösartiger Liebe der Enge zugewendet, dachte und lachte er so großzügig, daß seine Späße von philosophischer Einsicht wetterleuchteten und einen mächtigen Horizont erhellten.

Aber die deutsche Literaturgeschichte versuchte ihn als einen Zyniker zu ächten. Aus kleinbürgerlicher Wehleidigkeit verkannte man im Satiriker den Idealisten, dessen Sarkasmus eine höchst schöpferische Menschenbetrachtung war. Eine sentimentale und scheinheilige Ernstnehmerei verbot ein solches Vorbild, wie ihr ja auch das lebensvoll wirksame Theater nur zu oft als ›Kitsch‹ erschien (ein allzu ängstlicher Begriff!). Aber ein Komödiendichter, der sich seine Charaktere auf der Gasse einfängt, um sie wieder auf die Gasse loszulassen, muß manchmal fromme Gemüter verletzen, denen nur in einem Treibhaus wohl wird. Als ob es auf den Augenaufschlag ankäme und nicht auf den Herzensschlag! Kälte und Schärfe sind heilsamere Geistesmittel als die laue Zimmerwärme der verlogenen Idyllen. Womit gewiß nicht der höchst erfreuliche Naturwuchs eines Niebergall gemeint ist, der seinerseits zu echt war, um richtig gewürdigt zu werden.

Wie selten hat die deutsche Bühne von jenen verwegenen Spielmöglichkeiten Gebrauch gemacht, welchen auch der »Idealismus« nur einen Einsatz bedeutet und die von ungebundener Angriffslust getragen werden. Gerhart Hauptmanns herrlicher ›Biberpelz‹, eine Komödie, mit organischer Fülle gesegnet, wirkt heute noch als ein Glücks- und Ausnahmefall. Als ob der Wagemut hierzulande nur als Tollkühnheit gedeihen könnte, unternahm ein Frank Wedekind seine satanischen Anschläge gegen die selbstsichere Moralität und die alleinherrschende Fabriksware der Menschenwürde, eine ungeheure Krisis vorwegnehmend, die denn auch mit unerwarteter Eile über uns hereingebrochen ist. Aber der Kopfsprung des Komödiendichters Wedekind schlug schneller noch ins Tragische über. Als Tragödie ausgetragen und doch von einem neuen, befreienden Komödienstil schwanger war die bürgerliche Dramatik der Ibsen und Strindberg. Und die Zeit ist nicht ferne, da man etwa in der ›Wildente‹ die göttliche Komödie vom Bankkrach der Ideale entdecken, auch als Bühnenform entdecken wird.

Inzwischen erschrecken die Komödien Sternheims immer noch durch ihre Gemütlosigkeit, obwohl etliche von ihnen bereits als runde, reife Lustspiele wirken. Sternheim hat die bürgerliche Enge komprimiert und konzentriert, bis sie kristallinisch wurde. Das ergibt ergötzliche Kanten und Ecken und eine befreiende Durchsichtigkeit. Er hat den bürgerlichen Menschen auf eine letzte Formel gebracht. Die Kleinlichkeit wächst hier bis zur Pathetik an, wird Inbegriff, platonische Idee, und die Phrase frißt sich ins Fleisch hinein und sättigt sich zuletzt mit Kern und Wesen. »In einem Dutzend Komödien«, erklärte der Autor unlängst selbst, von 1908 bis 1920, »stabilierte ich einiger Bürger irdisches Heldenleben, Bekenntnis zu ihrer und aller Welt Ursprünglichkeit *quand même*! Helden sind sie, weil sie sich aus gesellschaftssittlichen vorgeschriebenen und zufälligen Zwängen gegen Widerstände immer stärker in die mindestens im Kunstwerk zu fordernde Freiheit hineinspielten...« Jedenfalls wurden in diesen Abbildern (Zerrbildern, von einer gehofften Zukunft her gesehen) wesentliche Kräfte der Zeit frei. Eine unerbittliche Sachlichkeit *quand même*, an der Beschränkung meisterhaft geworden, erlöst ein sehr modernes Lachen, das gewiß niemandem ungesund ist. Die *vis comica* einer Pathetik wirkt hier um so lächerlicher, je ernsthafter die Figuren sich gebärden. Man steckt mitten drin und blickt doch zugleich aus der Vogel- und Froschperspektive. Art und Unart sind hier zu einer übertriebenen Vegetation verwachsen, welche die Phantasie der Schauspielerei fruchtbar beschäftigt. Romantik gefriert zu Präzisions-Mechanik, wo die Zeiten aneinanderstoßen; aber die Perspektive der Komik zerstört doch den Zauber nicht ganz; man muß nur genießen lernen, indem man sich belustigt. Der überscharfe Umriß ist dennoch durchaus der Grazie fähig. Und mag die Sprache dem Leser ein kräftiges Ärgernis bieten, auf der Bühne löst sie sich in Situation und Ausdruck auf. Unsprache oder Gegensprache, sie ist jedenfalls aus den Figuren herausgetrieben. So daß das Spiel weit liebenswürdiger wirkt, als der Verfasser, dessen ›Privatcourage‹, und das ist nicht zuletzt seine Entschlossenheit zu seinen genau gewollten Wirkungen, nach dem Herzen des Theaters verlangt und sich dort mit dem Blut des lebendigen Scheins erquickt und erfüllt. Nachahmung ist ungut, aber das Original behaupte sein Recht auf Ort und Stunde.

August Strindberg

Es gab viele, einander oft so gegensätzliche Strindbergs, und doch den einen, der sie alle zusammen sind und den keiner von ihnen verleugnet: den Dramatiker und den Epiker; den Empiriker und den Spiritualisten, ja sogar den Gespensterseher; den unerbittlichen Erforscher seines Ichs und den rastlosen Experimentator mit Ideen; den Erfinder von Mythen und Märchen ebensowohl wie den schonungslosen Autobiographen und den wissenschaftlichen Entdecker. Seine geistige Entwicklung ging – so mußte es den Zeitgenossen erscheinen – zickzack von einem Pol zum anderen; ein wahrer Proteus, wechselte er, und immer höchst dramatisch, die Gestalt, er, der – darin der geborene Dramatiker – so viele Gestalten umschloß. Aber in all seinen Verwandlungen bleibt die Essenz ›Strindberg‹ gewahrt: sein vorbildlicher Mut, seine unvergleichliche Leidensfähigkeit, seine so unmittelbare und deshalb unmittelbar ergreifende Menschlichkeit. Und die wahrhaft dramatische Unbedingtheit in ihm, die bei keinem Kompromiß je haltmachte; das dialektische Entweder-Oder seiner Natur, das sich nie beruhigte, für das er bis zum Ende eine allverbindliche Lösung vergeblich suchte, das sich aber restlos in seiner großen und reichen Produktivität entlud. Ein titanischer Enthüller, der seine Schwächen nie verbarg; ein unbeugsamer Charakter, trotz seiner Empfindlichkeit und Anfälligkeit; ein unerschöpflicher Künstler, der seine Elemente in immer neuen Verbindungen darbot. Man könnte sagen, daß er in alledem kein glücklicher Vollender war, sondern der typische Vorläufer, ein gewaltiger Anreger, ein Widerspruchsgeist zu Pferde (um das Wort eines Zeitgenossen, es abändernd, zu gebrauchen); dagegen zeugt die wahrlich nicht geringe Zahl seiner Meisterwerke. Sein Privatleben verlief so, als hätte er sich zum Versuchskaninchen aller Tendenzen im letzten Drittel des neunzehnten Jahrhunderts gemacht. Seine Wirkungen reichen ins zwanzigste hinüber, er steht und kämpft bereits unter dem Zeichen der großen Krise, an der er, bis in die Wurzeln seines Seins, vorauslitt. Er ahnte eine Synthese und erreichte das Stadium der Weisheit. In seinen historischen Novellen und seinen historischen Dramen, die bisher zu wenig gespielt wurden, behandelt dieser große Individualist die Individualität als ein Werkzeug der Geschichte, an deren immanenten Sinn er glaubte. In diesem Sinne ist Strindberg unvergänglich, eine bleibende Gestalt.

Dramen von Hamsun

Unberührbar durch den Zusammenbruch einer Welt wandert im Norden Europas der Freund der Meere und Wälder, die immer wieder eine Edda ausdunsten könnten – wenn es noch germanische Menschen vom Wuchse der Väter gäbe –, wandert der Norweger Knut Hamsun – und dichtet Sage. Dichtet die Sage des Lebens, die Sage seines Blutes. Dichtet das unverkümmerte, aus der mechanistisch-technisch-kapitalistischen Zivilisationshölle errettete Ideal seiner Rasse, den Urtraum. Hamsun, der Jäger, der Wanderer, der Waldläufer, der Fischer, der Land- und Handarbeiter – ein merkwürdiger Pfadfinder, der auch noch in der Großstadt, der mitten in der Seele des modernen Menschen Urwald entdeckt, um sich darein zu verlieren! Er muß dazu nicht erst globetrotten, wie sein Schüler, der geschickte Journalist Johannes V. Jensen, der ja doch immer nur alles noch halbwegs Wilde großstädtisch kolonisiert. Hamsun dagegen verwildert, tief aus dem Urwuchs, der phantastischen Fruchtbarkeit seines Hamsun-Herzens heraus, auch auf dem geradlinigsten Boulevard. Wenn man den Leihbibliothekskatalogen glauben wollte, wäre Hamsun auch nur ein Mensch der Zeit, welcher Romane schreibt, soundsovielte Auflage, interessanter Autor. Aber Gott meint es anders mit Knut Hamsun. Seine Romane, diese zartesten Epen ihrer Zeit, diese Hymnen in Prosa, aufflammende Seelengewebe, von der Geisterhand eines Ariel geknüpft – sind gar keine Romane, eher noch Träume, Wachträume, Wunschträume; sind auch keine Robinsonaden, sondern Mysterien, Kulte. In ihnen geschieht ein Großes, Einfaches und Reines, ein Erstes und Letztes. Ein Mensch schaut mit einem Tierblick in die Welt. Ein Mensch taucht schöpferisch zurück in die Unmittelbarkeit, berührt die Erde wieder – und siehet, daß sie schön ist, nach dem Plane des Schöpfers. Echtestes Blut träumt, und da gestalten sich die Träume nach der Logik des Blutes; der Irrsinn des Herzens mischt sich in die Einbildungskraft. Da gibt es aber keine Schönfärberei, keine seelische Lebensmittelfälschung! Wenn Hamsun – wie eine Seele, die zum ersten Male lebt, zum ersten Male erlebt – die Lust und die Macht und den Reichtum des sinnlosen Lebens preist, des Lebens, das, ohne Zweck, ohne Vernunft, ohne Deutung, nur Leben ist: dann geschieht es mit einer Verecundia ohnegleichen; mit einer Demut, der kein Schmerz, kein Trotz und keine Erbitterung fehlt; dann geschieht es mit einer Härte, die das Individuum nicht schont und auch vor der Gattung nicht Halt macht, die aber alle Weichheit eines Kinder- und Mädchenherzens für jeden vorüberwogenden Anhauch bereit hat. Wenn die Lebensfreude hier oberstes, tyrannisches Gesetz ist, so weil Hamsun einmalig, wie zum ersten und letzten Male, das Leben lebt und liebt. Aber seine Liebe ist die Liebe eines Schöpfers und ergreift deshalb in jedem Augenblick die Ewigkeit und in jedem Ding den großen Zusammenhang; und diese Liebe – die Unendlichkeit des fruchtbaren Augenblicks – ist heroisch und tragisch, ist – da sich hier der Geist demütig unter den vergänglichsten Stoff beugt – dämonisch, ja sogar mystisch. Hamsuns Probleme, Hamsuns Handlungen heißen, in ihrer Typik gefaßt: Jugend – Alter; oder, noch vegetativer gedeutet: Sommer – Winter. Es sind die organischen Tragödien des Blühens und Welkens, des Werdens und Vergehens. Doch glaube man nicht, an die billige Sinnigkeit, die ungeistige Symbolik irgendeines Idyllikers geraten zu sein. In Hamsun ist wahrhaft Urwald, mit einem metaphysischen Himmel darüber. Sein Eros hat mit sexueller Routine, mit Raffinement nichts zu tun, noch weniger als nichts aber mit den Verfälschungen der ›Unschuld‹ zu literarischen Zwecken. Hamsuns Eros ist Opfer. Er ist der gelebteste Augenblick; jenseits des Geistes. Europa hat keinen reineren, glücklicheren Augenblick mehr; jenseits der Moral. Europa hat ja seine Unschuld längst verloren. Dies hier ist vielleicht der letzte großartige Augenblick der Lebensfreude, der Unschuld, welcher dem alternden Europa beschert ist – im Dichterischen.

Wer Hamsun nicht wirklich kennt, wird diese Einschätzung für übertrieben halten. Aber man sollte, man müßte Hamsun kennen. Denn Hamsun ist nicht etwa eine Spezialität von Christiania; er ist ein europäisches Ereignis von hohem Rang. Hamsun ist der letzte große Europäer, den die ›Moderne‹, die sich jetzt im Expressionismus endgültig aufzulösen scheint, hervorgebracht hat. Seit dem Tode Tolstois, seit dem Tode Strindbergs ist Hamsun der große Überlebende des Naturalismus, der letzte Impressionist. Neben Hamsun vermag ich keinen lebenden Meister seiner Epoche gelten zu lassen. Gerhart Hauptmann etwa, der liebenswerteste Gestalter seiner Welt der Echtheit, ist ohne Zweifel ein Begnadeter, da er Werke wie die ›Weber‹ und den ›Biberpelz‹, wie ›Hannele‹ und ›Pippa‹ – und sein großartigstes, den ›Emanuel Quint‹, den ›Narren in Christo‹, schuf. Aber neben diesen Würfen, diesen Dichtungen bleibt Hauptmann als ein Autor der Zeit übrig, mit einem rührenden Rest von Zufall, Versuch und ungelöster Materie. Und, das Entscheidende, Gerhart Hauptmann ist ein Dichter, aber keine dichterische Existenz! Er vermochte sich nicht in einen Mythos zu verwandeln, er wurde nicht zum Paradigma. Das konnte der wilde Strindberg – Strindberg, Europas gewaltiger Sucher und Empörer, Zweifler und Leugner, Ankläger und Schuldiger, Büßer und Beter, Irrer und Weiser! Strindberg, der alle geistigen Methoden der Zeit vergeblich anwandte, ist uns dennoch ein Mythos geworden. Sogar Kleinere, Fragmentarischere haben die unverkennbaren Stigmata der dichterischen Existenz mit jeder Geste gewiesen: etwa der Sonderling Peter Altenberg und der tragische Clown Frank Wedekind. Es ist so selten, und es bedeutet so viel, wenn auch nur ein geringes Bruchstück sich verklärt und selbstleuchtend wird, im Lichte der Idealität!

Was kann nun aber die dichterische Existenz eines abseitigen Knut Hamsun für Europa bedeuten, in dessen stillstem Winkel sie sich vollzieht und vollendet? Wodurch wird Hamsun europäisches Ereignis? Das ist das merkwürdige Geheimnis der Hamsun-Seele. Hamsun ist, von uns aus gesehen, das empfindliche Ich der europäischen Kultur, der Großstadt-Neurotiker, der in den Wald zurückflüchtet, zurück zu den ›Müttern‹ der Rasse, zur Urwurzel zurück. Sein ganzes Leben ist nur diese große, vorbildliche Flucht, sein ganzes Werk ist nur die Autobiographie dieses Flüchtlings. Die Regeneration eines Typs. Er verwandelt sich und sein Leben – und damit, wenn wir mit ihm in Berührung geraten, auch unser Leben – in einen Mythos; aber er tut es, indem er psychologisch, naturalistisch, impressionistisch verfährt, mit Methode. Von der einen Seite her erscheint sein Werk als Wissenschaft, als Psychopathologie, als Röntgen-Bild; von der anderen Seite her als Erleuchtung, Vision, Sage, Mythos. Das ist Hamsuns Doppelseele: ein Waldmensch, ein Wilder – mit Nervenkrise. Ein Urmensch – mit Bewußtsein. Wer feinöhrig lauscht, wird oft den Romantiker erhorchen, der aus Sehnsucht schafft. Diese Sehnsucht formt, von seinem Werke unlösbar, sein Leben, das nur einen Teil seines Werkes bedeutet. Ob Hamsun als junger Schwärmer in der Christiania-Boheme auftaucht, ob er in Paris hungert oder in Amerika Getreide schneidet und Bäume fällt oder auf Neufundland fischt; ob er als Literat den Kaukasus und die Türkei oder als Tagelöhner die Heimat bereist; ob er als Jäger die Dorfkokette, als Knecht die Herrin oder als Genie die Einfalt unglücklich-glücklich liebt; ob er als ein Alternder sich hinter Meeren auf einsamen Inseln verbirgt oder immer tiefer in den verschneiten Wäldern verschwindet; ob er im Spiel des Lebens mitspielt oder zuschaut; ob er phantasiert oder prophezeit: immer ist es die demütige Sehnsucht nach der absoluten Natur, die ihn das geliebte, ewig werdende naiv-unmittelbare ›Leben‹ suchen und ihn reines Sein (indem er es immer wieder verliert) immer wieder finden läßt, den Zusammenhang mit dem Gefühlsall, den Einklang mit dem Schöpfer und seiner Schöpfung – die doch immer nur Schöpfung bleibt, ein Geschöpf des Schöpfers; also Zweiheit! – Man verwechsle Hamsun nicht etwa mit Walt Whitman, der sich hymnisch aller Welt verbrüdert, weil sein großer, prachtvoller Rhythmus ihn über alle Unterschiede und Gegensätze hinwegträgt. Hamsun wurzelt tiefer und reicht höher; im Ich verstrickt, entwickelt er sich zum All. In seinem verfeinerten Bewußtsein sitzt die unheilbare Krisis Europas eingenistet, der Riß zwischen Europa und der Natur geht auch durch das Hamsun-Herz. Aber der Augenblick der Eingebung kommt, der Augenblick der Jugend, der Augenblick des Sommers, der Augenblick des Eros, der Augenblick der Genialität – und Hamsun findet den großen Einklang wieder, für einen Augenblick! Wenn es zu Ende ist, weiß man nicht, ob Hamsun die Natur vertieft und durchnervt, *beseelt* hat – oder die Natur ihren Hamsun geheilt und gerettet und begnadet! Und als ob nichts erreicht worden wäre, durch eine Annäherung an das Unendliche, sucht und wandert er unablässig, unermüdlich weiter auf der zartesten Spur des Zusammenhangs, ohne Ende wirbt und dient er um die Gnade der holden Einfalt, der Majestät ›Leben‹. Die Natur fängt überall für ihn an, soweit er reicht, bis in den kläglichsten Alltag und in die subtilste Verfaserung – und sie endet nie. Sein Verhältnis zu ihr bleibt immer ein dichterisches, ein metaphysisches, ein tragisches – und ein impressionistisches. Denn Impressionismus hieß: nehmen von der Geberin Natur. Und heißt: dienen um jedes Detail, um jedes Integral, fromm und treu – um jeden leisesten Grad der Annäherung. Was wir (Intellektuelle) verloren haben, indem wir es nie besaßen, wie erschütternd wird es uns klar, seit der alternde Hamsun, in den letzten Jahren, Abschied nimmt von dieser Erde. Nun geht er fort, nun entfernt er sich, Grad um Grad, immer näher und näher entfernt er sich. Wer hat heute noch die Muße, um diese zartesten Verschleierungen einer Schönheit mitzumachen, die immer schöner wird, je inbrünstiger sie sich verschleiert! – Wenn ich sagte, Hamsun gewähre vielleicht den letzten unschuldigen Augenblick Europas, den letzten Augenblick reiner Lebensfreude im großen, ungebrochenen dichterischen Sinn: so brauche ich ihn nur mit den Russen zu vergleichen, um darzutun, was ich meine, und zugleich die Einzigkeit dieses Dichters in einer Welt des

Kulturschuttes, des Zusammenbruches nachzuweisen. Hamsun ist – in seiner Psychologie, in seinem inneren und äußeren Stil der Menschen-(Selbst-) Zergrübelung – Schüler eines Gewaltigeren, Dostojewskis. Aber während Dostojewski – sein Allmensch hat kein unmittelbares Verhältnis zur Natur – über die Reue hinweg muß, an der Allverneinung sterben muß, um im Leide, im Mitleide wieder geboren zu werden und dann erst, christlich, leben zu dürfen; während also Dostojewski erst auf der religiösen Ebene Unmittelbarkeit erreicht: vermag Hamsun noch den ungebrochenen Eros, die Unschuld der vegetativen Lebensfreude, die den Geist gelöst in sich enthält. Hamsun gelingt noch rein künstlerisch, was Dostojewski erst religiös vollziehen darf. Hamsun ist – wage ich zu sagen – heidnisch elementar, wenn auch nur für einen (dämonischen) Augenblick. Auch die Natur-Idee Hamsuns ist religiös, in einem großen mythischen Sinne; aber vor dem Sündenfall, vor Christi Geburt.

Von Hamsun gibt es nun auch Dramen, die man nicht kennt, die man nicht aufführt. Hie und da wurde eine Aufführung geplant, ausnahmsweise wurde sie sogar gewagt, aber Hamsun fiel durch. In Wien wagten Studenten vor ungefähr zwölf Jahren das Schauspiel ›An des Reiches Pforten‹, ohne eine tiefere Wirkung zu erzielen. Der Regisseur Reinhardt versuchte sich vor wenigen Jahren an dem Geniewerk ›Vom Teufel geholt‹ – damals tobten Publikum und Kritik gleichermaßen arg, und Alfred Kerr schalt Hamsun, den Unvergleichlichen, einen »Strindhügel«. Werke wie ›Abendröte‹, ›Spiel des Lebens‹ und die wundervolle ›Königin Tamara‹ sind in Deutschland, dem geistigen Adoptivvaterland Hamsuns, bisher unaufgeführt; von dem sechsaktigen Mythos ›Munken Vendt‹ gar nicht zu reden. Spärliche kritische Erwähnungen, von Lesern, nicht von Zuschauern getan, lauten skeptisch. Hamsun sei nur als Romandichter originell, als Dramatiker aber ein Epigone (Ibsens oder Strindbergs); sagen die einen. Die andern: Hamsun sei auch als Dramatiker – nur Epiker und Lyriker. Beides ist literarhistorisch nicht ganz unrichtig – aber grundfalsch. Tatsächlich hat der Dramatiker Hamsun, rein äußerlich betrachtet, von seinem dichterischen Antipoden Ibsen gelernt; der ›Munken Vendt‹ ist sogar eine Art Pendant zum ›Peer Gynt‹ – auch ein norwegischer Lügenpeter, aber nicht ein Bankrotteur der Ethik, sondern ein mythischer Phantast, der Held eines erotischen Mysteriums. Auch leiden die Dramen Hamsuns an epischer Breite und Umständlichkeit, müssen erst aus der Epik erlöst, für ein kongeniales Theater gerettet werden. Geschieht das aber, geschieht es richtig, dann wird man, erstaunend, erkennen, wie eigenwillig diese Dramatik eines Undramatikers ist, und von welch phantastisch überreichem dramatischem Leben erfüllt! Wie ergiebig an Situation und drängender, pulshaft jagender ›Handlung‹ seine nur scheinbare Zuständigkeit, wie unvergleichlich und in ihrer Art unerreichbar seine Tragik und sein Humor! Solange diese Werke nicht aufgenommen und einverleibt sind, fehlt dem Impressionismus der deutschen Bühne eine letzte Befruchtung und Vollendung. ›Spiel des Lebens‹ (eine Tragödie der Jugend, die ich wahrhaft expressionistisch nennen möchte, schon um dem noch vagen neuen Merkwort einen bedeutenden Inhalt zu verleihen; wie unmerklich die Grenze zwischen ›Impressionismus‹ und ›Expressionismus‹ verlaufen kann, erfährt man gerade an den späten Dramen Strindbergs und Hamsuns!) – so könnten alle Dramen Hamsuns heißen. Oder, wie seine herzabdrückende, blutbefeuernde Tragödie des Alterns überschrieben ist: ›Vom Teufel Leben (nicht ›vom Teufel‹) geholt‹. Das *Lebensspiel*, der *Lebensteufel* Hamsuns ist berauschend, erschütternd, ja gewaltig – von einer Dämonie, welche die Seelen bis in die Wurzel verwandelt. Auch von der Bühne herab könnte, würde, wird Hamsun die Seele des modernen Menschen verwandeln, so daß sie, wenigstens für Augenblicke, wieder naturmenschlich und urdichterisch, unmittelbar und gerade deshalb metaphysisch zu werden vermöchte. Und welch eine Chance, welch ein Gewinn für moderne Schauspieler: *Hamsun-Menschen* darstellen zu dürfen! Insbesondere die späteren Werke Hamsuns nötigen zu dem letzten, äußersten Ausdruck, der dem naturalistischen Schauspieler – und das ist noch, im weitesten Sinne, der Schauspieler von heute! – möglich ist. Hamsun, gut gespielt, müßte mit dem Schauspieler auch das Publikum verwandeln, so daß letzte Quellen der Wahrheit, des Scheines, der direkten und indirekten Seele, der Leidenschaft und der Dämonie aufsprängen! – Der Dramatiker Hamsun, hamsunisch gespielt, wird mit einem Male entdeckt und verstanden sein und nicht mehr verlorengehen, ohne das Theater entscheidend befruchtet zu haben.

Für Gerhart Hauptmann

>»Hinter der Bühne ein Dichter ... den man-
cher heute gern über das Weh fruchtloser
Jahre hinwegtäuschen möchte, den jeder Redliche aber warnen müßte, je wieder sich in
so (nicht nur stofflich) Gemeines zu ernie-
dern, mit kunstgewissenloser Lüdrianshast
nach dem spröd fliehenden Glück zu haschen.«

Harden in der >Zukunft<

>»Der Niedergang scheint unaufhaltsam. Auf
Mißlungenes folgt noch Mißlungeneres; und
nach den schlechten Stücken der letzten Jahre,
nach >Und Pippa tanzt<, >Kaiser Karls Gei-
sel< und >Griselda< hat Gerhart Hauptmann
jetzt ein fünfaktiges Drama geschrieben ...
das ein ganz besonders schlechtes Stück ist.«

Goldmann in der Neuen Freien Presse

Gerhart Hauptmann, auf der Suche nach sich selbst, begegnete zuerst seiner
Zeit, der Gegenwart der anderen. Während er daran war, dem deutschen
Drama eine neue Innerlichkeit zu geben, einen kostbaren Subjektivismus,
der, mit dem Namen Gerhart Hauptmann, einzig bleiben wird, glaubte man
an ihn als an den Erfüller eines Mode-Programms. Das ergibt, für die
>Weber<, vierzig Auflagen. Er ging weiter und begegnete der Sentimentali-
tät des deutschen Volkes, als er sich verirrte. Macht fünfundsiebzig Auf-
lagen für die >Versunkene Glocke<. Vom Bittersüß dieser Resignation
naschte man ja doch nur die Süße der Rührung. Es war ein unguter Sieg.
Aber Hauptmann überlebte ihn. Drang, auf immer eigensinnigeren Wegen,
furchtlos in sein Innerstes vor, dorthin, wo es ganz einsam ist: zehn Auf-
lagen für >Michael Kramer<, dieses erhabene Werk. Immerhin, zehn Auf-
lagen. Und geradesoviel für >Pippa<, immerhin. Es bleibt ein Erfolg, ein
unverdienter, zu Hauptmanns Ehre sei es gesagt. – Sollte ich mich in den
>Ratten< täuschen, dann werden die Auflagen rapid steigen. Aber ich
täusche mich gern für Hauptmann. Ich würde mich schämen, gegen ihn Recht
zu behalten. Das riesenhafte Paviansgrinsen Deutschlands, das seit Jahren
über dem Werke dieses Dichters lauert, triumphieren zu sehen – eine
schreckenvolle Möglichkeit.
Das deutsche Publikum hat seine Natur an Gerhart Hauptmann erwiesen,
indem es seiner allzu direkten Menschlichkeit freudig zustimmte, seine zartesten Offenbarungen aber niederbrüllte. Kein Wunder übrigens, daß ein
in Herrscherhöhen des Gefühls und der Anschauung geschaffenes, wahrhaft
königliches Werk wie >Kaiser Karls Geisel< ein Publikum von seelischen
Untertanen erbitterte. Und ist das festliche Spiel >Die Jungfern vom Bi-
schofsberg< nicht auch herrschaftlich überlegen? Und die befremdende

Keuschheit der ›Griselda‹? Und ›Pippa‹ – Pippa, ein Schönheitstraum, dem man beinahe seine Heimat nicht glauben kann? Die Theaterbesucher haben mit Recht sich die Ranküne aus dem Hals gezischt. Aber was erklärt das böse Spiel des Hasses und der Verleumdung, das die deutsche Kritik sich seit Jahren leistet? Ist es nur, weil hier einer wieder einmal aus ihren Schablonen ausbrach? Weil er, dem sie das naturalistische Kriechen ein für allemal zugestanden hatten, nun dennoch flog und immer höher stieg? Ist es nur der Cäsarenwahn des kritischen Oberlehrers? Solch ein Gefolge müßte man dem Dichter naturgesetzlich zubilligen; wie ihm ja auch seine fanatische Gemeinde, die blind begeisterte, gebührt, sein mitgeborenes Eigentum an hörigen Seelen. Dann wäre nur zu bewundern, mit wie ungekränktem Eigensinn er doch und doch die besondere Kurve seines Weges nahm. Man könnte, mit boshaftem Vergnügen, der hausbackenen Klugheit eine Überraschung prophezeien: wenn sie nämlich erkennen wird, mit ihrem groben Gesichte wahrnehmen wird, wie wunderbar genau Hauptmann in all seinen Verwandlungen er selbst blieb.

Aber es ist etwas ganz Besonderes um den Haß, der sich hier, seit Jahren, unentwegt bemüht. Ob nun Herr Harden oder Herr Goldmann, ob wucherndes Stilunkraut oder puritanischer Börsenbericht, es bleibt derselbe Geist, der hier verneint oder zu einem rätselhaften Zwecke unermüdlich arbeitet. Es geht zu wie an einem Krankenlager. ‹Armer Hauptmann!› hin, ‹armer Hauptmann!› her. Man hat dieses Verleumdungsklischee gegen ihn ausgeheckt: als ob Gerhart Hauptmann, ein hinter dem Zeitgeschmack, hinter der Zeitgunst Zurückgebliebener, nun dem Erfolg keuchend nachliefe, in jammervoller Ohnmacht nach dem Beifall des Pöbels haschte, rastlos in allen Stilen nach einem günstigen Zufall wühlte, und leichtfertig zusammengeschwindelte Werke hinschmisse, im Vertrauen auf die Blindheit seines Publikums. So spielt man seinen ersten Erfolg gegen sein faustisches Suchen aus. So korrumpiert man noch die fragwürdige Empfänglichkeit der Zeitgenossen. Und dabei seufzt es mitleidig: Armer Hauptmann!

Man verarge der Kritik keineswegs ihren Willen zur Negation (ziehe ihn dem krampfhaften Willen zur Begeisterung vor). Man gehe sogar so weit, die klugen Wahrheiten der Kritik zu respektieren, vertrete energisch das Recht auf kritische Blamage. Möge man gegen die Kunstgröße Hauptmanns alles Erdenkliche einwenden. Sein Drama mag eine Halb-, eine Zwischenform lyrischen Geblütes sein, im Zuständlichen steckenbleiben, sein Heldentum leidend statt tätig sein; mag er Menschen und Menschenwelt durchs Medium des Gefühles sehen und dem Verstand seine billigen Motivationen schuldig bleiben. Aber fürs erste muß verlangt werden, daß die Intelligenz, wenn auch nur ein wenig, für die Art des Dichters empfänglich ist, daß sie urteilt, nachdem sie erlebt hat, und nicht nur, weil das üble Amt die üble Meinung bedingt. Und vor allem verpöne man, ächte man endlich jene Zeichendeuterei, die eine dichterische Inbrunst aus der Gier nach Profit erklärt – wohl weil diese Geister keinen anderen Beweggrund des Suchens und Irrens einzusehen vermögen als den Profit.

Bei den ›Ratten‹ las man es wieder in und zwischen den Zeilen: da also mit dem hohen Stil kein Geschäft zu machen war, ist Gerhart Hauptmann reumütig wieder zum Naturalismus zurückgekehrt. Und man sieht Leute, welche vor fünfzehn Jahren die Reiche Wilbrandts gegen den Einbruch Hauptmanns, gegen die Revolte dramatischer Urkräfte verteidigt haben, Hauptmann mit dessen eigenen Prinzipien von damals abtun und an die ironische, verzweiflungsvoll subjektive Phantastik der ›Ratten‹ die Naturtreue etwa des ›Fuhrmann Henschel‹ als Schablone anlegen. Um die ›Ratten‹ zu zerstören, dazu wäre ›Fuhrmann Henschel‹ jetzt gut genug. Denn weshalb kehrt Hauptmann zum »Naturalismus« zurück? »Spekulation«, antworten die Spekulanten. Niemand zitiert Goethes sonst gern zitiertes Wort von der »Spirale« der Entwicklung, von der Wiederkehr zu Ausgangspunkten auf höherer Ebene. Die ›Ratten‹ sind solch eine merkwürdige Wiederkehr; der Blick auf einen Ausgangspunkt von einem Ende her: das macht ihre eigenartige Perspektive. Wie der Kandidat Spitta das Schicksal der Frau John erlebt (und manches andere): eine wehsüße Erinnerung, eine schmerzlich-überzeugende Selbstbesinnung, eine verzweiflungsvoll-triumphierende Rechtfertigung des Dichters Hauptmann. »Wie kam ich zum Naturalismus«; »was war mir der Naturalismus«: hätte man wenigstens diese Fabel herausgefunden! Aber die Herren fühlen sich vor ihren erweislich wahren Kopf geschlagen und schelten den Dichter ratlos. Was hat nur dieser altmodische Schauspieldirektor im Stück zu tun, was mit der Frau John, fragen sie, und wissen nicht, daß sie nach ihrer eigenen Berechtigung fragen. Ja, was haben sie mit Hauptmann zu tun? Ihr eigenes Ich ist jener falsche Idealist, jener deklamierende Theaterdirektor, nur vermenschlicht, allzu gütig verklärt. Er allerdings fühlt ein Rühren, da er die herzaufwühlende Geschichte der Frau John mit ansieht. *Sie* glotzen vergebens. Sie sehen nicht, daß hier die dramatische Seelenmimik Gerhart Hauptmanns ein Äußerstes an lebendigem Ausdruck erreicht. Sie überhören oder unterschlagen die Meisterschaft, welche die innere Bewegung eines Herzens in Sprache, in gegenwärtiges Geschehen umsetzt. Die Ratten über sie!

Hauptmann hat hier sein heißestes Blut, sein Anarchisch-Menschliches beschworen. Er ist ganz drin und doch darüber hinweggehoben. Er kommt gleichzeitig von unten und von oben. Er hat die deutsche Kultur-Mitmenschheit, um deren Gunst er angeblich buhlt, ganz nahe heran gezogen, bis auf die Bühne, hat eine Zuschauermenge um die Heldin gruppiert, zu grauenhaft-drolligen Kontrasten. Der improvisierte Einheits-Dachboden dieses Dramas, wo die Gegensätze so sinnvoll-sinnlos durcheinanderleben, vermag nur zu gut das Kunterbunt der ‹Gesellschaft›, das zufallsmäßige aber teuflisch-beziehungsvolle Durcheinander, das ‹Nation› geheißen sein will, zu symbolisieren. Diese Kultivierten und diese nur Lebendigen, die

Redegewandten und die Buchstabierenden werden eins nicht durch die Sprache, wohl aber durch die Phrase, nicht durch die Wahrheit ihres Erlebens, sondern durch die Lebenslüge, genannt Ideal. Die Leichteren, wie Korke auf der Flut des Ungefähr Schwimmenden, und die aus der Tiefe vulkanisch Hervorbrechenden – welch eine groteske Gemeinsamkeit des Raumes und der Zeit, welcher Hohn des Verständnisses und der Anteilnahme. Das scheinbar allen Gemeinsame, das Leben, dem einen ist es eine Larve, dem andern ein zuckendes Gesicht. Was sie wirklich verbindet: dieser fühllose, zerstörende Mechanismus von Recht, Sitte und Eitelkeit. Hier hat Hauptmann die Hoffnungslosigkeit des Menschenherzens, die eigene, tragikomisch vielfach gespiegelt. Wollen sie jetzt die Tragödie nicht fühlen? Wollen sie in der doppelten Verwechslungskomödie nicht mitspielen? Die so menschlich verkommene Frau John vergeudet ihre gottähnliche, aber sozial nicht rechtmäßige Mutterschaft vergeblich, man wird, wenn sie erst selbst dahin ist, das Kind schon mittelst aller Vorsorgen der Gesetzlichkeit kaputt machen. Auch Hauptmann muß sein Werk ausliefern. – Da gibt es einen Moment von furchtbarer Ironie: während eine schlechte Mutter und eine spekulierende Mutter, die Polizei und das Publikum und was weiß ich wer noch um einen verhungerten Hurenbalg streiten, stirbt plötzlich das Kind. Ein wenig Entsetzen und gleich darauf die erlösende Phrase. Premierenstimmung!
Man entziehe, man stehle das Werk Hauptmanns seiner rechtmäßigen Mutter, der deutschen Sprache. Man schiebe es der russischen unter. Dort fände es vielleicht wahre Mutterschaft. Ich prophezeie in die Vergangenheit zurück: Dostojewski hätte dieses Chaos, diese Fülle an menschlicher Katastrophe, diesen Wirbel von Herzenskrisen, diese grausam-vergeblichen Kämpfe mit tiefer Rührung betrachtet. Hätte vielleicht ein Machtwort gesprochen für diese Verbrecher, die Menschen sind, und grimmig gelächelt zu dem immer noch allzu liebenswürdigen Humor dieser Mitmenschen, die nicht einmal Verbrecher sind. In Deutschland ist solch wühlendes Christengefühl unerhört. Hauptmann gebe es endlich auf, den Deutschen seine Emanuel-Quint-Seele ins Gehör zu schreien. Auch wenn es mit solcher Kraft geschieht wie diesmal: sie sind taub und wollen es sein.

Gerhart Hauptmann

Ein kritischer Nachruf

Der gute Fuhrmann Henschel sagt am Ende: »Schlecht bin ich gewor'n, bloß ich kann nischt davor. Ich bin ebens halt aso 'neingetapert.« Die Selbst-Entschuldigung der Passivität, der Blindheit, die das Böse hat geschehen lassen, ohne es rechtzeitig zu erkennen und ihm zu wehren. Darin besteht die

160

Mitschuld eines großen Teiles des deutschen Volkes, und nicht etwa nur des deutschen Volkes, an den Greueln, am Wahnsinn der Hitlerei. Es war zugleich die Mitschuld Gerhart Hauptmanns, der ein Dichter des Mitleids gewesen sein Leben lang, und der lang genug lebte, um noch das große Leid zu erleben, das deutsche Menschen über andre Völker brachten, bis es auf ihr eigenes Volk furchtbar zurückschlug.

Deutsche Unmenschen – es gibt keineswegs nur deutsche. Gerhart Hauptmann war kein Unmensch. Es ist ein Merkmal der Epoche, daß dies am Grabe eines ihrer bedeutendsten, überreich begabten Repräsentanten erst versichert werden muß. Was wir von Gerhart Hauptmann erwartet hätten, was ausblieb, war ein Protest in entscheidender Stunde. Wer, wenn nicht er, hätte die Pflicht gehabt, und das Recht, aufzustehen und ein vernehmliches NEIN zu sprechen, als das Unwesen um sich griff! International berühmt, wie er war, reich an Jahren und an Vermögen aller Art, Nobelpreisträger, sein Lebenswerk hinter sich, nur noch eine kurze Spanne Zeit vor sich, jene Zeit, in der ein Mann sich vollendet, in der er seinen letzten Willen schreibt: was machte ihn verstummen? Ein einziges Wort hätte schon genügt, das Wort NEIN! Er sprach es nicht. Statt dessen fand er Worte, die der neuen Macht öffentlich zustimmten. Der Grund dafür kann nicht nur die Bindung an die Familie gewesen sein, die Rückwirkung seines Nachwuchses auf den Alten. Nicht nur die Sorge um dessen Wohlergehen kann ihm ein SA-Lied erpreßt haben. Es muß einen Moment gegeben haben, da Gerhart Hauptmann sich nicht entbrechen konnte, den Behauptungen und Versprechungen des neuen Systems Glauben zu schenken. Einen Moment der Unsicherheit, des Zweifels und der Schwäche. Und da ist eben der gute Henschel 'neingetapert, wie so viele, die jetzt dafür büßen müssen. Als der Graus vorüber war, kamen Gedichte Gerhart Hauptmanns zum Vorschein, die erwiesen, daß er Bescheid gewußt hat. Wahrscheinlich sind die in späteren Momenten entstanden, vielleicht aber sogar in dem gleichen, ersten schon, im Moment der Zustimmung. Dieses Schwanken zwischen zwei Gegenpolen, diese Ambivalenz des Fühlens und des Denkens haftet, bereits vor dem Nationalsozialismus und während seiner Etablierung, nicht etwa nur Gerhart Hauptmann an; aber ihm in hervorragender Weise; sie ist ein Charakterzug, der durch sein Leben und sein Werk geht. Als, nach der Premiere des ungebärdigen Erstlings seines dramatischen Schaffens ›Vor Sonnenaufgang‹ mitten im tobenden Theaterskandal der Autor erschien, konnte sich der alte Fontane, der als Kritiker der ›Vossischen‹ im Parkett saß, vor Staunen nicht fassen. »Statt eines bärtigen, gebräunten, breitschultrigen Mannes mit Schlapphut und Jägerschem Klapprock erschien ein lang aufgeschossener, junger, blonder Herr von untadligstem Rockschnitt und untadligsten Manieren und verbeugte sich mit einer graziösen Anspruchslosigkeit, der wohl auch die meisten seiner Gegner nicht widerstanden haben. Einige werden freilich aus dieser Erscheinung, indem sie sie für höllische Täuschung ausgeben, neue

Waffen gegen ihn entnehmen und sich gern entsinnen, daß der verstorbene Geheime Medizinalrat Caspar sein berühmtes Buch über seine Physikats- und gerichtsärztlichen Erfahrungen mit den Worten anfing: Meine Mörder sahen alle aus wie die jungen Mädchen.«

So nachzulesen in Paul Wieglers ›Geschichte der deutschen Literatur‹. Das war im Jahre 1889, also vor 57 Jahren. Damals begann Gerhart Hauptmann als der Mörder bürgerlichen Behagens in einer Epoche industriellen Aufschwungs mit der Schilderung furchtbarer sozialer Zustände im deutschen Reich, das erst achtzehn Jahre alt war. Diese eine Linie seines Schaffens, die realistisch-sozialkritische, ging durch, obwohl sie immer wieder von Schwächeanfällen und romantischen Rückschlägen unterbrochen wurde. Ihr verdankten der Dichter und sein zeitgenössisches Publikum eine Reihe von bedeutenden Werken, darunter: ›Die Weber‹ und ›Hannele‹, ›Rose Bernd‹ und ›Fuhrmann Henschel‹, ›Der Biberpelz‹ und ›Der Rote Hahn‹, nicht zu vergessen, noch vor dem ersten Weltkrieg, ›Die Ratten‹; ein prophetisches Stück, das damals nicht verstanden wurde; das, rückblickend, den Verfall der Gründerperiode schilderte, und, nicht ohne Selbstironie, den blinden, kurzlebigen Eifer eines sozialen Gefühlsreformismus; das, zugleich vorahnend, das Heraufkommen der Ratten voraussagte. Als sie dann tatsächlich kamen, hatte Gerhart Hauptmann keine Waffen mehr gegen sie bereit. Zu übermächtig hatte in der Epoche zwischen den beiden Weltkriegen die andre Linie in ihm und seinem Schaffen überhand genommen, die romantisch-metaphysische.

Er war der Enkel der schlesischen Weber, aber der Sohn eines Gasthofbesitzers aus dem Riesengebirge. Daß er der ersteren eingedenk blieb, inspirierte ihn zum besten, zum bleibenden Teil seines vielgestaltigen Schaffens. Das authentische Weberlied wurde zum Keim und zum Mittelstück der dramatischen Ballade ›Die Weber‹, eines Werkes von unzweifelhaftem Rang und hoher Seltenheit in der deutschen Literatur, das schon allein Gerhart Hauptmann seinen unvergänglichen Platz sichert. Nicht weniger selten waren bei den Deutschen die politischen Komödien, und der ›Biberpelz‹ ist eine von echtem Wuchs, von wahrer Volkstümlichkeit, wenn auch mit engem Radius. Sie zeigt die Wilhelminische Gefahr in einer gelungenen Anekdote und setzt dem aufgeblasenen Unwesen einer verbiesterten Bürokratie den praktischen Mutterwitz der Mutter Wolffen entgegen. Hier, in der realen Beschränkung, zeigt sich Gerhart Hauptmann als Meister. Er wurde denn auch dementsprechend von Wilhelm II. als Schmutzdichter gebrandmarkt. Aber er erschloß sich den Zugang zu den Hoftheatern und zu den Herzen eines breiten, bürgerlichen Publikums mit der ›Versunkenen Glocke‹, die, im Märchengewande, eingestand, daß der Meister seiner Sache nicht sicher, daß er von Reue angefressen und von der Vergeblichkeit übermannt war. Dieses erste große Umfallen wurde der erste populäre Erfolg des Dichters der Enterbten, der die Revolte der Weber gesungen hatte.

Die erfülltesten Verse Hauptmanns stammen nicht aus der sentimentalen Selbstbemitleidung der ›Versunkenen Glocke‹ oder des ›Armen Heinrich‹; sie erklingen in der Verheißung des Himmelreiches an das um sein Erdendasein gebrachte Proletarierkind Hannele. Seine originalste Lyrik gelang ihm in der alltäglichsten Prosa, in der Mundart seiner eigenen Heimat, wie sie von bedrängten Herzen gestammelt wird. Sie ergab sich ihm dort, wo er – und solange er – aus sozialem Mitgefühl schuf, bewegt von dem unartikulierten Duldertum einfacher Naturen. Sein Verständnis für die Härte ihrer Lebenskämpfe ließ ihn erschütternde Urlaute finden und eine bis ins Kleinste durchdringende Unmittelbarkeit der Mimik: daher auch die dramatische Wucht dieser von der Not getriebenen Gestalten. Des gleichen Ursprungs ist die Authentizität seines Herrnhuter-Romans ›Der Narr in Christo Emanuel Quint‹: darin ringt verworrene Einfalt um die Nachfolge Christi, um das Reich sozialer Erlösung. Noch im unentwirrbaren Symbolismus von ›Und Pippa tanzt‹ ist die tiefere Verwurzelung des Dichters in der ihm wahrhaft erreichbaren Realität nicht völlig durchschnitten. Ein verräterisches Werk, dieses Märchen vom Erblinden des deutschen Michels, der sich seinen Schönheitstraum nur bewahrt, weil er die Wirklichkeit nicht mehr sehen kann! Das Zeitsymptomatische solcher Weltflucht ist heute klar erkennbar. Das Schaffen Hauptmanns nach dem ersten Weltkrieg zeigt, daß er sich aus seinem Stoff- und Gefühlskreis nicht ohne schwindelnde Verluste an Substanz loslösen konnte. Der Ausweg in ein metaphysisches Jenseits der sozialen Probleme war nicht in seiner persönlichen Problematik zu finden, nicht in der Erotik und nicht in der Tragik des isolierten Künstlermenschen. Wo Hauptmann seine Komplikationen, seine private Misere in einen idealen Stil erheben wollte, geriet er ins Klassizistische und Epigonenhafte, trotz seines rastlosen Tastens nach Stoff und Form. Das bekennerische Ich-Drama des zwischen zwei Frauen nicht wählen könnenden sensitiven Mannes, das Hauptmann öfter wiederholte, zeigte die innere Spaltung auf und war Symptom einer noch viel wesentlicheren Unentschiedenheit.

Die Zerrüttung des Bürgertums hat Hauptmann schon frühzeitig im ›Friedensfest‹ geschildert; es mag ein Stück Autobiographie gewesen sein. Abrechnungen mit der Schwäche der eigenen Position zwischen den Klassen stecken bereits in der Charakterzeichnung seiner idealistischen Sozialreformer in ›Vor Sonnenaufgang‹ und in den ›Einsamen Menschen‹: Stücken, die unfreiwillige Lächerlichkeiten enthielten, wo sie hätten bewußt satirisch sein sollen. Gerhart Hauptmann grub sogar in der Geschichte des deutschen Mittelalters nach, um als den Vorläufer seiner schwankenden Helden den Florian Geyer auszugraben. Da stand und schwankte und fiel sie, die Gestalt des schwarzen Ritters, der es aus tiefer Gefühlssympathie mit den aufständischen Bauern hielt, aber ihre Sache nicht durchhalten konnte, da die radikale Tat gegen sein ambivalentes Gefühl ging. So wurden von dem Weberenkel die Bauernkriege mit melancholischem Heimweh gestaltet, das

Drama löste sich in eine Lyrik der Vergeblichkeit auf. »Der deutschen Zwietracht mitten ins Herz!« Wie wunderlich, wie tragisch zugleich, daß der alte Dichter mit dem Goethekopf die falsche Eintracht des Terrors auch nur einen Augenblick verkennen konnte! –
Sein öffentliches Bekenntnis zum Umschwung kam spät. Es wurde sein letztes Wort.

Frank Wedekind

> »Das Tier bäumt sich,
> der Mensch auf allen vieren.«

Seit zwanzig Jahren ist er jetzt tot. Ob für ihn noch immer – wie sein autobiographischer Held, der Zwergriese Hetmann, klagte – die Langeweile ins Gigantische wächst? Als wir Knaben waren, machte dieser Satz den größten Eindruck auf uns, obwohl wir uns nur an Sonn- und Feiertagen zu langweilen pflegten. Seither ist so viel Aufregendes geschehen, und die Weltgeschichte (eine schöne Geschichte ist das!) ließ uns nicht zur Ruhe und kaum zur Langeweile kommen, obwohl ihre Greuel der Monotonie nicht entbehren und ihre Vergeltungen so langsam reifen.
Damals, vor fünfunddreißig Jahren, ist uns Knaben Frank Wedekind der vermummte Herr seines (unseres) ›Frühlings Erwachens‹ gewesen. Er führte uns mit seinem satanischen Grinsen, das so abgründig höflich und so kalt melancholisch war, in die Mysterien einer Wirklichkeit ein, die dort begann, wo die Anschauung begütigender Dichter endete. Das war die Welt um die Jahrhundertwende in seiner Beleuchtung: eine Welt der Schieber, der Hochstapler und der Huren. Das Bordell und die Spielhölle schienen noch ihre solidesten Etablissements zu sein; Plätze, wo wenigstens Aufrichtigkeit zu finden war. Die bürgerlichen Ideale lagen in der Agonie; Frank Wedekind, im zerknitterten Frack, begleitete den Vorgang mit seinen Liedern, die er zur Laute sang, während faule Eier nach seinem bleichen Gesicht geworfen wurden. Wie heilig ernst er seinen Zynismus nahm, dieser Formalist und Priester des Untergangs! Er lehrte uns, daß die bürgerliche Moral nur ein anderer Name für gute Geschäfte war. Er scheute sich nicht, selbst auf die Bühne zu treten: als der Marquis von Keith, der unternehmungslustige Hinketeufel, der das Leben als eine Rutschbahn befuhr; als der schiefgewachsene Prophet Hetmann, der zahnlose Eiferer gegen die »drei barbarischen Lebensformen«: die wie ein wildes Tier aus der menschlichen Gesellschaft hinausgehetzte Dirne; das zu körperlicher und geistiger Krüppelhaftigkeit verurteilte, um sein ganzes Liebesleben betrogene alte Mädchen; und die zum Zweck einer möglichst günstigen Verheiratung gewahrte Unberührtheit des jungen Weibes.

Wenn ich diese Axiome heute zitiere, so tue ich es, um dem Dichter einer solchen Figur seinen Platz in der Entwicklung anzuweisen, und um aufzuzeigen, wie sehr er sich in der Wurzel seines Denkens und Fühlens von den Keiths und Hetmanns des Dritten Reiches unterscheidet. Hetmann glaubte, daß der »nächste Freiheitskampf der Menschheit« »gegen den Feudalismus der Liebe gerichtet sein werde«. Er nahm den Teil für das Ganze, mit der Verbohrtheit des Monomanen, der die Schönheit durch einen Rassenzuchtstall retten wollte, wie die nicht weniger manischen Praktiker von heute die militärische Kraft, die sie blind anbeten. Wedekind war überzeugender dort, wo er *tabula rasa* machte und Amok rannte: wenn er als Jack der Aufschlitzer auch der Schönheit den Gnadenstoß gab, nachdem sie allerlei heilsames Unheil angerichtet, mit den Schwachen und Überflüssigen aufgeräumt und die Schöpfung von ihren falschen Herren befreit hatte. Weibes Schoß: Quell aller Lebens- und Schaffenslust, zugleich die Büchse der Pandora. Lulus Erdenwallen und Mission, bevor sich ihre Seele im Jenseits den Schlaf aus den Augen reibt: all diese Männer in Amt und Würden, die Zeitungsherausgeber, die Rennstallbesitzer, Afrikareisenden, Groß-Spekulanten, Künstler, Richter, Dichter zu liquidieren. Sie alle versagten vor dem Zeugungsakt, nachdem sie den Überzeugungsakt mißbraucht und verkauft hatten. Um sie geschart die gierig zugreifende Halb- und Unterwelt der Zuhälter, der stiernackigen Muskelmenschen, der Viechkerle, die am Rande der Gesellschaft lauerten, bereit, herauszukommen und sich auf den Trümmern der Kultur häuslich einzurichten. Wedekind, der Bänkelsänger, scheint dieser Rotte Mut zuzuklimpern:

> Deines Erdendaseins höchste Gabe
> Läßt dich eines nur von Dreien sein,
> *Viechkerl, Schafskopf* oder *Prügelknabe;*
> Und du hast für eine der drei Freuden
> In der ersten Nacht dich zu entscheiden!

Die Viechkerle haben das Feld behauptet und können nun den Schafsköpfen und Prügelknaben einzureden versuchen, sie seien als dieses Hexenmeisters Zauberlehrlinge zu Macht und Herrschaft gekommen.
Wedekind und die Folgen? Dann wäre wirklich sein Unzulänglichstes Ereignis geworden. Als man im denkwürdigen Jahre 1914 anläßlich des fünfzigsten Geburtstages des Dichters sein Lebenswerk feierte, nannte Thomas Mann es »dieses tief deutsche, tief fragwürdige, von grenzenlos verschlagenem Geiste schillernde Werk«. Das Wort vom »grenzenlos verschlagenen Geiste« ist inzwischen – ebenso wie jenes von den Schafsköpfen und Prügelknaben – in furchtbarem Sinne Aktualität geworden. War so gemeint, was »dieser tiefe, gequälte Mensch« geschrieben und gesungen hat? Er, der seiner Epoche Scharfrichter gewesen ist? Was ließ er seinen ›Erdgeist‹ trällern?

Greife wacker nach der Sünde;
Aus der Sünde wächst Genuß.
Ach, du gleichest einem Kinde,
Dem man alles zeigen muß.

Meide nicht die ird'schen Schätze:
Wo sie liegen, nimm sie mit.
Hat die Welt doch nur Gesetze,
Daß man sie mit Füßen tritt.

Glücklich, wer geschickt und heiter
Über frische Gräber hopst.
Tanzend auf der Galgenleiter
Hat sich Keiner noch gemopst.

So ging das im ›Simplicissimus‹-Ton, den Wedekind kreiert hat. Wir aber glauben zu wissen, daß dieser so fidel krächzende Galgenvogel ein unglückseliger Spaßvogel, ein tragischer Clown, ein ethischer Schlemihl gewesen ist, als welcher er sich in seinen Stücken so oft porträtiert hat. Ein Schlemihl, dem der Schatten zugewachsen war, den seine Zeit warf. Ein Weltverbesserer und Menschenbeglücker, der dem Fleische seinen Geist wiedergeben wollte, nicht aber dem Ungeist Fleisch und Knochen mit Haut und Haar ausliefern. So sah der Tragiker aus, der das Schillersche Pathos auf die wilhelminische Epoche anzuwenden versuchte: der Un-Moral-Trompeter von Säckingen unter neudeutschen Koofmichs, die nicht nur ihren Schatten, sondern auch ihre Seele an den Meistbietenden verkloppt hatten.

Nietzsche und die Folgen, deren eine Frank Wedekind gewesen ist? Aber er war weniger ein Prophet des Übermenschen als ein Kenner und zwerchfellerschütternder Darsteller des Untermenschen, der darankommen sollte. Er war nur im Nebenberuf Schönfärber des Satanischen, im Hauptberuf aber Dramatiker, der Unerbittlichsten einer. Die blonde Bestie wurde von ihm nicht professoral idealisiert, sondern in der dramatischen Praxis auf die Menschheit losgelassen. Sie sprang, schlug mit ihren Pranken nieder und fraß den noch warmen Leib der Haustiere, die zugleich das Publikum bildeten. Kein Zucken im Gesicht des Meisters, der es abrupt und gedankenblitzend darstellte, verriet, ob ihm das Schauspiel gefiel. Er sah die Szene einer höchst burlesken Apokalypse, der hochkapitalistischen, und schrieb sie nieder – der Petronius Wilhelms des Zweiten, eines modernen, verhinderten Nero, der den Satiriker nicht zwingen konnte, sich die Adern aufzuschneiden, aber ihn wegen einiger majestätsbeleidigender Verse im damals noch oppositionellen ›Simplicissimus‹ ins Kittchen setzen ließ.

Wedekind liebte den Zirkus und sah – mangels einer besseren – unsere Welt als einen solchen an. Seine Idealisten – die an den Menschen glaubten und etwas für ihn tun wollten – behandelte er auf seiner Bühne hundsmiserabel. Sie waren ihm sämtlich wie Gregers Werle, dessen ideale Forderungen nur

Unheil anrichten konnten, Ritter von der traurigen, der traurigsten Gestalt. Leider Gottseidank (wie Peter Altenberg zu sagen pflegte) waren es lauter Selbstporträts. Er selbst war jener Scholz, der, nachdem er vergeblich versucht hatte, sich zum Genußmenschen auszubilden, sich freiwillig aus dem Irrenhaus dieses Lebens in eine Heilanstalt abschiebt. Immer trachtete seine tragische Ironie, den Wert der Güte am Sieg des Bösen zu erhärten.

Das, seine dramatische Perspektive, unterscheidet einen Wedekind von einem Nietzsche. Während in Nietzsche der Kranke, der Schwache, der Mitleidige von der robusten Gesundheit, von der brutalen Kraft geträumt und sie – die er nicht kannte – sehnsüchtig verherrlicht hat (und um dieses Ideales willen sich selber), kannte und bekannte Wedekind sich in seinen dramatischen Ebenbildern als einen Jammerlappen und Jammermenschen, als einen anständigen Kerl nämlich, dem die Menschen leid tun, und der ihnen helfen zu wollen nicht umhin konnte. So hätte er auch nie zugegeben, daß sein Rodrigo Quast jenes deutsche Wesen repräsentiere, an dem die Welt genesen werde. Er war dem praktischen Leben näher gekommen als Nietzsche. Er hatte es nicht an einer deutschen Universität studiert und nicht in ›Wahnfried‹, sondern als Reklamechef für ›Maggi‹-Suppenwürfel. Er war, in seinem Verleger, seinem gewissenlosen Gegenspieler in Fleisch und Blut begegnet, was für beide von unberechenbaren dramatischen Folgen war, und hatte in München sein Sodom und Gomorrha gefunden. Er hatte, geschminkten Gesichtes, auf der Bühne gestanden und im Rampenlicht mit dem deutschen Spießer Brust an Brust um Menschlichkeit gerungen. Er wußte aus bitterster Erfahrung, daß es ein Narrenunternehmen war, eine überbürgerliche Ethik durchsetzen zu wollen, solange das Fundament nicht geändert war. Aber er hat dieses Unternehmen niemals aufgegeben. Er lebte und starb als ein unverbesserlicher ›Idealist‹.

Der Dramatiker Bertolt Brecht

I

Auch Leuten, die nie ein Stück von Bertolt Brecht gesehen oder gelesen haben, ist sein Name bekannt und mit dem Schlagwort ›episches Theater‹ verbunden. Ohne irgendwo als ein durchgesetzter Stil zu existieren, hat das ›epische Theater‹ Schule gemacht, auch in Amerika. Sein Begriff ist, schon als Wortverbindung, paradox; er vereinigt zwei diametral entgegengesetzte Gattungen: das Dramatische und das Epische. Jedem Gebildeten schwebt dunkel vor, daß die griechischen Tragiker und Shakespeare den Homerischen Epen und den Holinshedschen Chroniken zwar den Stoff entnahmen, aber nicht die Form. Die dramatische Form kondensierte und kristallisierte das Epische, sie schwitzte es aus. Sie trachtete eine absolute Vergegenwärtigung zu erreichen, den Fluß des historischen Berichtes zum Stehen zu bringen, um die Handlung von erzählenden Resten zu reinigen. Das war das europäische Drama, in den Fällen seiner großen Vollendung. Auch heute noch befleißigt sich das gängige Unterhaltungsstück der konzentrierenden Regel von der Einheit des Ortes und der Zeit, wie zwar nicht Shakespeare, wohl aber die Griechen und ihre eleganten Schüler, die großen Franzosen, Corneille und Racine. Es gab mehr als eine Revolution gegen solchen Zwang; die moderne Bühne hat, besonders in Rußland und in Deutschland, aus der Erweiterung der dramatischen Grenzen großen Gewinn gezogen. Trotzdem kann die Frage erhoben werden: dient das Zurückgehen auf das Epische nicht der Auflösung und dem Verfall des Dramas?

Über das ›epische Theater‹ gibt es keine ausgeführte und anerkannte Theorie; aber die bruchstückhaften Erklärungen wirken als eine brauchbare Arbeitshypothese. Blickt man auf das Schaffen Brechts, so gewahrt man eine Vielfachheit der Formen und der Versuche, die in ihm den Zeitgenossen Picassos erkennen lassen. Er benützt alle Elemente früherer Entwicklungen, aber in durchaus neuartigen Verbindungen und für seine besonderen Zwecke. Er verschmäht nicht die Inschriftentafel des Elisabethanischen Theaters, nur schreibt er darauf seine politischen Devisen. Sie und der Erzähler, der den Verlauf der Handlung unterbricht, wenden sich direkt an das Publikum, um zu interpretieren. Personen des Spieles tun das gleiche: sie fallen aus der Rolle, bleiben aber im Charakter, wenn sie sich mit den Zuschauern über ihre Erfahrungen unterhalten. Das soll nicht, wie bei Pirandello, Schein und Sein in spielerischer Weise vertauschen, so daß beides ungewiß wird; im Gegenteil, die Realität soll erhöht werden, allerdings die Realität außerhalb des Theaters. Die Illusion, als wäre man, während man sich der Betrachtung des Spieles hingibt, die Realität wenigstens zeitweise los, wird freilich gestört; und die Identifizierung des Menschen im Publikum mit der Figur auf der Bühne entweder aufgehoben oder in einer Weise aktualisiert, die keine Passivität – dieses zweitgrößte Glück der Erdenkinder – zuläßt.

Es ist jedoch bei Brecht ein persönlicher Unterschied zum üblichen ›politischen Theater‹ festzustellen: eine kaustische Note, die zu Brechts Persönlichkeit gehört: zu seiner persönlichen Art, Politik zu machen, indem er Gedanken entwickelt und sich selbst klarer wird, während er andere belehrt; mehr ein überschauendes Bewußtsein anstrebt als eine dynamische Wirkung. Brechts Propaganda ist hinterhältig und doppelbödig, oft tiefgründig. Sein Tonfall, seine Ironie, sein Argumentieren: das alles ist untrennbar von dem Denker, aber auch von dem Lyriker, dem Musiker Brecht, der nicht nur dort zur Geltung kommt, wo er sich in eingestreuten Songs, in Balladen und stachligen Epigrammen äußert.

Alle seine langerworbenen, in unermüdlichen Versuchen erprobten, vielseitigen Fähigkeiten sind in den Dienst seiner Dialektik gestellt, um sie immer anschaulicher und immer genußreicher zu machen. Er hat, von

Vielem und von Vielen angeregt (Rimbaud, Villon, Kipling, Wedekind, Büchner, von den großen Lehrern des Ostens und seinem Hauptlehrer Karl Marx), Vieles versucht: die Formen der großen Operette, die er souverän behandelt, mit Couplet und Ensemble und den Shakespeareschen Blankvers, den bei ihm die Industriekönige bei der dramatischen Durchführung ihrer Börsenmanöver gebrauchen, was aber nicht etwa nur der reine Hohn ist: es entspricht, wie sich erweist, dem Pathos solcher halsbrecherischen Geschäfte. Dagegen ergibt sich aus der Erörterung ökonomischer Dinge in der vulgärsten Alltagssprache leicht eine Liebesszene, ohne daß ein Übergang nötig wäre.

Je weiter Brecht vorschreitet, um so mehr vertieft und erhöht sich die Weisheit seiner dramatischen Parabeln; das lehrhafte Stück wird reicher und reifer. Spiel und Ernst durchwachsen sich. Um zwei Begriffe des Kunstphilosophen Walter Benjamin anzuwenden: die Schockwirkung, die Brecht oft ausgeübt hat, wird seltener gebraucht, dagegen wächst die dichterische Aura um diese neuartigen dramatischen Gebilde.

II

Das Technische bei Brecht kann leicht nachgeahmt werden. Doch ist es nicht die Hauptsache, daß er etwa Masken hinstellt, oder daß es bei ihm wieder Monologe, Couplets und Arien gibt, satirische Strophen mitten im Vollzug realistischen Geschehens. Es ist der sehr originelle und eigenwillige Regisseur, der praktische Theatermann in Brecht, der hier Schule macht. Manche seiner szenischen Erfindungen und Behelfe haben sich bereits eingebürgert. Der Ansager ist von der zeitgenössischen Bühne, sogar vom Film übernommen worden, ohne daß das eine wesentliche Änderung in der inneren Haltung – auf die es bei Brecht allein ankommt – mit sich brächte. Wichtiger ist, daß sein Tonfall Einfluß genommen hat. Wie viel seine Mitarbeiter, besonders die Musiker, aus Eigenem beigebracht haben, braucht hier nicht erörtert zu werden. Kein Zweifel, daß Brecht Zeittendenzen aufnimmt, sie verarbeitet und weiterführt. Er wurde als ein Meister der Montage gerühmt; doch kommt es darauf an, was einer zusammensetzt! beim überredenden Ton darauf, wozu er überreden will.

Was sich gegen die dramatischen Anschläge Brechts sträubt, ist eine Tradition, die groß gewesen ist und noch nicht aufgehört hat zu wirken. Wir befinden uns immer noch innerhalb der bürgerlichen Kultur, wenn auch auf dem Höhepunkt ihrer Krise. Die individualistischen Formen sind noch nicht verbraucht, wenn sich auch kollektivistische ankünden und sogar brutal durchbrechen. (Der Weltkrieg, in dem Reaktionäres sich mit Progressivem mischt, ist ein Teil dieser Entwicklung.) Wir sind immer noch imstande, Shakespeare zu erleben, manche Stücke mehr und manche weniger. Bis vor kurzem wurden sie entweder musikalisch zelebriert, als wären sie Opern; oder als psychologische Extravaganzen gegeben. Im Westend Londons und am Broadway pflegten die mondänen Kritiker der Tagespresse regelmäßig das Stück Shakespeares, das sie eben gesehen hatten, für eines seiner schwächeren Produkte zu erklären, sehenswert nur um eines Schauspielers oder einer Schauspielerin willen. Die Weltkrise hat die Situation Shakespeares eher verbessert: in London sowohl als auch am Broadway (in Berlin bereits nach dem ersten Weltkrieg) wurde seine aktuelle Bedeutung entdeckt, er wurde auf die Handlung hin gespielt und verstanden (›Richard II.‹, ›Julius Cäsar‹, ›Macbeth‹: Machtkämpfe, Tyrannen-Terror und Sturz.) Sogar die Griechen gewannen neuen Einfluß, wenn auch durch zeitgenössische Bearbeiter und Neu-Deuter. Vielleicht werden nach dem Krieg plötzlich Strindbergs historische Dramen verstanden werden; es ist ein gutes Zeichen, daß sie so wenig aufgeführt wurden.

III

Ich spreche vom künstlerischen Theater, das als Einsprengsel im Repertoire des Entertainments sein Dasein fristet, und, wo es neue Formen wagt, nur in kurzen Vorstößen, die rasch verebben, auftritt. Das Glanzstück des europäischen Theaters, die Tragödie, war längst ins Hintertreffen geraten und eine, oft mit raffiniertem Geschick vermiedene, bedenkliche Form geworden. Es ist Brecht, der Shakespeare und die Griechen ernst nimmt, indem er ihnen Opposition macht und den Aristoteles zu widerlegen versucht. Furcht und Mitleid gelten zwar immer noch als die Kennzeichen der Tragödie: aber das bürgerliche Publikum fand Mitleid langweilig und kultivierte die Furcht fast ausschließlich in der nicht ernst genommenen Spezialität der *mystery and horror plays*. (Das Broadwaytheater glänzt oft als Varieté mit der Unterabteilung eines verbürgerlichten ›Grand-Guignol‹.) Die Katharsis der Griechen hatte einen neuen theoretischen Halt gefunden an der Heilkraft des Abreagierens, wie die Psychoanalyse sie anerkennt; dem entspricht immer noch die heutige theatralische Praxis.
Hier setzt die Opposition Brechts ein. Er geht aufs Ganze, wenn er es nicht zulassen will, daß der Zuschauer, sobald die Tragödie aus ist, vom Elend gesättigt und erfrischt zurückbleibt; sondern Brecht besteht darauf, in seinem Publikum die Entschlossenheit zur Änderung der tragischen Verhältnisse hervorzurufen. Furcht und Mitleid werden zwar auch bei Brecht, und oft mit erschütternder Wucht, erregt, das läßt sich bei der Darstellung menschlicher Affären nicht vermeiden. Aber der Lustgewinn wird sofort wieder abgezogen und in Besonnenheit, in exakte Kenntnis der Probleme umgemünzt. Sobald der Zuschauer sich mit dem Schauspieler erhitzt hat, kühlt der Autor beide ab und stellt so die Distanz wieder her, die der geklärten Ideologie dient. Die ›Verfremdung‹, die Brecht anstrebt – das Theater bleibe Spiel oder Experiment –, ergänzt er durch eine Konkretheit, die jede Flucht vor der auf der Bühne exemplifizierten Realität unmöglich macht. Das Didaktisch-Apollinische tritt an Stelle des Magisch-Dionysischen.

Brecht ist gewiß kein Amateur, auch nicht ein Esoteriker (als der er am Anfang hie und da sich verkleidete), sondern ein Praktiker der Bühne; er ist Dramatiker aus Berufung und Beruf; aber gerade deshalb gefährlich. Sträubt er sich doch, die marktsichere Ware zu liefern, und stört auch noch die allgemeine Anerkennung bewährter Gebrauchsformen. Wie jeder Initiator ist Brecht ein Zerstörer, der um jeden Preis neue Werte durchsetzen will, und zwar bedrohliche; der es auf die Änderung des sozialen Zustandes abgesehen hat, statt auf seine möglichst reibungslose Ausbeutung. Das Theater als moralische Anstalt, mit sozialrevolutionärer Tendenz. Das sei nichts für den Massengebrauch; glücklicherweise würde es auch nicht ziehen.

So hat man allerdings auch bei Strindberg und Wedekind argumentiert, bei Ibsen und dem jungen Gerhart Hauptmann, bei O'Neill und dem frühen Odets; bis sich herausstellte, daß auch mit der oppositionellen Kunst, sogar mit dem Fanatismus der sozialen Reformer Geschäfte zu machen sind, und zwar auf Grund zweier gesellschaftlicher Effekte: der Sensation und des Skandals. Sensation und Skandal (meistens mit sexuellem Einschlag) sind für das moderne Geschäftstheater viel gesündere Grundlagen als Furcht und Mitleid. Auch Brecht hat sich dieser Wirkungen bedient: Ihnen verdankt er den durchschlagenden Erfolg seiner ›Dreigroschenoper‹, hinter deren glänzendem Entertainment die Enttäuschung einer verlorenen Revolution fühlbar wurde. Der hinreißende Charme dieser Operette beruht auf Galgenhumor; auf einem anarchistischen Zynismus, der sein Rattengift in jeden Song und in jede Szene streut: so ergab sich ein destruktives Amüsement am Vorabend sozialer Destruktion. Die Berliner Gesellschaft vor Hitler, gewitzter noch als die heutige von New York, unterhielt sich glänzend, indem sie über dem Abgrund tanzte, und Brecht-Weill machten die Musik dazu, für einen frech belebten Augenblick. Es war ein Totentanz, wie wir heute wissen. Es fehlte jedoch dieser lumpenproletarischen Unterwelt dieser Operette nicht an sozialem Bewußtsein und an einer praktischen Analyse des gesellschaftlichen Zustands; allerdings auch nicht an erotischer Galanterie und bedenkenloser Lebensfreude trotz allem. Das Lied vom Brot ist eines der treffenden Beispiele der volkstümlichen Kraft, die diesem Dichter innewohnt, seiner großartigen Reduktion auf das Lebensnotwendige. Sein Refrain lautet:

Erst muß es möglich sein auch armen Leuten
Vom großen Brotlaib sich ihr Teil zu schneiden.

Diese Operette hätte auch bei Reinhardt herauskommen können, allerdings von Brecht inszeniert. Der Vergleich zwischen dem Reinhardtschen und dem Brechtschen Theater drängt sich hier auf. Reinhardt wiederholte noch einmal alle Formen des europäischen Theaters von den Griechen zum mittelalterlichen Mysterienspiel und zu Calderon, von der Commedia dell'arte zu Shakespeare, von Molière zu Wilde, Wedekind, Strindberg, Shaw und Sternheim, vom Impressionismus bis zum Expressionismus. Dieses Theater kam aus dem bürgerlichen Reichtum der großkapitalistischen Ära, die es vergoldete und beendete. Alle Stile waren dem großen Feuerwerker geläufig, der Europa ein Maskenfest zum Abschied gab. Brecht bricht ab, zerlegt in die Elemente, um den Urstoff zu gewinnen, der den Untergang überleben wird. Vor der etablierten Hitlerherrschaft weicht Brecht bis ins Mittelalter zurück, zu Grimmelshausen, dem Epiker des dreißigjährigen Krieges, und schreibt eine ›Mutter Courage‹: aber es ist keine Maskerade, kein Spiel um des Zuschauens willen, sondern sein Mittelalter setzt sich jenem deutschen Mittelalter, das Hitler mit modernsten Mitteln erreicht hat, schroff entgegen, mit der drastischen Wucht der Tatsachen und Folgen. Hier erst beantwortet sich die Frage, ob das epische Theater Brechts Auflösung und Niedergang bedeute, mit einem ja. Nämlich die Auflösung und den Niedergang der Epoche, als radikale Gegenmaßnahme; Stoff und Form auf das Lebensnotwendige reduziert und integriert. Die frugale Kost in der Hungersnot, nachdem die Leckerbissen uns so schlecht bekommen sind.

IV

Die Szenenfolge ›The Private Life of the Masterrace‹ schildert nicht etwa das private Leben der Menschen im Dritten Reich – sondern, im Gegenteil, dargestellt wird, daß unter der Herrschaft des Nationalsozialismus ein Privatleben gar nicht möglich war; daß ein solches an dem System zerbrach und zerbröckelte; daß es von dessen Praxis unterhöhlt, am natürlichen Verhalten gehindert, in jedem Atemzug gestört wurde. Die Ehe, die Familie, die Beziehung zwischen Liebenden, Freunden, Kameraden, Berufsgenossen, zwischen den Eltern und den Kindern, Lehrern und Schülern, zwischen den Arbeitern in der Fabrik, Wissenschaftlern im Laboratorium, zwischen den Richtern und den Angeklagten und den Funktionären der Justiz unter sich, zwischen dem Geistlichen und dem Sterbenden, dem er den letzten Trost spenden soll, sogar zwischen Nazi und Nazi: überall schleicht sich der Verrat ein, überall hin reicht der Terror. So wuchs keine Herrenrasse, sondern eine Nation von Sklaven. Daher hieß die Szenenreihe in ihrer deutschen Urfassung ›Furcht und Elend des Dritten Reiches‹ – mit satirischer Anspielung auf Balzacs ›Glanz und Elend der Kurtisanen‹. Geschildert werden die Furcht und das Elend des deutschen Volkes, das Brecht einst so gut gekannt hat, und das er sich unter den neuen Verhältnissen vorstellt; und zwar sucht er es in dem unalltäglichen Alltag auf, der vom Terror über dieses Volk verhängt war: er zeigt es im Konzentrationslager, das im Dritten Reich zum Alltag gehörte; aber meistens bei seinen gewöhnlichen Verrichtungen, in den unvermeidlichsten Situationen: im bürgerlichen Beruf, in der Fabrik, in Stadt und Land, wie es sich um Nahrungsmittel anstellt, oder wie eine Herde zum Radio getrieben wird, um der Propaganda zu dienen, wie es zum Freiwilligen Arbeitsdienst gepreßt wird, wie es die bitteren Wohltaten der Winterhilfe genießt. Alle die neuen Institutionen wirken sich aus in ihrer Verlogenheit, durch Zwang und zum Zweck der Ausbeutung.

Manchmal hörte ich den Einwand, der Autor zeige, aus Gründen der Propaganda, nur Typen, aber keine Persönlichkeiten. Gewiß wird hier das Typische mit Absicht angestrebt und festgehalten. Auf den Versuch eines erhöhenden Stiles wurde von vornherein verzichtet: keine Verfremdung. Hier kam es Brecht auf die knappste, genaueste Realität und die klarste Verständlichkeit an. Dennoch ist es nicht etwa eine Reportage. Ich versuchte an anderer Stelle, den Stil des Werkes zu bestimmen, indem ich ihn als dialektischen Realismus bezeichnete. Was ich damit meine, könnte ich an jeder Szene aufweisen, deutlicher noch am Bau des Ganzen; an dem Verhältnis der Szenen zueinander, und wie sie sich ergänzen, um das soziale Gefüge aufzubauen und es zu durchleuchten, es durchsichtig zu machen. Der neue, von Brecht dem späteren Zeitpunkt angepaßte Rahmen: ein Panzerwagen, auf dem deutsche Soldaten in den Raubkrieg und in den Untergang fahren; eine höchst aktuelle Verwendung des Chors der griechischen Tragiker. Die Anordnung der Stücke, von der Machtübernahme bis zur Invasion Österreichs, gibt an sich genug Entwicklung und historische Perspektive.

Es wurde gegen das Werk der Vorwurf des Defaitismus erhoben, da nur an wenigen Stellen, ausdrücklich in der Schlußszene, ›Plebiszite‹, der aktive Widerstand, der Untergrundkampf sichtbar wird. Die Anzeichen der passiven Notwehr fehlen freilich nirgends; ihre Klopfzeichen, wie an den Wänden eines Gefängnisses, sind oft vernehmbar. Der Dichter, ein Deutscher im Exil, mußte sich, um ganz konkret zu bleiben, mit der Schilderung dessen begnügen, was er nicht nur vermutete und hoffte, sondern wußte. Aber gerade diese Konkretheit ist Brechts größte Errungenschaft; sie ist das Ergebnis seines kritischen Realismus, der sich das Utopische beim Entwerfen eines historischen Bildes versagt. Das ist ein wichtiges Merkmal. Den expressionistischen und aktivistischen Dramatikern nach dem ersten Weltkrieg fehlte diese Konkretheit empfindlich; auch dem bedeutenden, utopischen Dialektiker Georg Kaiser; es war das Gebrechen der Zeit. Brecht mußte sich besonders vorsehen. Versuchte er doch Deutschland (ein trotz aller grauenhaften Tatsachen, die bekannt geworden sind, noch heute unbekanntes Land) von außen zu schildern. Augenzeugen mögen ihn korrigieren. Was er aber erreicht hat, ist eine durchdringend lebendige Darstellung menschlicher Verhältnisse im gesellschaftlichen Zusammenhang unter besonderen, verzerrenden Umständen, aber von allgemeiner historischer Bedeutung.

Bert Brecht

Oh du ausgebürgerter Brecht! In deiner Lederjacke treibst du dich nun in fremden Städten umher, deren Mundart du nie erlernen wirst, weil Zunge und Seele sich gegen das fremde Kauderwelsch sträuben. Du hattest zwar immer eine Art Auswanderertraum in dir, etwas von Kipling und Gauguin, den Wunsch nach dem Dschungel, nach Bombay, nach dem Urwald, nach dem fabelhaften Indien und dem weisen China. Ein Kolonistenherz rumorte in dir, Knaben- und Ausreißer-Romantik kam in deinem Dichterblut nie zur Ruhe. Aber so, wie es wurde, war es nicht gemeint. Zum Emigranten haben sie dich nicht machen können, du bezeugtest das selbst hier mit einigen durch ihre prosaische Wucht ergreifenden Versen, die uns zur Ehre gereichten. Ein deutscher politischer Auswanderer willst du nicht sein, nur ein Vertriebener, ein Verjagter, dessen Denken, Fühlen, Planen unermüdlich um den deutschen Boden kreisen, um das deutsche Volk, dessen Zukunft die deine sein wird, einer entfremdeten Gegenwart zum Trotz. Bis dahin: Notdurft, Darben – und Kampf. Und so traf ich dich im Nebel Londons: über der Lederjacke, unter der englischen Kappe die deutscheste Physiognomie, der Schädel Schillers, nur schärfer geworden, von Sturm und Wetter zerbeult. Ein lebendiger Kampfhahn bist du, Brecht. Aber dieses dein Gesicht: ein Dürer konnte es, weniger modern, entworfen haben, ein Holbein gemalt. Aber auch beim Bauern-Breughel ist es zu finden. Denn einem Bauern aus den anderen Befreiungskriegen, den blutigen, vergeblichen, könnte es gehören. So viel Reformation ist darin, Knochen, Härte, ja, und gespannter Trotz. Alles, was Trotz im Deutschen ist und sachlicher Idealismus, zäher Wille zur erkämpften Realität: das alles ist in deinen unverlogenen Zügen. Noch Wedekind, dieser zynisch umgedrehte Schiller, wirkt wie ein Mime, verglichen mit dir. Denn deines ist das Gesicht eines Un-Schauspielers, ein knochiges, unverschminktes, unverlogenes, ein nacktes und wahres Gesicht. Es ist so deutsch, daß man darüber lachen und weinen könnte. So deutsch ist es, wie das Hitlergesicht undeutsch ist. Und doch haben sie den einen ausgebürgert, den anderen eingebürgert. Die beiden Photographien allein, wenn sie, ohne Text, zur Wahl gestellt werden, sind an sich schon ein Plakat der Entfremdung, die da stattgefunden hat.

In anderen Zeiten wärest du ein Bohemien geworden, oder ein neuer Villon süddeutschen Temperaments; ein Zyniker mit der Laute: oder gar ein Troubadour, ein Walther von der Vogelweide, ein Erneuerer des Volksliedes – ja, aber in welch einer Zeit! Der Lyriker ist gewaltig in Brecht. Es gibt edelste und schönste Strophen in seiner auch so billigen ›Hauspostille‹, die jeder Deutsche, mit ihren bitteren und süßen Pillen, besitzen sollte. Welch eine Einfachheit und Direktheit der Magie, welche Originalität im Zeitalter der Epigonen! Sein Jugenddrama, der ›Baal‹, welch ein üppig wuchernder Pantheismus tobte sich darin aus, welche Fülle der – romantisch-überroman-

174

tischen – Natur! Aus diesem Stoff hätte der Schöpfer zehn Dichter machen können. Aber der geniale Überschwang des Fühlens, die große Hymne der Lebensseligkeit, die mit einem solchen dichtverwachsenen Reichtum an Farben und Tönen, fast tropisch, einsetzte, erlitt einen Bruch! Es fiel ein Reif in dieser Frühlingsnacht. Eine Inversion geschah. Mit seinen ›Trommeln in der Nacht‹ kam Brecht vom Kriege heim marschiert. Das war ein anderer Heimkehrer, ein anderer Trommler als der, der schließlich die falsche Reveille schlug. Es war die Revolte, die Umwertung aller patriotischen Werte, die in der ›Ballade vom Soldaten‹ solch mitreißend torkelnden Ausdruck erfuhr, mit einer Vernichtungsschärfe ohnegleichen. Brecht lernt um. Er hat sich seinen dialektischen Materialismus sauer werden lassen, nicht ahnend, daß anstelle dessen ein paar aufgeblähte Phrasen innen- und außenpolitisch genügen würden – bis auf weiteres! Materialistisch war es, das neue Denken Brechts, und ein Denken! Das Denken, gar das materialistische, bekommt nicht allen Dichtern, besonders wenn sie es erst lernen müssen. Es hat die Gefahr, daß das Fühlen darin steckenbleibt und keinen Ausweg mehr findet – außer den ins Praktische. Brecht drang durch. Er tat ganze, radikale Arbeit, er schonte sich selbst nicht dabei. Ich war anwesend, als er – der originellste unserer Regisseure – anläßlich der Erstaufführung – seinen ›Baal‹ ummontierte. Das Romantische wurde ausgerottet, durch das Soziale ersetzt, aus der Urwald- wurde die Großstadt-, die Asphaltliteratur gemacht. Das geschah blitzschnell, unter innerem Zwang, aber mit der kühnsten, verkürztesten Perspektive auf die brennende Realität hin. Das Publikum, das immer noch bürgerliche, wußte nicht viel damit anzufangen. Es wurde erst richtig warm bei der ›Dreigroschenoper‹, an der es die tollkühne Travestie, die pseudoromantische Verklärung des Lumpenproletariats und die daraus sich ergebende zauberhafte innere Freizügigkeit zwischen abgründigem Hohn und lustvoller Anarchie mit beglücktem Beifall quittierte. Daß es ihnen an den Kragen ging, wenn sie die Entscheidung, die hinter den Schlagern drohte, nicht selbsttätig aufbrachten, begriffen die Leute nicht. Von Brecht angefeuert, einem libertinistischen Musagetes, tanzten sie wohlgemut auf dem braunen Abgrund.

Brecht aber, unverführt vom Erfolg (hier verbeuge ich mich vor ihm!) schrieb die ›Heilige Johanna der Schlachthöfe‹, ein modernes politisches Drama im shakespeareschen Blankvers, den er schneidend blank putzte. Daß Börsenmanöver hier ein shakespearesches Ausmaß annehmen, war der blutige Humor davon. Aber diese Johanna war wirklich das Volk, das fragt und sucht, um sich schließlich für den Generalstreik zu entscheiden. Dieses Werk – der kühnste und großartigste dramatische Entwurf seit dem Kriege, der bedeutendste Versuch der Generation, wurde nicht mehr aufgeführt. Aufgeführt wurde statt dessen das deutsche Erwachen. Vorher noch hatte Brecht – alles, was später geschah und noch geschehen wird, vorausnehmend – seine ›Rundköpfe und Spitzköpfe‹ geschrieben, vielleicht das einzige politische Lustspiel der Deutschen, das beträchtliches Gedankengut trägt. Daneben ist der ›Biberpelz‹ in all seiner humorigen Lebensfülle eine kleinbürgerliche Idylle. Dieses Stück – den Grundriß seiner äußeren Fabel von Shakespeares ›Maß für Maß‹ entlehnend – schildert die Berufung Hitlers durch Hindenburg; wie der Bock zum Gärtner gemacht wird; und was sich daraus ergibt. Die soziale Gedankenbohrung ist ebenso konsequent wie die Verbildlichung und Versinnbildlichung politisch ökonomischer Konflikte reich und ergiebig. Dieses Werk, mit Hanns Eislers Vertonung der eingestreuten Zeitgedichte, mußte ins Englische übersetzt und in England und Amerika gezeigt werden, da ihm das Land verschlossen ist, das seines Dichters und Deuters am dringendsten bedürfen würde. Aber ach, er ist ausgebürgert, er ist jener Menschheit entzogen, die ihn sich als ein Lebensorgan gezeugt hat.

Zur Dramentheorie

Der Kampf um das Drama

Wenn ich von den ewigen Streitfragen spreche, kann ich nicht leugnen, daß sie im Laufe einiger Jahrhunderte europäischer Kultur große Wandlungen durchgemacht haben. Gleich am Anfang stand die Streitfrage, die Abram, der Mann von Ur, bei der Verteidigung der Menschen Sodom und Gomorrhas mit Gott auszufechten hatte. Der Mythos von Abram ist nicht nur der Kern eines großen Dramas, er hat die Bedeutung der ersten grundlegenden Schritte unserer Zivilisation zu sein: die Abschaffung des Menschenopfers. Er umschreibt die Rechte der Menschen gegen die Gewalt der Gottheit. Trotzdem zeigt das griechische Drama die Götter im Kampfe mit den Menschen und deren Niederlage – und nur hin und wieder die Unabhängigkeit der Menschen. Es war die Geburtsstunde der Rechte des freien Individuums und Bürgers, der Sklavenstand war noch außer acht gelassen. Schon bei Euripides, wenigstens in den meisten seiner Stücke (außer in seinem letzten Werk, ›Die Bacchantinnen‹), verblassen die Götter langsam und erscheinen nur im Finale, und räumen die Bühne menschlicher Leidenschaften. Im Mittelalter umspannte die Szene Himmel und Hölle, sie gab menschlichen Leidenschaften keinen Spielraum, sondern dem Leiden Gottes, der, als Menschensohn geboren, menschliches Schicksal zu erleiden hatte. Es war mehr als und weniger [als] ein Drama. Leben in seiner trivialen Form fand im Totentanz sein Abbild. Als ›Jedermanns‹ Gegenspieler erschien der Teufel oder einer seiner Diener, die Versuchungen, die Eitelkeiten und die menschlichen Laster. Nur im allegorischen Sinne bestehen vor dem Tod, dem Führer im Reigen, keine Unterschiede der Klassen. Von hier zu Shakespeare erfolgte der entscheidende Schritt, von dem wir noch in der Welt des Dramas wissen. Der Platz des heiligen Mysteriums wurde von der Geschichte der Menschheit übernommen. Der Kampf um irdische Macht offenbarte sich als ihre Triebkraft, das Charakterdrama wurde geboren. Der Schauspieler (noch nicht die Schauspielerin), dessen Ziel und Erfüllung der Charakter war, trat in Erscheinung. Diese Periode ist noch nicht vorüber, und das ist einer der Gründe, warum Shakespeare noch seinen unbestrittenen Platz einnimmt. Wir sind über seine Probleme noch nicht durch kollektive Wege hinausgekommen, wir haben keine neue Gesellschaft gebildet, wir sind in einem Zeitalter verzweifeltsten Übergangs, inmitten von Unsicherheit und Ringen – so sehr, daß es schwer ist, ein zeitgenössischer Dramatiker zu sein.

Der erstklassige dramatische Dichter braucht als Vorbedingung ein festes System von Werten, eine Stufenordnung, die allgemein anerkannt ist. Er kann nicht als Richter fungieren ohne ein zwingendes Gesetz, das allgemein ist. Wenn ich in diesem historischen Abriß die Zweige des Baumes des europäischen Dramas, wie den französischen Klassizismus – Racine, Corneille – oder den mir viel bekannteren spanischen Calderon, den großen katholischen Dramatiker, vernachlässige, so tue ich das, weil ich vom deutschen Drama komme, welches der Shakespeareschen Tradition folgt. Die Ehre war der Mittelpunkt in Calderons Drama, der Glaube sein Gesetz. Ein Glaubensfechter war die französische Verherrlichung des spanischen Cid. – Die Deutschen sind, wie jedermann weiß, eine dramatisch eingestellte Nation. Ihr Drama zeigt einen titanischen Kampf für Größe, ihre Heldenanbetung hatte immer einen Hauch von Hysterie, und lange vor Nietzsche träumten sie von dem Übermenschen, bevor sie ihre Menschlichkeit voll verwirklicht hatten. Vielleicht war ihr schöpferischstes dramatisches Genie ein preußischer Offizier, der unglückliche Kleist, in seinem Vaterland zu spät, und international unbekannt. Er war ein Meister des dramatischen Deliriums, der seinen eigenen Platz zwischen Shakespeare und den Griechen innehielt. Seine Personen waren manisch besessen; sadistische Elemente und schlafwandlerische Neigungen in seinem schöpferischen Geist können seine Errungenschaften im Reiche des Unbewußten nicht verkleinern. Er war ein vulkanischer Ausbruch im Drama, der sich selbst zerstörte, aber seine Grundauffassungen waren von überwältigender Kraft. Schiller machte sich nichts aus ihm und Goethe sah auf ihn herab. In ihrer Jugend standen sie unter dem Einfluß der französischen Revolution und setzten den Kampf um die Freiheit ins Drama um. Reifer geworden, wurde der liberale Humanismus der Gegenstand ihrer Verehrung. Ihr Ziel war, nicht in der leidenschaftlichen Art Kleists, die Vereinigung von antiken und modernen Idealen: die klassische Harmonie. Sie konnte nicht von Dauer sein, sie hatte nur jenseits der Wirklichkeit existiert. Sie war das Resultat der Selbsterziehung, des Wissens einer privilegierten Humanität. Goethe ist groß, auch wenn er nicht für das Theater geschrieben hätte. Schillers dichterische Kraft konzentrierte sich hauptsächlich auf das Theater. Im Brennpunkt von Schillers dichterischer Leidenschaft stand das Theater, trotz einiger genialer Hymnen und höchst bedeutsamer kritischer Werke, die er schrieb. Die Quintessenz seines Lebens war das Drama. – Aber man muß sagen, daß er heute eine neue und auffallend aktuelle Bedeutung bekommen hat (in einer ganz anderen Art wie der rasende Kleist). –

Vom deutschen Dramatiker Hebbel sagte Ibsen, daß dieser ihn vorausgeahnt habe. Vielleicht ist es nicht ohne Bedeutung, daß die entscheidende Wendung zum modernen Realismus im äußersten Norden Europas entstand, bei Völkern, die dem Kampf um die Weltmacht fern schienen und in einer friedlichen bürgerlichen Demokratie lebten. Der Ursprung des Naturalismus im Drama hatte einen durchaus ethischen Charakter. Der Prophet des Nordens, Henrik Ibsen, ein norwegischer Chemiker, fing an, seine eisernen ethischen Forderungen zu stellen, sein radikales Entweder-Oder (sowohl auf das Individuum als auch auf die Gesellschaft zielend) mit ›Brand‹ und ›Peer Gynt‹, zwei Meisterwerke großen dramatischen Stils, gleichzeitig auch zwei Streitschriften eines geläuterten und modernisierten Protestantismus. – Aber Predigt und Satire waren nicht genug, um eine direkte und weitgreifende Wirkung auszuüben. Damit man den modernen Ideen und Idealen nicht entfliehen konnte, mußte er sie in Beispiele des täglichen Lebens kleiden. Um seine Kritik wirken zu lassen, entschied er sich, auf dem Theater Häuser für seine Zeitgenossen zu bauen anstatt Weihestätten – so setzte er Fälle, die er in der Zeitung fand, ins Drama um. Seine Methode war eine wissenschaftliche, und es war richtig so, denn sein Zweck war, die Resultate der modernen Wissenschaft praktisch zu verwerten. Diese Tragödien des Alltags befaßten sich – wie wir alle wissen – mit psychologischen Problemen und sozialen Verhältnissen, um an ihnen zu zeigen, wie sehr wir davon abhängen und ihre Produkte sind. Wissenschaftliche Forschung und die französische Technik des bürgerlichen Theaters standen hinter diesen Stücken, die vor einem halben Jahrhundert die europäische Bühne revolutioniert hatten. Psychologie führt den Dramatiker zur Pathologie, der Wurzel der menschlichen Tragödie, und sein Realismus verlor sich mehr und mehr in einem pessimistischen Skeptizismus und der Alterserscheinung des Mystizismus. Heute entdecken wir in seinen bürgerlichen Tragödien eine überwältigende Menge von Satiren. Manche der besten, die früher zu ernsthaft gespielt wurden, könnten heute leicht zu erfolgreichen Komödien gemacht werden – sogar die ›Wildente‹ könnte – als Farce, die den Bankrott bürgerlicher Ideale zeigt – gespielt werden, ohne ihre tragischen Effekte zu verlieren. (Ähnliche Effekte könnte man aus Strindbergs düsteren Stücken herausarbeiten.) – Und es ist bezeichnend, daß die Stücke, die er schrieb, um aktuelle Verhältnisse zu behandeln, heute oft ziemlich veraltet erscheinen – daß ein Stück wie ›Peer Gynt‹ moderner ist als damals, als es geschrieben wurde. ›Peer Gynt‹ ist nicht, wie zeitgenössische Gelehrte glauben, nur eine Satire des nationalen norwegischen Charakters, und sonst nichts –: sein weltweiter Gegenstand ist der Bankrott oder die europäische Krise, ihre Kultur, ihre Wirtschaftslage und ihre Moral. Mit genialen dramatischen Mitteln macht es die Forderung einer neuen Ordnung durch eine ethische Anpassung zur tragischen Notwendigkeit. Ein Ende dem Größenwahn und den Illusionen zu machen, die Wiedergeburt des Ichs und gleichzeitig der Gesellschaft zu vollenden: Nichts weniger als das ist es, dessen wir uns als einer nackten Notwendigkeit bewußt werden, wenn wir mit ›Peer Gynt‹ seinen Lebensweg teilen, schiffbrüchig werden, geschüttelt von Angst und Mitleid selbst überleben wollen in unserem sittlichen Dasein. Ich habe nicht die Zeit und den Platz, diese Feststellungen im Detail zu be-

weisen, ich wollte, ich könnte es Ihnen auf der Bühne vorführen – wie ich
es in Berlin gemacht habe, 1928, bevor ich es verließ. In ›Brand‹ und noch
mehr in ›Peer Gynt‹ ist Ibsen der Richter moderner Menschlichkeit, der
große Unbestechliche, der er war – solange er Dome baute. Ein viel leiden-
schaftlicherer und menschlicherer Kämpfer war Strindberg, der geniale
schwedische Dramatiker, der Ibsens mathematische und ethische Überlegenheit hatte. Er – ganz im Gegensatz zum griechischen Drama – kämpfte den
Kampf des Menschen gegen Gott. Der Mensch beschuldigte ihn erbittert,
und Gott mußte sich selbst verteidigen. In diesem Kampf – beinahe Box-
kampf – war einmal Gott, einmal der Mensch siegreich oder vernichtet. War
das nicht die schlechteste aller möglichen Welten? Nein, es war nicht einmal
das. »Es ist schade um die Menschen«, sagt Indras Tochter im ›Traum-
spiel‹: Hier erreicht das individualistische Drama fast den Punkt eines
biologischen Nihilismus. Die Menschen benehmen sich so grausam untereinander, daß die Zivilisation völlig demaskiert wird, als eine kindische
Illusion. Als ob die ersten Schatten des Weltkrieges über Strindbergs immer
erregbaren Geist gefallen wären, des Weltkrieges, der noch nicht beendet
war und der die europäische Kultur bis zu den Wurzeln bedrohte. Als ob
die europäische Tragödie vorüber wäre und nun die satirische Komödie
begonnen hätte, wurde das individualistische Drama von jetzt an immer
mehr zur Komödie. Dramatiker wie Bernard Shaw und Noël Coward
(Synge und O'Casey, das irische Drama nicht mitgezählt, trotz seiner speziellen Größe, waren international niemals hoch genug bewertet und anerkannt) können nur ganz aus dieser Perspektive erkannt werden. Sie warfen
Licht in den langsamen Zusammenbruch der Klassengesellschaft, und es ist
Shaws Vorrecht, daß er – mit Ausnahme der letzten Zeit, wo er völlig in
Skepsis verfiel – versuchte, die Zukunft vorzuzeichnen und seine Satiren
mit utopischem und zugleich praktischem Ausblick schuf. Es schien, als ob
die Zeit des Dramas erfüllt wäre, und die Zeit selbst wurde das Problem
des Dramatikers, der nicht mehr imstande ist, zwischen Illusion und Realität
zu unterscheiden, wie es bei Pirandello ist und (in diesem Lande) mit
Priestley. Diese Art der Metaphysik, die die wahren Wurzeln der dramatischen Voraussetzung bezweifelt, ist ein Symptom einer in ihren Fundamen-
ten erschütterten Gesellschaft, einer sozialen Krise. Wenn der Dramatiker
sich fragt: bin ich am Leben oder ein Phantom in einem Traum – ist er
nicht mehr eines Urteils fähig. Von Maeterlinck bis zu Cocteau und Girau-
doux finden wir dieses Ausweichen, das die Bühne zu einem Treffpunkt von
allerhand magischem Zauber macht, aber ihre Macht verkleinert, in bezug
auf die Lebensfülle und die Lebendigkeit der Charaktere. Stärker als diese
Versuche ist ein Schriftsteller wie Tschechow, der nicht einmal ein geborener
Dramatiker, sondern ein genialer Novellist ist. Indem er seine Novellen
zusammenfügt und sie dreidimensional macht, schafft er dramatische Elegien,
die unser Gefühlsleben tief berühren. Tschechow war der menschlichste Poet

in der Prosa des Lebens. Aber was ihn zu einem erfolgreichen Schriftsteller machte, war, daß er ein Arzt war, ein großer Diagnostiker, der die Krankheit der Seele und soziale Epidemien im kleinsten Symptom erkannte. Wie sehr seine Stücke mit der kommenden Krise und der russischen Revolution zusammenhingen, das erkannte ich unbedingt, als ich die ›Drei Schwestern‹ kürzlich wiedersah. Saint Denis' wundervolle Vorstellung war nicht so melodramatisch wie die berühmte von Stanislawski, ärmer an Gefühlen und in der Ausnützung von zarter Melancholie, nüchterner, daher grausamer und komischer, aber von unserem Standpunkt aus klarer gesehen. Es ist gleichgültig, ob Saint Denis politische Intentionen hatte oder nicht. Er erschuf die Welt dieses Stückes mit dem gnadenlosen Mitgefühl eines Künstlers, der das Drama zur Aufführung bringt und nichts anderes als den Charakter einsetzt; der von lyrischer Schönheit nicht zu bestechen ist, die er zwar nicht vernachlässigte, aber in Grenzen hielt, so daß der Konflikt ungehindert herauskam.

Während ich versuchte, der Entwicklung des europäischen Dramas zu folgen – und ihre Höhepunkte als Stationen benütze –, bin ich auf meinem Wege fast unbewußt auf die andere Seite geglitten, wo die Komödie zu Hause ist, von den Tränen zum Lachen. Aber das Drama des Lachens ist trotzdem Drama. Humor sieht die Welt von der Vogel- oder Froschperspektive an, aber es ist dieselbe Welt. Die Griechen ließen – wie Gelehrte zu wissen glauben – das Satyrspiel der Tragödie als Nachspiel, sozusagen als Nachgedanken, folgen. Großer Humor ist niemals ohne tiefen Ernst, und das satirische Genie der Griechen, Aristophanes – er auch Platons Freund – war der Sohn der Krise, der Krise von Hellas, die ein kleineres Abbild der Krise und Uneinigkeit Europas ist. Als ich das Stück ›Frieden‹ in Paris sah, vor ein paar Jahren, hatte ich das Gefühl, es wäre von einem Zeitgenossen geschrieben, so außerordentlich Auden- und Isherwoodisch klang es. Shakespeare unterbrach aus Kontrastgründen und zur Erholung seine Tragödien da und dort mit Lustspieleffekten, und während Könige und Adel uns erschauern ließen wegen ihrer Ungeheuerlichkeiten, Machtkomplexe und blutigen Taten, war das gemeine Volk gut genug, um uns zum Lachen zu bringen. Die Wahrheit sprach der Narr, der seinen Lebensunterhalt damit verdiente, die Wahrheit zu sagen. Shakespeares Lustspiele enthielten nicht selten seine reichsten und menschlichsten Weisheiten. Manche sind uns über den Kopf gewachsen – während wir sie in unserer Theaterüberlieferung noch immer als Clownerie spielen. Die Komik forcierend, verlieren wir die Weisheit. Die Entwicklung der europäischen Kultur ist damit am besten charakterisiert, daß das Volk nicht mehr der Träger des Gelächters ist, sondern unser Pathos verkörpert, während sich die Satire gegen die herrschende Klasse gewendet hat – sogar in Hollywood machte man sich in den sogenannten *grazy-comedies* über die Millionäre und über ihre Söhne und Töchter lustig. Der große Molière war Shakespeare gegenüber in diesem

Belang weit überlegen, trotzdem sein Publikum auch aus dem Hof und der Aristokratie bestand.

Das Publikum hat sich verändert und erweitert. Stanislawski – der nicht gerade das war, was man einen Bolschewisten nannte – machte im hohen Alter eine Erfahrung, die ihn tief berührte, daß nämlich ein neues Publikum sich bildete, das aus dem Proletariat und der Bauernschaft zusammengesetzt war, ein ganz neues Publikum, das die Kunst des Dramas mit solchem Heißhunger verzehrte, daß es das Theater mit einem Schlag neu belebte. Im praktischen Theaterleben verändert nicht nur die Bühne den Zuschauer mit seiner geladenen Atmosphäre, es wirkt sich auch umgekehrt aus. Das individualistische Drama fand bei dem besseren und privilegierten Publikum Anklang, aber ein Publikum ist immer ein Kollektiv, und das Ensemble gleichfalls. Die Kommerzialisierung des modernen Dramas hat die Einheit des Publikums und auch die des Ensembles zerstört. Das ist einer der Gründe, warum es der Film so leicht hatte. Er machte Konzessionen, aber die Massen, die er gewann, hatten ihre theaterliche Heimat verloren oder noch nicht gefunden.

Trotz alledem – trotz der verheerenden Situation – spürt man schon die neue Art des Dramas durchkommen, Tropfen für Tropfen. In Deutschland – in den Zeiträumen zwischen Krieg, Revolution und dem ‹Dritten Reich›, welches in keiner Weise eine Epoche absoluter Anarchie war, wie die neuen Herren behaupten, sondern eine bürgerliche Anpassung, um ein ‹Heim nach Europa› wiederzufinden – versuchte sich das neue Drama, das weder für die Theater noch für die geschäftsmäßige Vergnügungsindustrie hergestellt war, sondern von Dichtern geschrieben, um ihre Hoffnungen, Wünsche und ihren Glauben auszudrücken, versuchte dieses neue Drama eine neue und jähe Wendung in das Soziale und in den politischen Idealismus. Der satirische ebenso wie der utopische Charakter waren vorherrschend in diesen leidenschaftlichen Versuchen. Die Epoche selbst, Ende und neues Beginnen, war das Thema all dieser Kriegs- und Friedensstücke. Diese Stücke waren konkave und konvexe Spiegel. Man sah in ihnen Fime und Caliban oder Ariel, je nachdem, ob man vorwärts oder rückwärts schaute. Die Bühne wurde zur Rednerbühne oder zu etwas Ähnlichem, wie eine *camera obscura* eines besessenen Zauberers – oder vielleicht noch besser: wie der brodelnde Kessel ‹der prophezeienden Hekate. Resultat dieser Periode war in diesem Lande ›Journey's end‹ und, von französischer Seite her, ›Das Grabmal des unbekannten Soldaten‹. Der »Unbekannte Soldat«, aus seinem Grab exhumiert, überall als Held anerkannt. Sie haben von den Stücken gehört, die der ehemalige Soldat und jugendliche Revolutionär Ernst Toller in einem bayerischen Gefängnis schrieb. Sie predigten mit lyrischer Leidenschaft Brüderlichkeit, die damals im Werden schien. Die Apokalypse eines weltumspannenden Zusammenbruchs jeder Sicherheit und das Aufzeigen neuer kollektiver Möglichkeiten waren in den dramatischen Projekten und Botschaften Georg Kaisers und anderer sichtbar. Expressionismus des Theaters wurde diese kurze Periode benannt, sie bereicherte das Theater technisch, indem sie das Licht und den Klang zum Zwecke dramatischer Ausdruckskraft auf die Bühne brachte, eine neue Wendigkeit, ein Erweitern des dramatischen Raums. Es war Versuchstheater, aber es beeinflußte die Bühne überall. Die übernaturalistische Tendenz dieser Bemühungen brachte keine Erfüllung, sondern den Anfang eines neuen idealistischen Stils im Drama.

Was von Ibsen zu Tschechow weiterhin geschah, war, daß unser Gefühl für die dramatische Perspektive sich verändert hat. Das Leben selbst wurde der Held unserer Stücke. Das neue Drama sucht den Idealismus zu überwinden. Die neue Wendung machte sich schon in den Stücken Ibsens und Strindbergs bemerkbar. O'Neill, vielleicht der kühnste Architekt des Theaters in eben diesem Zeitpunkt und Amerikas *poeta laureatus*, zeigt in seiner ›Elektra‹ ein Pandaemonium der Hysterie. Aber das allein würde nicht unser sicheres Interesse wecken, noch dazu, wo der Dialog nicht von hoher Qualität ist. Was diesem gigantischen Theatereffekt seine Bedeutung sichert, ist, daß es sich nicht mehr länger um Individuen, *dramatis personae*, sondern um ererbte und zu Katastrophen sich auswachsende Komplexe der Gefühle handelt. Andere Schriftsteller brachten soziale Klassen und Gruppen auf den dramatischen Schauplatz. Das Werk des genialen deutschen Dramatikers Bert Brecht, der jetzt im Exil lebt, sollte auf der internationalen Bühne gespielt werden. Seine ›Johanna der Schlachthöfe‹ beschreibt den ökonomischen Krieg der Fleischhändler in Chikago in Shakespeareschen Blankversen, ein Unterfangen ebenso reich an Pathos wie an Travestie. Was die junge englische Generation anbelangt, so fand ich Stephen Spenders ›Death of a Judge‹ einen sehr genialen Versuch, unsere Zeit vor Gericht zu stellen. Überreich an barocker Lyrik, fehlt diesem bemerkenswerten Werk doch nicht dramatische Wirklichkeit besten Niveaus. Es bringt den Entschluß der Jugend zum Ausdruck, Anspruch auf Gerechtigkeit und moralische Neuordnung zu stellen und sich im Drama mit Anarchie und Auflösung auseinanderzusetzen – verglichen mit diesem Versuche sind Audens und Isherwoods szenische Impromptus nicht zur vollen dramatischen Größe gewachsen. Aber sie enthalten – manchmal mit großartigen Ausdrucksmitteln – Elemente, die die zeitgenössische Bühne bereichern sollten. Manche von den pathetischen und den satirischen Chören sind großartig und würden den größten Effekt haben, wenn sie mit der realistischen Phantasie gebracht würden, die sie herausfordern. In New York: für Gershwins ›Of Thee I sing‹, im Vor-Hitler-Deutschland die Brecht-Weillsche ›Dreigroschenoper‹, wurde ein Stil für diese Art Theatervorstellung gefunden. Aber dort wurde sie nicht für eine kleine Gruppe von Kennern gespielt, sondern sie mußte vor der breiten Masse um ihre Existenz kämpfen. Wie es sich für diese Art Stücke gehört. –

185

Meine Damen und Herren! Ich spreche zu den Mitgliedern der Stage Society. Ich weiß, daß ich mich an Freunde des Dramas wende, welche ich nicht von der Bedeutung des Dramas und der Tragödie überzeugen muß. Ich habe mich dreißig Jahre lang mit der praktischen Ausübung des Dramas befaßt. Ich habe es noch nicht aufgegeben. Und ich bin mehr als je überzeugt, daß wir das Drama brauchen, seinen wahren Geist als einen Führer durch das Chaos unserer Zeit, die eine lernende Epoche des Übergangs wirtschaftlicher Umformungen ist, in einem sozialen und epischen Sinne. Es gibt immer noch genug dramatische Überlieferung und Talent. Wir haben nicht nur auf der englischen Bühne Schauspieler, die dringend dramatische Stoffe brauchen und Direktoren, die mitten im Chaos der industrialisierten Theater kleine Inseln der dramatischen Kultur aufzubauen versuchen. Wir finden auch unter den jungen Schriftstellern, Malern, Musikern, unter den Besten manch einen, der seine Kräfte dem Theater widmen will, welches gerne die lebendigen heutigen Themen der Gegenwart aufnehmen würde. Solches Bemühen darf nicht nur mit Worten ermutigt werden. Es sollte ein Teil der Bewegung des idealistischen Theaters sein, die Klassiker von unserem Standpunkt aus zu zeigen; nicht Shakespeare im modernen Kostüm, sondern Shakespeare neu in Gedanken ist die Aufgabe. Die wahre Darstellung des Dramas bricht durch das Lyrische und Idyllische und besteht unerbittlich auf Realität. Das wollte ich in meinem geschichtlichen Abriß des europäischen Dramas und mit dieser kurzen Analyse seiner klassischen, modernen und gegenwärtigen Typen und Beispiele zeigen. Die Kritik aller dramatischen Bemühungen kann nicht streng genug sein, wenn sie wesentlich und konstruktiv und nicht oberflächlich ist. Das heutige Publikum ist schwer zu nehmen. Je schwerer, desto besser. Wir müssen ihre Apathie überkommen und versuchen, sie zu überzeugen, daß es im Drama um ihre eigenen Dinge geht. – Wir müssen für das Drama den Kampf ansagen. Dann wird das Drama für uns kämpfen.

Aufzeichnungen zur Tragödie

Tragödie = Sündenbocksgesang.

Tragödie als Ablösung des Menschenopfers.

Der letzte Tragiker, Euripides, in seiner letzten Tragödie, den ›Bacchantinnen‹, die mir, noch ehe ich sie kannte, gerühmt und empfohlen wurde als späte, reuevolle Rückkehr eines Skeptikers zur Religion. Pentheus, dem Gotte Dionysos als Menschenopfer dargebracht, ist der gerichtete Rationalist, der Vernünftige, der Zweifler. Mit ihm wird sein ganzes Geschlecht, als

Frevler an Dionysos, gerichtet, das ganze zweifelnde Theben, das sich dem Gotte verweigert hat. Dieses Endwerk ist so recht die Selbstdarstellung der Tragödie posthum, denn die Tragödie ist bereits gestorben.

Weitere Entwicklung des europ. Dramas: fortlaufende Säkularisierung.

In London hörte ich am Radio, wie beklagt wurde, daß Shakespeare seine Sprache nicht aus der Diktion der großen Bibelübersetzung geholt habe: damit habe er das Drama einen falschen Weg geführt, habe er die eigentliche Tradition abgebrochen. Er hat tatsächlich das Drama verweltlicht. Was er sucht, ist der *Weltgeist*; dessen immanente Ordnung, den von ihm gebotenen, geregelten Verlauf und Ablauf.
Das Individuum als Kreuzungs- und Knotenpunkt der Dialektik, die sich in der Reflexion, alle persönliche Dialektik einbeziehend –, einverwebend, als Welt-Dialektik durchsetzt.

Gustav Landauer über den ›Coriolan‹: hier habe Shakespeare »in die Seele der Geschichte hineingeleuchtet«, indem er »die Geschichte einer Seele gab«. Später nur mehr künstliche, theoretisierende Versuche, die Tragödie wiederherzustellen: *Hebbel.*

Das *Individuum* im Konflikt mit der *Idee* (dem kategor. Imperativ): Kant-Schiller

mit der *Geschichte*: Hegel
mit der *Gesellschaft*: Ibsen –
und seit Ibsen, bis Brecht – (Marx)

Strindbergs histor. Dramen: der große Mann als *Werkzeug der Geschichte.*

Naturalismus: der Mensch als Produkt des *gesellschaftlichen* Zustands, des *Milieus.*

Die ›Antigone‹ des Sophokles:
unvergängliche Statue der antiken Tragödie. Auch uns ist Antigone, auch heute noch, ein »Gemeinsamschwesterliches«, um die berühmte Wortbildung anzuwenden, mit der Hölderlins Übersetzung beginnt – ›anhebt‹. Mit diesem Wort ist der Grundakkord angeschlagen, der das Motiv des Werkes enthält.
Dieses Schlüsselwerk der Antike wird für uns, Nachgeborene, zum Schlüsselstück, indem wir uns vertrautere Verhältnisse und Motive, als es die im Original waltenden sind, einsetzen. Unser Genuß der Tragödie ist immer Interpretation, und zugleich der jeweiligen Epoche entsprechender Versuch einer vergleichenden Restauration. Goethes ›Iphigenie‹ ist zuletzt nichts als das, weniger selbständige Schöpfung als Nachschöpfung, wobei ihm die

187

Ideale der deutschen Klassik, ihre Humanität, so intensiv vorschwebten, daß ein neuer Körper, eine moderne Gestalt sich manifestierte, vergleichbar den Übungen spiritistischer Totenbeschwörung. Den Umriß ergibt die Diktion, die gezähmte Sprache, die Hölderlin eigensinnig, eigensinnlich zu vermeiden trachtete: dies der tiefe Sinn und »heilige Irrsinn« der Hölderlin-Übersetzung. Goethes ›Iphigenie‹ glich dem Geist, den er begriff. Hölderlin strebte in das seiner Zeit Unbegreifliche zurück und hinüber, denn wir begreifen es wieder besser, historisch neubelehrt, wie wir sind, und rauh belehrt, wir, durch ein neues Chaos Gegangene und Gehende (oder Geschleuderte). Was die großen Denkmäler der Vergangenheit anlangt, so hat jede Epoche neu zu interpretieren, und, soweit sie auf lebendigmachende Darstellung aus ist, zu restaurieren.

Wir müssen, wenn wir uns die antike Tragödie neu gewinnen wollen, weit hinter Goethe, weit hinter Shakespeare und auch seine Form des individualistischen Dramas zurückgehen.

Es soll noch, insofern an Goethe gemessen wird, darauf hingewiesen werden, daß die ausgeglichene Harmonik der ›Iphigenie‹ keineswegs das einzige Beispiel ist, das er aufgerichtet hat. Wer dächte nicht an Sprache und Gebärde (dramatischen Gestus) des Helena-Aktes? Darüber hinaus an das ›Pandora‹-Fragment, das der eigentliche Euphorion ist, das Kind aus der Vereinigung Faustens mit Helena, grandios auffliegend und abbrechend, wenn nicht zerschellend!

Die ›Pandora‹ – die als eine Materialisation der deutschen Romantik verstanden werden könnte – ist der Antike, wie wir sie heute zu begreifen glauben, näher als den Griechen Winckelmanns, näher auch dem kräftesprengenden Übersetzungs- (und Interpretations-) Versuch Hölderlins.

Es tut mir leid, daß ich den Versuch Brechts, seine Bearbeitung der Hölderlinschen Sophokles-Übertragung, zur Zeit, da ich mir dies notiere, noch nicht kenne. Aber ich stehe unter dem Eindruck der Salzburger Aufführung der Orffschen Gestaltung des Werkes im Sommer 1949. Ich habe diesen zweifellos großgearteten Versuch, großgeartet trotz seiner vielleicht unrettbaren Zwiespältigkeit, noch in den Nerven. Und ich bin überaus dankbar, ihn auf der Bühne der Felsenreitschule erlebt zu haben.

Der Dank gilt zuerst der so, *genau so*, gebotenen Gelegenheit, die Sophokles-Hölderlinsche ›Antigone‹ von Beginn bis Ende sinnlich wahrnehmen zu dürfen, mit Aug' und Ohr.

Mir war dies zuerst und zuletzt eine ... [?] und Orff der interpretierende Regisseur, dessen Regiekonzeption Künstler wie ... [Neher] und Schuh zu Ende führten. Daß dies im Rahmen der Festspiele geschah, rechtfertigte, für mich wenigstens, fast allein schon der Aufwand der Veranstaltungen dieser Saison. Freilich wünschte die Majorität des internationalen Publikums nicht, solcherart auf den Spuren antiker Geisteswege (und Geister-wege) zu fahren. Soll der Ort nur – und jedenfalls vor allem anderen – der Tradition Mozarts geweiht sein, und zwar der vollverstandenen, dann läge eine Aufgabe dieser Art außerhalb des versprochenen Programms. Die Wie-derbelebung Mozarts und Goethes, im Goethe-Jahr, wäre gewiß in diesen Zeiten des gefährlichen Überganges Europas ein Ziel, aufs Innigste zu wünschen. Freilich besteht gerade in diesem Zeitpunkt die Gefahr, daß Humanität zur Fassade wird, hinter der sich höchst unhumane Kombinatio-nen bilden. Dagegen schützt auch kein künstlerisches Experiment, das sich dem feiertäglichen Genuß glorreicher Harmonien, denen in der Wirklichkeit weiß Gott wenig entspricht, verwehrt. Das ist das allgemeinere Problem von Festspielen in dieser Zeit, die bei neuerdings umwölktem Gewitter-himmel kaum den Anlaß zum Festefeiern bietet. Es gibt da freilich noch andere Perspektiven. Sei nun auch der Kulturkitzel [durch] Sensationen noch so weit entfernt von einem Kulturgewinn in wertbeständiger Währung, denn eine wahre innere Befreiung und, nach der Wendung der Zeit, ein durchgesetzter neuer Beginn hätte vorausgehen müssen, so ist doch das Be-dürfnis nach seelischer Entlastung, und wäre dieses auch eine Illusion, nur zu begreiflich. Schon die scheinbare Entspannung, um wieviel mehr die Ablenkung durch einen Jahrmarktsrummel ohnegleichen, der diese aus aller Welt und Unwelt herbeigeschwärmte, buntscheckige Pilgerschar durch eine Szenerie ohnegleichen jagte, deren Barockkulisse ein glücklicheres Europa vorspielt und spiegelt: schon dies ist an sich ein Schauspiel, dessen Genuß freilich zu einer Art von Besessenheit ausartet. Das Mittelstück ist jene unveränderte, zur Institution gewordene ›Jedermann‹-Vorstellung, die sich seit Reinhardt auf dem Domplatz vollstreckt. Dort tritt, ihn von den Hängen der Hügel rufend, der Tod den Menschen an, dessen Seele, auch wenn die guten Taten fehlen, durch den Glauben gerettet werden kann. Solches Angebot des Himmels, sofern er nicht Regen niedersendet, war in Salzburg schon zwischen den beiden Weltkriegen einer internationalen Zeit-genossenschaft willkommen. Auch heute, wo es noch viel deutlicher welt-politischen Zwecken dient, labt es insbesonders geistig minder bemittelte Gäste. Während die höhere Bürgerlichkeit sich von jenem anderen Hof-mannsthal, der Richard Strauss die gedeihliche Unterlage gab, erschreckend festlich bewirten läßt. Für die Salzburger Festspielwochen wenigstens kann solcher Sinnenschmaus die Not der Zeit vergessen machen, und die satte Melodik übertönt die Geräusche der Weltkriegsrüstungen, die in den Zei-tungen auch weiterhin ununterbrochen hörbar bleiben.

Zugegeben also, daß die Sprache der Tragödie fehl am Orte ist. Es wäre freilich auch ein Wunder, das Jedermanns Leichtgläubigkeit voraussetzt, wenn in solchem Lärme die ›Zauberflöte‹ rein und voll zu Gehör käme. Ihr Wohlklang ist erwünscht, wird [er] jedoch, wenn sie tönt, wahrhaft vernommen? Und eifert in Beethovens ›Fidelio‹ der Chor der Gefangenen die Masse der Besucher gegen die Tyrannei an? Das Schöne bietet reine Hülle dem Wohlgefallen derer dar, die hohe Eintrittspreise zu zahlen imstande sind. Ob es aber, in dieser Umgebung, den wahren Kern nicht eher verbirgt als preisgibt? Ich gebe zu, daß auch in der Orffschen Aufmachung das Wie zwar reizt und beunruhigt, das Was aber unverstanden bleibt und eher langweilt als ein tieferes Interesse erregt.

Und das müßte so sein, gerade weil es sich bei der Orffschen ›Antigone‹ um einen ernsthaften Versuch handelt, freilich um einen mit den Mitteln der Zeit unternommenen. Der Theaterzettel enthielt eine kurze Gebrauchsanweisung, in der es hieß: »Dieses Werk Hölderlins, in dem neben dem klassischen Griechentum zugleich die urweltlichen Bezüge wieder auftauchen, hat Carl Orff – unter Verzicht auf jede textliche Vorbereitung – mit einer Musik versehen, die den geistigen und gestischen Gehalt von Wort und Aktion klanglich und rhythmisch gestaltet.« Diese Formulierung, von wem sie auch immer stammen mag, entspricht den Tatsachen, vorausgesetzt, daß man für Hölderlin die ›urweltlichen Bezüge‹ und für Orff die Bezeichnung ›Musik‹ gelten läßt.

Das tabula rasa der Tragödie

Wer heute über das Drama, seine Lebensfähigkeit oder Todeswürdigkeit, sprechen will, muß den Film einbeziehen. Das heißt, daß das Drama nicht länger an das Theater allein, an den gesellschaftlichen Radius des Theaters gebunden ist. Zwar entsprechen den beiden Formen dramatischer Darstellung, der legitimen und der illegitimen Form, immer noch zwei verschiedene Rubriken in den Zeitungen. Indessen hat bereits das Radio seinen Anspruch auf das Drama nicht nur angemeldet, sondern auch in der Tat erhoben. Und die neueste, die Technik des Fernsehapparats, hat sich an den ›Hamlet‹ herangewagt. Das Drama ist also im Begriff, den Zuschauer in seinem Heim aufzusuchen, und zwar nicht länger nur als Buchtext. Das geschieht in einer Epoche des Kollektivismus, von der das Fest- und Weihespiel in großen Dimensionen zu erwarten war, und die Masse als Mitspieler, wenn nicht als Protagonist. So träumte der erfolgreichste Regisseur der europäischen Bühne, Max Reinhardt, noch kurz vor seinem Tode, als Siebzigjähriger, vom allumfassenden Volks-Theater, und er kam immerhin zu einer probeweisen Verwirklichung des Projektes, als er den Hochzeitszug des Theseus und der Hippolyta über die Hügel der Hollywood-Bowl leitete.

Dieser Krieg war noch nicht der Atomkrieg, aber wie viel hat er bereits atomisiert! Die Gerüste, auf denen von voralters her das Drama aufgebaut gewesen war, standen ohnedies nicht länger. Seither sind auch die primitivsten Begriffe der europäischen Menschlichkeit zu Staub zerpulvert worden.

Ohne Begriffe kein Begriffsbau, ohne den kein Drama, kein mit einiger Strenge durchzuführendes dramatisches Argument.

Groß im Antworten war das Drama ja nie, seine ureigene Wonne ist immer die unbedingte Fragestellung gewesen, und gerade in den großartigsten Werken, den kultischen und den säkularen, die das gültige Dasein der dramatischen Kunst zu verewigen schienen, erreicht der letzte Akt einen harmonischen Abschluß, dessen Befriedigung aus der endgültigen Unlösbarkeit der aufgeworfenen Probleme geschöpft war. Das gilt von Aischylos bis Shakespeare. Die Tragödie zerstörte, was sie verherrlichte: ihren Helden. Aber sie setzte eine Ordnung voraus, aus der sie ihn heraushob, über sie, auch gegen sie, gewiß. Wo sie in ihm eine herrschende Ordnung verneinte, gegen die er, wenn auch vergeblich, seinen Stand nahm, wie im ›Hamlet‹ und im ›Lear‹, wies sie auf eine werdende Ordnung hin, in der er bestanden hätte, hätte sie nur erreicht oder vorgefunden. Es ist zweifelhaft, ob nach Hamlets Ende das Zeitalter der rechtmäßigen und gerechten Könige, nach dem Tode Lears das der dankbaren Kinder anbricht; mit anderen Worten, ob man sich auf Fortinbras und auf Cornwall verlassen kann. Das utopische, das messianische Element wird in der Tragödie, soweit sie sich den euripideischen Ausweg eines deus ex machina nicht erlaubt, auch hinter der absoluten Verneinung fühlbar, und das in jedem Wort und Klang, auch hinter den Zuständen einer scheinbar restlosen Verzweiflung. Die *tabula rasa* der Tragödie kann (und darf) gezeigt werden, solange die Welt besteht und zusammenhält. Läge sie aber in Trümmern, wäre keine neue aufzubauen, und gäbe es dennoch Theater, Schauspieler und Zuschauer – was könnte da aufgeführt werden? Was an zur Schau zu stellenden menschlichen Beispielen gedichtet werden?

Das dramatische Ich

Wenn ich recht verstanden habe, so geht es dem dramatischen Ich, das noch unlängst von Shakespeare so wichtig genommen wurde, jetzt endlich an den Kragen. Ich sage: jetzt endlich! und wundere mich über die Hexerei der Zeit. Denn während Shakespeare außer Kurs gesetzt wird, zeigt sich deutlich genug, daß er immer noch eine rüstige Debatte wert ist. Und man kommt über ihn nur hinweg, indem man das Drama aufgibt. Man erklärt: seit jenem Shakespeare vor dreihundert Jahren ist mit dem Drama nicht mehr viel los. Er soll den Entwicklungsgang des Individuums zum Kapitalisten vorweggenommen haben, das habe er nun einmal geleistet, und damit basta! Er hat noch rasch die Renaissancenaturen unter unseren Bankdirektoren zum Größenwahn verleitet – er hat die Hamlets im Frack ermutigt, die den Kurfürstendamm zu einer so melancholischen Gegend machen. Damit aber wären die Möglichkeiten des Ichs erschöpft, es legt sich hin und stirbt – an Soziologie. Denn wenn endlich einmal dem Othello seine Eifersucht abgekauft ist, wie schön können wir mit seiner Desdemona huren! Und wenn dem Macbeth erst seine Skrupel abgewöhnt sind, wie begabt wird er morden! Wirklich, es hat gar sehr den Anschein, als ob das alte feudale Ich mit seinen pathetischen Hemmungen glücklich um die Ecke gebracht wäre – und als ob man alles Weitere einer gut geölten Soziologie überlassen könnte! Es lohnt sich daher auch nicht länger, dem Ich auf unseren vielen Bühnen einen Platz einzuräumen, den es im Leben nicht mehr behaupten kann.

Nun, ich will einen Spaß verstehen, umso lieber, als er Shakespeare gewiß nicht schaden kann; nicht so gründlich jedenfalls, wie schlechte Shakespeare-Aufführungen, die aus dem besten Shakespeare-Glauben erwachsen können. Eines ist gewiß richtig: es wäre innigst zu wünschen, daß so manches Ich,
...

[fragmentarisch]

[Bemerkungen zum Drama]

Der Kampf um das Drama wird durch die Praxis der Bühne entschieden werden: diesem Glauben neigen die Menschen des Theaters zu. Sie glauben zuletzt nur an den Erfolg, dem sie mit ihrer ganzen Existenz dienen müssen. Sie wissen mit allen Nerven, daß der Erfolg entscheidet; auch wenn sie es mit dem Munde leugnen. Deshalb dreht sich alle Theorie hier, bewußt oder unbewußt, um die bange Frage, ob sich der Erfolg im vorhinein bestimmen, ob erraten und errechnen läßt, oder nicht. Und jeder neue Erfolg ändert die Theorie, biegt sie sofort ab. Die Schnelligkeit der Umstellung des Denkens in der Theatersphäre hat etwas Klägliches, die Menschenwürde Beleidigendes an sich. Wenn schon die Politik den Mann der festen Überzeugung dort, wo es gilt, diese Überzeugung augenblicklichen Umständen anzupassen, in die peinlichste Verlegenheit bringt, um wieviel mehr noch die Politik des Theaters, welche die empfindlich schwankenden Bedürfnisse des Publikums erfüllen will!

In den Zeiten nach dem Kriege glich das Theaterinteresse oft allzusehr dem falschen Appetit einer schwangeren Frau. Dieses Publikum schien eine Pirandello-Seele zu haben; und man fragte sich, ob das deutsche Bürgertum, kulturell und wirtschaftlich in Frage gestellt, überhaupt noch wisse, was es wolle. Es wollte Bernard Shaw, einen Komödienschreiber, der die Typen der Zeit und die Gegensätze zwischen Kapitalismus und Sozialismus in angenehmer und belustigender Sinnfälligkeit vorführte, ohne das Gewissen mehr, als dem Wohlbefinden zuträglich gewesen wäre, zu bedrängen. Shaw ist ein Meister in der Erweckung der Illusion, als ob der Übergang von der einen zur anderen Gesellschaftsordnung auf einem geistreich verplauderten Spaziergang über die Bühne des Lebens hin geschehen könnte. Man würde dem Publikum der Zeit bitter Unrecht tun, wenn man behaupten wollte, es habe nur die abendliche Zerstreuung gesucht. Die große und allgemeine Vorliebe für Shaw beweist das Gegenteil. Man bedurfte der Debatte aller brennenden sozialen und kulturellen Fragen, um sich rechtschaffen unterhalten zu können. Dieses Bedürfnis charakterisiert die bürgerlichen Menschen unserer Übergangszeit. Allerdings behaupte ich, daß Shaw seinen gewaltigen Erfolg einer tiefen Zweideutigkeit verdankte, für die ich ihn persönlich nicht verantwortlich machen will. Während nämlich seine Vorworte in glänzender publizistischer Schlagfertigkeit die Gedanken des Sozialismus auftrumpften, holte sich der Kapitalismus aus der Komödie bessere Gründe und ein besseres Gewissen. Das Selbstquälerische der Psychologie blieb ausgeschaltet.

Überhaupt wollten die Seelen dieser Zeit von Selbstprüfung und Selbstzerfaserung zunächst nichts mehr wissen. Es bleibt die große Leistung moderner Regie und Dramaturgie, den männlichen voluntaristischen Zug des Dramas mächtig herausgebaut zu haben. Solche gewalttätige Regie machte allein noch das Drama der Klassiker dem modernen Theaterbesucher schmackhaft. Das Tragische schien nur noch begehrenswert, weil es die Wollust der Entscheidungen brachte. Das war die vielgenannte Dramaturgie des fünften Aktes. Vielleicht bereitete sich so das Geschlecht, über das aus scheinbar heiterem Himmel so blutige Entscheidungen hereingebrochen waren, gefühlsmäßig, in etwas masochistischer Weise, auf das Ertragen weiterer entscheidender Umstürze vor. Merkwürdigerweise war der eigentliche Aktivismus der jungen Dramatiker eine mehr lyrische und sentimentalische Angelegenheit gewesen. Über das apokalyptisch-satirische Zeitbild, eine gewisse Magie des Untergangs, ausgedrückt durch die Bühnenillusion der Scheinwerfer, und pointiert durch die recht allgemein gehaltene Menschlichkeits-Predigt, gelangte er nirgends hinaus. Der edle Antrieb bleibe freilich unvergessen und vor billigem, nachträglichem Hohn bewahrt. Die Bühne aber überflügelte bald diese Texte, sie bewies mehr Gestaltungskraft und Lebensfülle als das ein wirres Allgemeingefühl herausstammelnde Wort. Die Bühne bot und bietet mit dem ganzen Raffinement ihrer Technik den Nachwuchs schauspielerischer Kräfte, einen scheinbar unerschöpflichen Reichtum an Individualität, der nach Aufgaben hungert. Bevor das Theater sie wieder bietet, wandert die Fülle der Gesichte in den Film ab, der den mimischen Vorrat zunächst freilich mit nur geringem Aufwand an Idee aufbraucht. Denn auch im Film sieht es so aus, als ob die Zeit zögerte, ihre Ziele ins Bewußtsein zu heben und als ob sie sich vor ihrem eigenen Pathos schämte. Während auch im Film die Darstellung der Leidenschaft, Mensch und mehr als Mensch zu sein, Anleihen bei der Vergangenheit macht, zeigen sich neue Perspektiven nur im Komödienhaften. Die Groteskkomödie der Chaplin, Harold Lloyd, Buster Keaton und Griffith bieten die deutlichsten Ansätze neuer Originalität und Individualität. Das Ich wird in seiner technischen und soziologischen Abhängigkeit zum Knockabout, aber der Humor davon ist doch das Vorgefühl einer neuen individuellen Freiheit.

Die zeitgenössische deutsche Dramatik weist den verwandten Seelenzug auf, der auf eine lachende Überwindung der selbstherrlich gewordenen Weltmaterie hinzielt. Die Charakter- und Ideenkomödie war von Wedekind bis Sternheim und Georg Kaiser unsere letzte gestalterische Errungenschaft geblieben. Und die jüngsten Versuche von Bronnen und Brecht – zweier sehr verschiedener Talente, deren Namen immer noch durch Alliteration und Absicht verbunden sind – zeigen deutlich genug, daß auch die fatalistische Tragik des Trieblebens, wenn die repräsentative Idee ausgeschaltet wird und auf den Zynismus der Katzenjammer folgt, zwangsläufig zur Komödie führen muß.

Der Dramatiker ist und bleibt ein Gläubiger der Idee in des Wortes doppelter Bedeutung. Ohne Glauben an Notwendigkeit und Freiheit kein Drama. Freilich auch keine Komödie; aber die Komödie stellt sich unter den heutigen Umständen früher und leichter ein. Sie erlaubt eher die mehr passive Resistenz der Idee.

Indessen kommt von Rußland ein neues Pathos herüber, das kollektivistische Pathos, wie man es gerne nennt. In Wahrheit ist es nur das Pathos einer Revolution, die gesiegt hat. Und die kurze und einfache Handlung der Revolution lebt sich zunächst am deutlichsten in der Bilderwucht des Films aus. Nicht mit Unrecht hat jemand witzig gesagt, daß dem Happy-End des amerikanischen Films das Aufpflanzen der roten Fahne bei den Russen entspricht. Es handelt sich dabei immer nur um einen und denselben Akt, der der brutalen Gewalt die Freiheit entgegensetzt. Der absolute Wille zu dieser Freiheit, den wir immer noch nicht aufbringen, weil wir von der Gedeihlichkeit der Folgen nicht überzeugt sind, hat allerdings eine der großen Kunst verwandte Wirkung. Es ist ein Glaube bei den Russen. Bei den Amerikanern entspricht dieser Glaube einem geradezu religiös empfundenen Zivilisationsoptimismus. Die Russen haben den wilderen und mächtigeren Stoß des Willens, die menschlichere Anteilnahme gewiß. –

Es ist charakteristisch, daß die bisher ziemlich vereinzelten Versuche Piscators, das kollektivische Pathos auf unsere Bühne zu stellen, beim Film anknüpfen. Denn während die eingefügten Filmteile tatsächlich etwas von der bannenden Augenblicksintensität und Tatsachenwucht der Zeit gaben, blieben die Worte der Schauspieler in der politischen Predigt und im Leitartikel stecken. Neben der überzeugenden Zeitdämonik der spiegelnden Leinwand behaupteten sich nur die Wirkungen einer revolutionär erregten Masse, welche die Zuschauer zu einem Drama aufrufen, das sogleich, aber auf der Straße, zu beginnen hätte. Nur diese Tatsachennähe der Bühne unterscheidet die Bestrebungen Piscators von dem überholten ›Aktivismus‹. Im Grunde handelt es sich hier wie dort um eine Rhetorik, die mit Bühnenillusion illustriert wird. –

So kommt man nicht zum Drama, das fühlen alle Beteiligten deutlich genug. Und es bleibt nichts übrig, als auf das Drama, eine vielleicht überlebte Form, ganz zu verzichten, oder es nach neuen Prinzipien völlig zu modeln. Es bedeutet einen wesentlichen Schritt weiter, daß man nun allmählich doch nach der Idee zu suchen beginnt, von der eine Erneuerung des Dramas ausgehen könnte.

Überzeugte Marxisten verfallen nun zunächst auf jene bewährte materialistische Geschichtsauffassung, auf den Glauben an die allein bewegende Kraft ökonomischer und sozialer Verhältnisse. Diese Anschauung hat schon einmal geistige Revolution und künstlerische Epoche gemacht – und zwar bei Zola, den ich hier statt aller anderen Naturalisten nennen will, weil keiner es so wie er zu einem Mythos des modernen Lebens und zu einer so lückenlosen Sammlung aller Tatsachen gebracht hat, die sich vor solchem Horizont fassen und umfassen lassen. Zola, ein heute oft verleumdetes Genie, ein visionärer Kenner der Höhen und der Tiefen, behalf sich mit gigantischen Personifikationen der soziologischen Mächte. Daß seine Epik von riesenhaften dramatischen Impulsen gespeist wird (ebenso wie sie von tausend lyrischen Innerlichkeiten überquillt und wie sie von abertausend Filmen strotzt), bringt nicht darüber hinweg, daß es eine Epik ist. Der vom Milieu, von ökonomischen Gesetzen, von Naturkräften abhängige Mensch ist kein Vorwurf des Dramas. –

Ganz konsequent glaubt denn auch der Dichter Brecht die Stunde für seine Fiktion eines ›epischen Dramas‹ gekommen. Ich habe die Qualität eines Dichters niemals nach dem Wert seiner Theorien gemessen. Das Drama aller Zeiten hat epischen Bestand aufgewiesen, es ist sozusagen aus dem Mutterboden der Epik erwachsen. Und zweifellos kann sich das Drama eine größere Gestaltenfülle von dem Überwiegen des epischen als dem des lyrischen Elementes versprechen. Als eine gesunde Reaktion gegen die lyrische Redseligkeit des dramatischen Aktivismus habe ich Brechts ›episches Drama‹ auch von allem Anfang an empfunden. Der Wunsch, Tatsachenmaterial der Zeit, dokumentarisches Leben zu übernehmen, um es zu gestalten, spricht nur für die lebendige Kraft eines jungen und heutigen Dramatikers. Aber Brecht, der Theoretiker, geht um einen kühnen Schritt weiter und wendet sich gegen das eigentlich Dramatische im Drama selbst. Schon einmal, zwar nicht an Shakespeare selbst, aber immerhin doch an Marlowe, hat er versucht, den Weg zurückzugehen, den das Shakespearische Drama von der Chronik zur Kristallisation der Idee nahm. Auch der Regisseur Engel unternahm, auf das Fundament dringend, ein verwandtes Experiment am ›Coriolan‹. Es konnte nicht gelingen. Denn wenn auch eine Schmucklosigkeit der Tatsachen erreicht wurde, die an manchem Punkt das Herz des Hörers tiefer und entscheidender berührte als jeder auch nur im geringsten verlogene Überschwang, so hindert doch ein, wenn auch noch so systematischer Abbau des Pathos, die Höhe des Dichters zu erreichen. Sie gar nicht mehr erstreben zu wollen, behauptet freilich Brecht. Für ihn ist eine Diktion entgöttlicht, deren menschliche Substanz er nicht mehr fühlen zu können vorgibt. Und hier scheint er sich mit den Marxisten eng zu berühren. Individualität, aus dem feudalen Prinzip der Renaissance erwachsen, habe grundsätzlich nichts mehr zu tun mit dem modernen Ich, das der Sozialismus endgültig überwinden wird. Der eifersüchtige Othello müßte von einer kommunistischen Zukunft ohnedies und rechtens enteignet werden, sein Kampf um den Alleinbesitz der Desdemona ginge uns nichts mehr an, vielmehr er ginge uns geradezu gegen die pure Anständigkeit, wenn nicht gegen den einfachen guten Geschmack. Aber es ist ein altmodischer naturalistischer Irrtum, daß Othello nur um den Alleinbesitz der Desdemona kämpft. Er kämpft vielmehr um den Glauben an die Schönheit, an die Wahrheit, an die Güte, um den Glauben an Gott und Welt und Menschheit. Jenseits aller sozialen Anschauungen bleibt dieser Kampf um den Wert, bleibt das Drama des Zweiflers bestehen. Ebenso wie die Liebesdichtung von aller erotischen Theorie und Praxis der Gegenwart und Zukunft unberührt bleibt. Ich kann mir sehr gut eine kommunistische Desdemona denken, die bei staatlich abgeschafftem Besitzrecht des Mannes auf seine Eifersucht als Liebesbeweis verbotener und perverser Weise besteht. Auch wird kein Sowjet der Welt eine gebürtige Desdemona an jedem Opfer, an jeder Selbstaufgabe, die ihrem unlogischen und unbotmäßigen Herzen beliebt, je hindern können. Und jede kommende und gegenwärtige Soziologie wird immer nur an den Gesichten eines Genies neue Belege entdecken, nie aber umgekehrt der große Dichter die Belege für eine Soziologie zusammentragen. Was aber die Probleme anlangt, so bleiben sie immer dieselben, weil sie das *a priori* der Menschennatur, ihre Verhältnisgrenze zur Welt bedeuten. Die Probleme bleiben dieselben, wenn sie auch nicht nur von jeder Zeit, sondern sogar von jedem Ich immer neu entdeckt, neu gesehen und erlebt und durch Leben und Tun gelöst werden müssen – gelöst werden, um unlösbar zu bleiben; das eben ist der Sinn aller Dramatik und aller Tragik, die eben deshalb, wieviele Menschen und Geschlechter, wieviele Staaten und Soziologien auch an ihr sterben mögen, unsterblich ist. Das Ich aber kann nicht ausgeschaltet, nicht getilgt und übersprungen werden, im Leben so wenig wie im Drama. Denn es ist der Träger des Erlebens und Erleidens, des Willens und der Tat, der Verantwortung und der Entscheidung. Sollte der Kommunismus das Ich übersehen, so wird er an diesem kleinen Fehler scheitern. – Die Kunst aber betreibt, seit sie ist, nichts als Personifikation, bis zur Personifikation von Stein und Bein und allem Unpersönlichen. Sie ist der unausrottbare Anthropomorphismus, dem sich unsere Vernunft ebensowenig wie unser Gefühl je entschlagen kann. Auch der prachtvolle Film vom ›Panzerkreuzer Potemkin‹ lebt nur von vielen individuellen Zügen, mag er sie noch so glühend zum Kollektivum verschmelzen. Jeder Maschinenbestandteil scheint hier mit revolutionärem Willen begabt und beseelt, und dieser Wille überzeugt uns nur, weil zuletzt das Schiff als eine Individualität, als eine großartige Person erscheint, eine Person, die wir persönlich lieben, um die wir zittern und zu der wir, als zu einem dramatischen Helden, verehrend aufblicken. –

Ist aber das Ich in aller Kunst, wie in allem Leben, unausrottbar, so bewährt es doch seinen Kunstwert seit jeher nur als repräsentatives Ich, als Träger von Werten, als Vollstrecker eines großen Willens, als Vorkämpfer oder Gegenkämpfer einer Idee, als Vertreter einer Gesamtheit, eines Weltkollektivums – bei den Griechen nicht weniger als in der katholischen Kunst und im protestantischen Individualismus eines Shakespeare. Das Ich der Kunst muß überindividuell sein, aber erst die individuellen Züge machen es lebensfähig und wirkungsstark. –

So muß auch jeder Kollektivismus der Zukunft, wenn er sich künstlerisch ausdrücken will, sich an das Ich wenden und das Ich enthalten. Ob freilich der Weg vom Individuellen ins Allgemeine oder vom Allgemeinen ins Individuelle geht, das entscheidet die Not der Zeit, in der wir leben. –

Umgang mit Dramen

Im jahrelangen Umgang mit Dramen empfängt der Interpret eine widerspruchsvolle Reihe marternder und beglückender Erlebnisse. So wie es Menschenfeinde gibt, die sich weigern, eine neue Bekanntschaft zu machen, weil sie im Vorhinein zu wissen glauben, daß jede empfindsame Reise um eine Persönlichkeit traurig endet, daß die letzte Station immer Enttäuschung, Desillusion heißt, so müßte eigentlich jeder wirkliche Regisseur dazu neigen, eines Tages den Umgang mit Dramen zu verschwören und diese Form menschlichen Erlebens und Erleidens in Hinkunft zu fliehen. Das wäre eine Berufskrankheit, die ich sehr wohl verstehen könnte. Denn oft ist, wenn die künstliche Welt, die ein Drama aufbaut, auf der Bühne endlich zur Geburt gebracht wurde, der Katzenjammer groß. Nicht nur die Gewissensnot, um wieviel lebendiger alles sein könnte und müßte, als es nun schließlich doch geworden ist, bedrückt den Pseudo-Schöpfer, der beschämt in der Kulisse zurückbleibt, wenn der Schauspieler sich im heißen Augenblick der Szene leiblich, mit offenem Ich, einsetzen darf. Er nimmt auch nicht selten traurig Abschied von dem Drama, das alle Leidenschaften aufgewühlt hat, um den tragischen oder komischen Sinn des Lebens anschaulich zu machen, und dessen Beweiskraft sich für den, der es in die Praxis der Szene übertragen hat, erschöpft haben kann, noch bevor die Proben zu Ende sind. Wie oft beschlich mich das Gefühl, daß nun aber auch kein Augenblick mehr zu verlieren und unbedingt sofort das *Gegendrama* zu schreiben wäre! Dabei ist die Unbefriedigung geringer bei jenen unvollkommenen Werken, die mehr das Material der Zeit als dessen Gestaltung bieten und die erst auf der Bühne zu Ende gedichtet werden müssen. Sind es Jugendwerke, dann entschädigt jene von der Natur gebotene Freude, die sich stets ergibt, wenn man der Jugend und ihrem absoluten Ichgefühl begegnet. Hier befriedigt die Perspektive in die Zukunft, ins Leben hinein. Mit den Werken entschwundener Generationen umzugehen, ist für das Gefühl bedenklicher. Da droht die Angst, mit dem Toten, den man noch einmal beschworen hat, selbst zu den Toten geworfen zu werden.

Jede Inszenierung beginnt als große Liebe. Wie schlecht das Stück auch sein mag, der Regisseur verliebt sich in das Stück. Ich habe mit den Jahren gelernt, den Wert der Werke, die ich auf die Bühne bringe, erst im Verlauf der Proben allmählich zu erleben – zu erleiden. Wochenlang Tag und Nacht immer wieder jedes Wort prüfen, jedes Wort immer wieder hören, sehen, schmecken, bis in den kurzen Schlaf hinein verfolgt werden von jeder inneren Bewegung, von jeder äußeren Geste –: da stellt es sich schließlich jedesmal heraus, ob die geistige Speise, so gründlich genossen, schal wird, ob der intime Umgang mit dem Werk, ob die Verleiblichung, der Umsatz in Sinnlichkeit den so Liebenden auf die Dauer veredelt, verfeinert, steigert, oder ob sie ihn herabstimmt und herunterbringt, ob sie ihn grober, stumpfer, leerer macht. Es sind lauter aufregende und aufreibende Liebesabenteuer. Wer sie durchmacht, sehe zu, daß er nicht zum abgebrühten Zyniker werde! Wer sich im Umgang mit Dramen zu langweilen beginnt, der gehe ab von der Bühne! Es ist die höchste Zeit für ihn.

Was den Regisseur vor vielen Sterblichen auszeichnet, das ist die Gelegenheit, mit der Größe, mit dem Genius umzugehen! (Obwohl das Werk geringeren Grades ihm oft leichter zum Eigenleben verhilft.) Ich habe schon als Knabe den Kapellmeister beneidet, der ein Werk Beethovens dirigieren darf. Daß aus dem Regieführen für mich ein Leben wurde, verdanke ich vielleicht nicht zuletzt dem früh und glücklich erlebten Beispiel Gustav Mahlers. Sein ›Fidelio‹ mit dem gewaltigen Freiheitschor, sein unvergeßlicher ›Figaro‹, bis in den kleinsten Schritt Takt, Feuer und Musik, sein überwältigender ›Tristan‹, zehnmal hintereinander gehört und gesehen und durchschwelgt, waren die entscheidenden Erlebnisse, Sein, sein, sein! Hier lernte ich zum erstenmal, das besitzanzeigende Fürwort von dem Erfinder des Werkes auf den schöpferischen Interpreten zu übertragen. Hier erfuhr und verstand ich das Mysterium der Erneuerung. Der Buchstabe stehe auf und lebe! Der erhobene Taktstock zeigte nichts Geringeres an als den Beginn und Ursprung der Welt!

Die Werke des Genius versetzen den Interpreten in den Zustand des Urfeuers, aus dem sie geschaffen sind – oder er lasse von ihnen! Ich habe selten in all diesen Jahren das Glück gehabt, mit den Werken des Genius umgehen zu dürfen. Berauschend ohne Ende waren vier Wochen ›Sommernachtstraum‹. Vom Nachstammeln des ersten Verses bis zu jenem verhältnismäßig geglückteren Nachstammeln aller Verse, zu dem es hier eine Vorstellung bringen kann, wirkte der Zauber dieser Sprache mit einer geradezu aufreibenden Magie! Dieses Leuchten und Klingen war eine ständige dringende Aufforderung, sich in die Lüfte zu erheben, zu schweben, zu fliegen. Die Gesichte überstürzten sich – wie sie alle, alle fassen? Wie das edle Menschenwerk des königlichen Paares, wie das Scherzo der Liebespaare, wie die phantastisch-realen Handwerker, wie nun gar die grausame, tragisch-überklare Anmut Oberons und Titanias in Schritt und Blick setzen, ohne zu verzweifeln! Hier war alles beseligend, sogar die Verzweiflung. –

Gewaltsam und selbstherrlich umzugehen mit einem solchen Werke, nicht von jeder Silbe im Herzen getroffen und verwundet zu sein und also wehrlos, dazu gehört eine eiserne Stirn, um die ich auch den erfolgreichsten Regisseur nicht beneide. – Als ich Knut Hamsun inszenierte – es war mir zweimal vergönnt –, war ich wohl zu sehr besessen von dem jahrelangen Umgang mit seinen Romanen. Es beherrschte mich die Zwangsvorstellung von der Art, wie die Menschen dieses Schöpfers sehen und schleichen, sitzen und kauern, ich sah Gebärden, die sich selbst Lügen strafen. Verschämtheiten und Vertrotztheiten, die sich durch eine Drehung im Körper verraten, durch das unwillkürliche Aufstehen eines Menschen, der sich sofort wieder niedersetzt, durch das Ringen von ineinander verschlungenen Händen. Man verstand mich nicht, es kam wohl nicht heraus. –

Jetzt erst, im letzten Jahre, durfte ich einen Schiller inszenieren, die ›Maria Stuart‹. Es war zauberhaft, durch die großen magischen Gläser dieses Theatergenies in eine idealistische Welt zu schauen! Weit fort rückte alle Psychologie mit ihren den Flug hemmenden Bedenken. Das Feuer der Sprache trug hinüber. Die Verleiblichung dieses nach Riesenfigur drängenden Schwunges, der sich nicht mit Kleinigkeiten abgibt, die Entfesselung des politischen Fiebers in diesen Weibern, Lords und Spielern entschädigte für Theaterjahre. –

Wenn es an das Danken geht, so möchte ich die Gelegenheit wahrnehmen, um zwei besonders edle Werke zu nennen, denen ich zur Uraufführung verhelfen durfte. Das eine, von zartester Noblesse erfüllt: ›Armand Carell‹ von Moritz Heimann, das große, furchtbare und tragische Zeitproblem der

Presse vielleicht mit zu feiner Hand, aber doch an der Wurzel packend. Die Lebensnähe dieses Stückes, seine geistige Haltung, das Bezaubernde seiner Humanität ist mir unvergeßlich geblieben. Diesem Werk verwandt >Das Grabmal des unbekannten Soldaten<, auch zarteste Berührungen von Seelen, aber ungleich stärker beschwörend; stark vor allem durch das allen nicht frevelhaft Vergeßlichen immer wieder gegenwärtige Erlebnis des Krieges! Vielleicht konnte ich mich niemals vorher so tief versenken in die mystische Bedeutung eines zögernden Schrittes, einer bangen Umarmung, des Aufeinanderzufliehens und Voneinanderwegkommens sensibler Körper, in denen die erschreckte und verwundete Seele zittert. – Das Theater ist das Glück, dem Geist und der Seele einen Leib zu geben. Was ist da noch alles zu schaffen, zu finden, zu vertiefen, zu erhöhen, auch ohne Filmbilder, sogar ohne Podeste! Die sinnliche Dramaturgie des inneren Lebens, die Darstellung des Ichs ist noch lange nicht erschöpft, mögen indessen auch die um ihr großes Recht kämpfenden Massen ihrem Schrei die Bühne erobern, die ihnen gewiß nicht streitig gemacht werden darf. Ein neuer kämpferischer Realismus, der die Existenzformen der Zeit auf das Theater überträgt, tut sicher not. Aber auch er ist nicht alleinseligmachend. Wenn er einstweilen die Bühne aufteilt in Agitationsreden und illustrierende Bilderdemonstrationen, so hat er damit seine höchste Stufe noch nicht erreicht. Er muß Wort und Gestalt werden, dichterische Sprache, Werk des Dramatikers, um zu überzeugen, und nicht nur, wäre es auch mit allen Überrumpelungen der Sinne, zu überreden. –

Diese vielleicht zu persönlichen Bemerkungen kommen aus dem Dankbarkeitsgefühl einem großartigen Werke gegenüber, mit dem ich jetzt eben umgehe. Es ist die gewaltige Tragödie von Arno Holz, >Ignorabimus<. Ein Werk, vor vierzehn Jahren erschienen und doch nicht aufgeführt, weil seine überlebensgroßen Maße die Möglichkeiten der heutigen Bühne zu überschreiten schienen. Ich schätze die Spieldauer des ungestrichenen Buches auf zehn Stunden. Daraus vier Stunden Bühnenerlebnis zu gewinnen, erfordert eine gewalttätige Dramaturgie, die geleistet zu haben ein gefährliches Verdienst bleibt. Aber das Werk lebt sich ja in seiner ungeheuren, fast epischen Fülle im Buche aus. Und es war ein dringendes Gebot, der Bühne zu geben, was urdramatisch nach der Bühne lechzt, endlich in der dramatischen Praxis zu erproben, was unveraltet, unheimlich gegenwärtig und zukunftsbefruchtend war und ist. Daß sensationelle spiritistische Phänomene dieses Schicksalsdrama durchziehen, mag manchen Theatermann längst gereizt haben; daß es strotzende Rollen – und nur solche – enthält, manchen Schauspieler. Aber hoch über diese Möglichkeiten hinauf ragt der Wuchs deutscher Menschen von heute, die faustisch um Erkenntnis des Übersinnlichen ringen, in ungeheuren, markverzehrenden Spannungen erleben, daß sie nichts wissen können, und daß, was sie erfahren, zuletzt doch nur aus ihrem Sinnlichen und Untersinnlichen stammt. Die wahrhaft tragische Besessenheit dieser Menschen, ihr vernichtendes Kämpfen miteinander und umeinander, ihr Sichopfern, ihre unglaublich moderne Selbstüberwindung, die schließliche Verklärung heutigen Lebens auf letzter Liebeshöhe −: das alles lebt hier bühnendrastisch in sich mit letzter Konsequenz ergebenden Situationen; das alles fiebert, schreit, klagt und singt in einer aus der Zeit geborenen, die Zeit über sich selbst hinausreichenden, urdramatischen Sprache, deren weithinwogende Rhythmik, gesättigt mit allen Urlauten des Herzens, die ganze Phraseologie unserer ‹Gebildetheit› zur geistigsten Vitalität steigert, wahrhaft über alle Möglichkeiten des Gefühls und Gedankens schwingt und an den Grenzen der Unter- und Überwelt rüttelt. Seine in Werk und Leben bewiesene und bewährte Unerbittlichkeit macht Arno Holz hier zum Tragiker großen Stiles. Wenn auch auf den innersten Erlebniskern zurechtgeschnitten, mag das Werk nun seine Lebenskraft erproben und neues dramatisches Leben erregen, indem es von der Bühne herunter wirkt. Auf den Proben jedenfalls hat es bei allen, die in dieser Arbeit ihre letzte Kraft anspannten, diese Wirkung unbedingt gehabt: Die Wiederbelebung des Glaubens an die Tragödie.

Die dramatische Praxis

Mit dramatischer Praxis ist hier die Realisierung von Werken auf der Bühne gemeint, die für das Theater geschrieben sind – also von Dramen, gleichviel, ob es sich um Lust- oder Trauerspiele handelt, um klassische oder moderne dramatische Dichtungen. Daß Erzeugnisse, die nicht als Dichtung anerkannt werden können, sondern einer mehr gewerbsmäßigen Erfindung ihr Dasein verdanken, auf der Bühne realisiert werden können, sofern sie gewisse Eigenschaften besitzen, die sie als für eine solche Prozedur tauglich erscheinen lassen, – das wird wohl kein Sachverständiger bezweifeln. ›Dem Theater, was auf dem Theater wirkt‹, heißt die allgemein anerkannte Losung. Es erscheint vielen eher fraglich, ob Dichtungen sich auf der Bühne restlos, ob sie sich überhaupt dort verkörpern lasse. Was auf dem Theater wirkt, entscheidet die Theaterkasse, also das Publikum. Was dessen Zulauf hat, ist das Produkt, das sich auf der Bühne, durch die Bühne bewährt hat.

Das aber würde ich die Theaterpraxis nennen, nicht die dramatische Praxis. Es ist nicht alles ein Drama, was eine durch Schauspieler darstellbare, durch die Mittel der Bühne zu einem ephemeren Leben zu bringende Handlung enthält.

Die Grenze ist allerdings eine fließende. Wenn die Handlung, die dargeboten wird, eine Bedeutung haben soll, so wird oft genug der Schein einer solchen durch die Darstellung erweckt. Mögen solche ‹Stücke› auch nur ein vergängliches Eintagsfliegendasein führen und schon nach kurzer Existenz veraltet anmuten; mögen sie sofort bei ihrem Erscheinen den kritischeren Theaterliebhaber durch die Falschheit ihrer Prämissen, die Verlogenheit ihrer Effekte, die Fadenscheinigkeit der Handlung verstimmen und abstoßen: sie ‹wirken› eben doch auf ein zufällig zusammengesetztes Publikum, das sein abendliches Vergnügen genauso auf dem Markte kauft wie jede andere Ware, die zur Deckung der jeweiligen Bedürfnisse dient.

Der Sohn

Als im vorigen Jahre die Junge Bühne in Berlin das Erstlingswerk Arnolt Bronnens, ›Die Geburt der Jugend‹ – drei Jahre nach desselben Autors Hauptwerk ›Vatermord‹ – aufführte, empfanden die geübten Zuschauer mit Behagen die Unmittelbarkeit dieser Jugendarbeit, die ein noch unverzerrtes Knabengesicht als eine freundliche Vision auftauchen ließ. Als aber auf der Bühne die Ohrfeige fiel, welche der Sohn dem Vater verabreicht, ertönte im Zuschauerraum spontaner und demonstrativer Beifall. (Ich sage »spontan« und »demonstrativ«, nicht weil ich diese Ausdrücke liebe, sondern weil sie der Tatsache entsprechen.) In einer Loge aber fuhr eine Dame erschreckt zurück und fragte: »Wie? Weil der Sohn den Vater ohrfeigt, klatscht das Publikum?« – Diese Dame war die verhältnismäßig junge Mutter eines vierzehnjährigen Sohnes, welcher also bereits der Autor des Stückes und der Ohrfeige sein konnte. Ihr Entsetzen verriet sie als eine Mutter. Es verriet aber auch, daß sie ein Neuling war. Sie hatte die letzte, die vorletzte dramatische Schule geschwänzt. Sie hatte nicht miterlebt, wie Hasenclevers ›Sohn‹ seinen Vater erschoß; sie hatte den ›Vatermord‹ Bronnens versäumt, der durch den Inzest mit der Mutter gekrönt wird. So hatte sie noch keinen inneren Abstand gewinnen können. Sie nahm, was geschah, als ein brutales, einmaliges Geschehen. Sie erlebte etwas Stoffliches. Die Ohrfeige war für sie eben eine Ohrfeige, vom Sohn dem Vater *coram publico* verabreicht. Sie konnte nicht verstehen, daß das geübte Publikum da capo klatschte.

Wenn man ihr gesagt hätte, daß die Ohrfeige nicht nur dem einzelnen Vater, sondern allen Vätern der Erde, ja der Vaterschaft an sich galt, und daß deshalb Bravo gerufen wurde, sie hätte wohl noch weniger verstanden. Ihr Entsetzen wäre nur gewachsen. Und auch wenn sie hinter ihre Gefühle zurückgetreten wäre, um die Ohrfeige als ein ›Motiv‹ anzusehen, sie hätte sich wahrscheinlich sofort bis auf die Klassiker zurückgezogen. Da gab es einen Franz Moor, welcher seinen Vater in den Hungerturm sperrte, und einen Edmund Gloster, welcher die Blendung des seinigen guthieß. Aber diese Söhne waren die Vertreter des bösen Prinzips gewesen, sie waren eingefleischte Teufel, Bastarde wider die Natur, oder allzusehr nach der Natur. Und wenn der alte Moor als wandelndes Gerippe aus dem Turm steigt, oder dem alten Gloster die Augen ausgetreten werden, hat noch kein Publikum Beifall gespendet.

Im ›Lear‹ und in den ›Räubern‹ war das Licht so verteilt, daß der Vatermord die Entartung der Söhne bedeutete. Der begreifliche Wunsch des Sohnes, seine Erbschaft an Macht und Geltung anzutreten, bevor der Vater noch zurückgetreten ist, war als frevelhafte Gier entlarvt worden. Undank hieß das dichterische Motiv dieser Dramen. Und gegen gute Väter richtete er sich; wenn auch gegen verblendete Väter. Väterliche Schwäche hatte etwa den einen Sohn dem andern vorgezogen. Der Vater hatte gehandelt wie Gott, der Urvater, an Kain und Abel; und so kam der Brudermord, der Vatermord in die Welt. Väterliche Huld stand unangezweifelt hoch über dem dichterischen Horizont; eine Sonne, die Fieber ausbrütete, wenn sie parteiisch Licht und Wärme gab. Der Vater der Dichter war der Vater des alten Testaments gewesen, der die Gottheit stellvertretende Patriarch, geheiligt als Individuum und als Institution.

In der Literatur der Jungen ist der Vater ein Zerrbild geworden, ein Popanz; der abgebrauchte Inhaber einer Macht, die er nicht mehr zum Segen verwalten kann; die engstirnige Verständnislosigkeit in Person gegenüber dem Wesen der jungen, sich erneuernden Welt; der Bedrücker und Verhinderer des werdenden Lebens, das von der Jugend getragen wird. Das Welken tyrannisiert das Blühen: so heißt hier die Handlung. Der Mord am Vater ist schließlich nur eine Notwehr gegen den tausendfachen Mord, den der Vater in jeder Stunde an dem Sohn verübt. Notwehr im letzten Augenblick, bevor im Sohn das neue Leben – und das ist hier: das Leben überhaupt – verkrüppelt und umgebracht ist. Mord als individuelle Tat gegen Mord als Institution! Die Ohrfeige, der Mord gilt über den einzelnen Popanz vom Vater hinaus der allgemeinen Popanzhaftigkeit der Bevaterung.

In den ›Räubern‹ und im ›Lear‹ fehlte die Mutter, die naturgegebene Vermittlerin zwischen der Welt des Vaters und der des Sohnes. Die Mutter wegzulassen, war dem Dichter wohl notwendig erschienen, um die Gegensätze ohne Übergang aneinander zu bringen. Daß die Mutter fehlte, störte von vornherein das Gleichgewicht zwischen Sohn und Vater. Im ›Don Carlos‹ aber traten bereits Sohn und Vater der Mutter als Liebes-Rivalen gegenüber. Nicht der leiblichen Mutter – wie wäre das auch nur denkbar gewesen? – galt das Liebesbegehren des Sohnes, sondern der Geliebten, welche der Tyrann-Vater dem Sohne weggenommen hat. Daß der Sohn seinen Anspruch nicht aufgab, wurde für den Vater zum Vorwand, um seine Tyrannei bis zur Vernichtung des Sohnes zu steigern; zum rechtlichen Vorwand! Der rechtliche Besitzer der Frau ahndete den Verstoß gegen die Ehe.

Der Sohn aber ward von seiner Liebe teils getrieben, teils gehindert, sich als Revolutionär gegen das Tyrannentum des Vaters voll auszuleben. Gehindert, weil eine Privatangelegenheit die Stoßkraft brach, die der Befreiung der Menschheit von einem Vergewaltiger großen Stiles dienen sollte. Schiller erblickt bereits in der Nachfolge der Generationen den Gegensatz der Idee. Vater und Sohn, alte und neue Welt, in einem von der Natur verhängten Widerspruch stehend, nach einem tragischen Gesetz aneinander gebunden und auseinanderfallend: eine Antinomie!

Schiller begreift das biologische Müssen dieser Tragik; und er verschärft sie zur Polarität. Das Abgelebte und das Werdende, Hemmung und Fortschritt, ja beinahe Tod und Leben: Vater und Sohn. Beim Vater die Gewalt, beim Sohn die Freiheit. Beim Vater das Gehirn, beim Sohn das Herz. Und der Gegensatz wird welthistorisch belegt: Der Vater-König verwandelt die Niederlande in einen Friedhof. Der Sohn-Prinz würde ein Paradies aus ihnen machen. Und immer noch mehr: Carlos würde, zur legitimen Macht gelangt, die Menschheit um Jahrhunderte vorwärtsdrehen (und wenn nicht Carlos, so der von Carlos berufene Posa). In Schiller arbeitete ein utopistischer Sohn-Optimismus, an einen schnurgeraden Fortschritt glaubend. Aber diese Entfesselung der Idee bezahlte Schiller mit realer Bindung. Er sah die Idee in der Wirklichkeit getrübt, das Paradies war von Anbeginn verloren. Die Idee des Vaters bedeutete zugleich das Überwiegen der Weltlichkeit, sie war unzerstörbar legitim, weil die unverbesserliche Ordnung der Dinge, die sich hart im Raume stoßen, sie trug. Der Sohn blieb der vergebliche Rebell, der zwar den Anstoß der Zukunft brachte, aber als Träumer unterging. Sohn sein, hieß zum Träumer verdammt bleiben. Dem großen Planen war keine Tat vergönnt.

Vom *Sohn* aus, wie er heute auftritt, gesehen: wäre Schiller eine Sohn-Natur, welcher der letzte Mut zum *Sohn* fehlte. Schiller, so gedeutet, bestraft gleichsam in der Figur Carlos den eigenen voreiligen Überschwang; und er verzichtet in der Figur Posa auf radikale Verwirklichung; er wahrt in der Figur Philipp das Privileg des Väterlichen. Der idealistische Dichter hält sich für objektiv, wenn er gegen sein eigenes vitales Gefühl Partei nimmt. Er sucht Deckung im Reich der Idee, und er unterwirft sich einer poetischen Gerechtigkeit, welche mit dem eingewurzelten und eingefleischten Unrecht des Weltlaufes identisch bleibt. In ›Kabale und Liebe‹ dagegen, wo die Jugendlichkeit des Dichters parteiischer (und daher der heutigen Auffassung verwandter) rechtet, beschränkt er sich auf einen Einzelfall ohne Verbindlichkeit. Der Vater ein Schurke, der Sohn ein Engel: beide gehen aneinander zugrunde. Der Vater handelt, als ein gewiegter Verbrecher, der Sohn liebt, als ein blinder Tor: aber zwischen ihnen waltet kein Gesetz, nur eine Intrige. Der Vater fällt der irdischen Gerechtigkeit anheim, der Sohn stirbt: Das Ende ich-süchtiger Bestrebungen eine utopische Versöhnung. Das Privileg bleibt unangetastet.

Dieses Privileg an der Wurzel auszureißen: nichts Geringeres versucht eine neue, zur blinden Konsequenz entschlossene Generation. Der ›Vatermord‹ sieht von jeder idealistischen Konstruktion ab, er bleibt im derbsten Diesseits. Er beschränkt sich auf eine radikale Biologie, auf einen Verismus des Blutes, der von keiner philosophischen Transzendenz etwas wissen will. Der Geist wird ausgeschaltet. Aber auch die Kausalität des Naturalismus wird vermieden, oder vielmehr: umgestellt. Wohl ist die soziale Umwelt da, aber es entscheidet der innere, nicht der äußere Mechanismus. Es wird argumentiert: entfernet den Überbau der Kultur, ja der Zivilisation; entfesselt im engsten Raum die urmenschlichen Triebe: und Ihr sollt zwangsläufig erleben, was sich auch nur vorzustellen über den Mut der Heroen unserer Vorzeit ging! Tat, wohin auch immer sie führen mag! So entscheidet sich eine Generation, die den Weltkrieg erlebt hat: *tabula rasa*! Lasset drei Menschen, Vater, Mutter, Sohn, so sprechen, wie ihnen, von unserem mit Ideenballast gefüllten Sprachgütern befreit, analphabetisch der Schnabel gewachsen ist: und Ihr werdet ein Liedchen zu hören bekommen, das noch in keinem Gesangsbuch steht. Ein elementar natürlicher Ablauf ist hier das Abtun des Vaters durch den Sohn. Ganz folgerichtig ist die Mutter im ›Vatermord‹ nur Weib und der natürliche Kampfpreis des Lebens: die Lustprämie der Natur für den Mann, der biologisch siegt (was hier mit Rechthaben identisch ist). Der Inzest wird durch diese dramatische Biologie gemildert oder vielmehr verwandelt. Er wird zum Symbol. – Mit biologischem Recht, setzt der Dichter als selbstverständlich voraus. Auch mit dramatischem Recht? Jedenfalls mit utopistischem Recht.

Denn was hier deckend hinter dem ›Vatermord‹ steht, ist die Revolution und ihr utopistisches Rechten. Die Vaterwelt, jene, welche im Weltkrieg endete, jene, der die Revolution folgte, hat abzudanken, zu verschwinden. Damit, von der brutalsten Biologie her, ein neuer Aufbau geschehe. Symbol dieses Vorgangs ist der ›Vatermord‹ – und die Ohrfeige eine mildere Form; so mild, daß sie den Spannungen, welche auf den Tod des Alten eingestellt waren, eine höchst befriedigende Auslösung gewähren konnte.

Man weiß allgemein, daß sich im ›Vatermord‹ der von der Psychoanalyse ins Bewußtsein gehobene sogenannte ›Ödipus-Komplex‹ dramatisch austobt. Die Psychoanalyse behauptet, mit dem ›Vatermord‹-Dichter, in der hier gezeigten Problematik Vater–Mutter–Sohn ein seelisches Grundmotiv entdeckt zu haben; die Urzelle des erotischen und also des organischen Lebens; den Knotenpunkt aller individuellen und sozialen seelischen Entwicklung, welche in Sublimierungen, in Überwindungen solcher Antriebe vor sich geht. Der ›Vatermord‹ aber will von Überwindungen nichts wissen: er reagiert ab, indem er die Verwirklichung des geheimen Motivs auf offener Bühne (und auf kürzestem dramatischen Wege) vollzieht. – Der Philosoph Scheler hat sehr geistreich die Psychoanalyse eine Spekulation à la baisse genannt. Man könnte die ›Vatermord‹-Poesie eine Dramaturgie à la baisse

nennen. Es handelt sich hier sozusagen um das primitive dramatische ABC der Revolution: Sohnrecht gegen Vaterrecht. *Tabula rasa*, um neu zu beginnen! Um einen naiven Vitalismus handelt es sich in Form und Gehalt. Der parteiisch für sich demonstrierende Sohn-Typus der Zeit läßt seinen Haß sich austoben, er prüft ihn nicht. Der geniale Otto Weininger, der alle Problematik der Zeit in tragischer Weise vorweggenommen hat, sah tiefer. »Wer sich als Sohn fühlt, kann sich nur hassen; den Sohn nämlich trieb es, Sohn zu werden, sich zeugen zu lassen, als empirisch beschränktes Subjekt zu entstehen. All dies Subjektive rechnet er sich zu, und darum haßt er sich. Der Sohn weiß sich ewig unfrei, so wie er das eigene Wollen aufgab und eine Stütze suchte, als er geboren wurde.« Nach Weininger haßt also der Sohn im Vater sich selbst, seine eigene Unfreiheit. Er erschlägt im Vater seine Sohnabhängigkeit. Dieser Mord steht statt einer inneren Befreiung. Eine gewaltsame Demonstration ist er, eine dramatische Entladung. Aber bedeutet sie zuletzt nicht doch ein Zeichen von krisenhaft gewordener Unfreiheit, von epileptischer Befreiungssucht – eher als von Freisein? »Daß es Väter und daß es Söhne gibt, ist im tiefsten Sinne nur einer der Ausdrücke des Dualismus im Wesen der Welt.« So daß also weder mit dem Umbringen des Sohnes noch mit dem des Vaters etwas Endgültiges getan, eine Lösung gefunden ist. Der durchhauene Knoten wächst wieder zusammen. Man entwirrt ihn nur in der eigenen Brust. –
Weininger findet die Idee des Sohnes im Neuen Testament gereinigt wieder – (so wie die Patriarchie, das Idol des Vaters, im Alten Testament zur Größe erwuchs). »Sicherlich hat sich nie ein Mensch so wenig als Vater gefühlt wie der Stifter des Christentums; als der Sohn bedurfte er vielleicht gerade darum der Gottheit in der besonderen Gestalt des liebenden Vaters. Jesus ist auch nicht Lehrer von Beruf, wie es etwa Sokrates in eminentem Sinne war.« »Wer Ohren hat zu hören, der höre!« »Fasse das Wort, wer es fassen mag« – so spricht kein Lehrer. Und er zitiert das Evangelium des Lukas (14,26): »So jemand zu mir kommt und hat nicht einen Vater, Mutter, Kinder, Bruder, Schwestern, auch dazu ein eigenes Ich, der kann nicht mein Jünger sein.« Freilich ist hier ein anderer Haß gemeint, nicht Rivalität, kein Ringen um die Macht; sondern Überwindung des Teiles um des Ganzen willen: Selbstüberwindung um der Lehre willen, welche die Liebe über das Ich hinaus predigt. Aber man sieht, daß im ›Vater‹ und im ›Sohn‹ zwei Pole der Anschauung erreicht sind. Es kann für die innere und äußere Ordnung der Dinge in einer Epoche viel bedeuten, wenn vom Recht des Sohnes ausgegangen wird.
Zunächst freilich beharrt der Dichter auf seinem Recht der naiven Gestaltung. Die neue Jugend verarbeitet ihr Motiv, indem sie das ihr Nächste erblickt, es mit glühendem Willen durchdringt, es unabgelenkt anschaut, als wäre diese alte Welt zum ersten Male in Sicht. – Die Jugend wirft ihren Stein; mag er weitere und weitere Kreise ziehen! Sie spricht im eigenen

Idiom ihr erstes Wort; mag es sich dann zu Sätzen und Gegensätzen entfalten.

Und so hat denn das Motiv des Sohnes bereits begonnen, sich abzuwandeln und sich zu verwandeln. Eines sonnigen Tages wird es dem Humor anheimfallen. Das wird der Tag des letzten Sieges sein! – Immerhin erhält das Motiv allmählich Distanz und Perspektive. Dafür ist die Behandlung des Motivs in ›Julius Cäsar von Österreich‹ des Rheinländers Wilhelm Seringhaus ein Zeichen. In diesem beherzten Versuch, das historische Drama mit jüngstem Blute zu atzen, erscheint das Vater-Sohn-Problem perspektivisch verrückt und verkürzt. Beide, Sohn und Vater, in der Schwäche und Hemmungslosigkeit ihrer Artung erfaßt, verzerrt im Jugendschwung und im Machtwahn, der Eine nach der Tat, der Andere nach der Weisheit vergeblich haschend, lösen sich zuckend aus dem Chaos der Zeit, um wieder von ihm verschlungen zu werden. Sie beide sind des Geistes nicht, den sie erstreben. Sie beide bleiben Vater und Sohn ohne Gnade, von einer fast burlesken Grausigkeit umwittert, dem Frevel verfallen und wie von der Erbsünde, nach hektischem Aufzucken, zu Boden geschlagen. Durch sie hindurch, über sie hinweg nimmt die dramatische Gerechtigkeit ihren Weg. Eine härtere Gerechtigkeit, die an die Kabale nicht glaubt, an der Liebe verzweifelt und die Idee jenseits des allzu Privaten, aber auch jenseits des nur Biologischen im Geiste sucht. Der Horizont ist aber wieder ins Unendliche hinausgeschoben.

Heimkehrer-Drama

Das große Drama unserer Zeit spielt auf den politischen und den Kriegs-Schauplätzen. Dagegen kommt die Bühne schwer an. Wir haben uns an Spieler und Protagonisten gewöhnen müssen, wie das Repertoire unserer Theater keine aufzuweisen hat. Kulissenreißerische Mimen haben die Szene des Lebens und des Sterbens beherrscht, und es hat unsägliche Menschenopfer gekostet, bis ihnen die Rollen abgenommen waren. Dagegen der endlose Zug der wahren Helden und Märtyrer, von denen die meisten namenlos geblieben sind. Dieses Spiel ist noch nicht zu Ende. Der Kampf um die Befreiung der Völker geht weiter. Aber eine unendliche Masse an Stoff für zukünftige Dramatiker ist aufgehäuft worden. Die gegenwärtigen wissen sich seiner noch nicht zu bedienen. Es fehlt den meisten von ihnen an innerer und äußerer Distanz, an Überblick und an einer verläßlichen Skala der Werte. Der größte Teil des Publikums hierzulande (aber auch in Europa, in Österreich, Deutschland, in der Schweiz) wünscht den Krieg, und was zu ihm geführt hat, zunächst zu vergessen; es sucht im Theater

Ablenkung von der geschichtlichen Realität, in der wir doch befangen bleiben. Was sich in ihr, in der uns umgebenden und bedrängenden Wirklichkeit abspielt, ist ein neuer Kampf um den Frieden. Er wird nicht nur weltpolitisch, er wird im Innern jedes Landes geführt. Eines der Hauptprobleme, das, da es in die nächste Nähe von jedermanns Daseinsbedingungen reicht, unmittelbar zur dramatischen Behandlung drängt, ergibt sich aus der sozialen und menschlichen Situation der Heimkehrer vom Kriege.

Es sind auch sofort nach der Beendigung der Kriegshandlungen Heimkehrer-Dramen auf den Bühnen New Yorks aufgetaucht, aber sie waren schwächlicher Natur und hatten nur kurzes Leben. Eines, ›Skydrift‹, ließ tote Soldaten heimkehren und ihre Angehörigen besuchen. Man erinnerte sich an ähnliche dramatische und lyrische Konzeptionen nach dem ersten Weltkrieg. So kehrten im heute bereits klassisch gewordenen Einakter Irwin Shaws, ›Bury the Dead‹, die Gefallenen heim, um von den Menschen des Hinterlandes Rechenschaft zu fordern und in ihnen die soziale Verantwortung für diesen und alle zukünftigen Kriege zu entzünden. ›Skydrift‹ hatte keine revolutionierenden Tendenzen dieser Art und litt überhaupt an ideologischer Nebelhaftigkeit. Diese soeben in einem abstürzenden Flugzeug Verbrannten, vielmehr ihre Seelen im Zwischenstadium von Leben und Tod, folgten einem vagen Gefühlsbedürfnis, sie waren eher von dem atmosphärischen Druck der Lücke, die sie auf Erden ließen, angezogen und versuchten Trost zu spenden oder auf den rechten Weg des Lebens, der ihnen versagt war, hinzulenken. Ein spiritistisches Experiment, auf welches das Publikum nicht einging. Der Pazifismus hat nach diesem Kriege bisher keinen neuen Ausdruck gefunden. Die überlebenden Kämpfer begreifen, daß ihnen zwar der Tod, aber nicht das Weiterleben, mit all seinen alten und neuen Problemen erspart geblieben ist. Nicht nur die Arbeit der Trauer, so überlebensgroß sie für viele sein mag, ist ihnen auferlegt, sondern auch das bittere Reinemachen und die unübersehbare Schwierigkeit einer neuen Grundlegung; was nicht etwa nur auf Europa zutrifft. In Maxwell Andersons ›Truckline Café‹ kehrte solch ein Überlebender vom Kriege heim, um sich von der Untreue seiner Frau zu überzeugen und sie sodann umzubringen. Das Stück wirkte als ein novellistisch zugespitzter Einzelfall, der kein breiteres Interesse erregte. Dagegen hatte die Behandlung der Rassenfrage in ›Deep Are the Roots‹ einen ausgesprochenen Publikumserfolg, und das geschickt gemachte Stück behauptete sich lange auf dem Spielplan. Seine Fabel war einfach, aber schlagend. Weißer Undank, stärker als weiße Liebe, erwartet den Neger, der seine Bürgerpflicht im Krieg heldenhaft getan, damit aber nicht das volle, ungekränkte Lebensrecht im Frieden erworben hat.

In der zweiten Nachkriegssaison fanden Werke von einer mehr allgemeinen ideologischen Bedeutung, die keinen unmittelbaren Bezug zu den Fragen der Zeit hatten, ein prinzipiell interessiertes Publikum. Daß die Menschen einerseits nicht ohne Illusion, andererseits nicht ohne Kompromiß leben können: solche Einsicht und Ansicht, veranschaulicht in dem schweren Zustandsdrama O'Neills ›The Iceman Cometh‹ und in einem leicht gefügten Spiel Maxwell Andersons, ›Joan of Lorraine‹, fahren fort, den Zeitgenossen abendlichen Trost zu spenden.

Es sind beides dramatisierte Diskussionen über Grundfragen der Ethik und den Sinn des Lebens im allgemeinen. Der dramatische Pessimismus O'Neills reicht noch vom ersten Weltkrieg herüber.

Nach Arthur Millers neuem, soeben zur Darstellung gebrachtem Stück ›All My Sons‹, denken Vertreter der amerikanischen Jugend, auch wo sie *tabula rasa* machen, konkreter und positiver. Dieses Stück soll ausführlicher behandelt werden, weil es, mit der konzentrierenden Kraft einer starken Linse, viele der bisher angedeuteten Probleme in einem dramatischen Brennpunkt sammelt. Es soll gleich hinzugesetzt werden, daß das Stück mehr als einen solchen Brennpunkt besitzt, und daß seine Einheitlichkeit auf der Bühne nur durch die in jedem Augenblick fesselnde Darstellung, durch die vergegenwärtigende Kraft der Regie erreicht wird. Der Fall, den das Stück in seinen dramatischen Auswirkungen behandelt, ist konstruiert, ja überkonstruiert, aber ein warmes menschliches Grundgefühl schlägt überall durch, feuert das Interesse des Zuschauers immer wieder an und erreicht seltene Hitzegrade, wie sie auf der Bühne des *understatement* sehr selten zu erleben sind. Millers Stück und dessen Aufführung überraschen zunächst durch einen bis zum Bersten prallen Naturalismus, der den Zuschauer für den ersten Augenblick in die Epoche Zolas zurückreißt. Weiterfolgend gewahren wir die überwunden geglaubte Technik Ibsens am Werke, nicht ohne die Anwendung Sardouscher Nackenschläge.

Trotzdem ist es ein Werk unserer Zeit. Es hat die volle, noch ungebrochene Kraft eines dramatischen Erstlings (nach einigen Vor-Versuchen und dem Romanerfolg ›Focus‹) und sein Autor, der einer entschiedenen Ermutigung durch den Erfolg würdig ist, wird nicht dabei stehen bleiben. Es ist auch kein Zufall, daß Harold Clurman und Elia Kazan dieses Kraftstück gefunden und produziert haben. Beide waren Hauptträger des Group Theatre, das seine Darstellungsform am sozialen Drama der Dreißiger Jahre erworben und erprobt hat. Ihr Haupt-Autor war der junge Clifford Odets, der den Zustand der damaligen sozialen und seelischen Krise dramatisch und mit dichterischer Intensität entlud. In seinem Werk schlug der Schwebezustand Tschechowscher Melancholie in Verzweiflung um. Kein glaubhafter Ausweg war sichtbar. Wie verzweifelt nun auch die dramatische Bilanz Millers sein mag, seine Menschen sind weniger angefressen, weniger von dem Gefühl der Vergeblichkeit zermürbt. Es sind keine bei ihrer tiefsten Wurzel erfaßten, aber sehr lebendige und eigentlich fast alle sehr lebenstüchtige und positiv gesinnte Menschen, liebefähig und mit geradlinigen Impulsen begabt, die Alten wie die Jungen.

Es werden zwei Generationen gezeigt von kleinbürgerlichen Leuten aus der braven Mittelklasse. Ihre Vorgeschichte enthüllt sich, getreu nach Ibsens Rezept, allmählich im Verlauf des Stückes und wird erst am Ende, durch den entlarvenden Brief eines Toten, letztlich klargestellt. Es ist die Geschichte der Eltern, bedächtiger Verdiener und behaglicher Verbraucher, die für ihre Kinder sorgen, und erst, wenn diese versorgt sind, ausgesorgt haben. Joe Kellers Werkstätte für Maschinenbestandteile erzeugt jetzt, nach dem Kriege, Teile für Waschmaschinen und Kochmaschinen, nützliche Friedensgeräte, aber während des Krieges prosperierte sie durch die Herstellung von Aeroplanteilen. Und damals beging der gute Joe, ein vortrefflicher Selfmademan, sein sich allmählich enthüllendes Verbrechen, die Lieferung von schadhaften Stücken, was den Tod von einundzwanzig amerikanischen Fliegern zur Folge hatte. Das heißt: er ließ die Lieferung, um den Fehler wissend, geschehen, und schob die Verantwortung seinem Vertreter in der Fabrik zu, der nun statt seiner, ein entehrter und gebrochener Mann, im Gefängnis sitzt. Warum die Unterlassung der pflichtgemäßen Warnung, die das Unglück verhütet hätte? Das hängt, so rechtfertigt sich Keller, mit dem ganzen System zusammen. Die Aufdeckung des Fehlers hätte zur Kompromittierung seines Herstellungsverfahrens und damit zu seinem Bankrott geführt, der ihn um die Früchte seiner Lebensarbeit und seine Söhne um ihre Zukunft gebracht hätte. Der Augenblick war drängend, die Armee brauchte und entriß ihm förmlich seine Ware, und so weiter.

Wie man leicht sehen kann, steht sein Argument – insbesondere was die Zukunft der Söhne betrifft – auf schwachen Füßen. Beide sind Kriegsflieger. Der eine zerschmettert sich sofort, da er den Zusammenhang zu ahnen beginnt, mit seinem durchaus nicht fehlerbehafteten Flugzeug, ein Selbstmörder aus Schamgefühl, der erst am Ende des Stückes zum Hauptbelastungszeugen wird. Der andere treibt den Vater, nach dessen Bekenntnis, in den Selbstmord. Der Vater hat also falsch gerechnet. Ist er nun aber wirklich der Typus des verbrecherischen Kriegslieferanten, oder nur ein kleiner Mann, der dem Zufall besonderer Umstände erliegt, sonst aber sich höchst bürgerlich bewährt hätte? Für die Söhne wird er zum Symbol von *business first*, für teuflischen Egoismus, und den verbrecherischen Mangel an sozialem Gefühl. Diese Erbschaft wollen sie, durch das Erlebnis des Krieges und seine Art von Kameradschaft und Opferbereitschaft eines anderen und Besseren belehrt, nicht antreten. In den Äußerungen und Handlungen des überlebenden Sohnes dokumentiert sich – und das macht dieses Stück repräsentativ – eine Enttäuschung ohnegleichen. Wenn er in diese Friedenswelt blickt, in die er hoffend und gläubig heimgekehrt ist, wird ihm schauerlich klar, daß sie nichts, oder jedenfalls zu wenig gelernt, daß sich in ihr nichts Wesentliches geändert hat. Er findet wieder, was der Krieg ihn verabscheuen gelehrt hat, Geschäft, Geschäft, nichts als Geschäft, die Gier des Verdienertums, den rückhaltlosen Kampf ums Geld, das herrscht und den brutal Stärkeren zur Herrschaft bringt. Völlig entsetzt um sich blickend, ruft er aus: »This is a zoo.« Ein zoologischer Garten, nur daß nicht immer die Raubtiere in den Käfigen stecken, sondern oft ganz andere.

Dies ist die Hauptlinie des Stückes, das mir weniger durch den erörterten Sonderfall beweiskräftig, als durch die an ihm demonstrierten Gefühlsreaktionen bemerkenswert scheint. Was besonders schön in ihm ist: die gutmütige Lebensverbundenheit seiner Menschen; die Liebe zwischen Eltern und Kindern, mehr als die zwischen der Tochter des unschuldig büßenden Sündenbocks und dem Sohn dessen, der ihn wissentlich statt seiner büßen ließ; den Austausch von Gefälligkeit und Ermunterung zwischen Alt und Jung, und Jung und Jung, zwischen Nachbarn: all diese herzlichen, auch humorigen Züge weben an einem eher gedeihlichen sozialen Hintergrund, gegen den sich Schuld und Sühne umso schärfer abheben. Die Rebellion der Kinder wurde in dieser Atmosphäre der Prosperität versäumt, umso schrecklicher der Bruch: das gibt der Szene der Auseinandersetzung zwischen Vater und Sohn, in der sie sich umarmen, zum letzten Male, da doch der Sohn den Vater gleichzeitig weinend niederschlägt, ihre erschütternde Kraft. Dementsprechend jene andere Szene: wenn der Sohn des Entehrten und Ruinierten in das Haus Kellers kommt, um Rechenschaft zu fordern, und zuerst, beim Wiedersehen mit den Vertrauten seiner Jugend, von einem Gefühl, zuhause zu sein, überwältigt wird und alle Kraft zusammennehmen muß, um sich diesem besänftigenden Einfluß zu entziehen. Diese Szene wird von einem jungen Schauspieler, Karl Malden, mit überzeugender Gefühlskraft, aufgewühlt und aufwühlend, gespielt. Leider findet eine solche Leistung nicht genug Widerhall bei einer Tageskritik, die ihre Aufmerksamkeit meistens auf die Hauptrollen beschränkt. Die sind alle vortrefflich, vertreten vom Regisseur und den Darstellern, mit ungewöhnlicher Plastik jedes Details geformt. Die Darstellung heimischer Typen gelingt dem amerikanischen Theater oft und naturgemäß. So auch das szenische Bild eines Häuserkomplexes in der Umgebung einer amerikanischen Provinzstadt, seine Veranden und Gärten, die sich nach rückwärts öffnen, wohin der Blick des Passanten nicht dringt. Idyllische Aussicht einer von den Zerstörungen des totalen Krieges verschont gebliebenen Welt, die sich aber den Folgen der weltgeschichtlichen Auseinandersetzung nicht entziehen kann.

Inszenierungsskizzen

Notizen zu ›Faust II‹

›Faust II‹, von keiner Bühne zu verwirklichen, an einem Abend gar: was Goethe in Jahren geheimst hat: das größte Genie, dichterische Genie, das je in deutscher Sprache geatmet hat. – Darauf nämlich kommt es an: diese Sprache nicht nur zu sprechen, sondern in ihr zu atmen, mit einer letzten Leichtigkeit, zugleich mit quellend-überquellender Fülle! Etwas wenigstens von der Selbstverständlichkeit dieser Meisterschaft zu erreichen! Da ist eine Breite gedeihlichen Ausströmens, zugleich die Blitz-artige Schnelligkeit des Denkens nötig. Wir müßten etwas vom geistigen Selbstgenuß des Schöpfers u. Genießers übertragen. Da ist reife Schönheit in Fülle so zu bieten, daß der Eindruck der Unerschöpflichkeit entsteht. Dazu gehört große Ruhe, Gelassenheit der Wiedergabe, einfache Würde der Darstellung und Gestaltung. Kein Bombast, kein leeres Pathos. Keine Eitelkeit. Zum Glück steht hier überall neben dem Erhabenen das Lächerliche, so daß wirklich nur ein Schritt hin und zurück zwischen beiden ist. Soviel Witz, Satire – bis zum Couplet, zur Operette. (Ja, besser Operette als Oper!) In Teilen ist ›Faust II‹ kosmische Operette! Auch Kälte und Distanz sind nötig, die Firmament-Kälte des Weltgeistes, mit unendlich sich spiegelnder Perspektive. Die Allegorien nie ohne Humor, lautloses kosmisches Gelächter; episches Theater im höchsten und tiefsten Sinn. –

»Den lieb ich, der Unmögliches begehrt«, ist die einzige Entschuldigung für eine Aufführung von ›Faust II‹.

›Kosmische Operette‹ bildet sich am satirisch-humoristischen Teil dieses Mysteriumspieles.

Mittelalterliches Mysteriumspiel ist der ›Faust‹ in der Grundkonzeption, die am Beginn des Teiles I und am Ende von Teil II klar hervortritt. Daraus schöpfe ich die Grundidee meiner Inszenierung. Also als ein Gerüst die dreiteilige Bühne des Mittelalters: Hölle, Erde, Himmel.

Brechts ›Furcht und Elend des Dritten Reiches‹

Der Zeitpunkt der Befreiung Europas, somit auch Deutschlands, von der nationalsozialistischen Schreckensherrschaft rückt täglich näher. Und immer dringender wird die Frage nach der Gerechtigkeit, die dem deutschen Volke zuteil werden soll. Sie ist zugleich die Frage nach dem deutschen Volk selbst, nach seiner Mitschuld an den Verbrechen des totalen Krieges, nach seiner Beteiligung am Aufbau und an den Auswirkungen eines organisierten Systems der Unmenschlichkeit, das sich offen und bewußt gegen alle bisherigen Begriffe und Einrichtungen der Weltzivilisation kehrte.

Das Forum, das die Naziverbrecher richten wird, ist noch nicht bestimmt. Seinem Urteil soll nicht vorgegriffen werden. Was wir in einer szenischen Darstellung – deren *sponsorship* der American Association for a Democratic Germany zugedacht ist – geben wollen, ist zuerst ein anschauliches Bild vom täglichen Leben des deutschen Volkes im ‹Dritten Reich›, soweit wir es heute schon geben können. Jedes weitere Vordringen der alliierten Armeen ins Innere Deutschlands wird dieses Bild ergänzen. Es mag sehr wohl sein, daß unsere Darstellung sich veranlaßt sehen wird, konkrete Tatsachen einzubeziehen, die bis zur Aufführung bekannt werden.

Das muß nicht notwendigerweise unseren Grundplan ändern. Die Szenen von Bertolt Brecht, die einen Teil unserer Darstellung bilden, wirken durch die innere Wahrheit, die der Dichter ihnen verliehen hat: sie besitzen heute schon die Wucht eines historischen Dramas. Was sie schildern: die sozialen und menschlichen Zustände im ‹Dritten Reich›, ist bereits Zeitgeschichte geworden. Aber es hat seine Unmittelbarkeit behalten. So dürfen wir diese Szenen in die Aussage der typischen Personen verwandeln, die der Dichter so deutlich gesehen hat, als er sie das ‹Dritte Reich› erleben ließ. Wir gebrauchen sie als anschauliche Zeugnisse, bevor wir den Rahmen erweitern. –

Es ist geplant, daß – statt eines Prologs – ein *Redner* auftritt, der die Darstellung in dieser Art einleitet: vorausgesetzt, daß der Fortschritt der Weltereignisse ihm nicht mehr und anderes zu sagen gibt.

Der Zeitpunkt dieser Niederschrift ist Ende Januar 1945.

Der einleitende Redner spricht von der Mitte des Proszeniums aus, vor einem nicht vom Licht getroffenen Vorhang. Während nun der Sprecher seitwärts abgeht, erlischt die Spezialbeleuchtung, die nur auf ihn gerichtet [war]. Auf dem Vorhang erscheinen *Projektionen*, Inschriften, die mitteilen, daß die amerikanischen Truppen eine bestimmte Stadt im Rheinland eingenommen haben. In Schlagzeilen wird kurz die Situation und der gewählte Zeitpunkt angegeben; daß die Stadt von den Nazis evakuiert wurde; wieviel Gefangene gemacht wurden, darunter Angehörige des Volkssturms, Minderjährige und alte Leute. Man hört gleichzeitig verworrenen Lärm, der geeignet ist, Vorgänge dieser Art zu begleiten, Kommandorufe etc. Die Vorderbühne erhellt sich. *Ordonnanzen* in amerikanischer Uniform bringen eilig einen Tisch und einen Stuhl herein, den sie rechts im Vordergrund hinstellen; links wird eine Bank hereingeschoben. *Posten* besetzen die Ausgänge rechts und links. Dann kommen zur linken Seite *einige deutsche kriegsgefangene Soldaten* herein, ein paar junge Burschen, ein paar ältere Männer, und setzen sich hin, alle ohne Charge bis auf einen, einen wohlgenährten *Unteroffizier* mit kurzgeschorenem Kopf und einer brutalen Fresse. Offenbar eine Volkssturm-Auslese. Die blutjungen Burschen bemühen sich, militärische Straffheit zu zeigen; bei den älteren Männern wäre, ihrem ganzen Habitus nach, ein solcher Ehrgeiz ziemlich zwecklos, sie versuchen auch nichts dergleichen.

Rechts tritt nur ein *amerikanischer Offizier* auf, legt seine Akten auf den Tisch und setzt sich hin. Er ist ein Mann mittleren Alters und hat Majorsrang. Er sieht eher wie ein Deutscher aus.

Der *Major* erklärt kurz, daß er wahrheitsgetreue Angaben wünscht. Wie die Gefangenen hörten, beherrsche er die deutsche Sprache vollkommen.

Er winkt als dem ersten, der einvernommen werden soll, einem *Infanteristen*, der aufsteht und vor den Tisch tritt. Er ist ein schlacksiger Junge, kaum siebzehn Jahre alt, engbrüstig und in einer schlechtsitzenden Uniform. Er trägt scharfe Brillengläser und sieht nicht wie ein Vertreter der Herrenrasse aus. Um so strammer schlägt er die Hacken zusammen, um so abrupter antwortet er. So gibt er seine Personalien an. Auf militärische Fragen verweigert er die Auskunft. Dabei schielt er nach dem *Unteroffizier* auf der Bank, der ihm ermutigend zunickt.

Der *Interviewer* bemerkt das, sagt aber nichts dazu. Er stellt fest, daß der Junge erst im Frühjahr 1945 das Alter von siebzehn Jahren erreicht haben werde. Natürlich ist er ein Pimpf gewesen, ein SA-Junge. Was hat er werden wollen? Stolze Antwort: »Ich hatte die Aussicht, eine Eliteschule zu besuchen und der Waffen-SS zugeteilt zu werden.« »Das ist heutzutage eine der schlechtesten Aussichten«, bemerkt der *Interviewer*. »Wenn Sie aus der Gefangenschaft heimkehren, wird es keine Waffen-SS mehr geben. Wohl aber wird man in Deutschland Leute brauchen, die etwas Nützliches gelernt haben. Glauben Sie nicht?« – Es zuckt im Gesicht des jungen Menschen, er will heftig antworten, beherrscht sich aber und bringt ein schiefes, verächtliches Lächeln zustande. »Oder glauben Sie auch heute noch an den Sieg des Dritten Reiches?«

Der *Junge* antwortet schmetternd: »Jawohl!«

Die *älteren Gefangenen* auf der Wartebank senken die Köpfe, einer von ihnen, ein gut bürgerlich aussehender Mann von etwa fünfundvierzig Jahren, seufzt. Der feiste Unteroffizier sendet ihm einen verweisenden Blick zu.

Der *Interviewer* bemerkt auch das. »Sind Ihre Eltern am Leben?« fragt er den Jungen noch. »Jawohl, auch mein Vater tut seine Pflicht, beim Volkssturm.«

Der *Major* entläßt den Jungen mit einem kurzen Nicken. Der bringt noch rasch ein krampfhaftes »Heil Hitler!« an. Der *Interviewer* beachtet es nicht weiter. Er wendet sich gegen die Bank der Wartenden und kommandiert: »Feldwebel!«

Der *Unteroffizier* springt stramm auf. Der *Offizier* (mit Schärfe): »Treten Sie ab! Sie werden später einvernommen werden.« Der *Unteroffizier* ab. Sichtbare Erleichterung bei den Wartenden.

Der Offizier *bemerkt* Die deutsche Jugend wird uns noch viel zu schaffen geben. Aber wir werden ihrer Herr werden.

Er winkt dem Mann, der geseufzt hat. Dieser tritt vor den Tisch und sagt:

[Der Mann] Darf ich mir eine Frage erlauben, Herr Major?

Der Offizier Nun –?

Der Mann Sind Sie nicht selbst ein Deutscher?

Der Offizier *blickt ihn schweigend an, dann sagt er trocken* Ich habe in Deutschland studiert, lange vor der Naziherrschaft – noch vor dem ersten Weltkrieg.

Der Mann Dann wissen Sie ja Bescheid, Herr Major. Damals hatte die deutsche Jugend wohl noch anderes. Wie sie jetzt ist, das ist allerdings auch das Resultat einer Erziehung.

Der Major Was waren Sie im Zivilberuf?

Der Mann Lehrer, Herr Major.

Der Major *erstaunt* Ja, fühlen Sie sich als ein deutscher Lehrer denn nicht verantwortlich für dieses – dieses neue Erziehungsresultat?

Der Lehrer Die deutschen Lehrer – mein Gott! Ja, sie sind verantwortlich – eine ganze Anzahl von ihnen. Nicht alle, nein. Was konnten wir schon viel tun? Wir hatten ja nicht einmal die Macht über unsere eigenen Kinder. Ich besitze selbst einen Sohn im Alter des Jungen, den Sie eben einvernommen haben, Herr Major. Er war bis vor kurzem noch zu Hause. Aber ich habe ihn längst verloren. Aber wie soll man das erklären –?

Blackout

Man hört im Dunkeln die taktsicheren Schritte einer marschierenden Abteilung, Knabenstimmen singen dazu das ›Horst-Wessel-Lied‹, das näherkommt, ganz nahe, und sich wieder entfernt, schließlich ausklingt. Dabei wird es Licht, und wir sehen jetzt auf dem Zwischenvorhang die Inschrift: COLOGNE 1935.

Der Vorhang hebt sich: Hinterbühne, abgeschlossen von der drastisch gemalten Hinterwand, der guten Stube des Lehrers in dem Stück ›The Informer‹ von Bert Brecht. Das Fenster mit der Gardine mag gemalt sein, ebenso wie einiges charakteristische Mobiliar und etwaiger Zierat, bürgerliche Kultur andeutend. Das seitwärts angebrachte Hitlerbild ist gegenständlich und praktikabel und hängt über einem Tisch, der ebenso wie das Sofa, die Stühle, das Radio, die Zeitung etc. real ist. Die Familie ist bereits da und nimmt die vom Stück verlangten Positionen ein.

Der Lehrer im Brecht-Stück muß nicht derselbe sein wie der Lehrer, der verhört wird. Die Identität der Person böte auch technische Schwierigkeiten. Doch es müßte der gleiche Typus sein, auch sollte eine Ähnlichkeit der Darsteller angestrebt werden, so, daß der Eindruck erweckt wird, es könnte sogar derselbe Mensch sein, nur um etwa acht Jahre jünger, auch ansehnlicher, gepflegter; der Unterschied zwischen dem behäbigen, sauber und adrett gekleideten Zivilisten aus dem Jahre 1936 und dem durch schlechte Nahrung, Sorgen und physische Anstrengungen heruntergekommenen Volkssturm-Mann in seiner unangepaßten Uniform differenziert die beiden ohnedies.

Das Stück selbst stellt nicht nur den Lehrer dar, der an seinem Beruf verzweifelt, weil er nicht mehr weiß, was er lehren soll und darf; sondern auch den Vater, der in seinem Söhnchen, einem Hitler-Jungen, einen Spitzel vermuten und fürchten gelernt hat. Die Affenliebe der Eltern hat sich in Angst vor dem eigenen Sprößling verkehrt. In Panik ruft der Lehrer des Stückes aus: »I'm willing to teach everything they want to have taught. But what do they want to be taught? If only I ever knew! How do I know how they want Bismarck to have been if they are so slow in bringing out the new text books?« –

Das Stück ›The Informer‹ muß bei jedem Publikum Gelächter erregen, auch wenn die Darstellung das Grauenhafte, das hinter dem Lächerlichen der Situation liegt, noch so sorgfältig herausarbeitet.

Der verhörende *Offizier* und der verhörte *Lehrer* auf der in den früheren Schauplatz zurückverwandelten Vorderbühne lachen nicht. Nur auf der Bank der Wartenden lacht ein geschniegelt aussehender *Soldat* im Alter von etwa dreißig Jahren laut heraus.

> Der Lehrer Ja, es ist lächerlich. Diese Szene könnte in meinem Hause gespielt haben. Ich schäme mich.
>
> Der Major Sie werden sich nicht wundern, wenn die Besatzungstruppen die neuen Lehrbücher gleich mitbringen. Sie sollen diesmal rechtzeitig zur Hand sein.
>
> Der Lehrer Wir könnten die richtigen Lehrbücher schon selbst verfassen. Wir haben unsere Erfahrungen gemacht!

Der Major Die Frage ist, wie viele Lehrer im besiegten Deutschland
willens sind, die anzuwenden. Ich habe an einer deutschen
Universität studiert. Es gab auch damals genug Professoren
dort, die von einem borniertem Nationalismus geradezu besessen waren – wie von einer Manie. Trotzdem existierte eine
freie und fortschrittliche deutsche Wissenschaft. Sie wurde von
der ganzen Welt hochgeschätzt. Was ist daraus geworden?

Der Lehrer *ausweichend* Ich war ein einfacher Mittelschullehrer.
Er blickt nach der Bank der Wartenden hin, nach einem Mann,
der älter als sechzig und wie ein Gelehrter aussieht. Der
Interviewer folgt seinem Blick.

Der Major Es ist genug, Sie können abtreten.
Der Lehrer ab. Der Major winkt dem älteren Manne, der
vortritt.

War der Lehrer ein gesetzter, mittelstarker Mann, so ist der *Gelehrte*, der
Wissenschaftler Z., hager und lang, mit Haar und einem zerzausten Bart,
das Modell eines modernen Don Quixote. Die Personalien ergeben, daß er
ein Professor der Physik ist, gewesener Ordinarius an einer berühmten
deutschen Universität.

Der Major Sie könnten uns also, Herr Professor, über die Zustände an den
deutschen Universitäten Auskunft geben.

Der Professor Darf auch ich mir eine Frage erlauben?

Der Major Wenn sie auf die Sache Bezug hat –.

Der Professor Wie geht es Einstein? Wir haben schon so lange nichts von
ihm gehört.

Der Major Soviel ich weiß, genießt er die Früchte seiner Leistungen und
erfreut sich der allgemeinen Liebe und Bewunderung, nicht
nur bei seinen Fachkollegen. Wir sind stolz, ihn bei uns zu
haben. Er lebt und lehrt in Princeton. Seine Forschung schreitet fort.

Der Professor Es ist von großer Wichtigkeit, daß ein Einstein drüben Zuflucht
gefunden hat. Bei uns hätte er leider nicht mehr leben und
forschen können. Das wäre ein großer Verlust für die Wissenschaft gewesen. Ich kann das beurteilen: ich bin selbst
Physiker.

Der Major Ist das die Ansicht aller Ihrer Kollegen?

Der Professor Wir können hier offen sprechen, seit Sie den Aufpasser entfernt haben, den schönen Theo!

Der Major Fürchten Sie seinesgleichen auch noch jetzt und hier?

Der Professor Ja. Das Glück der Schlachten kann sich noch wenden.

Der Major Strategie ist jedenfalls nicht Ihr Fach.

Der Professor Ist es nicht erst unlängst geschehen? Zum Unglück derer, die

sich offen einbekannt haben. Sie entschuldigen, Herr Major,
daß ich daran erinnere!

Der Major *trocken* Der schöne Theo – wie Sie ihn nennen – wird Ihnen
nicht mehr gefährlich werden.

Der Professor Hoffentlich niemandem mehr. Der Wissenschaftsbetrieb im
Dritten Reiche! Ich kann nur sagen wie der Lehrer: Ich schäme
mich!
*Er macht eine resignierende Handbewegung, die das Zeichen
für die nächste Verwandlung ist.*
Blackout

[fragmentarisch]

[Zu ›Wassa Schelesnowa‹ von Maxim Gorki]

Analyse der Figuren

Wassa und Elisabeth von England – Die Privathölle – Wie Wassa von
den anderen Figuren gesehen wird – Der Kampf

Was unterscheidet, vom Standpunkt der Darstellung, einen Charakter wie
Wassa Schelesnowa von – sagen wir – einer historischen Figur wie Elisabeth
von England? Die zweite, eine große Königin, lebt in der Weltgeschichte,
die sie beeinflußt hat. Viele klassische und moderne Dichter haben sie
gestaltet, und die Kinder aller Nationen lernen von ihr in der Schule.
Wassa dagegen lebt nur in dem nach ihr benannten Drama Gorkis, und wer
dieses nicht kennt, wird nie von ihrer Existenz erfahren. Sie verdankt ihr
Leben dem Dichter, der sie ‹erfunden› hat, und den Schauspielerinnen, die
sie darstellen.
Elisabeth und Wassa sind ungewöhnliche Frauen, ungewöhnlich durch ihre
Energie und Tatkraft, durch ihren Herrschergeist und ihren unbeugsamen
Willen. Sie sind einander verwandt auch in ihren Schwächen und Verbrechen. Elisabeth läßt ihren Liebhaber Essex, als dieser ihre Pläne durchkreuzt, hinrichten. Wassa verurteilt ihren Gatten, der ihr eine lebenslängliche Bürde war, zum Tode, da er im Begriff ist, unauslöschliche Schande
über die Familie zu bringen.
Freilich vollzieht sich die Exekution des Essex mit öffentlichem Pomp und
durch die Gerichtsbarkeit des Staates, während der Tod von Wassas Gatten
in aller Stille und Heimlichkeit geschieht und als ein Herzschlag diagnostiziert wird. Man erfährt nicht einmal, ob Wassa ihren Mann dazu brachte,
das Gift freiwillig zu nehmen, oder ob sie es ihm eingegeben hat. Jedoch
ähnelt auch die Tat Wassas einer Staatsaktion, wenn man annimmt, daß

der Herrschaftsbereich dieser regierenden Frau die patriarchalische – besser die matriarchalische – Familie ist, ihre Familie und ihr Geschäft, die Werft und die Flußschiffahrtsgesellschaft, die sie als ihr Privatunternehmen besitzt und verwaltet und zu einem Millionenunternehmen ausgestaltet hat. In ihrem Geschäft ist Wassa ebenso erfolgreich – relativ gesehen – wie Elisabeth in dem ihrigen, der Regierung Englands, das unter ihrem Szepter zur Weltmacht wird.

Die Elisabeth, die eine Krone trägt, ist – ebenso wie die Geschäftsfrau in ihrem Kontor – eine große Realistin, eine praktisch denkende und mit Umsicht und Voraussicht handelnde ‹männliche› Frau. Freilich bewähren die beiden ihre Fähigkeiten und ihre Charakterstärke unter wesentlich verschiedenen Umständen. Das England Elisabeths beerbt die weltbeherrschende Position des damaligen Spaniens. Das englische Königreich ist natürlich, obwohl es wie ein solches von Elisabeth behandelt wird, kein kapitalistisches Privatunternehmen, sondern ein Staat in einer progressiven Entwicklung, die vom Heraufkommen einer neuen Klasse, des Bürgertums, getragen wird.

Das Wolgaschiffahrtsunternehmen der Wassa dagegen ist im Jahre 1910 ein bereits rückständiges Geschäft, das zwar in der Periode nach der gescheiterten Revolution von 1905 sich noch für eine gewisse Frist mit großem Profit behaupten kann; aber es steht der erste Weltkrieg und an dessen Ende die Revolution bevor, die Unternehmen wie das der Wassa hinwegschwemmen wird.

Schon zu ihrer Zeit kann Wassa ihr Geschäft, ihren Profit nur durch die allgemeine Korruption, nur mittels vieler Winkelzüge und Kniffe, durch Bestechung, Schmiergelder, Ausbeutung und Unterdrückung von Arbeitskräften, durch den Mißbrauch gesellschaftlicher und staatlicher Institutionen behaupten. Obwohl es sich noch vergrößert, ist es ein Geschäft auf Abbruch.

So sind Tätigkeit und Leistung Wassas, ihre Verbrechen und Erfolge, vergeblich; der Untergang ihres Unternehmens und der Verfall ihrer Familie werden sich als unentrinnbar erweisen, und daher ist sie eine tragischere Figur als eine so progressive Gestalt wie die jungfräuliche Königin.

Insofern Elisabeth tragisch dargestellt wird, ergibt sich die private Tragik einer Frau, der trotz ihrer Geistes- und Willenskräfte und ihrer historischen Leistung und Bedeutung die weibliche Erfüllung, Liebesglück und Mutterschaft, versagt bleibt. Auch Wassa ist eine tragische Frau und Mutter. Die Züge der Dekadenz in ihrer Familie sind erschreckend, und ihr Haus wird zu einer Art Privathölle. Die Verkommenheit des Milieus, welche gesellschaftliche Ursachen hat, frißt die Menschen an und zieht sie in einen Sumpf der Sinnlosigkeit hinunter. Wassas Ehe war unglücklich, ihr Mann endet als Kinderschänder. Ihr Bruder Prochor, eine schillernde Persönlichkeit, korrumpiert das Haus.

Ihr Sohn ist einem frühen Tode geweiht, und ihr kleiner Enkel, als der Erbe ihres Vermögens und des Geschäftes vorgesehen, wird die Kindheit nicht überleben. Der Kampf, den Wassa um dieses Kind mit ihrer Schwiegertochter, der Revolutionärin Rachel Topas, führt, wird auch durch den plötzlichen Tod Wassas nicht positiv entschieden. Die Töchter aber, die jüngere Ludmilla und die bereits erwachsene Natalja, werden unter die Vormundschaft ihres Onkels, des zynisch-nihilistischen Säufers Prochor, fallen, dessen verderbliches Beispiel schon ihre Kindheits- und Entwicklungsjahre beeinträchtigt hat. Die Vorgänge im Hause, die böse Ehe der Eltern, der unter so bedenklichen Umständen erfolgte Tod des Vaters, der Selbstmord des von Prochor geschwängerten Dienstmädchens Lisa, sind auf die Mädchen nicht ohne unheilvolle Wirkung geblieben. Beide sind Neurotikerinnen. Ludmilla flüchtet in einen – an sich reizvollen – Infantilismus, der ihr Leben verzerren wird. Natalja – eine Gestalt jugendlich aggressiver Verbitterung – in die Trunksucht. Der Haß Nataljas gegen die Mutter, der sie doch im Charakter ähnelt, erinnert an die Figur Elektras. Auch hier zeigt es sich, daß der moderne realistische Dichter nicht der Helden und Könige bedarf, um zur Darstellung ausgeprägter Charaktere zu gelangen. Wir möchten am Ende der Tragödie die Diagnose stellen, daß Ludmilla und Natalja keine Nachkommenschaft hervorbringen werden. Die Familie Wassas erlischt, ebenso wie ihr Unternehmen in den Händen Prochors zerfallen wird.

Die menschlich positiven Züge, die der Dichter auch seinen verkommensten Charakteren mitgibt, phosphoreszieren eigentümlich im Zwielicht dieses Untergangs. Die Lyrik der kleinen Ludmilla, das Aufbegehren Natjas, Prochors beißender Witz, der ihn, wenn er Talent und Ehrenhaftigkeit besäße, zu einem Satiriker von tieferer Einsicht machen könnte. Auf einem gedeihlicheren gesellschaftlichen Nährboden hätten sich diese Keime eines besseren Menschentums entwickeln können. In Gorkis Schilderung fehlt jede sentimentale Beschönigung, aber er schafft Menschen in ihrem Widerspruch, in der Vielfältigkeit ihres Seins, das gegensätzliche Möglichkeiten enthält. Am reichsten sind sie in Wassa selbst, der Mittelpunktfigur, gegeben.

Der Dichter läßt seine Wassa von allen Seiten sehen. Er verfährt dabei wie ein Plastiker, der eine freistehende Figur mitten in den Raum setzt. Die Sozialistin sagt ihr ins Gesicht: »Kann sein, daß Sie manchmal das Geschäft satt haben – wenn Sie seiner müde sind. Aber die ganze Sinnlosigkeit des Geschäftes, seine Grausamkeit, vermögen Sie nicht zu empfinden. Ich weiß, was Sie sind: Eine Sklavin – eine kluge, starke Sklavin, aber eine Sklavin…« Wassa: »Weise gesprochen! Und doch nicht ganz richtig. Ich werde dir sagen, was ich wollte, hier vor meinen Töchtern, sage ich es dir: Ich wollte, daß der Gouverneur den Nachttopf hinter mir hinausträgt, daß der Pfaffe seine Gebete nicht an die Heiligen richtet, sondern an mich, die schwarze Sünderin, an meine böse Seele.« – Rachel: »Das ist von Dostojewski und paßt nicht zu Ihnen.« – Natalja: »Mutter kennt Dostojewski nicht. Sie liest keine Bücher.« – Wassa: »Von was für einem Dostojewski soll das sein? Aus der Kränkung stammt das, aus all der unverdienten Beleidigung.«

An einer anderen Stelle charakterisiert Rachel die Geschäftsfrau Wassa als Vertreterin ihrer hoffnungslos kranken Klasse: »Sie leben wie ein Automat, als die Gefangene ihrer Geschäfte, und gehorchen der Macht der Dinge, die Sie nicht geschaffen haben.« Aber auch Rachel kann der Gegnerin, der Todfeindin aus Prinzip und aus privaten Gründen, ihre Achtung nicht versagen: »Hol Sie der Teufel! Irgendwo steckt in Ihnen, in diesem Haß – ein Wert..., eine Kraft...« – Und die Kleine, Schwachsinnige hat ihre eigene Meinung von der vergötterten Mutter. »Kluge Menschen sind immer unangenehm.« – Wassa: »So. Also bin ich deiner Meinung nach ein Esel.« – Ludmilla: »Du bist nicht dumm und nicht klug, sondern einfach – eine menschliche Frau.«

Schon diese wenigen Stichproben geben einen Begriff von der vielfältigen Perspektive, aus der diese Gestalt gesehen ist. Es fehlt der Schilderung auch nicht an Elementen des Humors, wie überhaupt dieses mit tragischem Konflikt geladene Werk mit Witz und Satire durchsetzt ist, die aber die Objektivität der Darstellung nicht schmälern, sondern bekräftigen. Das Stück hat die – allerdings sehr konzentriert zugemessene – Drastik eines Genrebildes, das von jähen Handlungsmomenten durchbrochen wird. Gerade diese Drastik mit ihren ordinären Zügen ist historisch bezeichnend für die Periode, die hier dargestellt wird, die der Stolypinschen Reaktion nach der verunglückten Revolution von 1905. Diese Züge dürfen der Wassa ebensowenig fehlen, wie die Züge ihrer eigenartigen Größe. Eine typische Heldendarstellerin würde allerdings diese biologisch-soziologische Vereinigung von Drastik und Größe nicht aufbringen. Ebensowenig könnte der Charakter Wassas aus kleinen naturalistischen Zügen zusammengefügt werden.

Wer in der Wassa eine Klytämnestra sehen will, darf nicht vergessen, daß der Atridenfluch dieser Familie Geld ist, ein Verhängnis, das in der Form eines geradezu satanischen provinziellen Egoismus auftritt. Wir sind hier nicht im alten Griechenland, sondern im zaristischen Rußland. Dennoch kann – und muß wohl – dieses Werk bei uns auch ohne folkloristische Genauigkeit gegeben, empfangen und verstanden werden. Die besondere soziale Rückständigkeit, die verfilzte Verkommenheit des Milieus wirken heute – auch ohne fotografische Treue, aber mit dramatischer Wahrhaftigkeit wiedergegeben – als historisch beglaubigt. Die durchgezeichnete gesellschaftliche Struktur erhebt das Stück und seine Gestalten über die Spezialität des Einzelfalls. Die Charaktere – nicht nur der allseitig verkörperte einer Wassa – sind gewachsen, das heißt geschaffen, und nicht etwa konstruiert, um eine These zu beweisen. Auch der Charakter der – historisch genau gesehenen – sozialistischen Revolutionärin, den Gorki erst nach der siegreichen Revolution einfügte, ist nicht beschönigt oder bevorzugt. Der Konflikt auch dieser tragischen Mutter eines nicht lebensfähigen und ihrer Obhut entzogenen Kindes, ihr Konflikt zwischen der ›Sache‹, ihrer politischen Tätigkeit und ihren Mutterpflichten ist nur so weit geführt, als die Situation zuläßt. Ihr Kampf mit Wassa wird nur streckenweise zur Haupthandlung, was als ein dramatisches Manko empfunden werden könnte, was aber die Wahrheit des Gesamtbildes erhöht.

Dieser Kampf beschleunigt den Tod der Wassa, ein Ereignis, das sonst als ein Unglücksfall einträfe – dramatisch gesehen. Der Kampf zwischen Wassa und Rachel färbt jedenfalls dieses abrupte Ende der Wassa, akzentuiert es. Er hat beides, dieser Tod: eine fast klinische Gewöhnlichkeit und zugleich menschliche und dramatische Größe. Er enthält die ganze Existenz der Wassa noch einmal, in höchster Konzentration und Steigerung.

Nicht nur das dichte Netz der menschlichen Beziehungen, der tragisch ineinander verflochtenen Charaktere, die sich einem Absturz zu bewegen, bewährt den großen Dichter, der Gorki ist: Die Katastrophe des Todes der Wassa und die blitzlichthafte Beleuchtung, die er auf den sozialen und menschlichen Zustand der Familie, des Hauses wirft, zeigen die grandiose Kraft Gorkis in der Entladung eines tragischen Gewitters.

Als ein großer Dichter muß Gorki verstanden und auf der Bühne realisiert werden bis ins kleinste Detail. Gorki kann und darf nicht kleinlich gespielt werden. Er ist als Darsteller der Menschen und der Verhältnisse seiner Zeit ein russischer Nachkomme Shakespeares.

Über Schauspielhäuser
und Theaterstädte

Wien (1911–1918)

Volksbühne 1911

Vor dem Kriege machte ich in Wien eine Theatergründung mit. Einer hatte einen Wiener Volksbühnen-Verein, der Andere Berliner Kapitalisten an der Hand. Der Eine – der damalige Sozialdemokrat Stefan Großmann – brachte organisiertes Publikum und einen Gedanken, den Volksbühnen-Gedanken, mit. Der Andere – Dr. Artur Rundt – machte ein modernes Projekt daraus. Man wollte das Nützliche mit dem Angenehmen verbinden. Der Volksbühnen-Verein gab eine wirtschaftliche Grundlage, welche dem Unternehmen von vornherein eine gewisse Solidität garantierte, aber keineswegs ein großes Haus ermöglichte. Man erdachte also eine geistreiche Kombination. Es sollte auch das schwer und von Fall zu Fall zahlende, Vergnügen kaufende Luxus-Publikum herangezogen und mit dem auf Mindest- und Einheits-Preisen beruhenden Verein zusammengekoppelt werden. Man versprach sich, sträflich genug, von diesem Kompromiß auch künstlerische Möglichkeiten. Denn wie hätte man sich damals – vor dem Kriege – eine Volksbühne anders vorstellen können denn als ein bescheidenes Schillertheater? Der Konkurrenzkampf mit den Luxus-Bühnen, die Bewerbung um ein verwöhntes bourgeoises Publikum sollte dagegen die ästhetischen Kräfte anstacheln. Gerade die Zwiespältigkeit, die zwischen einer sozialen Notwendigkeit und einer kapitalistischen Spekulation sich entwickeln mußte, schien ergiebig. Man wollte an die Volks-Seele appellieren und doch im anregenden Lichte der weltstädtischen Sensation, von der Allerwelts-Kritik umschmeichelt und von den Geschmäcklern und Kennern beachtet und betrachtet sich sonnen. Man wollte sich von den hochliterarischen Bedürfnissen der Besseren herausfordern lassen und doch wieder im Notfall vor der Unterhaltungsgier und Launenhaftigkeit des reichen Pöbels zu den sicheren Geldern und den sicheren Herzen der Schlichteren zurückfliehen. Heute ermesse ich, wie diabolisch dieser Grundeinfall war, und ich weiß jetzt, daß diese Versündigung an der Idee, dieser Verrat am Volksbühnen-Gedanken nicht nur ein tieferes, sondern auch ein recht reales Versagen bedingen mußte. Damals war ich befangen in dem jungen Glück, Regie führen zu dürfen, war fieberhaft eingespannt zwischen Dichtung und schauspielerischer Individualität, von Fall zu Fall den Reichtum theatralischer Belebung entdeckend. Ich ahnte noch wenig von der unentrinnbaren Notwendigkeit der Volksbühne, die ich damals bestenfalls als eine Art künstlerischer Wohltätigkeitsbestrebung zum

Heile der kulturell Entbehrenden verstand, während mir heute die Volksbühne vielmehr eine Not der Kunst als eine Not der Kunstlosen lindern zu
müssen scheint. Ich wußte noch nicht, daß das Drama entweder ›Volksstück‹ – im einfältigen oder erhabenen, noch nicht geläufigen Sinne des
Wortes – oder Selbstbetrug sein kann.

So ein Volksbühnen-Verein von damals konnte ja gewiß nicht ›Volk‹ – in
der wahrhaft bedeutenden Strenge dieses Begriffes – in ein Theater senden,
sondern eben doch nur Vereinsmitglieder. Ein sozialdemokratischer Verein
war noch lange nicht eine naturgewachsene und geistesverpflichtete Gemeinschaft, war nicht der Körper einer fleischgewordenen Idee; obwohl er Ansätze und Keime solchen Seins und Werdens zweifellos enthielt. Volksbil-
dung, wie man sie damals verstand, war doch nur Übernahme der sogenannten ›allgemeinen Bildung‹, die Assimilation bestehender Inhalte des Wahren
und Schönen – nicht schöpferische Zeugung, nicht Bildung von Volk, das
es gar nicht mehr gab. Aus Volk war längst Publikum geworden, ein an-
organisches Gemenge von Zivilisations-Ichen, nach wirtschaftlichen Klassen
und Kasten abgestuft. Dieser Verein zum Beispiel bestand nicht einmal nur
aus organisierter Arbeiterschaft, die für die Kunstveranstaltung sich politisch
ausspannte, um sich etwa ästhetisch einzuspannen: Da gab es auch allerlei
bildungsbeflissenes Kleinbürgertum, darunter freilich viel jugendliche Intelligenz. Dennoch ging von den Vorstellungen, die Stefan Großmann – vor
dem Projekt – an Sonntagnachmittagen in verschiedenen bourgeoisen Theatern – also im wechselnden fremden Rahmen und mit wechselndem fremden
Ensemble – abzuhalten pflegte, eine erfrischende, kräftig anregende und
Kunst-werbende Kraft aus, die der eigenartig lähmenden, abflauenden
Wirkung der sonstigen skeptischen Wiener Theater-Narrheit sehr unähnlich
war. Diesen Vorstellungen haftete naturgemäß etwas Zufälliges und Provi-
sorisches an; aber dahinter ward, eben von Publikums Gnaden, eine tiefere
Notwendigkeit, der Wille zur Begeisterung, ein Bedürfnis nach menschlicherer Gemeinschaft fühlbar – Anzeichen einer Einstellung, die allein eine so
soziale Kunstübung wie die theatralische über die müßige Schaubude zur
Bedeutung, über das zerstreuende Vergnügen zur Sammlung erhebt. Hätte
dieses Publikum sich konsolidiert, indem es sich sein eigenes Haus gebaut
hätte, und dieses Haus zu einem wahrhaft eigenen gemacht, indem es seine
Existenz selbst bestritten hätte, vielleicht hätte der Organisations-Zwang,
der dem Verein innewohnt, Organisches wenigstens auch im Spielplan er-
zwungen, und der Spielplan hätte wohl wieder auf die Spieler ensemble-
bildend gewirkt. So wäre vielleicht ein bescheidenes Etwas entstanden, aus
ehrlicher Selbstbeschränkung, während literarische Großmannssucht nur das
Scheindasein problematischer Werte erreichen konnte. Ein kleines Vereins-
theater wäre ein gesunder Anfang gewesen, der eine unabsehbare Entwicklung in die Breite und Höhe und Weite versprach; während eine wurzellose
Kunstbühne von vornherein der Vergänglichkeit geweiht war, nur Sporadi-

sches leisten konnte und bald wieder im literarischen Flugsand verschwinden mußte.

Wie gesagt, ich kannte diese sehr wichtige und gute Gesetzmäßigkeit damals noch nicht. Aber es kam überdies alles ganz anders; es fehlte an Geld, um die Spekulation im großen Stil durchzuhalten, die besondere Wiener Korruption mischte sich drein, als ob sie die tiefere, wesensverwandte Unsolidität gewittert hätte. Aus dem großen Haus wurde ein mittleres Saaltheater. Stefan Großmann, der geistige Urheber und ideell Hauptverantwortliche, trat bald aus, und man improvisierte weiter. Der Volksbühnen-Verein vermochte seinen Charakter gegen eben diese Art des wirtschaftlichen und künstlerischen Improvisierens nicht durchzusetzen, und als der Krieg seine Mitglieder einrückend machte, war er mit einem blauen Auge davongekommen und durfte froh sein, daß ihm der Beweis für seine Lebensberechtigung solcherart gestundet wurde. Das Theater aber blieb, was es war: eine jener Versuchs-Bühnen, die, mitten im erbärmlichen Verfall der einst glorreichen Theaterstadt Wien, den künstlerischen Zeitstil zu pflegen und literarische Bedürfnisse zu wecken und zu decken bestrebt sind, aber aus purem Selbsterhaltungstrieb immer wieder zum schnödesten Geschäft, zur Jargonposse und Halboperette greifen müssen. Das typische Schicksal solcher Bühnen vollzog sich auch hier: man versuchte es erst mit einem glänzenden Ensemble, dann mit Handwerkern, Jugendlichen und einigen Individualitäten, um schließlich bei den berühmten Gästen anzulangen, die jede Ensemble-Kunst überflüssig machen, indem sie Käufer ins Haus ziehen. So wurde nach dem Publikum auch der Spielplan und zuletzt das Ensemble aufgegeben – und wenn man, mit wundem künstlerischen Gewissen – noch um einzelne schönere Abende kämpfte, welche die ganze Niveau- und Stillosigkeit wettmachen sollten, so leistete man, was man konnte. Und mehr hatte man nie gekonnt als: einzelne Abende. Auf solchen Bühnen erscheinen schließlich die Autoren ebenso als Gäste wie die Schauspieler – und der Dichter kann hier nur gekränkt werden. Aber das Publikum erhält, was es einzig und allein zu brauchen scheint: Premieren und Kritiken.

Wenn ich von diesem mißlungenen Versuch, an dem ich leidenschaftlich teilnahm, ohne seine Tragweite zu kennen – wenn ich von diesem persönlichen Erlebnis ausgehe, um zu weiteren, perspektivischen, vielleicht sogar normativen Betrachtungen über Gegenwart und Zukunft des deutschen Theaters zu gelangen: so geschieht es mit der Absicht, zu zeigen, wie aus der Liebe zum Theater eine Gewissensfrage und schließlich eine Gesinnung wurde – bei einem Theaterliebhaber, der die Bühne zunächst nur rein ästhetisch meinen konnte; dem es allerdings immer fernlag, das Theater zu einem Gewerbe zu machen, dem aber dafür ein gewisser Esoterismus, eine Art Bühnen-Kult umso näher lag. Wien hat ja den Kult des Theaters immer betrieben, und ist bis vor wenigen Jahren die große Theaterstadt gewesen. Auch noch die jungen Menschen meiner Generation sind in Wien in eine

Vergötterung des Theaters hineingewachsen, die den Berlinern immer fremd war. Wer das alte Burgtheater nicht mehr erlebt hat, hat vielleicht noch die Oper unter Gustav Mahler sich in den Himmel schwingen und dann allerdings unsanft auf die Erde zurückfallen gesehen. Und bis heute ist in Wien von der Vergötterung des Theaters die Vergötzung des Schauspielers zurückgeblieben, und in der Teilnahme am Privatleben des Operettentenors lebt sich heute jene altkluge Jugendlichkeit und nicht minder jene kindische Greisenhaftigkeit der Halbwüchsigen und der vorgeblich Erwachsenen aus, die an vollem Theaterglanze heute schon deshalb nicht teilnehmen können, weil keiner mehr da ist. Die zwei Jahre fanatischer Erstlingsarbeit an der Pseudo-Volksbühne waren eine unübertreffliche Schule, für die keine Dankbarkeit zu groß wäre. Wer da von Aufgabe zu Aufgabe um künstlerische Resultate kämpfte, sah sich bald vor Fragen gestellt, die ihm andernorts vielleicht erst später aufgegangen wären und machte Erfahrungen, die er hier nie gesucht hätte. Das eigentliche Volksbühnen-Problem lernte er ja nur durch Enthaltung kennen. Dagegen wurde er ein versierter Kenner in der Soziologie des modernen kapitalistischen Theaters: seiner Symbiose mit der kapitalistischen Presse, seiner Abhängigkeit vom Geldmarkt im allgemeinen und von der Geldmenschheit im besondern.

Der Olymp und das Burgtheater

Als diesmal das Burgtheater in Frage stand, regte es sich sogar im Wiener Olymp. Unter dem Olymp verstehe ich jenen Kreis der Wiener Literatur, der jetzt auf der Höhe der anerkannten Meisterschaft thront und wohnt. Götter pflegen fünfzig Jahre alt zu sein. Es ist das ehemalige Jung-Wien, fünfzig Jahre alt geworden. Etwa Arthur Schnitzler, Hugo von Hofmannsthal, Jakob Wassermann, Richard Beer-Hofmann. Die großen Talente, die sich ein Menschenalter lang in arbeitsreicher Stille kultiviert haben. Aristokraten des Könnens, die sich aus der Plebs der zeitgenössischen Begabungen, der Auch-Talente – welche mit und in der Zeit untergegangen sind – emporgehoben und in die Dauer, den Rang, auf das Niveau, eben auf den Olymp hinaufgerettet haben. In materieller und geistiger Wohlhabenheit geborgen, dem ordinären Leben und seinen schweißtreibenden Kämpfen entrückt, dem Zwang und der Versuchung des Marktes entwachsen, haben sie die Zeit, diesen Caliban von einer Zeit nur so nahe an sich herangelassen, daß sie eben noch gespiegelt werden konnte. In Spiegeln, die veredelten. So beurteilt der Fernstehende den Olymp nach Zeugnissen einer ästhetischen und gesellschaftlichen Kultur, die heruntergeflattert kamen. Etwa nach literarischen Dialogen von Hofmannsthal oder Wassermann. Oder nach der künstlerischen Gesinnung eines Beer-Hofmann, den der Sensationserfolg seines

>Grafen von Charolais< nicht gehindert hat, sich auf den Olymp zurückzuziehen und Jahrzehnte an die geheime Vollendung neuer Werke zu wenden,
ohne sich weiter um den Ruhm der Zeit zu kümmern, ohne auch nur durch
ein gelegentliches Bulletin oder die Preisgabe eines Bruchstücks die öffentliche Neugier bei Appetit zu halten. Unwillkürlich empfindet man solche
Gesinnung – möge ihr Resultat so selten und so rühmlich sein wie sie
selbst! – als von der Atmosphäre des Kreises genährt. Und man empfindet,
um seiner exclusiven Reife willen, einen scharfen und tiefen Geisteskritiker,
einen Künstler der philosophischen Analyse wie Rudolf Kassner – dessen
Stil von der Sorge gehütet scheint, die zudringliche Zeit könnte da einbrechen – als einen notwendigen Gast auf dem Olymp. Freilich, ein verkommenes Elementargenie wie Peter Altenberg könnte sich dort nie ansiedeln. Und einen Arnold Schönberg wird man dort nicht suchen. Der
radikale Neuerer ist anders in die Zeit gestellt, ein Felsen mitten im Strome.
Und der große Satiriker Wiens, Karl Kraus, läßt den Olymp nicht gelten.
Denn ob der Götterberg sich auch um eine unleugbare Steigerung über den
Verfall erhebt, er hält ihn nicht auf und vergoldet ihn auch noch. Die aktivistische Jugend gar will von sublimer Abseitigkeit nichts wissen. Sie möchte
den edlen Stil und überhaupt den ganzen Kunstkrempel zusammenschmei
ßen und die Geister revolutionieren, sich resolut in das Getriebe mischen
und um das rauhe Elend der Welt kümmern. Der Olymp hat in all dem
politischen und kulturellen Jammer, in Not und Tod dieser Zeithölle kaum
je einen Seufzer der Teilnahme von sich gegeben.

> Sein Wort vom Sterben wog nicht schwer.
> Doch wo viel Feinde, ist viel Ehr:
> Er hat in Schlachten und Siegen geschwiegen

– rühmt Karl Kraus Arthur Schnitzler nach. Kaum daß Hugo von Hofmannsthal mit edler Getragenheit für Großösterreich Propaganda getrieben
hat. Manche glaubten sogar, die Götter seien längst auf ihren goldenen
Stühlen in Apoll entschlafen. Andere wieder rümpften die Nase und
schimpften: Scheintot sei toter als tot. Und tot... [unleserlich] als vornehm,
aber herzlos.
Als jedoch – am Beginn des fünften Weltkriegsjahres – das Burgtheater
verwitwete, regte es sich auf dem Olymp. Hugo von Hofmannsthal, in
seiner Jugend unser zartester Dichter – er ist es geblieben, und erst in
neuester Zeit hat Georg Trakl ihm diesen Rang streitig gemacht –; stets
ein edler Kenner geistiger und künstlerischer Reize – manch schöner Essay
wird auch der Nachwelt davon zeugen; der letzte Kavalier der sterbenden
österreichischen Kultur: veröffentlichte in der Neuen Freien Presse einen
Leitartikel. Ein Vorgang, dessen Bedeutsamkeit für sich selber spricht. Herr
von Hofmannsthal suchte also öffentlich einen Mann, einen Retter für das
Burgtheater und meinte, man müsse ihn mit der Laterne suchen. Und man

müsse nicht einen Fachmenschen, sondern eine überlegene, Kultur garantierende Persönlichkeit finden. Gleichzeitig sagte Hermann Bahr einige Treppen tiefer, im Neuen Wiener Journal, was eigentlich zu tun sei. – Hermann Bahr, externes und korrespondierendes Mitglied des Olymp, aber mehr noch in die Edda zuständig, eine Art Loge der Literatur, nur aus wehender Talentlohe bestehend, wandlungsfähig wie Loge, ist nach einer Jugend voll wilder Zuchtlosigkeit und einer an Experimenten überreichen Mannesreife auf seine alten Tage fromm und österreichisch worden; hat Wien geflucht und entsagt und ist in die Kleinstadt heimgekehrt, aus der er dereinst gekommen war: ein österreichischer Provinz-Tolstoi. Da er immer etwas Anregendes sagt, spricht er gern über alles; und da Sprechen ihn anregt. Und er hat ein Recht, insbesondere über Theater zu sprechen. Nicht nur weil er, als Kritiker und Autor, soviel mit dem Theater zu tun gehabt hat, und das Theater mit ihm. Sondern weil er ein geborener Schauspieler ist. Er hat die vielen, unablässig wechselnden Geistescharaktere der europäischen Kultur- und Kunst-Mode seit dreißig Jahren bei uns gespielt, immer in großstädtischer Vollendung, ein Darsteller von Rang, unermüdlich und mit Frische und Temperament. Nur aus seiner Schauspielerei erklärt sich seine wunderbare Wandlungsfähigkeit; und die den bekehrten Bahr für einen Heuchler halten, verstehen eben nichts von Schauspielerei und ihrer inneren Wahrheit. Er ist in jeder Rolle echt gewesen, und am besten war er als Conferencier. – Hermann Bahr also meinte, der Retter des Burgtheaters werde überhaupt nie ein Direktor sein – ein Direktor sei ja selbst rettungslos im Detail der Direktionsführung verloren –, sondern ein Intendant, ein überschauender – zugleich Burg und Oper überschauender – Mann.

Sofort hieß es, Bahr und Hofmannsthal prätendierten selbst auf den Posten. Während man nun von Hofmannsthal ohne weiteres annehmen konnte, er habe die Burgtheater-Sorge – die ja überaus kultursymptomatisch ist – nur als einen Punkt seines idealösterreichischen Programms erörtert: gab Bahr zu, er wäre früher einmal, dafür von Reinhardt ja vorgebildet, ein Oberregisseur, ein Dramaturg, ein Berater, wohl auch ein Intendant gewesen. Jetzt aber, ergänzte der Leser, habe er sich von der Weltlichkeit des Theaters längst abgewendet. Jedenfalls hatte der Olymp nicht in eine falsche Richtung genickt. Es kam ein Intendant. Und es kam ein Freund Bahrs und Hofmannsthals, zweifellos ein olympischer Kandidat. Leopold von Andrian, in seiner Jugend Dichter einer Novelle und Olymp-Anwärter, war seinerzeit ausgesprungen und zur Diplomatie gegangen. Als Diplomat von Fach avancierte er nun in die Hoftheater-Intendanz als auf den unsichersten diplomatischen Posten der Monarchie. Man wäre erstaunt gewesen, einen modernen Dichter dort anlangen zu sehen. Dieser aber war – obwohl, wie man tuschelt, dem George-Kreis entwachsen – sofort plausibel. Sein Weg ist eine Anekdote und deshalb wienerisch. Aber damit soll nicht gesagt sein, daß er sich da oben nicht höchst königlich bewähren könnte. Man weiß nichts von ihm und kann also gar nicht abschätzen, wieviel er vom Theater, wieviel er von Diplomatie versteht. Man glaubt ihm gerne beides – umsomehr, als es ihm an Beratern nicht fehlen wird. Soeben hört man, daß ihm zwei besonders Kundige sogar amtlich beigegeben werden. Erstens: Professor Roller, wirklich ein Meister der Szene, ein Stilkünstler und Stilneuerer der Bühne, dessen großzügige Ausstattungen unter Gustav Mahler – erhabenen Angedenkens – Begeisterung und Wut erweckten. Seitdem war er, in die österreichische Rumpelkammer gesteckt, ein vergessener Mann, der längst hätte verbittern können. Und zweitens: tatsächlich Hermann Bahr, der Welt und dem Theater wieder zugewandt, ein Mann des Spürsinns, Talente aufspürend, und auch heute noch *novarum rerum cupidus,* heute aber zugleich eine Garantie für ideales Christentum. Diese Heimkehr zum profanen Theater – eine Pointe für sich. – Man muß zugeben: der Olymp hat genickt, die Hoftheaterbehörde hat verstanden und gewagt, ein großer Aufwand ist bewilligt.

Man versucht es, zuletzt doch noch, mit der Kunst und ihren Göttern. Für tüchtige Theaterarbeit garantiert wohl auch weiterhin Albert Heine. Aber man hört nichts von ihm. Er ist weder für den Olymp noch für die Presse ein Kandidat. Und er bietet keinen Anlaß zu Anekdoten. Er ist feuilletonistisch nicht geeignet.

Das Burgtheater

Als ich vor einiger Zeit in einem alten Jahrgang der Neuen Freien Presse blätterte – es war der vom Jahre 1889, dem Todesjahr des Kronprinzen Rudolf –, stieß ich auf ein Feuilleton von Speidel persönlich, das den Titel hatte ›Die Krise des Burgtheaters‹. Ja, so war es. Im Leben des Burgtheaters folgte eine Krise auf die andere, und das Burgtheater überlebte sie alle, so wie es auch uns überleben wird. Es wird ein Burgtheater sein, und wir werden nicht mehr sein. Ich erlebte als junger Mensch, was noch von der großen Zeit, die ein Karl Kraus in Gedichten verherrlicht hat, übrig geblieben war. Mit Ausnahme der Wolter und Mitterwurzers sah ich sie noch alle, die verewigten Großen: Sonnenthal, Baumeister, Lewinsky, Robert, Hartmann, seine Frau, die Hohenfels, Kainz – sehr viel Kainz. Im Kronleuchter des älteren Hauses, das heute als Ruine auf seine Wiederherstellung wartet (viel zu lange warten muß!), müssen noch ein paar hohe, allerhöchste Töne von Kainz hängengeblieben sein, die er da hinaufgeschmettert hat – etwa wenn er als Melchtal seinen Rütlischwur leistete. »Wir wollen sein ein einig Volk von Brüdern!« Aus dem Unisono der Eidgenossen löste sich diese Stimme los und stieg empor, stieg in den Himmel, eine Lerche der Freiheit, die sich in hohem Fluge, zu unserem Entzücken, aufschwang. Ich war Zeuge seines Gastspiels auf Engagement als Romeo und des Streites gegensätzlicher Meinungen, die es entfesselte. Damals prophezeiten viele dem Burgtheater sein baldiges Ende, wenn das Engagement Kainzens zustande käme. Das Burgtheater ist an Kainz nicht gestorben, ebensowenig wie vorher an der diabolischen Genialität eines Mitterwurzer, der lange Jahre verrissen wurde, bis die Ablehnung in Vergötterung umschlug. Auch starb das Burgtheater nicht an den Gastspielen der Berliner Ensembles unter Brahm und Reinhardt, die es als ein hinter der Entwicklung der Zeit zurückgebliebenes Hoftheater einer konservativen Metropole entlarvten. Das Burgtheater hatte Kaiserwetter und nützte es aus mit Konversationsstücken von Sardou bis Philippi, mit Gesellschaftslustspielen aus der guten, der besseren alten Zeit, die nun rapid ihrem glorreichen Ende entgegenging. Brahm brachte seinen Ibsen-Zyklus und revolutionierende Werke von Gerhart Hauptmann, ›Die Weber‹ und ›Florian Geyer‹, er brachte einen neuen Typus der Bühnengestaltung und der Schauspielerei, mit einem Wort den leibhaftigen Naturalismus. Karl Kraus, der dem alten Burgtheater zu tief nachtrauerte, um irgendeine modische Erneuerung gelten zu lassen, sah in den großen neuen, auf eine neue Art großen Schauspielern wie Bassermann und Rittner nur Defektschauspieler und als Hauptdarsteller aufgemachte und überschätzte Chargenspieler, von »Moissi der Schmerzensreichen«, wie er den Hamlet des Berliner Deutschen Theaters titulierte, ganz zu schweigen.

Reinhardt blieb bekanntlich nicht bei der neuen Natürlichkeit stehen, die den modernen Alltags-Menschen, wie er sich räusperte und spuckte, für die Bühne entdeckt hatte: obwohl seine erste Version des ›Sommernachtstraumes‹ noch in einem Walde mit naturechten Bäumen spielte. Er gab, wie man ihm oft nachgesagt hat, das Theater dem Theater zurück, den Schauspielern und den Komödianten, der Malerei und der Musik, der Shakespeare-Komödie und -Tragödie, dem Rüpelspiel und der Commedia dell'arte, er versuchte die Erneuerung eines höheren Stils, der wieder an das alte Burgtheater, auf der Linie von Mitterwurzer bis Kainz, anknüpfte. Dagegen ging der Naturalismus auf das Burgtheater über. Sonnenthal verkörperte einen gemilderten ›Fuhrmann Henschel‹, der das Herz der Wiener rührte; der große Volksschauspieler Girardi, der Natürlichste von allen, erlebte seinen Einzug auf die Hofbühne, den er nicht lange überleben sollte. Die Neu-Klassikerin Bleibtreu konnte sich durchaus treu bleiben, wenn sie urwüchsige Weiber aus dem Volke ins Bühnenleben rief. Freilich war das soziale Drama, das in Wien wuchs, wie das Beispiel von Arthur Schnitzlers ›Liebelei‹ beweist, von liebenswürdiger und verbindlicherer Art als die norddeutschen Vorbilder. Reinhardt, der All-Regisseur, der mit der Zeit alle Formen und Masken, die sich das europäische Theater, von den alten Griechen bis zur Neuromantik und zur Dekadenz *fin de siècle*, angelegt hat, noch einmal vorüberziehen ließ, war ein Österreicher, der in einer Vorstadt Wiens, in Rudolfsheim, als kleiner Schauspieler begonnen hatte und vielleicht nie ans Ziel gelangt wäre, wenn er nicht den Umweg über Berlin genommen hätte. Seinem Beispiel folgten viele junge Wiener Talente, Schauspieler und Regisseure, angezogen von dem Auftrieb, den die wilhelminische Ära nicht nur in Wirtschaft und Industrie, sondern auch in den Künsten erfuhr, nicht zuletzt am Theater; dort wurde der Fortschritt, in Opposition gegen den Geschmack des Kaisers, der auf der Hofbühne dem Ideal des Wildenbruch-Dramas treu blieb und die moderne Schmutz- und Asphalt-Literatur in Acht und Bann tat, von einem selbstbewußten Bürgertum und der aufstrebenden Volksbühnen-Bewegung getragen. Im konservativen Wien setzten sich die internationalen Anregungen, von Stanislawski bis Gordon Craig, von Ibsen bis Strindberg und Oscar Wilde langsamer durch und blieben länger haften. Ich erinnere mich noch sehr wohl der Zeit, als Reinhardt wiederkehrte und die Wiener Studenten im ›Ödipus‹ für die Bewegung moderner Massen abrichtete; wir halten noch immer dort; und die Modernisierung des ›Ödipus‹ und der ›Elektra‹ wurde von einem Wiener dramatischen Dichter, von Hofmannsthal, als zeitgerechte Diktion geleistet. Es war nicht immer das Burgtheater, das solche Bestrebungen aufnahm; aber sie wurden, nachdem sie das Stadium des Experiments einmal überwunden hatten, nach und nach alle burgtheaterfähig, was freilich bedeutete, daß sie den Zustand der Reife erreicht hatten.

Ich zähle hier nicht exakte Daten auf, sondern koordiniere, aus der Erinnerung, aufregende Eindrücke, die noch an Ort und Stelle auf mich gewirkt haben, bevor ich in den Weltkrieg einrückte und an dessen Ende selbst nach Deutschland ging. Die Wechselwirkung zwischen Wien und Berlin war eine kontinuierliche. Gerade am Burgtheater standen schon in der großen, der eigentlichen Heldenzeit norddeutsche Persönlichkeiten in erster Reihe. Laube war kein Österreicher, Schlenther war auch keiner. Baumeister, Gabillon, Hugo Thimig, Albert Heine: sie alle haben sich, am Burgtheater wirkend, an Wien akklimatisiert, und Wien an sie. Sie alle umschließt meine Erinnerung noch.

Berlin (1922–1949)

Das Gastmahl des Trimalchio

Lebt er nicht heute in absurder Üppigkeit wieder auf, der alte gute Trimalchio, dessen Gastmahl der eleganteste Stilist Roms, der große Satiriker Petronius, geschildert hat, zur Beschämung seiner Zeit! Ist er es nicht in schaudervoller Wiederkehr, Trimalchio, der Freigelassene und alle Freiheit Kompromittierende, der vor kurzem noch Leibeigene, der am Krieg verdient und auch noch den Frieden verschachert hat, der Schieber, dem wir leibeigen sind, der Plutokrat, rund und schwer wie das Geld! Liegt er nicht wieder zu Tische und herzt einen alten, triefäugigen Lustknaben, indes die nackten Mädchen vor ihm tanzen und ringsum die Hämlinge in durchdringendem Diskant dem Geschmack der Zeit Loblieder singen! Und während er einen Kauderwelsch spricht, in dem die kunstvollen Phrasen aller Literaturen sich mit dem Idiom der Gosse mischen, werden ihm alle Wachstümer der Erde und die kostbaren Fragmente aller Kulturen herangeschleppt und in einem tollen Durcheinander des Überflusses vor ihm aufgeschichtet, daß er vom Käuflichen genieße und sehe, was alles käuflich werden mußte in der Not der Zeit! Aber der gute alte verschmitzte Trimalchio ist übersatt vom Brot des Lebens, er wünscht Schaugerichte wie der altbiblische Gott, es kommt ihm nicht auf die plumpe Nahrhaftigkeit an wie den anderen hungrigen Erdenkindern, er ist nur lecker auf schwelgerisches Arrangement, auf Regie bis zur Ungenießbarkeit, Regie bis zur künstlischen Hungersnot mitten im aberwitzigen Reichtum! Da wird etwa auf goldener Schüssel ein ganzes Schwein aufgetragen, ein riesiges Wildschwein, ein Masteber mit allen seinen Borsten serviert, mit echten Hauern schreckend, Aber siehe da, wenn die lüsternen Gäste den Eber tranchieren wollen, wenn die brillantengefaßten Messer hineinzuschneiden beginnen, krabbelt plötzlich aus dem Innern des Untiers ein Wurf flaumiger Küchlein ans Licht und piepst frech mit aufgesperrten Schnäbeln. Während noch alle staunen, welch eine absurde Fruchtbarkeit der Eber entwickelt, beginnen gewaltige Scheinwerfer zu spielen und, von ihnen grell erleuchtet, gewahrt man, daß der Eber kaschiert ist und die Küchlein Mechanismen sind, wunderbare Erzeugnisse der letzten Technik! – Da vergeht selbst der grimmigste Appetit.
Das sind die Wunder auf dem gastlichen Tische des Trimalchio. Man nehme dieses Bild, wie man will und woher man will. Ein nächtlicher Spaziergang durch die Genußwelten der Weltstadt mag es erzeugen, oder ein Vormit-

tagsweg durch die Verkaufshütten aller zeitgemäßen Lebensverschönerung. Ich erhielt es, indem ich mir die Theaterabende einer Woche von meinem Gedächtnis übereinander kopieren ließ. Ich hatte mit der Volksbühne begonnen, und dieser erste Abend war klar und sauber gewesen, er hatte einer dichterisch nicht sehr ergiebigen dramatischen Diskussion ›Segel am Horizont‹ des anständigen Menschen und Pazifisten Rudolf Leonhard gegolten, einer dialektisch drehbar eingerichteten Erörterung über den Eros und die Gemeinschaft; sie wäre für einen Theaterabend zu langwierig und doktrinär gewesen, wenn sie nicht auf einem bühnenlustig drehbar eingerichteten Schiff gespielt hätte. Dieses Schiff, ein prächtiges, wenn auch allzumächtiges Kinderspielzeug, erinnerte bereits durch einen auffälligen Gegensatz zwischen Fassungsraum und dramatischer Ladung an die Wunder des Trimalchio. Sonst freilich gab es nichts Verwunderliches, im Gegenteil erfreute das junge Ensemble, in seiner Mitte die echte Schauspielerin Gerda Müller, uneigennützige Selbstverbrennerin von herb-heißem Reiz, durch schmucklose Selbsthingabe. Ein junger, von Komik umwitterter Naturbursche kräftigen Wuchses, Gerhard Ritter, fiel der Kritik nicht auf, weshalb er wohl das nächste Mal als König im ›Hamlet‹ strafend vorgeschickt wurde. – Überhaupt schien dieser ›Hamlet‹ die Rache des Trimalchio für vorangegangene zu schlichte Arbeit zu sein. Welche Verwandlung dieser Volksbühne, die stolz darauf sein sollte, das unverdorbenste Publikum Berlins ihr eigen zu nennen, und fest entschlossen sein sollte, es nicht zu verderben! Man gab den ›Hamlet‹. Aber wem gab man ihn! Und wie! Mit merkwürdiger Prätention und als welch ein Ragout modischer Spezereien serviert, und um deretwillen auch vielfach belobt! Wenn der ehrwürdige Schwätzer Polonius seinem Sohn Laertes, der zum ersten Male in die große Welt hinausgeht, als Abschiedsgeschenk weise Sprüche mitgibt, die nicht nur für die Hörer einer Volksbühne, sondern auch für deren Regisseur und seine Schauspieler ehrwürdig weise Sprüche zu sein und zu bleiben haben, veralbert er sie in das ungekonnteste Kauderwelsch, als ob ein Wilder den erlauchtesten Text buchstabierte und ihn verhöhnte, weil er ihn nicht versteht. Er kann ihn nicht sprechen, aber er persifliert ihn! Was Wunder, daß ein Laertes, der ihm gewissermaßen vom besten Platz aus zuhört, mühsam das Lachen verbeißt, und die liebreizende Ophelia vom zweitbesten Platz aus den Bruder hinterrücks neckisch zupft. Trimalchio, der auch in der Seele eines Volksbühnenpublikums sofort zu erwecken ist, hat seine Freude dran. Es ist das leckerste Gericht für seine Tafel, wenn in den Polonius der Malvolio, in den Laertes der Junker Bleichenwang und in die Ophelia das freche Stubenkätzchen Maria gleich mit eingebacken ist. ›Hamlet‹ mit ›Was ihr wollt‹ gemixt! Denn Shakespeare ist eine fade Speise, welche wir garnieren, wie es Euch gefällt. – Auch in einer Republik sind aber Shakespeares Könige unabsetzbare Hoheiten der Sprache und der Gesetze, vom Genius gekrönt und menschlich-übermenschlich legitimiert. Auch ist es nicht revolutionärer Drang, sondern ein naseweises Geschmäcklertum, das den König als Wanst paradieren und die Königin der Ophelia die Hand familiär auf den Schenkel oder Raffke-mäßig zum Kuß unter die Nase halten läßt. Nicht das Unvermögen, das bei sauberem Anstand und mit einem dünnblütig verzärtelten Dänenprinzen versöhnte, läßt hier verzagen, sondern das Selbstgefühl, das ein Besonderes tut und sich an einem Idiom der Sprache und Gebärde ergötzt, welches den von Shakespeare, Lewinsky und Arnold Voreingenommenen, mit zugehaltenen Ohren und verstörten Augen aus dem Theater treibt. Hier hilft nur die Flucht, denn länger bleiben hieße, unterbrechen, was eine unerlaubte künstlerische Tat wäre. – Man flieht und langt im Deutschen Theater an – trotzdem hier das Deutsche offen im Schilde geführt wird – bei einer grammatikalisch schonungslosen Dramatisierung des Schicksals Oscar Wildes. Erbarmungsloser ist England auch nicht mit Wilde umgegangen als Carl Sternheim mit der deutschen Sprache. Empfand der berühmte Komödiendichter die Komik nicht, als er die Lords und Seine Anti-Lordschaft Oscar Wilde sprechen ließ, wie dereinst den prallen Emporkömmlingen Maske und Schippel die köstliche Schnauze gewölbt war? Auch in Lebensform und Charakterstil verblüfft bei so entgegengesetzten Welten die ungeheuerlichste Identität. Doch bleibt man hier sitzen, weil Glanz und Sturz des einzigartigen Mannes, der die ›Zuchthausballade‹ und ein ›De profundis‹ ohnegleichen formvollendet erblutet hatte, menschlich und theatralisch fesselt; und um der interessanten Komödiantenseele Rudolf Forsters willen, der neben der Figur, und obwohl er der sprachlichen Trimalchiohaftigkeit seinerseits nichts schuldig bleibt, in genialischen Momenten der Mimik ein Martyrium der Nerven und den Verfall einer Individualität grausig mitzufühlen zwingt. Auch trachtet das für Sternheims tiefere Absichten parteiische Ohr hinter der skurrilen Sprache den dramatischen Sinn zu erhaschen: daß ein Befreier der Individualität das Opfer der von ihm großmütig entfesselten Menschenbestie wird und erst jenseits seiner geopferten Existenz die eigene und eigentliche Freiheit wiederfindet; und daß die Materie sich für ästhetische Verklärung rächt. Aber immer wieder irrt der Blick ins Parkett ab und umfaßt eine Zeitgenossenschaft, welche sich an den grellen Pyamen Oscar Wildes und Lord Douglas' schmunzelnd delektiert. Da, im Publikum, schafft Carl Sternheim das Zerrspiegel-Bildnis der Epoche, dessen er mächtig ist. Nicht dieses, bei mancher Treffsicherheit im Einzelnen raffiniert verbildete Stück, die Reaktion, welche dieses Stück erzielt, ist echter Sternheim! Die an sich prächtige revolutionäre Erbitterung gegen das seelenmordende England von damals, ja sogar das höchst achtenswerte Gefühl für die gemordete Seele eines Anti-Engländers, wiegen leicht neben der noch nicht geschriebenen Satire auf das gruselige Behagen, das die heutige Gesellschaft am fatalen Privatleben einer historischen Figur von der neuen Zensurfreiheit profitiert. Man wird eingeladen, in die vier Wände Oscar Wildes Einblick zu nehmen, und man sieht eine Diele in Berlin W. –

und Berlin W. fühlt sich wie zuhause, indem es Gott und Sternheim England strafen läßt!

Immerhin von der Tragik Oscar Wildes ein Hauch! Und in der letzten, der wahrhaft dichterischen, der Pariser- und Todes-Szene ein einziger Luftzug von der Tragik vergeblicher Liebes-Sehnsucht! Hier, wo Forster, gespenstisch aufgedunsen und verzerrt, mit lallenden Lippen ein zu spät beredtes Herz hören läßt – nicht gerade das Herz Wildes zwar, aber das Herz eines bei Lebzeiten verstorbenen Dichters, dessen Gespenst dieses Herzens unsterblichen Reichtum immer noch an den ewigen, dummen Egoismus der Jugend vergeudet –: in dieser Szene fühlte ich, mit persönlicher Ergriffenheit, auch die Tragik Carl Sternheims, der, ein verbissener Opponent der Zeit, sein wissendes Gehirn vergräbt, um eine letzte Naivität des Fühlens zu exhumieren! Aber Trimalchio, durch die vorhergehenden Akte über Gebühr gekräftigt, schluckt auch das hinab und verdaut es glänzend. –

Daß ein Künstler wie Sternheim sein Stück, gerade weil es ein Stück von ihm, mit rührender Ungeschicklichkeit inszeniert hat, daß er, der der modernen Schauspielerei, wenn er sie nicht selbst inspiriert, so wenig Kredit gewährt, hier an etlicher Dilettanterei sein Genügen fand, zeugt nur von seiner Persönlichkeit und spricht für seine ehrliche Befangenheit im Werk. – Wie aber beschreibe und würdige ich den Pomp, den ein großzügiger Nur-Regisseur, Karl Heinz Martin, entfaltet hat, um einen anderen toten Dichter, Frank Wedekind, bei noch lebendigem Werk zu verschmausen! Dieses Gastspiel des Wiener Raimundtheaters, ergänzt durch begabtere Berliner Schauspieler und gekrönt durch ein Gastspiel der fulminanten Tilla Durieux, war ein ungewöhnlicher Erfolg. Daß Frank Wedekind mit seiner späten ›Franziska‹ ein Mysterium zu schreiben vermeint, nach dem neuesten Augenschein aber doch nur eine heutige Revue vorweggenommen hat, wird fast *unisono* gegen Wedekind und für Martin geltend gemacht. Sogar Alfred Polgar, der seinerzeit mit freistem Blick den Erdgeist Wedekind, als dieser auftauchte, erkannt hat, neigt zu solchem Votum. Die Verblüffung über die geradezu unheimliche Virtuosität, die in der Weinstube Clara die vertrackte Dielenhaftigkeit unserer Epoche mit Jazz und Hatz, mit Lichtposaunen und Dunkelheitsschauern, mit Puppengraus und schönem Leiberschmaus, mit beträchtlich mehr Vision einer Regie als Regie einer Vision orgiastisch ausbrechen läßt, entschädigt uns heute offenbar für die harte Tatsache, daß sonst vorn und hinten von der Dichtung kaum ein Satz und gewiß kein Ton (so viele Töne saßen falsch!) verständlich war. Es ist die uns als Nachkriegs-Surrogat bescherte Art, einen Dichter zu inszenieren, wie man etwa Beethoven tanzt, und die *tabula rasa* als Bühnenboden zu verwenden. So setzt auch die federnde Rage der Frau Durieux – einer Schauspielerin, die sonst sehr wohl fähig ist, einen geistigen Gehalt zu kristallisieren –, ihre fluoreszierende und faszinierende Weibmännlichkeit darüber weg, daß diese Franziska, fix und fertig auf die schiefe Ebene der Meyerhold-Martinschen

›Raumbühne‹ springend, nichts erlebt und nur eine Nervenwirkung erleben macht. Der so aufgepeitschte Berliner möchte ausrufen: »An alle!«, und daß doch die so sich nennende Revue im Großen, allergrößten Schauspielhaus auch so groß zu schauen gäbe! Obgleich »An Alle!« mehr gab, indem plötzlich, mit dem mutterwitzigen Auftreten der Coupletsängerin Claire Waldoff oder des Pfadfinders Bendow auf Zwischenstufen, mitten im tanzenden Tierpark je ein Menschengesicht und ein Menschenton wahrnehmbar wurde. Dieser Menschenton, dieses Menschengesicht fehlte übrigens auch bei Martin nicht ganz, der Schauspieler Hans Herrmann Schaufuß als Freiherr von Hohenkemnath brachte beides, und die skurrilste Greisenhaftigkeit dazu. Diese eine Figur und die Wirkung der eingestreuten unverwüstlichen Wedekindschen Chansons brachten mich dazu, das Stück wieder zu lesen. Und da möchte ich doch auf das bestimmteste warnen, das barocke Werk, das allerdings ein entfesseltes, jedoch organisch gebliebenes Theater – statt einem Theater der blendend organisierten Hemmungslosigkeit! – verlangt und voraussetzt, zu beurteilen nach einer effektvollen Aufführung, welche den Sinn und Verlauf des seelischen Geschehens in das billigste Gegenteil verkehrt. Paradoxie ist nur möglich, wenn sie vom ebenen Boden abstößt und immer wieder dahin zurückkehrt. Das gilt von der Hauptlinie der Handlung, die mit einer kleinmütigen Revolutionärin Franziska beginnt und mit einer großmütigen Ehefrau endet, aus der tollkühnen Übersteigerung des Menschenmöglichen in die weise und würdige Beschränkung des Menschlichen, nicht aber in pappendeckelhaft flache Karikatur der ›Gartenlaube‹ führt, auf diesem Luftweg manches Idyll und manche Tragödie regenbogenartig berührend. Das gilt aber auch von der Sprache, die hier genau zwischen tausend Perspektiven spielt und spiegelt, immerzu ein geschliffenes Kristall dreht und sofort ordinäres Glas wird, wenn nur eine Linie in Witz und Ernst sich verschiebt. Man kürze die ›Franziska‹, und man erhält das kurzweiligste Spiel auf Leben und Tod; man überdehne und verzerre sie nicht! Langweilig wie ein Aperçu in Beton, wie eine Pointe mit Riesenorchester ist solche theatralische Orgie, sie ergibt geistig die sensationelle Unterbilanz der Überregie. Und was die Blößen betrifft, die sich ein dennoch begnadeter Dichter mit dem ‹weiblichen Faust› gegeben haben mag, so freut es nur den Trimalchio, wenn man sie grell beleuchtet und mit Vergrößerungsglas zeigt, statt sie schamhaft und anmutig zu verhüllen.

Dramatische Opposition

Indes das Deutsche Theater von der ›Heiligen Johanna‹ lebt, – welche ein Shaw-Stück und eine Bergner-Rolle ist –: kämpft im Schlagschatten dieses Monstre-Erfolges eine kleine, aber fanatische Gruppe von Theatermenschen, deren bestimmende Persönlichkeiten der Dramatiker Bert Brecht, der Regisseur Erich Engel und der Schauspieler Fritz Kortner sind, um Gegenwart und Zukunft. Sie kämpfen im Schatten, und sie haben den Wind, der sich nach rechtshin gedreht hat, im Gesicht. Ihr Pyrrhus-Sieg in dieser Saison war die Uraufführung von Brechts ›Dickicht‹. Seit diesem Abend des Umschwungs ist die öffentliche Meinung (und das Publikum, das ihr dient, indes es von ihr bedient wird) nur zu sehr geneigt, für privaten Übermut des Autors zu halten, was einer tieferen Notwendigkeit entspringt. Für Brecht ist die Bühne keineswegs mehr eine Tribüne, eine Kanzlei der Menschlichkeit, sondern der Ort einer tollen und bunten, möglichst voraussetzungslosen Handlung, welche Figuren voll Blutmagnetismus in Situationen voll elektrischer Spitzenwirkung bringt; wobei die Ereignisse so unvermittelt der unterirdischen, für die praktische Vernunft widersinnigen Logik des Blutes folgen, daß der Zuschauer gezwungen ist, die gewohnten logischen Stützen loszulassen und sich passiv dem Kreuz und Quer der Spannungen zu überlassen, auf deren Entladung er blind angewiesen bleibt. Dazu eine Vieldeutigkeit der Sprache, gewirkt aus tausend nebelhaften Beziehungen, eine Bilderwelt, die es noch nicht bis zu konkreten Begriffen gebracht hat! So wird die Logik ewig angereizt und nie befriedigt, was auf die Dauer in Berliner Köpfen die ärgerlichste Ungeduld und Unsicherheit erzeugen müßte. Nun läßt sich aber kein Publikum der Welt mit dem bloßen Vorgefühl des Gedankens abspeisen. Es mag dem dichterischen, gestaltenseherischen Menschen genügen, im Dickicht seines Innern als in einem magischen Labyrinth von Situation zu Situation fortgerissen zu werden, der Dramatiker, gar der Tragiker kann für die Dauer eines Abends der Klarheit des Bewußtseins und der formulierenden Sprachgewirktheit nicht entraten, ohne zu mißraten. Er kommt auch um die eindeutige ethische Zielsetzung nicht herum, nicht um die der öffentlichen Einsicht geöffnete Idee, an der er mißt und gemessen wird. Der Tragiker ist Richter, oder er ist gerichtet. Er steht und fällt mit der Unerbittlichkeit seiner gemeinverständlichen Folgerungen, und es wird ihm kein Glied der Kette geschenkt, wenn er uns fesseln soll.

Pirandellismus, Klassizismus und ›Junge Bühne‹

Welch ein schonungsloser Kampf um das Theater. Kritik droht in Parteipolitik zu entarten. Stigma unserer Zeit eines rasend gewordenen Partikularismus. Anarchie der Gruppeninteressen. – Es ist ein Vergnügen, zuhause zu bleiben und am Tage nach der Premiere die verschiedenen diplomatischen Noten zu studieren. Sie bieten geradezu ein Theater für sich, oft spannender und anregender als die umkämpfte Vorstellung. Die Lektüre des Theaterteils ist eine spezielle Kunstübung geworden, im Verfolgen und Deuten des politischen Kaleidoskops. Übrigens eine recht tiefsinnige Beschäftigung für denjenigen, der weiß, daß hinter den allerpersönlichsten Einzelinteressen noch immer Ideen stehen, die, im rapiden Wechsel der Kriterien, nur nicht genügend sichtbar werden. Es wäre jedenfalls allen viel wohler – allen, die das Theater leidenschaftlich lieben und es nach besten Kräften wagen (und das sind beim Theater alle!) –, es wäre ihnen viel wohler, wenn sie erkennen könnten, daß sie dort, wo sie scheitern – manchmal freilich mehr noch dort, wo sie reussieren –, daß sie also immer wieder an den ideellen Grenzen der Zeit schmerzhaft angelangt sind. Diese sinnlichen und geistigen Grenzen, Grenzen für den Wuchs und den Flug, zu erkennen, wäre die Hauptaufgabe einer Kritik, die wieder zu sich selbst, und dann zu ihrem Gegenstand, Distanz gewinnen will. Einer folgenden Zeit könnte man schließlich überlassen, sich über die Formen zu wundern, welche die Tagesmeinung vom Theater heute angenommen hat. Zuerst einmal den Komödianten die Schminke, den Politikern die hektische Wangenröte überlassen! Der Kritiker aber kritisiere zunächst, und schonungslos, sich selbst; das wird ihn einigermaßen beruhigen. Er ermesse an den Ideen, wie langwierig und umständlich, mit welchem Aufwand an Irrungen, Versuchen und Verzichten die Verwirklichung sich vollzieht; und doch vollzieht sie sich unaufhaltsam die Luftlinie der Idee entlang.

Während die Kritiker miteinander kämpften, hat der Pirandellismus international gesiegt. In der BZ verewigt ein Augenzeuge den großen Augenblick: In New York, das eben vom Ruhme Pirandellos überkochte, wohnte der Meister selbst einer Aufführung von Bernard Shaws ›Die heilige Johanna‹ bei! Die beiden Matadore der zeitgerechten Abend-Unterhaltung in einen Hochgenuß zusammengedacht! Shaw erscheint heute als der genau temperierte Vorläufer Pirandellos. Shaw, dessen Mission es war, Helden und Götter zum ironischen Spielzeug für Erwachsene zu machen, hat es kurzweiliger und politischer, mit besserer sozialer Berechtigung, getrieben. Sein abendfüllender Charakter-Sketch enthielt mehr Mutterwitz. Und man ersparte sich bei Tage das Wiener Feuilleton, welches ja doch nur die Lektüre des Kurszettels lästig unterbricht. Bei Pirandello kehrt das alte Gesellschafts-Stück als ein Gesellschafts-Spiel wieder, weist aber die Vorzüge und die Mängel eines Gedulds-Spiels auf. Kreuz[wort]-Rätsel der Psychologie! (Erspart zugleich den Detektiv-Roman.) Ein verdächtiges Können das! In Berlin bieten momentan drei Bühnen diese anregende Ecke. Curt Goetz, der smarte Berliner Belustiger, will mit seinem ›Lampenschirm‹ auch ein Vorläufer gewesen sein. Und warum nicht? Der Zeitvertreib entspricht der Zeit, welche vertrieben sein will, jede Zeit hat den Vertreib, den sie verdient. – ›Tierchen‹ heißt ein anderes Werk von einem russischen Pirandellisten. Es ist ein Stück nach Wunsch und Wahl, ein Stück wie eine Speisekarte. Der erste Akt bringt die These, die anderen Akte je eine Lösung – zum Aussuchen, wie einer gesagt hat, der drin war. – Trotzdem kann auch diese Technik – die der fiktiven Handlung oder der fiktiven Personen – dichterisch verfeinert und vertieft werden. Der Erfolg verlocke die Phantasie, welche nimmer ruht! Der Expressionismus hat die Welt der Bretter zertrümmert, vielleicht ist es lohnend, daß ein Brett übrigblieb, und wäre es nur ein Brettl!

Hat der Expressionismus, wen oder was, zertrümmert? Im Staatstheater sind die phosphoreszierenden Riesenplakate der Nachkriegszeit von jener luftigen vierten Wand gewischt worden, die an die harte Stirne des Publikums grenzt. Verschwunden die übershakespeareske Fratze Richard des Dritten; verstummt die Pritsche und Peitsche des Amoralisten von Keith, dessen Herz und Rede in Pistolenschüssen schlug; ausgetilgt der unterbürgerliche ›Überteufel‹, der Essig in den alten Kunst-Wein schüttete. Wiedereingekehrt ist, wiederheimgefunden hat das wohlanständige Behagen und die reuelos genießende Freude Aller. Betreibt Pirandello den Querschnitt, so haben wir hier den goldenen Schnitt wieder. Wenn Wilhelm II. beim ›Prinz von Homburg‹ in die Loge träte, er bliebe gern. Gegen diesen allermildesten Klassizismus war Anton von Werner ein ruppiger Revolutionär. »Bei meinem Eid!« ruft der Hohenzollern; und es geht um den Handschuh einer Prinzessin. »Schelm, der du bist, mit deinen Visionen!« – Der ›Prinz von Homburg‹ ist ein liebenswürdiges Kind geworden in einem vaterländischen Lustspiel, das infolge der schlichten Selbstaufopferung des vortrefflichen Froben ein sanfteres Ende nimmt als Kleist selber. Natalie: »Der wackere Froben!« Kurfürstin: »Der Vortreffliche!« Dieses »Der Vortreffliche!«, mit dem die hohe Frau den Opfertod eines Subalternen entgegennahm, ließ es wahrhaftig als ein süßes Wunder erscheinen, daß ein Prinz, der gegen den Befehl befehligte, leben bleiben darf. »O Cäsar Divus!« – Aber die Felsblöcke der Kleistschen Sprache, was so der deutscheste Titane mit blutenden, zerfetzten Händen zu den Sternen aufwarf, sind aus dem freundlichen Wege geräumt, Himmelsturm und Höllensturz der Jugend vollzieht sich auf dem allersanftesten Hügelgelände, und der Große Kurfürst, den sich ein Kleist so sehr als den preußischen lieben Gott träumte, daß solcher Gott sogar einen Kleist in furchtbarem Spiele prüfen durfte, erledigt den Vorfall in vorschriftsmäßiger Haltung, die Seele im Gipsverband. Man sieht immerzu einen Sieger, man sieht eine ganze Siegesallee. Da die Todesfurcht des Prinzen nicht tief genug geht, um erbeben zu machen – ein Erdbeben von einem Erbeben müßte es sein! –, da sie stets hold rührend und lind erwärmend bleibt, tut der Kurfürst recht daran, sich in der Würde eines Geschäftsträgers von Gottesgnaden kühl zu verschränken. Für Werner Krauß – ein Genie, wenn er, wie unlängst im Film, den Bauchaufschlitzer Jack hingeistert, ist es eine knappe, hinterrücks witzige, aber vor der Historie respektvolle Porträtskizze, nicht mehr. – Ja, eine Schlacht mit Sphärenmusik! Aber es kommt auf die Schlacht an und auf die Sphären! Die Besänftigung des Genies in Kleist, zugunsten eines runden, zärtlichen Spieles, hat Ludwig Berger geleistet. Dieser zarte Magiker unter den Regisseuren, dieser Besitzer der angeborenen Form, welche nicht geschaffen, sondern kultiviert sein will, wagte vor Jahren auf derselben Bühne die Passion eines andern Genies, des ›Tasso‹, und gefiel nur mäßig. Ich war begeistert. Freilich stand ein Knabe statt des Tasso auf der nach vorn gerückten Szene, statt der Weisheit Goethes witterte ein italischer Vorfrühlingszauber, statt der tragisch abgerungenen Form eine sinnlich verwirrte und verwirrende Fragilität. Aber das Vibrato des Tones, direkt und von heute, ließ das horchende Herz aufzucken. – Nun hat Berger den ganz großen, unwidersprochenen Erfolg. In der Tat hat er das Jeßnersche Staatstheater mindestens genau so radikal verändert wie Jeßner das Hülsensche. Er hat den Klassizismus, den neuesten, in Wasserfarben entworfen. Er und andere werden ihn vertiefen. Dieses »Der Vortreffliche!« der gesamten Kritik darf für ihn kein letztes Wort sein. Man ist so selig, den Expressionismus los zu sein, daß man mit diskretem Schweigen in den neuen Kurs hinübergleitet. Unsere Auguren lächeln nicht einmal, sie streichen durch und gehen weiter.

Indessen lebt das Deutsche Theater von der ›Heiligen Johanna‹, welche eine Bergner-Rolle ist, und läßt auf einer Insel jene Gruppe Brecht-Engel-Kortner-Zuckmayer leben, die den Kampf noch nicht aufgegeben hat. ›Die Hinterwäldler‹ Carl Zuckmayers mußte allerdings die ›Junge Bühne‹ verantworten, und so wurden sie zu einem Sonntags-Vormittags-Vergnügen, zu einer Angelegenheit des fachlich interessierten Berlin unter sich. Man fühlte sich hinter den Kulissen der Theaterbörse. Brecht, Autor des ›Dickicht‹, war in seiner Selbständigkeit eines phantasiereichen Gestaltenträumers angezweifelt worden, weil er sich zehn bis zwölf, allerdings für die Diktion sehr tonangebende Zeilen Rimbauds ausgeborgt hatte; nun machte er in dem begabten Zuckmayer einen Epigonen. Ich finde das Stück mindestens schön genug, um das Original zu rechtfertigen. Die theatermäßige Inszenierung wieder, aus dem Bizeps von Heinz Hilpert geleistet, ließ wie durch ein Transparent wundervolle Szenen aus der ›Dickicht‹-Inszenierung Erich Engels erscheinen; ich freute mich noch in der Erinnerung, mit welcher Feinheit damals Engel die Situationen zuendegelebt hatte! – Die Kritik prophezeite dem Dramatiker Zuckmayer um mancher Züge und einer zündenden Szene willen ein freches Komödientalent. Aber sie verargte ihm das Stoffliche seiner Indianerwelt. Er darf nicht Indianer spielen, meinen die Erwachsenen. Er habe sichs nur angelesen; während Else Lasker-Schüler ihn, wenn sie ihn kennte, bestimmt als geborenen Indianer-Prinzen agnoszieren würde. – Aber das Alles ist nicht das Wesentliche. Das Wesentliche ist, daß man für bloßen Übermut hält, was diese jungen Talente treiben; während auch hier eine innere Notwendigkeit vorliegt, die nur einstweilen stärker sein mag als die Talente. Ich höre eine süße Melodie des Blutes, und sie verlockt mich! Handlung wollen diese jungen Theatraliker, Handlung um jeden Preis, tolle Fabel, ohne Voraussetzung und ohne Motivation, ohne Beglaubigung durch die äußere Logik. In der Weltanschauung sind sie Skeptiker, sie glauben nicht an ein Schicksal, das die bürgerliche Gesellschaft schützt und stützt. Ihr Gott ist der Irrationalismus, und Knut Hamsun ist sein Prophet. Sie suchen der inneren Logik des Blutes zu folgen, wenn auch über Stock und Stein, und eine Fabel ist ihnen dann dramatisch, wenn sie Situationen ergibt, in denen das Blut aufkocht.

Deshalb lassen sich diese Stücke ausgezeichnet spielen, und sie werden ausgezeichnet gespielt. Mag die Aphoristik chaotisch sein und sich in ›Hämiden‹, in verschwommenen Bildern, die noch nicht bis zu greifbaren Begriffen gediehen sind, erschöpfen – die Situationen werden glaubhaft, und die Figuren in ihnen und die Schauspieler an ihnen. Der Wiener Rudolf Forster hatte einen speziellen Triumph. Er war so sehr er selbst, in seinem kalttransparenten, phantastisch-tragischen Humor, der über alles hinaus das mysteriöse Phlegma eines frommen Zynikers gefunden hat: daß sogar ganz und gar kluge Berliner diese Individualität endlich erkannten und anerkannten. Aber auch Walter Franck, ein alter Wolf, und Erika Meingast mit kindlichen Tönen, vor allem die verbrennende Gerda Müller und der grausig erkaltete Alexander Granach heimsten aus dem adamitischen Knäuel von Todsünden, deren wenigst giftige noch, dichterisch gesehen, Blutschande und Lustmord an der Tochter ist, die Tollheit des Blutes und seine nach dem Messer schmeckende Süßigkeit. – Natürlich heimste auch die ›Junge Bühne‹ und zwar Ehre ein, denn sie hat eine Richtung inauguriert, die man nicht gelten läßt. Und sie wagt immer wieder junge Dichtungen, vorausgesetzt, daß sie von den regulären Bühnen nicht gewagt werden und daß sie jede Art von Blutschande als Blutehre verklären. Noch besteht nicht die Gefahr, daß die ›Drei Abhandlungen zur Sexualtheorie‹ von Sigmund Freud aufgeführt werden – und überdies, wie schon gesagt, soll keine Stoffwahl schrecken, solange die künstlerische Idealität fühlbar bleibt. –

Werbeschrift für die Gründung eines Theaters in Berlin

Berlin, als die erste deutsche Theaterstadt, bekennt in der letzten Zeit immer häufiger, immer deutlicher durch das Wort seiner wachsten Kritiker den eigenen Niedergang – trotzdem die Anziehungskraft des Zentrums auf die schauspielerischen Persönlichkeiten und auf den jungen Nachwuchs sich vielleicht noch gesteigert hat – und trotzdem so starke Ansätze einer neuen Stilkunst der Bühne sich zeigen, daß andererseits sogar von einem bereits aufgeschlagenen neuen Kapitel der Theatergeschichte gesprochen worden ist. Aber es ist entscheidend richtig, daß der Stand des Theaters nach einzelnen Leistungen – schauspielerischen und regielichen –, nach Erfolgen, die den

Ehrgeiz und den Spieltrieb des Einzelnen befriedigt zeigt, nicht beurteilt werden kann; auch nicht nach dem Zustrom des Publikums, nach der finanziellen Ausbeute; auch nicht nach der Anzahl der Neugründungen. Man könnte nur sagen, daß ein gesteigertes Publikumsinteresse ein Bedürfnis nach dem Theater verrät – während das Gleichgültig- und Theaterfremd-Werden so vieler geistiger und künstlerischer Menschen die Krisis anzeigt. Auch die hastige, oft verantwortungslose Art der Gründungen, der meistens ein lächerlich rasches Zugrundegehen entspricht, mag verschiedene Ursachen haben – einerseits Konjunktur, die lockt und täuscht, andererseits wieder das Bedürfnis nach neuen und besseren Möglichkeiten, die in der Luft liegen – also ein Tasten, Versuchen und Wagen.

Greifbare Symptome für den Niedergang sind: die Krisis der Ensemblekunst; das Arbeiten mit ausgeliehenen Stars und gemieteten Hilfskräften, das in weiterer Entwicklung die einzelnen Theater um jede eigene Physiognomie bringen muß; die empfindlichste Störung der Betriebe (der Probentätigkeit) durch den Film, die weniger der finanziellen Werbekraft der Kinoindustrie vorgeworfen werden sollte als vielmehr der herabgeminderten Widerstandskraft des Theaters. Nach all diesen Symptomen geurteilt, scheint für die Weltstadt eine Krisis des ›kapitalistischen Theaters‹ angebrochen (deutlich wahrnehmbar auch in den Erscheinungen der Vertrustung), die der allgemeinen wirtschaftlichen Krisis entsprechen dürfte. Zu denken gibt auch die Art des Versagens mehr idealler Gründungen, sei es, daß Gesinnungstheater sich doch wieder an das rein snobistische und parasitäre Theaterinteresse halten und sich schleunigst danach umwandeln müssen; sei es, daß der Versuch, ein organisiertes Publikum als ›Theatergemeinde‹ anzusprechen, sich sofort als utopisch erweist. Bei dieser Gelegenheit sei bemerkt, daß es auch noch nicht gelungen ist, was Repertoire und Publikumsphysiognomie anlangt, einen besonderen Volksbühnentypus zu gewinnen – was auf die falsche Vermutung bringt, es gäbe überhaupt nur einen Durchschnittstypus des Zivilisationseuropäers ohne tiefere Wurzeln. – Man spricht jetzt oft davon, daß sich der letzte Rest eines deutschen Kulturtheaters in die sogenannte Provinz zurückgezogen hat. Tatsächlich gedeiht in diesen abseits von der Weltstadt gelegenen Zentren immer noch eine Art von Tradition, am sichersten allerdings als Geschmacksverfeinerung – und es gibt hier vor allem noch die Möglichkeit der Ensemblekunst und der Arbeitsdisziplin, des ‹Hausgeistes›.

Diese ganze Symptomatik zu erwähnen ist notwendig, weil sie die wichtigsten Einwände gegen jede Neugründung enthält. Auch noch die positivsten Erscheinungen der heutigen Bühne geraten, so betrachtet, in eine schiefe Perspektive. Die bedeutungsvollste: ein neueres Drama versucht sich über alles nur Theatermäßige, Idyllische und Episodistische zur großen dramatischen Idee, zur Unendlichkeit des Augenblicks zu erheben; es blieb aber bis jetzt immer noch im Rhetorischen und Abstrakten stecken. Von der Ent-

wicklung dieses Dramas schließlich abhängig erscheint eine neuere Regiekunst, die – die künstlerische Einheit des Theaters fanatisch suchend und
durch die Funde der abstrakten Kunst in Bild und Architektur, von der
Problematik des Raumes und der Bewegung tiefer angeregt, auf grundlegende Gesetze der Bühne gelangt ist, die vom Stilmischmasch der Vorkriegszeit verschüttet gewesen sind. Überall bedeutet heute die Abstraktion
in der Kunst das Wiedergewinnen einer strengen Gesetzlichkeit.

Nur führt die Beobachtung von Symptomen nicht entscheidend weiter. Es
ergibt sich zuletzt die Frage: kann man das Theater ‹retten›, ohne zuerst
die ganze Welt gerettet zu haben? Ist das Theater nur ein Spiegel, der die
allgemeinen Zustände reflektiert, so daß erst eine Änderung dieser Zustände
das Theater ändern wird? Stellt die Not der Zeit nicht dringendere Aufgaben? Oder: besitzt das Theater ein Eigenleben, von dem es auf alles
übrige Wirkung ausstrahlen kann? Läßt das Theater sich in sich selbst
kräftigen und gibt es dann wohltätige Kräfte nach außen ab?

Dieses Eigenleben des Theaters soll nun unbedingt bejaht werden, und
zwar durch eine Theatergründung in Berlin, also durch die Tat am gefähr-
lichsten Orte. Abhängig ist dieses mit strengster Verantwortlichkeit zu unter-
nehmende Wagnis naturgemäß von der finanziellen Bedingung. Es kann nur
gewagt werden, wenn Gründer und Stifter zu finden sind, die genug Opfermut und genug Vertrauen haben, um die ganze künstlerische Genauigkeit,
um die einzig und allein entscheidende Gründlichkeit des inneren Aufbaus
zu ermöglichen und dem Versuch jene Frist zu gewähren, die ein dem Zeit-
geist selbständig entgegentrotzender Aufbau unbedingt braucht. Dieses
Theater ist sich, wie nur je eine politische oder modische Gründung, bewußt, eine Sendung zu haben und deshalb notwendig zu sein. Es weiß, daß
es kommen wird und kommt! Es fühlt sich heute bereits unabhängig von
Ort und Zeitpunkt. Es entstammt in gleicher Weise der abstrakten Theorie
und der konkreten Praxis und hat – nach innen wie außen hin – die Probe
auf das Exempel schon gemacht. Von Neuheit strotzend, fühlt es sich an das
Uralte – Bleibende, weil Wesentliche – angeschlossen und nimmt gerade
dort, wo es noch nie gesehene Formen wagt, mit Sicherheit die Tradition
wieder auf. Es kultiviert keine Schlagworte, sondern hält sich an das Wort:
›Ja ja – nein nein‹; und es pflegt keine Richtung, sondern wurzelt in der
Richtigkeit. Es ist nur Symbol, weil es nur Inhalt ist – es treibt nur sein
Spiel, weil es nur seine Arbeit tut. Es fürchtet keine Kritik, weil es sich
bekennt. Es macht keine Konkurrenz und würdigt alles und jedes – weil es
weiß, daß es alles und jedes in sich entfalten wird, nur reiner, wesentlicher,
voller, wirklicher! Seine Wahrheit ist seine Schönheit. Ein Theater nur aus
richtigen Tönen und Bewegungen – die märchenhafteste aller Utopien, wenn
das Wort »richtig« an den reinsten Absichten erprobt wird!

Als einziges Axiom voranzustellen: Form ist nichts als restlos verwirklichter
Inhalt. Deshalb allein maßgebend: *was* wir spielen. Dieses *Was* entschei-

det dann in seiner Unbedingt[heit] auch das Wie. Der Spiel*plan* sei bereits das Spiel. Gespielt sei nur, was mit aller Seele und allen Sinnen, mit Körper und Geist restlos ernst genommen werden kann – und so ernst werde es dann auch genommen, nicht zuletzt der Humor! Skepsis und Ironie und Zynismus seien uns nur als Zwischenlichter möglich – uns taugt nur der ganze Glaube oder der ganze Zweifel. Wir wagen uns grundsätzlich nur an jenes Drama, das uns zwingt, alles zu wagen! Das Spiel wert ist nur die ganze Höhe und Tiefe der dramatischen Idee, die ganze Fülle und Breite des dramatischen Lebens; kurzum, was erfordert, den Menschen rückhaltlos, von Sinn bis Irrsinn, einzusetzen. Leidenschaft und Verzweiflung machen zuletzt das gute Gewissen des Spielers aus. Wir sind also auf die Geniewerke der Weltdramatiker – jener Dramatiker, die in jedes Werk eine Welt gebannt haben – unerbittlich angewiesen; und bei aller erwartungsvollen Liebe, mit der wir den Kampf des neuen Dramas um seine volle Existenz wahrnehmen, werden wir uns nur selten des tätigen Eingeständnisses der großen Schuld, daß wir Erben sind, entschlagen können. Aber wir glauben auch den neuen Geburten der Zukunft zu dienen, indem wir, jede skeptische oder zynische, laue oder halbe Nutznießung der Glaubens- und Geistesgüter der Vergangenheiten verschmähend, nur wählen, was uns noch oder erst wieder wahr ist, und dessen Verwirklichung es uns erst erlaubt, wirklich zu werden. Es bleibt keinem Alter erspart, in allen Wandlungen die unverrückbaren Pole von Natur und Geist aufzusuchen. Dabei gibt es nur die eine Hilfe: [die] der exakten Verwirklichung. Wenn man uns die Mittel gewährt, haben wir sofort auch einen Zweck erreicht: uns durch das Theater zu bestimmen. Es wird erstaunlich sein, auf wie neuen Wegen das zeitlos Richtige erreicht werden muß – wenn wir uns nicht mit Andeutungen und interessanten Skizzen begnügen, wenn wir entschlossen sind, das sittliche, geistige und seelische Gesetz, das jedes rund gewachsene Buch eines Dramas zu einer allergenauesten Partitur macht, wahrhaft auszuleben. Die ganze Strenge der Einheit ist noch ebensowenig gewollt worden, wie die letzte Genauigkeit der Verschiedenheiten je gekonnt wurde. Nicht ohne Absicht enthüllen uns gerade heute Raum und Bewegung mit fast schmerzlicher Deutlichkeit ihr Gesetz; die Farbe weiß, warum sie zu unserem Besten wieder absolut werden will – und daß die Schauspielerei, als die Kunst des Körpers von der Naturnachahmung zur Ahnung ihrer höheren Natur muß, bekommt erst im ganzen Zusammenhang seinen wahren Sinn. Gefährlicher als alle Naturalismen sind uns längst jene Künste geworden, die sich zu einer ‹Illusion› einer ‹Dekoration› bedienen, wo lebendige Werte an sich allein nur genügen können. Was aber das Wort anlangt – und alle Kunst, alles Leben ist zuletzt Sprache –, so haben wir die Worte durch Überproduktion entwertet, so daß nur jenes Wort not tut, an dessen Stelle ein ›ja ja – nein nein‹ stehen kann. Das fürchterliche ›Kein Wort wahr!‹, das uns heute aus aller Kunst, bald laut, bald leise, entgegentönt, ist der bange, stumme Hintergrund, aus dem allein wieder das wahre Wort entspringen kann.

Es ist der Beruf der Schauspielerei, das Wort am lebendigen Menschen zu messen – und den Körper für die Seele durchsichtig zu machen. Dazu jedoch bedarf es einer eigentümlichen Optik und Beleuchtung. Dazu bedarf es des Aufbaus im Raume, der Grenze und des Ortes. Dazu bedarf es zuerst und zuletzt des Schauspielers. Schauspielerei ist Magie – und alle Magie ist Natur im Lichte. Die schauspielerische Natur ist, wie alle Natur, unerschöpflich und immer bereit, auch im Wesentlichen sich immer selber gleich. Sie wird aller Formen spotten – und sich immer nach wahrer Gestalt, nach wahrer Gestaltung sehnen. Sie verschwendet sich an den Augenblick – aber der Augenblick muß sie auch empfangen können. Zu Zeiten mag es die einzige Rettung des Schauspielers gewesen sein, aus der Einheit auszubrechen – heute muß er in die Einheit zurück, wenn er nicht zerfließen und sich verflüchtigen soll. Wir bieten dem Schauspieler die strenge Form, die ihm hilft, sich zur Gestalt zu binden. Wir wollen ihn zwingen, sich aufzubauen – vorausgesetzt, daß er das Verlangen hat, durch die Einheit, der er sich fügt, organisch zu wachsen. Es gibt genug junge, echte (nicht theoretische) Schauspieler, die mit reiner Leidenschaft kein dringenderes Verlangen kennen. Sie werden an solcher Arbeit nur frischer werden. Sie werden sich freier fühlen, wenn sie methodischer verfahren mit sich selber. Und sobald der Schauspieler wieder erkennen wird, daß sein gesündester Egoismus das Ensemble braucht, wird er an keiner Probe genug haben, – er wird selbst die Schule errichten, die unser Theater vervollständigen und immer wieder erneuern soll. Es wird keine ›Akademie‹ – es wird eine Schule ohne Vorbild sein, die in das ganze Leben hinausreichen wird.

Weil wir der Überzeugung sind, daß ein Theater, wie wir es machen werden, nur im ganzen körperlich-geistig-seelischen Zusammenhang bestehen und gedeihen kann; weil wir andererseits glauben, daß dieses Theater der echten Töne und Bewegungen zur Echtheit in jedem Sinne ermutigend über sich selbst hinaus wirken muß und wird: wollen wir nicht nur Vorstellungen geben, sondern vielfacher künstlerischen und geistiger Bekundung dienen. Mit jenem wesentlichen, mitschöpferischen Teil des Schauspielers, den wir bisher noch nicht genannt haben, mit dem Publikum – suchen wir dringend eine allseitig lebendige Fühlung und Verbindung. Wir glauben sie allerdings nicht dadurch erreichen zu können, daß wir den Rahmen der Bühne sprengen und Spieler und Zuschauer gegenseitig konfrontieren und kompromittieren. Wir wollen auch nicht durch einleitende Reden und begleitende Programme die Magie des Spieles zerstören. Dennoch wollen wir zusammenkommen mit unserem Publikum – und außerhalb des Spieles mit ihm philosophieren, experimentieren, musizieren. Es soll den Dichter noch anders kennenlernen, als nur dadurch, daß er sich dankbar verbeugt. Eine Gemeinde wird dieses Publikum freilich erst werden, indem es sein Theater liebt. Eine Vereinigung unsnobistischer, lebendiger Art kann es von Anfang an sein, wenn es sich – über die Gründer und Stifter hinaus – dazu gerne findet. Unserem Theater auch durch organisiertes Publikum einen Halt zu geben, der es von der Wankelmütigkeit der nur Sensationssüchtigen bis zu einem deutlich wahrnehmbaren Grade unabhängig macht, werden wir nicht verschmähen. Organisiertes Publikum ist noch lange keine Gemeinde – und ein Theater soll seine werbende Kraft an jedem Publikum, und stets auch an freier veränderlicher Besucherschaft erproben. Doch ist jede Mischung richtig, die durch ein großes echtes Bedürfnis zu einer Einheit sich verschmelzen läßt – von der Einheit, die wir jenseits des Rahmens schaffen wollen.

Wege zur Truppe

Wie alle menschlichen Dinge, die der Gemeinsamkeit zu einem überpersönlichen Ziele bedürfen, hat auch das Theater heute eine Krise, durch die hindurch es sich verwandelt und erneuert. Und auch hier dreht sich alles um ›Gemeinschaft‹ und ›Führerschaft‹, die neu gefunden, erlebt und verwirklicht werden müssen. Die gerade Entwicklungslinie, die über Brahm zu dem großen Ensemble Reinhardts geführt hat, war mit der Epoche – der Wilhelminischen – beendet. Der große Bau des Theaters, den sich der luxuriöseste Friede, freilich zuletzt als eine Art von babylonischem Turm, geleistet hatte, ist im Verfall begriffen. Was uns heute eben als ein babylonischer Turm der Stile und Reize erscheint, wurde damals als ein schwelgerischer Reichtum der Formen und Farben in die Breite erlebt. Das kennzeichnet den krassen Unterschied zwischen einer Epoche, die genießt, und einer andern, die in Not ist, die ihren Sinn, ihr Ziel, ihr Fundament sucht.
Berlin, die erste deutsche Theaterstadt, weiß, daß sie heute die Reste eines Überflusses an Kräften verwirtschaftet, und sie achtet mit großem Ernst, mit einer Aufmerksamkeit, die jeden Strebenden tief verpflichtet, auf jeden neuen Ansatz, jeden Keim einer Idee. – Alle Bindungen, die innern und äußern, haben sich gelöst; und einer gewaltigen soziologischen Umschichtung, welche die ganze Breite und Tiefe der Gesellschaft umfaßt, entspricht der rasende Abbau des Theaters. – Der große und vergebliche Schauspielerstreik des vorigen Jahres hat uns gezeigt, daß der mächtig anwachsende Polyp, der Trust der Geschäftstheater, alle Tradition, alles, was noch von früher her Ensemble, Stil, Spielplan etwa zu bewahren sucht, alles, was organische Entwicklung, Zucht und Form garantieren könnte, hineinschlingen würde in einen regellosen Verbrauch, der dem Augenblick eines heißhungrigen, aber appetitlosen, selbst devastierten und devastierenden Publikums dient. Der Streik hat uns hier als eine Art von wirtschaftlicher Utopie

eine unaufhaltsame Grenzenlosigkeit gezeigt, der heute in der Hauptsache nur zwei neue Lebensformen des Theaters Halt und Grenze gebieten: das Staatstheater, jenes Institut, dem der Staat den Kampf ums Dasein wesentlich erleichtert, ihm zugleich die früher selbstverständliche Abgeschlossenheit und Stetigkeit gewährend; und die Volksbühne, die von ihrem organisierten Publikum getragen und gesichert wird. Diesen gemeinnützigen Theatern ist der höhere Spielplan, das Niveau, geboten – hierher müßten sich, soweit ihnen Raum gegeben wird oder gegeben werden kann, jene Kräfte retten, die eine edlere Gegenwart in eine bessere Zukunft entwickeln wollen. Freilich, der Staat und das organisierte Publikum sind Mäcene mit ganz bestimmten Interessen. Was Organisation im Guten bedeutet, das lehrt der Anschauungsunterricht jedes Tages jedes Kind der Zeit; zum Schlechteren bedeutet sie einen Zwang. –

Das übrige Theater wächst unter den kummervollen Lebensbedingungen der Zeit wie Unkraut ineinander; und wächst mit dem Film, der nun schon gar eine Industrie ist, eine üppig ins Geld, in die Valuta schießende, zusammen zu einer Symbiose, die das Theater erhält, indem sie es vergewaltigt und umbringt. Der Film erhält die Theater, indem er die Schauspieler mit ernährt, vor allem aber mitsorgt für die Ernährung und Überernährung der Stars, von denen das Theater lebt. Das Startum – der Träger der Trusts –, zu einer noch nie gesehenen Machtfülle angewachsen, wuchert ohne Wurzel im Ensemble oder in einer Kunstrichtung an dem Verfall des Ganzen in kolossaler Vereinzelung, mit einer anarchischen Hypertrophie des Spieltriebs und der Lebenssucht empor – und bietet dem heutigen Theater eine letzte künstlerische Möglichkeit, allerdings eine destruktive! Nicht nur weil der Einzelne, die individuelle Kraft, hier bis aufs Äußerste auf Kosten des ganzen, des allgemeinen Wachstums, gedeiht – sondern weil diese Möglichkeit, die letzte, regelloseste, auch für das Startum selbst nur zu bald die Entartung, die völlige Verwilderung nach sich ziehen wird. – Auch Regie kann so entarten, auch die Technik des Theaters; jeder Teil, der das Ganze verliert. –

So wäre es zuerst und zuletzt auch der Dramatiker, der das theatralische Leben eines Volkes unter jedes Niveau hinunterreißen könnte, wenn nicht der Genius anderer Zeiten auch für uns großgeartete Werke hinterlassen hätte. – Das mimische Element, das eigentlich unmittelbar Lebendige, das wesentlich Produktive auf der Bühne, ist, da es zuletzt doch von seinen Anlässen abhängt, leicht zur Entgleisung zu bringen. Jeder Sinn und jeder Abersinn läßt sich mimisch wo nicht ausdrücken, so doch begleiten; und so lebte es sich auch noch unter jedem Niveau ganz lustig! Die letzte schöpferische Instanz wäre da der mimisch aufgebrachte Ekel über die Verkommenheit des Inhalts.

Wir haben also gelernt, daß, recht zeitgemäß der Vertrustung der Unternehmer die Organisation des Publikums entgegenwirken kann und muß.

Was aber wirkt jenem bedingungslosen Spieltrieb der Mimen entgegen, der am besten gedeiht, wo er nicht denkt und nicht fragt, der sich seinen Boden nicht sucht, seine Lebensform nicht wählt, wie er ja auch vom Inhalt nicht abhängt, sondern sich gern und überall anpaßt, am besten als Folge des Luxus gedeiht und deshalb jeder Gesellschaft dient, die reussiert, und mit ihr mitlebt, wie immer sie lebe; dieser in seiner glücklichen Beschränktheit schrankenlose Spieltrieb, der, wenn auch nicht immer eine große Leidenschaft, so doch seine üppige Lebenskraft für das Theater einsetzt; der die Lebensart der Zeit, wie formlos sie auch entartete, stets zu nützen versteht – und scheint das Startum den großen Nutzen, den es nimmt, nicht im Riesenausmaß zurückzugeben? – Hier setzt die Grenze zuletzt doch der Schauspieler im Mimen: dem es auf die Dauer nicht genügt, dramatische *Kräfte*, die in ihm rumoren, durch Explosion loszuwerden; der um dramatische *Werte* ringt – und deshalb erkennt, daß sie der Zucht bedürfen, der Förderung und der Steigerung, der gesetzmäßigen Entwicklung und der Vollendung in der reinen Form; der Schauspieler, der wohl individualistisch rebellieren kann gegen Rahmen und Schranke, der aber doch das Ganze braucht, um ein Ganzer zu werden oder zu bleiben, der ein Ensemble befruchten muß und dafür die Verwurzelung, damit das Wachstum gewinnt. Der Schauspieler wird die Krise nur dann ideell überstehen, wenn er sich wieder reiner und radikaler auf seine Idee eingestellt haben wird: wohl als ein freies und freiheitliches Element, aber zugleich ein Organ der Gesetzmäßigkeit (des Volkstums zuletzt); berufen zum Sprecher und Verkünder und bestimmt zu einer vorbildlichen Formung des allgemeinsamen Lebens. – So wurde während des Streiks, im hochgespannten Augenblick eines Kampfes, der der Todeskampf des heutigen Theaters war, die junge Schauspielerschaft, auf ihr ideelleres Selbst gestellt, initiativ und rief nach ihren künstlerischen Führern, die ihnen die Form und den Plan, die Idee und den Halt des Ganzen bringen und sie ermächtigen sollten, die bisherigen Betriebe zu verlassen, sie zu Truppen zu sammeln und die Arbeit eines neuen Aufbaus sofort zu beginnen. So regten sich damals in der Tiefe der Schauspielerschaft, als sich die Schauspieler jenseits von Trust und Startum, Betrieb und Organisation mit sich allein fühlten, neue Lebewesen, Organismen – eben Truppen.

Die Dramaturgie der Angst

Der Schreiber dieses Aufsatzes ist gezwungen, aus einer für ihn absurden Situation heraus zu urteilen. Denn er soll plötzlich Berlin als ein Besucher erleben – dasselbe Berlin, in dem er sich alle die Jahre hindurch, die er in einer Entfernung von, ich glaube sechstausend Meilen, verbrachte – als ein Ozean und ein Riesenkontinent zwischen Berlin und ihm lag – heimisch und zuhause wußte. Nun, da er wieder hier ist, fühlt er sich als Gast aus Amerika angesehen – im Doppelsinn des Wortes. Er gilt nicht einmal als ein Heimkehrer, sondern nur als ein Besucher. Wenn man ihn fragt, was drüben los ist, so will man gar nicht seine Antwort haben, denn man weiß es ja besser als er. Meistens endet es damit, daß man ihm die amerikanischen Verhältnisse erklärt, wie sie wirklich sind. Wohl erkundigt man sich bei ihm, ob er etwa hier zu bleiben gedenke, aber mit viel überzeugenderer Dringlichkeit informiert man sich, wie man selber hinüber kommen könnte. Man ist stolz darauf, hier zu sein, aber man möchte fort. Das Drüben verachtet und überschätzt man im selben Atemzug.

Man forscht ihn wohl aus, wie er es denn hier finde, und ob alles sehr verändert sei, und was, und wie. Die Frage kommt unweigerlich, aber auch hier wird die Antwort nur mit Ungeduld abgewartet. Man will hören, daß es hier schlecht ist, und will es wieder nicht hören. Man will es garnicht mehr so genau wissen. Denn die in Berlin arbeitenden Menschen sind stolz auf Berlin, auch wenn sie es verfluchen, auch wenn es ihnen elendiglich ergeht. Und mit Recht sind sie stolz, mit Recht! Denn das ist ja der Sinn solch einer Weltstadt – heiße sie nun Berlin, London, New York – daß, wer in ihr front, sie liebt. Der Geist einer Stadt ist ein allgemeines Gut, von dem jeder zehrt, der dazu gehört. Eine solche Stadt ist ein Gott, den man anbetet und dem man opfert, ein eifersüchtiger Götze. Bis zu einem gewissen Grad lebt man davon, daß man ein Berliner ist, man lebt von Atmosphäre ebenso wie von Brot und Butter, man lebt von der Luft, von der Berliner Luft, unverhältnismäßig viele Menschen sogar zu ausschließlich von der Luft. Man baut an dem Turm von Babel, den jede große Stadt darstellt, man baut an der Legende seiner Stadt. Und der Berliner, dessen Schnoddrigkeit von der Provinz wie der Gottseibeiuns gehaßt wird, der als ein Zyniker verschrien ist, dem nachgesagt wird, daß das *homo homini lupus* sein oberstes Gesetz ist (was aber nur wahr ist, wenn man es für die ganze Welt gelten läßt): Dieser kalte freche Berliner mit der Schnauze hat einen besonders empfindlichen, zartbesaiteten und keuschen Stolz – in bezug auf Berlin. Er will glauben, daß hier auch heute – in der Krise aller Werte – Werte geprägt werden – er meint sogar: *Die* Werte. Auch wenn er sich den Gürtel enger geschnallt hat, fühlt er sich als letzte Instanz. Fort will er aus dieser Hölle – wenigstens sind viele heute so weit – aber solange er da ist, zieht er sie jedem Himmel vor. – Und dazu sagt der Besucher, der keiner ist, entschieden Ja! Nicht um Berlin zu schmeicheln, – solche Lüge hätte zu kurze Beine, sie würde nur bis zur nächsten Seite dieses Aufsatzes laufen können – sondern weil er darin noch immer als Berliner empfindet. Seine Hochachtung gebührt und gehört den Leuten, die hier weitergekämpft, weitergearbeitet haben und – unter den schwierigsten Umständen – weiterroboten. Er achtet diese Leute – mehr noch, er beneidet sie – um ihr Berlin, um ihren Glauben an Berlin.

Ganz besonders stolz ist Berlin auf sein Theater. Das ist aber auch ein besonderes Wesen, Unwesen und Überwesen, das Berliner Theater. Schwer, es im Ausland zu erklären: dieses Theater, das von allen Beteiligten, von Presse und Publikum so ernst genommen wird, das immer nach Idee trachtet, nach Bedeutung zielt und alle zehn Jahre einen neuen Shakespeare aufstellt (ich meine den richtigen alten Shakespeare in einem neuen Stil). Ich glaube nicht, daß die Berliner mit überviel Theaterinstinkt gesegnet sind. Aber den Willen zum Theater haben sie, den leidenschaftlichen Willen zum Theater, das ein geistiger Ausdruck ist, eine Plantage von Werten. Da war Brahm und der Naturalismus, die Entdeckung und sachbesessene, dabei seelenvolle Wiedergabe des modernen Lebens und des modernen Menschen. Da war die Reinhardtepoche, die alle Farben, Formen, Musiken des Bildungstheaters, alle Neuromantik und Neuklassik, den ganzen bürgerlichen Reichtum, den erst der Krieg begraben hat, noch einmal sammelte. Da war nach dem Krieg der Expressionismus, über den man heute gerne lacht, der aber in seinen besten Leistungen die radikale Bemühung um einen erneuerten, über dem Abgrund visionär sich erhebenden Idealismus für sich hatte. Seine Elemente, die apokalyptische Weltuntergangsvision und die aktivistischen Strebungen nach gereinigter Menschlichkeit, nach brüderlicher Welt-Rettung stammten aus der Problematik der Zeit, wenn sie auch einer zu eiligen und verfrühten Lösung sich erdreisteten. Diese ganze, hier skizzierte Theater-Entwicklung hat Spuren überall in der Welt gezeitigt, wo immer auf Bühnen gespielt wird. Aber wenn man von Rußland absieht: nirgends wurde sie so prinzipiell aufgefaßt und angefaßt, nirgends ging es dabei mit solcher Entschiedenheit um Form und Sinn, um Geist und Vision, wie in Berlin.

Und heute? Heute, der Heimkehrer ist froh, es bezeugen zu können: immer noch eine Fülle an reifen und werdenden Talenten (auch wenn die wenigsten aus Berlin und nicht die wenigsten aus Wien stammen); frühere Kräfte haben sich schön durchgebildet, neue treten versprechend hervor, man kann, ohne zu schwindeln, von einer nachwachsenden Generation, von einer Jugend sprechen, die ihren selbständigen Ton hat. Immer noch durchgestaltete Vorstellungen, immer noch Ensemblewirkung, die Verjüngung der Oper, ein paar neue Dramatiker (und jetzt soll sogar Brechts ›Johanna‹ von der Volksbühne im regulären Abendspielplan gebracht werden, was ein aus dem Gesamtbild hervortretender Zug von frischem Mut ist). Der erste äußere Aspekt ist umso erstaunlicher, als – wenn man näher hinblickt – man eine entsetzliche innere Zerrüttung gewahr wird. Staatstheater und Volksbühne stehen und bestehen, sie könnten sich einen sinnvoll entwickelten Spielplan, ein durchgebildetes Ensemble leisten. Die Rotters, die großen Verpächter, stehen auch noch da, sie könnten sich an Aufgaben wagen, wenn sie sich die Leute mieteten, die wüßten, *welche* Aufgaben. Aber sonst, die Privattheater mit Individualität, Berliner Institute, auf denen noch vor kurzem ein Abglanz gebildeter Bürgerlichkeit, des alten erbeingesessenen Kulturtheaters lag, kämpfen schwer – man könnte sagen: sie haben abgewirtschaftet, wenn man nicht so sehr wünschte, von den Tatsachen widerlegt zu werden. Reinhardt hat das Deutsche Theater, die Krone seines Lebenswerkes, aufgegeben, er ist nur mehr Gast in der Schumannstraße. Das alles weiß man, hat man ausführlich beklagt – und sich damit getröstet, daß diese Dinge heute nicht so wichtig seien. Unter welchen materiellen Umständen heute ein großer Teil der Schauspielerschaft arbeitet und keine Arbeit mehr findet: das ist grausig, gewiß, aber Not ist jetzt das Allgemeinsame in der ganzen Welt. Unter welchen Schwierigkeiten noch Ensemble-Wirkungen erreicht werden, kann nur der Fachmann würdigen. Und der Laie würde, wenn er etwa erführe, wie der Film in das Theater-Streben störend eingreift, die Achsel zucken und sagen: mein Gott, es ist eben die Zeit des Films. Liquidiert so und so viele Sprechbühnen (und etwa 5000 Lichtspielhäuser): und ihr werdet das konzentrierte, lebensfähige Berliner Theater (und den gesundeten Film) haben.

Ich sehe das bereits vollzogen, ich sehe so viele tausend Schauspieler in andere Berufe, die sie nicht aufnehmen, abgewandert – und ich werfe einen Blick zurück auf New York, wo die Krise in mancher Hinsicht ähnliche Erscheinungen zeitigt – und gewahre einen Unterschied, der nicht nur im Numerischen, Organisatorischen liegt. Das Theater in New York hat, trotzdem so viele Häuser leer stehen, mehr Mut. Trotzdem ihm, für seine Verhältnisse, auch nicht nach *prosperity* zumute ist: es ist harmloser, ja – aber auch freier, frischer, unbekümmerter im Griff und Zugriff. Natürlich buhlt auch das New Yorker Theater um das zahlende Publikum, es macht seine Konzessionen, es hascht nach Sensationen mit Leib und Seele – aber es kennt noch nicht die Dramaturgie der Angst, die ich in Berlin fast überall am Werke fühle. Die Angst, politisch rechts und links und oben und unten anzustoßen, eine Angst, die schon Gespensterfurcht ist, die Flucht vor jeder herzhaften Wahrheit, vor der Wirklichkeit jeder Art und jeden Grades, vor der Idee, die auch nur die zahmste Stellungnahme bedingt – ja, geradezu eine Gedankenflucht, bei der einem das Nächstliegende nicht mehr einfällt – eine verprügelte Kleinmütigkeit, die alles, was man tut und läßt, zur Halbschlächtigkeit verurteilt, zur Unentschiedenheit, zum Sich-Drehen und Sich-Wenden und weder Aus noch Ein. Das ist weit und breit im Theater so geworden, das ist im Film nicht anders. Es ist der Schönheitsfehler im ewig lächelnden Gesicht der Ufa. Es ist die Gewesenheit der Themen, das Nirgendwo des Lokalkolorits, die Flucht in die Operette, auch außerhalb der Operette: die Idylle, die vergeblich als Wirklichkeit aufgedrängt werden soll, das Singen der Arbeitslosen, und die Proletarier in Seidenwäsche, und vom Fridericus nur noch die Flöte, bei versteckt gehaltenem Krückstock, und Sanssouci heißt: keine Sorge mehr, und vom Giftgaskrieg den Feldherrnhügel aus den österreichischen Kaisermanövern im Jahre zehn.

Man verstehe mich recht: das New Yorker Theater hat niemals so viel gewollt, wie das Berliner Theater noch heute will. Es ist beileibe kein Don Quichote und kein Don Juan – und wie alle diese verehrungswürdigen Granden heißen, die das Unmögliche begehren. Es will nur das Mögliche, es haust und wirtschaftet im Möglichen. Es kennt kein faustisches Ringen. Es pflegt, mit religiöser Inbrunst, seinen jährlichen O'Neill und sonst noch die eine oder andere edlere Ausnahme, es bezieht Pariser und Londoner Moden, das jeweilige *fin de siècle* – und es besitzt und kultiviert seine eigenen Stückschreiber, welche die Broadway-Reißer verfertigen, und seine Stars, die weltstädtische Persönlichkeiten und brillante Könner sind. Es bestreitet die Abendunterhaltung der Bourgeoisie, der feinen Leute, wie der Film die der großen Massen. Und innerhalb dieses Betriebes, der von Fall zu Fall arbeitet, mit dem einzelnen Objekt spekuliert, das einzelne Stück besetzt, es in der Provinz ausprobiert, es erst dann als New Yorker Premiere riskiert – mit der Devise: sei Serie oder verkrache! – innerhalb dieser Routine, die alle Smartheit und die Gerissenheit einer Welt verbraucht, wandelt es seine Gesellschaftsthemen ab, uns will scheinen: immer dieselben, sowie in der ersten Zeit alle Jazzmusik gleich klingt. Und doch sind es Varianten, die einer Entwicklung folgen, die einen Auflösungs- und Zersetzungsprozeß begleiten, Sittenkritik treiben und eine Umwertung der Werte vollziehen. Das scheint alles noch immer von Sardou zu sein, höchstens mit mehreren größeren und kleineren Über-Sardous darunter, es ist zumeist Zimmerstück, Konversation, drei oder vier auf mehr oder weniger sicherem Grundriß gebaute Akte – und seit das Geld knapper geworden ist, bevorzugt man Stücke, deren sämtliche Akte in einem und demselben Raum, also zwischen den nämlichen drei Wänden spielen. Und trotzdem: zwischen diesen drei Wänden geht es lebendig und unbefangen zu, mit einer unbekümmerten Vitalität spielt sich das aus und brilliert mit dem kaustischen Witz von New York, der knapp und treffsicher ist, über den man lächelt, lacht und vor Lachen weint. Zwischen diesen drei Wänden ist Platz für Angriffslust und freche Laune. Gewiß, einer politischen Satire, wie zum Beispiel ›Of Thee I Sing‹, fehlt die große politische Perspektive in unserem Sinne, aber man könnte sich nicht vorstellen, daß etwas auch nur Ähnliches gegen unsere Demokratie, unser Präsidententum gewagt würde. Wir brächten ja in der Behandlung solcher Dinge auch nicht diese versöhnende Lustigkeit, den hinreißenden Übermut auf. Wir sind Schwernehmer, wir haben es auch schwerer, das Leben nimmt uns schwerer. Aber wir könnten nicht einmal den Ansatz hiervon wagen. Wir könnten es nicht wagen, unsere Arbeitslosen zu zeigen, wie New York die seinigen in dem Stück ›1931‹, wo gleichsam die Nation in allen ihren Schichten beim Schneeschippen sich zusammenfand und aussprach, was zu sagen ist, am Ende aber eine gegen das Parkett vorstürmende Gruppe von Hungerrevolteuren unter dem Salvenfeuer der Polizei zusammenbrach, bevor sie das Parkett erreicht hatte – im

Bilde, versteht sich. Freilich vermißte die Kritik am nächsten Tage an solchem Schauspiel die erhebende Schönheit, und das Stück hatte ein kurzes Leben. Für so radikale Versuche mögen wir längst nicht mehr reich und gesund genug sein.

Was ich aber meine, ist, daß drüben auch im eigentlichen Unterhaltungsstück Zähne und Klauen zu spüren sind. Daß es im Theatereinfall, in der Schlagfertigkeit des Dialogs, in der Diktion eine unwillkürliche Selbstverständlichkeit und Kraft behalten hat, die man erst so recht würdigt, wenn man bei uns das denaturierte, das verkniffene, ausweichende Wesen kennengelernt hat, das schon bei der Konzeption eines Schmarrens mehr an die Vermeidung jedes Risikos gedacht hat als an die Lust, einen Theatererfolg zu haben. Und wieder meine ich nicht nur etwa die manchmal genialischen amerikanischen Singspiele – deren strotzende Musikalität, deren unaufhaltsamer Rhythmus, den Neger mit dem Anglosachsen kombinierend, die Affäre beschwingt –; auch wo sie nur in schnoddriger Alltagsprosa ehebrechen und, zum Schrecken des Puritanertums, die Problematik gelockerter Sitten amüsant ausleben: es ist Salz und Pfeffer darin und das gute Gewissen eben dessen, der entschlosssen ist, sich zu unterhalten. Und der, trotz Zensur und Hypokrisie der öffentlichen Meinung, von der Berechtigung durchdrungen ist, sich umso freier zu unterhalten, je schlechter die Zeiten sind. – Das ist auch die gedeihliche Grundlage dieser Schauspielerei, die nicht so hoch und so tief reicht wie die unsrige, aber noch von der Theorie unangekränkelte Instinkte und eine ungebrochene Haltung besitzt. Sie steckt in der naturalistischen Konvention, über die sie sich nur in ihren reichsten und schönsten Individualitäten erhebt – die dann von Hollywood weggeraubt werden. Aber auch in der mittleren Talentsphäre entspricht die Fülle ergötzlicher Typen, die Treffsicherheit des charakteristischen Details eben jener Zivilcourage der Beobachtung, die das Leben als ein freies Beutematerial jagdlustig angeht.

Das liefert den Kontrast zu dem Stand unserer Theaterdinge. Was bei uns peinlich auffällt, das ist nicht nur der Kultursnobismus bei abhanden gekommener Kultur, Bedeutungshunger bei leerem Magen, Verkrampftheit, Lebensferne aus Prätention. Nein – sondern das schlechte Gewissen unserer Unterhaltungen! Die Ausgetretenheit, Ausgefahrenheit unserer Unterhaltungsbahnen – das Vorgestrige, Überaltete unseres Vergnügens – und daß nichts Neues sich hervortraut, daß das Sorgen-beladene Heute sich nicht mehr zu mucksen getraut. Ich lobe mir die Massary, die, als einzelne Figur, den Charme besserer Zeiten herüberrettet, als ob sie wirklich die besten Zeiten gewesen wären. Ein Einzelfall von göttlicher Unverwüstlichkeit. Natürlich hat sie Erfolg. Und wenn man sieht, wie Albers im unbekümmert verberlinerten ›Liliom‹ unsere kleineren und größeren bürgerlichen Zeitgenossen, ein nach dem Vergnügen ausgehungertes Publikum, beglückt, so macht das Eindruck. Das volle Haus scheint dem Optimisten mit der

Berliner Schnauze, dem der Schnabel wie ihresgleichen gewachsen ist, die Pointen vom Munde zu reißen; eine ungeheure Aufforderung, seinem Affen Zucker zu geben, ergeht an den volkstümlichen Schauspieler – und potenziert ihn. In der unverbildeten Direktheit der Mundart, in dem urwüchsig schnoddrigen Kolorit des tagesgemäßen Fühlens und Meinens, wie es sich räuspert und Pointen spuckt, die den Leuten das Herz erleichtern, tritt der Rohstoff zutage, der nach Gestaltung verlangt. Eine anschauliche Lehre, die auf jedem Niveau ausgewertet werden könnte. Es fehlt nicht am Appetit, es fehlt nicht an den Talenten, die ihn nähren könnten, es fehlt an Zivilcourage, am Mut zum Leben und zum Sterben.

Die Verängstigung – die dem politischen und wirtschaftlichen Zustand entspricht – hat sich zu einer wahren Lebensangst – und Angst vor dem Leben entwickelt. Gerade jetzt, da eine Art von Stabilisierung in der Politik eingetreten zu sein scheint, da der Demokratie, weil sie sich gerührt hat, eine Frist gewährt scheint, da – mitten im Winter der Not – auch wirtschaftliche Hoffnungen sich regen: hebt auch sofort der Dramaturg sein Haupt. Jene ›Johanna der Schlachthöfe‹ ist ein Symptom. Und es ist auch kein Zufall, daß man sich historischen Stoffen zuwendet, die nicht von Wildenbruch sind. Ein ›Cromwell‹ an der Volksbühne, ein Sigismund gar am Deutschen Theater – nachdem der ›Homburg‹ des größten deutschen Dichters vorangegangen war, ohne hinreichend aktuell zu wirken –: das bedeutet, daß man sich doch wenigstens von der Vergangenheit die großen Perspektiven liefern lassen will, die uns aus einer Zwickmühle des Fühlens herausführen sollen. Was man in altklügeren Zeiten als Gymnasiastendrama perhoreszierte, hat mit den Jamben die jambische Gesinnung abgestreift und benützt die Historie, um sie zu unserer Ermutigung umzudeuten. – Niemand würde sich mehr freuen, als der Heimkehrer, der keiner ist, wenn sich so ein Umschwung zum Besseren ankündigte.

Wiedersehen mit dem Berliner Theater

Meinen Weg im heutigen Berlin zu finden, wurde mir schwer. Etwa zum ersten Mal in der Nachtbeleuchtung vom Bahnhof Zoo bis zum Hotel am Zoo zu gelangen, was gewiß eine lächerlich geringe Entfernung ist: ein Weg, den ich jahrelang tausendmale, zu jeder Tages- und Nachtzeit und schon ganz unbewußt, gegangen bin, nun bis zur Unkenntlichkeit verändert durch die grauenhafte Ruinenperspektive, bis zur Unkenntlichkeit fremd geworden, dieser Weg, gerade weil er so vertraut gewesen.

Aber im Theater Berlins fand ich mich sofort zurecht. Das Theater hier ist mir nicht fremd, nicht unkenntlich geworden: Im Gegenteil, es wirkte vertrauter als je zuvor, trotz mancher befremdenden, ja sogar erschreckend und bedrohlich fremder Züge, die ich gewiß nicht wegleugnen kann und will. Diese aufregende, ja erschütternde Erfahrung, gemischt aus Allzuvertrautem und Fremdartigem, wie sie war, versuche ich mir zu klären: nun, da der neuntägige Aufenthalt in der Stadt nach einer Abwesenheit von fünfzehn Jahren schon wieder fünf Wochen hinter mir liegt. Eigentlich bin ich zwanzig Jahre lang fortgewesen und habe vor fünfzehn Jahren nur wenige Monate in Berlin verbracht, die Zeitspanne zwischen dem Putsch Papens bis wenige Tage nach dem Reichstagbrand; schon damals ein Gast aus Amerika, der vier Jahre Hollywood und New York bereits hinter sich hatte. Damals erlebte ich in Berlin den Amtsantritt Hitlers und den Beginn des Terrors. Diesmal sah ich die Folgen, die unvorstellbar sind für jeden, der sie nicht mit Augen gesehen hat.

Vertraut geblieben ist mir, wenn ich es genauer bedenke, das Berliner Theater nicht etwa nur, weil einzelne Häuser erhalten oder wieder hergestellt sind, einzelne Innenräume unversehrt zu sein scheinen, wie der mit rotem Damast ausgeschlagene Zuschauerraum des Deutschen Theaters, mit seinem Kronleuchter und mit seiner von Erinnerungen erfüllten Atmosphäre. Das Gefühl der Vertrautheit wurde gewiß auf das Höchste und Tiefste angeregt und gefördert durch die allerdings nicht sehr zahlreichen Schauspieler von damals, die ich auf den Bühnen wieder sah. Sie waren um fünfzehn Jahre älter geworden und doch die Gleichen geblieben, einige von den Jüngeren waren herangereift: Künstler, mit denen ich gearbeitet und geschaffen, deren Wesen ich ergründet, deren Weg und Entwicklung ich mit der lebendigsten Anteilnahme verfolgt und begleitet hatte. Persönlichkeiten und Menschen, die ich geliebt, mit denen ich gerungen und die ich zu Zeiten gehaßt habe, wie es das leidenschaftliche und widerspruchsvolle Leben des Theaters mit sich bringt.

Aber gerade sie, die Wiedergefundenen, ließen mich an die vielen Andern denken, die nicht mehr oder noch nicht wieder da sind. Viele der Großen sind gegangen, gestorben, oder tragisch umgekommen; einige haben sich politisch diskreditiert und so selbst ausgeschaltet. So manche von Bedeutung, oder mindestens von individuellem Talent, sind im Ausland geblieben, wohin die Emigration sie verschlagen hat, es ließe sich ein sehr beträchtliches Ensemble aus ihnen bilden.

Wenn ich an diese Abwesenden dachte, kam mir erneut – und schmerzlich – zum Bewußtsein, wie ihre Entwicklung erschwert, wenn nicht abgebunden und völlig verhindert wurde dadurch, daß sie ihrer Sprache und ihres Kulturkreises, des in der Zwischenzeit so gefährlich bedrohten, beraubt waren.

Statt ihrer standen da nun, in überlegener Zahl, Unbekannte, der Nachwuchs junger Kräfte, deren Namen ich noch nie gehört hatte ...

[fragmentarisch]

Einen großen Anteil an der tiefen Vertrautheit hatte natürlich die Sprache, die eigene Sprache, in der ich Kind und Mann gewesen bin, in der ich nie aufgehört habe zu denken, zu träumen, zu planen und zu dichten. Eine Sprache, die man mit den Poren versteht, die der Geist durchfliegt, ohne der Entfernungen gewahr zu werden. Und die jungen Schauspieler Berlins sah und hörte ich, mit einer einzigen Ausnahme, nur in Werken, die mir vertraut waren, in Werken alter und neuer Dichtung, von Shakespeare bis Goethe, von Molière bis Brecht. Der Spielplan Berlins, als ich ihn nach der Ankunft auf der Litfaßsäule las, versprach dieses Ensemble von Dramen, die ich in New York und London, wenn überhaupt, so nur ausnahmsweise gespielt sehen konnte: ›Nathan den Weisen‹ und ›Minna von Barnhelm‹, ›Stella‹ und ›Baumeister Solness‹, ›Die Hose‹ und den ›Hauptmann von Köpenick‹. Ich wußte, daß die tief eingewurzelte Sitte, Klassiker zu spielen und mit ihnen tatsächlich vorzunehmen, was in New York ein »Revival« genannt wird, nämlich sie immer wieder, stets aufs neue zu beleben, auch von den Nazis nicht aufgegeben worden war. Jedoch hatten sie den Grundbestand deutscher Theaterkultur in ihrem Sinne und für ihre Zwecke ausgenützt, hatten verboten, was den Glauben an ihre Ideologie erschüttern konnte, hatten jene Werke, die sie zuließen, dramaturgisch und darstellerisch umgedeutet.

Nun sollte, wie schon der Spielplan zeigte, das verschobene Gleichgewicht wieder hergestellt und sollte, mehr oder minder planmäßig, eine weltanschauliche Säuberung vollzogen werden. Es wurden also jetzt in Berlin Werke gespielt, welche die jungen Leute in Deutschland in den letzten Jahren mehr gemißt [hatten] als ich. Die Frage war, ob sie sie auch vermißt hatten wie ich. Sie hatten sie zum Teil nicht einmal durch Lektüre kennenlernen können. Mir aber waren diese Werke alle vertraut, ich hatte sie weiter studiert. Und ich hatte sie vorher oft dargestellt gesehen. Nun wartete ich darauf, sie wieder zu sehen und zwar neu gestaltet, in einer neuen Auffassung. Davon erhoffte ich mir Erlebnis, aber auch Belehrung. Beides – soweit es sich in wenigen Tagen erreichen ließ – ist nicht ausgeblieben. Noch eines, vielleicht das Wichtigste. Auch dort, wo ich auf wüste Strecken stieß, die von der unmittelbar vorangegangenen kulturellen Katastrophe zeugten, befand ich mich in einem historischen Kontinuum, das mich den unmittelbaren Zusammenhang mit den Erfahrungen meiner Vergangenheit wiederfinden ließ. Diesen Zusammenhang hatte ich zwar geistig nie verloren, nie aufgegeben, und auch die Katastrophe miterlebt, soweit das aus der Distanz nur immer möglich war. Um diese Katastrophe drehte sich mein Fühlen und Denken, mein Dichten und Hoffen immerfort. Diese Katastrophe reichte ja in die ganze Welt hinaus, sie wirkte überall hin, wo ich mich befand. Sie umgab mich mit dem lebendigen Exempel tausender Schicksale, wahrlich ein nie aussetzender peinvoller und mich doch niemals völlig entmutigender Anschauungsunterricht.

Was einer Epoche gemeinsam ist, reicht in alle Räume. So nimmt nach diesem Kriege in der Kunst, vor allem auch in der Kunst des Theaters, nach diesem Weltkriege der Surrealismus die Stelle ein, die nach dem vorigen der Expressionismus inne hatte. Er tut es auch in Paris und New York, wenn auch an jedem Orte anders akzentuiert. Überall sind es in den Stücken der tragisch erschütterten jungen Dramatiker die Toten, die ein Übergewicht haben: sie kehren zurück und fordern Rechenschaft, oder versuchen nachträglich Klarheit zu gewinnen. In einem vom Krieg vergleichsweise verschonten Lande wie Amerika herrscht bei den literarischen Stilversuchen die bittere Idylle vor, ein spielerisches Formelement, das eines sarkastischen Humors nicht entbehrt. Solche Werke erregen im heutigen Deutschland zweideutige Gefühle, vielleicht weil man in ihnen eine Freiheit der Behandlung spürt, die hierzulande verloren gegangen ist: die, so fühlt man wohl, verscherzt wurde. Sollte sie wieder errungen werden, so müßte sie hier wohl einen anderen Tiefgang und mehr ›Substanz‹ haben. So oder so ähnlich formulieren es die besten Berliner Kritiker. Thornton Wilders ›The Skin of our Teeth‹ heißt im Deutschen ›Wir sind noch einmal davongekommen‹. Die Weltkatastrophe, die bei Wilder als periodisch wiederkehrend geschildert wird, und der die Menschheit doch entkommt, reicht also bis an die Haut der Zähne: das ist unübersetzbar, besonders wenn bei der erst kürzlich und noch keineswegs endgültig überstandenen Katastrophe auch die Zähne draufgegangen sind. Höchst notgedrungenerweise faßt sich daher der deutsche Titel optimistischer. Und der aus Paris und dorthin aus dem vorhitlerischen Deutschland eingeführte Existentialismus: was stellt er dar, wenn nicht den bittersten Mangel an Existenz? Er proklamiert eine Freiheit, die nach der Verzweiflung kommt; aber sie wird nur, übrigens mit betonter Gefühlskälte, gefordert als ein ethisches Abstraktum, das sich allen genaueren Bestimmungen entzieht.
Ich habe Werke dieser Art in New York, nicht aber in Berlin gespielt gesehen. Und von Dramen junger deutscher Dramatiker nur zwei gelesen: Wolfgang Borcherts ›Draußen vor der Tür‹ und ›Die Illegalen‹ von Weisenborn. Beide scheinen mir beim Expressionismus wieder anzuknüpfen. Das erste ist eine Dichtung von unverhohlener, leiddurchtränkter lyrischer Kraft und Intensität. Ihr Held, Beckmann, »einer von denen«, wie ihn der Dichter bereits im Personenverzeichnis charakterisiert, will aus dem Niemandsland des Krieges und der Zerstörung ›heimkehren‹, erst in den Tod –, dann in eine Menschenwelt, die es noch nicht wieder gibt, in eine

neue Realität: er wirft sich, er stemmt sich gegen die Tür, bleibt aber draußen, verreckt draußen. Eine Menschenruine zwischen den Ruinen eines Landes, das selbst noch Ruine ist. Ein Schrei der Verzweiflung, von Albdruck-Visionen begleitet. Weisenborns Stück erstrebt mehr Realität und erreicht sie auch bruchstückartig, ganz nur in einigen Hauptszenen. Es schildert die Untergrundbewegung während der Nazizeit, also konkrete Vorgänge, die eines vergeblichen Freiheitskampfes. Von den Personen werden die negativen, die Widersacher, am deutlichsten Gestalt, während die positiven, die Kämpfer, teils Schemen bleiben, teils sich in Lyrik auflösen. Es gehört zum Fluch der Zeit, daß vorerst das zu Verneinende deutlicher gesichtet wird und daher dem Schildernden besser gelingt.

Der Expressionismus konnte nach dem ersten Weltkrieg mit seinen Angstträumen und Wunschträumen noch naiver umgehen. Er konnte seinen Weltuntergangsvisionen, unbesorgter um deren krasse Wirklichkeit, einen apokalyptischen Charakter verleihen. Ein solcher wird heute von den Ruinenfronten Berlins drastischer erreicht, als ein Dichter es vermöchte.

Die Utopien einer besseren Welt und einer zu erwartenden Menschheitsverbrüderung stützten sich damals auf die scheinbar verheißungsvollen Anfänge einer Revolution, deren Fassadencharakter sich freilich bald enthüllte, was zugleich auch das Ende des theatralischen Aufschwungs mit sich brachte. Die dramatische Auseinandersetzung mit Vergangenheit und Zukunft, wie sie von den kritischen Wortführern verlangt wird, scheint bei den chaotischen Zuständen, die jetzt der viel umfassenderen Katastrophe gefolgt sind, und bei der heutigen Spaltung Deutschlands und der ganzen von Menschen bewohnten Erdenwelt, noch nicht möglich zu sein. Die konkretesten, dramatischsten Ansätze wurden im Exil geleistet, meiner Meinung nach von Bertolt Brecht. Und Zuckmayer schrieb sein wirksames Theaterstück, ›Des Teufels General‹, auf einer Farm in Vermont. Die Abrechnung mit dem Nazitum, die in diesem Stück erstrebt wird, hat nicht die unbedingte Schärfe eines bis auf die Knochen gehenden Schnitts, wie ihn Brecht in seiner Szenenfolge ›Furcht und Elend des Dritten Reiches‹ vornimmt. Zuckmayers Stück ist viel eher eine Elegie, die schweren Herzens Abschied nimmt von Idealen, die dem deutschen Volk teuer gewesen sind, bevor sie in den Abgrund führten. Ich sah das Stück in Köln und überzeugte mich davon, daß seine theatralische Wirkung tiefer und wahrer ist, als ich bei der Lektüre gedacht hätte.

Nach der Aufführung der Brechtschen Einakter am Deutschen Theater in Berlin hörte ich junge Leute, die vielleicht eben erst die Uniform abgestreift hatten, die Wahrheitstreue eines solchen Realismus leugnen. Hatte die Korrumpierung durch den Terror tatsächlich bis in die Wurzel des Volkstums gereicht? Noch war es diesen jungen Leuten unerträglich, auch nur die Möglichkeit von Konflikten anzuerkennen, die doch gerade durch die Art ihres Ableugnens bestätigt wurde.

Das Drama ist die Kunstform des Entweder–Oder. Es muß zumindest eine entschiedene Fragestellung wagen und sie mit Entschiedenheit durchführen. Der Darstellungsstil, den ich in Berlin am Werke gesehen habe, weicht dem Drama aus. Das war das Befremdende in all dem so innig Vertrauten. Hat das Theater in Berlin die Funktion beibehalten, die es in New York nicht ausüben kann: seine Funktion als Ideentheater, als ‹Moralische Anstalt›, als ein wesentlicher Bestandteil des öffentlichen Lebens? Es hat immer auch die Funktion der Unterhaltung, der Zerstreuung gehabt, die in New York so prinzipiell anerkannt wird, daß die Theaterankündigungen in der Presse unter dem Titel ›Amusements‹ erscheinen. Heute aber hat es einen andern Aspekt, der schwer zu beschreiben ist.

Nicht nur tauchen immer wieder jene seltsam kahlen Stellen auf, die mich erschreckt haben. Ein kaltes Pathos wird hörbar, das erfroren klingt, eine falsche Sachlichkeit, die vom Redespiel der Nazizeit übrig geblieben ist. Das ist arg genug. Aber vielleicht noch problematischer ist das Spielerische, das äußerlich Vollendete, das Choreographische, das eine sauber geordnete Welt, eine glatte Maschinerie der Illusion in Bewegung setzt: eine Welt ohne Perspektive, ohne Zwischentöne, malerisch aufgefaßt und durchgepinselt; sich, vogelgewichtig leicht, in Ekstasen aufschwingend, die der Koketterie nicht entbehren. Es fehlt diesem Spiel an Realität, an durchdringender Motivierung und Charakterisierung, an kräftiger und wuchtiger Aussage. Die jungen Schauspieler schweben oft, in merkwürdiger Verkürzung, zwischen Dilettantismus und Virtuosität. Eine Sauberkeit herrscht vor, die nicht aus dem Reichtum stammt, sondern die das Elend, es bekleidend, verhehlt.

Sind deshalb alle diese Theater so gut besucht? Werden deshalb alle diese modernen und alten Klassiker mit solcher Andacht genossen? Hat dieses Theater, das vor Ruinen spielt, heute die Funktion, der Not zu entfliehen, der Entscheidung auszuweichen und eine Einheit und Freiheit vorzutäuschen, die es noch nicht gibt und noch nicht geben kann? Täuscht das Gros dieser Klassikeraufführungen nicht eine Kultur vor, die sich nicht üben läßt, ohne sie wahrhaft zu erwerben? Kann man vom Spiegel verlangen, daß er die harten Dinge verändert, die er reflektiert? Auch diese Frage klingt vertraut. Sie wurde immer wieder gestellt, seitdem ein deutsches Kulturtheater existiert, ohne daß es auch eine deutsche Volkskultur gegeben hätte.

Der Reichskanzleistil

Als ich, nach langjähriger Abwesenheit, nach zwanzig Jahren vertrauten Umgangs mit dem amerikanischen und englischen Theater und Film, im Jahre 1947 die deutschsprachigen Klassikervorstellungen in Berlin, Düsseldorf und Wien besuchte, wurde ich eines neuen Tones gewahr, der mich erschreckte und entmutigte. Was sich hier herauskristallisiert und offenbar eingebürgert hatte, war eine seltsame Mischung: eine wurzellose Ekstase oder eine kalt prunkende Rhetorik, die das Offizielle, Repräsentative der Darstellung betonte und überbetonte, in jäher Abwechslung mit einer sich ins allzu Leise, Private und Unterprivate flüchtenden Diskretion. Manie und Depression folgten einander ohne Übergang und ohne Zwischentöne. Als ich später bei einem Vortrag auf Schloß Leopoldskron das Phänomen beschrieb und es mit anderen, mir vom Radio her bekannten Ausdrucksformen des ‹Dritten Reiches› in Verbindung brachte, versicherten mir in Deutschland verbliebene jüngere Studenten der Theaterwissenschaft, die wohl das Interregnum, aber nicht mehr die Vorzeit (also meine Zeit), erlebt hatten, daß sie den auch jetzt noch, wenn auch mit geänderten Vorzeichen herrschenden Stil längst nach dem für die Kundgebungen der Reichskanzlei charakteristischen Formalismus Reichskanzleistil zu nennen pflegten. Ich behielt den Namen bei.

Sprechchöre, Führerreden (in Deutschland und Italien) pflegten diesen Berserkerton einer gewaltsamen Rhetorik, die überschrie, wo sie überreden wollte; die dem Hörer auf die Nerven ging und ihn mehr physisch, durch die Brachialgewalt der Stimmittel überwältigte als geistig überzeugte; sie erschwerte, ja vereitelte das eigentliche Zuhören, das Horchen auf den Sinn der Rede, das Achten auf Inhalt und Gehalt. Aber nicht nur schaltete diese Art Pathetik das selbständige Denken des Zuhörers aus, wenn es sich darum handelte, ihm bestimmte Gedankengänge durch herausgeschmetterte, kolbenschlagartig wiederholte Begründungen beizubringen und ihm gewisse Texte und Formulierungen einzuhämmern, sie beeinträchtigte auch das Gefühl, indem sie es überrumpelte, überbot und überdröhnte. Aber dieser Paroxismus, der dem Schauspieler Schaum auf die Lippen treten ließ, erregte tatsächlich die Bewunderung des Publikums, das die losknallenden Tiraden regelmäßig mit lebhaftem Beifall quittierte.

Unwillkürlich erinnerten die leisen Stellen an die erzwungene Diskretion einer Zeit, in der die Freiheit der Meinung einer scheuen Geheimnistuerei gewichen war, und nicht nur der politische Widerspruch, sondern auch das Privat-Menschliche, das sich nicht gleichschalten ließ, Zuflucht im Flüstern, im Versteck abgeschlossener Räume suchen mußte. Gerade das eigenartige Verhältnis von offiziellem und privatem Ton schien mir für diesen Ausdrucksstil so überaus bezeichnend zu sein. Eine natürliche Balance zwischen beiden bestand durchaus nicht. Und die Folge war eine Verarmung der

Ausdrucksmöglichkeiten, geistig, und der Ausdrucksmittel, technisch genommen.

Da sich hier in meine Erwägung das Wort ›natürliche Balance‹ eingeschlichen hat, sei die Frage erhoben nach dem, was im klassischen Stil des deutschsprechenden Theaters vorher, und überhaupt, als ‹natürlich› bezeichnet werden konnte. Pathos und Rhetorik gehörten seit jeher zu den notwendigen Bestandteilen des klassischen (und romantischen) Stiles. Wir erlebten in der Kindheit den mit Recht berühmten hohen Burgtheaterstil in seinen letzten Auswirkungen. Er entsprach einem gebildeten Bürgertum, das längst in seinen Grundfesten erschüttert ist. Er konnte sich durch den vollen Wuchs seiner großen Schauspieler ins Überbürgerliche erheben. Sie waren es, die, als gesteigerte Vertreter der Typen der Menschheit, es sich damals noch leisten konnten, in ihren dramatischen Überschwang und ihre reich nuancierte Beredsamkeit natürliche Töne und Züge zu mischen, ohne des Rüstzeugs einer wissenschaftlich begründeten Psychologie oder Soziologie zu bedürfen. Dieser Tatbestand läßt sich heute allerdings kaum überprüfen. Er entspräche der relativen Sicherheit und dem Wohlstand einer Epoche, der jedoch Wirtschaftskrisen, wie wir wissen, keineswegs mehr fremd waren.

Schon in der nächsten Generation wurde die Burgtheaterkunst akademisch und klassizistisch, und der Wuchs ihrer Vertreter schrumpfte ein. Gleichzeitig geschah der Vorstoß des Naturalismus, der den modernen Menschen auf die Bühne brachte und sich einer Naturtreue befleißigte, die an der Darstellung klassischer und romantischer Dramen versagen mußte. ›Hamlet‹ war durch die damalige Theorie und Praxis der Milieustudie nicht zu erfassen (so blieb auch der ›Hamlet‹ Stanislawskis akademisch und opernhaft), von Schiller und Kleist ganz zu schweigen.

Düsseldorf (1927)

Düsseldorfer Erfahrungen

Wer, von einer Berliner Probe kommend, eine Probe des Düsseldorfer Schauspielhauses besucht, der könnte leicht das Gefühl haben, ein offenes Heerlager mit brennenden Wachtfeuern und dem ganzen Geschrei und Wirrwarr des Krieges hinter sich gelassen zu haben und in die Ruhe einer wohlbestellten Werkstätte eingetreten zu sein. Die Arbeit in Berlin gleicht stürmischen Überfällen und gewagten Handstreichen, die Arbeit am Düsseldorfer Schauspielhaus einem beharrlichen und geduldigen Dienst an einem Friedenswerke. In Berlin der Einsatz der großen Temperamente, die, nicht selten zerstörend und manchmal selbstzerstörend, ihre krisenhaften, gewaltsamen und auch gewaltigen Steigerungen erreichen, auf Kosten vieler suchender Talente, die zu einer seelisch und physisch unterernährten Komparserie herabgedrückt werden; am Düsseldorfer Schauspielhaus die Gleichmäßigkeit eines Ensembles von der Kunst zugewendeten Menschen, darunter große Begabungen, deren Physiognomien aber eine tief begründete Familienähnlichkeit aufweisen. Diese Angleichung und innere und äußere Harmonisierung erfolgt freilich erst mit der Zeit, manche sind allzu eigenwillig und scheiden aus, manche bleiben immer sozusagen in einem äußeren Ringe und geraten niemals in den eigentlichen Kreis der Arbeit. Es gibt also auch hier Unglückliche wie an jedem Theater. Aber es ist eines von den heute so selten gewordenen Schauspielhäusern, an denen man hängt, auch wenn es einem hier schlecht geht, weil man den *Geist des Hauses* genießt und sich's nicht recht vorstellen kann, ihn wieder entbehren zu müssen.

Zu dem Ensemble des Schauspielhauses gehören die jüngsten Schüler nicht weniger als die allgemein anerkannten Meister, und der Geist des Hauses waltet in der Schneiderei nicht minder als auf der Bühne. Es ist ein ordentlicher und ordnender Geist, der aber gar nicht an Zahmheit leidet, sondern, sehr selbstbewußt, zum Dienen zwingt und Aufopferung fordert. Man betritt mit dem Schauspielhaus eine Insel, die das Heimatrecht nur gewährt, wenn sie dafür den ganzen Menschen mit Haut und Haaren empfängt. Daß nach der Tradition des Hauses auch der Protagonist in der kleinsten Rolle hinausgestellt wird, wenn er erforderlich zu sein scheint, daß es hier eigentlich eine Konzession bedeutet, dem Hervorruf zu folgen, und der Vorhang nur hochgezogen wird, um das Spiel zu zeigen, sind nur äußere Zeichen einer Gesetzmäßigkeit, die durch das Ganze geht. Dieses Gesetz ist streng gegen alles Komödiantische gerichtet und verpönt den Effekt. Am Anfang steht das Wort, das Wort des Dichters idealen Falles, mindestens aber das würdige oder edle Wort des Sprechers. Diesem Wort einen sinngemäßen und sinnfälligen Körper zu verleihen, sind Proben in Gang gesetzt, die mit Recht so heißen. Denn sie dienen wirklich dazu, durch Probieren und Studieren zu einer Einigung und Einheit zu gelangen. Es ist das Schauspielhaus aber nicht eine asketische Bühne, sie scheut sich gewiß nicht, ein Märchenbilderbuch aufzuschlagen. Aber es ist keine vulgäre Bühne. Es ist ein nach strenger Vornehmheit trachtendes, letztes Kulturtheater, von den großen klassischen Ideen befruchtet und eines höheren Stiles wahrhaft fähig und immer noch mächtig. Hier haben Louise Dumont und Gustav Lindemann fünfundzwanzig Jahre lang die Idealität des Theaters gesucht und gefunden, gerettet und bewahrt. Sie waren ihrer Zeit weit voraus, als diese mit dem ›Naturalismus‹ banal wurde. Ihr Theater war immer überbürgerlich, weil es künstlerischer Selbstzweck war. Man kann das heute noch mit Überraschung an einer Aufführung der ›Gespenster‹ wahrnehmen, die einen Ibsen heroischen Stiles zeigt. Daß der ›Peer Gynt‹ – eine berühmte Aufführung –, der ›Brand‹ und ›Kaiser und Galiläer‹ Werke waren, welche dieser Manier entgegenkamen, versteht sich von selbst. Wenn ich »Manier« sagte, und wenn ich »Stil« sagte und nun, nach allem, was ich im Verlauf einer Spielzeit hier gesehen und mitgemacht habe, auszudrücken versuche, worin diese Manier, dieser Stil eigentlich bestehen, so komme ich zu dem Ergebnis: es wird der Dichter *wörtlich genommen*, und die Dichtung wird, mit hingebungsvollster Geduld und Mühe, *wörtlich befolgt*. Es wird alles ausgeführt, was das Wort verlangt, und wäre es noch so kühn, und wäre es noch so naiv. Es müßte Louise Dumont und Gustav Lindemann vergönnt sein, ein Jahr lang an ›Faust‹, I. und II. Teil, zu arbeiten. Sie würden nicht nur eine große und reiche Erfahrung in der Versinnbildlichung erhabener Gedanken einzusetzen haben, sondern vor allem eine Werktreue und einen Glaubenseifer, welche sie der Jugend zu Vorbildern machen. Diese Tugenden sind bei ihnen bis zur Leidenschaft entwickelt, und ihre Leidenschaft, der sie ihr Leben hingegeben haben, macht sie auch unter Umständen hart und konsequent bis zur Unerbittlichkeit, wenn sie sich gestört fühlt. Aber diese führenden Menschen haben auch niemals sich selber geschont.

Man wird mich jetzt schon besser verstehen, wenn ich das Schauspielhaus eine Insel nenne. Es ist eine, mit ihren Künstlern, mit ihrem Publikum, einer nicht übergroßen, aber sehr anhänglichen Gemeinde. Da aber diese Insel sich selbst erhalten muß, da sie auch immer wieder neues Publikum in das Haus zu ziehen angewiesen ist, muß ›Faust‹, I. und II. [Teil] immer wieder auf das nächste Jahr verschoben werden. Doch brachte ein prächtiger ›Prinz von Homburg‹ inzwischen auch den wirtschaftlichen Erfolg. Er mußte durch den ›Fröhlichen Weinberg‹ ergänzt werden, welches Stück hier als ein vollsaftiges Volksstück mit vollendetem Takt gespielt wurde und nur umso sicherer wirkte. –

Auf diesem edlen Instrument modernen Aufruhr zu spielen, ist nicht leicht. Aber es ist eine Ehre und eine Freude gewesen, hier das ›Grabmal des unbekannten Soldaten‹ zu musizieren. Und eine zum Schwunge Schillers sich mit ganzer Seele emporsteigernde ›Maria Stuart‹ fand in der Tradition alles vorgebildet, was sie für ihr erneuerndes Erleben brauchte. Und es ist das Theater, an dem die Uraufführung der gewaltigen Tragödie ›Ignorabimus‹ von Arno Holz gewagt wird und gewagt werden darf.

Theaterkritiken

Wien (1910–1912)

Residenzbühne

Wedekinds ›Liebestrank‹

Man hört dieses Jugendwerk oft wertlos schelten. Aber wer diesen Dichter schätzt, wird den ›Liebestrank‹ köstlich finden, weil sich hier die künstlerische Natur Wedekinds im naivsten Spieltrieb gibt, ohne Priestertum, ohne die krampfhafte Absichtlichkeit, die ihn später verdirbt. Die Tiraden und Renommistereien, die Zynismen und pathetischen Ausbrüche wirken hier noch unwillkürlich, haben Bedeutung, gerade weil sie es noch nicht darauf anlegen. Die Gestalten sind Geschöpfe der freien Laune und nicht damit betraut, das persönlichste Ich des Dichters einem bürgerlichen Publikum aufzudrängen. ›Der Liebestrank‹ war ein erster Versuch des Dramatikers mit der Bühne, während er jetzt rastlos mit dem Zuschauerraum zu experimentieren scheint.

Das sachliche Nichts des ‹Stoffes› gibt einer Phantasiewelt Raum, die sich mit entzückender Ungeniertheit, aber umso überzeugender offenbart. Vielleicht wollte Wedekind damals nur eine bunte, tolle Posse machen; aber es wurde toller und bunter, als er es wollen konnte; es riß ihn mit sich fort. Vielleicht versuchte er eine Konvention zu radebrechen; aber er vermochte bereits die famose Bravour seiner unnachahmlichen Technik, an der alle sorgsam aufgeschriebenen Gesetze lächerlich werden, nur um ihrerseits etwas für diese überlegene Komik zu tun. Ein ganz abgebrauchter Scherz macht ‹Handlung›: daß der Liebestrank nur wirkt, wenn beim Trinken an keinen Bären, nein, nicht an einen Bären gedacht wird, also nicht gedacht wird, indem gedacht wird. Wieviel Situationen Wedekind diesem Problem abgewinnt, das beweist auf das ergötzlichste den geborenen Dramatiker. Aber es wäre verflucht wenig, wenn es mehr sein sollte als eine Drehung in dem echt Wedekindschen Schicksalswirbel, in dem ein Haufen von Menschen und Schicksalen echt Wedekindschen Geblüts dahintollt. Die Peitsche der Gier jagt ein Rudel Geschlechtstiere in die Arena. Sie haben Rasse. Das macht auch ihre lächerlichsten Sprünge schön. Auch die schäbigsten, niedrigsten Exemplare unter ihnen haben Geist, Elektrizität ihres so echten Blutes.

Der Dompteur Schwigerling sagt es: »Ich löse die Glieder, damit der Geist sie durchbebt, damit Freiheit und Freude durch jede Ader zittert, bis die Faszination in hellen Funken aus beiden Augen sprüht.« Der Tragikomiker Wedekind tut es. Er versetzt die Lebensläufe in Galopp, er läßt die Situationen über Hürden springen. Die Laune der Komödie geht mit den Personen, den Charakteren durch, sie müssen mit, sie müssen sich oben halten, wie sie eben können. Und da zeigen sich nun die verzweifelten Humore und die berauschten Leichtigkeiten, die Clownerie und die Akrobatik einer tollen Reitbahn. Wedekind weiß wohl, warum er immer wieder vom Zirkus spricht. Kein Bild gibt ihn so gut wieder wie dieses: Galopp.

Es paßt auch auf den Wedekind-Zuschauer. Auch er muß, während der spornende Witz und die Peitsche der Leidenschaft die Bestien immer wilder antreibt, mitgehen mit der Bewegung. Wer ihr widerstrebt, sitzt bald, schmerzlich ernüchtert, auf dem harten Boden der Tatsachen. Wer sich aber in den Rhythmus findet, der wird diese prachtvolle Erhitzung des Temperamentes nicht mehr entbehren wollen. Der wird immer wieder die merkwürdige Weltansicht suchen, die der eilende Blick aus den Verkürzungen, Umkehrungen, unverhofften, steilen Stockungen und kühnen Sätzen, aus den Stürzen und aus dem resoluten »Vorbei und Hinüber!« dieses dichterischen Gewalttrittes gewinnt. Es gehört Jugend dazu, Freude am Tempo, jagender Pulsschlag. Die gesetzten, vorsichtigen Erwachsenen schließen sich gerne aus. Mit achtzehn Jahren hat man die meiste Freude daran. Und mancher ausgewachsene Esel, der auf seinem Kritikerstuhle sehr fest sitzt, stiert stupide auf den ⟨Tatbestand⟩, ohne von der Bewegung etwas zu ahnen. Und Bewegung ist hier wirklich alles. Mut und Übermut der durchgehenden Laune.

Die Residenzbühne hat sich bereits durch die Aufführung von Dymows ›Treue‹ ein Verdienst um die Kunst erworben. Diesmal hatte sie mit dem ›Liebestrank‹ sogar einen Publikumserfolg. Leider reichen die schauspielerischen Kräfte dieser Bühne für eine so raffinierte Aufgabe nicht aus. Das Tempo war nicht übel. Aber es fehlte an Rasse. Niemand traf den Ton, mit Ausnahme des Herrn Rottmann, der eine ganz köstliche, wenn auch zu derbe Gestalt schuf. Ein Fehler der Regie, diese Komödie so krass possenhaft zu nehmen. Wedekind muß mit Haltung gespielt werden, kühl und überlegen, eher steif als kasperlhaft beweglich, eher angedeutet als übertrieben, und keineswegs so grell bewußt, ironisch unterstreichend und mit unausgesetztem Augenzwinkern. Das wäre die Aufgabe: mitten im halsbrecherischen Tempo Haltung zu bewahren, und das Groteske mit Gemütsruhe, mit würdiger Selbstverständlichkeit zu geben. Man sehe doch einmal Herrn Wedekind zu, wie er Wedekind spielt.

›Der ledige Hof‹ [Anzengruber]

Die naive Theatralik dieser Komödie repräsentiert den Dichter Anzengruber nicht würdig. Dieses Gewitter, das hier Luft und Seele reinigen soll, zieht allzu prompt herauf und allzu gehorsamst wieder ab. Auf dem ethischen Höhepunkt steht eine Tafel mit dem Spruch »Allfort aufrecht!« Und man pariert dem Rufzeichen. Und doch verbirgt sich die Möglichkeit eines starken Dramas hinter diesem Theaterstück. Und die Umrisse einer tragischen Gestalt werden sichtbar. Aber das Dichterische erledigt sich hier allzu summarisch, nach dem Prinzip: Die schnellste Wirkung ist die beste. Wenn schon zu einem guten und ethischen Ende die verzichtende Heldin vom ledigen Hof das uneheliche Kind des geliebten Mannes adoptiert: müßte das Kind nicht gleich zum Fenster hereinlächeln und schließlich im kinderungewohnten Arm der Bäuerin zappeln. Da wird das Volksstück zur Travestie. – Frau Niese hat die angedeutete Gestalt nicht künstlerisch ausgelebt. Sie hat sich an die Theatralik gehalten. Sie ist so theatralisch, wie es nur ein durch die Gunst des Publikums zur Maßlosigkeit verführter Star sein kann. Alles was kitzelt (meinetwegen das Herz kitzelt), rührt (und peinlich rührt), brutal bewegt: mit alledem paradiert Frau Niese rücksichtslos. Sie übernimmt sich an schauspielerischem Selbstbewußtsein, feiert Orgien der Volkstümlichkeit, der falschen Naivität. Die Beifallsstürme des Publikums, die Begeisterung der Kritik geben ihr Recht. Aber die schlichte Kunst, das ehrlich Volkshafte dieser speziellen Kunst zieht sich bedauernd zurück, vor dieser Selbstsucht des Könnens. – Eine vortreffliche komische Manier hat Fräulein Werbezirk, Herr Ramharter ist tüchtig wie immer, und Fräulein Braun sehr sympathisch, einfach und hübsch.

›Der Gardeoffizier‹, Komödie von Franz Molnar

Das Deutsche Volkstheater hat heuer Glück. Zuerst erwies sich eine schwerblütige Dichtung als ein sensationeller Publikumserfolg. Nun sind die Leute entzückt von einem frivolen Spiel, das manchem riskiert schien, als es noch nicht mit solcher Bravour gewonnen war. Die Kritik konnte es ja am nächsten Tage noch immer nicht recht glauben, daß diese unwahrscheinliche, allerunwahrscheinlichste Verkleidungskomödie – aber wozu über die Bühnenmöglichkeiten eines Stückes theoretisieren, das die Bühne mit solcher Sicherheit erobert hat? Mag es ein Husarenstreich sein – er ist geglückt. Man hat seither, in Wien und Berlin, das ›Konstruierte‹ des Werks, die Mache, genügsam getadelt, hat die mehr französischen Gaben des ungarischen Autors, Witz, Laune, Grazie, Verve, Aufbau und Dialog (das Ganze ist wesentlich nichts anderes als ein einziger Dialog, der durch einige Küsse, einige Tränen, einige Temperamentsausbrüche immer zur rechten Zeit unterbrochen wird) genügend anerkannt, das technisch gelungene, das szenisch Aparte gelobt. – Aber man hat es zu wenig herausgestrichen, wie gentlemanlike diese Komödie eigentlich gemacht ist, mit wie leichter, feiner Hand. Die Witzigkeit wird nicht durch eingestreute ‹Brillanten› besorgt. Sondern die Führung und Durchführung des Grundeinfalls geschieht witzig. Die Laune steckt schon im Thema. Dem ‹Andern›, den ein Liebender bereits überall ringsum spürt, im Chopinspiel der Frau, ihrer Launenhaftigkeit, dem Vorfrühling, dem Kuppeltrieb der weiblichen Umwelt – diesem Andern zuvorkommen, ihn mimen, so selbst der Andere sein: das ist die verzweifelte Idee eines Liebenden, der zugleich ein Schauspieler ist. Sie durchführen – ein echt lustspielartiges Experiment. (Man muß sich nur entschließen, die gewagte Voraussetzung einmal anzunehmen, da man doch im Theater sitzt.) Sie geschickt durchführen – die Sache eines Bühnenroutiniers. Aber Molnar hat allen Witz, alle Laune, die im Thema liegen, mit Bravour herausgearbeitet. Er hat es nicht nur geschickt, sondern auch fein durchgeführt. Man hat die Psychologie des Schauspielertums daran gerühmt. Ich finde sie wenig originell und nicht gerade erquicklich. Es ist das Selbstverständliche, was ein kluger Kopf diesbezüglich sagen und zeigen kann. Die Finesse steckt vielmehr in der Verquickung des Mimentums mit der Erotik, in dem überraschenden Verlauf des Liebesabenteuers. Es ist eigentlich mehr als witzig: wie alles so ganz anders kommt, als es der Wissende, der skeptische Frauenkenner, der Kenner seiner Frau vorausberechnet hat. Welch ein Wirbel innerer Situation, die beiden Seelen erfaßt – hätte ich beinahe gesagt; aber es gibt hier weder Innerlichkeiten noch Seelen, sondern eine mit amüsanter Eile vorüberflirrende Dialektik. Bis – in einer kühnen, irgendwie dichterischen Szene – der ›Gardeoffizier‹ seine Leidenschaft überzeugender ausdrückt als es der abgeschminkte Gatte je vermochte und die Schauspielerin, von der amourösen Improvisation verführt, mit aller Rapidität sich in wahre Liebe entrückt fühlt. Bis – in dem an Drastik der Situation wohlgelungenen, geschickt mit Stimmung verbrämten dritten Akt – der Gatte in die Wahrheit seines äußeren und in die glücklich-unglückliche Verlogenheit seines inneren Menschen erst zornig, bald aber reumütig heimkehrt. Oh wie dankbar ist er für den letzten Ausweg der Lüge, den ihm die Gattin unverhofft bietet! Die Frau weint hier zwei wahre, menschliche, tragikomische Tränen: sie schämt sich ein wenig, so geliebt zu sein. – Ich behaupte gewiß nicht, daß ›Der Gardeoffizier‹ eine Dichtung ist. Es ist ja doch alles nur witzig getändelt, nicht unmittelbar gestaltet. Es ist ‹nur› ein virtuoses Theaterstück. Aber eines mit Niveau. Und mit dichterischem Fond. Diese Welt der Liebe und der Lüge ist gemacht, nicht geschaffen. Aber man spürt oft, daß dieses Spiel mit der Illusion dichterische Möglichkeiten hat. Franz Molnar, der Tantiémiker, der Autor des ›Teufel‹, soll zarte, rein lyrische Kindergeschichten geschrieben haben, Geschichten ohne Effekt und ohne Pointe. Vielleicht kommt der Dichter, der sich im ›Gardeoffizier‹ manchmal leise zu rühren scheint, in einem anderen Werk mehr hervor. – Die Darstellung ist vorzüglich. Herr Kramer zeigt seine Gaben hier aufs Beste. Er ist als ›großer Schauspieler‹ voll Laune und Temperament, er reißt Stück und Publikum, in famosem Tempo, über die gefährlichen Momente, da man sich aufs Nicht-Glauben, auf den Widerstand besinnen könnte, mit sich fort. Fräulein Müller ist erst so recht sie selbst im zweiten Akt, im Schwanken zwischen Abwehr und Lust am Abenteuer. Da ist sie so entzückend exzentrisch, so köstlich entzündbar, daß man schon ihretwegen das Lustspiel sehen sollte. Ihre Grazie, ihre Laune hat sie natürlich den ganzen Abend lang. Herr Lackner und Herr Weiß fügen ihren sympathischen Humor sehr reizvoll ein.

Freie Volksbühne

Schmidtbonn: ›Marias Kind‹

Auch das Publikum der Freien Volksbühne, das doch bereitwilligst und mit großer Herzlichkeit bejaht, hat für die Tragikomödie Schmidtbonns ›Hilfe! Ein Kind ist vom Himmel gefallen‹ nicht die rechte Begeisterung aufgebracht. Zwar gab es nur wenig Widerspruch und nur wohlerzogenen, und die Majorität zeigte Achtung und Sympathie. Aber das bedeutet bei diesem Publikum schon eine Ablehnung.

Nun scheint mir das Werk in der Wiener Form allerdings unhaltbar. Es hat nicht nur einen zahmeren Namen bekommen (›Marias Kind‹), sondern auch, leider, einen allzuzahmen Schluß. Zu solchem Kompromiß hätte sich der Dichter durch die Berliner Niederlage nicht verleiten lassen dürfen. Und Stephan Großmann, der doch die Art dieses Dichters liebt, hätte sich an die erste organische Fassung halten müssen. Dieser scheinbar möglichere Schluß ist in Wirklichkeit ganz und gar unmöglich. Ich begreife nicht, wie man die märchenhafte Geradlinigkeit der Dichtung so rüd zerstören konnte. Und daß man gerade den Arbeitern diesen spießbürgerlichen Kompromiß zutraute.

Maria bekennt sich zu dem Kind, das sie durch Vergewaltigung empfing. Sie muß sich, wie das Werk angelegt ist, auch zu dem Vater des Kindes bekennen, der ein Einbrecher und Erpresser ist. Nur so verhilft sie ihrem bürgerlichen Papa und seiner bürgerlichen Moral zur Tragikomödie. Nur so wird ihre einfältige, kindlich naturhafte Weiblichkeit siegreich und schön. Nur mit der Vollkommenheit dieser Gestalt wird die Dichtung vollkommen. ›Hilfe! Ein Kind ist vom Himmel gefallen‹ war es, in seiner Art. Ein zartes, aber kein starkes Werk. Dessen Einfalt den Berlinern nicht behagen mochte, aber gerade deshalb eine Dichtung. Diese Maria ist eine feine, liebe Gestalt. Sie ist durch viele holde Züge belebt. Sie ist mit überzeugender Kunst zur Maria gesteigert, ins Symbolhafte. »Du kannst doch aus der Welt kein Märchen machen«, sagt der Einbrecher-Bräutigam zu Maria. Und Maria antwortet: »dann vielleicht aus dem Märchen eine Welt.« Dieses ihr Märchen, das sie aus der Welt macht, ist dem Dichter gelungen. Das Märchen, das nichts anderes ist, als das einfach Menschliche, das einfach Weibliche, Mutterschaft und »Er soll dein Herr sein!« Dieses Märchen: daß ein bürgerlich schlummerndes Kind, durch das Leben roh geweckt, aufwacht und Weib wird und nun plötzlich zu handeln beginnt mit dem naiven Heldenmut, der Instinktsicherheit eines rechten Weibes. Soweit diese Gestalt wirkt, belebt sie die Szene und macht sie dichterisch. Die Welt rund um sie ist freilich ein Märchen, schon bevor sie von Maria dazu gemacht wird, aber leider ein recht konstruiertes. Die Gegenspieler Marias überzeugen gar nicht, nicht den Verstand (das könnte umso besser sein), aber auch nicht das Gefühl. Und deshalb bleibt das Werk willkürlich, matt beiläufig, trotz vieler zarter Züge. Das Dramatische daran ist gekonnt, mit Sicherheit. Welch ein schlichtes und dabei in der Fabel kühnes Drama. Die reinliche, sympathische Arbeit eines neuen Dramatikers, der wieder einfache Gestalten, geradlinige Vorgänge, klare Situationen will, der Phantasie hat und den dramatischen Mut seiner Phantasie, der mit gutem Kunstverstand stilisiert. Und ein Werk der echten deutschen Sprache, eine keusche, frische Sprache, voll naiver Bildkraft, ein Deutsch, das sich mit Innigkeit zum Stil erhöht.

Der Stil des Ganzen wurde von der Aufführung (Regie Stephan Großmann) hübsch getroffen. Die stärkste Einzelleistung bot Herr Lessen, der, zu tieferem Ergötzen, einen grotesk-phantastischen alten Gauner hinstellte. Fräulein Schindler hatte das Überzeugende der Gestalt, das Märchenhafte, das Kindlich-Weibhafte, die lyrische Seele der Maria. Aber mit wenig Kraft, überzart hingehaucht. Sie hatte wieder einen sehr keuschen, innigen Ton; der aber leicht eintönig wird. Sie bewegte sich, mit ihren feinen Bewegungen, wirklich wie in einem Märchen (einem deutschen Märchen), aber sie riß nicht das oft allzu nüchterne Bühnenleben ringsum in ihr Märchen hinein. – In kleinen, anspruchslosen Rollen sind durchaus zu loben Fräulein Erol (eine malerische und leidenschaftliche Räuber-Liebste), Fräulein Holzer (die Frische und Humor zeigte) und Herr Binder. Herr Nerz war diesmal nicht an seinem Platze.

›Elga‹ von Gerhart Hauptmann

›Elga‹ ist ein überaus glücklicher dichterischer Wurf. Was man längst hätte wissen können. Die lyrische Gewalt dieser sechs Szenen verlangt einen Leser. Welche dramatische Kraft sie haben, bewies unlängst die Aufführung der Volksbühne. Stück und Aufführung scheinen mir durch die Kritik allzu mißlaunig und bagatellenmäßig behandelt worden zu sein.

Unausweichlich für den Betrachter scheint das Adjektiv ›balladesk‹ und der Vergleich mit der Novelle Grillparzers, die dem Drama den Rohstoff und die Anregung bot. Nun gut, es sei verglichen. Die äußeren Umstände der Schicksale werden in der Novelle genauer gegeben, ›motivierter‹, und bleiben dennoch Fragment. Es ist sehr lehrreich, zu erkennen: wie Gerhart Hauptmann die Novelle aufnahm, innerlich ausreifen ließ, welch prachtvolle Möglichkeiten er daraus entwickelte, und wie dann in seinem Werk die wenigen Andeutungen einer Vorgeschichte, ein geringer Rest an Handlungsmaterial perspektivisch wirken, wie erst seine scheinbare dramatische Skizzenhaftigkeit, und das ist seine weise dramatische Ökonomie, ein Ganzes erleben läßt. Welch ergreifenden Aspekt die Sache gewinnt von der Höhe seiner großen tragischen Augenblicke herab gesehen, welchen Wert, wenn man sie durch das Medium seiner Leidenschaft hindurch fühlt. Die Novelle bemüht sich, individuelle Details zu geben und ist dennoch konventionell geraten. Das Drama dringt auf das Urtypische, gibt nur das ganz Wesentlich-Allgemeine und wirkt dennoch individuell, das heißt: mit lebendiger Anschaulichkeit.

Es beginnt mit dem Glück einer Ehe, mit der großen Liebe und dem großen Vertrauen Starschenskis. Und es geschieht nichts anderes als die Aufdeckung des Betruges, der uralte, an sich simple Vorgang der Eifersuchtsraserei. Aber das Typische geschieht mit einer ungewöhnlichen heroischen Steigerung. Geschieht in einigen Situationen von wilder Wucht. Diese sechs überaus essentiellen Szenen, die im Sturm der Leidenschaft mit fortreißen, sind ein Sturz aus dem Himmel der Seligkeit in die Hölle der Verzweiflung. Sind das rapide Sich-Erfüllen dreier adeliger Schicksale, das Sich-Enthüllen dreier starker Seelen. Dichterische Schicksale, dichterische Menschen und doch der einfachste Vorgang. Wie Elga betrügt, tanzend, wie Starschenski den Betrug aus dem Innersten der Seelen reißt, wie Opinski stirbt, sich zur Seligkeit seiner Sünde bekennend, wie Elga zusammenbricht, nicht hinwegtanzen kann über eine Leiche, wie Starschenski aus einem Fanatiker der Liebe ein Christ wird. Und noch die furchtbarste Verdammnis, die Tollwut des Bluts, die grausamste Folter des Zweifels und die Gewißheit der Verzweiflung: alles ist durchdrungen von dem Entzücken der Liebe. Alles Tierisch-Menschliche, Gemein-Brutale, durchleuchtet von der Schönheit, der

Sinnenpracht, der berauschenden und an sich selbst berauschten Süßigkeit des Weibes. Die wilde Kraft, die adelige Gebärde dieser Menschen hebt das Drama empor und trägt es mit sich fort. Steigert die einfache Sprache zur magischen Eindringlichkeit, entreißt den einfachen Gedanken erschütternde Tiefen. Sechs Szenen – ein Frühlingsfieber, ein Schönheitsrausch, ›unerquicklich‹ wie Nektar und Ambrosia.

Man hat das Musikalische des Werks gefühlt und erwähnt. Das christliche Moll und das Dur des fanatisierten Blutes, sich in wilder Melodik umschlingend und durchdringend, einander harmonisierend. Welch ein selten schönes Ganzes ist diese scheinbare Skizze.

Die Aufführung (Regie Stephan Großmann, Dekorationsentwürfe von Eduard Stella, Reliefbühne) bot Ungewöhnliches. Bot wahrhaft Künstlerisches bei aller Bescheidenheit, ja Dürftigkeit der Mittel. Im kleinen Raume an der Rampe vorn einige Schauspieler – das ist alles. Das Szenische mit guter, zweckvoller und hübscher Einfachheit stilisiert. Die Schlußszene war mir ein charakteristisches Beispiel für das Gedeihliche dieser Art. Bett und Leichnam blieben unsichtbar. Man sah vorne die lebendige Verzweiflung und ahnte Fürchterliches im undurchdringlichen Hintergrund. Der deutliche Leichnam hätte von der Dichtung abgelenkt.

Ungewöhnlich auch die Leistung des Herrn Baierle. Ohne seltene Adjektiva zu verschwenden: er hat düstere Wucht, Wildheit, Verzweiflung, er kann Leidenschaft. – Auch sonst mancher schöne schauspielerische Moment, Begabtes und gut Inszeniertes; manche hübsche Leistung, vor allem die Elga des Fräulein Käthe Richter-Riska. (Sehr gut Fräulein Ziegler und tüchtig Herr Rottmann.) Es war, alles in allem, starkes Theater, obwohl, oder vielleicht gerade weil es stellenweise recht primitives und manchmal sogar naiv ungekonntes Theater war.

Residenzbühne

›Traum eines Frühlingsmorgens‹ von Gabriele d'Annunzio – ›Der Kammersänger‹ von Frank Wedekind

Am Ende der Saison ist die Residenzbühne, diese immerhin tapfere kleine Bühne, zur Literatur zurückgekehrt. D'Annunzio und Wedekind an einem Abend – eine lehrreiche und witzige Konfrontation zweier gegensätzlichster Gegensätze. Die dürftige Aufführung, die nüchtern kluge Regie machten das Experiment umso lehrreicher. D'Annunzio, der lyrische Pathetiker, der im Grunde nichts ist als ein großer Redner, ein unübertrefflicher italienischer Rhetor, verriet bei dieser Gelegenheit seine innere Leere, das dramatische Nichts hinter dem ganzen kostbaren vererbten und erworbenen Prunk. Seine

280

Dramatik besteht aus Attitüden, lebenden Bildern und Wortrausch. Romanische Theaterkultur ist hier alles. Wenn schon die Sinnlichkeit der italienischen Sprache fehlt, so könnten doch schöne Gebärde, schöne Rede, schöne Routine und schöne Dekoration manches retten. Reinhardt persönlich müßte eingreifen. Aber die Residenzbühne spielte recht und schlecht Theater. Da bekam man es zu fühlen, wie kühl diese berühmte und berüchtigte Erotik ist, trotz aller Blutbäder, die sie sich ordiniert, wie grell geschminkt die Naivität, wie banal diese selbstbewußte Verzückung. Fräulein Käthe Richter bemühte sich mit viel Talent um den Dichter. (Und ihretwegen hat mans wohl auch riskiert.) Man glaubt der Wahnsinnigen d'Annunzios ja eigentlich nur ihre gewaltsam poetische Affektation. Fräulein Richter ließ es an Affektation nicht fehlen und überzeugte doch nicht. Aber sie ist eine edle Bühnenerscheinung, sie hatte Ton und Gebärde und manchen schönen Augenblick, sie sprach oft überraschend gut, sie erzählte die Geschichte vom weißen Pfau (das Schönste dieses Frühlingsmorgens) wirklich ergreifend. – Nach der abgründigen Humorlosigkeit, dem pseudolyrischen Fieberfrost des Italieners wirkte Wedekind wahrhaft erquickend! >Der Kammersänger< ist ein so echtes Drama, daß auch die Residenzbühne ihn leben lassen mußte, obwohl es ihr gelang, ihn bedenklich tief ins Possenhafte und Fidele zu ziehen. Immerhin waren die Schauspieler von der Laune und Spiellust des Stückes angesteckt. Die scharfe Dialektik der Sprache, die Fülle an grotesker Situation, das gesunde Beieinander von Witz und Pathos, die raschest sich bewegende Lebendigkeit des Vorgangs, die zündende Charakteristik, die ungesuchte Eigenart der Perspektive, der aufpulvernde Mut der Tragikomödie – all diese Tugenden des früheren Wedekind wirken heute frisch und köstlich wie am ersten Tage. In diesem Stück gab es übrigens eine ausgezeichnete schauspielerische Leistung, die zum Allerbesten gehört, das man momentan in Wien sehen kann: der alte Komponist des Herrn Ettlinger. Eine tief rührende und entzückend humorhafte Figur, eine mit feiner Kunst verinnerlichte Menschengestalt. Eine rechte Leistung für Kammerspiele. Die Residenzbühne sollte noch einige Schauspieler dieser Art haben, und sie wäre ihres künstlerischen Sieges sicher.

Frank Wedekind: ›Der Erdgeist‹

Herr Albert Steinrück vom Münchner Hoftheater
und Fräulein Landing als Gäste

Keine heutige Bühne vermag den deliranten Rhythmus dieses Dramas,
dieses ›Marsch-Marsch‹-Tempo. Keine gibt diese unvergleichliche Tragik,
die jeden Augenblick in das wahnsinnige Gelächter einer verzweifelten
Ironie umzuschlagen droht. Und auf eine Schauspielerin, welche endlich die
verkörperte Lulu wäre, warten die Liebhaber des Werkes wohl vergeblich.
Jeder Leser stellt sich naturgemäß eine ›andere‹ als den Inbegriff des weib-
lich Begehrenswerten vor. Der Kenner des Buches lernt an den Darstellerinnen immer wieder die Kluft zwischen Imagination und Realität ermessen,
eine ewige Kluft. Damit erlischt auf der Bühne viel von dem romantischen
Zauber, der vergeistigten Erotik, welche von Lulu aus jeden Winkel der
Dichtung durchleuchtet. Was wesentlich übrigbleibt und nun mit verdrän-
gender Deutlichkeit hervortritt, ist die Tragödie des Dr. Schön.
Die Residenzbühne war in der glücklichen Lage, allen Neugierigen einen
ganz starken Dr. Schön zu zeigen. Herrn Steinrücks grimmiges Ernstnehmen
der Gestalt beraubte das Werk all der tief-grotesken Schatten. Dafür aber
verdeutlichte Steinrück als Darsteller und Regisseur umso dringlicher die
Urkraft des dramatisch Erlebten, das durch Wedekind bis in wahrhaft
schauerliche Tiefen dramatisch erlebbar wird. Der abrupte Wirbel der Geschehnisse ward etwas stockend, dickflüssig, allzu konkret. Aber man spürte
umso deutlicher das Eruptive, Katastrophale. Dr. Schön ist die beherr-
schende männliche Mittelpunktgestalt des Stückes, der einzige ebenbürtige
Gegner jener Lulu, in deren Wesen die Kunst Wedekinds den Triumph des
Geschlechts so faszinierend zu verdichten wußte. Die andern: Dr. Goll,
Maler Schwarz, Alwa sind ja nur Illustrationsfakten, die ihn beleuchten.
Erst durch sein Schicksal erhält alles die tragische Aufgipfelung. Ohne ihn
wär's ein Cancan der Inferioren, ein Massenmord, ein Versagen der Gattung
Mann im rein jämmerlichen Sinn. Er ist wie ein riesiger Baum mit ungeheuer
tiefreichenden Wurzeln. Lulu dreht ihn förmlich aus dem Erdreich. Seine
zähe Gegenwehr, sein erbitterter Kampf gegen den Dämon, der in ihm
selbst wütet und durch Lulu nur äußere Gestalt bekommt, die konvulsivi-
schen Zuckungen, die den mächtigen Bau seines Lebens durchlaufen, sein
Wanken, entwurzeltes Kreisen, Niederkrachen: das erst gibt dem Drama
Größe. Steinrück verminderte den Intellekt der Gestalt, unterdrückte das
Sardonische, um zum geraden Pathos zu kommen. Aber alles Unmittelbare
brachte er stark, das übertrieben Männliche, das Raubtier, den Gewalttäter.
Er nahms vom Temperament her, als Kraftschauspieler, urmännlicher Thea-

traliker. Und als Meister seines Berufes. Die angestaute Kraft, die gefährliche Gehemmtheit scheinen als Persönlichkeitszeichen zu ihm zu gehören,
all die verhaltene und nicht länger zu verhaltende Raserei, das in den Kopf
und in andere Organe steigende Blut, die anpackende und zermalmende
Faust, der heiße, keuchende, röchelnde Atem. Er lebt auf der Bühne mit
einer oft bedenklich hohen Temperatur. Aber Leistung, Können, Kunst war
die Steigerung, die er vermochte. In der Auseinandersetzung mit dem Maler
Schwarz, wenn Schön noch einmal alle Kräfte sammelt, um seinen Lebens-
plan zu retten, sich vom Dämon loszureißen, an den er gekettet ist: da zerbricht Steinrück den Gegner mit einem Blick, einer Wendung des Kinns. Da
fühlt man das furchtbare Entweder-Oder, die unaufhaltsame Entschlossenheit eines Bezwingers. Und wenn er dann, im dritten Akt – sich aufgeben
muß, weint wie ein Kind, heult wie ein Tier, häßliche Mannestränen mit
kläglich ungeschicktem Handrücken wegwischt: dann ist's eine Katastrophe.
Und seine entnervten Finger schreiben den Brief auf Lulus Diktat, der
Riesennacken beugt sich schändlich unter ihren Beleidigungen. Den dritten
Akt steigert Steinrück ins Grausige. Das Auftauchen dieses verwüsteten Gesichts, dieser zynisch-verquollenen Fratze eines Abgedankten; dieses trübe
Stieren über sein vernichtetes Leben hinweg, über alle Besudelung hinweg,
in den Weltenekel; sein gekrampftes Hängen an Lulus Lust, mit letzter
Gier; wie er mit einer letzten menschlichen Gebärde den Sohn von der
Verderberin wegführt; wie er, entmenscht, die Wurzeln des Geschlechts in
sich ausreißt, indem er Lulu vernichten will; und, von der gnädigen Kugel
erreicht, die Treppen hinaufrast, sich noch einmal aufbäumt, um, ein Gefäll-
ter, rücklings abzustürzen: das alles hatte die unwiderstehliche Macht und
grausige Ohnmacht eines Geschlechtsriesen, dessen ethisches Rückgrat versagte. Herr Steinrück (aus München, nicht vom Wiener Hofburgtheater)
zeigte uns, welche starken, nicht nur verfeinerten Wirkungen das Theater
auch dem modernen Menschen zu geben vermag.
Steinrücks Schülerin, Fräulein Landing, als Lulu. Eine junge Schauspielerin
von delikatem Reiz. Ihr Anblick, ihr Spiel mit Effekten der Weiblichkeit,
machten das Schicksal des Dr. Schön immerhin plausibel. Nur spielte sie
Raffinement, nicht den Erdgeist. Sie war das verwöhnte Nervenweibchen,
keine unbekümmerte Tänzerin über Leichen hin, kein unschuldiger Dämon,
kein Zauberspiel übermenschlicher Grazie, kein entrücktes Kind. Übrigens
brachte sie alles irgendwie (Schule Steinrück?), nur nicht überzeugend.
Die Leute der Residenzbühne hielten sich neben dem überragenden Gast
recht anerkennenswert, insbesondere Herr Ettlinger und Herr Baierle. Herr
Forster als Schigolch bot etwas Besonderes. Der teuflische Humor dieses
Genies der Verkommenheit mißlang ihm gänzlich. Aber das Grauenhafte,
das Bizarre traf er merkwürdig scharf. Er spielte einen Albdruck, er spielte
wie im Starrkrampf. Er hatte ganz erschreckende Momente.
Nachher las ich das Buch und staunte wieder über die urdramatische Knapp-

heit der Gestaltung, das Aufblitzen all dieses Lebens, die Exaktheit dieses kühnen Dichtertraums. Jedes Wort wirkt hier Kampf. Welch ein künstlerisches Erlebnis müßte eine vollkommene Darstellung sein!

Gerhart Hauptmann in Lauchstädt

›Gabriel Schillings Flucht‹ als Festspiel

Es ist eine notwendige Wirkung echter Charaktere, daß die Probleme an ihnen deutlich werden. So wurde unlängst am dichterischen Charakter Gerhart Hauptmanns das Problem des modernen Theaters deutlich.

Das Experiment von Lauchstädt war ja – und es hat auch diesmal an den hämischen Bemerkungen der Durchschauer nicht gefehlt – nicht das, was es sein wollte. Denn es war nicht ein Festspiel auf einer Insel der Idealität, sondern eine indirekte Berliner Premiere. Freilich haben die vier Stunden Vergnügungszug die Berliner Kritik nicht abgehalten. Alles war dort, was da sein muß; im Vestibül stand zwar der Regiestuhl Goethes, aber im Parkett saßen die Zeitgenossen. Immerhin: die vier Stunden Vergnügungszug hatten ihre charakteristische Nebenwirkung, und obwohl man im Zwischenakt schnoddrige Bemerkungen hören konnte, fühlte man sich doch näher bei Weimar als bei Berlin. Und vielleicht ist manchem Zeitgenossen einen Augenblick lang wenigstens ahnungsweise bewußt geworden, daß die Urteiler über die Werke unserer Tage erst geboren werden, wenn wir nicht mehr sind. Wir haben das Distanzgefühl über uns hinaus eingebüßt, seitdem wir die Vergangenheit verlernt haben. Es tut not, die Individuen aus ihren Zusammenhängen zu reißen. Vielleicht ist doch manch einem in der fremden Umgebung, die zugleich so merkwürdig anheimelte, der solide Boden unter seinem selbstbewußten Ich wankend geworden, und er hat, während auf der Bühne sich der Dialekt unserer Tage in eine *Diktion* verwandelte, das Überunshinaus begriffen, welches Kunst ist.

Freilich, es war ein mondänes Ereignis. Aber doch ward auf dem entrückteren Ort irgendwie der Respekt beschworen, nach dem die Besten heute hungern.

Das moderne Theater ist das distanzlose Theater. Die Leute, die zu Shakespeares Zeiten auf der Bühne saßen, waren weiter weg. Ein sophokleisches Publikum, das mit dem Mysterium der Tragödie verschmolz, blieb dennoch vor den Toren des Heiligtums zurück, wenn dieses sich wiederum schloß. Heute kann es vielleicht nur noch die Nähmamsell bei ›Kabale und Liebe‹ oder der Student bei ›Tristan‹, die Unzeitgemäßen auf der höchsten Galerie. Aber wir, die gewitzten Realisten, die wir mit Sensationen und Raffinements aufgepäppelt werden!

Gerhart Hauptmann hat die Distanzlosigkeit, die ich hier meine, bitterlich erlitten. Er hat die Kühnheit gehabt, eine Form, die eine anerkannte Marke geworden war, zu durchbrechen. Er ging hinaus über den Realismus, den er selbst kreiert hatte, *Erhöhung* suchend. Aber das moderne Theater, das ihm so gefügig gewesen war, wollte sich nicht erhöhen lassen. Das moderne Publikum wollte nicht wieder in die Distanz zurück. So strandete der ›Michael Kramer‹ am Parkett. So ging die wundervolle ›Pippa‹ unter, mit Maus und Mann. Auch bei den ›Ratten‹ hielt man sich krampfhaft an die brutale Deutlichkeit der Dinge und verweigerte das zweite Gesicht. Manche rauhe Lehre ging dem Experiment von Lauchstädt voraus.

Man wird umlernen müssen, was die Erkenntnis der Wege betrifft, die dieser merkwürdige Zeitgenosse genommen hat. Ich halte das neue Drama des oft totgesagten Hauptmann für eine Äußerung lebendigsten Lebens, die so manchen Lebendiggesagten von heute tot macht. Das Werk ist ein glückliches Zusammentreffen des früheren mit dem jetzigen Hauptmann. Es ist unwillkürlichst erhöhter Realismus. Es gibt Metaphysik ganz und gar im Sichtbaren. Unterströme und Überströme werden mit jener rein menschlichen, überaus irdischen Deutlichkeit gestaltet, in der Hauptmann Meister ist. Der Tonfall unserer Tage wird eine Diktion von unaufhaltsamer Idealität. Natur wird Mysterium – und diesmal sind diese beiden durch allgemeinen Mißbrauch machtlos gewordenen Worte in ihrer ganzen ursprünglichen Kraft zu brauchen.

Die überstrahlende Metaphysik dieses Werkes ist die Ausstrahlung von Körpern, von körperhaften Worten. Die fieberisch intensive innere Spannung ist das bis zum Reißen Angespanntsein von Menschen. Ganz wenig nur, rudimentär, zeigen sich Spuren der berüchtigten Ibsenschen Symbolik, die mit Begriffen, mit abstrakten Schlagworten Potemkinsche Hintergründe aufstellt. Hier gibt es nur lebendige Distanzen zwischen Menschen, zwischen Dingen. Von unten gesehen ist es genau aufgezeichnetes Krankheitsbild, eine pathologische Kurve, ist es zum Erbarmen realer Realismus. Zerrüttete Sexualität, ein Neurastheniker, den Weibern davonrennend, und Gattin und Geliebte, Haustier und Raubtier, hinter der Beute her, sie erjagend, sich um sie balgend, einander anfallend. Schließlich ist Schilling ein Schwächling, der aus Ekel sich selber vernichtet. Aber sein Lufthunger, sein Meeresdurst, sein verzweifelter Sonnenappetit, machen aus der Natur ringsum ein verlorenes Paradies, das wir mit allen Sinnen wahrzunehmen glauben. Die Hindernisse stehen schrecklich konkret, unerbittlich irdisch da. Aber ebenso unabweisbar stark das Gerichtetsein der Worte und Gebärden, die hinaus-, hinübergreifen, die mitnehmende Bewegung der Seelensucht. Das Gehetztsein eines armen Teufels läßt die zarteste Essenz seiner Seele aus seinen Poren treten, sein Hinstürzen, sich mit schwindendem Bewußtsein an den Boden Klammern, hat elementare Größe, und ebenso überzeugend wie seine Not, sein Gebundensein ist der letzte, übermenschliche Ruck, mit dem er sich vom Leben abreißt und in die Freiheit verschwindet.

Eine Krise, die sich in Konvulsionen und Erruptionen, in Epilepsien und Ekstasen zu Ende entwickelt. Dramatisch geformt, weil in ihrer Bewegung erfaßt, in ihren wesentlichsten Momenten konzentriert gegeben, weil sich wie unwillkürlich selbst spannend und entspannend. (Keine advokatorisch in Spruch und Widerspruch geordnete Handlung.) Mit unheimlicher Wahrheit aus der psychophysischen Situation von 1906 geholt. Und wie das Transzendentale um den ganz genauen Umriß des Menschlichen herum fühlbar wird, so die Urkraft der Natur, beglückend und zerstörend als identische und vielfach gespiegelte und bezogene Vitalität dargestellt.

Dieses Drama ist gewiß ganz und gar aus den Bedingungen der modernen Bühne heraus getan. Aber sie wird sich erst an dieser neuen Tat neu bewähren müssen. Wird versuchen müssen, ob sie heute, nach all ihrem feinschmeckerischen Raffinement, solche Nähe und zugleich solche Distanz zu erzwingen vermag. Hier wird das Subtile wieder elementar. Der aufgebrauchte moderne Mensch vermählt sich mit dem Meer. Der Realismus steigert sich bis zur Darstellung des Wunders. Und die Kulturkonsumenten müssen erst kleinlaut werden, bevor der Dichter sie einweihen kann.

Gerhart Hauptmanns Premiere in Lauchstädt

Kein Wunder, daß Gerhart Hauptmann sein Drama ›Gabriel Schillings Flucht‹ lange Jahre zurückbehielt, daß er es schließlich zuerst im Druck und nun auf der abseits vom Alltag der Großstadt liegenden Lauchstädter Bühne erscheinen ließ. Vorwitzlinge werden solche Zurückhaltung irgendwie häßlich deuten, Menschen aber, die noch des Respektes und deshalb des gutgearteten Verständnisses fähig sind, werden daraus schließen, daß ihm dieses Werk zutiefst aus der Seele kam. Gerhart Hauptmann hat wie kaum ein anderer Lebender den großen, lauten und allgemeinen Erfolg erfahren, aber er hat auch wie kaum ein zweiter Lebender die ordinärste Roheit des Mißerfolges zu dulden gehabt. Gerade seine zartesten und edelsten Dichtungen wurden mit wahren Orgien der Brutalität und des pöbelhaften Hohns empfangen. Man erinnere sich an die Berliner Premiere seines ›Michael Kramer‹, eines Werkes, dessen Seelenadel, dessen Erhabenheit seither manchem stillen Leser aufgegangen sein dürfte. Man erinnere sich daran, wie die schnoddrige Berliner Straßen- und Redaktionsstubenklugheit die ›Pippa‹ verulkt hat, ein Märchen, zu lieblich geträumt für moderne Naseweisheit. Werke, wie die ›Pippa‹, wie der ›Kramer‹ und wie jetzt wieder ›Gabriel Schillings Flucht‹, Dichtungen, welche die verzweifelte, die unerfüllbare Sehnsucht des Künstlerherzens, über die gegebene Welt hinaus, verkünden, brauchen die Empfänglichkeit liebevollsten Lauschens, verlangen ein ehrfürchtiges Sichhingeben! Der ›Schilling‹ insbesondere ist eine Dichtung von ungewöhnlicher seelischer Schwierigkeit und Empfindlichkeit. Er gibt den pathologischen Fall eines Künstlers, der an den Weibern elend zugrunde geht. Und es war zu befürchten, daß die Leute im Theater vor allem und nur die Pathologie wahrnehmen, die aus einer zerrütteten Sexualität kommende Katastrophe, daß sie nur den ohnmächtigen Mann sehen zwischen den kreischenden Weibern, die sich um ihn balgen. Aber daß sie den gewaltigen Sehnsuchtsschrei des von seiner Tierähnlichkeit gehetzten Gottähnlichen nicht vernehmen, daß sie es nicht miterleben, wie Schilling aus all dem Engen, Marternden, Besudelnden zurückflieht in die ewige Heimat des Künstlers, in die Natur, in das Element. Das ist ein großes Geschehen, wenn Schilling ins Meer geht. Dieses sich von einem schlecht gewordenen Leben Losreißen, dieser letzte Entschluß, der einem Reinheitsbedürfnis übrigbleibt, wenn keine Kraft mehr da ist für andere Entschlüsse, hat im Drama Hauptmanns eine solche verklärende Gewalt, eine solche aufrüttelnde Inbrunst, daß der Fühlende es kaum mehr vergessen kann.

Gabriel Schilling ist ein echter Hauptmannscher Held, ein Leidender, der an seiner Passivität zugrunde geht. Und wieder bedeutet diese Passivität einen menschlichen Wert, wieder strahlt dieser Untergang innere Schönheit. Der *Künstler* Schilling geht an der seelischen Überzartheit des *Menschen* Schilling zugrunde, der, wenn er sich einem Weibe verpflichtet hat, sich nicht wieder von ihr befreien kann, wenn er sich an ein Weib verloren hat, sich nicht wieder von ihr zurückgewinnen kann. So bannt ihn die versauerte, verbitterte Gattin in den Sorgenwinkel dieser mit Armut und Freudlosigkeit geschlagenen Ehe. So siecht er hin am exaltierten, zerrüttenden Reiz seiner Geliebten, dieser Hanna Elias, die ihn in die anarchische Welt der Hysterikerin verwickelt, in eine Welt der Lüge, die doch wieder wahr ist, und der Wahrheit, die doch wieder gelogen ist, in eine Welt der seelenverzehrenden Weiblichkeit. Schilling könnte nicht aus eigener Kraft fliehen. Ein stärkerer Freund, einer, der Leben und Kunst, daß sie einander nicht stören, zu scheiden und beide zu meistern versteht, ruft ihn auf die Ostseeinsel. Schilling ist ein Verschmachtender, als er die Insel betritt. Er ist ein Genesender, einer, in dem das alte, tief gehemmte Ich sich wieder zu regen beginnt, als Hanna Elias ihm nachkommt. Er weiß nichts von ihrer Ankunft und begeistert sich an kühnen Plänen, träumt von neuem Schaffen. Da sieht er ihren Sonnenschirm und ist verloren. Er steht ihr wieder gegenüber und durchschaut sie, wie sie lügt, wie sie erpreßt. Und schon liegt er wieder in ihren Armen. Es wird eine Nervenkrise, eine psychophysische Katastrophe. Und nun eilt die Gattin ans Krankenlager, die beiden Frauen begegnen einander, in einer verzweifelt häßlichen, erschütternd brutalen Szene. Am Ekel dieser Konfrontierung richtet sich Schillings Wille wieder auf. Er flieht noch einmal, ein letztesmal, diesmal so, daß niemand ihn zurückholen kann, in den Tod, in das Meer – ein Leidender! Aber sein Leiden hat solche Intensität, daß es wie ein starkes Tun wirkt, es sind Krisen und Revolten eines

Inneren. Einer, der nichts überwinden kann, ein Gehemmter. Aber seine Sehnsucht macht ihn groß.

Es gibt unter den gegenwärtigen Dramatikern keinen einzigen, der, was Menschengestaltung anlangt, Gerhart Hauptmann auch nur nahe käme. In ihren wenigen Auftritten sind sie ganz da, die Bauern und die Künstler und die Weiber. Ein Stück Welt ist da, ganz körperlich geworden, so daß man es sehen und riechen und schmecken kann. Freundschaft ist da und Leidenschaft auf Tod und Leben, unerbitterlicher Liebeskampf und geistig-seelisches Ringen, alles von echtestem Blut erfüllt, alles zuckender Nerv, dramatisches Geschehen. Große Augenblicke! Wunden, die aufreißen, so daß lebendiges Blut entströmt. Wahrheiten, die unwiderstehlich hervorbrechen. Die Anordnung der Menschen und Dinge ist bewunderungswürdig; ein Zustand, der sich in Konvulsionen und Katastrophen weiter entwickelt. Die vorbereitenden Gespräche sind voll Perspektive und bringen die Handlung unablässig vorwärts. Die Szenen, in denen der Kampf ausbricht, sind von seltener Wucht und Schlagkraft. Alles geschieht mit Sicherheit, neben dem Hastigen und Gehetzten steht Ruhevolles und Friedliches, neben dem Tragischen und Katastrophalen Heiteres und Alltägliches, und die Steigerung bis zum befreienden Ende ist kühn und mächtig. Gedankenreichtum war nie Hauptmanns Vorzug. Wer das oder witzige Paradoxe sucht, wer auf neue Gescheitheiten erpicht ist (deren es heute nur zu viele gibt), kann enttäuscht werden. Aber das Werk ist bis zum Rande voll mit menschlichem Leben, mit milder Weisheit der Gestaltung. Der einzige Zauber des Hauptmannschen Gemütes waltet darin, und schön und stark wie in irgend einer deutschen Dichtung der Zauber der Natur. Man könnte lange studieren und würde es doch nie herausbekommen, wie der Dichter das gemacht hat, daß die Natur hier alle Menschen und Dinge so übermächtig durchdringt, daß sie überall ist und niemals aufhört. Wie ist dieser Ostseestrand gedichtet, an den die Großstädter flüchten, um ihre Gehetztheit zu heilen!

Man hat Hauptmann in den letzten Jahren so oft vorgeworfen, er sei verbraucht, er könne kein Werk mehr ausreifen lassen. Berliner Berufskritiker und in Wien vor allem der Rezensent der Neuen Freien Presse haben ihm, andeutungsweise und mit brutaler Offenheit, Sensations- und Geldhunger nachgesagt. Kein Wunder also, daß Gerhart Hauptmann für dieses reife und zarte Werk, für diese Schöpfung seiner edelsten Meisterschaft bangen mußte. Er hat es nun im entlegenen Lauchstädt spielen lassen, in einem entzückenden Ort, der von weimarschem Frieden umhüllt ist, in dem lieben alten Theater, wo Goethe Regie führte und Schiller und Mozart Uraufführungen erlebt haben. Die Berliner mußten reisen, um hinzukommen, aber sie kamen. Die Repräsentanten der Berliner Premiere waren nun doch dort und die Kritiker haben Stimmungen berichtet. Immerhin, die Weihe des Ortes hat gewirkt und die liebevolle Aufführung (von Paul Schlenther veranstaltet) tat das ihrige. Max Liebermann hat Dekorationen gemalt, die einen gediegenen künstlerischen Stil mit der Einfachheit dieser Bühne zu vereinigen suchten, und die, wenn sie auch die Sonnenkraft des ersten Aktes schuldig bleiben mußten, doch im letzten Akt eine wundervolle, mysterienhafte, wahrhaft tragische Dünendämmerung (ein zauberisches Spiel von Licht und Dunkel) brachten. Das Schauspielerische war, dem Stile nach, recht gutes Lessing-Theater, also solide und delikate Menschendarstellung, aber ohne Phantastik, die hierher gehört hätte und die heute nur der Regisseur Reinhardt in seinen besten Inszenierungen vermag. Zwei ausgezeichnete Leistungen: die dunkle, nervöse und entnervende Russin der Frau Durieux, welche nur die Gestalt Hauptmanns zu tierisch machte, und der aufrechte, lichte und edle Gegensatz des hochbegabten Fräulein Thimig. (Diese Lucie, ein tapferes Mädchen von bester Modernität, die verständnisvolle Gefährtin eines Künstlers, ist eine der schönsten Hauptmann-Gestalten.) Vortrefflich Frau Bertens, wenn auch ihre Ehefrau zu alt und zu trostlos häßlich wurde. Ein bei bestem Willen und manchem Bassermann nacheiferndem Können unzulänglicher Schilling des Herrn Grunewald und der etwas platt geratene Professor Mäurer des Herrn Gebühr schadeten.

Das Schamgefühl des Schöpfers mag noch so empfindlich sein, das Werk will in die Welt, unter die Leute, die daran wachsen sollen. Man hat den Gabriel Schilling jetzt gesehen, ihn erst mit zögernder Achtung, dann mit zweifelloser Ergriffenheit begrüßt. Die Berliner Kritik hat sich mit viel Anstand und Verständnis geäußert; die Wiener Neue Freie Presse hat sich im übelsten Deutsch und ohne Anstand und Verständnis geäußert. Nun hält den Dichter hoffentlich nichts mehr ab, sein Werk an die großen Theater zu lassen, für die es eine große Aufgabe wäre. Er wird Bühnen finden, die genug Ehrgeiz und Liebe für eine solche Aufgabe übrig haben und hoffentlich auch ein Publikum, das, jenseits aller Sensation, zu lauschen und zu schauen versteht.

Prag (1918)

Bancban
›Ein treuer Diener seines Herrn‹ im Neuen Theater

Bancbanus, der eisgraue Ungarnritter, hat nicht Zeit, sein kindliches Weib, seine unschuldsvolle Erny, aus den Nachstellungen der bösen Lust zu retten, denn er muß, im Namen seines Königs und im Namen seines Eigensinns, die Ordnung im Staate erhalten, erst recht, wenn darüber sein Leben in die greulichste Unordnung gerät. Er hat nicht Zeit, wenn auch in jung Ernys Blut die Verführung zu wirken beginnt; er kümmert sich vielleicht zu wenig um das Weib im Weibe, um das unmündige Gefühl, das sich an seine väterliche Brust flüchtet und dort Halt sucht. Hätte er Zeit, er hätte nicht Lust, sie mit Kraft zu halten, denn: »Wenn nicht in deiner Brust ein still Behagen / Das Flüstern einer Stimme lebt...« Aber ein anderes Behagen beginnt dort zu leben, eine andere Stimme zu flüstern. Und als Erny, eine neuere Lucretia, mit dem kalten Stahl diese Brust, die vielleicht doch, beinahe, gefühlt hätte, endgültig zu fühllosem Eis gemacht hat, da wahrt der treue Diener seines Herrn gegen die eigene an seinerstatt auf seine Ehre und Rache bedachte Sippe den Burgfrieden und entfesselt eher eine Revolution, als daß er seine Beamtenkompetenz überschritte; eher setzt er, ein Sonderling der Liebe und ein Sonderling der Ordnung, eine Lawine von Unrecht und Mord und Wahnsinn in Bewegung und bleibt, wo alles rings zugrunde geht, der Narr der Treue und ein wehrloser Heiliger der Pflicht. Wenn er dann, ein St. Christoforus, das Kronprinzlein auf seinen alten Schultern hinweggetragen hat, nur um es, absurder Retter, einem Irren, Geächteten, Gehetzten in die Arme zu legen (weil er ja den Aufruhr in der Stadt beschwichtigen muß); wenn er die reuige Sippe in selbstgeschmiedeten Ketten seinem begnadigenden König vorführt und zum Schlusse das Händchen seines Königskindes küßt: dann hat Bancbanus die Höhe seines duldenden Heldentums erklommen und darf abtreten und um sein Weib trauern. Freilich, hätte er nicht, gegen alle Vernunft und menschliche Regung, darauf bestanden, eine Audienz zu Ende zu führen, als es im Zimmer zu glimmen begann, wäre er rechtzeitig auf den Funken getreten, das Haus wäre nicht abgebrannt: Erny lebte noch, die Königin lebte, der Herzog hätte sich besonnen und anderweitig vergnügt, die Verwandten hätten keine Revolution gemacht – und Bancban wäre ein braver alter Mann einer schönen, jungen Frau und ein tüchtiger, vernünftiger Mensch, aber kein dramatischer Held gewesen. So hat zwar die Welt der Triebe und Leidenschaften, das Geschlecht, die Liebe gar nicht ganz so Unrecht ihm gegenüber. Aber er hat es durchgesetzt, nichts als nur ein treuer Diener seines Herrn zu sein. Er hat seinem unbeugsamen Herzen genug getan.

Gerade noch ein Held und beinahe schon ein Heiliger. Kein Altersschwächling, sondern Soldat auch noch im späten Alter, Ritter, wenn auch Friedensritter, Friedenshort. Seine Sinne sind noch nicht blöde, er liebt wahr, aber bancbanisch, starrköpfig in seinem Reinheitswahn. Nicht etwa schon wieder ein Kind geworden, sondern noch immer ein Kind geblieben. All die für jedes heutige Kind mit Händen zu greifende Unvernunft rührt davon her, daß er das Leben so märchenhaft unschuldsvoll, so weltfremd weise betrachtet: ein Beamter vom Scheitel bis zur Sohle, und ein Dichter durch und durch. Heute freilich propagieren die Kinder im Vaterlande Schillers die Kriegsanleihe, und Bancban paßt weniger als je in diese Welt. Er gedeiht am Unrechtleiden und versagt am Unrechttun wie ein Tolstoischer Schwärmer und allerchristlichster Phantast. Von der einen Seite her gesehen hat seine Gattenliebe, seine Vasallentreue einen fast Dostojewskischen Zug, der bei Grillparzer mehrfach auftaucht, wenn er sein absolutes Herz, die grenzenlose Selbsthingabe darstellt. Das Bancban-Gesicht weist eine erschütternde Familienähnlichkeit mit dem weisen Sonderling Rudolf im ›Bruderzwist‹ und dem ›Armen Spielmann‹ auf. Charakterköpfen, die, wie mir immer schien, die dramatische, dichterische Meisterschaft Grillparzers noch um ein letztes, menschlichstes Geständnis überbieten und das tiefste, persönlichste Geheimnis des Dichters verraten. Von der andern Seite her gesehen, erscheint der Bancban allerdings höchst deutsch und höchst aktuell, mit seinem kategorischen Imperativ, als den er, im Innersten ein freier Mann, den Befehl seines Königs auffaßt, mit seiner religiös vertieften Diensttreue, die auch das größte Persönliche, ohne zu zögern, für das kleinste Allgemeine hinopfert. Aber unzeitgemäß oder zeitgerecht, national gebunden, oder allmenschlich befreit: der querköpfige Alte mit dem väterlichen Gesicht und dem Heilandsherzen sei ehrfürchtig begrüßt, wo er wieder auftaucht. Bancban erlebt die Tragödie des Beamten – und damit die Tragödie dieses Dichters. Er ist die aus deutschen, slawischen, ungarischen Elementen gespeiste, ewig österreichische Träumerseele Grillparzers.

Leider wurzelt diese unverwüstliche Meistergestalt nicht in einem unverwüstlichen Meisterwerk. Ich beklage nicht etwa den märchenhaft verkürzten Weg, den hier das Schicksal nimmt. Das könnte nur einen Logiker verstimmen. Lässig begründet ist oft genial gedichtet. Und aus naiven Verhältnissen wachsen die prächtigsten dramatischen Lebewesen hervor. Auch daß, was ihren erotischen Charakter anlangt, diese Ungarn eigentlich Deutsche, die Deutschen aber – Königin und Herzog – eher Ungarn sind: dieser Mangel an Lokalfarbe wäre durch Märchenfarben reich ersetzt. Aber hier reicht die Welt des Märchens zu weit in die Welt der Schatten hinein. Nur Bancban lebt von Gnaden der üppigen Phantasie, nur seine Situationen sind rundum gesehen und gedichtet, sie spielen im Ewigen und sind doch bis ins Kleinste drastisch belebt. Die anderen Figuren empfangen Leben nur von ihm, nur wenn sie unmittelbar mit ihm handeln, sind sie; und wenn er abtritt, wird die Bühne leer, mögen noch so viele herumstehen und sich gebärden. Auch rein sprachlich zeigt der Bancban den Ansatz eines prächtigen, wurzigen Deutsch, das aus seiner Seele erquickend hervorquillt, aber bald in der allgemeinen Deklamation versandet. So sind die ersten zwei Akte reich gediehen, und im zweiten Akte entzündet sich an der Tugend des Bancban die Erotik der Verführer zu wahrhaft unbändigen Flammen, die noch in den dritten Akt hinüberschlagen. Dann aber geschieht bald jener Bruch in der Dichtung, die Grillparzer selbst nur allzugut gekannt hat. Alles wird beispielmäßig, die Handlung wickelt sich weitläufig, aber leer ab, wie eine Aufgabe, die einer sich gestellt hat, und die ihn langweilt, während er sie zuende führt. Die Haupt- und Staatsaktion, eine Revolution der Schemen, revoltiert keines Hörers Sinn, und alles wäre totes Theater, wenn nicht Bancban immer wieder, für herrliche Augenblicke, aus dem Halbdunkel hervortauchte. So braucht man, wenn der ›Treue Diener‹ auf der Bühne siegen soll, zuerst und zuletzt einen Bancban, eine originale Schauspielerpersönlichkeit. Das Deutsche Theater hat ihn nicht. Auch nicht das Wiener Burgtheater. Und Reinhardt auch nicht. Um diese Mittelgestalt müßte der Regisseur das Drama zusammenballen und das Theaterstück radikal zusammenstreichen.

Herr Bogyansky, der Bancban von gestern, war ein stattlicher Heldenvater, der sich von den Grillen und Mucken, von den Eigenheiten der Figur nicht in seiner tüchtigen Rede stören ließ, ein wackerer Mann im schönsten Alter, der es mit jedem noch so jungen Fant getrost aufnimmt. Seine Erny, Fräulein Rotter, war schön, aber scheinbar von Natur aus gegen Anfechtungen des Dämons so gefeit, daß man Bancbans Sorglosigkeit nur allzu gut begreift. Sie hing nicht gerade zärtlich an ihrem Gatten, kümmerte sich aber auch blutwenig um den Verführer. Der Regisseur, Herr Seipp, theaterpraktisch bemüht, das Stück, wie es steht und geht, glatt herauszubringen, schien von der merkwürdigen Dichtung in diesem Stück nichts zu wollen. Er hat wenig gestrichen und doch alles weggelassen. Kein Spott vor den Fenstern, dabei Bancban unbeirrt bleiben könnte, kein Unfug vor dem Hause, durch den Bancban mit ernster Verachtung durchschreitet, kein frecher Festrummel, inmitten dessen Bancban seinen Arbeitstisch stehen hat. Dafür auch freilich kein Bancban, der durch einen innersten Seelenton sein Weib doch hält, keinen, der an des Weibes Leiche mit letzter Greisenkraft noch die andern beschwichtigt. Nichts von alledem. Dafür die ganze Haupt- und Staatsaktion. So zwar, daß der immerhin genug unartige und lebhafte Herzog Otto des Herrn Fehér und die hingebungsvoll schwesterliche Königin des Fräulein Thetter der Sache am nächsten kamen. Das Neue Deutsche Theater hat den ›Treuen Diener seines Herrn‹ mit redlicher Mühe neu einstudiert, aber nicht gestaltet und gewiß nicht neu gestaltet.

›Gyges und sein Ring‹

Sind Hebbels Geschöpfe – Menschen? Da, außer ihrem Gatten, ein Mann sie sah, kann Rhodope nicht weiterleben; und kann nicht sterben, bevor der Gatte, der sie zeigte, aus der Welt ist; und muß, um vollends selbstmordreif zu werden, die illegitime Betrachtung durch eine formelle Ehe mit dem Betrachter legitimieren. Kandaules teilt seine Vergötterung von Rhodopes Schönheit dem einzigen Freunde mit, ohne zu ahnen, daß er dadurch ihr Scham-, ihr Liebesgefühl verletzt; und versucht dann nicht, die Verwirrung dieses Gefühls zu lösen – ein Neuerer, mit der Tradition brechend, aber, weil er an den »Schlaf der Welt« gerührt hat, sich zum Tode verurteilend, ohne jeden Kampf um Weib, Leben und Idee. Diese Geschöpfe quellen über von philosophischer Beredsamkeit, nie verlegen um spitzfindigste Selbsterklärungen – doch ihr Gefühl schweigt in entscheidenden Momenten hartnäckig. Bestehen nur aus Edelmut, handeln nur, indem Edelmut, sich rastlos überbietend, phantastische Rekorde erzwingt – und verschmähen jede menschlichere Regung. Ihr Empfinden von mimosenhafter Zartheit und Verletzlichkeit, ihr Tun von härtester, grausamster Prinzipientreue.

Nur ein Fanatiker der Idee wie Hebbel konnte im ›Gyges‹ so unbekümmert die Gewagtheit, ja Lascivität der Fabel übersteigern. Der unsichtbare Späher im Ehegemach: Eine erotische Komödie? Ein Satyrspiel? Schwer definierbares, allerheikelstes Geschehnis; Tat, verletzend wie eine Taktlosigkeit! Aus diesem Stoff, der einen Skeptiker reizen könnte (und André Gide zu einer Groteske gereizt hat), baut Hebbel ein altklassisches Schicksals-Drama von der Wucht des ›Ödipus‹. Aus einem tragischen Witz, einem Aperçu, eine Erz- und Kolossalstatue! Diese Lösung, wundervoll fürs Gehirn, Virtuosenstück der Dialektik ohnegleichen, dabei wahrhaft groß gedacht – bleibt sie nicht dem modernen Empfinden fremd?

Und doch nennt Ibsen jenen Hebbel den Vorläufer. Doch läßt Hebbel, Nachläufer der Klassik, auf eine neue psychologische Art das Schicksal »einzig der menschlichen Brust« entsteigen. Kandaules – ein Freund, kein Gatte, weil er Schönheit nicht als Besitz empfindet, sondern als frei Göttliches, als Mission: geschaut zu werden – prophezeit: »Ich weiß gewiß, die Zeit wird einmal kommen, wo alles denkt wie ich«, und fällt als »vorwitz'ger Störer«. Rhodope aber, die starre Reinheitsfanatikerin, zweifelt, das Gefühl des Gyges sei »mehr Stolz als Liebe« und »brauche schon den Neid der andern, um nicht völlig zu erlöschen«; revoltiert instinktiv als Weib dagegen, nur Kunstwerk zu sein, und rast untraditionell, als Eigengeschöpf, das die Selbstbestimmung wahrt und sein verletztes Ich rächt. So gesehen: moderne Menschen, die zum klassischen Heldentum nicht taugen, deren Psychologie keine attische Tragödie ergibt. Vor solchen Figuren und

Problemen zerbricht Ibsen später die hohe Form, um in den Gesellschaftsstücken und Charakter-Komödien eine neue Welt auf die Bühne hinüberretten zu können. Bei Hebbel aber gefriert im Anhauch des Zweifel-Geistes die alte Größe; wie ja auch seine Sprache – in Frost und Glut des Denkens fiebernd, aber nie die Zone unmittelbaren Lebens erreichend – das klassische Versmaß wohl beibehält, aber das klassische Pathos zersetzt. Da brechen nicht, wie bei Shakespeare oder Kleist, aus dem wildbewegten Herzen dramatischer Menschen Wortkatarakte hervor, jedes Bild mit Blut füllend; da monologisiert ein Selbstzergrübler, kristallisieren sich Philosopheme, schießen Eisblumen an.

Wie spricht man nun auf der Bühne diese im tiefsten so prosaischen Verse? Wie spielt man die Haltung dieses Gehirnadels, seinen unmenschlich-übermenschlichen Enthusiasmus? Und vereinigt dabei klassische Pose mit moderner Psychologie? Umso schwerer heute, da auf der Bühne jede Tradition, jeder einheitliche Stil fehlt, diesen problematischen Stil zu treffen. Das Landestheater traf ihn nicht. Welche Mühe für jemanden, der das Drama kannte, aus diesem Dahinhasten die Hebbelschen Worte und inneren Geschehnisse herauszufangen, mit dem Ohr! Wer das Drama nicht kannte, mochte es leichter haben; der merkte nicht, was ihm entging. – (Die sichersten Sprecher in Nebenrollen Fräulein Martens und Herr Bogyanski.) – Fräulein Rotter hat von Haus aus viel für die Rhodope: die kühle Sprödigkeit und einen Schein von keuscher Hoheit, einen Ton adeliger Seelen-Scheu. Im zweiten Akt erinnert sie denn auch an das Hebbelsche Motto: »Einen Regenbogen, der minder grell, als die Sonne, / Strahlt in gedämpftem Licht, spannte ich über das Bild.« So hätte sie, ihrer Eigenart treu, diesmal fortfahren dürfen und müssen, statt, bei unpassender Gelegenheit, Temperament beweisen zu wollen und doch nur ein Lamento aus sich hervorzuquälen. Herr Koch hatte sich, aus falschem Ehrgeiz, einem Lydier gleichzusehen, arg verunstaltet, und, da er einen Freien, allzu Freien spielen sollte, litt sein Spiel an Unfreiheit in Wort und Gebärde. Bald brach er unvermittelt aus, bald verhielt er sich allzu knapp, wie man etwa ein ungeduldiges Roß zurückreißt. Aber, merkwürdig oder nur zu begreiflich: im letzten Akt, wenn Kandaules, bei aller Klugheit zu spät wissend, so traurig überlegen von dieser närrischen Welt den edel gefaßten Abschied nimmt: Hier, auf dieser schönsten Höhe des Werkes, wurde Herr Koch plötzlich frei und fand einen ungezwungen erhabenen, zu Herzen gehenden Ton. Hier zeigte sich Begabung. In Herrn Fehér zeigte sich der verwöhnte Liebling unseres Publikums. Auf die Gaben der Jugend, äußere Erscheinung und Tempo blind vertrauend, sie ungestüm mißbrauchend, machte er mit Hebbel nicht viel Federlesens und deklamierte ihn kurz und klein. Aber Gyges, der späte Grieche, der Weltmensch und Kunstmensch, ist kein Herzog Otto aus dem ›Bancban‹. Mit Gewalt läßt sich da nichts ausrichten. Eher mit – Respekt. Respekt fehlte dem Regisseur Seipp nicht. Er sorgte für, bei aller Einfachheit der Mittel, der wirkenden Bühnenbilder, war auch um lydischen Stil besorgt und bot in mancher Gruppierung von Menschen und Gebärden sein Können. Aber seine Apathie allen geistigeren Problemen gegenüber war entwaffnend. Entwaffnend wie der stürmische Beifall der Jugend, den ich freilich zu schätzen weiß. Besagt er doch, daß der platte Dünkel des ›praktischen Menschen‹ noch nicht alle edlere Artung verdrängt hat; daß es noch ein Bedürfnis nach Schönheit und Erhabenheit gibt in dieser Welt von Kriegsgewinnern und Kriegsverlierern.

Neues Theater

Thaddäus Rittner: ›Der Garten der Jugend‹

Es war einmal eine Königin, die hatte bereits einen erwachsenen Sohn. (Es gibt viele solche, auch ganz ungekrönte Königinnen.) Und ihr Gatte, der König, wollte ewig jung bleiben. (Es gibt viele solche Gatten.) Und weil es ein Märchen ist, so verlieh der Leibarzt dem Könige den Anschein ewiger Jugend. Die Königin aber dachte: »Warum versteht er denn nicht, daß er den dummen Leibarzt gar nicht braucht, daß er ewig jung ist in meiner Liebe, auch mit grauen Haaren?« Und nun träumt sie einen Wunschtraum: daß der König noch einmal auf Abenteuer ausgeht und den Garten der Jugend aufsucht, um dort versäumtes Glück nachzuholen. Der Garten der Jugend aber treibt bösen Schabernack mit dem armen König; dieser Garten blüht nämlich nur für die wirklich Jungen. Und der König kehrt ernüchtert heim zur Königin, mit einbekanntem grauem Haar. Sie aber merkt das graue Haar gar nicht; sie nimmt ihren König in die Arme, an die ewige Jugend ihres Herzens. – So etwa könnte die Königin das Märchen geträumt haben. Aber jede Figur des Stücks träumt es anders, der König auf seine Weise – und die jungen Menschen, der Prinz und das Mädchen auf ihre Weise. Der Dichter wieder, der mit allen mitträumt, erlebt den Humor davon, und die Tragik. Und den Humor dämpft er mit mildem Verstehen zur Liebenswürdigkeit, die Tragik jedoch zur Melancholie. Und wenn er Humor und Tragik zärtlich mischt, dann merkt man fast gar nicht, daß sein eigenes Herz, das Dichterherz, mit dem unerbittlichen Problem des Alters ringt, daß er diesen herbsten Fluch beschwört, die bittere Qual des Abschieds, und die Lächerlichkeit der verspäteten Triebe, und die vergebliche Sehnsucht! – Doch, die Sehnsucht merkt man! Wenn plötzlich der Garten der Jugend ekstatisch aufzublühen beginnt – für die Jungen, wenn das Märchen der Liebe wahr wird und die Rosen singen und der Brunnenmann spricht – dann merkt man die Rührung des Dichters. Und deshalb ist dies seine schwächste, weil im tiefsten Innern sentimentalste Komödie. Daß ihm sein

Märchen selbst zu nahe geht; daß er es notwendig zu haben scheint, Komik und Tragik zu dämpfen: das raubt ihm die Unbefangenheit, die Unerbittlichkeit, die innerste Kühnheit. Bisher waren Rittners Märchen nur scheinbar Märchen, in Wirklichkeit aber phantasiebeschwingte, launenfreie, geisteskühne Dramen und Komödien. Diesmal ist es wirklich ein Märchen, mit dem der Dichter sich tröstet. Und weil es der konzilianteste Rittner ist, deshalb war dieses Stück sein erster großer Publikumserfolg. – Am Wiener Hofburgtheater.

Am Neuen Deutschen Theater in Prag war dieses spinnwebzarte, mit Symbolik anmutig durchwebte Spiel; sein delikater Wechsel von Melancholie und Lächerlichkeit; sein zärtlich geistreicher Dialog, seine gütige Schonung für Welt und Menschen – kurz: diese ganze zwischen Alltag und Märchen mit Grazie schwebende und schließlich bis zum lyrischen Gedicht sich erhebende Komödie – dem Zufall überlassen. Da der Zufall nicht als Regisseur zeichnen kann, zeichnete eben gar niemand für die Spielleitung. Die Schauspieler halfen sich, so gut sie konnten, deklamierten und parodierten mehr-minder diskret, und manchmal plauderten sie sogar sehr hübsch. Hie und da leuchtete der dichterische Gehalt durch und ward gesehen. Am nettesten plauderte Herr Mühlberg und verschwieg nicht – ganz richtig! – das Eitle und Kindliche im Charakter seines Königs. Fräulein Thetter hatte genug wehe, und zu wenig humorvolle Liebe. Ihrer Liebe fehlte vom Ewigen das Mütterliche und das Nachsichtige. Man konnte es auch von einem jungen dramatischen Talent gar nicht verlangen. Die Jugend im Garten, Prinz und Mädchen, Herr Fehér und Fräulein Bogs – er jung und temperamentvoll (diesmal nobel beherrscht, aber noch immer nicht prinzlich); sie eine hysterische Unschuld, keine natürliche. Aber Begeisterung beschwingte sie. Frau Pittschau als ›ältliches Mädchen‹ hatte den stärksten Lacherfolg. Die grotesken Gespenster im Garten (Liebesgespenster), die gealterte Schöne und der minnesingerliche Schmerbauch, Fräulein Medelsky und Wurmser: beide tapfer parodierend, sie feiner, er gröber; beide wirksam – aber schon kostümlich zu drastisch, stillos. Freilich, ohne Regie gibt es keinen Stil. Und Regie gab es nicht. Sonst hätte sie bei der Direktion mehr königlichen und mehr märchenhaften Aufwand für Schloß und Garten durchgesetzt. In solchen, wie vom photographischen Atelier eiligst ausgeborgten Arrangements von Prunksälen und Märchengärten wohnt nur der triste Mangel, spricht kein (oh, wie unanschaulicher!) Brunnenmann, öffen die Papierrosen niemals den Mund. Ich war überglücklich, daß der Dichter nicht gekommen war, sich's anzuschauen. – Der Beifall erst gedämpft, wie die Komödie; später, im Zaubergarten, herzlicher; immer einmütig.

›Wallenstein‹

Zu Ostern ist unser Deutsches Theater splendid gewesen! Während im prunkvollen neuen Hause die ›Tetralogie‹, das Götterwerk, unter Zemlinsky geschah, war das liebe, ehrwürdige, innig anheimelnde Landestheater der ›Wallenstein‹-Trilogie, dem Schillerschen Idealismus, geweiht. Kein Zweifel, man wollte Ostern würdig feiern! Sogar die Nachmittagsvorstellungen waren hingeopfert worden. Ich empfand es zwar als eine grausame Verfügung, daß ich die ›Walküre‹ versäumen mußte, wenn ich den ›Wallenstein‹ hören wollte. Aber das Publikum hatte sich verteilt. Im Landestheater überwogen die Kinder, die kleinen und die größeren Mädchen, die Jünglinge in kurzen und langen Hosen. Wie gut kleideten den altväterischen, bei solcher Riesenhaftigkeit intimen Raum die sauber gekämmten Scheitel, schleifengeschmückten Zöpfe und schimmernden Umlegkragen! Bis in die höchsten Ränge war das Haus mit kindlicher Unruhe, mit Gezwitscher und Flügelgeflatter erfüllt; das Stehparterre wurde sogar manchmal recht unartig! Flegeljahre, die sich bei den Mädchen gesitteter äußern, etwa im Anstarren der paar Schauspielerinnen, die in den Logen den Kollegen auf der Bühne Konkurrenz machten. Immerhin, glühende Wangen und leuchtende Augen! Und das Schönste beider Abende war ein kleines Mädchen in der Loge über mir, das verdüstert dasaß und, als die Mama sich zu ihm hinabbeugte: »Wie gefällt's dir?« – nur hervorstoßen konnte: »Max ist gefallen!« – und sich trostlos abwandte. Das Kind von heute, das weiß, was es bedeutet: gefallen sein; und doch, wie das Kind von immer eine Welt nicht verstehen kann, in der ein Max Piccolomini fällt.

Viele Schauspieler waren beschäftigt, gute und minder gute; sogar die Oper, ja selbst die Operette hatten aushelfen müssen. Auch ein Regisseur war plötzlich gefunden worden, Herr Wurmser; den hat es zwar immer gegeben, und daß die Direktion ihn kannte, bewies sie, indem sie ihm den Wallenstein anvertraute. Nach diesem kühnen Experiment zu schließen, könnte Herr Wurmser in modernen Stücken, und darüber hinaus in allem Drastischen, Humorigen, Grotesken, von Wedekind bis vielleicht sogar Shakespeare, der Regisseur dieser Bühne werden. In manchem lebendigen Detail zeigte sich der moderne Schauspieler, der Besseres, Weltstädtisches gesehen hat; auch für die lyrischen Partien brachte er genug Verständnis auf. Dem Militärischen der Tragödie, der Haupt- und Staatsaktion, fehlte der Drill. Dafür brachte wieder das Publikum von heute ein aktuelles Verständnis mit. Heute versteht man ›Wallensteins Lager‹, die Romantik und den Fluch, die abenteuernde Lüderlichkeit, welche auf einem so bitter realen Grunde ruht. Und man ermißt des Wallensteiners Beginnen, daß ein Feldherr mit einem Riesenheere sich selbständig machen will, um Europa den Frieden zu geben; dabei aber nur die Soldateska entfesseln und den Bruderkrieg erregen wird. – Das ›Lager‹ ist bekanntlich ein Porträt, zugleich die

Karikatur Wallensteins. Das Deutsche Theater konnte nur einen dürftigen Ausschnitt wagen, und nicht, wie der Dichter es meinte, die Solo-Szenen aus einem wimmelnden Getriebe hervorwachsen lassen; es mußte sich begnügen, das, was gesprochen wird, bildmäßig zu beleben. Das hat Herr Wurmser immerhin getan. Ein Lagerchen, aber nicht ohne Physiognomie. Der sympathische Wachtmeister des Herrn Reinhardt, der feurige Kürassier des Herrn Mühlberg deklamierten der lieben Jugend zu Dank. Für Belustigung sorgten in recht unmittelbar wirkenden Szenen der allzu rundliche Herr Hofer, auch seelisch ein Schmerbäuchlein und kein Zelot; und die vorzügliche, resche und muntere Gustel von Blasewitz, Fräulein Medelsky. – In der Pause sagte ein Fünfzehnjähriger zu der mit ihm lustwandelnden dreizehnjährigen Dame: »Sie müssen bedenken, daß man das ›Lager‹ auf der Bühne nie so machen kann, wie man sich's beim Lesen vorstellt.«

Das Satyrspiel war zu Ende, die Tragödie begann, um sich erst am nächsten Abend zu erfüllen. Der erste Abend war der glücklichere. Hier hatte der Regisseur, der selbst seinen Illo echt und brutal, nur manchmal allzu gröblich spielte, scheinbar noch Zeit gefunden, in jedes Detail zu gehen und den Deklamierteufel (dazu noch sein eigenes Temperament) zu dämpfen. (Daß die Gastmahlszene zu burlesk ausfiel, macht gar nichts: sie hatte dramatischen Zug – der Kobold des Weines und Herr Wurmser gaben dem Verhängnis einen unheilvollen Stoß, daß es vorwärtstorkelte.) – Herr Schütz, der Wallenstein, ist nicht unter dem Jupiter geboren. (»Ganz in der Mitte glänzte silberhell ein heiterer Mann mit einer Königsstirn –«.) Sein schauspielerischer Stern war der Saturnus, »ein grämlich finstrer Greis mit dem trübgelben Stern«, der »in den Tiefen des Gemüts« herrscht »und über allem, was das Licht scheut, waltet«. Die schwerblütige Bedächtigkeit seines Wesens, die Sprödigkeit seines Organs und die künstlerische Ehrlichkeit seines Talentes, die ihm verbietet, sich zu verstellen, hätten Herrn Schütz vom Wallenstein abraten sollen. Sein Feldherr blieb rettungslos bürgerlich subaltern. Das Hochherzige, ein wenig Glücksritterliche, das glänzend Demagogische fehlten. Dieser Mann konnte eine Armee verwalten, aber nicht entflammen und verführen. »Die Freiheit reizte mich und das Vermögen.« – Wallenstein ist ein von seinem verführerischen Wesen zuletzt selbst Verführter. Sein Königliches reißt ihn hin zur Königssünde. Herr Schütz prägte den zweideutig Spielenden zur Kompromißnatur und war von Anfang an ein Zweifelnder, Rechnender, in der Enge sich Quälender. Deshalb gelang ihm alles Zögernde, Abwägende vortrefflich. Aber die Fanatisierten rings um ihn, eine Terzky, wurden unverständlich, wurden einfach Habgierige, Ehrgeiznarren. Schwung ist Herrn Schütz nicht gegeben und lautes Pathos sollte ihm verboten sein. Wenn er klagte: »Max! Bleibe bei mir«, blieb jedes Auge trocken. Sein Untergang war wie ein verregneter, fröstelnder Herbstmorgen. Trotzdem eine sehr bemerkenswerte Leistung, durchdacht und gearbeitet, viel ehrliches Wollen und Können. Diesen Herzog umschlich

ein hölzerner Geselle wie der Buttler Reinhardts, dem auch ich die Grafen-
krone vereitelt hätte, und umkreiste die Terzky des Fräulein Thetter, vielleicht die echteste Gestalt des Abends, eine Frau voll Herz und Charakter,
nicht groß, aber wahr, nicht bedeutend, aber edel. Weitab von der Schablone hat Fräulein Rotter diesmal den rührenden Kern ihrer Sprödigkeit
gezeigt; sie erschien als unsentimentales Geschöpf, huldvoll, anmutreich,
empfindend. War der Questenberg des begabten Herrn Koch zwar richtig,
aber zu blaß geraten, so fehlte dem Octavio des Herrn Bogyansky nur das
Kaustische, die Schärfe und Eigenart des Charakteristikers. Wie unlängst
(als Nathan), bewies Herr Bogyansky auch in dieser, da er mit Herzens-
tönen knausern muß, ihm fernliegenden Rolle ein edles Höhenmaß und eine
Reife des Tones, die ihm am Deutschen Theater seinen Rang unter den
Trägern klassischer Aufgaben sichert. Er verschmähte alles Intrigantische
und hatte schon durch seinen schauspielerischen Takt die Führung inne.

Am zweiten Abend waren die Bande der strengen Zucht gesprengt und trotz
der düsteren Gefaßtheit, mit der Wallenstein, durchfröstelt, sich aufgab,
trotz der rührenden Gefaßtheit, mit der Thekla, innerlich verblutend, sich
hingab, trotz dem bitteren Auslöschen der Terzky kippte das wüste Deklamieren manchmal ins unfreiwillig Komische um, während die zehn Küras-
siere freiwillig das komische Teil erwählt zu haben schienen, indem sie es
verschmähten, sich über das soldatische Reglement zu einigen. Die liebe
Jugend unterhielt sich köstlich! Was das Deklamieren anlangte, so war der
stürmische Max des Herrn Fehér, der recht wacker bald mit Octavio, bald
mit Wallenstein schrie und gebieterisch von Thekla Mitleid heischte, in
seinem rechten Element. Er riß die liebe Jugend und auch alles Weibliche,
das bereits über die erste Jugend hinaus ist, zu brünstigem Entzücken und
zu brausendem Jubel fort. Nicht ihm galt der Spruch eines vierzehnjährigen
Kritikers, daß die Schauspieler in Prag zu viel schreien; worauf ein ebenso
altes Fräulein erwiderte: »Ja, und die Guten gehen immer bald weg von
Prag.« – Herrn Solltau soll für seine sehr schlichte, deshalb ergreifende
Schlachtenerzählung besonders gedankt sein.

Im Zwischenakt las ich, als braver Besucher, die Humoreske in der ›Zwischenaktszeitung‹ (Schluß folgt nächste Woche). Und las die Sätze: »In der
folgenden Nacht stieß er einige sentimentale Seufzer aus, was seine Gattin ... alsbald aus allen Ruhehimmeln riß ... Aber Paul, was hast du denn?
Jetzt hast du schon zum zwanzigstenmale nach irgend einer Hedi gerufen,
was ist denn das für ein Luder?« – Der Direktor sollte daraufhin der
›Zwischenaktszeitung‹ sein Porträt entziehen. – Der Erfolg war laut und
lärmend. Herr Schütz, Herr Fehér, Fräulein Rotter, und die Übrigen, zuletzt Herr Wurmser, wurden bejubelt; wohlverdienterweise, in Anbetracht
der Riesenarbeit zu Ostern.

›Die Straße nach Steinaych‹ [Stücklen]

›Eine Komödie für ernsthafte Leute‹ nennt Herr Stücklen sein feines, so taktvoll geistreiches und so diskret dichterisches Stücklein. Für ernsthafte Leute? Heißt das: für wirklich ernst zu nehmende ernsthafte Leute, Lebenskenner, die nachgedacht haben und ernst geworden sind über dem Menschenmangel bei aller Menschenüberfülle in dieser menschenmörderischen Zeit? Oder die gewissen ernsthaften Leute, mit denen nicht zu spaßen ist, will sagen: ansehnliche, vermögende, erwachsene und ernüchterte Leute? ›Leute‹ im gesellschaftlichen Sinn des Wortes, Leute von heute, die sich fürchten, an Kredit einzubüßen, wenn man sie für ›Idealisten‹, für ›Träumer‹ hielte? Solche »Ich bitte Sie!« – und »Nun wenn schon!«-Leute? Also Leute, welche diese Komödie – eigentlich Tragödie, aber mit unzulänglicher Tragik – auf dem Gewissen haben. Denn sie haben diese traurige Komödie belebt, der Dichter aber dichtete sie nur. Und zwar dichtete der heimliche Ironiker, der seine Gedanken nur andeutet, um sie besser verschweigen zu können, diese Komödie doppelsinnig. Die ›Leute‹ werden dieses Stück für sentimental halten: hie Empfindung, hie Geld – – und die arme Empfindung läßt sich kaufen. Die bürgerliche Jungfrau unterliegt dem Geld. So werden die ›Leute‹ den Autor Stücklen mit Fulda und Philippi verwechseln und urteilen: »Schade, ein schwacher Philippi! Stücklens Sentimentalität ist nicht süß genug, daß man sich dran letzen könnte.« Aber tiefere Menschen werden plötzlich das infame Augurenlächeln bemerken, das Herr Stücklen nicht immer flink genug unterdrücken kann. Sie werden den unterirdischen Hohn, die skeptische, sachliche Traurigkeit spüren, die hier an der Arbeit sind. Herr Stücklen kennt seine Situation: Menschen schildern zu wollen und nur gesellschaftliche Homunkuli vorzufinden. Der Kummer des Dichters gilt nicht dem Geld, das kauft, sondern der Empfindung, die sich kaufen läßt. Und nicht ihre Käuflichkeit ist das Üble an dieser ‹Empfindung›, sondern ihre Halbheit und Haltlosigkeit, ihre kalte, kluge, bewußte, fröstelnde Ohnmacht und Unfruchtbarkeit. Keine Tragik – ein Jammer. Dieses ‹Gefühl› ist ein Möchtegern, es rechnet mit der Liebe und kokettiert mit der Versorgung – und es ist dabei bedauernswert, weil es sich und die Welt so schonungslos richtig beurteilt, weil es seinen Anfällen von Menschlichkeit selbst nicht traut. Der Dichter steht jenseits dieser Misère und zeichnet geduldig jede leiseste Schwankung auf. Man darf sich nicht durch seine Haltung täuschen lassen, die gleich unbewegt, mit unparteiischer Prägnanz, in diesem Augenblick eine fürchterliche Verlogenheit und Verschmocktheit und im nächsten eine halbechte menschliche Regung ausdrückt. Vielmehr: das Publikum lasse sich ruhig täuschen! Sonst fällt das Stück durch.
Beim Naturalismus hieß es: »Was brauchen wir das gemeine Leben? Das gemeine Leben haben wir zuhause.« Aber der Naturalismus hat ein so gemeines Leben auf die Bühne gebracht, daß es für die Theaterbesucher

schon wieder romantisch war. Hier jedoch ist der Alltag der hochanständigen, besseren, gebildeten Menschen und gerade deshalb ein gemeines Leben, das dem Publikum nicht gefallen kann. Dieses Fräulein Viga Sekurius mit dem preziösen, versnobten Vornamen – aber sie könnte, die Viga, ohne sich abzuschminken, ins Parkett hinuntersteigen und würde dort gar nicht auffallen. Als ob eine unendliche Folge von Vernunftehen und Einheiraten, gemildert durch Wahllosigkeit der Unzucht, die ganze Welt mit Vigas bevölkert hätte! Da sind sie nun, halb Tinte, halb Blut in den Adern, nasenrümpfend und genäschig, neugierig und feige, skrupellos und vorsichtig, reizvoll und leer – da flirten sie und reden über Kunst und wissen auf der Lebensbörse Bescheid und vergessen sich beinahe in der Unruhe der verfrühten oder verspäteten Pubertät und retten sich halbjüngferlich in die Ehe mit irgend einem Schnödigl und wünschen sich keine Kinder. Ach, sie möchten so gerne menschlich fühlen, können aber ihr emanzipiertes ›Ich‹ nicht vergessen. Dabei wissen sie, daß eine Sekunde blitzdummer Weiblichkeit tausendmal mehr wert ist als tausendmal ihr kluges Ich lebenslänglich, aber leider, sie sind frigid, und sind sie's noch nicht, dann werden sie's, bei Herrn Schnödigl. Anno Ibsen nahm man's tragisch, und Hedda Gabler hatte noch was Generalartiges in ihrem Unblut und erschoß sich. Heute kneift man die Lippen zusammen und lächelt ernsthaft über das Schnödigltum unseres Lebens, und Fräulein Viga Sekurius richtet weiter keinen Schaden an, als daß ein guter natürlicher Junge einen Schuß in die Lippen bekommt, als Quittung für einen beinahe echten Kuß. Und wenn der Pulverdampf sich verzogen hat, verzieht sich Fräulein Viga Arm in Arm mit Herrn Schnödigl auf der Straße nach Steinaych, sollte heißen: Steinreich. Und bessert sich. Denn ihre resoluten Nüchternheiten, ihre herzlosen Egoismen sind das Beste an ihr. Unerträglich dagegen ist sie, wenn sie, von Isoldes ›Liebestrank‹ (auf dem Klavier) genippt habend, Selbstvergessenheit mogelt und ausruft: »Jage, mein Blut!« Oder wenn sie die Gefährliche mimt, mit ›Schicksalen‹ spielt, Manuskripte verbrennen und so! Am besten gefällt sie mir – die Mütter werden anderer Meinung sein –, wenn sie ihre Frau Mama so hundsmiserabel, geradezu ordinär behandelt, obwohl diese Mutter nur das einzig Richtige für sie will und es ihr längst gesagt hat: »Nimm den Schnödigl.« Da wenigstens vergißt Viga sich selbst oder doch ihre verfluchte gute Erziehung und tobt hysterisch. Warum nur? Ist sie vielleicht böse, weil die Mutter sie drängt zu etwas, das sie im passenden Moment aus Eigenem tun wird? Nein, sondern sie haßt in dieser Liebesgeflüster nicht aufkommen lassenden, aber ewig fieberisch kuppelnden Erzeugerin sich selbst und mißhandelt sie, als wärs ein Stück von ihr. Die sorgenvoll Vigas Zukunft berechnende Mama ginge Viga nicht so auf die Nerven, wenn diese Nerven für die Lockung des mütterlichen Vorbildes nicht so empfänglich wären. Und sie tut recht, die Mutter zu malträtieren. Denn wer sonst, wenn nicht die Mutter, ist schuld an der ganzen Misère? Wer sonst hat den Typus Viga in die Welt gesetzt und aufgepäppelt? Die Herren der Schöpfung um diese Eva herum sind dementsprechend modernisierter Adam: alle drei zusammen kein einziger Mann. Der eine unklug, der zweite unjung, der dritte unklug und unjung, aber steinreich. Dabei alle drei hochanständige, ausgesprochen ‹bessere› Menschen. Und sicherlich jeder tüchtig in seinem Beruf. Und alle drei Gottseidank zur Tragödie ungeeignet. Sonst müßten wir noch weinen bei dieser Komödie. Und das wäre keine üble Sensation für Frau Viga Schnödigl! Aber der prächtige alte Herr im Stück, Onkel Sekurius, der noch die prächtige alte Zeit gekannt hat, und den das ganze Stück anekelt, um dessen Tränen täte mirs herzlich leid!

Ich muß ja ehrlich sagen: ich bin dagegen, daß man die Lippen zusammenkneift und augurenhaft lächelt. Ich bin für das blutige Pamphlet, das die halben Herzen mit ganzem Griff aus der Brust reißt! Ich bin für den Titanenzorn August Strindbergs. Aber die lautlose skeptische Gerechtigkeit, welche die Komödie Stücklens vollzieht, indem sie mit Grazie und Geschmack über das Banale, Triste ihrer kleinen Welt hinwegspielt, soll nachdrücklichst anerkannt werden. Schon weil man in Wien die Eignung Stücklens, den dortigen Stücklieferanten Konkurrenz zu machen, überschätzt zu haben scheint. Herr Stücklen kann im kleinen Finger mehr als die Herren, die ihn verständnislos ablehnten, aber er versteht sich schlecht auf die Hauptsache: dem Publikum zu schmeicheln. In Deutschland, in Berlin hatte die Komödie Glück. Und Prag liegt ja in der goldenen Mitte zwischen Wien und Berlin. Unser Deutsches Theater hat jedenfalls charaktervoll und mit Geschmack gewählt, als es die ›Straße nach Steinaych‹ annahm.

›Eifersucht‹ [Arzibaschew]

Das Theaterstück ›Eifersucht‹ von Arzibaschew spielt in Rußland, könnte aber ebensogut in Paris oder Budapest spielen. Und überhaupt in jedem modernen, erotisch-gesellschaftlichen Zentrum. Diese gebildeten und literarischen Herren, die so fix über alle Probleme plaudern, diese verfeinerten und nervösen Damen, die so graziös mit dem Leben tändeln, sind international. Auch technisch könnte ja das Stück von einem gerissenen Boulevarddramatiker gearbeitet sein. Es ist sehr raffiniert gemacht. Erst zwei Akte lang: gar nichts, Atmosphäre. Ein Landaufenthalt im Kaukasus. Man liegt herum und geht spazieren. Ein Picknick im Grünen. Mondschein im Garten. Man stellt geistreiche Thesen auf, erzählt Anekdoten und spricht Pointen. Alles dreht sich um die Frau, um die Ehe, um die Liebe. Man flirtet. Und das ist die ganze Handlung dieser zwei scheinbar ereignislosen

Akte: Flirt. Ein Gesellschaftsspiel, mehr als das: eine Institution. Man wird ja sehen, was hinter der gefälligen Oberfläche steckt, welch ein Ernst aus dem Spiele wird! Inzwischen gruppiert der Autor seine Figuren und beginnt sein Thema zu diskutieren.

Drei Damen, darunter zwei verheiratete Frauen. Lena, die Literatenfrau, braucht den Weihrauch der Anbetung, aber sie spielt nur mit den Männern (einstweilen noch), reizt jedermann (und wäre es der Unbeträchtlichste) zur Liebe und nascht von der Sinnlichkeit der Gereizten. Klawdija dagegen, die Beamtensgattin, weiß schon genauer, was sie will und braucht, sie pfeift auf Verehrung und greift tüchtig zu, wo sie Nahrung für ihren immer regen sexuellen Appetit findet. Die Damenhaftigkeit ist eine Maske, darunter regt sich das Geschlechtstier: Lena, ein Kätzchen, das eben erst zu erwachen beginnt, sich noch räkelt und zärtelt, ganz verspielt; Klawdija, bereits brünstig fauchend und ihre Krallen zeigend. Das Weh und Ach des Weibes, aus einem Punkte inkurabel; jedenfalls durch diese Art von Ehe nicht zu heilen. (Von Kindern ist im ganzen Stück keine Rede. Nirgends wird auch nur die Möglichkeit des Kinderkriegens erwähnt.) – Ferner gibt es da noch ein Mädchen, die Gymnasiastin Sonja, Repräsentantin der jungen, idealistischen Generation: tiefer fühlend, aber überspannt; hysterisch oppositionell.

Und nun die Herren dieser Damen, die Gatten und die Junggesellen (darunter die Freunde und die Kavaliere.) Die beiden Gatten nehmen ihre Frauen, jeder auf seine Weise, sehr ernst. Der Beamte Semjon Semjonowitsch wird furchtbar, vor aller Welt und immerzu, betrogen, aber er ist nicht die Spur von eifersüchtig. Ein echt russischer Mensch, Pilger Luka der Sexualität, predigt er die Verehrung der Frauen: sie bringen das Irrationale, Ursprünglichkeit, Schönheit in unser Leben; taugen sie nicht: des Mannes Schuld; die Frau ist das Instrument, je nach den Männern, Beethoven oder Lehár tönend. Dieser glatzköpfige Troubadour vergöttert seine Klawdija blind und blindlings. Sergej Petrowitsch dagegen, Lenas Gatte, Literat, Welt- und Geistesmensch, hat es schwerer. Er muß mit gutem Grund achten, wo er liebt. Selbst ein Charakter, ist er auf den menschlichen Charakter der Gefährtin (nicht nur auf ihren Geschlechtscharakter) angewiesen. Er muß beides: glauben und zweifeln. (Hinter dem Liebeskonflikt steckt ein religiöser Zwiespalt.) Die Seele seiner Liebe, seiner Ehe ist das Vertrauen. Mißtrauen würde die Frau, ihn, ihr gemeinsames Leben herabwürdigen, schänden und zerstören. Im Innersten glaubt er ja Lena, auf Leben und Tod. Aber er hat ein nervöses Gehör für die Stimmen der Außenwelt; er ist schwach und empfindlich, was die öffentliche Meinung, den gesellschaftlichen Ruf anlangt. Er muß den Flirt dulden, gute Miene zum bösen Spiel machen, wenn er nicht als eifersüchtiger Narr ausgelacht werden will. Und bemerkt doch, immer deutlicher, immer greifbarer, immer unabweislicher Symptome, die ihn irritieren, quälen, erschüttern. Getuschel und Gemunkel ringsum, vieldeutige Blicke, die er auffängt, halbe Worte, die ihm zufliegen – und wenn er Lena stellt, lächelt oder schmollt, wird sie böse oder weint, eine gekränkte Unschuld, ein im harmlosen Spiel gestörtes Kind – und er steht da, ein sauertöpfischer Philister, ein plumper Tyrann, der die Grazie quält. Und es ist doch seine Frau: jedes Gespräch dieser Art degradiert bereits ihr Verhältnis, jedes Wort ist ein Schritt auf der schiefen Ebene, die zur Gemeinheit hinabführt. Und doch zittert er, sein Liebstes, sein Einziges, sein Leben zu verlieren. Doch droht ihm Schande. Sein Herz taumelt zwischen Argwohn und Reue, zwischen zärtlicher Inbrunst und Wut und Ekel. (Zutiefst zwischen Selbsterhaltungstrieb und Selbstzerstörungstrieb. Die Frau ist ihm ein Teil seines Selbst.) Sein Stolz leidet maßlos und seine Ehre stachelt ihn auf. Die Arme der geliebten Frau umschlingen ihn, ohne ihn zu erlösen, und lösen sich von ihm, ihn allein lassend. Und in den Augen der Frau ist nichts zu lesen, nichts und alles. Und in jedem Feind muß er den Angreifer oder den Verächter, in jedem Nebenmenschen den Räuber wittern. Er möchte anbeten wie Semjon, großherzig sein, sich hingeben, glücklich sein und glücklich machen – und wird, wo er liebt, zum Aufpasser und Spion. Er kann nicht mehr arbeiten. Es gibt überhaupt keine Sachlichkeit mehr für ihn. Nur dieses unlösbare Problem, das ihn besitzt und entnervt, nur dieses Gift des Dilemmas, das er in sich hineinfrißt. Ein anderes Bild: er ist in das Labyrinth der Eifersucht geraten, in diese unfruchtbare Zwangsarbeit der Seele, diese nie rastende Tretmühle des Gedankens. Eine lebenslängliche Tortur ohne Gnade.

Die Junggesellen. Wenn sie unter sich sind, sprechen sie unflätig über die Frauen. Sie sind, was die Liebe anlangt, entweder Skeptiker oder Pessimisten (Melancholiker), brutal oder sentimental, aber alle, alle ungläubig. (Im Gegensatz zu dem gutgläubigen, auf russisch rechtgläubigen Semjon.) Wenn sie schlechte Freunde sind, profitieren sie von der Unzulänglichkeit der Ehe und der Einträglichkeit des Flirts; wenn sie gute Freunde sind, leiden sie mit oder klären, von freundschaftlicher Rachsucht fortgerissen, den Freund auf, beschwichtigen ihn oder hetzen ihn. Aber sie alle, Feinschmecker oder Verächter, Ästheten oder Ethiker, leben sich auf Kosten des Ehemanns erotisch aus. Das Ganze heißt: moderne Gesellschaft. Unter den Flirtenden gibt Arzibaschew zwei extreme Grenzfälle. Einen Fürsten aus dem Kaukasus, der den Frauen die Romantik verkörpert, den wilden, aber auch den bunten Mann, und zugleich, als lockende Gefahr, als Chance, daß er eines Tages mit Brachialgewalt das Spiel in Ernst, in sexuelle Tatsache, verwandeln könnte, die Nerven der Damen angenehm prickelnd erregt. Und den Studenten Serjoscha, den reinen Knaben, Idealisten und Hysteriker, und Gegenstück zur Gymnasiastin (die er ›geliebt‹ hat, bevor er in den Bann der Damen geriet, und die ihn auch weiterhin, beinahe mütterlich, liebt.) Serjoscha ist der ungefährliche, der nur gefährdete Mann; die eine will mit ihm spielen, die andere ihn verführen, er aber kann, hier wie dort, nur die bitterste Enttäuschung seiner Jugend erfahren, sodaß er entgleist und beinahe zugrundegeht. Aber er wird diesmal noch davonkommen und ein Zyniker werden – oder ein Ehemann.

Mit dieser geschickten Verteilung, Typisierung der Kontraste ist eigentlich das ganze Stück schon gegeben. Es entwickelt sich darauf so geradlinig, wie sich eine Dichtung, eine übervernünftige Vision, nie entwickeln könnte. Arzibaschew führt die Debatte, bis er mit Tatsachen kommen kann. Er lädt die Atmosphäre, und entlädt sie schließlich durch einen Knalleffekt. Er ist Rechner und hält es mit der brutalen Logik, mit der krassen – manchmal auch ordinären – Deutlichkeit der Dinge. Jede Figur hat ihre Arie, ihre große Szene, jede wird als Beispiel für das Grundthema entsprechend ausgenützt.

Um nur die beiden parallelen, und doch kontradiktorischen, Hauptfälle zu verfolgen: Semjon ertappt seine Frau. Aber auch das Faktum ist für ihn – kein Faktum. Er wird die Schuld stets auf sich nehmen, stets verzeihen und glauben. Seine Herzenseinfalt führt ihn heil aus dem Dilemma. Gegen seine Liebe ist kein Kraut und kein Unkraut gewachsen. Sergej aber schreit: »Was hast du aus unserer Liebe gemacht.« Er klagt an und fordert. Zwar würde auch er bis zum letzten Moment gegen alle immer augenscheinlicheren Beweise glauben, glauben müssen. Aber er wird brutal, will der Frau die Seele aus dem Leibe reißen. Wie die Frau vom Spiele nicht lassen kann, kann er vom Ernste nicht lassen. Und weil er sie zwingen will, bricht aus ihrer Schwäche, aus ihrer Passivität die Empörung des mißhandelten, entwürdigten Tieres, zugleich das wilde Weh, auf ihre Natur verzichten zu sollen, der Rassenhaß der Geschlechter, die einander nicht mehr verstehen, und sie speit es ihm entgegen: ich habe dich betrogen! ich werde dich betrügen! du bist ein Idiot! ich hasse dich! – Da wird auch er ein Tier, sonst nichts, und er erwürgt sie. Hat er ihr nicht, auch in diesem Augenblick, wieder geglaubt? Hat sie nicht wieder gelogen? Er sagt: »Da – hat sie es!« (In der Prager Aufführung, rätselhafter Weise, gestrichen.) Endlich Gewißheit, eine Tatsache: eine Leiche! – In den Naturakzenten dieses letzten starken Aktes verrät sich das Russische, der Ruck Echtheit, der Leidenszug, den dort auch die Konstrukteure nicht vermeiden können, und der auch dieses allzu geschickte Theaterstück adelt.

Den Flirt und die Katastrophe, in die sich der Flirt verwandelt: beides verfehlte die Aufführung. Sie vergröberte das gesellschaftliche Spiel und verflachte den Ausbruch der Wildheit. Herr Schütz, der Literat, brachte immerhin den Leidenszug, und Frau Breda, eine zu derbe, zu unfeine Lena, wurde am Ende von der jähen tragischen Wendung mit fortgerissen. Frau Medelsky, in der heiklen Rolle der Claudia, voll Natürlichkeit. Fräulein Bogs war, als Gymnasiastin, eine Empfinderin, und Herr Solltau, der Student, entgleiste im Affekt. Der Beamte des Herrn Bogyansky war kein Phantast. Ihm fehlte der tiefere Humor der Figur, wie der ganzen Aufführung der Geist des Stückes. Es fehlte an diesem Abend, mehr noch als sonst, eine Kleinigkeit: Regie. Und das ist: Verständnis, einheitlicher Wille, Führung. Arzibaschew ist nicht der Autor des ›Katzensteg‹, sondern des ›Sanin‹.

Gastspiel Hans Lackner

[›Das vierte Gebot‹ von Anzengruber]

›Das vierte Gebot‹. – Herr Lackner vom Burgtheater, einer der ganz Wenigen, die es von der guten, richtigen Wiener Art noch gibt, ist ein berühmter Martin Schalanter. Eine so echte, aus einem Volkstum erwachsene Gestalt kann durch keine Natürlichkeitsspielerei der Welt erreicht werden; sie muß geboren sein. Aber wie wunderbar spielt auch Herr Lackner diesen Menschen, der er ist; gestern, als Gast, so ohne zu ‹gastieren›, ohne Effekte, ohne einen Hauch innerer Schminke, ganz einfach und ganz meisterhaft, und mit der Kraft der ungesuchten Wahrheit sich ins Herz der Hörer lebend. Der falsche Stolz, der Jähzorn – alles so unwillkürlich, daß man gar nicht weiß wie! Und die Kerkerszene, der Abschied des zum Tode Verurteilten: ich kann mir das nicht menschlicher, nicht wahrer, nicht schöner, nicht tragischer denken. Es war in seiner Art vollendet. – Übrigens hat das Deutsche Theater ein prächtiges Ensemble für das Wiener Volksstück. Herr Romanovsky als Stolzenthaler mit der spezifisch wienerischen Brutalität, Frau Medelsky als Pepi, so unaufdringlich in der Verkommenheit, so unsentimental und herzenslebendig (Abschied von Johann im Wirtshaus), Herr Fischer, manchmal zu derb auftragend, aber echt und fidel in der Entartung, und Frau Klein, ein ‹resches› Laster, auch Herr Bauer, ein bescheidener Johann: lauter eindringlich gesehene, drastisch gelungene Figuren. Das ›Vierte Gebot‹ ist aber auch und bleibt, erst recht nachdem der Naturalismus verebbt ist, ein starkes und großzügiges Volksstück, und in der herzhaften Gestaltung des Wienertums eine Dichtung! Wenn nur nicht die hochdeutschen Partien und Rollen darin wären! – Ach, Anzengruber ist glücklich zu preisen, daß er es nicht erlebt hat, wie es weiter ging mit dem goldenen Herzen von Wien!

›Die Höhe des Gefühles‹ [und ›Der Kammersänger‹]

›Die Höhe des Gefühles‹, von Max Brod. Das Virtuosenstück, das hohe C des Gefühls eine halbe Stunde lang durchzuhalten. Ein Triller ohne Ende. Eine Arie aus einer Note, um die herum eine Szene gebaut ist. Ein schöner Augenblick, in ein magisches Spiel zerdehnt. »Glück, das ist: ein einziges hohes Gefühl im Herzen tragen, dies aber bis an des Herzens Rand«; wie man sich, als lyrisches Ich, dabei benimmt, und wie die Welt dazu aussieht. Diese Laune eines glücklich verliebten Lyrikers stelle ich mir auf der Bühne so vor (die szenischen Weisungen des Autors außer acht lassend): In einem reizvoll stilisierten Gasthausgarten eines Sommernachmittags (auf der Kleinseite) ein paar groteske, in ein gespenstisches Kartenspiel vertiefte Spießer. Nebenan, phantastisch-modern gekleidet, Orosmin, sonst angeblich ein Maler, jetzt nur Orosmin der Glückliche. Er sitzt dicht an der Rampe, ins Publikum blickend, als sähe er dort den belebten Platz des Städtchens, dort die Gasse, das Haus, die Tür, das Fenster der Geliebten, die er erwartet. Wenn er hinaus zeigt: »Glaubt Ihr etwa, diese Leute seien Freunde« –, zeigt er auf die Allerfremdesten im Zuschauerraum. Unmittelbar vor sich braucht das Publikum, soll es folgen, das Glück dieses Gesichts, die illuminierten Augen, in denen allein ja ›Handlung‹ geschieht. »Jetzt bin ich konzentriert. Hier!« So beginnt die sanfte, heiter schwärmerische Arie von der Liebe. Etwa: unglückliche Liebe schluchze sich in Versen aus, aber glückliche Liebe brilliere in Prosa! Der Hymnus darf nicht aufhören, wenn Orosmin schweigen muß, weil die fremde Welt das Wort ergreift, die er gar nicht vernimmt. Auch ein Schweigen muß voll Beredsamkeit sein. Aber er darf beileibe nie deklamieren, sich nicht wichtig machen; er plaudere ungezwungen, berückend natürlich, charmant. »Wie charmant ist dieser Glückliche!«, fühle das Publikum, »wir möchten auch so sein, so glücklich und so charmant!« Ein Kind, selig, vertrauensselig – wes das Herz voll ist, des sprudelt die Diktion über. Wenn sich Moissi eines Tages der überzarten kleinen Dichtung erbarmte, er hätte die Stimme, die Musik des Herzens zu plaudern; er hätte die Kunst, diese zärtliche Sprechmelodie der Verzückung im Alltagstone aufleben zu lassen; sein Zauber des liebenswürdigsten Menschen könnte, leicht geflügelt, auf der Ton-Höhe des Gefühles schweben – und schweben machen. So süß klänge dann Jugend.

Der neuprager Ton, der, wie die ›Blätter der Kammerspiele‹ richtig vermerken, von Laforgue über Brod zu Werfel führte (aber der reinste Dichter des Kreises ist Franz Kafka), mischt Schiller mit Alltagsjargon, Pathetik (bis zu den Sternen) mit Rührung (über die Gewöhnlichkeit) und mit Erbarmen (mit dem Menschenherzen). Und dieser Ton enthält ein wirklich eigenartiges, dem *genius loci* abgelauschtes Humorelement, das als ›romantische Ironie‹ über der Brodschen Szene schwebt und sich bei einer Aufführung in Sprache, Dekoration und Kostüm ausprägen müßte. Orosmin, auf der Höhe des Gefühles rastend, verzehrt mit gutem Appetit sein ›Rostbratl‹. Heißt nicht sein ‹Engel›, und mit ihm der ganze Himmel, recht banal ›Irma‹? (Während das ‹Sonntagskind› selbst recht romantisch ›Orosmin‹ heißt.) Orosmin wartet auf die Geliebte; sie braucht gar nicht erst zu kommen; sie – – ist ja da. (Innerlich!) Auch wenn Orosmin mit dem kupplerisch-zudringlichen Wirt spricht, spricht er nur mit ihr. Auch aus dem Gehudel, das der bucklige Klavierstimmer dudelt (»Rumdi, krumdi, schrum«), hört er nur ihre Stimme ‹stumm›. Sein Gefühl ist in sich vollendet, also kann es nicht gestört werden; niemand und nichts kann die ideale Vereinigung mit der Geliebten irritieren. Da ist das schmerzlich-süße Mißverständnis der Wirtstochter, welche hoffte, sie sei es, von der Orosmin schwärmt; gerührt und bei aller Ritterlichkeit, und so hübsch sie ist, muß er sie doch wegschieben, wenn sie ihm die Aussicht auf jenes Fenster verstellt. Oder die Kunsttiraden seines Freundes Klügrian gefallen Orosmin ganz gut, als »geordnete Verwirrung«. Aber wenn man ihm sagt: deine Gemälde sind verbrannt, empfindet er: bravo, eine Fessel weniger. Wenn man ihm sagt: der Fürst beruft dich, empfindet er: eine Fessel mehr? um keinen Preis. Wenn der Hofmarschall höchst persönlich erscheint, bleibt er sitzen; er könnte keinen Hokuspokus treiben, auch wenn ein Ober-Fürst zu ihm käme. Daß er dem Hofmarschall die Berufung zerfetzt ins Gesicht wirft, ist nicht böse gemeint und geschieht sanftest. Ist ja nur ein romantisches Spiel! Orosmin beträgt sich freundlich zu jedermann. Er ist der einzige natürliche Mensch! Die andern, die Vernünftigen, sind die Gespenster. (Herr Reinhardt war eines, als Klavierspieler.) In diesem Gegensatz triumphiert ja die romantische Ironie.

Der Spielleiter, Herr Demetz, selbst der jungen Prager Generation angehörend und als Lyriker ein Werfel-Schüler, dürfte das alles genau verstanden haben, er versuchte auch gewiß, den richtigen Ton zu finden (das hört man besonders den Nebenrollen an, der lyrischen Gestimmtheit der Wirtstochter (Fräulein Bogs) und des Kunstreich (Herr Solltau). Aber er hat den Humor davon und die zarten theatermäßigen Handlungselemente (am deutlichsten: die Hofmarschallszene) und überhaupt den Stil der aparten Dichtung nicht energisch genug herausgearbeitet. Vielleicht fehlt es Herrn Demetz weder an Begabung, noch an Verständnis, dann aber gewiß an Wagemut. Ein junger Regisseur darf sich vergreifen: wenn er nur ordentlich zugreift! – Herr Fehér (Orosmin) war von der Dichtung zu wenig bezaubert, um nun selbst bezaubern zu können. Aber er gab sich redliche Mühe und hatte hübsche Augenblicke. Es kostete ihn wohl Selbstüberwindung, seinen deklamatorischen Elan zu dämpfen, aber er kämpfte tapfer für sich und den Dichter. Der Premierenerfolg schien das kühne Experiment zu rechtfertigen; die Vorspeise für Feinschmecker wurde genehmigt.

Als Hauptspeise, geschmackvoll serviert, köstlich und nahrhaft: Wedekinds ›Kammersänger‹. Etwas für Fleischfresser, für das Raubtier Publikum. Eine erste, scharf umrissene Skizze der Wedekind-Anschauung vom ‹Künstler› als dem Luxustier des Kapitalismus. Ein erstes Beispiel der Wedekind-Exzentrik-Dramatik. Kontrakt, Termin, Schnellzug –: Hauptperson dieses Dramas ist der ›moderne Betrieb‹. Dieser ›Betrieb‹, der Taylorismus, ist hier alles: Handlung, tragische Schuld und dramatische Technik. Die Seele, das Private, die Idee, die Liebe: das ist Luxus, Überflüssigkeit, Zwecklosigkeit, das versucht mitzuhaften und bleibt doch zurück, veraltet, entartet in Karikatur oder entleibt sich selbst. Aber man hat kaum Zeit, sich umzubringen. Eine Närrin der Liebe erschießt sich noch im letzten Moment. Man muß auch über diesen Schuß lachen, aber doch traf er das fühlende Herz.
Eine gute Aufführung, in der man eine feinere Hand ordnend am Werke fühlte. (Regie: Herr Bondy.) Herr Fehér reichte zwar für den ›Kammersänger‹ nicht aus, es fehlte ihm an stiernackiger Männlichkeit, an Überlegenheit, an infernalischer Sachlichkeit. Auch schien er müde. Matt war diesmal auch Fräulein Martens. Aber Frau Medelsky steigerte sich zu echter Leidenschaft, mit einem Stich ins Kleinbürgerliche; und Herr Wurmser, sicher chargierend, verlieh seinem veralteten Idealismus genug wirksame Tragikomik, um im Sinne Wedekinds unter Gelächter zu erschüttern.

Gastspiel Ernst Deutsch

›Der Sohn‹, von Hasenclever

Kein Schauspieler ist in Prag ein Prophet. Aber es braucht nur den kleinen Umweg über Berlin, über den großen Reinhardt, der, wenn er einen jungen Schauspieler zu *seinem* Schauspieler machen kann, ihn damit für alle Welt zum Schauspieler macht. Dabei hatte Ernst Deutsch damals, als er, ein fanatischer Knabe, von der Wiener Volksbühne kam, als ihn Hermann Wlach nach Prag brachte, aus eigenem bereits alles Wesentliche, was er heute von Reinhardts Gnaden legitim besitzt. Der unbezwingbare Rhythmus der Jugend, der uns heute mitreißt, ging ihm damals schon durch jeden Nerv. Man fand ihn nicht hübsch genug und wollte seine Edelrassigkeit, seine herbe Grazie nicht bemerken. Man spürte das heiße Innere, die Inbrunst, die Ekstase, die durch seine Sprödigkeit der Mittel, durch die eckige Gebärde, durch die vibrierende, aber doch verhaltene, bis zur Krampfhaftigkeit verhaltene Spannung so echt, so keusch wird; man spürte die Zerbrochenheit, die heute seine ‹Note› ist; aber man spürte wohl auch die eigenwillige, renitente Wendung, welche der lyrische Ton hier nimmt, man fühlte den Repräsentanten der ›neuen Generation‹. Und dagegen wehrte

man sich instinktiv. Denn diese Jugend hat keine Tugend, sie tritt selbst-
bewußt, ja herrisch, wenn nicht gar ruhmredig auf. Und doch hat Ernst
Deutsch gestern – nun, da Reinhardt ihn modulieren, sich steigern, sich aussprechen, sich stilisieren, sich zur Geltung bringen gelehrt hat – doch hat er
gestern gerade die innerste Zartheit und Weichheit des Hasencleverschen
Sohnes, das rührend Infantile dieser scheinbar so rabiaten Dichtung, das
Bittende in der Tobsucht, das Hilflose in der blinden, sich verreißenden
Einseitigkeit des Werkes erschütternd kundgetan. Daß er die großen Szenen
traf, die Abrechnungen, die Ausbrüche, die Schreie; und auch die Lyrik,
deren Ton ihm ja unmittelbar aus dem Herzen singt: das hat mich nicht
überrascht. Aber wie schön, wie edel holte er das versöhnend Menschliche
aus dem Drama, das Dichterische, die Begabung dieses bei aller Kindlich-
keit so blendend begabten Erstlings! Diesen ›Sohn‹ spielt Herrn Deutsch
wohl kaum ein anderer deutscher Schauspieler nach. – Auch sonst brachte
die Aufführung – mit Ausnahme des (auch dem Dichter) gröblich miß-
glückten dritten Aktes – viel Einfaches, Schönes in Ton und Gebärde.
(Regie: Herr Demetz.) Fräulein Thetter, das ›Fräulein‹, gab, besonders in
Prosa, schlichte Mütterlichkeit mit einem leisen, schmerzlichen Resignations-
zug; Herr Koch, zu leise, zu undeutlich, mühte sich um den (höchst un-
dankbar) verschrobenen ›Freund‹; Herr Reinhardt, der ›Vater‹, in Maske
und Gebärde vorzüglich, hatte zu wenig Intensität; ein Gast, Fräulein
Hoffmann, stellte ein sehr ergötzlich pikantes kleines, rotes Luderchen von
einer Adrienne hin; und Herr Bogyanski war ein gütiges Gegenstück zum
bösen Vater. Die Herren Mühlberg, Zeisler und der sympathische Herr
Solltau sollen an diesem gelungenen Abend nicht verschwiegen sein. Es war
ein sehr herzlicher Erfolg, und geradezu ein Triumph für den jungen Prager,
Ernst Deutsch, der in Deutschlands übers Jahr ein erster Schauspieler geworden ist.

Gastspiel Hans Lackner

[›Lili Grün‹ von Emrich Földes]

›Lili Grün‹ – ein abscheuliches Stück, gegen dessen pseudojüdischen Witz
und pseudojüdische Rührseligkeit, gegen dessen pseudobudapestische Mache
in jedem menschlichen Individuum, das nicht entschlossen ist, sich um jeden
Preis an Geist, Würde, Reinlichkeit und Besinnung zu ‹unterhalten›, jede
Faser sich sträuben mußte! Welch ein Labsal, welch eine nektarambrosiani-
sche Köstlichkeit, welch einen Jungbrunnen des echten Lebens bieten, böten
dagegen die richtigen ›Budapester‹. Nur aus einem lechzenden, verschmach-
tenden Verlangen des Publikums nach diesen richtigen Budapestern kann ich

es verstehen, daß die ›Lili Grün‹ gefällt; daß nicht die ordinäre Gemeinheit des Behagens, das hier geliefert wird – und das ein Deutsches Theater sich weigern sollte zu liefern –, die Leute abschreckt. Die armen Schauspieler, die sich da exponieren müssen! Herr Lackner freilich – noch vor wenigen Wochen in Prag ein Fremder, ein neuer Mann, heute schon ein sehr lieb gewordener Gast – Herr Lackner erhebt in seiner unauffälligen Art, einen prächtigen Menschen hinzustellen, sogar dieses Stück zu einer halbwegs menschlichen Komödie. Eine Lacknersche Charge ist gar keine Charge, sondern ein rundum gediehenes Lebewesen. Sein ›magyarischer Reisender‹ mit dem Brillantine-Scheitel in Tiefschwarz, mit dem Tait-Diamanten gleichsam im Knopfloch, mit der ganzen verführerischen fettigen Pracht eines Zigeunerprimas ist dabei so echt, bringt soviel Borniertheit, und in der Borniertheit so viel Herz, in der Frechheit soviel Schüchternheit auf, daß er, mitten in der Komik, immer wieder rührt, ohne je an Komik einzubüßen. Neben ihm bestand, ohne durch das Stück Schaden zu leiden, nur noch der in diesem Fall wirklich überaus gelungene Herr Hofer, der seinen guten Onkel manchmal beinahe in die Nähe des Altmeisters Roth rückte. Herr Hofer nämlich erhebt die ›Lili Grün‹ geradezu bis zu den richtigen ›Budapestern‹, während Herr Bogyansky, das Gegenbeispiel, sich mit allem nur möglichen Takt bemühte, in der honorigen bürgerlichen Sphäre zu bleiben. – Herr Lackner, der Gast, wurde herzlichst gefeiert.

Dresden (1919)

›Das bist du‹ [Friedrich Wolf]

Das bist du! Tat twam asi. Das Zauberwort altindischer Weisheit, das die
Grenzen zwischen Mensch und Tier und Ding öffnet; als Axiom der Metaphysik Arthur Schopenhauers deutsch und europäisch geworden: steht als
Titel über dem Erstlingswerk eines jungen Dramatikers, Friedrich Wolf, der
– eingestandenermaßen – durch sein verkündendes Wort die Frage der Zeit
beantworten helfen will. Und wahrlich, dieser Dichter treibt keine Schul-
philosophie und setzt keine philosophische Schule voraus. Er spricht zu den
Leidenden und Suchenden der Zeit, die leiden und suchen wie er; das ist
seine Voraussetzung – und daß sie angespannt seinem angespannten Suchen
und Versuchen horchend folgen, ist seine jugendliche Erwartung. Den Wesen, den Menschen, den Dingen seines Spiels handelt es sich nur um dieses
›Das bist du‹, das sie aneinander erfahren. Suchend, ahnend, mahnend,
und aufjubelnd am Ende, so geht es durch das Theaterstück; als unablässige
Frage, als frohe Antwort, Gewißheit zuletzt. Zwei, die sich sträflich lieben,
erfühlen ineinander das Urgeschwisterblut, das sich wieder vereinigen muß.
Ein Eifersüchtiger kennt im Nebenbuhler seinen Doppelgänger, sein Spiegel-
bild. Ein Mord geschieht: aber Mörder und Opfer werden Eines, der Mörder hat nur sein eigenes Selbst, seinen alten Adam erschlagen; das Opfer
hat sich in den Mörder verwandelt, sich in ihm erneut. Aber hat die Hand
ausgeholt oder die Axt, die sich dazwischengedrängt und mit ihrem Stiele,
den Menschenhand zurecht gelegt hatte? Hat die Faust zugeschlagen oder
das Kreuz, das es schon längst müde geworden war, zum Symbol der Liebe
entselbstet zu sein, und das seine boshafte Urnatur, sein eigentliches Wesen
eines Marterholzes wieder durchsetzen wollte? Das ›Das bist du‹ wird
hier zum Zwang eines bösen Fatalismus, der Ursache an Wirkung und Wirkung an Ursache bindet und alles – wie die Lawine den Schnee – zusam-
menballt. Tat twam asi oder die Dämonie des Trägheitsgesetzes – ein verzweifelter Schicksalsbegriff! Aber schon in den dienenden Dingen, die
rebellieren und ihr calibanisches Selbst, ihr antimoralisches Eigenwesen
gegen den Menschen ertrotzen wollen, zeigt sich die andere Seite des Gesetzes. Und die Menschen, müde, ewig nur Folge einer Folge zu sein,
gelangen auf der Suche nach der ersten Ursache zur Tat, die Freiheit gibt.
Auch die Untat (und das ist die gewagte Philosophie des Dramatikers) hat
noch dieses Befreiende. Der Dichter wertet sogar den rächenden, strafenden

Totschlag, weil der Täter, vom Lebensdrang dahingerissen, daran sein Ich verliert, moralisch. Dieser Totschlag wird es freilich nur, weil der Erschlagene sich freiwillig opfert, weil das Opfer den Täter beglaubigt und weiht. Der Getroffene nur, nicht der Zielende darf sagen: ich bin du! Noch nicht die Tat, erst das Opfer macht frei. So geschieht nicht die letzte, aber die entscheidende Wandlung und Verwandlung dieses Dramas, das sich nicht in Handlungen, sondern in Verwandlungen abspielt.

Das Gesetz der Individuation, und das ist die Zerrissenheit, die Zersplitterung der Welt in Zeit und Raum, in Einzelwesen, Interessen und Parteien – wurde vielleicht nie von allen Menschen so grausam gefühlt wie heute, da sich alles Trennende so furchtbar übersteigert hat im Krieg der Staaten, der Nationen, der Epochen, der Klassen, in der verzweifelten Isolation der Individuen. Der Schleier der Maja, der das All-Eine trügerisch und verwirrend in Tausendfaches zerteilt, lastet schwer und dicht und blutgetränkt auf den Gemütern. Ihn zu knüpfen und zu lösen, hat die Dichter immer gereizt. Ein Heutiger wird freilich für milde Lösungen den Glauben nicht aufzubringen vermögen. Friedrich Wolf will, in dichterischer Absicht, das Zeitliche, das uns quält und bedrängt, wohl in die Sphäre des Zeitlosen heben, aber er ist zugleich bestrebt, die Wurzel der Zeitproblematik zu erfassen. Diese unsere Zeit ist Zeitenscheide; hier stößt das Ende einer Epoche auf den Beginn einer Epoche; Agonien mischen sich mit Geburtswehen. Werte, Welten vergehen und werden. Aber alles Werden und Vergehen ist dem Gläubigen des ›Das bist du‹ nur Verwandlung. Und er bejaht dieses Gesetz der Verwandlung als ein oberstes Prinzip des Lebens, das sein Wesen ohne Form, ohne Formen, immer neue Formen, immer neuen Geistes nicht retten könnte vor dem Ewig-Gleichen, vor der Indifferenz des Stoffes, der passiven Resistenz der Materie, vor dem »großen Krummen«. Verwandlung ist die große Möglichkeit des Lebens, die schöpferische Möglichkeit der Erneuerung. Der Schleier der Maja wird, nach Schopenhauer, zerrissen oder doch gelüftet durch die große Liebe, durch die große Kunst, durch Heiligkeit. Liebe erlebt das Ich im Du, das Du im Ich; die Kunst erschaut und bildet Ganzheit aus der Zerstückelung, Idee verwirklichend im Werke; Heiligkeit überwindet den blinden Lebensdrang, läutert den brutalen Willen, löst den Erbfluch des Egoismus. Alle diese Arten, die Individuation zu durchbrechen, spielen in das Drama Friedrich Wolfs hinein: Es sind, nach Schopenhauer, Erlösungen durch Weltfluch, im tiefsten Sinne. Aber die junge Generation will ja die böse Welt nicht mehr fliehen, sondern sie verändern zu einer besseren Welt: durch die Tat. Sie sieht das Erlösende in der Tat und im Opfer. So verkündet sie die Verwandlung, die große Erneuerung. So wird Zerstörung des Alten sogar geweiht durch die Begeisterung für ein besseres Neues, durch den Willen zur restlosen Verwirklichung des ewig Wahren und Guten für alle. Für die Kinder einer harten Zeit kann wahre Brüderlichkeit, lebendigere Gemeinschaft nur gedeihen, wenn der Kampf der Gegensätze entscheidend ausgefochten und entschieden wird durch den Sieg der Idee. Nicht mit der nur gedachten Idee will sich diese Jugend begnügen, sondern mit der lebendigen Idee, die verwirklicht wird durch Bekenntnis, Tat und Opfer.

›Das bist du‹ will Ideendichtung sein, beschwört Körperliches, Reales nur als durchleuchtete Erscheinungen der Idee; will die Metaphysik der Tat und des Opfers (als Setzung einer innersten Unruhe, als Verwandlung und Wiedergeburt aus freier Wahl, aus willentlicher Entscheidung) dramatisch geschehen lassen; und verlangt deshalb ein ideales Theater bei aller Prägnanz und Deutlichkeit. Nun war seit jeher jedes Kunstwerk, das eines war, versinnlichte Idee. Wer Kunst schafft, schafft Idealität, und kein noch so fanatischer Realist konnte die Wirklichkeit nachbilden, ohne ihren Geist zu beschwören. Der Einzelfall wird ja nur dichterisch durch sein Seelenhaftes. Daß der Naturalismus sich jede Metaphysik versagte, ließ nur den metaphysischen Kern sich ins Innere verschließen. Die jüngsten Dichter aber treiben ihn wieder nach außen. Sie wollen Idee nicht erfühlen, erraten, erleben lassen, sie wollen sie nennen, aussprechen, verkünden, propagieren. Der Naturalismus, in den besten Werken seiner schlichten Lebenstreue, war potentielle Idee. Die jungen Dichter aktualisieren die Idee wieder. So mag der geistige Gehalt vor dem Verschwimmen, vor dem Versickern gerettet werden. Er wird es nicht ohne Gestaltung. Sofort zeigt sich eine neue Gefahr, daß nämlich der Einzelfall, der die Idee verbildlichen muß und dessen die Kunst, auch die abstrakteste, niemals entraten kann, allzu schematisch, allzu konstruiert gerät oder trotz aller überdeutlichen Deutung nur Einzelfall bleibt, auf den die Idee gar nicht paßt, mit dem sie sich nicht vollkommen genug deckt. So drohen bei den neuesten Versuchen die Kunstwerke in eine mehr oder minder richtige Predigt und in falsche oder verspintisierte Beispiele auseinanderzufallen. Es muß bei jedem einzelnen Werke dieser Richtung neu entschieden werden, wie weit es diese Gefahr vermeidet oder überwindet.

›Das bist du‹ hat einen weiten kosmischen Rahmen, der eine enge sinnbildliche Welt zusammenhält. Das Vorspiel zeigte die Dinge und Menschen, die Bank, die Axt, das Kreuz, den Leben ersehnenden Jüngling, das zur Liebe erweckende, zum Leben verführende Weib in einem Stadium der Seelenwanderung, da sie noch ungestaltete vage Wesen sind, noch vor dem Leben, vor der Individuation, zwischen zwei Verwandlungen, aber schon umrißhaft die nächste Verwandlung zum Leben, zur Individuation, die ihnen beschieden sein wird, andeutend. Schon im Vorspiel ist gegeben, wie sie im eigentlichen Spiel zueinander stehen werden. Andreas, die Mittelpunktsfigur des eigentlichen Spieles, weilt wohl schon auf Erden, wenn diese kosmische Zusammenkunft sich begibt. Dieses ›auf Erden‹ selbst, der Ort

der Verwandlungen, ist schlichteste Erde, auf die einfachsten Grundverhältnisse, auf primitive Urtypen gebrachtes Menschendasein, ein dramatisches
Bauerntum zwischen Karl Schönherr und August Stramm; aber stets der
Idee mit äußerster und innerster Spannung zugewandt. Ein Widerschein
Tolstoischen Geistes liegt über der Gärtner-Idylle. Der allgütig ernste
Mann, einem evangelischen Ideale des reinen Heiles schwerblütig nach-
lebend; das Weib, nach irdischer Erfüllung lechzend, vom Begehren gequält; der Jüngling, eine Johannesfigur, seinem Meister nachstrebend, berufen, aber noch nicht auserwählt, seelenhaft begeistert, aber, weil noch un-
gesättigt, dem Leben verfallend, zwischen Idealität und Trieb dämonisch
schwankend; und der Schmied, Zyniker, Geist der Entzweiung, satanischer
Widerdämon. Jüngling und Weib, einander urverschwistert in der Lebens-
sehnsucht, bilden, sich umschlingend, das Zünglein an der Waage zwischen
Andreas und dem Schmied. So entwickelt sich, in strengster Geschlossenheit
– nur unterbrochen von einem phantastischen Zwischenspiel der dämonisch
angeschwollenen, fratzenhaft verzerrten Dinge, welche die böse Tat beraten,
zu der sie hindrängen – eine Tragödie zwischen guten, das Gute verzweifelt
suchenden Menschen.›Das bist du!‹ Sie fühlen es, vermögen es aber noch
nicht. Dazu muß erst das Weib verführen, der Jüngling sich der Verführung
neigen, der Schmied hetzen und petzen, die Dinge sich eindrängen und,
Werkzeuge des Bösen, zum Bösen verlocken, Andreas, seine Güte wie eine
Schwäche überwindend, töten, Johannes durch den Geist des Opfers die Tat
verklären, Martha und Andreas in diesem Geiste sich finden. – Die letzte
Verwandlung – die wohl eigentlich folgerichtig das Nachspiel heißen
sollte – zeigt die Geschöpfe, Menschen und Dinge, in einem nächsten
Stadium der Seelenwanderung, wieder als ›Wesen‹. Der Ewig-Gleiche
taucht auf, der große Stillstand, der verkörperte »Schlaf der Welt«. Und
nun zeigt es sich, warum die Dinge zum Bösen gelockt haben. Sie konnten
damit, auf ihre Weise, die Tat bewirken, und dadurch: die Verwandlung,
die Erneuerung. Sie sind es auch, die jetzt den Ewig-Gleichen hinabstürzen;
was die Handlung des Spieles noch einmal symbolisch wiederholt, wie
überhaupt das Nachspiel eine letzte symbolische Spiegelung des Spieles
ist. Der Jüngling erscheint, nicht mehr »die jugendliche Glut, die selbst-
schen Besitz verzehrend hascht«, sondern zur reinen Flamme geläutert, sein
Opfer preisend und es damit bewährend. Andreas erstrebt und erhält
die Verzeihung und ist der brüderlichen Liebe wiedergegeben. Das Weib
erscheint, zum Leben rufend, zum Leben bringend den, der es wählt.
Die Dinge vermögen die Wahl nicht, Johannes, der Geläuterte, verzichtet auf die Wahl, Andreas, der Mann, jetzt erst entscheidend geformt,
entscheidet und wählt, wählt den Willen, wählt jetzt wohl Vaterschaft,
wählt damit das erneuerte Leben, dem sich die Dinge, nun wieder dienst-
bereit, einfügen. »Spürt es, o spürt's, ein neues Leben glüht verheißungs-
voll über unsern Häuptern!« Und: »Wir wollten uns vernichten, und wir

sind verwandelt worden!« Ein Akkord der Liebe und Versöhnung darf nun rein ertönen.

Dieses jugendliche dramatische Wagnis fordert von der Bühne Verzicht auf jede Illusion, die nicht streng der Idee dient, und verlangt doch Verdeutlichung, Verlebendigung. Neben den Menschen spielen Dinge, als beseelte Eigenwesen mit, außer diesen, die mithandeln, dürfen also konsequenterweise keine Gegenstände, keine Requisiten vorkommen. Die Bank, die Axt, das Kreuz sind rechtens da, sie spuken ja später, verwandeln sich in fratzenhafte Ungetüme, bekommen Gesichter, oder vielmehr: zeigen ihr wahres Gesicht. Der Garten des Gärtners erscheint nur gemalt auf der Leinwand, als Prospekt, der das Wesentliche anzeigt: einen gemalten Baum in der Bühnenmitte, der symbolisch dasteht, wie der Baum des Lebens; um den sich, rechts und links von ihm, die Szene aufbaut. So teilt auch das Kreuz die gemalte Wand, welche die Stube bezeichnet. Diese abschließende, zweidimensionale Hintergrundswand, die nur einen schmalen Bühnenstreifen, dicht am Publikum, übrig läßt, treibt das Spiel von selbst ins Relief. Menschen, vor diese Wand gestellt, ohne schützende Ecken und Winkel, haben keinen andern Halt als sich selbst und müssen sich entschließen, sich groß und wesentlich zu gebärden. Sie dürfen keine einzige kleine, beiläufige Bewegung machen, ein Heben der Arme ist bereits Handlung, ein Neigen des Kopfes ist Tat. So spielte man wohl einst Theater. Diese Art des Spieles vollzieht ja nur eine Rückkehr zu einem absichtlichen und bejahten Theater, das noch in sich wirklich sein und keine ihm fremde Wirklichkeit vortäuschen wollte. Die Gebärde muß also wieder architektonisch die Handlung aufbauen und sich nach ihr seit jeher innewohnenden strengen Gesetzen musikalisch genau und karg wesentlich entwickeln. Sie hat vom Naturalismus eben Genauigkeit gelernt, Präzision in der Seelenmalerei, lückenlose Abwandlung des Themas, nur daß sie Überleitungen, langwierige Übergänge, Hilfslinien wegläßt, das Verfahren abkürzt und sich großzügig auf das Wesentliche in der Vorbereitung und Nachwirkung und auf die Höhepunkte beschränkt. In dieser Beschränkung zeige sich nun der Meister! So muß zum Beispiel ein Monolog, der aus wenigen ruckweisen Worten, unvermittelten halben Ausrufen besteht und doch eine ganze seelische Entwicklung bedeutet, mimisch auseinander gefaltet, körperlich dargelebt werden. Wie es ja überhaupt zu den Erfordernissen des neuen Gedankendramas gehört, daß der Schauspieler Wortformeln, Gedankenblitze, seelische Kurzschlüsse gebärdenhaft aus und zu Ende leben muß. Die Schauspieler sollen ihr Schlichtestes geben und doch in jedem Augenblick, übercharakteristisch, das Symbolische der Figur und der – zusammengedrängten – Situation. Die Konzentration sei nicht etwa nur eine äußere, sondern eine innere, sei Konzentration auf die Idee. Nur so, von der Verdichtung des Inhalts, des Gedankens, der Sprachmelodie her, durch Herausschälung des reinen

Gehaltes, durch Intensität wird der Schauspieler die Ausdruckskraft, das Pathos des neuen Idealismus erreichen und entladen können. Nur so, immer vom fanatisierten Inhalt her, wächst das auf wesentliche Gebärde eingestellte Spiel in jedem Augenblick ins Sinnbild, schleudert es seine Bedeutungen hoch. Gelingt das, so wird der Zuschauer alles gespannt miterleben und mittätig verstehen, auch wenn er nicht jedes philosophische Aperçu, dem Worte nach, begreift. Strenge, gesetzmäßige Entwicklung der inneren Handlung setzt sich spontan in äußere Bewegung um, deren Verlauf allerdings vom Stilgefühl, von Auge und Ohr, überwacht und gelenkt werden muß. Freilich fordert diese Spielweise eine unausgesetzte äußere und innere Spannung nicht weniger vom Spieler als vom Zuschauer, Hörer. Bewußtes und betontes Theater im Dienste der Idee, die sich verkünden, darleben, verwirklichen will. Alles, Geräusche, Dinge, Farben, Formen, Menschen und das beseelte, beseelende Licht (von allen einfachen Mitteln das vielfältigste) auf das Wesentliche bedacht und zum Wesentlichen entschlossen, so daß sich, im Prinzip, nur wenig ändert, wenn auch reine Wesen, Inbegriffe auftreten. Die so gereinigte Bühne wird dann auch den reinen Dichter verlangen, der ihr heute noch nicht wieder erstanden ist; wenn sie nicht erst von ihm wird, mit reinstem Gelingen, ausgehen müssen. Solange Absicht, Intellektualität noch vorwaltet, wird sie auch aus den Bemühungen der Reproduktion nicht ganz schwinden können.

[Berlin] 1922

Jüdisches Theater

[Salomon Anski: ›Der Dybbuk‹]

In der ostgalizischen Stadt Sambor hieß es eines sommerlichen Tages, es habe gestern eine ausgezeichnete jiddische Truppe – die berühmten Lubliner – unter mächtigem Zulauf und mit mächtiger Wirkung gespielt: man habe das ausgezeichnete Stück ›Der Dybbuk‹ gegeben, ein chassidisches Gespensterdrama, das sich ja auch in Wien so sehr bewährt habe. Der Wert des Stückes stand fest; denn es wäre – wie man mit allen Zeichen eines aus Anstand nur mühsam verhehlten Triumphes betonte – in der Neuen Freien Presse ein Feuilleton darüber gewesen. Und – so hieß es – hervorragende Regie, denn: ›Lublin!‹ Man raunte sogar, daß Stanislawski persönlich die Lubliner Truppe ausgerüstet habe, bevor sie sich auf das offene Weltmeer des Erfolges begab.

Die Intellektuaille von Sambor – auch die jüdische, beinahe hätte ich gesagt: sogar die zionistische – gehört einstweilen noch der polnischen Kultur an (wie dieser Teil Ostgaliziens ja auch politisch-militärisch von den Polen besetzt ist). Daß diese Kultur trotz dem unlängst zu neuer Glorie emporgestiegenen Warschau zuinnerst immer noch vom alten Österreich abhängt, bewies mir die oft zitierte Neue Freie Presse, das Feuilleton, das in diesem Fall, wie immer, Epoche gemacht und den Wert geprägt hatte. Überhaupt zeigte sich das Stigma ›Provinz‹ (Abhängigkeit, aus zweiter Hand) deutlich genug in allen, mit einer gewissen Scheu und Heimlichkeit angewendeten, Schlagworten wie ›Lublin‹, ›Stanislawski‹ und anderen. Auch die Sage von der alleinseligmachenden Regie war also bis in diese sonst ziemlich theaterreine Gegend gedrungen.

Sambor war stolz auf die Lubliner Gäste, mit ein wenig schlechtem Gewissen, als traute es sie sich nicht ganz zu. Tags darauf eine vollkommen geänderte Situation: schwere Enttäuschung, man läßt die Nase hängen. Es seien gar keine Lubliner, sondern Tarnower, eine kleine unbedeutende Truppe, die sogar in Sambor Eingeborene als Mitspieler zu verwenden nicht umhin gekonnt habe. Also: schlechte Schauspieler, gewöhnliche jiddische Regie, der Saal des Kinos akustisch unmöglich, das Publikum ungebildet und unartig lärmend. Fest stehen blieb eigentlich nur das Feuilleton der Neuen Freien Presse und damit der unleugbare Wert des Stückes. Trotzdem riet sogar der Friseur mir ab: die Regie wäre gar zu elend, insbesondere fehle es an allen von der Handlung gebotenen Dekorationen. Dieses letzte

Argument bestimmte mich, die zweite Vorstellung zu besuchen. (Friseure empfinden dekorativ.) Das Theater war leer.

Es begann erheblich später, als der Theaterzettel gewollt hatte. In der Wartezeit bewunderte ich vom Ersten Rang herab die disharmonische Beweglichkeit dieses Parketts. Es waren nicht viele Leute da; aber diese wenigen nützten sich so ab, daß man den Eindruck vom zügellosen Verbrauch einer wilden Masse gewann. Schließlich wird es dunkel, das Glockenzeichen ist erklungen, das Stück hat feierlich begonnen: da reißen sich die Türen auf und klappen zu, Stimmengekrächz, ein dunkler Trupp anscheinend zu allem entschlossener Jugend hat das Parkett betreten und sich vieler Plätze bemächtigt. Das Milieu gibt sofort den Gedanken ein: wahrscheinlich eine Preisermäßigung in letzter Minute, ein improvisierter Ausverkauf, der von gestern auf heute gesunkenen Erfolgsaktie entsprechend. Aber das macht nichts. Vielleicht sind diese späten Störer grade die besten Hörer.

Übrigens konnten alle Grunz- und Räuspertöne, alles Knacken und Krachen des von den Leuten schwer belästigten Gestühls – welche Geräusche die Kino-Akustik den ganzen langen Abend lang viel inniger, sie gleichsam protegierend, wiedergab als die gehaltene Sprache der Bühne –, die ganze feindselige Brutalität des wüsten Außenraumes konnte von Anfang an die unangestrengte Innerlichkeit der Bühne nicht gefährden, die, an ihr Publikum gewöhnt und dagegen abgehärtet, sich absolut nicht provozieren und aus ihrem Selbst reißen ließ.

Mit dieser Innerlichkeit begab es sich so. Auf das Glockenzeichen war der gemeine Kinovorhang aufgegangen. Zugleich ertönte feierlicher Gesang chassidischer Männer gedämpft und eintönig aus dem Innern der Bühne. (In der schönen Übersetzung Arno Nadels klingt er: »Um wessen willen, um wessen willen / Ist die Seele aus höchster Höhe / Herab in tiefen Grund geflossen? / Im Fallen ist der Aufstieg / Eingeschlossen...«) Man sah, während dieses erklang, eine mystische weiße Fläche, ein ausgespanntes Leintuch, durch das merkwürdig angeordnete Kerzen schimmerten. Geschah dahinter ein Totenfest? Fand ein Geheimkult statt? Der Gesang verklang, langsam hob sich die Leinwand. In der Mitte des halbdunkeln Raumes stand eine einzige weiße Säule, die mit ihrer hellen Bestimmtheit ein Vorn und Hinten, ein Rechts und Links schuf, das alles um sie herum aber magisch verdämmern lassend. Wir sind in einer ›Schule‹, in einer alten primitiven Synagoge, die ein Haus der Lehre ist und also ein Haus Gottes, der der Lehrer ist. Der simple rote Vorhang im Hintergrund, der die Thora verhüllt, ist, wenn er dann von einer verzweifelt klagenden alten Frau weggerissen wird, in Wahrheit das Tor zu einem Allerheiligsten. (Weil diese Verzweiflung so wild klagt, glaubt man ihr die letzte Hoffnung auf ein rettendes Wunder und damit das Wunder!) Kerzen sind angebracht an

Leuchtern in der Höhe und auf dem Tisch rechts; links sitzt ein Mann auf einer Bodenstufe, er hält eine brennende Laterne mit wieder einer Kerze in den Händen. Es sind feste Kerzen da, außer Reichweite, und solche, die gerückt, geschneuzt, herumgetragen werden: die den Raum verändern. Wenige Männer in diesem Raum, alle gleichartig und doch individuell verschieden, in langen schwarzen Kaftanen, die auch noch ihren banalsten Trägern eine Art von geistlicher Würde verleihen, mit schwarzen runden Käppchen auf den eigensinnig-weihevollen Köpfen von Sektierern, daran die schlichten, gepflegten Schläfenlocken ernste Arabesken sind. Das Saubre, Sobre dieser Männer, das eine strenge Einheit bildet, stuft sich musikalisch ab – etwa von einem rundlich-hochanständigen, glänzend-lebendigen und unverkennbar weltlichen, standespersönlichen reichen Hausvater bis zu dem ausgemergelten Fanatiker, der für sich allein auf dem Boden hockt und sich starr gibt, mehr Leiche als Mensch, ein Abgestorbener des Lebens, ein Gespenst der Lehre; bis zu dem verschwärmten chassidischen Jüngling, der, Speis und Trank verschmähend, mit glühender Seele ins All den unendlichen Weg geht und ihn verliert – mit schmerzlicher Süße, trunken verklärten Blicks hat auch er seinen Körper, der sich im innern Anhauch wie ein Rohr im Winde bewegt, fast schon hinter sich gelassen. Jeden bewegt es anders! So steht das fanatische Gespenst, jedes Mal, wenn es sein Entscheidendes zu sagen hat, auf und macht einige Schritte vor, hebt mit einem starren Arm die Laterne zu seinem starren Bleichgesicht und redet mit einer beinahe lallenden Pathetik, ein ausgehöhlter Bariton. Der ansehnlich weltliche Vater dagegen kommt daher wie eine Karawane, mit Gewürzen beladen, und gibt sich rund und maßvoll üppig, ein fröhlich wohllautender Baß, würdig-eitel, ein wenig in sich selbst verliebt. Und der Jüngling ist, mit seinen fast krankhaft allzu leichten, flatternden Gesten, ein etwas weibischer Tenor, eine verzückte, in ihren Seligkeiten sich brechende Stimme, die sich himmelwärts überschlägt, kraftlos in ihrem Beben, das Unaussprechliche, die Vision, auszusprechen. Aber all diese Sprache ist trotz ihren Drolligkeiten und leisen Selbstpersiflagen zwischen Glauben und Aberglauben, Hingabe und Berechnung, eine einzige ernste Gehalteinheit; sie ist trotz ihren natürlichen Färbungen, ihren Phrasierungen von der Einfalt bis zur Pfiffigkeit eine übernatürliche, sehr nachdrückliche Diktion, ist, mit ihren Beweglichkeitsakzenten, Trillern, Stockungen, stumpfen und erregten Pausen, eine streng gebundene, weithin tragende, auf das im Unendlichen liegende Seelenziel hin tempierte Rhythmik. Und dieselbe innere Gebundenheit, dieselbe weithin tragende Rhythmik geht als einig-einzige Bewegung durch alles Gehaben der Männer: die um den Tisch sitzen und schmausen; die sich grell über die Lichter beugen und wieder ins mystische Raumdunkel zurückverschwimmen; die aufstehen, sich niederlassen; in den Brennpunkt der Gespräche sich drängend oder zurücksinkend in ein stummes Abwarten, aus der Handlung ausgeschaltet und sofort in ihr inneres

Weben eingeschaltet. Das Sich-Wiegen des seelenvermessenen Jünglings (auf seiner Melodie) ist eins mit dem Sich-Wiegen der alten Männer (in Bedächtigkeit oder über dem Wein oder über einem heiligen Text) und eins mit dem Schweben des jungen Mädchens (das in Züchten wandelt) und mit dem Hereinstürmen der alten Frau (gejagt von ihrer verzweifelt-ungestümen Glaubenshoffnung). Und in diesem Raum eine Liebesszene: das junge Mädchen, das mit einer weltlichern, hier jedoch nur gedämpft-muntern Gespielin und mit ihrer weh-wissenden, mütterlich mitleidsvoll-unerbittlichen Njanja und Wärterin hereinkommt; und der Jüngling hinter der Säule sich verzückt wiegend zu jeder süßen Regung der Mädchenseele (er ihr und sie ihm schon vor der Geburt beschert, doch hat der Wohlstand den Vater blind gemacht für dieses geheime Einander und auf absurd-vernünftigere Bindungen und Lösungen, des Geldes, nicht des Blutes, bedacht): so stand wohl auch Dante hinter seiner Säule, wenn Beatrice vorüberkam, ebenso vermagert, ebenso verzückt, ebenso vergeblich – nur war es eine andere Art von Säule und von Seele. Ein leiser Laut zwischen den Mädchen aufzwitschernd, den Heiligen des Herzens hinter der Säule liebkosend; ein Blick, ein Hauch zwischen Mädchen und Jüngling – und schon ist das Mädchen hinausgeleitet, von ihrer grausam-gütigen Wärterin sanft-unerbittlich weggewendet und fortgeflüchtet für immer! Und so bewegt sich das alles um die fahle Säule, welche die bannende Mitte ist, bewegt sich nach einem hohen, mathematisch-genauen Gesetz, mit einer Seelen-Keuschheit, die manchmal burlesk wird und nicht selten den Nerven beinahe wehtut. So bindet und löst es sich übersinnlich-musikalisch, karg und verzückt, und sammelt sich am Ende zu einem dunkeln Reigen der chassidischen Männer. Man hat noch die zerreißend-abgerissene Bewegung im Gefühl, mit der der Jüngling wegstürzte, nein, schräg hinter die Kulisse fiel – und sieht nun den Tanz der Kaftanmänner ernst und doch froh, der weltlicher wird, sich lockert und nun, in genauer Steigerung, erst gestört wird, ohne sich stören zu lassen (der Kreis wiegt sich weiter), dann aber zerrissen wird von der Botschaft, der Jüngling liege draußen, er erhebe sich nicht mehr, er sei tot, gestorben an der Liebe, nein, hinweggeflohen zu den bösen Geistern, die er zu Hilfe gerufen! Diese Lahmlegung der Bewegung in zwei, drei rhythmischen Stößen, dieses Ende des Aktes, ritardando, noch klingt der Singsang der fröhlichen Gottestänzer, ist – meisterhaft, sagen wir in Europa. Nun der Vorhang gefallen ist und man die weiße bannende Säule nicht mehr sieht, sondern nur das Rembrandtsche Gewoge dieses Parketts – und hätte man vom Text, dem innigwitzig verschlungenen Jargon kaum ein paar Worte verstanden: geschaut und erlebt hat man Zwei-Einerlei: das sehnsüchtig-unendlich-irrende Wandern der ins Seelenall gefahrvoll verschwebenden chassidischen Seele – und die strenge magische Welt-Gebundenheit in einem Kreis des unweigerlichen Gesetzes.

Es wäre ausführlich zu reden über das sehr merkwürdige Drama ›Der Dybbuk‹, dramatische Legende in vier Akten von S. Anski – eine primitiv-raffinierte Dichtung, bis zum Überquellen erfüllt von all den Seelen, die vor der Zeit, unbefriedigt, verzichtenden Leibern entrissen wurden und nun das lebendige Leben umkreisen, das sie verlassen mußten, ohne es noch lassen zu können. Man konnte das fremdartige Stück erst unlängst in Berlin gespielt sehen, ich glaube, von den echtern Lublinern. Und man lese die edle Übersetzung, die der Dichter Arno Nadel (im Verlag Ost und West, Leo Winz, zu Berlin) hat erscheinen lassen. Das Werk ist aus Tiefsinn und Aberglauben, aus Mystik und Volkstum eine ergreifende Mischung. Den populären jüdischen (nicht nur jüdischen) Konflikt zwischen Liebesbestimmung und Vernunftehe breitet es ins Weltall aus und verknüpft ihn mit allen Herzen, lebenden, gelebt habenden und leben werdenden. Das kleine Seelenunheil wächst an zur Weltunseligkeit, das Schofar-Blasen zum drama-tischen Weltgericht, Rein von Unrein scheidend. Eine allerzarteste Idealität wird hier allgegenwärtig, grade weil sie mit Einfältig-Törichtem und Burlesk-Banalem so unsentimental-rührend verquickt ist. Dieses Drama darf auf seiner Höhe die Besessene wagen: das Mädchen mit den zwei Stimmen, ihrer eigenen überzart-schmachtenden Mädchenstimme und der furchtbaren, klagenden und anklagenden Männerstimme der Seele des Ge-liebten, die in sie gefahren ist; das Zwei-Seelen-Geschöpf, nach unsern Be-griffen ein lächerlich-grausiges Monstrum, in dieser Atmosphäre aber ein tragisch-dämonisches Wesen. Und die Austreibung des Dybbuks (Gespen-stes), die der Rabbi vornimmt, den Ritus des Seelenbannes mag die Ver-nunft als einen Hokuspokus belächeln – das Gefühl wird es überzeugt erleben. Nie mehr aus dem innern Gehör verlierbar der Jammer der ab-gestorbenen Seele, die sich verzweifelt an das ihr holdeste Leben klammert und sich von diesem seligsten Sitz nicht mehr verstoßen lassen will. In unser aller Blut beißt er sich fest, dieser Dämon! Und in aller dramatischen Weltliteratur keine ehrwürdigere, geistlichere Person als dieser Wunder-rabbi, dieser schmucklose, unscheinbare und erhabene, ermüdete und mäch-tige Mensch; von den zerrenden Bedürftigkeiten aller Welt fast erstickt und nie geschont; dieser Ärmste, der immerzu geben muß; dieser Ratlose, der gegen seinen Willen alles mit Rat versorgt; dieser demütigste Diener des Geistes, der, grade weil er nur blind gehorcht, so unerbittlich befehlen kann. Dieser große Herr des Geistes, dieses abgerissene, staubgraue Männchen – wie es greint und weint, zerwühlt und zernagt von einem gewaltig-ohnmäch-tigen Zorn gegen die Unzulänglichkeit, schneidet seine Stimme als ein Seelendiamant durch Wände und Knoten ins Herz; und seine kraftlosen Hände, wenn sie zum Segen sich heben, haben sie auch über unsern un-gläubigen Stirnen das schwerste Gewicht. Ein weher, mysteriöser, tief ehr-fürchtiger Humor umzittert – allermenschlichste Gloriole – dieses liebe Haupt!

Aber ich wollte eigentlich nur – nach Monaten – das Bild nachzeichnen, das das Spiel des ersten Aktes in mein mimisches Gefühl eingegraben hatte: das Bild einer unmittelbar-allgegenwärtigen Seele, die (mächtig, unsterblich und grenzenlos) sich dieser dunklen, engen, kargen Körper bediente, in ihnen drängte und zitterte, oft nur am äußersten Rand solch eines Körpers tollkühn hangend, diese Körper zueinanderzog und auseinanderstieß, sie zu einem steifen Ritual erstarren ließ, dann wieder sie löste und tanzen machte und schließlich solch einen Körper als eine häßliche Hülse – einen Klumpen Abscheu – tot und überzählig hinwarf. Da sah man denn, was der Körper immer gewesen war: Staubkloß, den nur die all-eine Seele belebt, bewegt und durchleuchtet hatte. Und fühlte schon im ersten Akt, wohin am Ende die erlöste Doppelseele der Liebenden sich verflüchtigt. Wie ein Astralleib in das Halbdunkel gezeichnet, war mir fast allzu grell sichtbar geworden eben die Gestalt dieser All-Seele, ihr magisches Innerhalb und Außerhalb der Leiber, ihr dämonisch-göttliches Formgesetz durch alle Urform hin. Kein Arm hatte sich überflüssig gehoben; es war jeder Winkel eines Gliedes nur der Zusammenhang eines Glaubens in der auseinanderstreuenden Zeit gewesen. Ja, man hätte das große, vielverzweigte, hin-und-wiederschlingende hieratisch-fromme Ornament des Ganzen graphisch festhalten können. Starke Schauspieler. Nein, ein starker Glaube. Ungeschlachte Teile, die schön und edel wurden durch das Ganze. Handwerklich-treuer, schlichttreuherziger Dienst an einem Würdigen und Reinen, an einem Bessern, das Alle, Spieler und Hörer, besser machte, als sie sind.

London (1938–1939)

Tschechow in England

[›Drei Schwestern‹]

Die englische Intelligenz liebt und verehrt Tschechow, als ob er kein Russe wäre. Seine Stücke nehmen auf den englischen Bühnen seit jeher eine Vorzugsstellung ein. Während Ibsen, mit der Gravität seiner Problematik, die dem Engländer zu wichtigtuerisch erscheinen mag, mit Respekt umgangen, und Strindberg – als indezent – womöglich nicht angerührt wird, erleben ›Der Kirschgarten‹, ›Die Möwe‹, die ›Drei Schwestern‹ immer neue Reprisen. Sie gelten als die Meisterwerke einer modernen Klassizität. Sie werden als Prüfstein künstlerischen Vollbringens des höheren bürgerlichen Theaters benützt, das in London mehr als sonstwo ein gesellschaftliches ist. Das ist eine höchst bezeichnende Tatsache, symptomatisch für den Inselcharakter dieser Gesellschaft, die vom neuen Tempo noch nicht erreicht wurde.

Tschechows Humor weist eine gewisse Verwandtschaft mit dem englischen auf. Das mikroskopische Kleinleben seiner Stücke; der enge Familienkreis, den er um sie zieht; das Hinneigen zur Idylle, die auch durch die hinterhältige Tragik nie ganz zerstört wird; die sachte und – auch wo sie, unerbittlich prüfend, den wunden sozialen oder individuellen Punkt berührt – äußerst zärtliche Hand des großen Arztes: all das kommt dem englischen Takt auf mehr als halbem Wege entgegen. Das Wesen der englischen Zivilisation und Selbstdisziplin – im Gegensatz zu allem wehleidigen und selbstgefälligen Exhibitionismus – offenbart sich in dem, was der Engländer *understatement* nennt. Wir kontinentalen Menschen auf dem französischen, dem italienischen und auch dem deutschen Theater, wir ›übertreiben‹, wenn wir uns dramatisch loslassen: der Engländer ›untertreibt‹; er hintertreibt geradezu das Drama, trotz dem einen und ausnahmsweisen Shakespeare, dem Genie, das erschien, bevor der Gentleman-Typus vollendet und verbürgerlicht, bevor die Domestizierung ganz geglückt war. Tschechows Dramen bestehen aus solchen ›Untertreibungen‹, die kein anderes Pathos aufkommen lassen als nur das antipathetische der alltäglichen Tatsache. Sie sind zusammengesetzt aus unendlich vielen satirischen Skizzen, sie umschließen eine musivische Welt von Augenblicksbeobachtungen, die nie durchbrochen wird, aus deren atmosphärischer Vergitterung kein Ausbrechen möglich ist. Ein photographischer Apparat waltet hier, der *snapshots* des Alltagslebens macht, nur daß diese *Camera* eine *caritatis* ist, ein weises,

geduldiges, verborgen mitleidendes Dichterherz. Die Melancholie Tschechows – die zehrende eines Schwindsüchtigen, der schwer und tiefer als
irgendein robusterer Organismus fühlt, wie das Leben und sein Inhalt
schwindet – bewährt und beweist tatsächlich einen hohen Grad von Geschmack und gutem Benehmen.

Das würde man in Deutschland heute nicht mehr verstehen, obwohl man
es seinerzeit sehr gut verstanden hat (man denke an den altpreußischen
Dichter Fontane). In England hat man sich auch noch in diesen Zeiten und
viel zu unerschütterlich vielleicht das innere Menschenmaß bewahrt, das die
Voraussetzung für solche Kunst ist. Das fühlte ich tief, als ich die letzte
Londoner Aufführung des Werkes erlebte – unter der genial-subtilen Regie
des Franzosen Michel St. Denis, der hier so heimisch geworden ist, daß er
ein vortreffliches, um den Protagonisten John Gielgud versammeltes Ensemble bis aufs Feinste abstimmen konnte. Es war nicht nur ein künstlerisches, es war ein völkerpsychologisches, ja sogar ein politisches Erlebnis,
obwohl St. Denis – ein in seine Spielkünste verliebter Meister – es gewiß
nicht auf das Politische abgesehen hatte.

Die tiefen, satten Farben Stanislawskis fehlten, es fehlte der Harmonium-
Ton der Schwermut. Die Orchestrierung war weniger üppig und schwelge-
risch als in jener weltberühmten Aufführung, mit der Tschechow gar nicht
so unumschränkt einverstanden gewesen sein soll. Die Arbeit des Franzosen
ließ das Stück witziger, schärfer pointiert und kaustischer, moderner in der
Tragik erscheinen. Aus dem einstigen rembrandtschen Hell-Dunkel des Vor-
kriegsrußland war es in ein präziseres Licht gerückt. Und da erschien nun,
wie vom Firnis gereinigt, eine unerbittliche politische Satire, eine große
soziale Anklage, die, gerade weil sie unrhetorisch ist, um so schlagender
wirkt. Am Horizont erhob sich die Revolution, die notwendige Umwälzung
eines unerträglich gewordenen Zustandes. Was hier auf die Nerven geht,
ist die Verlorenheit einer bürgerlichen Welt, die selbst um ihren Richter
und Henker zu flehen scheint. Heraus aus dem Provinziellen wollen sie, die
drei Schwestern, aus der Lethargie, der Passivität, der inneren Romantik,
die zur Tortur wird. Nichts als Zukunft träumen und reden diese Menschen,
die in der Erwartung des bald eintretenden Ereignisses schmachten, das sie
endlich zur Welt der Tatsachen berufen, sie zur Arbeit erlösen, zum neuen
Aufbau ermutigen wird. Diese Lehrerfamilie, die sich, gebildeten Geistes
und Herzens, von einer strammen Kleinbürgerin ohne Gegenwehr aus Haus
und Leben drängen und von romantischen Offizieren in masochistischer
Liebe ausbeuten und über den Haufen knallen läßt: Es gibt kein beißen-
deres Pamphlet gegen den Haustierzustand einer lahm gewordenen Bürger-
welt, gegen falsche Sicherung, gegen das Verharren in der Fatalität, gegen
die kastenmäßige Abgesperrtheit, gegen die intellektuelle Privilegiertheit
einer Klasse, die im Leben nichts mehr mit sich anzufangen weiß. Der
Anschluß an die produktiven Kräfte des Volkes fehlt, deshalb ist alles

Spiegelung der Gefühle geworden, Selbstreflexion und innere, weil äußere Auswegslosigkeit. Flucht in den Mystizismus erlaubt Tschechow sich und seinen Geschöpfen nicht. Es bleibt ihnen nur der Verzicht, und auch der wird als Schuld befunden und gebucht.

Auf welche Weise aber wird das heutige Westend-Publikum in London mit diesem Stück und dieser Aufführung fertig? Nun, man erweist sich als verfeinert, wenn man so verfeinerte Kunst zu genießen versteht. Man spinnt sich in den magischen Kreis ein, der nicht auf der Bühne endet, sondern den Zuschauerraum mit umschließt. Man lacht leise, gerührt und grausam. Auf die politische Bedeutung solchen Spieles, auf seine aktuelle Anzüglichkeit im gegebenen englischen Moment würde niemand kommen und niemand gestoßen sein wollen.

›Macbeth‹

Ein Theatermann von Genie, Michel St. Denis, hat London eine ›Macbeth‹-Aufführung gegeben, die bezauberte, erregte, interessierte. Sie begann mit einem grandiosen Schwung, konnte ihn aber nicht durchhalten. St. Denis wollte ›Macbeth‹ im Sturm nehmen. Er setzte seine Divination und sein herrliches Können daran. Aber ›Macbeth‹ läßt sich nicht umrennen, er kann nur aus Quadern aufgebaut werden; und tastend, sich im Dunkel zurechtfindend, Griff um Griff, Schritt für Schritt.

Es war ein Feuerwerk, das vor dem Höhepunkt ausbrannte. Ein gallisches Unternehmen, fast eine Gascognade. Eine große Oper war es, mit fulminanten Arien, wunderbarem Ensemble, raffiniert abgetöntem Orchester und zauberischen Lichteffekten. Aber manchmal – in den Schlachtszenen – entgleiste die Oper zur Operette. Die Leidenschaft und Lust des Spiels um des Spieles willen überschlug sich. Dort wo das Publikum von den letzten Schrecken angepackt, vom letzten Ernst hätte durchgraut werden sollen, lachte es. Es war, fasziniert, so weit mitgegangen. Nun fand es die Sache komisch, genoß sie als einen Spaß des Spielmeisters.

So war es nicht gemeint. Im Gegenteil, St. Denis ersparte sich und uns keinen Schrecken. Er nahm alles genau, seine Einbildungskraft wich vor nichts zurück. Seine Hexen – Maskengeschöpfe – waren monströs, Banquos Geist kam mindestens aus der Rumpelkammer der Hölle, wenn nicht aus der Hölle selbst. Mord war hier wirklich Mord, Blut roch und klebte, die Furien des Gewissens zerfleischten die Übeltäter, drehten ihnen vor aller Augen das Herz um. Hier ward nicht beschönigt und gemildert, sondern gesteigert, und zwar von allem Anfang an. Sofort war Macbeth ein Mörder, die Lady eine Furie. Er ein Neurastheniker, sie überrobust, waren sie Geschöpfe aus Zolas ›Thérèse Raquin‹. Fürwahr, sie konnten keinen Augenblick lang mißverstanden werden, diese Beiden, auch nicht von ihren Partnern im Spiel – am wenigsten von sich selber!

Aber so hat es wieder Shakespeare nicht gemeint. Sein Macbeth ist kein nervöser Jüngling, und weder der große St. Denis noch der vorzügliche Schauspieler Olivier können ihn dazu machen, ohne den Boden des Dramas unter ihren Füßen zu verlieren. Psychologisch genommen, ist Macbeth (der Shakespeares) eher ein Stotterer als ein Geläufig-Sprecher, ein rasender Rhetor. Dieser Jüngling hier, mit der Maske eines diabolischen Tristan, sprach schneller als irgendjemand mitdenken konnte. Macbeth aber wird von seinen Gedanken, die er mit Schrecken buchstabiert, überwältigt und dahingezogen. Er weiß sie nicht auswendig, diese Gedanken, sie geschehen ihm wider Erwarten und wider Willen, zu seinem Schauder werden sie ihm bewußt, und oft zögert er, sie auszusprechen, sie vor sich selbst laut werden zu lassen. – St. Denis und Olivier versuchten etwas davon auszudrücken und zu retten: durch Pausen. Die Pausen waren oft großartig, und immer waren sie meisterhaft, wie alles geistig-Mimische in dieser ungewöhnlichen Vorstellung, wie alle Erscheinungen. Was hier an stummem Spiel ergänzt und erfunden war, kann gar nicht genug gerühmt werden. Die Lady hatte, nach der Bankett-Szene, einen Solo-Abgang großer Art, der zum ersten Mal ihre Verzweiflung zeigte, und daß sie die innere und die äußere Situation nicht länger beherrschen konnte. Das leitet herrlich zur viel späteren Szene des Nachtwandelns über; es ist ein psychologischer Fund. – Aber es läßt sich nicht in Pausen hinzufügen, was bei Shakespeare in der Sprache geschieht. Nur in der Sprache kann es geschehen, in der Sprache muß es gebaut werden. Die innere Gewalt, die diese Sätze hervorschleudert, muß in ihnen belauscht und nachgebildet werden. –

Das Unbewußte arbeitet in Macbeth. In seinem Unbewußten wohnen die Hexen, aus ihm taucht Banquos Geist empor. Vergeblich wehrt sich dieser Mann gegen die Konstellation von außen, mehr aber noch gegen die Konstellation seines Inneren. Und es muß durchaus ein Mann sein, der sich da – vergeblich, aber mit seiner ganzen Kraft – gegen die Luftschlösser wehrt, die eine Spiegelung seines Inneren sind. Wenn es nicht ein Mann ist, erschüttert das nicht. Je stärker der Mann, umso herzbewegender, umso tragischer sein Kampf gegen die Spinnweben seines Gehirns, die Elementarkräfte seiner Natur sind. ›Der Wille zur Macht‹ steckt in ihm und will heraus, er hat ihn zu gebären wie ein kreißendes Weib ein Kind. Diese blutige und verhängnisvolle Geburt, in all ihren Phasen und Konsequenzen, zeigt das Drama. Und es muß gewiß eher ein schwerer Mann sein als ein Jüngling. Einer, dem man Visionen gar nicht zutraut, ein Krieger, ein Tatmensch, wo ein redliches Fechten möglich ist. Eher eine subalterne Natur, die gut gefahren wäre, wenn sie, unter vernünftigem Befehl, ihre Pflicht getan hätte – eher ein geborener Vasall als ein geborener Prinz. Objektiv will der Dichter zeigen: so verfährt der Wille zur Macht, wenn er nicht gebändigt wird, mit einem Menschenwesen, das ein Mensch ist und sein könnte, wie ich und du. Macbeth ist kein geborener Schurke. Wären ihm Feen begegnet statt der Hexen, er hätte sich auf das schönste bewährt. Die anständigen Züge seiner Natur brechen immer wieder durch, nur vergeblich. Die große Kunst des Dichters zeigt sich in diesem Drama im Atmosphärischen, in der Welt des brodelnden Nebels außen – und innen. Das Aufgebot an Aberglauben im ›Macbeth‹ ist ein ungeheures. Es erzeugt diese Zwielichtbeleuchtung, diese Unsicherheit, die in jedem Druck der Luft ein Dämonisches gebiert. Es ist die Landschaft, die dem Menschen entspricht, der von innen her überwältigt wird, von seinem eigenen Dämon. ›Das also haben wir in uns‹, sagt der Dichter. ›So glitschig ist unser innerer Boden, daß wir stets in Gefahr sind, auf ihm auszugleiten. So neblig ist es da drinnen.‹

Das ist Macbeths wesentliche – und furchtbare – Erfahrung, aus ihr stammt sein Überdruß, seine Melancholie am Ende. Denn da er sich entschließt, seinem Machtwillen zu folgen, der Konstellation der Hexen zu gehorchen, sie in die Tat umzusetzen – Tat, die im Fleische, in der Wirklichkeit möglich ist und gelingt –: da übermannt ihn von innen her das Gewissen! Wieder ein ungreifbarer Gegner! Das Gewissen, der Zwillingsbruder der Verführung. So ist die Seele des Menschen, zwei-gesichtig, widerspruchsvoll, eine Spiegelfechterei der Hölle! Und das muß Schritt für Schritt gezeigt werden, wie es sich in der Sprache, mit einer Konsequenz ohnegleichen, ereignet und ergibt. – Die Lady hat es leichter. Sie hat ihren Schwerpunkt, mit gewaltiger Entschlossenheit, aus sich herausgeschleudert, ihn in die Tat des Mannes verlegt. Sie handelt, als hätte sie keine Seele. Aber auch sie muß, wie das Kind im Märchen, das Fürchten lernen! –

Es fürchtet sich in diesem Drama der Dichter vor der menschlichen Natur, der dämonischen, der von der Ethik nicht gezügelten; der Natur, die in einem unbewachten Moment ihrem Kerkermeister, dem verantwortenden Bewußtsein, entschlüpft ist. – Während ein O'Neill – in seiner groß angelegten ›Electra‹ – die Ergebnisse Freuds bewußt verwendet, sie in eine klassische Handlung hineininterpretiert, hat Shakespeare sie vorweggenommen. Deshalb wurde es ein Drama, das nicht laut in laut exekutiert werden kann.

Dieses ›halb zog es ihn, halb sank er hin‹, das in Macbeth fortwährend geschieht, hat bei St. Denis und Olivier der Schwung sofort überholt. Der Anfang wurde gegeben, er ergab sich nicht, deshalb ergab sich auch kein Ende. Die letzte Steigerung war längst verbraucht, nur leeres Theater blieb übrig. Ein langsamerer Macbeth, der sich von der Sprache des Dichters – Satz um Satz – führen ließe, würde weiter gelangen, sogar bis zum letzten Akt, in dem kein erschütternder Mensch geerntet werden kann, wenn kein erschütterter im erster Akt gesät wurde.

›Macbeth‹ ist das Drama der innersten, der tragischsten Intimität. Hier sprechen die Menschen mit sich selber. Und deshalb oft leise. Sie sind in zwei gespalten – Macbeth mindestens ist es –, und der eine Teil redet und rechtet mit dem anderen, schwerer und bitterer noch als im ›Hamlet‹. – Ein Glaubensproblem: wieweit kann und darf der Mensch sich selbst glauben, seinen Hoffnungen, seinen Wünschen, seinen Illusionen – seinen Hexen und Dämonen, ja, seinem eigenen Mut. Ein Glaubensproblem – kein Deklamationsstück.

›Die Mutter‹ [Karel Čapek]

Dieses menschlich erschütternde Stück Karel Čapeks ist jetzt in London zu sehen, in einer vorzüglichen englischen Bearbeitung und in des Regisseurs Miles Malleson ausgezeichneter Inszenierung. Es hat mehr Glück als desselben Dichters ›Weißer Tod‹ – wenn man diesen Ausdruck gebrauchen darf von Werken, die unser Unglück zum Ausdruck bringen. Eine der reifsten und innerlichsten englischen Schauspielerinnen, Louise Hampton, verkörpert mit einer schlichten Eindringlichkeit, wie nur die Meisterschaft sie vermag, diese schmerzensreiche Mutter, die den Gatten an einen imperialistischen Kolonialkrieg und ihre Söne, einen nach dem andern: den einen an ein Seuchenbekämpfungs-Experiment, den zweiten an einen Höhenflug-Rekord, den dritten an den Kommunismus, den vierten an den Fascismus verloren hat – und die den fünften und letzten, auf das Drängen der bereits toten Helden hin, nach erbitterter Gegenwehr schließlich doch freiwillig dem nächsten Weltkrieg ausliefert, den das Stück in die Gegenwart seines Schlußaktes versetzt. Das Geschäft der Mütter: zu gebären, aufzuziehen, und, was sie in Schmerzen geboren und in Liebe aufgezogen haben, als eine verlangte und gängige Ware dem großen Einkäufer Tod auszuliefern. Diese Mutter hier – ungleich vielen anderen Müttern – führt einen zähen Kampf nicht nur gegen den Tod, sondern auch gegen die Ideologie und Phraseologie des Todes, gegen sämtliche Heiligtümer und Heldentümer, welche die Söhne und Männer in den Totentanz führen und verführen wollen. Sie spricht davon, daß die Welt umzuschaffen wäre im Sinne des Mutterherzens, der erst der eigentliche, der wahre Sinn des Lebens wäre – und gibt doch nach, am heroischen Ende, denn sie sieht ein, daß es der Beruf der Männer ist, zu kämpfen und sich aufzuopfern, und daß sie in ihrem Manneswesen unbefriedigt bleiben, wenn sie diesen Beruf versäumen.
Wie alle Stücke Čapeks (die dem seither der Zeitlichkeit entrückten Menschenfreunde und Dichter internationalen Ruhm gebracht haben) – wie das Insektenstück, das Roboterstück, das Stück von den Engeln in Menschengestalt, das Stück vom weißen Tod (das Homolka hier in London spielte) – ist auch dieses ingeniös, und mit vitalen Problemen phantasievoll und zu-

gleich drastisch beschäftigt. Čapek hatte die Columbusgabe, ein Problem, als wäre es ein Ei, auf den Kopf zu stellen, so daß es aufgerichtet stehen blieb – aber nicht immer war es dann noch ein sehr volles Ei und ein Problem. Dieses Stück hat so sehr mit unserer Wirklichkeit, wo sie am furchtbarsten ist, zu tun, daß wer sich ohnedies den ganzen unlieben Tag mit ihr beschäftigt, am Abend im Parkett eines qualvollen Todes stirbt. Mich schmerzte die Brust, die Beine füllten sich mit Blei; und der Kopf begann zu hämmern, als wäre er ein Maschinengewehr, zu dröhnen wie ein Radioapparat. Ich war bis in die Gedärme hinein ergriffen, mir wurde übel. Die englischen Menschen um mich herum schmunzelten manchmal hörbar, manchmal lachten sie laut auf; sie fanden das alles so ingeniös und manches so gut gesagt, einiges hatten sie sogar schon selbst gedacht. Wie diese Mutter mit ihren Toten weiterlebt, die ruhig ins Zimmer kommen, wenn sie allein ist, und in wichtigen Momenten sich um sie scharen: das schien manche Zuschauer merklich zu beruhigen. Eine Dame sagte, von diesen Toten, im Zwischenakt: »Wenn sie so herumsitzen und diskutieren, ist es eigentlich ganz gemütlich.« Ich fand das nicht. Mir gingen die Toten, die ihre Existenz weiterführen und noch stolz darauf sind, die unsere mit allen Schikanen verschuldet zu haben, auf die Nerven. Manche Szene freilich ging mir mit reinster Unmittelbarkeit zu Herzen. So wenn die Mutter hinter den Kindern herräumte; und der tote Gatte, dessen Heldentod der nächsten Generation zum bösen Vorbild wurde, lautlos eintrat; und die Mutter, weiterräumend, mit ihm sprach, als ob er nicht da wäre, weil er für sie eben immer da war, ob er nun, wie der alte Hamlet, ins Zimmer trat oder nur als Porträt an der Wand hing. – Qualvolle Momente: der eben gestorbene Sohn tritt als Toter ein und die Mutter hält ihn, eine zeitlang, noch für lebendig. Umgekehrt: der lebendige Sohn kommt, und sie glaubt ihn tot, schreit auf, als ob er schon ein Gespenst wäre. Die Dame neben mir, die Europas tragische Wirklichkeit, Rußland, Deutschland, Österreich in lebendigster Anschauung erfahren und mitgemacht hat, griff in solchen Augenblicken nach meinem Arm, als schwindelte ihr und sie müßte sich festhalten. Nein, wir Augen- und Ohrenzeugen haben bereits zu schlechte Nerven. Die anderen, weniger Beteiligten aber haben noch immer zu gute.

Einwand: da Čapek das Schema gibt, die Verallgemeinerung, erschreckt er, ohne völlig zu überzeugen. Dieses Drama ist wie ein zu weiter Anzug, wir stecken drin, aber er sitzt nicht. Es enthält unsere Situation, ohne sie eindeutig zu treffen. Der Kampf der Mutter um den einzigen Sohn, aber mit der ganzen Fülle der Details und Beziehungen, wäre mehr gewesen. Insofern ist die Zeit seit den ersten Stücken Georg Kaisers fortgeschritten, und wir – ob wir wollten oder nicht – sind es mit ihr. Die allgemeine Formel hat sich mit konkretestem Inhalt gefüllt. Das Drama verlangt heute die exakte Genauigkeit seiner geographischen und historischen Bestimmungen. Was in keinem Lande spielt, weil es in jedem Lande spielen könnte, verpflichtet unser Gefühl nicht, verwirrt unsere Einsicht und hindert uns an der Entscheidung. Wir bleiben, trotz tiefer Erschütterung, mit der Empfindung zurück, daß wir uns umsonst gequält haben. Und das wollen wir nicht glauben – nicht einmal im Leben.

Wie Miles Malleson – selbst ein Dramatiker, der etwas zu sagen hätte und es hoffentlich noch ausführlich sagen wird – die Sphären der Toten und der Lebendigen auseinanderhielt, obwohl die Gestalten sich begegneten, mit- und gegeneinander handelten und verhandelten: das war besser, als wir es auf dem deutschen Theater gewohnt waren. Die Engländer haben, wenn sie Künstler sind, eine bemerkenswerte Gabe, ihre Absichten mit einer tief überzeugenden Unabsichtlichkeit durchzuführen. Aber sie werden sofort zu Dilettanten, wenn sie den deutschen Stil imitieren.

Über Schauspieler, Theaterleiter, Regisseure und Kritiker

Schauspieler

Novelli

Warum wurde Novellis überragende schauspielerische Kunst bei seinem letzten Gastspiel in Wien mit solcher Zurückhaltung, ja mit sichtbarem Widerwillen gelobt – wo doch jedes Minimum an Bühnenmöglichkeit sonst mit dem Balsam des Wohlwollens gelabt zu werden pflegt? Antwort: weil Novelli ein so echter Mime ist. Man vermißte wohl an ihm jene Realitäts-schlichtheit, die das moderne deutsche Theater kultiviert, jene Dezenz der Bühnenmittel, die den starken Wirkungen ausweicht, jenen zivilisierten Geschmack, der Temperament und Gefühl nur im gezähmten Zustande ge-nießt. Man wehrt sich augenblicklich, wenn man literarisch ist, gegen Komö-diantentum und Bühnenillusion. Der Regisseur strebt das Dichterische und Malerische an, im Sinn von Dichtung und Malerei, und die Wahrheit, im Sinn einer delikaten Photographie. Da gibt es verschiedene Richtungen, aber durch sie alle geht einstweilen noch ein Zug von mehr oder minder bewußter Theaterfeindlichkeit. Man hat sich zartfühlend eingestellt auf die Reize der Psychologie, auf allerlei Raffinement und Subtilität. Der Schauspieler wird zu einem malerischen oder musikalischen Detail. Und so empfindet man den großen Spieler, der in der Mitte der Szene steht und sie souverän er-füllt, als einen Barbaren. Man hat eine Idiosynkrasie gegen das komödian-tisch Unechte, kulissenhaft Verlogene, das aber auf der Bühne gerade das Echte und Wahre ist. Auch die Schauspieler selbst scheinen den Mut zu den vollen Wirkungen, die ihr eigentlichstes Glück ausmachen müßten, verloren zu haben. Alle sind Charakteristiker geworden, es gibt jetzt fast nur mehr Spezialisten, Chargenspieler. Der Held, der Liebhaber, die Heroine – sie alle treiben Wissenschaft, statt zu bezwingen und zu berauschen. Sie alle haben sich dem Detail ergeben, sie alle umgehen das Mimen. Jedes noch so realistische oder noch so phantastische Milieu wird getroffen, die Neben-personen brillieren, aber der Othello fehlt uns immer mehr. In der Oper, bei Wagner, leben noch Isolde und Tristan, wachsen auf modernem Boden großzügige Spieler. Im Drama muß man sich mit Notbesetzungen helfen.

Novelli ist den Mätzchen der Reinhardt-Schule fremd geblieben. Er kulti-viert nicht die Neurasthenie. Seine wildeste Echtheit bleibt immer noch Spiel und Bravour. Er ist ein Italiener, für die Szene blutbegabt. Er scheint weder die ›Schaubühne‹ noch den ›Merker‹ gelesen zu haben. Er mimt, als ob noch kein theoretisierendes Papier erfunden wäre. Er entzückt nicht das Parkett durch literarischen Snobismus, für ihn besteht das Theater aus lauter Galerien. Für ihn sind alle Leute Publikum, welches er vergewaltigt, als ein instinktstarker Barbar der Geste, ein hypertrophisch entwickelter, mächtiger Komödiant.

Man rümpfte die Nase und fand ihn nicht delikat, nicht diminutiv genug, den Theaterriesen. Man entsetzte und entrüstete sich, weil er nicht einmal Shakespeare schonte und die Meisterwerke dramatischer Dichtung roh für seine Mimenzwecke zusammentrieb. Gewiß, derlei darf sich nur ein reisender Star erlauben, der annimmt, daß man ihn und alle seine Künste zu sehen wünscht, nicht aber Shakespeare, den man ja auch sonst haben kann. Und ich finde das entschuldbar. Ich finde, daß man von Novelli nicht Shakespeare, sondern nur den Novelli verlangen soll. Ich finde ihn gerechtfertigt, wenn er an Stelle der zerstörten Dichtung ein Meisterwerk der Schauspielerei hinstellt. Novelli ist abgereist und man kehre reuig zu Shakespeare zurück. Man werde wieder Leser. Wenn man aber einen mächtigen Mimen sehen will, wird man solange warten müssen, bis ein Gast sich erbarmt, ein Star zureist.

Sehr lehrreich die Art Novellis, Theaterstücke zusammenzustreichen. Ihm kommt es nicht auf die tausend Details an, die eine Dichtung magisch beleben, er braucht nur Situationen, in denen er sich entfalten kann. Und er entfaltet sich. Er läßt sich Zeit, er spricht, mit Raum um die Plastik der Worte herum, holt gründlich alle Wirkung der lebendigen Rede heraus, füllt die Situationen mit Geste, mit Mimik an, mit allseitigem Ausdruck, den er abwandelt, pointiert, steigert, breit und in Fülle. Er braucht Platz für seine vielen mimischen Einfälle, die nicht im Buch stehen, er muß den Dichter verkürzen, um sich nichts zu versagen. Und merkwürdig: die Gründlichkeit der Rede und des Spiels, diese beinahe umständliche, ich möchte sagen: epische Breite des mimischen Vortrags interessiert fieberhaft, hält in Atem, spannt heftig, so daß seine endlosesten Szenen wunderbar rasch vergehen, während die andern, stiefmütterlich sparsam behandelten Schauspieler, die Mitspieler, die nur das zum Verständnis der Handlung Notwendige rasch und mit gut italienischem Tempo herunteragieren, nicht von der Stelle zu kommen scheinen.

Novelli brauchte überhaupt keine Autoren. Man müßte ihm nur Merkworte sagen. Man müßte ihm zurufen: spiele Eifersucht, Vaterliebe, spiele den Gekränkten, den verratenen Menschen, spiele den Verbrecher, den Helden, den Tyrannen, den verkannten, geheim menschlichen Sonderling. Er braucht Situationen und Umrisse von Gestalten, Anlässe, Stichworte: alles andere gibt er aus Eigenem, die ganze, reiche Skala seiner mimischen Persönlichkeit.

Seit langer Zeit – oh gewesenes altes Burgtheater! – erlebte man wieder (konnte, wenn man noch Organ dafür hat, es wieder erleben) die Urgewalt des Mimischen. Die selbständig gewordene Gebärde, die ihr suggestives

Eigenleben führt, das erhöhende Temperament, das sich sichtbar und hörbar entwirkt, den Ausdruck, der Herr geworden ist über einen Körper, den er von innen heraus meistert, Charakteristik im Trancezustand der hell erleuchteten Szene, an die sich gierig, mit heißer Spannung, ein verdunkelter, von einer unterworfenen Menschenmenge erfüllter Zuschauerraum drängt: Höhepunkte der Raserei, der entrückten Selbstbesinnung, windstille Augenblicke, da man erbebt, erschauert, Blicke der Novelli-Augen, die unerhört direkt jedem der vielen Schauenden ins Herz dringen, Worte aus rätselhafter Ferne und aus unabweisbarer Nähe, Gesten, die das Innerste herausreißen, schrecklich echte Tränen, Agonien, Todesangst und Lebensjubel. Man verstand wieder einmal das unvergleichliche Schweigen des Schauens und Lauschens, und daß man klatschen *muß*, wenn der Vorhang gefallen ist.

Novelli ist älter geworden und manches, was nur der Leidenschaft des Jünglings und des Mannes gelingt, scheint heute blässer, kälter, absichtlicher. Manche seiner berühmten Wirkungen sind gestorben. Dafür vermag er, wie als ›Papa Lebonnard‹, heute eine ganz abgeklärte Einfachheit. Es ist ja auch richtig, das von seinem Virtuosentum. Manche Details sind gemacht, aber auch fabelhaft gekonnt, bewußte Tricks, die mehr verblüffen als erschüttern. Aber immer wieder und wenn er die Rollen noch so oft gespielt hat, brechen Unmittelbarkeiten hervor, die aus der unbewußten Phantasie der ganz echten mimischen Natur kommen, die keinem noch so speziellen ‹Charakteristiker› je gelingen werden, Ausbrüche eines Urfeuers. Man hat ihn sentimental gescholten. Aber seine Darstellung der Vaterliebe – eines seiner Lieblingsthemen – dreht einem das Herz um und um. Diese Vaterliebe kann so physisch sein, so urtierisch und dann wieder so qualvoll beseligend höchst menschlich, sie hat Gebärden, die im Leben geradezu schamlos wären (so erlaubt auch die Vaterliebe ist). Ich hörte, wie ein verfeinerter Geschmacksmensch den Novelli plebejisch nannte. Aber Novellis Humor nähert sich an volkshafter Ursprünglichkeit manchmal geradezu unserem herrlichen Girardi (unserem derzeit einzigen großen Schauspieler). Ja, es war Theater. Aber wenn in ›La morte civile‹ der Sterbende mit dem letzten, dem buchstäblich allerletzten, schon beinahe toten Blick eine liebkosende Bewegung der Tochter erspäht und dieser schon glasige, schon leere Blick sich plötzlich noch einmal irdisch und schon überirdisch verklärt – man spiele das auf unseren Theatern!

Das scheint mir der wichtige Ertrag des Novelli-Gastspiels zu sein: eine Reinigung des Begriffes ›Schauspieler‹. Daß man wieder einmal einen Bühnenzauberer erleben durfte, der den Rausch der Gefühle, die Orgie des Ausdrucks, das Glück der Gebärde machtvoll erregt. Und seine Charakteristik! Ich denke an seinen Luigi XI. Diese Tyrannengestalt, an der das Gräßliche zum künstlerischen Entzücken wird. Die Macht und der Jammer dieser Existenz, ihr Schrecken und ihre Erbärmlichkeit, ihre Verlogenheit und ihre Naivität, ihre Angst, wie sie Angst verbreitet, ihre groteske Überwahrscheinlichkeit, ihre Art, die alles Königliche karikiert und doch ein König, ein geborener König. Das alles Gestalt geworden bis ins letzte Detail, bis in den Nerventic, in das ganze Spezifische eines Menschenkörpers. Die Maske! Diese Maske! Nein, nicht Maske, sondern eben Gestalt, psychophysisches Wunder. Aber die verzücktesten Worte können so gar nichts geben von der schauspielerischen Gegenwart. Nur ein kongenialer Maler vermag hier etwas aus der ergriffenen Stunde in die Zukunft hinüberzuretten. Corinth hat den Florian Geyer Rittners so in eine andere, bleibende Kunst hinübergerettet. Wer verewigt uns diesen Dämon, Luigi XI.? Der Beschreibende muß hier resignieren. Man kann eine Stimme, ein Auge, einen Gestus nicht sagen. Man kann nur mit stärkster Betonung immer wieder das eine feststellen: Novelli ist ein großer Mime. Und deshalb zeitlos. Und deshalb ein Heilmittel gegen die literatenhafte Verzerrung des Begriffs ›Schauspieler‹, die heute Schaden stiftet.

Ich will nicht die vielen Errungenschaften des modernen Theaters verleugnen, nicht die Zeit zurückschrauben. Aber wenn in der Kunst ein Neues gedeihen soll, darf es den Zusammenhang mit dem Urtypischen nicht verlieren. Das große Wesentliche bleibt immer gleich. Erst wenn durch das Experimentieren der modernen Bühne das unmittelbare schauspielerische Temperament wieder durchbricht, um die gewonnenen Resultate zu ergreifen und zu beherrschen, erst dann wird das neue Theater geworden sein. Man schicke die Neueren zu Novelli in die Schule, damit sie älter und dadurch neuer werden.

Der letzte Wiener

[Alexander Girardi]

Als heute früh bekannt geworden war, daß Alexander Girardi die Amputation eines Beines über sich hatte ergehen lassen müssen, schrieb ein Leser:

»Das war eine entsetzliche Nachricht heute früh. Das Herz krampft sich zusammen. Ausgepicht und eingeteufelt, daß er, der Beweglichste, der herzerfreuende Tänzer nun ein Bein hergeben mußte. Hat das Unheil, das vor allen Toren tobt und auf allen Dächern lastet, noch nicht genug Arme und Beine? Noch nicht genug Gebein? Es ist zum Verzweifeln: Kein Einhalt der Zerstörung. Die Besten gilt es. Gerade sie. Verarmung droht, trostlose Verarmung. Der Girardi ...! Schrecklich. Das ist eine Verlustliste: Klimt, Otto Wagner und das Bein des Girardi. Und es steht zu befürchten, daß die neuen Streiter nicht so ohne weiteres zu assentieren sind. Indessen verdiente das Burgtheater eine Resektion an Haupt und Gliedern, wenn es jetzt von

338

Girardi ließe. Er darf nicht mundtot gemacht sein. Immer wieder soll er der Welt sagen:

> Da streiten sich die Leut' herum
> Wohl um den Wert des Glücks!
> Der Eine heißt den Andern dumm
> Am End' weiß keiner nix.
> Da ist der allerärmste Mann
> Dem Andern viel zu reich!
> Das Schicksal setzt den Hobel an
> Und hobelt Alle gleich.«

Zwei Stunden später hieß es: Girardi gestorben.

Da verfärbt sich der Schmerz vom Vormittag und verstummt. Da gibt es freilich keine Misère Girardi mehr und keine Sorge, wie der leibhaftige Tanzschritt es überleben soll, daß ein schauerlicher Zufall ihn zum Krüppel geschlagen hat. Kein Gedanke gilt mehr dem Repertoire des Burgtheaters, das ist nun erledigt. Als Girardi vor kurzem Hofschauspieler geworden war, da scherzte er über seine Erhöhung: »Die neidigen Kollegen! Sogar um die Aufbahrung beneiden sie einen noch.« Das war sein Gefühl vom Prunk am Ende! Welch ein merkwürdiges Wort! Von dieser Stimme, von diesem Menschen gesprochen! Man hörte es damals zwiespältigen Gefühles, ergriffen und doch im Herzen froh, wie immer, wenn Girardi sprach. Lag auch die Trauer des Alters über diesem Wort, man fühlte doch die ewige Jugend: daß nichts, keine Schmähung und keine Ehrung, dieser wunderbaren Natur beikommen konnte. Man fühlte: Alexander Girardi, der letzte Wiener, ist unsterblich. Und nun ist er gestorben.

Nein, es war doch gut, daß Girardi, am Ende noch, ans Burgtheater kam. Es muß ihm persönlich doch etwas gegeben haben. Es war wie die Aufnahme ins Prytaneum im alten Athen, wie die Aufnahme unter die ›Unsterblichen‹ im neuen Paris. Es war mehr. Denn das Burgtheater erhoffte sich gestern noch von Girardi, dem Alten, Hilfe, Gesundung, Erneuerung: Jugend. Das Burgtheater kam bittend zur Natur. Und Girardi war es, der dem Burgtheater die Ehre erwies. Aber wie verblich der goldene Rahmen, als Girardi sich in ihm zeigte! Es war aufregend: ein natürlicher Mensch im Burgtheater! Das arme reiche Burgtheater fiel mit Pomp und Talent durch, und Wien hatte noch einmal Gelegenheit, Girardi zuzuweinen und zuzujubeln. Das war Girardis letztes Debut. Das war zum letztenmal sein Fortunatus Wurzel. »Sein Valentin ist das größte Ereignis des Wienerischen Theaters«, sagt Karl Kraus. Und nun ist sein Fortunatus Wurzel das letzte Ereignis des Wienerischen Theaters geworden. Soll es als Trost gelten, daß Girardi sein Wien um viele Jahre überlebt hat? Ein trauriger Trost. Vielleicht kann heute nur der Wiener empfinden, wie traurig. Die anderen werden schon noch draufkommen! Lange vor Girardi ist das Wiener Volksstück gestorben. Unlängst noch wurde diese Tatsache von gottvergessenen Wiener Theaterschreibern sogar gerühmt, als wäre man froh, das altmodische Zeug los zu sein. Aber dieses altmodische Zeug war das heute berüchtigte ‹Goldene Wiener Herz›, die längst sauer gewordene ‹Gemütlichkeit›, und mehr als das: es war das Volk von Wien und sein Genie. Es war Wien, die Stadt, begnadet, mit ihren Schwächen zu versöhnen. Daß es diese Eigenart nicht mehr gibt, man spürt es längst schon und wird es noch viel qualvoller spüren, in der ganzen Monarchie, in Deutschland, in der Welt. Man spürt es und wird es spüren: politisch, wirtschaftlich, in allen großen und kleinen Dingen des Lebens. Zuerst hat man es künstlerisch gespürt. Wir mögen ja an unserer sogenannten Operette einen internationalen Exportartikel ersten Ranges gewonnen haben, aber wir werden eines Tages darauf kommen, daß wir eine Kulturschande ersten Ranges exportieren. Diese Schande nun hat Girardi jahrzehntelang getragen, wie die Erde den Weltkrieg trägt und doch immer wieder blüht. Es ist ihm nicht leicht geworden. Er hat gekämpft, ist umhergeirrt, von einer Operettenbude in die andere. Sogar nach Berlin wollte er schon übersiedeln, der letzte Wiener. Damals schrieb Karl Kraus, der Satiriker Wiens: »Wenn der Wiener Kultur das Herz herausgeschnitten wurde und sie dennoch weiterleben kann, so muß sie tot sein.« Girardi blieb in Wien und adelte sogar noch die ›Operette‹. Ich zitiere weiter den Mann, der als Einziger das Pathos des Falles Girardi ausgedrückt hat, und der deshalb allein heute zitiert werden darf: »Girardi wiegt mehr als die Literatur, die er vernachlässigt. Er läßt sich von einem beliebigen Sudler ein notdürftiges Szenarium liefern, und in dieses legt er eine Geniefülle, deren Offenbarung erhebender ist als die Bühnenwirkung eines literarischen Kunstwerkes, dessen Weihen doch erst der Leser empfängt. Es ist gleichgültig, ob Girardi ein Buch oder eine Buchbinderarbeit für seine künstlerischen Zwecke ausnützt. Spielt er einmal Literatur, so kann sie ihm auch nichts anhaben.« Nichts konnte ihm etwas anhaben, solange er lebte. Daß er gestern noch der größte deutsche Schauspieler war, gleich groß in seinem Humor wie in seiner Tragik, der reichste Beglücker aller Herzen, die seine Sprache verstanden, das hat viele Nichtwiener die Besonderheit seiner Mundart und die Schlichtheit seiner Kunst nicht verstehen lassen. Auch fehlte es bei dem Lärm des Maschinenzeitalters, der großen Mörser, die uns physisch und psychisch zusammenstampfen, in immer weiterem Umkreis an Ohren, die fähig gewesen wären, einen ›Naturlaut‹ des Menschenherzens ohnegleichen zu vernehmen. Aber es gibt keinen in Wien Geborenen, dem nicht ein Unsagbares durch die Seele ging, wenn Girardi die Bühne betrat. Mochte der geniale Gestalter aus jedem Schmarrn eine unvergeßliche Gestalt heben, mit einem Blick, einer Handbewegung, einer Betonung – und wie viele, shakespearisch mannigfaltige Gestalten dieser Art hat er ins Leben gerufen, der Zauberer –: alle diese Geschöpfe überragte ihr Schöpfer, Girardi. Wenn er da war, ja, da war alles wieder gut. Da verstand man plötzlich zwar das ganze Unglück der Zeit und verstand nicht mehr, wie denn alles hatte so kommen können – aber da gab es doch wieder Hoffnung, Freude, Versöhnung! Da gab es wieder Jugend und Güte und Wärme, und immer wieder hätte man überwältigt vor Girardi hinstürzen wollen und ihm die Hände küssen, die väterlichen Hände! Wiens einzige Tugend, das Gegengift gegen alles, war dieser Humor gewesen, der zu Tränen beglückende. Und der Einzige, der diesen Humor noch spenden konnte: der letzte Wiener.

Über Fritz Kortner

Fritz Kortner wäre zu jeder Zeit und unter allen künstlerischen Umständen ein hervorragender Schauspieler, ein Protagonist, geworden. Er wurde nicht etwa von jenem Sklavenaufstand emporgetragen, der mit dem Naturalismus begann und sich doch noch lange nicht zu Ende gewirkt hat. Dieser Spartacus hat wohl die Masse verschoben und den Charakterspieler an die Stelle des Helden gerückt. Faust und Hamlet dürfen heute die Züge des Revolutionärs, des Aufrührers, offen zeigen. Nicht vom Olymp herunter, sondern aus dem Tartarus empor führt nun der Weg den Repräsentanten der Menschheit. Aber auch die aristokratische Kunst des alten Burgtheaters, vom goldenen Schnitt eines edlen Gleichmaßes geregelt, hätte einem Fritz Kortner seinen Rang nicht vorbehalten. Wenn er auch dort vielleicht strenger auf den Platz des Gegenspielers verwiesen worden wäre. Er hätte dann als Mephisto und als Hagen den Helden schwere Ungelegenheiten bereitet – denn seinem Widerspruch standzuhalten und sein ›Nein!‹ zu überbieten, hätten schon Jasager eines wahrhaft großen Wuchses eingesetzt werden müssen.

Man wird schwer mit Fritz Kortner fertig, im Leben und auf der Bühne! Der unwirsche Widerstand, der mit ihm geboren ist und sich in seinem wilden Gesichte zur Physiognomie zusammengeballt hat, läßt sich nicht betrügen und bestechen – und schon gar nicht belügen. Die Idyllen sind nicht gewachsen, die ihn mildern könnten. Und wenn sein Othello sich selber gelobt zu haben scheint, daß eine Desdemona ihn für immer sanft und glücklich gemacht hat – sanft aus Glück! – so braucht eben nur ein Jago das Stichwort zu bringen – und die Menschheit verwandelt sich wieder zurück in Ziegen und Affen – und einer, der so gerne das nobelste Vertrauen geübt hätte, rast die Klimax einer Leidenschaft herab, die nicht Eifersucht heißt, sondern Argwohn, arger Wahn, bis der zerrissene Leichnam Desdemonas einen verzweifelten Anschauungsunterricht erteilt in der Lehre, aus welch miserablem Stoff wir gemacht sind! Wir und unser Glück. –

Hinter dieser und allen Figuren Fritz Kortners lebt der heroische alttestamentarische Beschluß, daß Recht mehr zu sein habe als Liebe – und daß die

Gnade letzten Endes eine Beugung des Rechts bedeuten muß! Dieser Welt-
gedanke, bis zur fixen Idee entartet, treibt urnotwendig alle diese Gestalten
hervor und heizt sie mit der Aktivität, welche uns nicht die Hoffnung übrig
läßt, ihr Träger könnte sich eines Tages in die tatlose Einsamkeit einer
Menschenfeindschaft zurückziehen, die uns und unsere Lebens-(Rechts-)
Lügen gewähren ließe. Nein, der Mensch Fritz Kortner kann nicht allein
sein. Denn er ist ein dramatisches Ich, das immerzu getrieben ist, mit dem
Gegenspieler Welt anzubinden – und, jedem Schicksal zum Trotz in die
Dialektik der Dinge, Charaktere und Ereignisse einzugreifen. Die Aggressi-
vität einer solchen Natur ist ebenso unstillbar wie ihre Dialektik unüber-
windlich.

Hätte man einen Fritz Kortner verhindern können, Schauspieler zu werden
(wenn es möglich gewesen wäre, seine Phantasie zu töten!), er wäre ein
Anwalt von furchtbarer Beredsamkeit geworden; und wenn er den Prozeß
eröffnet hätte, dann wäre nicht nur seine hinreißende Vitalität vor den
Schranken jedes Gerichtes, seine Kampflust und halsstarrige Gegnerschaft
gefürchtet gewesen, nicht nur die schäumende Begeisterung seiner Gegenrede
– sondern vor allem die überschäumende Fülle seiner Gegen-Gründe, die
ihm aus einem unerschöpflichen Fanatismus zuzufließen scheinen. Und hätte
man dem Anwalt Kortner verboten, zu Gericht zu gehen, dann hätten sich
die Enterbten des Rechts vor seiner Wohnung angesammelt, hätten ihm bei
Tag und Nacht die Türen eingerannt und wären nicht unbelehrt, nicht unge-
rüstet von dannen gegangen. Daß er nicht einsam bleiben kann, weil sein
Anspruch auf Austragung seines ewigen Rechtsstreites als eine glühende
Schaufel in seinem Herzen und als eine glühende Nadel in seinem Hirn
arbeitet, macht den Menschen Fritz Kortner so dramatisch.

Nichts unheimlicher als das leise Singen und Summen und Psalmodieren
seines Shylocks am Abend des Maskenfestes, wenn er sein Haus abschließt
und in Gesellschaft geht. Diese Minute Einsamkeit ist schwanger von der
dann folgenden Auseinandersetzung auf Leben und Tod, die ein Jahrhunderte altes Unrecht um der Gnade willen, die dem Gegner zufällt, in die
Ewigkeit vertagt. Und wie erschütternd dann jene zweite Minute Einsamkeit, nachdem die Gnade ihn übergangen hat (mit Recht, denn er hätte
keine angenommen!). Wenn dann Shylock sich in den Gebetmantel hüllt und
die hebräischen Worte ihn für immer von der schnöden Welt, die am Unrecht selig wird, abzuschließen scheinen: ist Beten entsetzlicher geworden
als Sterben. Denn Beten bedeutet hier: tot sein und doch leben bleiben! –
Und jene andere, vielleicht noch furchtbarere Einsamkeit: die eines Tyrannen, des herrlichen Scheusals Zar Paul! Hier weint in dem Despoten ein
Kind, zur Einsamkeit verdammt, weil vom Mitspielen ausgeschlossen! Aber
auch dieses ärmste, ohnmächtige Geschöpf, der umstellte Tyrann, will keine
Gnade, sondern nur Recht – das Recht des Scheusals auf Menschlichkeit.
Deutlicher noch als bei Shylock geht hier der Prozeß gegen Gott selbst, der

das Scheusal erschuf und schon im Mutterleib entrechtete! Hier wird das Gottesgnadentum zum Fluch – und ein in seine Mißgestalt gefesselter Prometheus begeht seine Untaten, die alle nur eines wollen: demütigen, was Menschengesicht, menschlicheres Gesicht trägt, um Gott, den Schöpfer des Unrechts zu reizen, um einen Unsichtbaren, widerrechtlich Überlegenen zu zwingen, daß er sich dem Prozeß stelle – oder kürzeren Prozeß mache; was denn auch geschieht! –

Es ist nicht der Titane, der leichtblütige Empörer! Es ist der Cyklope! Wenn die Wut ihn erfaßt hat, sieht man deutlich, daß er einäugig ist! Einäugig, wie die fixe Idee, einäugig, wie der Fanatismus des Rechtes! Und doch mehr Sohn als Vater – mehr Leidender als Quälender! Geschöpf, geschaffen wie ein Berg, der dulden muß, daß Götter und Menschen über ihn hinwegschreiten, bis er vulkanisch erzittert und Glut und Lava speit! –

Das wäre die äußerste, mythologische Fassung eines Phänomens, das, ins Menschliche zurückversetzt, rechtens seine dramatische Existenz führt, bei den großen dramatischen Dichtern seine Nahrung findet und beim Publikum den ihm gebührenden Zoll an Erschütterung einhebt, indem er von Richard III. bis zum Herodes, von Caliban bis zu Verrina unser Recht, das mit uns nur halb geborene, ganz vertritt!

Jagd auf Greta Garbo

Greta Garbo in Europa? In London? In Paris? In Budapest? In Wien? Greta Garbo entdeckt, verfolgt, gestellt, entwischt?

Ich sehe folgendes Bild: Reporter und Verehrer stürzen sich auf eine Frau, umringen sie, umdrängen sie, betasten sie, reißen ihr eine schwarze Brille von der Nase, starren in ein Gesicht, in das sie ihren Atem hauchen. Der Atem ist nahe, der Atem ist schlecht. Das Gesicht ist erblaßt: die Lippen zittern. Diese Lippen versuchen Worte zu bilden, es klingt wie: »Ich bin nicht Greta Garbo.« Die Frau bittet, sie ihres Weges gehen zu lassen.

Ich habe Szenen dieser Art in New York als Augenzeuge miterlebt. Damals war Greta Garbo dort unter einem Decknamen in einem großen Hotel abgestiegen. Der gefürchtetste Sensationsreporter von New York, der Mann, der im Auftrag einer Zigarettenfirma allabendlich die Privatgeheimnisse der Prominenten ⟨an die Luft⟩ bringt – jede Eheschwankung auf Radio-Wellen über den ganzen Kontinent, vom Atlantischen bis zum Stillen Ozean, verbreitet, dieser wahrhaft rasende Reporter, dieser Conférencier des Skandals, der ein Ruhm ist, und des Ruhms, der ein Skandal ist, hatte zuerst eine Annäherung mit einem Huldigungsgedicht versucht. Nicht beachtet, trachtete er, die Polizei auf die Künstlerin zu hetzen, unter dem Vorwande, es handle sich um eine Hochstaplerin, die sich wie Greta Garbo gebärde.

Dieser Despot der indiskreten Lüfte war mit großem demokratischen Pathos über die Unnahbarkeit eines öffentlichen Objektes entrüstet, denn er sah sich in seinem hohen Zweck durchkreuzt. Er hatte vor, am Heiligen Abend dem amerikanischen Volke zugleich mit der Verkündigung der Zigarettenmarke die Radiogrüße Greta Garbos zu ‹senden›, zu Ehren Gottes im Himmel und der Zigarettenfirma auf Erden. Weigerte sich die Garbo, so handelte sie gegen die Interessen zweier großer Industrien, der Presse und der Zigarettenerzeugung, zugleich aber auch gegen die Herzensbedürfnisse des amerikanischen Volkes, und das am Heiligen Abend, in der Stunde der Liebe, der elektrisch beleuchteten Christbäume und der Weihnachtsnummern der Skandalblätter! Würde die vergötterte Ausländerin hier ein Nein wagen? Aber sie hörte den Versucher gar nicht an. So konnte er senden, was er wollte. Der Glaube fehlt nicht, und die Liebe war gerettet. Ebenso das Ansehen eines Gewaltherrschers über alle Gerüchte. Wenn er die Künstlerin später ein wenig verunglimpfte, so rächte er nicht nur die Bedrohung seiner eigenen Macht und Autorität, sondern auch seine schwächeren Kollegen, die mit Blitzlicht und Büchse – man nennt eine photographische Aufnahme in Amerika mit Recht einen Schuß – die Hotelhalle besetzt hielten und doch nur Bilder zustande brachten, auf denen eine laufende Frau die Hände vors Gesicht hielt wie eine Indianerin, die den bösen Geist der Kamera fürchtet – oder wie ein Verbrecher, der sich auf dem Wege ins Gefängnis seiner Identität schämt, statt auf die so teuer erworbene *publicity* eitel zu sein! Und dabei standen die armen Reporter nicht nur Tage lang, Nächte lang vergeblich herum, sondern auch dicht vor dem Hinauswurf, wenn sie dem Chef nicht das authentische Wort- und Bildmaterial heimbrachten, das die Leserschaft wünscht – die tägliche Sensation, die so manchem Arbeitslosen heute statt des täglichen Brotes gereicht wird. Und um sein tägliches Brot brächte die renitente Schwedin, wenn sie sich nicht ergäbe, so manchen braven amerikanischen Journalisten – in der Zeit der großen Not, in der schrecklichen Krisenzeit. Aber auch dieses Argument, das ihr aus heisern, im Eifer der Verfolgung ausgetrockneten Kehlen von Herren und Damen der Presse zugeschrien wurde – die Amazonen eifervoller noch als ihre männlichen Kollegen –, nahm sich die Garbo nicht zu Herzen, sie hörte es wohl gar nicht. Denn sie ist kaum imstande, zu vernehmen, was auf sie eingeredet wird, während sie flieht und ihre Bedränger sich ihr teils in den Weg stellen, teils mit ihr Schritt zu halten suchen. Und die Verfolgung wurde zur Hetzjagd. Sie war deutlich Sport und Manie und gestaltete sich überaus aufregend. Das Hotel wurde zur Hölle. Die Halle, alle Ausgänge, die umliegenden Straßen zu jeder Tages- und Nachtstunde von Stoß- und Sturmtrupps – Verehrern und Reportern – besetzt, die der Künstlerin, in bereitstehenden Autos, überall hin nachjagten, ins Restaurant, ins Theater. Zwischen den Tischen der Essenden, zwischen den Sitzreihen des Zuschauerraums, rasten die Trupps herein, das Blitzlicht flammte auf, eine Explosion

– ein Nervenchoc! Der Bissen blieb im Halse stecken. Wortwechsel mit dem Manager, mit dem Oberkellner, die den Gast zu schützen versuchten, Drohungen im Namen einer rächenden Allmacht, der Presse im Dienste des Kunden. Und das Publikum, das verblüfft war, beunruhigt die Hälse drehte, aber sich völlig gesittet benahm. Das Publikum mag eine Bestie sein, eine beutelüsterne, wenn es das noch rauchende Morgenblatt verschlingt. Zwischen den Mahlzeiten ist es zahm und brav – wenigstens in New York. Ich erinnere mich des alten Herrn, der drei Akte einer Vorstellung lang neben der Künstlerin saß, ohne auch nur nach ihr hinzuschielen – und knapp vor dem letzten Vorhang leise riet, nunmehr den Augenblick wahrzunehmen, wenn ein Verlassen des Theaters ohne weitere Belästigungen erwünscht sei. Es fehlte nicht an nobel diskreten Zeichen der Sympathie, nicht an ritterlichen Helfern. Auch nicht unter dem Hotelpersonal, obwohl sie alle – Liftboys, Zeitungsverkäufer, Blumenhändler, Theaterkartenversorger, Zimmerkellner und Telephonfräuleins – mit hohen Trinkgeldern zu Privatdetektivdiensten gedungen waren.

Unmöglich, die tolle Affäre leicht oder mit Humor zu nehmen. Unmöglich zu vermitteln, zu besänftigen. Es blieb nur eines übrig: die Flucht über Hals und Kopf, durch geheime Gänge, über Hintertreppen durch Seitentüren, wie in einem Schauerroman, in einem Detektivstück. Diese Art der Popularität ist eine Nervenfolter, wirkt wie eine schwere Strafe. Sie ist Freiheitsberaubung, Verhinderung jeder unbefangenen Bewegung, jedes Spazierganges, jedes Einkaufs, ja jedes ruhigen Verweilens in einem Hotelzimmer, da Telegramme und Telefonanrufe, unter der Türe durchgeschobene Zettel, vor der Türe promenierende Treiber und Jäger das Wild auch noch aus diesem Schlupfwinkel aufstören. Daß sich so die Huldigung vor der Schönheit, der Dank für künstlerische Gaben äußern soll, ist nicht zu fassen. Es blieb die Hoffnung, daß in Europa, in jeder Stadt Europas jeder Mensch auch fürderhin seine volle Bewegungsfreiheit haben würde – jeder Mensch, sogar Greta Garbo.

Die phantastischen Vorfälle in Wien jedoch machen diese Hoffnung zunichte. Wien gebärdete sich ‹amerikanischer› als New York. In New York hatten nur die ›Tabloids‹ – die populäre Bilderpresse, die den Skandal monopolisiert hat – ihre Treiber entsendet, nur sie brachten täglich aufregende Bulletins über die Ergebnisse der Jagd. Die großen Tageszeitungen, die Blätter von Ansehen, nahmen von den Vorfällen keine Notiz. In Wien erstreckte sich der Rummel fast über die ganze bürgerliche Presse.

Ein Mittagsblatt läßt die Nachricht von der Ankunft der Garbo aufflattern, serviert sie – wie eine andre Zeitung sagt – als ein »gepfeffertes Gabelfrühstück«, und sofort wird »das Hotel derartig belagert, daß die Polizei einschreiten mußte«. Die Wiener Allgemeine Zeitung bekennt sich zu dem Triumph darüber, daß der Garbo »der große Vermummungsbluff, den sie in jeder europäischen Stadt durchgeführt hat, mißlungen ist«. Und bekennt weiter: »Man verzeichnet diese Wahrscheinlichkeit mit ebensoviel journalistischer Befriedigung als menschlicher Anteilnahme.« Unwahr! Die Befriedigung ist weit größer als die Anteilnahme, auch wenn das Blatt die Garbo vor dem »bekanntlich ganz besonders sadistischen Enthusiasmus der Wiener« warnt, dem sie sich »wohl nur durch eine schleunige Flucht entziehen« könnte. Denn gleichzeitig sendet das Blatt, in gewaltiger Schlagzeile, einen Steckbrief hinter der Flüchtenden her: »Achtung, hellbrauner Pelzmantel!« und macht das Publikum aufmerksam, daß die Garbo, »falls man sie auf der Gasse anspricht, glatt leugnen würde, die Garbo zu sein«. Also sich durch Leugnen nur nicht abschrecken lassen. So setzte denn auch richtig auf der Kärntnerstraße »ein größerer Korso« ein. Welche Chance für hellbraune Pelzmäntel, die angesprochen werden wollen.

Aber das Hotel dementiert: eine Personenverwechslung! Keine Greta Garbo, keine Greta Gustafsson – nur eine Schauspielerin Erna Kaiser ist aus Paris angelangt, eine Wienerin. Ungläubige Gesichter derer, die das Hotel belagerten, um »Autogramme, Kinofreikarten, Protektionen oder Darlehen« und Interviews zu ergattern. Es folgt nun der »Sturm auf den Kontrollzettel des Hotels«, es folgt die gröbliche Belästigung der als Garbo verfolgten Dame, von der berichtet wird, daß sie »höchst indigniert« war, daß sie »schrie und wetterte, zahlte – und fort war sie...« Und zwar durch den Hinterausgang, ganz wie die richtige Garbo, sonst wäre sie nicht »ohne hundert Autogramme, beschädigtem Pelzmantel und Auflauf« – von den hundert Manuskripten ganz zu schweigen – davongekommen, obwohl sie niemand anders war als Erna Kaiser.

Rückblickend: ein »Greta-Garbo-Rummel ohne Greta Garbo«.

Nur Wiener unter sich. Trotzdem nimmt man der Garbo, die nicht dabei war, den Vorfall bitter übel.

Die Presse handelt – wahrhaft großzügig und international gesinnt – solidarisch mit der amerikanischen Skandalpresse und gebraucht leider auch dieselben Methoden, übernimmt deren Fiktionen. Dort, wenn die abgewiesene Bewunderung in Beschimpfung der Bewunderten umschlug, deutete man die Reklameflucht als besonders schlaue Reklamesucht, als ein Trick, den die Garbo ihrer Firma oder die Firma ihrer Garbo eingeflüstert habe. Wie wäre denn sonst das regelwidrige Benehmen eines Stars erklärlich? Außer etwa noch mit der Unfähigkeit der Garbo, Rede und Antwort zu stehen, mit ihrer Dummheit, welche die Firma zu vertuschen genötigt sei. Offenbar besitze sie weder Geist noch Geistesgegenwart genug, um im rechten Moment das rechte Wort zu finden: etwa auszusagen, daß sie gern im Meer schwimme, daß Amerika ein großes Land oder das Land der Jugend und New York die modernste, Wien die gemütlichste Stadt der Welt sei.

Reklametrick! Managerschlauheit! Eine andere Erklärung ist diesen trickreichen und schlauen Gehirnen nicht möglich.

Diese Leute sehen wohl, daß Greta Garbos Verhalten im Leben in einem ganz gewissen Sinne ihre schauspielerische Linie fortsetzt – aber gerade deshalb glauben sie, die Arrangeure, an ein Arrangement, und zwar an eines, das sich gegen sie richtet.

Was ist denn eigentlich das Geheimnis der Garbo, durch das sie verlockt – und das sie nicht ausliefern will? Sie hat die nordische Seele der Ibsen-Frauen, der Hamsun-Mädchen im Film durchgesetzt und setzt sie auch noch gegen die miserabelsten Manuskripte durch. Ihre wahrhaft internationale Popularität ist nicht nur ein Sieg der edlen Form, die von der bewegten Photographie aufgefangen und verklärt wird, sondern die Wirkung eben dieser Garbo-Seele. In einem Augenaufschlag, einem Senken der Wimpern, einem Lächeln und dem Schatten über einem Lächeln gibt sie diese Seele kund, offenbart sie sie an dem vergänglichen und verfänglichen Stoff von Lesebuchgeschichten. Sie bewahrt sich dabei eine erstaunliche Widerstandsfähigkeit. Sie bleibt, im Film und Leben, die Einzelne, die Fremde, die das Interesse der Menschen anzieht und davon unberührt scheint, die sich huldvoll dem gemeinen Leben neigt oder sich peinvoll daran vergibt, verliert, sich wegwerfend bis zur Selbstzerstörung, um sich wiederzugewinnen und, fremd geblieben, erst recht fremd geworden, weiterzuwandern, in die unaufholbare Distanz der zur Einsamkeit Verdammten. Darin besteht ihr Geheimnis und das ihrer Wirkung: daß sie keine Konzessionen macht, wo es um dieses ihr innerstes Wesen geht. Und deshalb soll sie zu jener Konzession gezwungen werden, die ihr am unerträglichsten scheint?

Sollte nicht vielmehr ihre nun seit Jahren durchgehaltene Auffassung, daß sie alles, was sie zu geben habe, als Schauspielerin zu geben trachte – und daß der Rest ihr Privateigentum sei, ihr Privatleben, auf das keiner ein Recht besitze, dem sie nicht selber dieses Recht einräume: sollte dieser ungewohnte Standpunkt einer Filmschauspielerin nicht sogar an sich Kulturwert haben? Wäre es nicht die Aufgabe der Presse, das Publikum – oder den hysterischen Teil des Publikums – über die tiefe Berechtigung dieser Anschauung, die so unerbittlich streng zwischen der öffentlichen und privaten Sphäre scheidet, aufzuklären? Mindestens die Aufgabe einer Presse, die sich für europäisch hält und sich selbst einen Rest von offizieller Würde, von privatem Stolz gewahrt hat.

Charles Laughton

Diesem außerordentlichen Schauspieler ist etwas Merkwürdiges passiert, es ist ihm ein neues Bewußtsein zugewachsen: das Kamera-Bewußtsein. Wenn er das wieder los sein könnte, welch ein Schauspieler wäre er wieder!

Der deutsche Schauspieler Werner Krauß

I

Den Staatsrat – der er wurde, als die Blütenträume der Unbegabten reiften – konnte ihm niemand rechtens übelnehmen. Er war vortemperiert als solcher. (Hoffentlich berät er seinen Staat gut.) Immer schon deutschnational und ein bekannter Kultur-Antisemit gewesen, brauchte er nicht erst mitzumachen, als es endlich losging. Er brauchte nur dazusein; und niemand hätte ihm zugemutet, gerade jetzt wegzugehen, nur weil er ein großes Talent war. Das wäre zu viel verlangt gewesen. Er war ein integrierender Bestandteil des deutschen Theaters. Ohne ihn konnte man es sich gar nicht denken. Es konnten nicht nur Nullen dableiben. Schließlich gehörten die deutschen Schauspieler zum deutschen Theater, genauso wie die Scheinwerfer und die Ventilatoren und der Kritiker Jhering – wie der Theaterzettel, der auch nur das Stück auf sich gedruckt haben kann, das gerade gegeben wird. Der Schauspieler spielt dieses Stück. Er schlüpft in das Kostüm, das die Epoche ihm zurechtlegt, deren Organ er letzten Endes ist, deren Texte er auswendig lernt, deren geistige Mode er, wie ein Mannequin, dem staunenden Publikum vorführt. Es ist auch für den Schauspieler, selbst wenn er wollte, besonders unratsam, zu emigrieren. Er ist der Landessprache – und darum allein schon dem Lande – verwurzelt, fast wie der Bauer: der Sprachboden ist der Acker des Schauspielers, den er zu bewirtschaften hat.

Trotzdem gibt es heroische Ausnahmen, die gingen, obwohl sie nicht mußten, bloß weil sie den neuen Ton nicht über die Lippen bringen konnten. Andere blieben und würgten an diesem Tonfall. Andere freilich fletschern ihn und verspeisen ihn, sichtlich mit Hochgenuß. Manche sind, aus Gesinnungs-Mimikry, schlechtere Schauspieler geworden. Sie gaben sich so eifrig hin, daß nichts von ihnen übrigblieb. Sie schmierten sich an und auf, wie Butter.

Werner Krauß, mit Respekt zu sagen, hatte das alles nicht nötig. Er gehörte mehr oder minder organisch dazu. Daß es so dick kommen würde, mußte er nicht wissen. Die wenigsten von uns wußten es.

Des einen Angsttraum ist des anderen Wunschtraum. Gewiß, Werner Krauß hatte mehr zu wünschen als zu fürchten dabei. Aber er wurde nichts, was er nicht schon war. Er bekam keine besseren Rollen, er spielte keine größere. Er bezog keine Stellung, die ihm vorher versagt gewesen wäre. Er blieb, was er war, ein schlichter Schauspieler, manchmal ein schlechter. Aber auch er ist kein besserer geworden.

Und hier bietet sich einem objektiven Verständnis ein tieferes, ein überpersönliches Problem dar, das uns schon zu denken gab, als wir das deutsche Theater noch hitzig liebten, mit parteiischer Eifersucht, als hätte keine andere Mutter ein Töchterlein. –

Wenn wir Emigranten heute von einer Art Heimweh in die deutschen Filme gezogen werden – man möchte doch wissen, wie es jetzt bei Schwannecke aussieht –, dann fühlen wir uns in alte Zeiten zurückversetzt. Ja, da sind sie alle noch, oder doch die meisten, da sehen und hören wir wieder ihre Gebärden, ihre Stimmen, ihre Unarten. Das ist – jetzt der neuen Idee dienend – der gute, alte Exhibitionismus, ohne den es schließlich keine Schauspielerei gäbe, das tollwütige Chargieren, die Entschlossenheit zur eigenen Mißgestalt, alles das, was damals als ein Zuviel an Individualismus gelten mochte: als die schauspielerische Entladung und Verzerrung eines dramatischen Dranges, der, an Shakespeare geschult, sich der Standardisierung durch die Form so schwer fügte – jetzt allerdings nur allzu willig einer weitaus übleren Standardisierung sich fügt. Sie haben sich, bevor sie so brav wurden, immer recht naturgetreu geräuspert, die deutschen Schauspieler, und kräftig gespuckt haben sie, sie waren stolz auf ihre Spucke. Auch ihrer Unarten wegen zogen wir sie jedem gezähmteren Theater vor. Der Kraftausdruck allein macht zwar noch nicht das Originalgenie. Aber es hatte was zu bedeuten, daß der Charakterspieler und nicht der schöne, wohlproportionierte leading man hier Liebling des Volkes war. Nicht nur vom Kritiker wurde der Bösewicht dem Süßling vorgezogen. Die deutsche Ästhetik fand den Wahnsinn holder als den platten Sinn.

So kamen Schauspieler wie Werner Krauß hier höher als sonstwo in der Welt. Er hatte Genie für Wahnsinn. Er war der faszinierende Jack der Aufschlitzer für so manche Charakterrolle. Seiner lustmörderischen Attacke gaben wir uns um so williger, und mit um so heiligerem Schauder hin, als sie still und sachlich geschah. Auf leisen, fast unhörbaren Sohlen kam der furchtbare Charakterzug heran. Er hatte Einfälle, wie ein Messerstecher seinen geheimen Stahl. Da war ein Gesicht, rund und blond und sanft, da waren Augen, unschuldblau wie die eines Kindes oder wie die ruhige See an schönem Tage, – aber dahinter, darunter bereiteten sich die Sturzwellen vor, das Brodeln und Schäumen der übelwollenden Natur. Ein untersetzter Knabe stand da, linkisch und schüchtern, die Erscheinung eines pausbäckigen, geistig etwas zurückgebliebenen Schülers, einer von denen, die im Wald Vogelnester ausnehmen: und plötzlich kam daraus die Schärfe, die Rache, die aufsässige, metallische Diktion, die durchschwingende Stimme, hart wie ein Rand, – um es lyrisch zu sagen: wie ein Diamant. Wenn so die kleine, beiseite stehende Figur, eine Nebenrolle, plötzlich in den Mittelpunkt des Geschehens drang und sprang, blieb uns einen Augenblick lang der Atem weg. Wir fühlten: das ist ein Kleinbürger, aber er hat es in sich! Wo er hintritt, wächst kein harmloses Gras mehr.

Er war ganz herrlich. Bitter wurde es freilich, wenn dieser Typ sich zur Innigkeit entschloß. Er hatte sicherlich keinen Griff fürs Veilchenpflücken und Kränzewinden. Er hat kein Herz, so tuschelte man, als wäre es ein ver-

botenes Geheimnis. Und damit tat man ihm unrecht. Er hatte schon ein
Herz, aber nicht das Herz eines klassischen Helden, sondern ein heimtük-
kisch verborgenes, dessen Leiden grotesk und unheimlich war. Er gehörte
– wie gewisse Pflanzen – in den Schatten und nicht auf den Platz an der
prallen Sonne. Wie alles Ressentiment wurde er sofort zu sentimental,
wenn er den Unhold in sich beschönigen wollte. Gab er den aufrechten
Helden, so war die Statue aus der Siegesallee fertig. Sein Wallenstein war
aus Gips. Der paßte ins Dritte Reich.

III

Und das ist die Moral davon. Das Dritte Reich hat ihn enthüllt, wie ein
Monument, das längst bereit stand; es hat sich selbst in ihm enthüllt. Es
war nicht dieses Schauspielers bester Ton, von dem die neue Zeit widerhallte; aber es war ihr offizieller Paradeton. – Setzte man wirklich fort, wo
einst die Schiller und Goethe (mit dem bedenklichen ›und‹ zwischen sich)
dem damals noch in Kleinstaaterei zerstückelten Volke die moralische Anstalt einer Bühne errichtet hatten, welche der Humanität ihre Helden
weihte? Das edle Profil der deutschen Klassik war vom Fortschritt der
Dinge längst in einen schlecht beleuchteten Hintergrund verdrängt worden.
Ein Werner Krauß hatte es, in veralteter Unversehrtheit, nur noch in der
Provinz erlebt. Der Naturalismus hatte einen neuen, weitaus bescheideneren
Anfang gewagt, aber auf soliderer Grundlage. Der Jude Otto Brahm – der
deutsche Stanislawski – hatte für die Ibsen und Hauptmann (den damaligen)
Darsteller gesucht und gefunden. Aus dem märkischen Sande war ein prachtvoller Wuchs von natürlichen Gestalten und Gestaltern gefördert worden,
die ‹deutsch› waren und doch menschlich. Und zwar mit modernen Anschauungen und Nerven. Eine neue lebendige, und so lebensvolle Einheit
war erreicht worden, bevor ein Werner Krauß begann, der sich als gegen
diese unschauspielerische Haltung, gegen dieses Unheldentum geboren fühlen mochte. – Der theatralisch buntere, komödiantisch reichere, sinnlichere
Eklektizismus der Vorkriegszeit, der, von der Hemmung der Brahmschen
Keuschheit befreit, alle Stile – wie bei reichen Leuten – reichlich mischte,
zeigte die Physiognomie der Epoche, Züge vom Antlitz des neurotisch-
neuromantischen Kaisers, war aber gewiß nicht hohenzollernschen Geistes
und Geblüts. Das Ende des Jahrhunderts litt an einem Schwund der Grundlage, die psychopathischen Merkmale häuften sich, die Kunst gebärdete sich
dekadent und anarchistisch, nihilistisch sogar, aber zugleich trat eine Eupho-
rie ein, ein lustvoller Überschwang der Laune vor dem Ende. Grelle Gei-
stesblitze erleuchteten die zerklüftete seelische Landschaft. Das Theater
Max Reinhardts lebte üppig von alledem; es brachte alle Regungen und
Anregungen aus aller Welt, behielt und wahrte aber noch die Einheit des
Ensembles. – Nach dem Kriege zerbröckelte sie. Hatte Brahm eine erreichte
Menschlichkeit gespiegelt, so klagte das Theater nun um die verlorene. Die

Bühne wurde zur Tribüne, von der herab die vergeblichen Predigten des Friedens und der Völkerversöhnung ertönten. Und sie öffnete sich den Angstträumen einer Apokalypse, die – ohne gehört zu werden – die Schrekken der Zukunft predigte, damals allerdings als eine Vergangenheit mißverstanden, die nicht wiederkommen wird. Im leibhaftigen Expressionismus tauchten Visionen auf, die, politisch umgedeutet, in den Skizzenbüchern eines George Grosz heimisch waren. Diese Fratzen und Chimären aus dem Abgrund fanden ihre Schauspieler, wie für sie geschaffen. Und während man sich heute noch im England Edens fragt, ob denn ein Richard III. nicht eigentlich verzeichnet sei, weil doch dem Monstrum kein in der Natur oder in der Historie vorkommender Mensch je entsprochen haben könne, wußten wir schon damals, noch ehe die Wandel-Garderobe der Geschichte ihre drastischsten Masken ausgespien hatte: dieser fürchterliche Richard hat gelebt, er lebt uns, er wird uns leben. Ja, wenn man so zurückdenkt, muß man sagen: das deutsche Theater ist voll der bösesten Vor-Ahnungen gewesen. Das Nach-Mittelalter, das in Bälde die Völker Europas auf ihren Hungermärschen in eine unstabile Zukunft einholen und überholen sollte, war uns schon damals dicht auf den Fersen.

Da mochte ein Werner Krauß – der mit seinen besten Gaben in diese Zeit gehörte und mit ihr hochgekommen war – sich nach Einheit und Reinheit sehnen. Was aber die Erhebung gebracht hat, ist eine gewalttätige Simplizität, die alles zur Provinz macht. Ein falscher Klassizismus ist erreicht, hohl wie eine Attrappe. Ein Gründgens mag diese Nivellierung übergaukeln. Ein Werner Krauß wird sie, mit seinen ehrlicheren Mitteln, nicht überwinden. – Nicht der Staatsrat, und nicht der deutsche Heldenspieler Werner Krauß.

Über Emil Jannings

Die Kunst Emil Jannings' kommt aus einer Fülle von Lebensbejahung: und deshalb hat sie im optimistischen Amerika so rasch eine zweite Heimat gefunden. Breit und tief eingelebt ist die Persönlichkeit Emil Jannings, mit allen fruchtbaren Wässern gewaschen und geradezu eingeteufelt in Welt und Wirklichkeit. Eine reiche Lebensklugheit macht den Mann heute zum Meister, aber auch wenn sie eines späteren Tages zur Weisheit wird, sie wird nie ganz den naiven Lebensappetit einbüßen, der mit dem Schauspieler auch den Zuschauer verjüngt. Appetit ist nicht Gefräßigkeit. Appetit ist Laune. Der wahre Genießer ist jener, dessen Herz beteiligt ist, und der mehr Phantasie als Gier hat. Ein solcher schätzt die Vorfreude höher als den Augenblick des Genusses. Es ist etwas in der Natur von Emil Jannings, das auszurufen scheint: Wir wollen uns heute einen guten Tag machen, der schon vor dem Abend gelobt werden kann. Freilich kann, da das Herz beteiligt ist, der Abend dann tragisch werden! Aber trotzdem wird der Zauber des Erfreulichen, der Charme, über dem Ganzen schweben bleiben. Solch eine Natur geht nicht unter, das Leben hilft ihr, und noch ihr Verzicht strahlt eine Wärme aus, die uns für alles Mitleiden entschädigt.

Weil ich früher von der eingeteufelten Lebensmenschlichkeit Emil Jannings' sprach: ich habe leider seinen Jago nicht gesehen, als ihm noch auf der deutschen Bühne leibhaftig begegnet werden konnte. Bestimmt wird er, trotz aller Schlauheit, dem großen Herren Othello an Naivität nicht nachgestanden sein. Bestimmt wird sein Charme sein Verbrechen aus Eifersucht (mehr Eifersucht als Neid) höchst liebenswürdig gemildert haben. Und bestimmt wird das Publikum gedacht und empfunden haben: auch mit dem Schurken Jago läßt sich's leben, denn er besitzt ein Herz!

Dieses eben, seine Naivität und sein Charme, hat es Emil Jannings möglich gemacht, ein geliebter Meister des Films zu werden. Seine vitale Kraft war so groß, daß er auf der flachen Leinwand nichts von seiner Sinnenfälligkeit, von seiner plastischen Gestalt verlor. Der entscheidende Durchbruch glückte im ›Letzten Mann‹. Riesenhaft, Zug um Zug, entlud sich seine Charakterdarstellung in der optischen Dynamik des Films. Aber auch der bewunderte Charakterspieler bleibt den großen Massen fremd und unheimlich, wenn nicht Liebenswürdigkeit sie mit seiner Kunst versöhnt.

Das Versöhnende bei Emil Jannings! – Ich denke an seinen Bankmenschen in ›The way of all flesh‹. So lange der ein Pedant und ein Spießer ist, rettet ihn seine rührende Väterlichkeit. Jannings scheut nicht davor zurück, ein komischer Pedant, aber schon gar nicht, ein lächerlicher Vater zu sein. Wenn er Vater ist, dann ist er es bis zur Narrheit, seine phantastische Affenliebe macht ihn zum Teddybären seiner Rangen. Aber er ist ebenso närrisch verliebt in die Kindereien seiner Kinder, weil er selbst das Herz eines Kindes in sich aufbringen kann. – Und wenn er dann dem simplen Raffinement der ersten schlechtesten Nutte verfällt, geschieht es so naiv, daß wir für ihn zittern, indem wir mit ihm genießen. Und dann kommt, kühne Steigerung, der Durchbruch seiner elementaren Natur, der Riesenrausch, in dem seine Welt untergeht. Die Tragik ist so direkt wie nur möglich, aber nie von allen Geistern des Humors verlassen. Und plötzlich steht ein Hiob vor uns da, und wir gewahren, daß Jannings zu den wenigen Schauspielern gehört, die vor unseren Augen so einsam sein können, daß uns das Herz weh tut. Aber schon im nächsten Augenblick fühlen wir das unbesiegbare Herz der Figur unserem ängstlichen Herzen entgegenschlagen, ein unverwüstlich lebendiges Herz. Das Auge ist erloschen, die Züge sind erfroren – aber das Herz lebt und schlägt und gibt immer noch Wärme ab und ist in der erbarmungswürdigsten Armut reich geblieben, weil es naiv geblieben ist, von einem kindlichen Glauben an das Leben gerettet – an das Leben, das nun dem Sohn gehört, der nächsten Generation, den Überlebenden.

Was ist das Versöhnende an der Sinnlichkeit des Emil Jannings. Sie hat etwas von der Unmäßigkeit eines Gargantua, etwas vom Zynismus eines Falstaff – kann es zumindest haben. Aber es fehlt ihr nie der verklärende Charme, der aus einem Kinderherzen, einem kindlichen Vaterherzen stammt.

Ich denke an einen anderen Hiob, den Jannings gespielt hat. An den Großfürsten im ›Last Command‹. Hier wagte er die äußerste Paradoxie: Hiob als Filmstatist! Ein Menschenwrack zog vorüber, Opfer einer Katastrophe, in der Weltreiche zugrunde gegangen sind. Von der Explosion, die mit seiner Großfürstlichkeit seinen Verstand zerstörte, behielt er einen Tick zurück, ein schauerliches Kopfnicken. Aber wir ertragen dieses furchtbare Nicken, das mit unerbittlicher Regelmäßigkeit wiederkehrt. Soviel vom Glanz, vom Hauch einstigen Lebensgenusses ist an der gespenstischen Gestalt immer noch hängen geblieben! Und durch die Verblödung hindurch fühlen wir auch hier das unzerstörte kindliche Menschenherz, das von Glanz und Schönheit weiterträumt. Diese Unzerstörbarkeit ist so ermutigend, daß uns auch der Tod nicht schreckt, der auf der Leinwand so leicht zum allzu frostigen Schatten wird.

Stirbt so eine Figur wirklich? Oder blickt sie nur, wenn sie ausgespielt hat, vom Jenseits herüber, wie über eine Planke weg, in das geliebte Getümmel der Erdenwelt? Nein, diese Figuren lassen sich nicht vom herzhaft sündigen Leben loslösen. Und es ist ihnen am wohlsten zu Mute, wo dieses Leben am dichtesten ist, wo es voll und warm quillt und treibt. Das ist der tiefste Grund für den Zug zur Volkstümlichkeit, der einen Schauspieler wie Jannings immer mehr und je länger je lieber dem Literarischen entführt. Er wächst in das Volksstück hinüber, das die Massen vom amerikanischen Film erwarten. So wird seine Gestaltung immer einfacher und wahrer im Sinne des breiten Gefühls, der eingelebten Lebenserfahrung. Ein Hauch von der Atmosphäre des wahrhaft Volkstümlichen umweht Emil Jannings schon heute. Es ist ein Herz zwischen Lachen und Weinen, zwischen Narrheit und Weisheit. So lieben es die Menschen, welche Kinder sind und bleiben auch in einer technisch geregelten Welt. Und das ist der ewige Humor davon!

Wiedersehen mit Emil

Dem Emil Jannings – wie ich ihn noch kannte – saß der Schalk im Stiernacken. Er war immer ein deutscher Mann gewesen, nehmt alles nur in allem. Breitspurig kam er aus des Spießers Wunderhorn, treuherzig blickte er aus blauem Auge in die Welt, in der er wohl Bescheid wußte. Er hatte es dick hinter den Ohren und ließ sich kein X für ein U vormachen. Schlau wie ein Sachse, mutterwitzig, besonders wenn es auf Kosten der anderen ging, ein Durchschauer und Hänsler der Menschen, wo immer ihr sterbliches Teil zum Vorschein kam. Ein gesunder Sinn für Realität zeichnete ihn aus, ein feines Ohr dafür, was Pinkus, der Waldspecht, zwitscherte: mit diesem Kosenamen rief er, mit pfiffig zugespitzten Lippen, es zärtlich lockend, das Geld. Ja, er wußte, wie den Pinkus atzen und wo ihm Nester bauen. Emil über finanzielle Transaktionen reden zu hören, war eine künstlerische Lust. Seine zynische Ader war hervorragend entwickelt. Zwischen vorne Hochkönnen und hinten Zukneifen, zwischen Liebe und Tod war das Leben ihm ein Spaß, das Gestalten ein teuflischer Drang, dem freilich, um der lieben Wirkung willen, manchmal ein bißchen sehr nach der rührenden Seite hin nachgeholfen wurde; besonders seit Hollywood den großen Könner in die Schule genommen hatte. Er tat dort gute Arbeit und lernte manches, vergaß es auch nie wieder. Emil war eine internationale Berühmtheit geworden, ein Volksschauspieler in aller Herren Länder. Er hatte überall viel Sympathie für das Deutschtum geworben, denn er hatte die Träne, aber er besaß auch Humor, also Menschlichkeit.

Dann kam der Sprechfilm, und Jannings kehrte nach Deutschland zurück. Er machte dort die Erhebung mit, vermehrte die autarkischen Rohstoffe des Landes um seine Persönlichkeit, und ist heute ganz groß, Produktionsleiter der ›Tobis‹, Kunstrat; alles ist er, was einer nur werden kann. Er spielt die Hauptrolle und ist der Supervisor seines Regisseurs. So sah ich ihn denn gestern wieder – nach langen, bösen Jahren – Emil Jannings, den ›Herrscher‹.

Er ist um einen Zoll gewachsen, und jeder Zoll ein falscher Biedermann. Ein gestreckter und gleichgeschalteter Emil, gescheitelt und gesalbt, und als ob ihm Goebbels um den Vollbart gegangen wäre, mit Katzenpfoten und eingezogenen Krallen. Er ist wirklich auf den Glanz hergerichtet, ein dicker Musterknabe, ein königlicher Kaufmann, ein Industrieführer. Das ist nicht mehr der schmuddlige ›Professor Unrat‹, den eine kleine Hure aus dem Geleise werfen konnte; nicht jener russische Großfürst und Emigrant, der in Hollywood die Existenz eines Statisten fristete und den ein Tick, ein böses Gesichtszucken, so menschlich machte. Da zuckt kein Nerv mehr in dem Manne! Was hier vor uns steht, mit illuminierten Tränensäcken, der neue deutsche Über-Hüttenbesitzer, das ist mit Bravheit und Rechtschaffenheit und gebotener Gesinnung angefüllt wie ein Sack mit – der Emil von ehemals hätte gesagt: ›mit Scheibenhonig‹.

Kaum daß ihn die Kamera erblickt, wird ihr groß und feierlich zumute, respektvoll weicht sie vor ihm zurück, um ihn in seiner Vollgestalt zu zeigen, ergriffen kommt sie näher, wenn er Suppe löffelt; schlägt er die schweren Lider auf, so späht sie ihm, mit erschauernder Indiskretion, ins Plüschauge: aber es ist kein Auge mehr da, nur eine trübe Wassersuppe, die Ausdruckslosigkeit der gleichgeschalteten Seele.

Das erschütterte mich tiefer als das ganze Aufgebot von Feierlichkeit um ihn herum. Die zeremonielle Langsamkeit, mit der sich dieses monumentale Jammerspiel entrollt, macht auch noch den Wutanfall zur Attrappe, – und der Schaum, der dem Helden aus dem Munde tritt, ist Gips, in Wasser aufgelöst. Da gibt es wahrhaftigen Gottes nichts zu lachen. Wir sind ja auch nicht beim ›Biberpelz‹, und Jannings spielt nicht den Wehrhahn. Wir sind bei der Harbou zu Gaste, der Mutter der ›Nibelungen‹, grausenvollen Angedenkens; und des ehemaligen ›Weber‹-Dichters Alters-Elegie ist ertüchtigt bis in die Knochen, zum Stechschritt der neu-deutschen Propaganda, die vergeblich den Russen nachstümpert. Denn während bei den Russen, auch bei gegebener Marsch-Route, der Mensch sich als ein Lebewesen bewegt, kann man sich diesen Glanz- und Glorien-Bürger unmöglich vorstellen, wie er auch mal das Wasser abschlägt. In diesem ›Herrscher‹ ist alles falsch und wie mit vollen Backen gelogen, jeder Zug unmenschlich und empörend, ob der ‹Führer› nun der Jungfrau in die Pupille blickt oder das Bild der verstorbenen Gattin aufschlitzt. Wenn einer eine Prothese anhat statt einer Hand, dann bringt er kein Fingerspitzengefühl auf.

Das Ärgste aber ist die wohlgemessene Wohlanständigkeit, aus der das Futter der Brutalität blitzt; diese mit der Axt abgehackte Treuherzigkeit, die wir ja auch vom deutschen Sender ins Haus geliefert bekommen; das Kacknaive von Sprechchören vor dem Reichskanzlerpalais wie »Ach lieba Fiehra, – laß dich sehn, – wir woll'n ja auch mal – schlafen gehn!« Wie tut das alles männlich und ist so unverhohlen kastriert!

Ein Jannings ohne Humor, ein Jannings ohne Auge, ein Jannings, der in seiner Hose den Trollschwanz nicht verstecken kann: das also ist der ›Herrscher‹. Und wenn er hoch droben steht auf der Zinne des ‹Werkes› und Tausende von Werkmännern zum »Heil« die Hand erheben, als wäre er der Herr vons Janze selber: da stellt sich die Anekdote ein, die vom Komiker Valentin erzählt wird: wie der Valentin eines Abends atemlos und hochroten Gesichts an die Rampe gestürzt kommt, die Hand hochhebt und ansetzt: »Heil –«, plötzlich aber stockt, sich auf die Stirn schlägt und verzweifelt ausbricht: »Jessas, jetzt hab ich den Namen vergessen.« »Emil –«, möchten wir ihm zurufen. Denn wir kennen den Namen noch.

Die Giehse

Dieser Tage beendete Therese Giehse ihr Wiener Gastspiel am Theater in der Scala. Das Publikum nahm rührenden Abschied. Die Leute standen und applaudierten, riefen: »Bravo, Giehse!« und »Wiederkommen«, »Auf Wiedersehen!« So ehrt Wien seit jeher seine Lieblinge.

Ihre Popularität gewann die Giehse, die seit Jahren am Züricher Schauspielhaus wirkt und seit dem Film ›The last Chance‹ international berühmt wurde, hier mit zwei Rollen: der Mutter Courage und der Großmutter Mouret in dem französischen Lustspiel ›Der 106. Geburtstag‹. Beide Leistungen wurden von der Kritik mit vollem Verständnis gewürdigt.

Viele Schauspielerinnen haben versucht, Frauen großen Formats auf die Bühne zu stellen, meistens im historischen Kostüm von Königinnen, von Staats- und Welt- und Männerbeherrscherinnen. Der Giehse gelang es mit zwei einfachen, drastischen Figuren. In Bertolt Brechts ›Mutter Courage‹ gab der Autor das Format, die Schauspielerin hatte es freilich auszufüllen. Als urwüchsige Marketenderin, die ihren Planwagen und ihre Kinder durch die chaotischen Wirren des Dreißigjährigen Krieges steuert, dabei ihre Kinder los wird und skeptische Welterfahrung und Lebensweisheit gewinnt, bot die Giehse, in Humor und Tragik, ein leibhaftiges Muster moderner Charakterdarstellung. Die sprachliche Prägung der Sentenzen; die sparsamsichere, sarkastisch-gemütvolle Pointierung der Couplets; die ganze schmucklos-würdige Erscheinung einer praktischen, selbständig denkenden und handelnden mütterlichen Personage, die meistens im blutigen Hasard eines Weltkriegs ihr Geschäft führt und das Schicksal der Ihrigen zu lenken trachtet, sich dabei nach bester Menschenmöglichkeit bewährt und nur dort versagt, wo einzelne Kraft nicht mehr ausreichen kann: Das alles vollbrachte sie, in jedem Griff und Tritt, mit unvergleichlicher Sachlichkeit und mit einer selbstverständlichen Geistesgegenwart, die sich restlos übertrug. Wie war das, in seiner Fülle und Breite, reif und sicher und aus einem ruhigen, gewissenhaften Prinzip heraus gestaltet und geformt. Eine große Plastik war hier am Werk. Noch sehe ich diese Mutter Courage, leicht gebeugt, an der Deichsel ihres Wagens schreiten, dessen Gewicht jedem Zuschauer fühlbar wurde: da war sie, tätig und leidend, ein Menschenwesen, das unter der Last des Lebens dahinging. Und ich sehe sie, ihr totes Kind auf ihrem Schoße bettend, es zum letzten Male hegend und wiegend, eine Pietà von heute. Was mich mit liebender Bewunderung erfüllte, war, zuerst und zuletzt, die sehr reale Gewachsenheit und Erwachsenheit dieses Darstellungsstiles.

Während die Mutter Courage eine Deutsche, bei der Giehse vom bayerischen Stamm ist, sollte die alte Mouret eine Ur-Französin sein. Die Giehse chargierte nicht, dennoch wehte um die breite Figur der Greisin mit dem Bulldogg-Kopf, die ein Daumier dem Leben nachgezeichnet haben könnte, der Champagner-Geist der Lieder Bérangers. Ich weiß die Strophen nicht auswendig, in denen eine Großmutter bei Béranger, zur Ermunterung und Belehrung der Enkelinnen, ihre geschwundenen Reize und ihre vergangenen Liebesfreuden elegisch beklagt und froh nachgenießt, doch klangen sie mir mit. Wenn die Giehse als zahnlose Urmutter eines kräftigen, weitverzweigten Geschlechts von provinziellen Kleinbürgern erschien und, bald vornüberfallend, bald sich aufrichtend und auftrumpfend, mit unverwüstlichem Eigensinn die ihr zugereichte Milch wegschob, um sich, mit einem lebensgefährlich kühnen Sprung, auf den ihr verwehrten Schnaps zu stürzen, hatte sie sofort die Herzen ihrer mitmenschlichen Zuschauer gewonnen. Unsere Freude an der schlauen und zäh renitenten Alten wurde höchstens noch überboten von unserer Schadenfreude an dem Familienpack, das sie, solange sie am Leben ist, auch mit vereinten Kräften nicht unterkriegen und seinen habsüchtigen Interessen gefügig machen wird. Wie sie den Ehrentag ihres 106. Geburtstages, der dem Geschäft ihrer Nachkommenschaft auf die Beine helfen soll, in einen Tag der Familienschande zu verwandeln drohte, indem sie eine Liste von Sünden erfand, die sie leider nicht begangen hatte –: die einfache Lustspielhandlung dieser erpresserischen Intrige, die der romantischen Enkelin zur Ehe mit einem Zirkusdirektor verhelfen soll, wurde von der Giehse mit einer listigen, hintergründigen Fidelität durchgeführt, die des sozialen Pathos nicht entbehrte. Lebenslust und geistige Frische triumphierten in der phantastisch-realen Figur höchst glaubhaft über die manchmal erschreckende physische Hinfälligkeit eines biblischen Alters, dem das lethale Ende unmittelbar bevorstand. Das alles wurde mit den sparsamsten mimischen Mitteln erreicht.

Wie die Uralte auflebte, als der Zirkus einzog, wie sie starb, als er Abschied nahm, sie selbst vom Leben Abschied nehmend: das hatte, bei ungeschmälerter Lachwirkung, schließlich den erschütternden Ernst, dessen jede große Komik fähig ist. Diese überbetagte Urgroßmutter war jünger als die Enkel, sie gab den Jungen erst den Mut, das eigene Leben zu wagen und es nicht zu versäumen. Und so möchte ich die alte Mouret eine Großmutter Courage heißen. Die unversiegbare Lebenskraft, der Lebensmut waren das Gemeinsame der beiden so tief verschiedenen Gestalten. Beide waren sie von einem kampfbereiten Geist erfüllt, den nur der leibhaftige Tod auslöschen konnte. Beide waren sie – in Bühnenwerken von ungleichem Wert – keine Bühnenattrappen, sondern wahrhafte Menschenwesen, denen wir unter großem Genuß zusehen durften, wie sie lebten und dachten, scharf und klar, tüchtig und klug dachten, indem sie lebten und das Leben meisterten.

Brief an Käthe Gold

›Die Möwe‹. Zur Generalprobe, 13. 5. 52

Geliebtes Katherl, teure Puppenfee,
ich will Dir zu Deiner ›Möwe‹, die morgen abend ihren Flug in die fremde Welt antritt, sagen, daß ich mehr als durch alles *beglückt* bin über die Momente eigenen Schaffens, *Deiner selbständigen Phantasie*, die sich nun mit meiner Arbeit untrennbar verbunden haben. Du hast, noch bevor wir begannen, eine große Vision von dieser Figur und ihrem Drama gehabt,

und es war von Anfang an meine Sorge, nur ja nichts davon verloren gehen zu lassen und jedes Jota in die Wirklichkeit der Bühne zu befördern, auch wo es nur ein Samenkorn war, daß es da wachse und gedeihe! Als Geburtshelfer wollte ich dienen, der dieses herrliche Kind, Deine Möwe, zur Welt bringt, die es zum Teil gar nicht wert ist, es zu erblicken. Aber was wissen wir davon, was wissen wir vom Weg und von der Wirkung solch eines einzigartigen, erschütternden Geschöpfes! Ich finde, wir Theaterleute, wir ›fahrendes Volk‹ dürfen darin unserer Neigung zum Hochmut nicht nachgeben, auch heute nicht und heute erst recht nicht! »Wirf's in die Welt und laß Dich kreuzigen!« sagte Peter Altenberg. Das ist, für jeden Künstler, ein guter Rat geblieben, heute erst recht. Du kreuzigst Dich selbst, Katherl, in jeder Deiner Rollen und an sie! Wenn Du zu Ende gespielt hast und der große letzte Akt – im Fall der ›Möwe‹ eine wirklich gewaltige Szene! – vorüber ist, zuende gelitten und das Schicksal erfüllt, dann ist Dein Gesicht, Dein menschliches Gesicht, das sich in das Gesicht Deiner Figur verwandelt hatte, ganz auseinandergefallen, wie bei einem Porträt des Picasso. Ich, Dein Komplize bei den kühnen Anschlägen Deiner Arbeit, sehe das immer mit tiefer Erschütterung! Ja, Katherl, ich bin erschüttert über Dich, und jedes Mal ist es mir wieder, als dauerte ich, der Alte, noch an, hauptsächlich, um diese Erschütterung zu erleben. Wer die Heimkehr und das endgültige Davonfliegen der vom Leben getroffenen Möwe ansehen kann, ohne erschüttert zu sein, den beneide ich nicht, und wäre es der Kaiser von Amerika, den es auch eines Tages in der Wirklichkeit geben wird. Wie könnte ich Dir danken für das, was Du schaffst, worum Du die Welt bereicherst! Das kann kein Einzelner, das ist für *viele* Herzen geschaffen, sollte ein großes Geschenk für *alle* sein, wenn man es ihnen zugänglich machen könnte. »Wirfs in die Welt und laß Dich kreuzigen!« Wir befolgen diese Anweisung so gut wir können. Deine angeschossene Möwe, Katherl, wird fliegen und weiter fliegen, soweit ihr unser Blick zu folgen vermag. Mag in diesem Blick Segen für Dich sein! Viel Glück und Pech auf den mutigen, hoch hinauf in die Luft sich wagenden Flug Deines Herzens! Es umarmt Dich

Dein alter Berthold

Theaterleiter – Regisseure

Thaddäus Rittner

Als die wählende Schicksalshand ins Wiener Unterrichtsministerium griff, um einen Burgtheaterdirektor – mehr noch: einen Retter des Burgtheaters – herauszuholen, da wunderte ich mich (nachdem ich zuallererst an Albert Heine gedacht hatte), daß sie nicht nach dem Sektionsrat Dr. Thaddäus Rittner, einem hoch geachteten Künstler und feinsten Kunstkenner, griff. Aber das Schicksal war weitsichtig, es sah das Lockende nicht, wegen der Nähe, aus der es lockte – und packte den Hofrat von Millenkovich. – Eine Sekunde später wunderte ich mich nicht mehr. Das war, als v. Millenkovich sein erstes, großes, goldenes Blech redete, eine richtige Blechposaune, welche dicke, bauchige Töne hervorbrachte und – zum Spaß der Welt! – von allen Wänden widerhallte. Herr Rittner war wohl mit Recht übersehen worden. Ja, wäre er ein Stückemacher, ein k. k. Hoflieferant für feinere Dramatik: das wäre doch immerhin eine solide Existenz! Aber er ist ein wirklicher Dichter – also etwas Imaginäres! Man frage nur das Publikum, ob er nicht stets wie ein Schatten von Reiz und Feinheit, wie ein Lichtreflex von Humor und Tragik vorübergeglitten ist. Man frage in Berlin, der allerrealsten Stadt der deutschen Welt, wo man Märchen für Erwachsene schon gar nicht duldet. Denn in Berlin brauchen die Erwachsenen keine Märchen des Lebens. Dort brauchen die Erwachsenen den Ernst des Lebens – im Leben; auf der Bühne aber wünschen sie Märchen für Kinder. In Berlin sogar recht deutliche Märchen, weil dort die großen Kinder so klug sind. Also gerade das Gegenteil von dem, was Rittner gibt. Deshalb bemerkte man ihn in Wien, trotz aller Achtung, nicht allzu sehr und nicht allzu oft; in Berlin aber vernichtete man ihn. Also gibt es ihn nicht. Also kann man ihn auch nicht ernennen; höchstens zum Sektionsrat.

Das kennzeichnet Rittner. Ihm ist das Leben ein Märchen für Erwachsene, und das Theater sei die Wirklichkeit dieses Märchens, das eigentliche Leben seines Traumes! Auf dem Theater erst werde der Traum lebendig! Ein zu kompliziertes Verhältnis, dachte wohl das Schicksal. Solch eine in geradezu romantischer Art wahrhafte, im Grunde aber nur wahrhaft romantische Beziehung zwischen einem Beamten und dem Theater kann eigentlich gar nicht geduldet und darf gewiß nicht protegiert werden. Herr Rittner ist zwar mit dem Leben einerseits, mit dem Theater andrerseits directissime und delicatissime verbunden. Aber er wahrt zu beidem die allerempfindlichste

Distanz. Und so muß es sein und bleiben, beschloß das Schicksal. Dichter brauchen Distanz, wie andere Menschen Luft. Wo hätte sonst der Traum Platz? Was hätte er zu tun, wenn nichts zu überbrücken wäre? In der ordinären Nähe schwindet aller Zauber der Romantik, und wenn man erst mittendrin steckt, wenn man gar die Bühne betritt (ein Opernglas bringt schon zu nahe!): wie unwirklich wird da das Theater! Handelte nicht eine Rittnersche Komödie, ›Der Mann im Souffleurkasten‹, von dieser – Tragik? Da verbirgt sich ein Dichter im Souffleurkasten, und nachts, wenn das Theater leer ist, steigt er auf die Bühne, läßt die zauberhaftesten Lichteffekte erstrahlen – um so zauberhafter, als er sie nicht beabsichtigt – und erfüllt die leere Bühne mit Träumen – ach, nicht mit Träumen, mit gewesenen und zukünftigen, mit ewigen Wirklichkeiten! Da aber sucht man nach dem ›Gespenst‹, dem Eindringling ›Geist‹, entdeckt ihn, zieht ihn hervor, und – ein Märchen für Erwachsene – er wird der Liebhaber, der Gatte der Theaterprinzessin, und wird tatsächlich aufgeführt. Mit tatsächlichem Erfolg! Daran stirbt dieser Dichter. Das heißt: nicht der Dichter – das Dichterische in ihm stirbt! Der Herr Dichter selbst lebt weiter, wird aus einem Gespenst erst ein richtiger, ein gewöhnlicher Mensch – lebt jetzt sogar gesünder, nur – Gott sei Dank! seufzt seine kleine Frau – undichterisch. Bei Rittner sterben nie (oder nur scheinbar) die Menschen. Es stirbt immer nur der Traum in ihnen. Bei Rittner leben die Menschen auch nicht (oder nur scheinbar). Sogar seine Allerlebendigsten, seine Robustesten leben Träume und träumen Leben. Seine Tragik: das Erlöschen des Traumes, das Aufwachen! Sein Humor: wenn der Traum an das wirkliche Leben stößt, wenn das wirkliche Leben den Traum zerreißt, durch die Risse blickt, mit ihm kurzen Prozeß macht. Was eigentlich tragisch ist; nur daß der Dichter es bereits verwunden hat und jetzt das ewige Kind im Menschen liebevoll, mitleidig, begütigend belächelt.

Und so, mitleidig begütigend, belächelt wohl auch das Schicksal Herrn Thaddäus Rittner. Und sagt und streichelt ihn: ›Sei nicht böse! Wenn ich dich aus dem Souffleurkasten in die Direktionsloge versetzt hätte, du wärest am Ende noch ein ganz gewöhnlicher, gesunder Theaterdirektor geworden, wie wir so viele – zum Schweinefüttern! – haben; Leute, denen das Theater höchst unwirklich, und nur das Geschäft ein Traum ist. Diese Realitätsmenschen sind ja eigentlich Leichen, in der Welt des Traumes. Sie sind, ganz eigentlich, arme Teufel. Du aber bist ein Dichter, ein wirklicher sogar. Kein allzu anerkannter, und ein genug unbekannter Dichter – alles in rechtem Maß, damit die Distanz gewahrt, damit dir Leben und Bühne gleich unerreichbar und deshalb gleich dichterisch bleibt. Du bist vielleicht kein allzu großer Dichter – den allzu Großen wird die Dichtung zu gewaltig wahr; der Dämon zerreißt sie. Mit dir spielt er nur; du bist seine feinste Laune. – Ich liebe dich, Thaddäus Rittner! Ich liebe deine polnische Ritterlichkeit für das Weibliche und Kindliche, das entzückend Natürliche im

Menschen. Ich liebe deine Grazie, deine leichte Hand – und deinen von Traum und Beobachtung, von Märchen und Psychologie ein wenig – nicht zu sehr – irrsinnigen Blick. Du kennst das große und das kleine Glücksspiel, wie ein Pole, der in Paris gelebt hat; und wie ein echter Slawe hast du den demütigen Zug, Unterwerfung unter den Zufall, die Chance; und kennst doch wieder – Deutscher, der du bist! – den Verzicht und den Ersatz des Traumes. Deine Verwandten im märchenhaften Alltag – Knut Hamsun in Christiania und Peter Altenberg in Wien – werden dich verstehen. Und vielleicht berührst du auch, nach und nach, die anderen Menschen, diese allzu Erwachsenen, mit deinem wahren Märchen. ‹

Millenkovich – Heine

Die Tücke des Objektes hat den Hofrat von Millenkovich zu Fall gebracht. Und es gibt kein tückischeres Objekt als das Theater. Um sich beim Theater behaupten zu können, dazu genügt noch lange nicht die Hofratswürde, und auch bei einem Fachdiplomaten wäre es immer noch zweifelhaft, ob seine Diplomatie fürs Theater, schon gar fürs Hofburgtheater, ausreicht. Direktor Millenkovich aber scheint, nach allem, was man von ihm gehört hat, ein gradezu naiver Mensch gewesen zu sein. Als es hieß, es sei aus mit ihm, da meldete sich pünktlich die Vermutung, die beim Theater nie ausbleibt: eine Weibergeschichte. Eine Naivität des Hofrats in erotischer Richtung. Nichts kennzeichnet so deutlich die üble Niveaulosigkeit des Theaters von heute wie das beinah Unausbleibliche dieses Vorwurfs. Man hat das schon so im Gefühl: über unkünstlerischer, unfachlicher Direktionsführung kann einer niemals stürzen; auch ein Esel, wenn er nur moralisch tut, kann im Amte alt werden, und auch die gewissenloseste Geldwirtschaft würde einer bis in die Unendlichkeit fristen können. Weibersachen dagegen erledigen sofort. Und doch müßten die nichts gegen ein Talent beweisen. Und auch nichts gegen den christlich-germanischen Schönheitsbegriff. Dieser vorschnell verlautbarte Schönheitsbegriff hat dem Hofrat Millenkovich scheinbar bei Vielen sehr geschadet, die schaden können. Und doch war auch diese Programmrede nichts andres als eine Naivität. Und das ist der Humor davon: das Theater duldet keine Naivitäten.
Ich wage die Behauptung: nach dem christlich-germanischen Schönheitsideal ließe sich ein wundervolles, vielleicht sogar ein notwendiges Programm für das Burgtheater entwerfen und durchführen. Sogar wenn es ein Zwang von außen, von oben wäre: die thematische Beschränkung könnte einen Meister der Gestaltung bilden. Soll ein Schönheitsideal aber mehr bedeuten als eine Privatsache dessen, der es im Busen trägt, muß es zeugungskräftig sein. Beim Hofrat Millenkovich war es eine Phrase; es steckte nichts dahinter.

Es reichte eben noch bis zu Kranewitter (dessen abseitig und ehrenhaft gegen die Zeit gerichtetes dramatisches Streben gefördert zu werden verdiente), und nicht einmal bis zu den Königsdramen Strindbergs, auch nicht bis zu dem katholischen Dichter Sorge; es erinnerte sich nur schüchtern, allzu schüchtern an Calderón. Ich glaube nicht zu irren: vor der Zumutung etwa eines Mysterienspieles von Paul Claudel hätte die Schwärmerei des Hofrates bürgerlich versagt. Denn sein christlicher Eifer, wie jede Phrase, endete wohl genau dort, wo die im großen Sinne umstürzenden und aufbauenden Gewalten des Geistes, und gar des heiligen Geistes, beginnen. Weder die christliche noch die germanische Kunst – ich nenne nur (ohne an das Problem Hermann Essig zu rühren, das jetzt der Tod vorläufig gelöst hat) den unentdecktesten Dramatiker Knut Hamsun, der einen ›Munken Vendt‹, eine ›Königin Tamara‹ und das zauberhafteste expressionistische Werk, sein ›Spiel des Lebens‹ gedichtet hat – sind so arm, wie die blinde Leidenschaft hüben und drüben sie erscheinen läßt. Dagegen durfte nicht mit Dombrowski, und schon gar nicht mit Hans Müller und Terramare Einer kommen, der irgendeinem, wie auch immer genannten Ideal nachstrebte. Dem verewigten Girardi, dem Genie Wiens, war am Ende seines Lebens eine Berufung ans Burgtheater als persönliche Genugtuung zu gönnen. Aber der Meister der Natürlichkeit konnte den toten Prunk eines verfallenen Stils nur beschämen; mehr kam dabei nicht heraus. Die Hoffnung, Girardi werde das Kunstbeamtentum, das – mit vereinzelten edlern Persönlichkeiten von höherm Wuchs – nach den Großen einer gewesenen Glanzepoche hinterblieben ist, neu beleben, war auch wieder nur eine liebenswürdige Naivität. Persönlich liebenswürdig wie etwa das hartnäckige Durchhalten der Schauspielerin Rosar gegen die Kritik. So erzwang man nicht die große Heroine, die, solange die Bleibtreu ebenmäßigen Ersatz leistete, noch immer nicht die dringlichste Notwendigkeit war. Dagegen welch ein aufgebrachtes Dementieren, als es hieß: Moissi käme. Nein, nicht Moissi, auch nicht Kayßler oder Wegener oder Bassermann oder Friedrich Lindner kam. Sondern sofort wurde verlautbart, Herr Walden, ein akademischer Bonvivant, werde den düstern Hamlet kreieren, wohl damit es eine Hetz gäbe in Wien.

Das Burgtheater hat so viele begabte Schauspieler, aber keinen Faust, keinen Götz, keinen Hamlet, keinen Lear, keinen Tasso, keinen Othello, keinen Falstaff, kaum einen Shylock. Ich könnte diese Liste eine Stunde lang fortschreiben, und neben der männlichen eine weibliche Reihe der glänzenden Leere anlegen, um festzustellen, daß diese allererste Bühne der Monarchie – ehemals die allererste Bühne Deutschlands – sich an die erhabenen Aufgaben, die ihr vorbehalten sein sollten, gar nicht heranwagen darf. Verzichten wir also! Nehmen wir an, es gäbe keine größern Schauspieler, als die das Burgtheater besitzt. Aber hat es überhaupt ein Ensemble? Es hat – was bereits mehrfach ausgesprochen wurde – hochwohlansehnliche und vielvermögende, gesättigte und beruhigte, von Überkommenheiten und Scheinwürden strotzende Beamte des alten Burgtheatertones, neben einem Genie wie der Medelsky Männer, die den Lear etwa erreichen wie eine Rangklasse und dominierende Rollen besitzen wie eine Rente. Und es hat eine buntscheckige Schar von spätern, sozusagen proletarischen Talenten, die sich entweder zu Tode warten oder gelegentlichen mehr oder minder gewagten Experimenten ausgesetzt sehen. Zu den Hütern des alten Tons, zu der dekadenten Erbaristokratie des Burgtheaters passen sie nicht, und auch untereinander, miteinander bilden sie keine Einheit. Sie sind nicht zu einem Ensemble zusammengewachsen, zu einem Lebendigen, das seine eigene Atmosphäre um sich und seine eigene Seele in sich hat, und das anzieht und abstößt, was hergehört oder nicht hergehört. Nur so freilich käme es zu einer Auslese, nur so könnte sich ein neuer Burgtheaterton, ein neuer Burgtheaterstil bilden.

Und das Burgtheater könnte wieder die geistig-künstlerische Führerschaft an sich reißen in der ehemals vielbewunderten Theaterstadt Wien, die trotz aller Privattheaterbestrebungen so trostlos heruntergekommen und zurückgeblieben ist. Wien, längst von Berlin überflügelt und sogar von mancher deutschen Provinzstadt theaterkünstlerisch übertrumpft, exportiert heute nur mehr zwei unübertreffliche Spezialitäten: das Jargonstück und die Neuwiener Operette, also die zweifelhafteste Vergnügungsware. Und es exportiert seine jungen Talente, um sie loszuwerden, da es mit ihnen nichts anzufangen weiß.

Das Burgtheater hat auch ein mächtiges Regiekollegium von mehr oder minder begabten Regisseuren. Aber es zeigt so betrübend selten starke, wuchtige, geprägte, bluterfüllte und geisterhellte Vorstellungen. Fast nur an Abenden, die Albert Heine verantwortlich zeichnete, sah man manchmal – ich erinnere an Shaws ›Caesar und Cleopatra‹ – eine wirkliche Einheit aufleben. Albert Heine verfügt allem Anschein nach über die persönliche Kraft, die trägen Elemente aufzupeitschen und die selbstsüchtig Widerstrebenden zum edlen Zwecke zu bändigen. Und darüber hinaus verfügt er über die sachliche Kunst, die zeitlich und kulturell disparaten Teile des Ensembles auf einem gemeinsamen erhöhten Niveau zusammenzuzwingen. Das allein – mehr noch als die persönliche Regiebegabung, die künstlerische Vision – erhärtet seinen Anspruch, mit der Macht eines Direktors ausgestattet, am Burgtheater ernstliche Wiederbelebungsversuche vornehmen zu dürfen. Deshalb habe ich seine Anwartschaft immer behauptet, und deshalb nenne ich die soeben eintreffende Nachricht, daß er auf ein Jahr zum ›provisorischen‹ Direktor ernannt worden ist, trotz der bösen zeitlichen Beschränkung des neuen Mannes eine gute Botschaft. Albert Heine, der bedeutende Darsteller, ein Charakterspieler von Rang und ein Chargenspieler von Genie, ein wirklicher Regisseur und Bildner von Theaterwerken, ist zugleich ein bedeutender Lehrer, als Entdecker und Erzieher von jungen

Talenten hervorragend bewährt und weit bekannt. Er hat, wie kaum ein Zweiter, Tradition im guten Burgtheatersinne und dennoch starke Fühlung mit der Kunst der Zeit. Er ist eben eine Natur, die breit und gerne lebt. Und Heine ist bestimmt nicht naiv, er kennt das Terrain, er ist ein geschulter und erprobter, ein gewitzigter Burgtheaterfachmann seit langem schon. Dabei hat er es, trotz den vielen Burgtheaterjahren, vermocht, ein Eigener zu bleiben, eine Persönlichkeit mit Kanten und Ecken, ein Künstler mit einem norddeutschen Querkopf, dem aber die diplomatischen Tugenden, trotz der rauhen Außenseite und bei aller Pressefremdheit, gewiß nicht fehlen.

Der idealistische Laie, der Dilettant Millenkovich hat versagt; er hat sich nicht einmal vor den simpelsten Anfechtungen der Sphäre zu wahren gewußt. Sehr vernünftig, daß man es zur Abwechslung diesmal mit einem geborenen und erzogenen Theatermenschen versucht. Hoffentlich lähmt die neue Würde nicht die Energie Albert Heines, die in der Opposition so lange vorgehalten hat. Hoffentlich denaturiert ihn die Verantwortung nicht. Hoffentlich wirtschaftet er in diesem einen Jahre, das ihm – allzuvorsichtig – gegönnt wird, so kühn, als ob kein zweites Jahr folgte. Und doch braucht es beim Theater, die großen Willenskräfte eines berufenen Leiters vorausgesetzt, mehr als zwei und drei Jahre, um eine gesunkene Bühne wieder hochzubringen. Wobei zum Schlusse noch dieses allerböseste Bedenken nicht ganz unterdrückt sein soll: daß ein Theater nicht nur von seinem Direktor abhängt, sondern zuerst und zuletzt von dem Kulturzustande der Gesellschaft, in der es wurzelt – also vom Publikum.

Max Reinhardt

Auf Leopoldskron über Dinge des Theaters zu sprechen, ist mir nicht möglich, ohne vorher Max Reinhardts gedacht zu haben. Sie alle, die Sie zum Studium hierher kamen, begegnen hier dem Meister auf Schritt und Tritt, überall weht sein Geist Sie an. – Ich bin vorher nie hier gewesen. Und um an den Salzburger Festspielen, die er gegründet hat – und die ihn und die große Weltkatastrophe überlebt haben – teilzunehmen, hätte ich – wie so viele Amerikaner – von drüben zu Gast kommen müssen. Aber ich habe nicht nur – als geborener Wiener – in meiner Jugend durch Gastspiele des Deutschen Theaters, ein Jahrzehnt vor dem ersten Weltkrieg, entscheidende Eindrücke von seiner vielgestaltigen Kunst bekommen. Ich habe später an seinen Berliner Bühnen als Regisseur gewirkt, 1922/23 und 1927, kurz vor meiner Abreise nach Hollywood. Und dort bin ich ihm später persönlich begegnet, in der Verbannung, die er mit so großer Würde getragen hat. Dort habe ich ihn eine Schule gründen und an ihr wirken gesehen, und habe aus seinem Munde von Zukunftsplänen gehört, die er bis an das Ende seines reichen Lebens zu entwickeln nicht aufgehört hat. Max Reinhardt ist der letzte große Beherrscher des europäischen Theaters in deutscher Sprache gewesen, Beherrscher all seiner Künste, seiner Formen und Möglichkeiten. Es ist kaum möglich, von der umfassenden Welt seiner Theaterschöpfung heute, in zerklüfteter Zeit, auf den Ruinen der deutschen Theaterkultur, einen Begriff zu geben. In seiner Regiekunst kamen alle Antriebe und Richtungen zur Geltung, zur Ausgeburt. Er hat das realistische wie das romantische Theater erschöpft, die Klassiker wieder lebendig gemacht und den Expressionismus vorgebildet. Er hat jede Art und Abart des Dramas gepflegt, das lyrische Drama und das epische Drama. Er hat die Illusionsbühne und die Stilbühne errichtet, das Kammerspiel und das Theater der Fünftausend gepflegt, die Pantomime und die Commedia dell'arte wiedererweckt. Von diesem unglaublich weiten Umkreis seines Schaffens haben Sie sicher oft gehört. Sie werden mich fragen, was Sie sich selbst gefragt haben dürften: was war das Gemeinsame in diesem Reichtum der Formen, ein Gestaltungsprinzip, das eigentlich Reinhardtsche, die besondere Note des Allregisseurs? Mit der Beantwortung dieser Frage würde ich mich in ein Thema begeben, das ich mir für heute nicht gestellt habe. Und ich würde abkommen von dem Kennwort, das ich meinem heutigen Vortrag gab: der Schockwirkung im Drama. Denn gerade sie, die Schockwirkung, hat Reinhardt vielleicht weniger angestrebt als so mancher Dramaturg und Regisseur vor ihm und nach ihm. Er ist ihr nicht ausgewichen, wo das Drama sie verlangte – aber er hat sie eher gemildert, zugunsten einer allgemeinen verklärenden Magie, eines atmosphärischen Zaubers, dessen Meister er war. Gewiß hat er der Tragödie ihr Recht auf Erschütterung nicht verwehrt, der Komödie ihre Kraft der Drastik nicht versagt –: Im Gegenteil, besonders der letzteren hat er ihr Privileg auf Masken-Freiheit und -Frechheit wieder voll eingeräumt. Aber seine Theaterkunst war zuerst und zuletzt eine weiche, melodische und harmonische, eine verklärende, einem reifen und urbanen Bürgertum angepaßte. Sie schwelgte in der Gesamtkunstwirkung des Szenikers, der alle Künste in seinen Dienst stellt: den Musiker und den Maler und den Choreographen, und vor allem den Mimiker, den Schauspieler in voller Entfaltung, aber nicht weniger den Komparsen, die zum Schauspieler abgestimmte Masse in kollektiver, jedoch künstlerisch beherrschter Bewegung.

Der junge Nietzsche hat die Tragödie – und dabei schwebte Richard Wagner ihm vor – aus dem Geiste der Musik geboren sein lassen. Bei Reinhardt erlebten wir die Geburt des Dramas aus dem Geiste des Schauspielers, der freilich als Regisseur alle Arten der Schauspielerei, des Schau-Spielens umfaßte: auf der höchsten Stufe bändigt dabei der Prospero den Caliban, und Ariel wird zum Musageten. Auch Reinhardt erstrebte – um noch einmal Nietzsche zu zitieren – eine Verbindung des Apollinischen mit dem Dionysischen: er waltete darin als der Stifter einer harmonischen Ehe, beide Gegensätze miteinander versöhnend, um des schönen, reichen Spieles willen. Die Kunst des großen Genießers bestand darin, den dramatischen Schock aufzufangen und weise zu dämpfen. Das entsprach der gesellschaftlichen Funktion des Theaters in der gegebenen Periode. Das war möglich, solange eine zwar nicht unbedrohte, aber doch noch – wenigstens scheinbar – geborgene bürgerliche Gesellschaft ihrer Bildung, ihrer Wohlhabenheit, ihres Behagens und der individuellen Freiheit ihrer Mitglieder sich erfreuen durfte. ...

[fragmentarisch]

Theater-Zukunft

Eine von Max Reinhardt und Richard Strauss inaugurierte, von nicht wenigen Kunstgrößen unterzeichnete Denkschrift will das deutsche Theater retten. Denn das Theater sei mit der ganzen Welt aus den Fugen geraten. –
Ja, die Welt ist aus den Fugen. Sooft heute dieser Schreckensruf erklingt, klingt er überrascht; so als wäre die Welt in schönster Ordnung gewesen und plötzlich, eines Tages, ereignishaft ausgerenkt worden: etwa durch die Revolution, oder – richtiger gesehen – durch den Krieg; durch die Änderung des erfreulichen Weltzustandes, der bis 1914 währte. Die so denken und sprechen, sind die wahren Diagnostiker nie gewesen. Es hat allerdings nicht an Hellsehern gefehlt, die schon lange vor 1914 die Weltkrankheit erkannt haben. Der Krieg war bereits eine Folge. Die Revolution, pathologisch betrachtet, ein Gegengift, das ein entsetzlich kranker Organismus, seines Leidens sich erwehrend, ausgeschieden hat. Im allertiefsten, im religiösen Sinne, müßte man so freilich bis aufs Erbübel zurückgehen, das spätestens mit dem Menschen in die Welt gekommen zu sein scheint. Aber wir stehen mitten in einer besonderen Kulturkrise größten Stils, in der Krise Europas. Die wahrhaft wachen Geister Europas – in jedem Vaterland nur wenige, meist bitter gescholtene Weltwächter – hatten längst die greulichen Symptome festgestellt: in Wirtschaft, Gesellschaft, Politik und Kunst! Und so naturgemäß auch im Theater, das ja nichts ist als der genaue Ausdruck von Wirtschaft, Gesellschaft, Politik und Kunst einer Zeit. – Beliebter waren wohl immer jene angenehmeren Propheten, die da verkündeten, wie herrlich weit wir es gebracht.
Das meinen scheinbar auch die namhaften Unterzeichner der Denkschrift. Sie sagen es ausdrücklich, rühmen den »Strom der Erneuerung, der in den letzten Jahrzehnten vom Theater der Deutschen und nur von diesem ausging«. »Nur von diesem!« Das ist zumindest eine artige Übertreibung des Selbstbewußtseins. Da wird von Stanislawski, Gordon Craig und dem russischen Ballett abgesehen. Sei es! Die Erneuerung, die gemeint sein kann,

wäre dann also hauptsächlich in Berlin geschehen. Sie knüpft sich an die Namen Brahm und Reinhardt. Brahms künstlerische Sendung war die naturalistische. Sie übertrug auf die deutsche Bühne eine soziale und geistige Bewegung, die von den Franzosen, den Russen, den Skandinaviern ausgegangen war. Trotzdem war das Theater Brahms ein besonders deutsches Theater; es enthielt echte volkstümliche Elemente. Es bildete ein Ensemble heraus, das man zeitweise fast eine ideale künstlerische Gemeinschaft nennen konnte. Es verwurzelte einen zwar nicht hohen, aber wahren Stil, und es schien sogar vorübergehend das Großstadtpublikum zu einer Gemeinde umzuschichten. Und es befruchtete die ganze deutsche Schauspielerei. – Heute glauben wir zwar zu wissen, daß der Naturalismus überwunden werden muß – aber wir möchten ihn, wenn wir gerecht denken, um einer künstlerischen Erziehung zum echten Ton willen, nicht vermißt haben. Die materialistische Wissenschaft, die an der naturalistischen Kunst so entscheidend mitgewirkt hat, reicht längst nicht mehr aus, um unser Leben zu lenken. Sie hat direkt in die Weltkatastrophe geführt. Aber der soziale Kern, der im Innersten der naturalistischen Kunst gedieh, bleibt unverlierbar.

Wie steht es nun mit der Erneuerung, die von Max Reinhardt, dem faszinierenden Inszenator, ausging? Sie war ein gesteigerter, sinnlicherer Naturalismus. Sie war wesentlich mehr *du théâtre*. Sie war reicher an Reiz und Effekt. Sie nährte sich von fremden, ja exotischen Formen, von Stilmischungen, von Kulturerbschaften. Sie gewann der strengen deutschen Diktion südlichere Klänge ab, sie verwertete den Maler und den Musiker, um den Schauspieler zu schmücken. So erneuerte sie die Klassiker. Es war das Barock der Gründerzeit, das – artistisch verfeinerte – Gepränge der wilhelminischen Epoche, die eigentlich die kapitalistische – mehr noch als die militaristische – heißen sollte. Die Zusammenarbeit von Sophokles oder Aischylos mit Reinhardt war nie eine organische gewesen. Aber die Stilvereinigung: Hofmannsthal-Reinhardt-Richard Strauss war es ohne Zweifel.

Ein strenger Stil wurde so nicht erreicht. Aber das Lustspiel Shakespeares erwachte wieder, dank Reinhardt, die Freude am bunten Spiel überhaupt. Und den interessantesten Dramatikern der Zeit, den Tragikomikern, wurde genug getan. Die Kunst Brahms wurde so sinnlich reicher und seelisch leichter. Das Theater wurde so wieder theatralischer, auch malerischer und musikalischer. Der Schauspieler wurde komödiantischer – im guten wie im schlechten Sinn des Wortes – und raffinierter. Der Regisseur wurde – in jedem Sinn des Wortes – zu üppig. Daß Reinhardt den Urkomödianten wieder zu sich selber befreite und ermutigte, ist seine Zaubertat. Aber die Bühne wird sich des Ballastes von Stil- und Reizmischungen wieder entledigen müssen, wenn sie in die Zukunft schreiten soll. Die Diktion wird sich vom melodischen Raffinement befreien und zu den starken Wurzeln der

Sprache und des Gedankens zurückkehren. Statt des Schmuckes und des Reizes wird sich das *Wesen* betonen. Und damit wird das Theater die soziale und wirtschaftliche Entwicklung widerspiegeln.

Reinhardt bleibt trotzdem der bewunderungswürdige Szenenzauberer, ein mächtiger Fall von einem Theatraliker, ein Erreger und Anreger von Schauspielkunst ohnegleichen. Aber gerade seine direktoriale, seine ensemble- und repertoirebildende Kraft wird wohl kaum eine neue Ära entscheiden. Auch drei Bühnen sind heute zu eng, um die Überwucherung von Kräften aufzunehmen, die ihn umgibt. Sein Unternehmen ist ein Riesenschmelztiegel geworden, in den immer wieder Material geworfen wird, um daraus Premieren zu erzeugen. Hochgradige Großstadtpremieren, Qualitätspremieren für ein anspruchsvolles Großstadtpublikum. Sein Repertoire, von keiner Gesinnung entscheidend gerichtet, liefert (oft betörendes) Nervenfutter – aber nicht Seelennahrung, welche Volkstum oder Menschentum herausbilden könnte. Das Geschäft gedeiht – in den letzten Jahren – gigantisch, aber die Auswahl ist längst unmöglich geworden – und so wird, in einem strengsten Sinne, hier auch die Kunst, die Erlesenheit, zum Reizmittel. Die Dimension dieses – in seiner Außerordentlichkeit sehr typischen – Instituts ist über die Produktivkraft des begnadeten Bühnenkünstlers Reinhardt anarchisch hinausgewachsen.

Ich beschreibe hier den Fall Reinhardt, um an einem großen sinnenfälligen Beispiel zu zeigen, wie der Strom der Erneuerung lange vor dem siegreichen Vorstoß des Schauspieler-Sozialismus an einer Zeitgrenze angelangt war. Es ist ein typischer Fall. Es ist der *künstlerisch unvergleichlich reichste* Fall des modernen Publikum-Theaters. Auch die Riesenkraft Reinhardts hätte diese Entwicklung, die eben eine soziale, wirtschaftliche, zeitkulturelle ist, nicht abzulenken vermocht. Die anderen, gewöhnlicheren Theaterlenker können es noch weniger. Sie werden vom Publikum, vom Geschäft, noch viel widerstandsloser dahingerissen. Die neue Kunst zerrt nun aber in einer anderen Richtung. Wer das Theater liebt und von seiner Zukunft träumt, wird sich leidenschaftlich dem Ideal des Gesinnungstheaters, das eine kunstproduktive Gemeinschaft ist und aus seinem Publikum eine Gemeinde bildet, annähern müssen. So nennt sich eine junge Bühne, die sich jetzt eben in Berlin gründet, vorsätzlich ›Die Tribüne‹ und bekennt, nicht länger der ›Illusion‹, sondern nur mehr der ›Idee‹ dienen zu wollen. Es wird eine ganze Reihe solcher Bühnen entstehen, und sie alle werden trachten müssen, unabhängig vom Amüsierbedürfnis des Publikums und also auch vom Geldgewinn des Privatunternehmertums, das die Theater rein kapitalistisch verwertet, ihre Wege zu suchen.

Und hier begegnet sich die künstlerische Absicht mit dem Schauspielersozialismus. Der Schauspielersozialismus, die Genossenschaftsbewegung, war zunächst nur eine Art Sklavenaufstand der Schauspieler, zum Schutz wirtschaftlicher und sozialer Interessen. Diese seit Jahrzehnten langsam fortschreitende gewerkschaftliche Bewegung ist durch die Revolution siegreich geworden. Es war nicht etwa ein Kampf der Schauspieler gegen die Direktoren, sondern der Produktiven gegen die Unternehmer. Wirtschaftlicher Unternehmer und künstlerischer Leiter – das müßte durchaus nicht immer dieselbe Person sein. Das Ideal wäre, daß die Gemeinde der Zuschauer ihr Theater selbst erhielte, aber der künstlerische Leiter *auch der Gemeinde gegenüber* seine selbständige Initiative, die sich auf das Ensemble stützen müßte, zu behaupten vermöchte.

Was ist nun seit der Revolution Entsetzliches geschehen? Zunächst haben sich die ehemaligen Hoftheater, noch ehe sie vom sozialistischen Staate als Staatstheater übernommen wurden, neu konstituiert. Sie haben dabei einstweilen ihr unsozialisiertes, unverändertes Publikum beibehalten, haben aber versucht, sich innen in Gemeinschaften zu wandeln. Solcherart gelangten meist Schauspielerregisseure von großem Ruf, bedeutende Männer des Faches, an die Spitze; Männer, die längst für das Gedeihen der Institute sich hauptverantwortlich wußten, zeichneten von nun an verantwortlich und vervielfachten ihre Arbeits- und Wirkungssphäre. Um von dem mir nächsten Falle, dem Dresdner Hoftheater, vorläufig zu schweigen; wenn in Wien Albert Heine, in München Albert Steinrück die künstlerische Leitung übernahmen, so geschahen nicht etwa Umstürze, sondern es wurde in dem ersten Fall eine höchst akute, im zweiten Falle eine latente *Krise* rettend überwunden. Das Dresdner Hoftheater war auch unter Seebach fortschrittlich gewesen. Die anderen Hofbühnen – du lieber Gott! Jahre vor dem Krieg ging ein unaufhörliches Jammern über den Verfall dieser einst berühmten Kunstkörper, die, von der frischen Zeitluft abgesperrt und von der eigenen Tradition überwuchert, der Zukunft verloren schienen. Nun kann die Nation mit einem Schlage so viele und so bedeutsame neue Theaterhoffnung gewinnen. Plötzlich waren die Hoftheater an der Spitze der sozialen, wenn schon nicht der künstlerischen Theaterentwicklung. Da hier kein Unternehmerinteresse bremste, geschah rapide Neugestaltung – allerdings vom Schauspielersozialismus her. Aber nicht etwa im Sinne eines radikalen Kommunismus! Heine und Steinrück waren vom Künstlerrat gewählte, vom Künstlerrat parlamentarisch beratene konstitutionelle Theaterkönige. Weiter nichts.

Diese Entwicklung begann nun auch auf die Stadttheater und hie und da sogar auf die Privattheater überzugreifen. Überall erstrebte die Schauspielerschaft ein – in künstlerischen Dingen im allgemeinen zweifellos recht maßvolles – Mitbestimmungsrecht. Es geschah ferner ein entscheidender Ruck nach vorwärts dadurch, daß die Schauspielergenossenschaft die günstige Stunde nützte. Nicht etwa, indem sie ein längst unaufschiebbar notwendiges neues Theater- und Schauspielerrecht gesetzlich durchbrachte, sondern durch Vergleich und Übereinkommen mit dem alten Bühnenverein. Die Frucht dieses – mir durchaus nicht ideal scheinenden – Ausgleichs waren neue Tarif- und Normalverträge, die im einzelnen wohl – durch die Praxis –

besserungsbedürftig sein mögen, im großen ganzen aber nur das Selbstverständliche festgelegt haben. Das Wichtigste: durch dieses Übereinkommen wurden die Künstlerräte – den Betriebsräten bei den anderen Berufen entsprechend – als neue Institution eingeführt. Damit hat der Bühnenpascha und das wilde Theaterunternehmertum, zugleich das altehrwürdige Sklavendasein des Menschendarstellers sein wohlverdientes Ende gefunden. Der Direktor wird von nun an nicht mehr unumschränkt diktieren und nach Herzenslust mit Seelen und Leibern disponieren können. Aber es darf ruhig als eine tatsächliche Unrichtigkeit die Behauptung bezeichnet werden: daß der Bühnenleiter seine *künstlerische* Selbständigkeit dadurch allein schon eingebüßt hat. Bezeichnend genug, daß Geheimrat Zeiß seinen Namen in diesem Sinne von der Denkschrift wieder entfernt hat – nachdem er sie gelesen hatte. Die Selbständigkeit der Direktoren wird sich nur – wie die Selbständigkeit aller Iche – bei ihrer Entfaltung eine rechtliche Kontrolle gefallen lassen müssen. Die Künstlerräte werden ja auch nur das *Gesetz* lebendig und praktisch anwenden können, das sie ebenso bindet wie den Direktor.

Mir ist nicht eine einzige Neuordnung bekannt, welche die künstlerische Leitung so binden würde, daß sie nicht letztlich ihren einigen Willen – vorausgesetzt, daß sie einen hat – durchsetzen könnte. Die Verfassung des Dresdner Schauspielhauses mag recht radikal sein – auch sie räumt dem ›Vorsitzenden des Regiekollegiums‹, also dem künstlerischen Leiter, in Zweifelsfällen das alleinige Entscheidungsrecht ein. Nebenbei bemerkt haben hier die Schauspieler den Mann, auf den schließlich ihre Wahl fiel – Paul Wiecke – auf drei Jahre berufen, so daß das neue Regime seine Leistungsfähigkeit in aller Ruhe erproben könnte, wenn nicht unvorhergesehene äußere oder innere Störungen eintreten. – Schauspielerputsche sind in der Übergangszeit wohl vorgekommen. Der stärkste Fall in Düsseldorf, wo übrigens ein Ursozialist, der edelgesinnte Gustav Landauer, der vielleicht der idealste Theaterfreund Deutschlands gewesen ist, sich auf die Seite der gestürzten Direktion Dumont-Lindemann gestellt hat, müßte erst aufgeklärt werden. Solche Überraschungen werden nicht mehr möglich sein, wenn das neue System, das sich bisher von Fall zu Fall entwickelte, erst allgemein durchgeführt und gesetzlich grundiert sein wird. Die Hauptschwierigkeit ist, daß sich auf diesem Gebiete soziale mit künstlerischen Notwendigkeiten komplizieren. Es wird nur der neuen Praxis möglich sein, diese Sphären gegeneinander abzugrenzen – was noch manche böse Kämpfe kosten und noch manche Opfer fordern mag.

Die ›Denkschrift‹ erblickt z. B. einen Übergriff der sozialen in die künstlerische Sphäre in jenem Paragraphen des neuen Normalvertrages, der die Direktionen verpflichtet, Schauspieler nur mit vorheriger Bestimmung des Rollengebietes (durch Fachbezeichnung oder Rollenliste) zu engagieren. Die Denkschrift beklagt, daß solcherart die veraltete Fach-Typisierung wieder eingeführt und die individuelle künstlerische Verwendung, wie auch die überraschende Entwicklung der Persönlichkeiten behindert werde. Das ist eine arge Übertreibung, wenn nicht ein Mißverständnis. Denn es kommt nur auf die Art an, wie ein Rollenverzeichnis angelegt wird, damit es die breiteste Vielfältigkeit der Beschäftigung erlaube. Und eine auch noch so überraschende Entwicklung des einzelnen Schauspielers wird auch fernerhin möglich sein – freilich nur mit seinem Einverständnis. Doch ist dieser Paragraph nur ein Detail, das jederzeit abgeändert werden könnte – durch die der Genossenschaft und dem Direktorenverein gemeinsame Satzungskommission –, ohne daß es vielleicht hierzu einer imponierenden, mit so vielen Persönlichkeitsnamen paradierenden Denkschrift bedurft hätte. Nebenbei – verschweigt die Denkschrift eine Kleinigkeit: der angefochtene Paragraph ist aus großer menschlicher Not, aus vielem künstlerischen Elend entstanden. Er versucht dem Schauspieler sein Recht auf Arbeit und eine Arbeitssphäre zu sichern. Nicht etwa nur die Minderwertigen, nein, gerade starke und eigenartige Talente haben hier unter dem Unverstand, der Laune, der persönlichen Vorliebe des einzelnen Leiters unsäglich gelitten, sind in ihrer Entwicklung oft gefährlich beeinträchtigt worden.

Tiefer noch in das Innere der neuen Ordnung greift der andere Einwand, der es verpönen will, daß Kunstdinge durch Mehrheit zu entscheiden wären.

Dagegen sei gesagt: die erste schöpferische Einheit, das Urelement des Theaters, der Schauspieler, wird durch die neue Ordnung selbständiger und selbstbewußter. Der schöpferische Einzelwille aber, der die Einheiten zum Bühnenkunstwerk zusammenbindet, die stil- und werkschöpferische Potenz des Spielleiters erscheint beengt nur insofern, als Einwände und Beschwerden der Schauspieler im neuen System mehr Anhalt und Stütze finden und sich sogar zu einem Gesamtwillen verdichten können, der den Spielleiter zum Einstellen seiner Arbeit zu zwingen vermag. Auch dürfte mancher Regisseur sich veranlaßt sehen, heute soziale Rücksichten zu nehmen, wo er gestern noch seine naive künstlerische Rücksichtslosigkeit gewahrt hätte. (Vielmehr: er dürfte es nicht! Er dürfte heute wie gestern auch auf seine ›Stellung‹ nicht Rücksicht nehmen!) Der Spielleiter also könnte sich beengt fühlen – und dabei übersehen, daß erst das neue System seine Kompetenz zu einer – auf breitester Grundlage – *gesetzmäßigen* gemacht hat. Den Widerstand der Schauspieler hat es immer gegeben, eigenartige Regiepersönlichkeiten haben es immer schwer gehabt, sich durchzusetzen – und sich schließlich doch immer durchgesetzt. Es kommt hier letzten Endes auf die Suggestivkraft, auf die Fähigkeit, künstlerisch zu überzeugen, an. Und die neue Ordnung wird sogar die *Autorität* des Regisseurs stützen, auch wo sie sie einschränkt. Passive Resistenz schauspielerischer Kräfte ist für das Kunstwerk noch viel gefährlicher als organisierter Widerspruch. Und der Konflikt zwischen künstlerischer und sozialer Notwendigkeit kann gerade dadurch, daß er offen hervortritt, *entgiftet* werden. Zwischen den beiden unverbesserlichen Grausamkeiten – der der Kunst und der des Lebens – gilt es planmäßig hindurchzukommen.

Ich behaupte also nicht, daß die Gefahren des Theaters für die Menschen verschwunden sind – und ebensowenig die Gefahren der Menschen für das Theater! Aber die Entwicklung, die sich jetzt vollzieht, ist eine organische, eine vernunftmäßige, eine notwendige. Sie versucht die *Dinge* zu ordnen auf einem Gebiet, wo letzten Endes die Menschen entscheiden, die *Art* des Menschen entscheidet. Regiekollegien hat es immer – an jedem größeren Theater – gegeben; auch Reinhardt ist ein Autokrat, der Regiesitzungen abhält und der manchen, durchaus nicht artverwandten Nebenwillen schalten lassen muß, so daß der Leiter oft nach seinen Früchten nicht mehr zu erkennen ist. Der offene Mehrheitsbeschluß innerhalb einer künstlerischen Leitung ist immer noch gesünder als die geheime Auswirkung unterirdischer Kräfte (wobei in Dresden z. B. die gesamte künstlerische Leitung gegen den Vorsitzenden stimmen müßte, um ihn zu überstimmen; wenigstens was Annahme von Stücken-Engagements, die Fragen, welche die ›künstlerische Physiognomie‹ entscheiden, anlangt). Es kommt eben – heute wie je – nur an: auf die Zusammensetzung eines Kunstkörpers. Darauf, welche Menschen sich zu einer künstlerischen Gemeinschaft zusammenfinden – und: *welcher Geist diese Gemeinschaft erfüllt.*

Es kommt darauf an, ob die organisierten Kräfte eines Unternehmens sich *gegen die künstlerische Initiative* kehren oder sie tragen und stützen. Gewiß – Zersplitterung ist eine Gefahr! Und ‹gefährlich› ist das Soziale, wo es sich gegen die Kunst verschwört. Aber ich habe die Entwicklung der Dinge begrüßt, gerade weil sie das rein Gewerkschaftliche der bisherigen Schauspielerbewegung durch ein revolutionäres Aufleben des Gemeinschaftsgeistes vielversprechend zu überwinden schien. Möglich, daß sie im weiteren Verlauf unsere Standard-Bühnen beeinträchtigt (da diese ja auf einer andern Basis gewachsen waren) – und damit relative Zeitgrößen schädigt, sogar Kunststerne zum Sinken bringt! Rein künstlerisch beurteilt: gibt es ja nur erst zarte, neue Keime, bescheidene Ansätze. Aber eine begeisterte, von Idee unförmig erfüllte, bessere Jugend ist da, die vom Herzenswunsche zur Geistestat drängt. Auch ich glaube, daß morgen wie gestern sich die schöpferischen Kräfte um Führer- und Kämpferbegabungen scharen werden (wie Reinhardt eine war, als er, arm an äußeren, aber reich an inneren Mitteln, begann). Das Theater will wieder eine Tribüne der Idee, eine moralische Anstalt werden. Es will Gemeinschaftsgeist verkünden und Volk, Gemeinde bilden. Es kann nur aus begeisterten, opferbereiten Gemeinschaften kommen – jenseits der Luxusbühnen. Und für Theater in diesem Sinne – Theater des Inhalts, der Idee, des Bekenntnisses, der Tat – scheint mir die neue Ordnung, wenn sie sich in der Praxis organisch ausgestaltet, allerdings die gesündeste Grundlage zu sein.

Krise des Theaterstils

Der deutsche Theaterstil war wohl immer eine vielfältige Erscheinung, ein Nebeneinander und Nacheinander von Stilarten. Ein letztes verbindliches künstlerisches Niveau des Theaterspieles war von Max Reinhardt erreicht worden; gemeint ist eines, dessen Zeugen heute noch unter den Mitlebenden anzutreffen sind. Aber Reinhardt selbst pflegte und entwickelte eine Vielfalt von Stilen. Im Nachhinein erscheint das Reinhardtsche Theater, das seinen Höhepunkt knapp vor dem ersten Weltkrieg erreichte, als ein Abschiedsfest, das ein Meister der szenischen Gestaltung einem in der Sicherheit einer falschen Hochkonjunktur schwelgenden Bürgertum gab. In diesem großen Maskenzug wurden alle Stile des europäischen Theaters, vom Ursprung der griechischen Tragödie bis zu den letzten Verfeinerungen und den zweifelhaften Leckerbissen einer fin-de-siècle-Dekadenz noch einmal, und zwar in sensationeller Modernisierung, zur Schau gestellt. Der schönste Reinhardt war, wenn ich meiner Erinnerung glauben soll, der am wenigsten aufgeputzte und verspielte: seine Shakespeare-Lustspiele: ›Was ihr wollt‹ und ›Viel Lärm um nichts‹, ›Clavigo‹ und ›Stella‹ von Goethe, ›Wetterleuchten‹ und ›Gespenstersonate‹ von Strindberg, und zuletzt noch Kleists ›Prinz von Homburg‹, kostbar köstliche Meisterungen, die wiederbelebte Komödie, das von reif gewordenen schauspielerischen Persönlichkeiten getragene und vom Regisseur ausgetragene Zusammenspiel des Ensembles.
Ist es eine Vermessenheit, die Reinhardtsche Theaterkunst als den Triumph der Charge zu preisen? Damit soll festgestellt sein, daß es in dieser Kunst keine Nebenrolle und kein nebensächliches Detail gab; daß freilich manchmal das Detail überwog und die Balance bedrohte. Reinhardts Shakespeare-Zyklus bewies den Reichtum der eroberten Mittel des Spieles.
Jede Epoche hat ihren Shakespeare. Der ›Hamlet‹ Reinhardts war ein zärtlicher Knabe, der, im Zeitalter Freuds, an seinem Vater- und Mutterkomplex zugrunde geht, eine klassischere Art Oswald aus den ›Gespenstern‹. Das Historische wurde zum gut getragenen Kostüm moderner Nervenmenschen. Die überaus flexible Diktion bewies, wie weit es das Berliner Stammpublikum im Verständnis der Nuance gebracht hatte – ein Publikum, das sich bei Sternheim an seinen satirischen Ebenbildern ergötzte.
Das Reinhardtsche Theater blieb, bei all seiner kulturellen Bodenständigkeit, kein lokales Ereignis, es trat seinen Siegeszug durch die Welt an und machte überall Schule, ohne doch eine gradlinige Nachfolge haben zu können. Die Gefahr des All-Regisseurs war die Inflation des Regielichen und Mimischen zu ungunsten der Fabel und der dramatischen Wahrheit, ein Überwiegen der Mittel über den Stoff. Das entsprach dem Chaotischen der Epoche, die in Katastrophe endete.

In memoriam Max Reinhardt

Der Tod Max Reinhardts bedeutet für uns das Ende einer Epoche – einer Epoche des deutschen Theaters, und mehr als das. Die Bedeutung dieses Ereignisses wurde in der ganzen zivilisierten Welt empfunden und fand Widerhall, wo nicht der Terror jedes Gefühl unterdrückte. Viele Zeichen des tiefsten Mitgefühls kamen von Menschen, die niemals mit eigenen Augen die Fülle und den Glanz von Reinhardts Kunst gesehen hatten.

Die Versammlung, zu der ich hier spreche, ist im wesentlichen eine Versammlung von Theaterleuten: Gefährten von Reinhardts Leben und Werk, solche, die mit ihm und für ihn gearbeitet haben, andere, die aus derselben kulturellen Sphäre kamen und sein Schicksal und sein Exil teilten; und die jungen amerikanischen Schauspieler – Schüler einer Anstalt, die grundlegendes Wissen um wahres Theater lehrt –, die diese Feier zum Gedächtnis Max Reinhardts veranstaltet haben.

Dies finde ich bedeutsam: dies zwanglose Zusammenkommen, um ein Genie des Theaters zu ehren und zugleich etwas über seine Methoden und seine Persönlichkeit zu erfahren. Deshalb wurden einige von uns europäischen Theaterleuten eingeladen, um hier auszusagen.

Man könnte Max Reinhardt glücklich preisen, im biblischen Sinn des Wortes. Ein großer Mann hat ein reiches Leben gelebt, viele Leben in einem, bis zum gesegneten Alter von 70 Jahren. Er hat sein Werk getan, wie jeder wünschen könnte, sein eigenes zu tun. Er hatte allen Erfolg, er gewann allen Ruhm, den ein Mensch nur gewinnen kann – besonders beim Theater. Sie werden von anderen Rednern hören, daß er – bis in seine letzten Tage – neue Arbeit geplant hat: zuletzt Offenbachs ›Schöne Helena‹, eine der fröhlichsten und sinnenfreudigsten Operetten, die je geschrieben und komponiert wurden.

Das Exil mit all seinen Schwierigkeiten und Plagen konnte ihn nicht brechen. Er wurde nur milder und weiser – und jünger in seinem Herzen. Er hat lange genug gelebt, um das Auf und Ab der Zeit eingesehen zu haben. Wir alle hätten gewünscht, daß er noch den Augenblick erlebt hätte, zurückgerufen zu werden in das befreite Deutschland, den Augenblick, der ihm sein Instrument wiedergegeben hätte, das Instrument seiner Meisterschaft: die Muttersprache.

Reinhardt, Österreicher von Geburt, wurde als junger Schauspieler nach Deutschland gerufen, zu Otto Brahm, dem Begründer des naturalistischen Theaters, einer Art deutschem Stanislawski, der mit Ibsens Gesellschaftsdramen und den sozialen Dramen des jungen Gerhart Hauptmann eine neue Theater-Epoche begann. Als Regisseur führte Reinhardt die Opposition der nächsten Generation, der Generation von Strindberg, Bernard Shaw, Wedekind, Maeterlinck. Wenn ich sage, als Regisseur, so meine ich: als schöpferischer Regisseur von höchsten Graden, als Schöpfer, für dessen

Kunst das Stück, die Bühne, Schauspieler und Musik so sehr Material wurden, daß er sie frei und mit Überlegenheit behandeln konnte, nach der Konzeption seines einheitlichen Stils, als Schöpfer von Theaterabenden. Er war der letzte große Regisseur, der sich der wirklichen Kontinuität seiner Arbeit erfreuen konnte. Das deutsche Theater war noch nicht industrialisiert; es war ihm noch möglich, sein eigenes Schauspielerensemble zu bilden, zu bewahren und zu bereichern, seine eigene Tradition zu entwickeln. Die Zeit der kurzlebigen Experimente einzelner Gruppen war noch nicht gekommen.

Reinhardt versuchte und erprobte alles, was jemals, seit den Anfängen, europäisches Theater gewesen war: die griechische Tragödie; das mittelalterliche Mysterien-Spiel; die Commedia dell'arte; Molière und Shakespeare, die deutschen Klassiker und die modernsten Experimente; er erfand sie alle neu, sozusagen, er belebte sie neu mit neuer Sinnlichkeit. Er spielte die intimsten Stücke im kleinsten Theater, und er erweiterte das Theater zur Arena. In Salzburg spielte er vor dem Dom, und zu seinen alljährlichen Festspielen dort pilgerten Menschen aus der ganzen Welt. Es war, als müßte er die europäische Theaterkultur in allen ihren Formen, in ihrem ganzen Glanz und Reichtum noch einmal zeigen, bevor sie in Anarchie unterging. Es war die letzte Transfiguration vor dem Ende.

Im Werk dieses schöpferischen Regisseurs gab es ebenso viele Perioden wie, sagen wir, in Picassos Malerei. Es ist wahr, alles, was er je gemacht hat, trug seinen Stempel. Es ist heute nicht mehr wichtig, ob man mit allem einverstanden war, was er gemacht hat. Es gab, sogar in Deutschland, Schauspielschulen, die dem Meister opponierten, es gab, nach dem ersten Weltkrieg, neue Bewegungen des theatralischen Ausdrucks.

Was ich Ihnen hier besonders klarmachen will, ist: daß er auf der Höhe seiner Meisterschaft vom großen Festzug als dem Theater der Massen geträumt hat. Er wünschte sich ein neues Publikum: »Das wirkliche Volk – die vielen, die nie vorher ein Theater gesehen haben... Was für herrliche Festzüge könnte man für sie machen, was für große Festspiele der Freude und der Freiheit!«

Rede über Leopold Jeßner

Meine Damen und Herren. Lion Feuchtwanger hat Sie daran erinnert – wenn Sie es vergessen haben sollten –, was das Theater in Deutschland gewesen ist. Er hat dem Manne, den wir heute feiern, das Verdienst zugesprochen, einer Epoche dieses Theaters Gestalt und Namen gegeben zu haben – einer Epoche, die für uns alle wesentlich war, und die uns unvergeßlich geblieben ist. Lion Feuchtwanger sprach als Autor – und als ein politischer Mensch. Er hat Leopold Jeßner gerühmt als einen Förderer des deutschen Dramas und als den Vorkämpfer fortschrittlicher Ideen – als einen Künstler und als einen Charakter.

Ich will zu dem gleichen Thema – über die Persönlichkeit und die Leistung Leopold Jeßners in den zehn bedeutendsten Jahren seiner künstlerischen Arbeit – als ein Theatermensch sprechen, als ein Mitstrebender aus eben dieser Zeit.

Die Epoche nach dem Weltkrieg, nach der Revolution, die deutsche Republik, hatte ihn an den ersten und vordersten Platz im Theater des Reiches gestellt. Daß aus dem Königlichen Hoftheater in Berlin ein Staats- und Volkstheater werde! das bedeutete die Berufung Jeßners. Auf den königlich-preußischen Intendanten, den Baron von Puttlitz, folgte ein gewöhnlicher Sterblicher ohne Orden und Adelstitel, noch dazu – wie die Nazis noch heute zähneknirschend feststellen – ein Jude.

Daß Juden den großen, einander ablösenden Stilperioden des deutschen Theaters Form und Namen geben, war nichts Neues. Vor Jeßner hatte Max Reinhardt das geleistet, vor ihm Otto Brahm. Aber diese Männer hatten *neben* dem offiziellen Deutschland gewirkt, auf halb kapitalistischer, halb mäzenatischer Grundlage, als selbständige Vertreter des freisinnigen und kunstsinnigen Bürgertums: Brahm war der große Reformator der Moderne; er setzte das naturalistische Drama und die naturalistische Schauspielkunst durch, er gab der sozial bewußten und gesellschaftskritischen Dichtung Ibsens, des jungen Gerhart Hauptmann lebendige Gestalt. Reinhardt, ein umfassendes Theatergenie, ließ noch einmal alle Formen der europäischen Theaterkunst aufleben, von den alten Griechen bis zur Commedia dell'arte, von Shakespeare bis zur Dekadenz der Jahrhundertwende, als gäbe er ein glänzendes Abschiedsfest. Von der künstlerischen Leistung solcher Männer fiel Ruhm und Glanz auf die Wilhelminische Ära; und wenn schon nicht der Kaiser, so war doch der Kronprinz stolz darauf, bei Reinhardt oft gesehener Zuschauer zu sein.

Leopold Jeßner dagegen war, wie ich schon sagte, vom Staate eingesetzt worden, als der höchste Theaterbeamte der Republik. Ein Mann, dessen demokratische Gesinnung bekannt war, ein guter Sozialdemokrat, der sich auch um das Genossenschaftswesen der Bühne verdient gemacht hatte. Nun, er benahm sich nicht beamtenmäßig, sondern *kunstradikal*. Von einem Tag zum andern hat damals das vergreiste Hohenzollerntheater nicht nur sein Gesicht gewechselt, sondern erst ein Gesicht bekommen; nicht nur ein neues Gesicht, sondern ein erschreckend und begeisternd neuartiges, noch nie vorher gesehenes – eben das Gesicht der neuen Epoche, wie Jeßner sie sah. Das Theater Jeßners trat sofort den Beweis an, daß die neue Republik ein Gesicht hatte, wenigstens ein künstlerisches. –

Wie soll ich dieses Gesicht heute beschreiben? Ich sehe seine Physiognomie noch vor mir, das Mienenspiel jeder einzelnen Inszenierung Jeßners. Ein

376

fanatisch ernstes, fast asketisch zu nennendes Gesicht, sehr männlich und zum Geist entschlossen – mit einem scharfen und, trotz aller Modernität, Schillerschen Profil. Das war aber nicht der Hoftheater-Schiller von vor dem Kriege, der sentimentale Liebling des deutschen Spießers, der »Moraltrompeter von Säkkingen«, wie Nietzsche ihn, verkennend, nannte. Es war ein Schiller, wie wir ihn heute verstehen, vielleicht erst heute *ganz* verstehen; wie er morgen wieder beschworen werden könnte in einem Theater-Festspiel, um in seinem Geiste ein neues, erst wahrhaft freies Deutschland einzuweihen. Diese damalige programmatische Eröffnungs-Vorstellung, der ›Wilhelm Tell‹, hat in Form und Gehalt prophetisch vorweggenommen, was wir erst heute, belehrt durch das Weltverwüstungs-Interregnum des sogenannten Dritten Reiches, mit letzter Klarheit wissen. Nach dem verlorenen imperialistischen Krieg verkündete sich hier der feierliche Entschluß zur demokratischen Umkehr; in der Sprache Schillers, zugleich im Tonfall der Zeit, der andere Dinge unterstrich und hervorhob als bisher und mit einer anderen Emphase. Denn das war das Geheimnis der Jeßnerschen Dramaturgie, die manche Leute für willkürlich hielten: entschlossene Sinngebung, aus einer umstürzenden Erfahrung gewonnen. Erst im weiteren Verlauf, allmählich, zeigte sich, daß sie Abstraktion bleiben müßte.

Den Tell spielte damals Albert Bassermann, der Großmeister des deutschen Theaters, der noch bei Brahm begonnen, bei Reinhardt sich zur vollen Reife entwickelt hatte, nun alle drei Epochen verbindend. Ihm gegenüber, als Geßler, ein neuer und sehr neuartiger Mann, welcher der Hauptprotagonist Jeßners werden sollte: zugleich ein Mitkämpfer und Mitplaner: Fritz Kortner; Kortners Geßler war ein Widerpart wahrhaft satanischen Geblütes, ein Gauleiter in Überlebensgröße. Bezeichnend für Jeßner, wie er Vertreter grundverschiedener Richtungen nebeneinanderstellte und dennoch einen einheitlichen Stil erreichte. Mit einem Male war eine ganze Reihe neuer Schauspieler da; auch die übernommenen schienen neu, waren neu gesehen und neu ausgerüstet. Einige dieser Künstler erschienen heute hier auf dem Podium; andere sitzen mit Ihnen im Zuschauerraum; viele sind im Exil verstreut; einige dürfen noch in der Schweiz deutsch Theater spielen, die Glücklichen: wie immer sie hießen, Ernst Deutsch und Alexander Granach, Johanna Hofer und Helene Weigel, Peter Lorre, Leo Reuss und andere Nennenswerte, die ich nicht alle aufzählen kann: als sie sich bei Jeßner trafen, bildeten sie mit ihren besten Kräften an einem Ganzen, das sofort – großlinig und klarlinig – ins Leben gesprungen war. Es war Ensemble-Bildung im Dienste einer Idee.

Man hört oft von Jeßners *Treppe* reden. Ich spreche von Jeßners *Gestaltungswillen*. Nicht als ob er den Sprachrhythmus erfunden hätte, der diese Schauspieler vorwärts trug. Dieser Rhythmus lag vorgebildet in der lyrischen und bildenden Kunst der Zeit. Andere Regisseure arbeiteten gleichzeitig – in verschiedenen Städten Deutschlands, und an Jeßners Bühne – an seiner Herausstellung, an dem neuen Tempo und der neuen Dramaturgie. Dramatiker gaben – in jungen, oft skizzenartigen Werken – die gleiche jagende Bilderfolge, die verwandte Perspektive der Aussparungen und Verkürzungen. Schließlich hatte Georg Kaiser bereits seine Hauptwerke geschrieben. Aber vielleicht ist das alles bei keinem anderen so durchdringend und einheitlich *Willen zum großen Theater* geworden wie bei Jeßner. Ihm war mit Recht vergönnt, an der sichtbarsten Stelle das monumentale Beispiel zu geben. Daß es ein Beispiel politischer Überzeugung war, kann nicht Wunder nehmen: hatte doch die Epoche den furchtbarsten Anschauungsunterricht in der Weltpolitik, den ersten Weltkrieg, hinter sich. Die Zeit hatte einen schaudernden Blick in den Abgrund unserer Zivilisation getan. Der schwärmerische Wunsch zur Menschheitsversöhnung, zur großen Verbrüderung, war bei den Geistigen erwacht. Mehr und besser noch: der Wille zu einem neuen Anfang, zu gesicherten Grundlagen, zur klarbestimmten Form. Dieser Wille sprach sich hier, mit zusammenfassender, vorwegnehmender, idealistischer Energie, im Abbild aus – ja, und im Spielplan. Daß damals Schillers ›Tell‹, ›Fiesco‹ und ›Don Carlos‹, mit Ernst Deutsch, mit einer ganz neuen Unmittelbarkeit gestaltet werden konnten, leuchtet sofort ein. Aber auch Shakespeare erfuhr seine Wiederentdeckung, wie ja in Deutschland jede Epoche den ihr gemäßen Shakespeare findet. Shakespeare, als der dramatische Entlader gewaltiger Machtkomplexe, ›Richard III.‹, vorher, in zahmeren Zeitläuften, als unreal, als übertrieben verschrien, welch eine Realität gewann er bei Jeßner: dieser von Kortner damals genial verübermenschlichte Unhold, der eine höllische Mordlust mit Sirenentönen verband: wieder muß ich sagen, so tief er uns auch damals durchgraut hat, erst heute wissen wir, daß er nicht nur das Geschöpf einer ungeheuern dichterischen und schauspielerischen Phantasie gewesen, sondern eine Vorhersage. Später fand er in diesem Repertoire sein weibliches, sein bürgerliches Gegenstück in Agnes Straub, als sie Hermann Essigs ›Überteufel‹ darstellte. Denn auch die bürgerliche Welt sah Jeßner nicht mehr als eine spießige Idylle, sondern als ein wahrhaft dämonisches Milieu, in dem eine Zerstörungssucht größten Formates wütete, oder doch am Losbrechen war. Von Kotzebues ›Deutschen Kleinstädtern‹ bis zum ›Überteufel‹: das war ein Teil des Weges, der zu Hitler geführt hat.

Expressionismus: ein umstrittener Name für die damals – in der bildenden Kunst schon vor dem Kriege – entdeckte und betriebene Technik der Apokalypse. Ich denke an zartere Gebilde: an die biblischen Zeitstücke des Bildhauerdichters Ernst Barlach, der im Dritten Reich zugrunde gegangen ist; an Jeßners Aufführung der ›Beiden Sedemunds‹: und fühle noch heute dieses verhalten schmerzliche Sichsuchen einer gespaltenen Menschlichkeit, die an ethischer Schizophrenie, einer sozialen Krankheit, litt. Dagegen trat mit Trommeln und Trompeten Wedekinds ›Marquis von Keith‹ in Erscheinung, der Überschieber, damals mit der Inflation als Hintergrund. Und die kühnste deutsche Komödie, die unser Zentralproblem behandelt, das Problem menschlicher Entfremdung, um einen Begriff des jungen Karl Marx anzuwenden: ›Mann ist Mann‹ von Bertolt Brecht, dem wesentlichsten deutschen Dramatiker der Gegenwart, der folgerichtig ausgebürgert ist aus jenem ‹Dritten Reich›, das bisher keinen neuen Dramatiker hervorgebracht hat, und dem wohl nicht mehr viel Zeit bleiben wird, einen hervorzubringen.

Die kurze Übersicht kann nur einige Hauptbeispiele geben, und nur andeutungsweise. Diese Kunst hatte vielleicht mehr Linie als Farbe, aber eine Fülle von Gestalten, welche die Phantome unseres Gewissens waren, und von Phantomen, die vielsagende Gestalt wurden. In jedem Detail war die Vision eines Ringens gegeben zwischen dem Chaos und der Form – einer Form, die, gerade weil sie einer so heftigen Anspannung des Willens entsprang, manchmal starr wurde, niemals leer. Der ethische Wille – Jeßner hat ihn als Leiter seiner Bühne mit größter Zähigkeit durchzuhalten vermocht bis zum Ende gegen alle Beamtensabotage; und während bereits die Grundlagen der Republik, die sie zu befestigen, ja wahrhaft zu errichten versäumt hatte, unter seinem Theater wankten. Freilich, den heraufkommenden Überteufel konnte Jeßner zwar gestalten, aber nicht drunten halten. Das kann die Theaterkunst nicht, dieser leichtest gezimmerte Überbau, dieser Schlagschatten der Erscheinungen. Immerhin war seine zeichendeuterische Leistung so eindeutig und so bedeutend, daß er sich durch sie das Exil und den besonderen Haß der heutigen Machthaber redlich verdient hat. Und unsere Treue und Dankbarkeit, die sich in dieser improvisierten Geburtstagsfeier ausdrückt – zunächst außerhalb der deutschen Grenzen. Wir hoffen, daß ein befreites Deutschland, das sich nach seinen ehrenwerten Vorläufern und Vorkämpfern umsieht, diese Feier gründlich nachholen wird. Und zwar bald!

Stanislawski

Von den fünfundsiebzig Jahren seines so reichen Lebens gehörten vierzig dem Moskauer Künstlertheater, das ein Stolz des neuen Rußland blieb, wie es ein menschlich-künstlerisches Wunder des alten gewesen war. Die befruchtenden Folgen der Stanislawskischen Theaterkunst – als einer großen Kunst der Lebenswahrheit, der Bühnenwahrheit – haben sich auf der ganzen Welt gezeigt. Die jüngsten Gruppen der amerikanischen Bühne knüpfen an diesen Lehrmeister an, der ein ewiger Schüler der Erfüllung eines immer höheren Grades blieb. Seine Methode – »den bewußten Weg zum unbewußten schöpferischen Akt zu finden« und zu leiten, »die Bedingungen herzustellen, unter denen die wahre szenische Inspiration gedeiht« –

wirkt fort als ein Beispiel, zu dem der irrende Sucher der Theatergestaltung immer wieder zurückkehren wird. Stanislawski nachfolgen – das heißt stets aufs Neue am lebendigen Ursprung stehen.

Wir verdanken ihm Begriff und Erlebnis eines Ensembles, wie wir es im industrialisierten Theater nicht mehr oder noch nicht kennen. Auf diesem Boden wuchsen nicht Stars, sondern Vorstellungen, die ein mächtiges, vielgestaltetes Eigenleben hatten und eine schier unendliche Dauerhaftigkeit. Was Konstantin Stanislawski immerzu plante und immer neu verwirklichte, war die Gemeinschaft der Schauspieler, welche die Gemeinschaft der Zuschauer erweckt und durch sie potenziert wird. Was immer sich seither ›Gruppe‹ oder ›Studio‹ nennt, greift seine Methode auf. Die Probenarbeit bei Stanislawski kam der Bildung einer künstlerischen Kommune nahe, deren gleichberechtigte Mitglieder Dichter, Schauspieler, Maler, Musiker und Handwerker waren. Es ist kein Zufall, daß Stanislawski mit einem Liebhabertheater, einem Familientheater begann. Das Theater als ein kollektives Leben und Streben war sein Element, das ihn bis ins hohe Alter jung und lebendig erhielt. Die Einordnung ins einheitliche Ganze, wie sie bei ihm gepflegt war, hat viele schauspielerische Individualitäten, mehrere Generationen organisch entwickelt – man denke nur an Moskwin, die Knipper, Katschalow, die Germanowa; und sie hat Stanislawski selbst, eine schauspielerische Natur von reichster Anlage und höchster Noblesse, nie beengt und gehindert. Der Organismus dieses Ensembles überspannt alle künstlerischen Moden und die große Revolution. Eine von Grund auf neue Gesellschaft übernahm dieses unverwüstliche Theater als ihr legitimes Eigentum und fand sich – je länger, je mehr – in ihm bestätigt und durch Stanislawskis Kunst bereichert, obwohl er immer nur Kunst und niemals politische Propaganda gemacht hat.

Merkwürdig genug: Stanislawski, der für uns einer der Begründer und vielleicht der größte theatralische Vertreter des Naturalismus gewesen ist, erfuhr, nach seinem eigenen Zeugnis, die entscheidende Anregung von den Meiningern, die uns eine Spätform des deutschen Klassizismus repräsentieren. Wir haben die Meininger nicht mehr gesehen, wohl aber über sie gehört, daß sie Virtuosen einer Massenwirkung gewesen sind, welche sie durch lebendig-bewegte Massen erzielten. In der Hauptsache aber pflegten sie ein Theater der Deklamation und des großen Faltenwurfes, wenn sie auch in der Episode, im Detail der Ausstattung und der Komparserie im Kolorit, sich einer erstaunlichen Natürlichkeit und Echtheit, als eines Effektes, bedient haben mögen. Sie waren die Vorläufer einer auf der Bühne angewandten Milieu-Theorie. Was hat der Russe daraus gewonnen? Was hat er daraus gemacht?

Weder den Klassizismus noch die Deklamation konnte er gebrauchen, und gewiß nicht den Helden auf dem Kothurn; wohl aber übernahm er die mit so genauem Leben erfüllte Umwelt, die zuende gedachte und restlos ausgespielte Szene. Gesehen vom individualistischen Drama her, könnte man sogar sagen, daß Stanislawskis Regiekunst tatsächlich auf der Episode fußte; daß sein Theater eine Welt von innigst ineinander verflochtenen Episoden war. Mit dem kritischsten Blick betrachtet, bestand sein Ensemble nur aus (allerdings herrlichen) Chargen und Typen; aus lauter Nebenfiguren, die alle gleichberechtigt, weil mit dem gleichen Daseinsrecht ausgestattet waren. Sie bildeten eine abgeschlossene, sich um ihr eigenes Zentrum bewegende Welt, die sich scheinbar um uns Zuschauer nicht kümmerte; die wir mit all ihren geheimen Geräuschen infolge einer besonderen Erlaubnis belauschen durften, da die vierte Wand versehentlich weggenommen worden war. Es ergab sich eine neue Art der Intimität, des Innenlebens der Bühne.

Wie wir bei Stanislawski lesen, entstand die revolutionäre Wirkung, als sich der Vorhang des Moskauer Künstlertheaters zum ersten Mal hob, dadurch, daß im Vordergrund der Bühne sechs Figuren mit dem Rücken zum Publikum saßen. Heute im Zeitalter des Films, empfinden wir das nicht mehr mit dem aufstachelnden Reiz einer originellen Neuheit. Die vierte Wand ist längst durch die Kamera ersetzt worden, die sich zwischen die Spieler gedrängt hat und sie von allen Seiten belauert. Und die umständlich natürlichen Zimmer, die auf die Bühne hingebauten Häuser und Gärten, die Überladenheit des Requisits, die folkloristische Treue – in alledem hat der Photograph die Bühne übertrumpft. Zahllose Neuerungen Stanislawskis sind längst Allgemeingut geworden; es fragt sich nur, in welchen Fällen sie der künstlerischen Notwendigkeit entsprechen, und ob sie der Verinnerlichung oder der Veräußerlichung dienen. Stanislawski selbst wehrte sich bald gegen den äußerlichen Naturalismus zugunsten der inneren Wahrheit, einen schöpferischen Realismus erstrebend, dem er freilich immer treu blieb. Wesentlich für seine Regiekunst war seine komplexe Anschauung, die Vielfachheit der Perspektive, die reiche, überaus konkrete – und immer konzentrierte – Wirklichkeit, welche Bühne und Spiel durch ihn gewannen; er ermutigte Menschen und Dinge zu ihrem Eigenleben, brachte sie im Rahmen des Ganzen, zu sich selbst.

Wesentlich war die Menschlichkeit, die russische Allmenschlichkeit, mit der er jede Form zu erfüllen trachtete. Er gebot, mit Meisterschaft, über das reichste Orchester von Naturlauten, das je erklungen ist; und nicht nur war jedes Lebensgeräusch darin einbezogen, sondern auch die Stille. Er war groß in der Pause. Ein zauberhaftes Spiel von Licht und Schatten, aber auch ein vor ihm nie gewagtes Dunkel: all das waren Eroberungen; er machte sie in der dramatischen Praxis, die sein ganzes Leben und Erleben war.

Man kann das Bühnengenie Stanislawski nicht preisen, ohne den Namen des Dichters zu nennen, an dessen Werk es sich vielleicht am gültigsten erfüllt hat; Anton Tschechow. Die wunderreiche Reihe der Darstellungen seiner

Stücke, die dem Künstlertheater den Weltruhm brachten, begann mit der ›Möwe‹, die vorher auf einer der damals landläufigen Bühnen durchgefallen war. Das Werk nochmals, und jetzt erst richtig zu wagen: solch ein Entschluß war charakteristisch für den Idealismus dieses Theaters; und für die tiefe Einsicht seines Dramaturgen, Nemirowitsch-Dantschenko. Charakteristisch für Stanislawski, daß er die Werte des Stückes erst während der Proben erkannte; erst, indem er sie realisierte. Er hat aus dieser bemerkenswerten Tatsache nie ein Hehl gemacht – was nur seine Größe beweist.

Waren Tschechows Stücke Dramen? Oder waren sie die ingeniösen Textbücher für einen großen Regisseur und eine Familie autochthoner Darsteller? Das Drama in unserem (im hellenischen, französischen oder shakespearischen) Begriff einer strengen, selbständigen Kunstform hat es in Rußland eigentlich nie gegeben. Der Dramatiker – in unserem Sinne – ist ein Dialektiker, der an der titanischen Hybris des Ichs, an der Selbstüberlebung des Helden die dramatische Gerechtigkeit erweist. Große Lyriker und Epiker sind es, die in Rußland, oft nur im Nebenamt, für das Theater schrieben. Man stelle der Reihe der deutschen – Goethe, Schiller, Kleist, Büchner, Hebbel – die russischen Meister Ostrowski, Gogol, Turgenjew, Leo Tolstoi, Tschechow, Gorki gegenüber. Der Vorwurf des russischen Theaters war nicht die Hypertrophie der Individualität, als übermenschliche Größe verherrlicht, nicht ein höherer, dämonisch emporgehobner, halbgöttlicher Zustand der Menschennatur; sondern das Leben in seiner Breite und Drastik. Das Leben war der Held, das Leben in seiner fließenden Norm; und der Mensch erschien in seiner – oft religiös aufgefaßten – Sozialität. Die Problematik bestand in der Frage nach der Verwurzelung des Einzelnen in der Alltags-Realität, im Dasein aller. So wurde auch die Historie nicht romantisch geträumt, sondern realistisch gestaltet. Der russische Naturalismus erwies von Anfang an seine volkstümliche und breite Basis, seine Allbeseeltheit, seinen kollektiven Charakter. Der russische Christus war das Volk. Und das Leiden des Volkes zeugte das Drama, dessen die reichste Produktivität auslösendes Stichwort erst die soziale Revolution gewesen ist, die ihre Schatten voraus warf. Tolstoi, Tschechow, Gorki stellten verschiedene Klassen dar, Bürgertum, Bauerntum, Lumpenproletariat, aber von und an ihnen erlebt, denselben drängenden Zustand, gemischt aus Agonie und Geburtswehen. Diese Zuständlichkeit, mit ihrer lastenden Schwermut, mit ihrer Zukunftssehnsucht, schuf sich die Bühne Stanislawskis als ein von Menschen bewohntes Heim. Heute erkennen wir, daß diese Schicksalsdramen unbedeutender Schicksale prophetisch die große Umwälzung ankündigten. Tschechows theatralische Sendung enthüllt sich als die Prognose eines weisen Arztes, der als Dichter die Elegien einer versinkenden Welt schreibt, ohne die Hoffnung auf die kommende zu verlieren. Die Genauigkeit der Symptome, die unerbittliche Folgerichtigkeit des Verlaufs: der soziale Krankheitsbericht schließt die individuelle Tragik in sich ein.

Als wir, vor dem Weltkrieg, die herrlichen Stanislawski-Aufführungen dieser Stücke sahen, wurden wir uns der Unerträglichkeit des geschilderten Zustandes kaum bewußt. Zu groß waren unsere Rührung, unser Entzücken über die Allmenschlichkeit, die zum Lachen und zum Weinen nahe Lebenstreue, die tragik-komische Wahrheit dieser Welt auf der Bühne, die gewachsen war, und nicht nachgemacht. Die kleinste Rolle so bedeutend wie die größte; der kleinste Schauspieler so bedeutend wie der größte; die Geschlossenheit dieses Kreises, der den Atem der Natur eingefangen hatte; hier war Tag und Nacht und jede Zeit des Tages und des Jahres; hier wurde das Banale edel und geradezu heilig durch die erkennende Liebe, mit der es gesehen war; ein Detail reichte dem anderen brüderliche Hände; in jedem, auch dem unscheinbarsten Gegenstand klopfte ein Herz; ein Kollektiv von rührenden, lächerlichen, erschütternden Zügen. Welche Erfindungskraft, welcher Genius des Lebens hatte das alles so unwillkürlich gemacht, so unmittelbar, so überzeugend, so erlöst von falschem Schein, von Künstlichkeit und falschem Anspruch! Stanislawski, der große Schauspieler, die Persönlichkeit, war von Stanislawski, dem Meister des Ensembles, so ins lebendige Ganze mit einbezogen worden, daß kein Rest von Isoliertheit übrigblieb.

Als Gesamtkunstwerk etwa neben das Richard Wagners gestellt, ergab das eine Welt aus halben und leisen Tönen und plötzlichen Ausbrüchen; aus ineinander verschmelzenden Schmerzen und Freuden; aus geträllerten und jäh abgebrochenen Melodien; aus den unpathetischen Gebärden von Charakteren, die sofort lächerlich wurden, wenn sie sich gebärdeten. Die Lächerlichkeit, der die wagnerische Welt verfallen müßte, sobald die Suggestion des großen Orchesters aussetzt, war hier in Spiel und Absicht mit einbezogen, war einbekannt als soziale Schuld und als menschlicher Irrtum erkannt. Das da war kein Bayreuth, zu dem man pilgerte, um der Realität zu entrinnen. Diese Bühne konnte überall, mitten im modernsten Alltag, aufgeschlagen werden. Jeder Zuschauer fühlte, daß hier nicht nach vorgefaßten Kunstprinzipien ein Stil erzeugt worden war. Dieses Ensemble hatte miteinander gelebt und war mit unendlicher Geduld zusammengewachsen. Die Proben gingen jahrelang, und demzufolge bestanden die Aufführungen auch jahrelang; sie bereisten die Alte und Neue Welt, sie reichten über den Abgrund der Zeiten, über untergegangene Reiche und Kulturen hin und verloren nichts von ihrer Geltung.

So war es Stanislawski - nicht zuletzt der Erfinder einer unübertrefflichen Methode des Probierens und Studierens am unerschöpflichen Objekt des Lebens - vergönnt, seine künstlerische Kontinuität zu wahren und zu behaupten über die Umwälzung hinaus. Was vorher getreue Spiegelung einer Gegenwart gewesen war, wurde nun vollendete Historie. Man verstand das Jetzt im Einst und das Einst im Jetzt um der großen Wahrhaftigkeit willen, welche die Zeiten verbindet. Und der Lehrmeister dieser Wahrhaftigkeit, Stanislawski, wurde zum Erzieher eines neuen Publikums, das – zum ersten Male in der Geschichte – das ganze Volk umfaßte.

Das Ensemble

Nicht ohne zwingende Notwendigkeit ist jene Lebensform des Theaters, die Ensemble genannt wird, zuletzt nur noch in der besonderen Art der Truppe zu uns gekommen. Ein Ensemble ist ohne Zweifel die Truppe Stanislawski. Auch wer sich gegen die Zustandskunst dieser Russen sträubt, weil er auf dem Theater andere (höhere und tiefere) Entscheidungen, das dramatisch Entscheidende überhaupt und nicht den zuletzt doch nur idyllischen Ausgleich von Spannungen, suchen muß, kann sich der Ensemble-Wirkung nicht entziehen, dem atmosphärischen Weben, das aus dem Ineinander-Leben der Menschen und Dinge erzeugt wird, der Inzucht der Begabungen, die aus Allen eine Gesamt-Individualität von potenzierter Macht schafft. Man hat das Wunder dieses Zusammenhanges, der durch die unzähligen Wiederholungen derselben Variation weiterlebt, ohne zu ermatten oder sich abzuschwächen, der einigenden Regiepersönlichkeit Stanislawskis zugeschrieben. Oder der besonderen Hingabefähigkeit dieser Schauspieler, der Demut, dem russischen Dienenwollen der Individuen. Man übersehe nicht, daß Stanislawski selbst ein Dienender ist, ein Zurücktretender hinter den geschlossenen Ring der Dinge und Menschen – alles eher als ein Star-Regisseur, einer, dessen Wesen überall und nirgends zu spüren ist, dessen Suggestion abfällt, wenn sie in den Medien reif geworden und zur Eigenlebendigkeit vollendet ist. Nicht einmal die Zu- und Umständlichkeit des Naturalismus, die gewiß am sachlichen Gelingen beträchtlich mitgeholfen hat, die runde Gegenständlichkeit dieser kleinen, ihrer selbst so greifbar sicheren Welt erklärt genügend die Art dieses Ineinander. Auch nicht der physische Nationalcharakter, der an sich schon in der Fremde inselhaft zur Geltung kommt. Ensembleschöpferisch ist hier wie überall eben doch eine Idee geworden, der Stanislawski ebenso unterwürfig dient wie das schwächlichste Mitglied seiner Truppe, eine Idealität, die alle Lücken füllt, über die verschossenen Farben des Gesamtbildes hinwegstrahlt, den Anachronismus der Kunsttheorie, der das Gerüst bildet, aktualisiert und die fremde Sprache, auch des Nationalcharakters, bis in die letzten Winkel unserer Herzen verständlich macht. Was hier so augenfällig und nervenlösend und seelengreifbar wird, ist kein Geringerer als der russische Christus, und zwar in seiner bürgerlich-gemilderten, deshalb internationalen Form, am reinsten in den skeptisch-schwermütigen Idyllen Tschechows. Ein frei-religiös werbendes »Ecce homo«, in das hier jedes Requisit leibhaftig einbezogen ist, und das

auch für unsere Ohren – gerade mitten in der äußersten Anarchie egoisti-
scher Einzelinteressen, die blutig bewaffnet aus der Krisis unserer Kultur
hervorgesprungen sind – noch die Eindringlichkeit eines Wortes hat, das
immer noch und immer wieder und gerade erst recht not tut.

Daß diese wie ein aus dem Herzen aufquellendes mildes inneres Seelenbad
Grenzen-lösende Magie auf uns wirkt, beweist, daß eine Mission die Truppe
Stanislawskis auf die Wanderung schickt, nicht nur die Not sie zur Emigra-
tion zwingt. Man muß es historisch richtig verstehen, daß diese Kunst im
Sowjet-Rußland vielleicht überzählig werden mußte, um in Europa und
Amerika wieder aktuell zu werden. Das sind die Stadien auf dem Lebens-
wege einer Idee. Herbstsaat!

Noch östlicher, nach den unerforschlichen Plänen der Geistesgeschichte, sind
jene Truppen, die, wo sie auftreten, mühelos und mit vielleicht noch bren-
nenderer Eingängigkeit eine viel feindlichere Gegensätzlichkeit überwinden.
Es sind die jiddischen Truppen, die es sogar zuwege bringen, vor einem tief
verachteten Idiom, eben dem Jiddisch-Deutsch, Schauer der Ehrfurcht zu
erregen. Ein chassidisches Gespensterstück wie der › Dybbuk ‹ trifft ja auch
auf den europäischen Juden als einen auf das Äußerste Befremdeten, und was
hier überzeugt, wohl auch durch exotische Nebenreize, aber durch sie hindurch
bis auf den tieferen Menschenkern, ist wieder das Ensemble, wie da jede
Bewegung einer Brüderschaft von Spielern getragen wird von einer leidenschaftlichen religiösen Woge, die darum bald auch durch das Herz eines
Neutrums, wie es das Publikum heute ist, vereinigend weitergehen muß.
Hier schlägt der Fanatismus mit echt dramatischer Zündkraft auch durch
die äußerste künstlerische Dürftigkeit des Materials. Nicht aus so breiter
Ebene wie der russische Naturalismus naturhaft wachsend, teilt hier eine
entlegene Idee in der geschlossenen Enge des magischen Ringes heftige
elektrische Schläge aus, wenigstens für den Augenblick. ...

[fragmentarisch]

Sergei Eisenstein

Die Meldung vom Tode Sergei Eisensteins, des großen russischen Filmregisseurs, bietet die traurige Gelegenheit zu einem Rückblick, einem Überblick, der dem Schaffen des Mannes gilt und seiner bedeutenden Persönlichkeit. Er nannte sich einmal einen Ingenieur, dessen Wirkungsfeld zufällig
der Film sei: was nicht gehindert hat, daß er ein großer Künstler war. –
Ich erinnere mich mit lebhafter Genauigkeit an die Premiere seines berühmten Films › Panzerkreuzer Potemkin ‹ in Berlin. Das war im Jahre
1926. Der erste Eindruck ist unverwischt geblieben, trotz all dem Ungeheuren und Ungeheuerlichen, das seitdem geschehen ist.

Es waren vorher Filme aus Rußland gekommen, die das Erbe der menschenschildernden Ensemblekunst Stanislawskis, also des naturalistischen Theaters, angetreten hatten. Überhaupt hatte der Film das Stadium künstlerischer Gestaltung bereits erreicht. In Amerika, in Schweden, in Deutschland, in Frankreich. Der Amerikaner D. W. Griffith hatte neue Darstellungsmittel für seine großzügigen Filmepen entwickelt, darunter technische, wie die Großaufnahme, die Auf- und Abblendung, die bewegliche Kamera, die ein tieferes Eingehen auf die innere, die seelische Handlung – und überhaupt vorher ungeahnte Perspektiven der filmischen Anschauung boten. Es gab bereits Chaplin, den unvergleichlichen Pantomimen, und Stroheim, den Strindberg des Films, den unerschrockenen Darsteller ins Manische gesteigerter Leidenschaften. Die Welt schwedischer Bauern und Bürger, wie Mauritz Stiller und Sjöström sie malten, hatte einen Lebensernst, ein schlichtes Pathos aufgeboten, die – nach den Schaubuden-Anfängen des Films – erschütternd und reinigend wirkten. In Deutschland die romantische Dämonie des ›Caligari‹-Films, dem damaligen Expressionismus, einer Kunst traumhafter Zwischenzustände entsprechend, und die ersten Lubitschfilme, welche die Errungenschaften der Bühne unter Max Reinhardt auf die Filmleinwand übertrugen. Murnau, Fritz Lang, der subtile Filmdichter Carl Mayer, um nur einige schöpferische deutsche Filmkünstler zu nennen, die in Form und Inhalt, und auch technisch, neue Impulse gegeben hatten.

Was war das Auszeichnende, das Unerhörte, zugleich das Fundamentale an Eisensteins ›Panzerkreuzer Potemkin‹? Was machte dieses Filmwerk zu einem großen Erlebnis?

Der Film war, möchte ich sagen, einfacher als was damals für künstlerisch galt. Die Erschütterung, die von ihm ausging, war unmittelbarer, zugleich wahrer und wuchtiger. Eine gradlinige Handlung, die sich zu großer dramatischer Steigerung erhob. Eine Lebensnähe jenseits des Geschminkten und Gestellten. Eine radikale Befreiung vom Atelier und seiner Treibhauskultur, wie sie heute noch in Hollywood gedeiht.

Ein realistischer Vorgang von eherner Folgerichtigkeit, zu dem eine geschichtliche Episode Modell gestanden hatte, und dennoch ein ‹Heldenepos›, zur Zwanzigjahr-Feier der russischen Revolution vom Jahre 1905 geschaffen. Aber dieses Ziel, das der Film sich gesetzt hatte, wurde erreicht durch eine klare Herausarbeitung des konkret Menschlichen, dessen unmittelbares Verständnis nicht an Ort und Zeit, an Rasse und Klasse gebunden war. Die Triebkräfte der russischen Revolution wurden durch den ›Potemkin‹ ein allgemein gültiges künstlerisches Ereignis. Es war ein großer und geglückter Wurf von Meisterhand.

Ich kann die grundlegende Konzeption des Werkes nicht besser beschreiben, als indem ich sage: Der Held dieses Epos war kein einzelner Mensch, kein Filmheld also, wie man ihn bis dahin gekannt hatte, sondern das *Schiff* selbst, der Panzerkreuzer, verkörpert in seiner Mannschaft, zugleich in seinen Maschinen, seinen Türmen, seinen Geschützen. Das Schiff war zu einem Organismus, zu einem Lebewesen geworden, ohne daß symbolisierende Mittel, wie noch bei Zola, angewendet worden waren; also ohne eine sich hinterrücks einschleichende Personifikation: ein Mittel übrigens, dessen Gebrauch späteren Eisenstein-Filmen, schon den ›Zehn Tagen, die die Welt erschütterten‹, mit einigem Recht vorgeworfen werden könnte. Im ›Potemkin‹ erfolgte die Verbildlichung, die zugleich Sinngebung ist, auf eine erfrischend objektive, praktische und faktische Art und Weise, die, trotz einer geradezu wissenschaftlichen Erforschung und Errechnung der rein filmischen Möglichkeiten der Kamera, eine Anschaulichkeit hatten, so unmittelbar, so selbstverständlich, daß sie einer Lösung wie in der Anekdote dem Ei des Kolumbus glichen. Es ist über diesen Gegenstand viel Theoretisches geschrieben worden, die Grundzüge sind längst klargestellt, etwa so: verwendet wurden ein wirkliches Schiff und wirkliche Matrosen, ferner ad hoc gewählte Vertreter der Bevölkerung Odessas; und, wie bereits gesagt, weder Atelier noch Schminke; wenige Berufsschauspieler, keine Theater- oder Filmstars. Die Menschen und die Gegenstände wurden in ihrer Lebensfunktion gezeigt, entsprechend den Erfordernissen der besonderen Handlung.

Die Handlung selbst ist, in ein paar Sätzen zusammengefaßt, leicht und schnell in Erinnerung zu bringen. Die Tagesration soll verteilt werden: Würmer im Fleisch! Durch den Versuch der Offiziere, ein brutales Exempel zu statuieren, wird aus der Beschwerde eine Rebellion. Die Marinesoldaten weigern sich, auf die Matrosen zu schießen. Die Offiziere werden überwältigt, jedoch der Anführer der Rebellion wird bei diesem Handgemenge erschossen. Anlegen des Schiffes in Odessa. Begräbnis des Märtyrers, unter der Beteiligung der Bevölkerung. Gegen diese werden die Kosaken aufgeboten. Gemetzel. Jedoch die zur Verfolgung des Panzerkreuzers mobilisierte Flotte läßt das Schiff durch, das in die Freiheit fährt.

Nun hätte freilich die Handlung, dem tatsächlichen weiteren Verlauf entsprechend, fortgesetzt werden können: Internierung der Mannschaft des ›Potemkin‹ in dem rumänischen Hafen Constanza. Auf ein Versprechen des Zaren hin, das den aufwiegelnden Matrosen eine gerechte Untersuchung des Falles zusagte, kehrten die Matrosen nach Rußland zurück. Das Versprechen wurde nicht gehalten, die Rädelsführer wurden ohne weiteres erschossen, der Rest nach Sibirien verbannt.

Ein solcher Schluß wäre wohl imstande gewesen, eine noch tiefere Entrüstung zu erregen, nicht aber die revolutionäre Begeisterung, die der ›Potemkin‹ wachrief: und es wäre keine geschlossene epische Form erreicht worden. Der vom Film gezeigte Ausschnitt hatte also seine künstlerische Berechtigung (er hatte auch seine historische Richtigkeit, wenn die zwölf Jahre später siegreiche russische Revolution als das eigentliche Ende der Episode verstanden wurde).

Diese Alternative im Abschluß der Handlung ist hier nur erwähnt, um den dramaturgischen Gedanken zu verfolgen, wie er Eisenstein und seinem Manuskriptschreiber Alexandrow vorgeschwebt haben mag. Gewiß wurde die Geschichte, der Zielsetzung des Films entsprechend, zugleich als Propaganda-Material verwendet. Dabei wurde zweifellos mit der Empfänglichkeit eines bestimmten Publikums gerechnet. Dem künstlerischen Effekt aber kann sich, wie ich vor einigen Jahren, als ich den Film in Hollywood sah, wieder feststellte, wohl kaum ein Publikum entziehen.

Diese Wirkung wurde – geradezu methodisch – erreicht durch die geschlossene, immer nur auf das Wesentliche bedachte Handlungsfolge in jedem Detail, wie der große Kameramann Tisse, Eisensteins bewährter Helfer, es aufgenommen hat. Was hier wirkte und in der ganzen Welt Schule machte, war: als technische Errungenschaft begriffen: der scharfe Gesichtswinkel, aus dem in jedem Augenblick gesehen wird; die exakte Analyse der Bewegung, die nie vorher so bis ins kleinste durchgeführt wurde; die dramatische Verwendung der Großaufnahme von Menschen und Dingen; der rapide Schnitt, die sogenannte Montage. Keines dieser Mittel war eigentlich neu, jedoch die Anwendung war es, welche die Handlung vorwärts trieb. Unvergeßliche Einzelheiten: die Treppe mit den tretenden Kosakenstiefeln, die unabwendbar niedersteigen, der Kinderwagen, der hinunterrollt, der Kneifer des Schiffsdoktors, der im Takelwerk hängen bleibt, während sein Benützer über Bord geht, derselbe Kneifer, durch den der Arzt bei der Inspektion die Würmer im Fleisch *nicht* gesehen hat; die Schlagzeilenwirkung der Titel, die Handlung rhythmisch unterstützend.

Wie ich sehe, habe ich fast meine ganze Zeit verbraucht, um die Erinnerung an den *einen* Film wachzurufen, dessen lückenlose Vollendung freilich Eisenstein nie wieder erreicht hat. – Was bleibt von Filmen übrig? Aus den ›Zehn Tagen‹ (›Oktober‹) der Kampf um das Winterpalais, die Belebung der Stadt St. Petersburg, ihrer Monumente, die Kampf- und Beobachtungspunkte werden, ihrer Brücken, die sich öffnen und schließen. Aus dem ›Alexander Newski‹ die gewaltige Schlacht gegen die eisengepanzerten Ordensritter und wie sie auf der vereisten Newa einbrechen. Aus dem unvollendeten mexikanischen Film ›Donner über Mexico‹ die Menschenjagd auf den Peon, den Landarbeiter, und die Fratzen der Götterbilder, das erschreckend Übermenschliche der Denkmäler der Aztekenkultur; oder die byzantinische Pracht der Bildungen in ›Iwan der Schreckliche‹. Das wären so ein paar blitzartige Antworten auf die Frage: »Was fällt Ihnen dazu ein?« Freilich gemahnt mich diese Frage auch an das Opernhafte gewisser Spielszenen im ›Newski‹ und an eine mich befremdende Statik der Bilder im ›Iwan‹, die wie erfroren wirkten, als ob ein – allerdings großartiger – Vereisungsprozeß bei dem Künstler eingesetzt hätte. Es wird, besonders in den späteren Filmen Eisensteins, oft fühlbar, daß dieser große Realist des Films beim Theater begonnen hat, und daß er – andererseits – ein philosophischer Geist gewesen ist, mit den Anlagen eines Forschers. Wo er die Gegenwart zur Geschichte machte, wo er aus unmittelbarer Anschauung schuf, war er am wahrsten und am größten. Seine Erstarrung begann, als er die ältere Geschichte zu Filmen verarbeitete, die das Monumentale nationaler Denkmäler haben sollten. Eisenstein hat auch jahrelang als Theoretiker und Lehrer gewirkt und seine Tradition begründet, die ihre Folgen haben wird. Er starb jung, in seinem fünfzigsten Jahr.

Ich lernte ihn persönlich – ich glaube 1929 – in Hollywood kennen, wo er, auf Grund eines Vertrages hinberufen, zwei Jahre lang weilte, ohne auch nur einen Film drehen zu können, obwohl er mit Alexandrow zwei Manuskripte bis ins letzte Detail fertiggestellt hatte. Eisenstein litt bitter unter der Fruchtlosigkeit dieser Jahre. Aber er lag nicht brach. Wie studierte er – heißhungrig – das Leben dieser ihm fremden Welt! Experimenteller Psychologe aus der Schule Pawlows und zugleich Kenner Freuds, der er war, erweiterte er in Amerika seine Kenntnisse vom Wesen des Kollektiven, der Masse, als ein handelnder Faktor, zugleich als Publikum.

Er war übervoll von Plänen und Ideen, er entwickelte seine Theorien vom Sprechfilm. So war er gerüstet, als er dann, nach Rußland heimgekehrt, selbst einen Sprechfilm herstellen durfte. Ich erinnere mich, wie er einmal ein Studio besuchte und einen berühmten europäischen – deutschen – Regisseur bei der Arbeit beobachtete. Als Eisenstein gegangen war, wiederholte der Regisseur die Szene: die Aufnahmen in Gegenwart Eisensteins habe er nur zum Schein gemacht. »Nein«, sagte der Regisseur, »vor dieser hohen Stirne, die einer Festung gleicht, verliere ich meine Sicherheit.«

Wie hatte Eisenstein die seinige gewonnen, die freilich in der weiteren Entwicklung immer neu in Frage gestellt wurde? Tisse, der Kameramann, der Ältere von den beiden, der schon einen großen Ruf und reiche praktische Erfahrung besaß, als Eisenstein begann, erzählte es mir. Da war eines Tages ein junger Theaterregisseur zu Tisse gekommen; er wolle einen Film machen. Als Nachweis seiner Befähigung hatte der junge Mann ein dickes, von ihm geschriebenes Manuskript mitgebracht: ›Streik‹ hieß es. Und nun begann eine Probearbeit *vor* der eigentlichen Arbeit, deren Bewilligung von Tisses fachmännischem Gutachten abhing. Sechs Monate wurden dazu verwendet und viel Filmmaterial, und nur eine Sequenz wurde in dieser Zeit fertig. Immer wieder stellte Eisenstein, von Tisse beraten, selbst die Kamera auf und sah die Resultate am nächsten Tag, um die Szene am übernächsten wieder zu machen, sie zu korrigieren, bis etwas auf der Leinwand erschien, das Eisenstein als seine realisierte Vision anerkannte. Ebenso ging es mit dem Schnitt, den Eisenstein selbst durchführte. So ward aus diesem rastlos übergewissenhaften Adepten der Regisseur Sergei Eisenstein, aus Tisses Schüler Tisses Meister, ihm die Wege weisend – ihm und uns allen.

389

Der Regisseur Fred Zinnemann

[>The Seventh Cross< als Film]

Im Jahre 1927 kam ein junger Wiener, ein gelernter Kameramann, nach Hollywood, um den Film als eine hohe Kunst auszuüben. Es war die Zeit von Murnaus >Sunrise<. Lubitsch und Emil Jannings hatten Fuß gefaßt; andere Europäer von Namen waren herübergeholt worden. Der stumme Film war auf der Höhe seiner Entwicklung angelangt, die zwei Jahre später jäh abbrechen sollte; was damals allerdings niemand vermutete, obwohl der Tonfilm seine Lebenskraft durch die *newsreels* des Fox Movietones bereits erwiesen hatte.

Der junge Mann fand keine Aufnahme in der Gewerkschaft der Kameraleute, er wurde zur Arbeit nicht zugelassen. Sein Kindertraum vom Film schien zunächst ausgeträumt zu sein. Zu seinem Glück brauchte man für >All Quiet on the Western Front< deutsch aussehende Pennäler; er durfte also statieren. Fred Zinnemann, der Sohn eines Wiener Arztes, war mit einer Empfehlung seines Lehrers, des Meisterphotographen Helmar Lerski, ausgerüstet. Er wurde mein Assistent und blieb es für die nächsten Jahre. Sein Takt, seine Feinfühligkeit, sein sicherer Sinn für das lebendige Bild, seine Hingabe an die Sache des Films besiegten allmählich die Widerstände, welche die organisierte und überorganisierte Industrie dem Eindringling entgegenstellte. Er war eher eine Mimose als ein Feldwebel, also wurde es ihm doppelt schwer gemacht. Jahre voller Mühe und Entbehrung folgten, bis er schließlich für MGM Kurzfilme inszenieren durfte; Dokumentarfilme, die mehr auf den Kameramann als auf den Spielleiter angewiesen sind. Was ihn zu solcher Arbeit hinzog, war die vorwaltende Authentizität des Tatsachenberichtes. Fred Zinnemann kommt nicht vom Theater, sondern von der künstlerischen, nach erhöhter Echtheit strebenden Photographie. Alle Manuskriptentwürfe, die ich im Laufe der Jahre von ihm gesehen habe, verzichten soweit als möglich auf das Handlungselement der Magazinstory; sie alle trachteten soziologisch erfaßte Zustände wiederzugeben und mit anschaulichen Details zu belegen. Ein Meister, dem er nachstrebte, war Robert Flaherty, der Schöpfer von >Moana< und >Nanuk<; Zinnemann hat eine Zeitlang mit ihm geplant, wenn es auch nicht zu gemeinsamer Arbeit kam. Seine Mitarbeit an einem mexikanischen Fischerfilm zeigte die dieser Schule entsprechende Einfühlung in die Landschaft, den Sinn für das Volkshafte der Menschentypen und ihrer alltäglichen Lebensweise. Das mußte ihm, sollte man meinen, zustatten kommen, nun da er zum ersten Mal mit einer ganz großen Aufgabe, mit der Verfilmung von Anna Seghers' Roman >Das siebte Kreuz< betraut wurde.

Als er das Buch Metro-Goldwyn-Mayer zur Verfilmung vorschlug, konnte er nach seiner bisherigen Verwendung nicht ohne weiteres annehmen, daß ihm die Regie zufallen würde, obwohl ihm vorher zwei Spielfilme, Detektivfilme sehr gut gelungen waren. Er bezweifelte auch, daß er das Sujet allein durchgesetzt hätte. Er fand einen mächtigen Helfer in dem Schauspieler Spencer Tracy, der seine Begeisterung für das Buch teilte. Das Epos der Verfolgung und der Hilfe lockte sie beide, den Darsteller und den Erzähler mit der Kamera. Es war wohl Zinnemanns fanatischer Glaube, und wie er ihn begründete, wie er den Film ausmalte, der seiner Überzeugung nach in dem Buch steckte, was dann wieder Tracy und den Produzenten Pandro Berman bestimmt haben mag, einem bisher relativ Unbekannten, einem neuen Mann die künstlerische Leitung anzuvertrauen.

Fred Zinnemann nahm die Aufgabe nicht leicht. Er hielt das Buch für eins der wichtigsten Werke unserer Generation – allerdings auch für einen außerordentlich filmischen Stoff. Was ihm vorschwebte, war eine Legende von der Würde des Menschen, in diesem Fall der durch den Naziterror zu Boden getretenen, durch die Rettung Heislers wieder aufgerichteten Menschenwürde. Ich gebrauche Zinnemanns eigene Worte. Für sein Gefühl hatte diese Legende in der Form, die Anna Seghers ihr gegeben, ein biblisches Ausmaß. Würde er das erreichen können, mit den Mitteln des heutigen Films? Hatte er die Kraft, es durchzusetzen und durchzuhalten? Er hatte die Liebe und die Treue. Damit glaubte er den Kampf mit den Schwierigkeiten, die er voraussah, aufnehmen zu dürfen. Damit hoffte er, wenigstens einen Funken der Flamme einfangen zu können, die in dem Buche brennt.

Die Hauptschwierigkeit sah er in einem Satz umschrieben, den er in einer Kritik des Buches (Book-of-the-Month Club) gefunden hatte: »This remarkable book will some day be made into a movie, and on the screen the escape of this man George ... will be given in exciting and terrifying detail. But the core of this book is a picture of a ... nation, through which fear and courage move like a crawl of fire. No movie will be able to give the reader what he will get in this novel of Wallau and Heisler and Paul Roeder and Franz.« Mußte man das nicht von vornherein aufgeben: ein Volk darzustellen, in seiner Erniedrigung, unter dem Druck der Angst, vom Terror niedergehalten; ein Volk, mit bezahlten und freiwilligen Spitzeln und Angebern durchsetzt: und dennoch von den Klopfgeistern seines Gewissens nicht in scheintoter Ruhe gelassen! Die Helfer, die sich hier und dort einstellen, sind bei Anna Seghers nicht nur die Untergrundkämpfer, die tapferen Maulwürfe. Sondern es regt sich die menschliche Solidarität mit den Verfolgten auch bei unpolitischen Menschen, weil sie Menschen sind, Menschen sogar trotz ihrer Verblendung. Dies mag so sein, die Dichterin weiß: es muß so sein, allen Greueln zum Trotz, an denen deutsche Menschen aktive und passive Mithilfe geleistet haben, aber wahrscheinlich, gar überzeugend wird es nur, wenn es gelingt, die ganze Struktur zu geben: das deutsche Volk, das heute kaum mehr jemand kennt und versteht, in seiner Entfremdung und in seiner verborgenen Identität, den konkret gezeichneten deutschen Menschen.

Zinnemann hatte einen amerikanischen Hauptdarsteller. Sollte der nicht aus dem Rahmen fallen, mußten alle wichtigen Rollen, alles was mit der Mittelpunktsfigur direkt zu tun hatte, mit Amerikanern besetzt werden. Ein paar deutsche Künstler durften statieren, wie es Zinnemann selbst als junger Mensch getan hatte, um Atmosphäre zu erzeugen. (Eine Charakterstudie Bressarts bleibt Ausnahme.) An Deutschland konnten also nur die Kulissen und Kostüme erinnern. Das wird freilich die amerikanischen Zuschauer nicht stören, sofern die innere Wahrheit der Handlung und die menschliche Wahrhaftigkeit der Handelnden sie überzeugt und in Spannung erhält; sofern, nach dem in Hollywood gestatteten Ausmaß der Einfühlung Furcht und Mitleid erregt wird, nicht ohne einige Lichtblicke befreienden Humors. Es fehlt ja nicht an der Schlußverklärung durch eine Liebesepisode, an der Hingabe einer Kellnerin, die, wie der Film sie zeigt, schön ist wie eine griechische Göttin. Ja, sogar die Götter von Hollywood steigen herab, um dem armen Flüchtling Heisler den Weg in die Freiheit zu segnen.

Warum war aber dieser Heisler im Konzentrationslager? Und wer ist dieser Wallau, der, obwohl er gleich am Anfang wieder eingefangen und nach nur andeutungsweise gezeigter Folterqual hingemordet wird, dann doch als eine Geisterstimme durch den Film tönt, um alles, was sonst in der Handlung unklar und fragmentarisch bleiben müßte, referierend zu erklären? Im Buche ist er der Gesinnungs- und Parteigenosse, der Lehrer im Untergrundkampf, und seine Stimme ertönt nur im Unbewußten des Flüchtlings, in Momenten der Schwäche, die Weisungen wiederholend, die der lebende Wallau ihm gegeben hatte. Bei der tüchtigen Manuskriptschreiberin Helene Deutsch wird aus diesem genialen psychologischen Detail eine technische Hilfe, die nicht erlaubt ist, und eine Gespenstergeschichte, die hier durchaus verboten ist. Dieser Einfall des Manuskripts ist mehr als eine artistische Marotte, er soll aus der Verlegenheit helfen – und zwar aus einer argen Verlegenheit. Denn weder der Volkszusammenhang noch die Gesinnungsrichtung werden gegeben; sie werden kaum angedeutet. Die Nazis sind fast ganz weggelassen. Warum? Waren sie schon zu oft dagewesen? Glaubt Hollywood, daß sie nicht mehr ziehen? Man erfährt nicht, warum und wozu und wie sie ihren Terror in diesem bestimmten Falle spielen lassen; auch üben die Kreuze, zur Attrappe geworden, nur eine sehr schwächliche Drohung aus. Die Menschlichkeit wird aber nicht menschlicher, wenn die Brutalität weggelassen wird, gegen die sie sich behaupten muß. Ohne den ständig fühlbaren Druck ist die Hilfe keine so große Sache. Auch wäre zu zeigen gewesen, wie die Peiniger vor der Revanche der Opfer zittern; daß ihre Grausamkeit mit ihrer Angst wächst; und welche Ermutigung die Unterjochten aus der geglückten Flucht des einen von den sieben Entsprungenen schöpfen. Die Fabrik, in der es hinter einer gehorsamen Oberfläche rumort und wispert, gibt es hier ebenso wenig wie die exakte Wissenschaft der Unterdrückung. Keine Arbeiter und wenig Volk: aufregende und rührende

Episoden, von einem grundanständigen Künstler gefilmt, der das Buch mit tiefem Gefühl gelesen hat und uns durch das, was er zeigen darf, Lust macht, es wieder zu lesen. Ich weiß, daß er viel mehr zeigen wollte. Was davon übrig geblieben ist, und wofür Spencer Tracy seine schauspielerische Persönlichkeit getreulich einsetzt – es gibt neben ihm ein paar liebenswerte Gestalten und Gestaltungen (ich nenne Hume Cronyn als den gütig beherzten Jugendfreund Paul Poeder und die zarte Jessica Tandy als seine liebende Frau) –, ist der mit freimütiger Selbstverständlichkeit filmisch erbrachte Nachweis, daß es unter Deutschen auch Menschen gibt. Das durchgehende Gefühl für das Menschenwürdige verleiht den Spannungen dieser zeitgemäßen Menschenjagd eine höhere Bedeutung.

Begräbnisrede für Friedrich Wilhelm Murnau

Wir sehen ihn noch vor uns: diesen großen, schönen, lichten Menschen.
Jeder, der ihm begegnete, wußte sofort: das ist ein Mensch von hoher Art.
Eine große Würde und Ruhe war um ihn – aber auch ein Geheimnis.
Man hat von der tragischen Atmosphäre gesprochen, die ihn umgab.
Sein Weg durch Leben und Kunst – und jetzt sein Ende –: alles war wie nach einem strengen Gesetz.
Es war das Gesetz, das er selbst über sich verhängt hatte. Dieses Gesetz hieß: Alles oder nichts.
Nichts Halbes – nichts Feiges – nichts Unreines.
Das Höchste und Reinste wollte er, mit einem großen Willen, als Mensch und als Künstler.
Die höchste und reinste Schönheit. Die höchste und reinste Form. Er wollte sie einprägen dem widerspruchsvollsten Stoffe, dem Film – dem Bilde, das sich vor unsern Augen fortbewegt, flüchtig, und doch für immer festgehalten – technisch bedingt und doch das Lebendigste einfangend: die Beleuchtung der Dinge, die Sicht aus dem wechselnden Augenwinkel des Beschauers; den Rhythmus des gesetzmäßigen Ablaufes.
Der Weg zu seiner Meisterschaft war für Murnau der langwierige Weg des Zweifels, der Geduld, der unermüdlichen, subtilsten Arbeit.
Er verlangte viel von den Menschen, die mit ihm gearbeitet haben – er verlangte mehr von sich. Am strengsten war er gegen sich selbst.
Ein großer Arbeiter –
ein großer Sucher –
unermüdlich auf dem Weg zur Vollkommenheit.
Als Murnau vor zwanzig Jahren begann – als junger Schauspieler – war er der zarteste, schüchternste, scheueste Mensch. Ein deutscher Romantiker von reinem Blut. Damals trug er Rilkes ›Weise von Liebe und Tod‹ vor. Da-

mals schon liebte er die rhythmisch vorwärtsbewegte Ballade, die Jagd der Bilder. Daß sie einen jungen Helden seiner tragischen Erfüllung, dem Tode zutrieben, entsprach dem Lebensgefühl des jungen Romantikers.

Seine Form war in ihm vorgebildet. Sie im Film ausdrücken zu können, dazu mußte Murnau erst den Film und sich selbst erziehen.

Es wurde ihm nicht leicht gemacht, und er machte es sich nicht leicht. In harter Selbsterziehung wurde er der moderne Mann, der erfinderische Techniker, bahnbrechend auf seinem Gebiet – offen für alle Probleme des modernen Lebens. – Aber in seinem Herzen ist er immer der Romantiker geblieben. –

Das war sein Geheimnis: die Überzartheit seines Herzens, sein empfindlicher Stolz, seine männliche Keuschheit, seine große Sensibilität, an der er oft furchtbar gelitten haben muß.

In jungen Jahren erwarb er seinen Namen, Internationalität, wurde er in Amerika wie in Deutschland ein Führer, ein Eroberer neuen Gebietes, immer vor eine große Aufgabe gestellt, immer gezwungen, Menschen zu leiten, Helfer zu werben, Dinge zu beherrschen. Und doch schien er für die Einsamkeit bestimmt. Man kam schwer an ihn heran – auch die nächsten Menschen mußten ihn oft mißverstehen. – Nur wer erlebt hat, wie Murnau zu Tieren war, zu Kindern – wie er in der Natur aufging: nur der hat den Menschen Murnau wirklich gekannt.

Er hatte das zarteste Herz – aber auch den größten moralischen Mut. Er ist im Kriege Kampfflieger gewesen. Er hat seine Reise nach den Südsee-Inseln in einem gebrechlichen kleinen Boot gemacht. Aber der höchste Beweis für seinen moralischen Mut war vielleicht, daß er sein ganzes Vermögen einsetzte, um diesen letzten – seinen Südseefilm zu machen. Seit Jahren hatte er ein Werk dieser Art geplant. Er wollte das Paradies der Urmenschlichkeit der Hölle der Zivilisation gegenüberstellen. Und je heißer der Industrialismus, dem er als Künstler ausgeliefert war, ihm diese Hölle einheizte, umso leuchtender schwebte ihm die Vision seines Paradieses vor. So brach er eines Tages – vor eineinhalb Jahren – alle Brücken hinter sich ab, um seine Vision in die Wirklichkeit zu versetzen, um einen Traum zu realisieren.

Wenige haben wie Murnau dem Film Schönheit und Form gegeben; die Geschichte des Films wird seine Leistungen verzeichnen. Aber er hat gegeben, was vielleicht noch mehr ist: das große Beispiel eines heroischen künstlerischen Willens. Wir wollen dieses Beispiel nicht vergessen. –

Die immer noch junge romantische Sehnsucht hatte den Mann jetzt, in seinem 41. Jahre, nach der Südsee gewiesen. Er hat auch dort wieder nur harte Arbeit gefunden. Aber er war auch glücklich dort. Er hat sich dort ein Haus gebaut, das seine Zuflucht sein sollte, seine heimliche Heimat.

Dann kam er zurück und brachte seinen Film mit, übergab ihn der Welt. Mehr zu tun war ihm nicht vergönnt. Er wollte nach Deutschland, zu seiner

Mutter, die auf ihn wartete – zu seinen Freunden, um sie nach langen Jahren wiederzusehen. Es war ihm nicht mehr vergönnt. Auch sein Haus in der Südsee sollte er nicht wiedersehen.

Er war gerade auf dem Wege, um noch etwas für seinen Film zu tun, als der Tod ihn aufhielt. Er war auf seinem Wege – ein brutaler Zufall, ein Lastwagen warf ihn aus dem Wege. Das Ende eines Mannes, der unermüdlich seinem Ziele zugestrebt hat.

In diesem letzten Werk, dem Film ›Taboo‹, den er für seinen schönsten hielt, ist von erschütternder Größe das tragische Ende.

Der Jüngling schwimmt nachts auf dem Meer seiner verlorenen Geliebten nach, die der strenge priesterliche Vater auf einem Boot entführt hat. Der Jüngling erreicht das Boot; aber als der schon tief Erschöpfte sich am Seile festhält, kappt die Hand des Greises das Seil. Und das Boot gewinnt einen Vorsprung, der immer größer und größer wird. Mit letzter Kraft schwimmt der Jüngling – das Boot wird kleiner und kleiner – und der Jüngling versinkt.

Es ist leibhaftig das Schiff des Todes, das da fährt. Und niemand wird es ohne die tiefste Ergriffenheit sehen. Das Mysterium des Todes ist hier mit tragischer Ahnung angerührt. –

Das entführte Leben, das Idealbild entschwindet – und der mutigste Schwimmer versinkt. –

Das war das letzte Bild Friedrich Wilhelm Murnaus.

Mit diesem Bilde vor Augen ist er in die letzte Einsamkeit heimgekehrt!

Der neue René Clair

René Clair oder das Spiel um seiner selbst willen? Seine Satire hat oft nicht genug Boden; es haftet ihr nicht selten etwas von einem Atelierscherz an. Trotzdem: ein Künstler ist er und bleibt er, ob ihn nun die Industrie krönt oder entthront. Seine Filme haben ihn berühmt, aber freilich nicht populär gemacht, am wenigsten vielleicht in England, das sich inselhaft gegen die Satire abschließt. Seine Kunst wird auch keine Tradition hinterlassen, sondern immer ein köstlicher Einzelfall sein und bleiben.

René Clairs neuester Film ist sein zweiter in englischer Sprache und mit englischen Schauspielern, denen der Franzose Chevalier sich längst angeschlossen hat. Clairs erster englischer Film, ›A Ghost goes West‹, erfüllte, was der Titel versprach. Mit ihm kam ein europäischer Geist in New York an und war dort willkommen. In England hatte er eher befremdet. Der Humor dieses Films lebte gut gelaunt vom Kontrast zwischen der alten und der neuen Welt. Erstaunlich, wie der Franzose die auf altem Sagengrund gewachsene Romantik Schottlands in ihrer Schrullenhaftigkeit erfaßt hatte.

Doch mußte er sich ihretwegen verlangsamen und verdichten. Der Verlust an Leichtigkeit wurde ihm von den Schwerfälligen, die sich nicht mehr durch ihn beschleunigt fühlten, nicht mit Unrecht verübelt.

Der neue René Clair, ›Break the News‹, läuft jetzt in London vor nicht allzu vollen Häusern, gelinde ausgedrückt. Es ist eine *crazy comedy*, eine närrische Komödie, wie immer bei René Clair, der ja als einer der Stammväter dieser bis vor kurzem so erfolgreichen Gattung zu gelten hat. Aber das Thema: die Launen und Tücken der Publizität, des Zeitungsruhms, geht den englischen Kinobesuchern nicht zu Herzen. Wahrscheinlich wollen sie die publicity, die, wie den Filmstars, so auch den Hitler und Mussolini sklavisch dient, gar nicht in ihrer ganzen Nichtigkeit durchschauen. In Hollywood hat Ben Hecht das gleiche Thema behandelt, aber, verhältnismäßig, als einen geradlinigen Wunschtraum, den die besser wissende Ironie nicht wesentlich störte. Dort bereitete die Magie der Frontpage einem jungen Mädchen einen – wenn auch falschen – Himmel auf Erden, aus dem die Heldin und das Publikum nur widerstrebend in die normale Wirklichkeit wieder heimkehrten. Sie hatten Ferien von jenem Alltag genommen, in den René Clair uns und seine Helden immerzu höchst unsanft zurückreißt, wie man einem jungen Hund, um ihn zimmerrein zu machen, die Nase auf die unerlaubte Spur seines Erdenwandels stößt. Bei René Clair ist es auch keine irrende Schöne, für deren skurrile Abenteuer Anteilnahme gefordert wird, sondern es handelt sich um ein Freundespaar, das sich die Treue hält wie Damon und Pynthias in Schillers Ballade ›Die Bürgschaft‹. Da es aber keine Helden, sondern zwei miserable Chorherren sind, welche die Statistendienste unter dem Zepter eines weiblichen Revuestars überhaben und auf ein verzweifeltes Mittel sinnen, selbst in die Sonne des Ruhms zu gelangen, so ist es nicht zu verwundern, daß ihnen ein durch jahrelange Filmpropaganda zum Autoritätsglauben erzogenes Publikum von vornherein nur ein halbes Interesse schenkt. Es hilft auch nichts, daß die beiden ehrgeizigen Komparsen mit Maurice Chevalier und Jack Buchanan (dem englischen Chevalier) besetzt sind. Die Zurückverwandlung von Stars in Statisten, damit sie wieder von vorne anfangen können, mag zwar ein Angst- oder ein Wunschtraum von Stars sein, geht aber dem Star-süchtigen Zuschauer gegen den Strich. Höchst ungern sieht der Mittelbürger, der die Kinos füllt, die Satire mit dem Erfolg Schindluder treiben. René Clair, der seit jeher ein Herz für die Hochstapler und Lumpenproletarier der Welt zwischen und hinter den Kulissen hatte, mag es nicht wissen, aber er hat mit diesem ironischen Spiele frevelhaft an die heiligsten Güter gerührt. Man wünscht hierzulande nicht solche, die schon einmal ‹oben› waren, herabgekommen zu sehen, und ihre lange vergeblichen Versuche, wieder hinaufzuklettern, wirken wie ein Pech, das anstecken könnte, also unerfreulich. Deshalb blieb ja auch Chaplin lieber gleich unten und hat das zerrissene Kostüm des Landstreichers nie ausgezogen, es nie gegen einen gut sitzenden Frack vertauscht.

So können sowohl die Enterbten wie auch die Besitzenden gleich herzlich über ihn lachen, die einen, weil sie sich mit ihm identifizieren, die andern, weil sie sich mit ihm nicht identifizieren. Der Filmerfolg ist ein vortreffliches soziologisches Barometer.

Chaplin und sein ›Monsieur Verdoux‹

I

Man kann Chaplin vorwerfen, daß er in seinem bisher letzten Film ›Monsieur Verdoux‹ mit dem Scherz Entsetzen treibt.

Es war Chaplins Verdienst und Ruhm gewesen, daß er die Menschen überall in der Welt ohne Ansehen des Alters, des Geschlechtes, der Klasse und der Nationalität zum Lachen brachte, und zwar durch einen exzentrischen Humor, der einen Ausgleich mit den Mißhelligkeiten, mit den Inkongruenzen und Problemen des modernen Lebens bewirkte. Daher seine weltweite Popularität. Dieser Clown hatte einer uralten Form volkstümlicher angelsächsischer Unterhaltung einen neuen, höchst originellen Inhalt einverleibt, im wahrsten, sichtbarsten Sinn des Wortes, mit Leib und Gliedern, vom runden Hütchen bis zu den übergroßen Schuhen und dem kokett balancierten Spazierstöckchen. Er bediente sich eines neuen Mediums, dessen Ausdrucksmöglichkeiten er erstaunlich bereicherte. Der Film war damals noch stumm, aber der geniale Pantomimiker verlieh ihm eine unvergleichliche Beredsamkeit. Er schuf eine Figur: jenen unverwüstlichen Tramp, der in allen Sprachen geliebt und verherrlicht wurde; den die beglückten Zuschauer gern beim Vornamen des Darstellers riefen. Charlie hier, Charlot dort; der die Kritiker zu Dichtern machte und in Deutschland eine ganze Chaplin-Metaphysik ins Leben rief. Die Tränen, die über Charlie gelacht wurden, fielen als milder Tau auf enttäuschte Herzen, ausgelöst von dem Triumph eines David über einen Goliath; des kleinen, wundervoll beweglichen Mannes, der in Chaplins Haut und Kostüm steckte, über die Schwierigkeiten und Härten der Welt, mit denen er spielend fertig wurde, obwohl sie dem armen Teufel so übel mitspielten. Man kam also ohne Geldmittel, ohne Macht und Stellung durch, wenn einem nichts daran lag und man über Geistesgegenwart, Witz und die unverwundbare dreiste Geschicklichkeit eines Knockabout verfügte. Chaplin erfüllte in den so alltäglichen und dennoch märchenhaften Abenteuern seines Lumpenproletariers den Wunschtraum der zu kurz Gekommenen (dem immer mehr mechanisierten Leben gegenüber kamen alle zu kurz, die noch menschlich fühlten), ohne daß er die Ausflucht Hollywoods ins Süßlich-Verlogene nötig gehabt hätte. Zwar ergeben sich reizende Idyllen der Armut, aber der Clown nahm in jedem neuen Film den Kampf mit ihr und mit der Tücke des Objekts wieder auf, die Lacher – und das wurden durch ihn fast alle – auf seine Seite ziehend. Was ihn bei Reich und Arm populär machte, war letzten Endes seine Anspruchslosigkeit, das Ungefährliche seiner Anschläge.

Er trug eine Maske statt eines Gesichts, die dennoch wie ein Gesicht zuckte. Seine Augen waren von jener hintergründigen Melancholie erfüllt, die das Erkennungszeichen aller großen Komiker ist. Sie spiegelten das Weh der mißhandelten, von den Gütern der Welt ausgeschlossenen Kreatur, gaben aber auch Reflexe der Spitzbüberei, der Unbotmäßigkeit, der Schadenfreude und des Triumphes her. Sie erzählten sogar von der Liebe, die ein Märchen blieb, das sich nur für vorüberhuschende Augenblicke realisierte. Seine schönste Liebe war die väterliche des Tramps zu einem Waisenknaben, den er betreute. Man glaubte dem Gliedermann sein solidarisches Mitgefühl mit dem Schicksalsgenossen. Man nahm es ihm nicht übel, solange er in seinem, von ihm selbst abgesteckten, Bezirke verblieb.

II

Was aber geschah mit den tragischen Resten dieser Fabeln? Während Chaplin spielte und die Leute lachen machte, sammelten sich diese Reste zu einem riesenhaften gesellschaftlichen Schuldkonto. Sie wuchsen zur gewaltigen Unrast der Klassen und der Völker. Sie explodierten in Katastrophen, in Krieg, Revolution und Gegenrevolution. Die Grundpfeiler der Zivilisation wurden erschüttert, der faschistische Vorstoß brachte die technisch hochqualifizierte Barbarei herauf, gegen deren um sich greifenden Schrecken schließlich ein zweiter Weltkrieg geführt werden mußte. Dessen Folgen reichen weiter, als wir heute zu blicken vermögen.

Hatte das einen Clown in Hollywood zu bekümmern? War es für ihn nicht der Weisheit erster und letzter Schluß, sich wenigstens auf der Bühne, die er sich selbst gezimmert hatte, den status quo zu erhalten? Hatte die Menschheit, die seine Kundschaft war, nicht das Recht, von ihm eine Entspannung in jenem Gelächter zu verlangen, das eine Freiheit von unerträglichem Druck der Verhältnisse wenigstens den noch Verschonten vortäuschte? – Der Weltruf eines großen Schauspielers verpflichtet ihn und macht das Publikum zu seinem Kollektivgläubiger. Und war nicht inzwischen aus dem Spiel des kleinen Clowns ein big business geworden, das ihm Millionen von Dollars abwarf? War Chaplin nicht längst sein eigener Unternehmer, was ihm zwar eine einzigartige Unabhängigkeit der Produktion gewährte, aber ihn zugleich, nach den Gesetzen des profitablen Warenverwerters, den Bedürfnissen des Marktes gegenüber willfährig machen mußte? War der Chaplinsche Groteskhumor nicht ein Kapital, nach dessen bestmöglicher Vergrößerung er trachten mußte?

Der Künstler Charles Chaplin, ein Mensch seiner Zeit, enttäuschte solche an seine Kunst gestellten Ansprüche, eben weil er ein fühlender und denkender Mensch seiner Zeit war. Seine Märchen des Lebens wurden immer schärfer,

sie verhehlten immer weniger einen aggressiven Wirklichkeitssinn. Da gab
es eine Satire auf unser von der Maschine unterjochtes Menschendasein, die
bereits einiges kritisches Kopfschütteln erregte. Noch überwog das innige
Vergnügen über die ingeniöse Bildmäßigkeit der Parabel. Inzwischen hatte
sich herausgestellt, daß nicht nur Charlie ein kurz gestutztes Bärtchen auf
der Oberlippe trug, sondern auch ein Mann namens Adolf Hitler. Der Film
›Der Diktator‹ wagte die groteske Identifizierung beider als Pointe einer
Verwandlungskomödie. Chaplin stellte beide dar: den blutigen Demagogen
und den kleinen behenden Friseur, der dank einer Uniform für den Dik-
tator genommen wird und nun zeigen kann, wie er sich an dessen Stelle
verhalten würde. Halb Angst-, halb Wunschtraum, befriedigte der Film,
obwohl er in einzelnen Szenen (Spiel Hitlers mit dem Globus) eine geniale
Parodie des Macht- und Größenwahns bot, jene Zuschauer nicht, die eine
Vorstellung davon hatten, was gleichzeitig unter dem Terror gelitten wurde.
Das Abbild dieser Zustände im Film erschien uns verhältnismäßig als eine
Idylle. Das erlösende Lachen ergab sich zu früh und zu leicht. Was aber die
kunstkritischen Beurteiler als einen argen Stilbruch ankreideten, war die aktivistische Wendung am Ende: Chaplin ließ die mißbrauchte Maske fallen und
gab seine Stummheit auf, die er während des sonst pantomimischen Verlaufes
nur unterbrochen hatte, um eine ergötzlich-sinnlose Ton-Karikatur der Rhetorik Hitlers zu liefern. Am Ende aber wandte sich dessen Doppelgänger
direkt an die Zuschauer, mit einem offenen Appell an die Menschlichkeit.
Damit hatte Chaplin, auch in der Ära des Sprechfilms bisher stumm geblieben, seine Stimme gefunden. Bald darauf benutzte er sie, an einem wichtigen Wendepunkt des Krieges, um, ungedeckt durch den Film, bei einer
politischen Kundgebung in New York als Redner aufzutreten. Das mußte
ihm viele mächtige Feinde machen, darüber konnte er nicht im Zweifel sein.
Der geborene Engländer, der seinen britischen Paß ebensowenig aufzugeben
hatte wie seinen englischen Akzent, legitimierte sich als ein Weltbürger, der
den Nationalismus in jeder Gestalt ablehnte. Er zog sich überdies in gewissen Kreisen das Odium eines Ausländers zu, den nur die Gewinnsucht
an das Land, in dem er so erfolgreich produzierte, band. Seine Popularität
machte Chaplins progressive Überzeugungen zu einer politischen Gefahr. Die
Zeitungscampagne gegen ihn setzte sofort ein. Es sollte klargemacht werden,
daß dieser geistig Unabhängige keinen guten Glauben mehr verdiente.
Der gute Glaube des Publikums ist jedoch das Lebenselement eines populären Schauspielers; er gehört zu den Vorbedingungen seiner breiten Wirksamkeit. Gab nicht auch Chaplins Privatleben Anlaß zur Diskreditierung?
Gelegentlich eines Alimentenprozesses wurde – keineswegs nur von seiten
des gegnerischen Anwalts – der Versuch gemacht, das menschliche Renom-
mée des Künstlers völlig zu untergraben. Gerade die Lücken eines Tatbestandes erleichtern das Geschäft derer, die sie mit Hilfe der typischen
Handlung eines Kolportageromans auszufüllen entschlossen sind.

Der Film ›Monsieur Verdoux‹ – Chaplins erster kompletter Sprechfilm –
entstand in den Jahren, in denen sein Schöpfer die schwersten Zeitereignisse
und die peinlichsten persönlichen Erfahrungen durchmachen mußte. Damit
soll nicht gesagt werden, daß dieses Werk eine Frucht persönlicher Erbitterung ist. Jedenfalls macht es keine Konzession; weder an den Publikums-
geschmack, noch an den Fanatismus gegnerischer Zwecke. Die Figur des
sympathischen Tramps hatte den ›Diktator‹ nicht überlebt. Mit der einst
so beliebten Maske sind nun auch die utopischen und idyllischen Züge fast
ganz aus der Kunst Chaplins geschwunden. Der Heiratsschwindler und
Frauenmörder Verdoux hat nicht nur Chaplins Stimme, sondern auch sein
Gesicht, freilich als jene geschniegelte Physiognomie, die zum Metier gehörte. Da die Handlung mit dem Grabstein des ‹Helden› beginnt, ist kein
happy ending zu erwarten. Zwar wird ihm nur nachgesagt, daß er ein Geschäftsmann gewesen sei und es schwer gehabt habe. Das Schwere, so sehen
wir bald, ist die lächelnde Leichtigkeit, die sein grausiges Handwerk erfordert, soll es einen goldenen Boden haben. Verdoux betreibt es zwischen
zwei wirtschaftlichen Krisen. Die erste machte ihn stellungslos, beraubte
ihn seines Postens als Bankbeamter, den er dreißig Jahre lang ehrenhaft
ausgefüllt hatte. Der zweite Krach nimmt ihm – und seiner Familie, der
zuliebe er sich, ohne daß sie etwas davon ahnte, als Verführer und Mörder
abrackert – das sauer erworbene Vermögen wieder ab. Gewiß ein extremer
Fall, aber einer mit zeitgerechtem Hintergrund. Hätte Chaplin daraus einen
Sexualverbrecher-Film gemacht, so könnte das Publikum sich an einer, mit
Erotik geheizten, Spannung schadlos halten. Das Erbarmungslose an diesem
Werk ist, daß ihm die Würze der Sexualität – und auch der Mordlust –
völlig fehlt, man könnte sagen, in geradezu skandalöser Weise. Geschlechts-
hunger mag bei den Opfern des Monsieur Verdoux vorhanden gewesen
sein, er wird aber auch an ihnen nicht gezeigt. Die Einsamkeit alternder
und reizloser Frauen; ihre aus unbefriedigtem Herzensbedürfnisse stam-
mende Leichtgläubigkeit; ihre unentrinnbare Sehnsucht, sei es auch nur nach
einer Illusion des Glücks; das ist es, was Verdoux die Beute zutreibt. Diese
Frauen verfügen über ein Vermögen an Geld, das ihr Unvermögen zum
Glück wettmachen soll. So eben werden in der heutigen Gesellschaft Geschäfte des Herzens gemacht, und da ist ein Verdoux der stärkere, der ge-
fährlichere Partner. Die Komik, an der es dem Film gewiß nicht fehlt, ergibt sich aus den Strapazen, die sein Geschäft dem Verdoux auferlegt, aus
den gefährlichen Situationen, denen er immer wieder aalglatt entwischt, bis
es ihn doch erwischt. Die kälteste Geldspekulation begleitet ihn auf seiner
pflichtbewußten, notgedrungenen Hetzjagd von einer Gelegenheit zur nächsten. *Business* ist eben eine ernste Sache, eine Sache auf Leben und Tod;
vergnüglich nur, wenn man Glück gehabt hat, wenn es glatt abgeht und sich
lohnt. So oft Verdoux mit der Virtuosität des gewesenen Schalterbeamten

Banknoten zählt und den Profit mit Sachkenntnis investiert, zeigt er die schmunzelnde Miene eines Glückskindes.

Grausig-komisch wirkt der Gegensatz zwischen den galanten und lyrischen Utensilien des Berufs und der Mordabsicht, die Verdoux höchst zeitgemäß als einen rein technischen Ablauf ausführt, als eine möglichst glatte und möglichst schmerzlose Liquidierung. Erschütternd-komisch: wie geringer Mittel es bedarf, um die Frauen dranzukriegen: ein paar abgedroschene Phrasen und lächerliche Sentimentalitäten, einige pseudo-romantische Tricks schaffen es. Verdoux hat wenig hinzuzutun, das Frauenherz leistet das meiste. Freilich, er gönnt sich nicht Rast noch Ruh, immer wieder sausen die Räder des Expreßzuges, der ihn von Tatort zu Tatort befördert. Bei einem Frauenzimmer, Muster einer besonders auf die Nerven gehenden Species, gerät Verdoux in jene Klemmen, die als – ebenso unverwüstliche – Reste aus früheren, ein unbesorgteres Gelächter auslösenden Chaplinfilmen übriggeblieben zu sein scheinen. Das eine Mädchen, das er dagegen aus Menschlichkeit verschont, reißt ihn naturgemäß ins Unglück.

Aber dieses Pech, das ihn unter die Guillotine bringt, ist das wahre Unglück nicht. Das kommt vorher, in der Gestalt des Börsenkrachs, der ihn wieder zum armen Teufel macht. Wir hatten bis dahin nur geglaubt, daß Chaplin keine Maske mehr trage. Hier erst fällt die Maske von Verdoux ab, und wir erblicken – nur für diesen Augenblick – das Menschengesicht eines alten, gebrochenen Mannes. Zur Guillotine schreitet Monsieur Verdoux eigentlich recht fidel, sich aufreckend, um noch einmal die Luft einzuatmen, auf die er als ein endgültig verkrachter Geschäftsmann keinen rechtmäßigen Anspruch mehr besitzt. Wir sehen uns alle bald wieder, sagt er vor dem Abgehen. Sein Grabstein trägt das Datum 1937 – zwei Jahre vor Ausbruch des Weltkrieges, des bisher letzten.

Bei seiner Gerichtsverhandlung aber hat Verdoux sich in einer Weise verantwortet, die es ganz unmöglich macht, ihm – und seinem Schöpfer – mildernde Umstände zuzubilligen: auf so kleiner privater Basis ließe sich solch ein Massenmordgeschäft nicht führen, das sei profitabel nur im Großen. Wir haben erlebt, wie und für wen. Allerdings, für die Hitler und Mussolini, die während des Börsenkrachs als die Gegenspieler eines Verdoux in ihren pathetischen Berufsposen auf der Leinwand erscheinen, hat sich der Massenmord auch nicht lange rentiert. Aber wie weit gleichen alle Profitgeschäfte einander, in ihrer konsequenten Härte, in ihrer praktisch-taktischen Entfremdung vom Menschlichen? Diese Entfremdung hat Chaplin in einer Parabel, die einem, oft grotesk-komischen, Angsttraum gleicht, darstellen wollen. Er hat es, als Erzähler, Schauspieler, Regisseur, mit reifster Meisterschaft getan. Darüber ließe sich noch vieles im Einzelnen sagen. Dem ziemlich allgemeinen, nicht immer unabsichtlichen Unverständnis gegenüber, welches das Werk erregt hat, schien es wichtiger, die Hauptlinie nicht nur des Films, sondern auch der äußeren und inneren Laufbahn Chaplins nachzuzeichnen.

Geburtstagsrede für Josef Gielen

Liebster Josef!

In der Quarta wurde ich einmal plötzlich aufgerufen und sollte Bürgers
›Lied vom braven Mann‹ rezitieren, das ich leider nicht auswendig gelernt
hatte. Trotzdem begann ich ganz frech, in feinster Improvisation:

> Da kam ein braver Mann heran,
> Mit einem Kittel angetan
> Und in der Hand den Wanderstab –

Der Deutschprofessor unterbrach mich triumphierend:

> Worauf ich einen Sechser gab!

Ich wußte damals noch nicht, daß *Du* dieser brave Mann warst; jetzt weiß
ich es! Wenn man vom Kittel absieht, gibt es da zwei Vergleichspunkte:
der eine ist der Wanderstab, mit dem auch Du herangekommen bist; und
der zweite ist – entschuldige schon! – der brave Mann.
Eine solche Benennung läßt kein braver Mann gern auf sich sitzen, ich
weiß das.
Soweit ich mich erinnere, kam auch der brave Mann mit seinem Wanderstab zur Rettung heran, wenn auch nicht nach Wien zur Rettung des Burgtheaters; da hätte er sich sein Herankommen wohl noch gründlich überlegt.
Er zeigte zwar bemerkenswerte Unerschrockenheit dem blinden Element
der Überschwemmung gegenüber, in deren Wogen er sich unbedenklich
stürzte, mächtig schwimmend und groß rettend. Mit der Rettung des Burgtheaters verglichen war es jedoch eine ziemlich simple Unternehmung, eine
geradezu kindlich einfache Aufgabe; auch eine kurzbefristete.
Du ringst nun, teurer Josef, bald das dritte Jahr mit dem trügerischen Element, das sich seit jeher, ich glaube, seit der Gründung, die ›Krise des
Burgtheaters‹ nennt.
Und da muß ich eines sagen, zu Deinem heutigen, sechzigsten Geburtstage:
Respekt, Respekt vor dem braven Mann!!! Nicht nur vor seiner Leistung,
vor seinem Können, sondern vor seinem Sein und Wesen, vor seiner durch
nichts zu trübenden *Integrität!*
Mein lieber Josef, ich habe Dich als einen jungen, frischen, unbekümmerten
Anfänger gekannt, und als einen frühen Meister in Deinem Fach – nicht
mehr als einen Schauspieler, aber wohl als einen Regisseur. Ich habe Deine
›Stella‹ und Deine ›Emilia Galotti‹ in Dresden nicht vergessen!
In Dresden – wo Du mein Nachfolger warst. – Mein Gott, wir wissen es
beide – und Felix weiß es: auch Dresden war kein leichter Platz! – Für den
braven Mann ist es ja nirgends leicht.
In Dresden erreichte Dich der ‹Menschenfeind› und nahm Dich auf einen,
wenn auch nicht gar zu hohen Berg und zeigte Dir – unter Dir – das
‹Dritte Reich› mit seinen Ehren und Schätzen – aber Du wolltest nicht, Du

unternahmst einen taktischen Rückzug nach Wien, auch damals schon ans Burgtheater. Aber der Menschenfeind zog sich Siebenmeilenstiefel an und folgte Dir nach. Da schlüpftest Du, braver Mann, in Deinen Kittel, ergriffst Deinen Wanderstab und gingst ins Exil, Übersee, nach Buenos Aires. Und kämpftest dort gegen den Wogenschwall eines neuen Kontinents, bis Du festen Grund unter den Füßen hattest. – Das war eine Herkulesarbeit! – Wieviel Kraft und welch übermenschliche Mühe Dich das gekostet hat: ich kann es nicht ermessen, aber ich kann es mir vorstellen. – Du hast bei diesem Abenteuer viel gelernt! –

›So!‹, sprach das Schicksal, ›das hat er jetzt hinter sich, der brave Mann: die Ton-Massen der großen Opern der Vereinten Nationen haben ihn nicht erstickt, die noch gewaltigeren körperlichen Massen der ebenso großen wie dicken Sänger haben ihm, sich über ihn wälzend, wahre Alpen von Menschenfleisch, nicht das letzte bißchen Heiligen Geist aus Lunge und Seele gepreßt, was fangen wir nun mit ihm an? Welche noch verwickeltere Aufgabe haben wir auf Lager? Welche Sisyphus- oder Herkulesarbeit?‹ – Das Schicksal dachte an zu säubernde Augias-Ställe, an Steine, die einen steilen Berg hinanzustemmen waren, vielleicht sogar an den Kampf mit dem ‹großen Krummen›, jenes gespenstische Ringen, das ein gewisser Leichtathlet, Peer Gynt, zu bestehen hatte; an den Knaben, der auszog, um das Fürchten zu lernen (lest das Märchen nach), etc. etc.

So wurdest Du, lieber Josef, *Burgtheaterdirektor*, und bist es nun – wie lange, zwei oder drei Jahre? Und da, muß ich sagen, wuchs und wuchs mein Respekt vor Dir, und meine Liebe zu Dir, mit jedem lokalen Machthaber, den du *nicht* aufsuchtest; mit jeder Party, der Du *nicht* beiwohntest; mit jedem Interview, das Du *nicht* gabst; aber auch mit jenen, die Dir abgenommen wurden, wie man einen Snapshot schnappt. Wo Du überall *nicht* dabei warst, und wenn Du einmal *doch* dabei warst, meistens schwiegst, selten sprachst, und *was* Du sprachst; wie Du die Gespenster des Gestern gegen Dich anrennen ließest, und siehe da, sie lösten sich in Luft auf; wie Du unberührt, unabgelenkt Deinen geraden Weg gingst, mitten durch uns alle durch; wo Du halfest und nachgabst, manchmal allzu gütig, und dann doch wieder standhaft bliebest; wie Du Dein privates Teil rettetest (so wenig davon man Dir auch übrig ließ), die offizielle Macht nicht mißbrauchtest; ›der anonymste Burgtheaterdirektor, den Wien je gesehen hat‹; dem sein Seelenheil um nichts in der Welt feil ist; dem der Teufel (in welcher Gestalt auch immer er auftrete) stets vergeblich die Reiche dieser Welt vor die Nase halten wird; der nur eine Rettung kennt: *die Arbeit*, und nur einen Ruhm: *daß die ihm anvertraute Sache immerhin vorwärts geht –!*

Lieber Josef, ich wünsche Dir von Herzen zu Deinem 60. Geburtstag, daß Du bleibst, der Du bist, und das noch sehr lange!

Und hier angelangt, umarme ich Dich,

    als Dein Berthold

Kritiker

Karl Kraus und das Burgtheater

Es war einmal ein Mann, der hieß Karl Kraus, der lebte und schrieb in Wien. Das war sein Glück, denn wenn er schreiben wollte, brauchte er sich nur daran zu erinnern, daß er in Wien lebte. Da öffnete er seine Augen und sah, und siehe da, es fehlte ihm nie an Stoff zum Sehen und Schreiben. So wurde er ein wahrer Künstler im Schreiben, weil nämlich Wien dafür sorgte, daß ihm nie der Stoff ausging, an dem er seine Kunst üben konnte. Dieser Mann, der die Kunst der Polemik neu erfunden zu haben schien, schrieb verhältnismäßig oft und gerne und immer wieder über das Wiener Burgtheater, das ihm als Objekt der Satire sehr wohl gefiel, aber als Theater sehr wenig.

Das war nicht immer so gewesen. Der Knabe, der Jüngling Karl Kraus hatte ein großgeartetes Burgtheater erlebt, das ihm zum Maß hohen schauspielerischen Wuchses und theatralisch-dramatischer Erfüllung wurde. Er hatte den reichen Wohllaut, die Gestaltenpracht dieser besten bürgerlichen Bühne mit allen Sinnen erlebt, mit Aug und Ohr, mit seinem Ohre wohl am tiefsten. Die Sprache war diesem Meister des Stiles und der Rede der unerschöpfliche Quell schon in der Knabenzeit gewesen. Wir wußten, daß er sich als junger Mensch selbst als Schauspieler versucht, daß er dort den Franz Moor gespielt hatte. Er war auf dieser Bühne einem anderen Anfänger, dem jungen Max Reinhardt begegnet, bevor dieser seinen Aufstieg begann. Aber alle Künste Reinhardts konnten ihn später nicht das alte Burgtheater vergessen machen. Er sah in ihnen einen Verfall, der für ihn bereits mit der genialen Neurasthenie des einen und einzigen Josef Kainz begonnen hatte. Das Ohr des Sprachreinigers war und blieb erfüllt mit einer Sprache, wie sie Sonnenthal, Lewinsky, Robert, Mitterwurzer, die Wolter, Hartmann, Helene Hartmann, die Gabillon im klassischen Drama und im modernen Lustspiel gesprochen hatten. Er konnte ihrer aller Stimmen, ihren Ton, ihre Diktion, ihre Melodie wiedergeben. Was ihn dazu ermächtigte, war nicht ein billiges Imitationstalent, das papageienhaft nachleiert, was es sich äußerlich, mechanisch gemerkt hat. Es war nicht etwa nur die Manier der Schauspieler, die er nachäffte, so daß man über frappierende Ähnlichkeiten lachen mußte. Er hatte das Wesen erlauscht, das unnachahmlich Charakteristische, Einmalige der schauspielerischen Individualität, und indem er es mit dem Ohr der Erinnerung wieder hörte, ließ er auch uns es

hören. Er wurde an diesen Mustern zwar nicht zum Schauspieler, wohl aber
zum Dichter, der Worte fand, um im Gedicht zu beschreiben, was viele
auch als Ohrenzeugen nicht zu vernehmen imstande gewesen wären: die
innerste Schwingung, das rhythmische und melodische Selbst, die sprachliche
Physiognomie dieser für ihn unvergänglichen Sprecher.

Als Karl Kraus bereits so von herrlichen Erinnerungen lebte, sich jedem
neuen Theaterereignis gerne verschließend, da er es entbehren konnte: waren
wir, damalige Pennäler, auf jenes Burgtheater angewiesen, das nach seiner
Meinung bereits die schwächlichen Nachfolger der Großen herauszustellen
begann. Der erhabene Wuchs schwand dahin. . . .

[fragmentarisch]

Ein Theaterkritiker

[Siegfried Jacobsohn]

Um auch während der Ferien das Theater nicht völlig zu entbehren, um
vielmehr, wenigstens während der Ferien, wirkliches Theater zu erleben,
lese ich von Siegfried Jacobsohn den sechsten Band seines ›Jahr der Bühne‹,
gesammelte Kritiken der vorletzten Berliner Kriegsspielzeit, aus der ›Schaubühne‹, die jetzt ›Weltbühne‹ heißt. Jacobsohn hat seinerzeit, vor vierzehn
Jahren, seine Zeitschrift gründen müssen, um sich als Kritiker entwickeln
zu können. Seitdem ist der ‹Kleine Jacobsohn› längst das Wahrzeichen und
der Wahrzeichner der Theaterstadt Berlin geworden. Damit, daß er, der
anerkannte Virtuose der augenblicklichen Wertung, aus seinen Tageskriti-
ken oder vielmehr Wochenkritiken Bücher macht, die zurückbleiben, während die Zeit mit ihren Greueln und Vergnügungen, wenn auch im Schnek-
kengange, weiterschreitet, erhebt er Anspruch auf Dauer. Da wächst die
Distanz und wächst der Maßstab. Um es gleich zu sagen: das Jahr der
Bühne ist Gott sei Dank vergangen, das ›Jahr der Bühne‹ aber bleibe!
Denn auch wer die Narrheit ablehnt, daß einer das Theater heute so ernst
nimmt, wird, wenn er sich erst eingelesen hat, einen wirklich guten Schriftsteller kennen gelernt haben. Daß man sich erst einlesen muß, bedeutet Stil
und Gestaltung; bedeutet, daß – nach einem Worte Jacobsohns – Kritik
hier wirklich Selbstkritik war, die in der Zusammenfassung von Gesehenem
und Gedachtem, von Anschauung und Wertung, von Persönlichem und Sach-
lichem nur das Allerknappste, das Eigentliche, das Erlebte und Gekonnte
geduldet hat. Dieser Kritiker baut das deutsche Theater auf, indem er sich
selbst aufbaut. Das Erbaulichste daran ist aber, daß hier die Vervollkomm-
nung eines Zuschauers die Reife eines Menschen bedeutet, wobei das Zuschauen als eine glückliche und fruchtbare Tätigkeit verstanden werden muß.

Und so wird jedem Leser, sogar dem theaterfremden, auch wenn er es sich nicht erklären kann, am Ende einleuchten, daß dieser gesunde Kopf, dieses richtige Herz seine stete Aufmerksamkeit, seine ungewöhnliche Leidenschaft und Mühe und Selbstzucht dem Theater und nur immer dem Theater gewidmet hat.

Daß die ›Schaubühne‹ sich indessen in die ›Weltbühne‹, das Theaterblatt in ein Blatt für Politik, Kunst und Wirtschaft – Kunst, wohlgemerkt, erst an zweiter Stelle – verwandelt hat, besagt wohl erstens, daß die allgemeine Not gebieterisch die Anteilnahme aller Wachen und Tätigen fordert; zweitens, daß dem Herausgeber Jacobsohn die Theaterbetrachtung allein auf die Dauer nicht genügt hat. Aber dem Schriftsteller Jacobsohn, der mit seinem besonderen Ich und Talent auf das Theater angewiesen bleibt, muß und soll sie auch fernerhin genügen. Und er wird mir gestatten müssen, ihn, ohne Unterschätzung seiner ins Weitere und hoffentlich ins Weite wachsenden publizistischen Wirksamkeit, dennoch in keinem Belang so vollgültig zu nehmen wie als Theaterkritiker. Über alle guten – und vielleicht auch minder guten – Werke seines Lebens hinaus leistet er da sein Lebenswerk, das nur Unberatene oder Mißratene gering achten können. Wer für eine bestimmte Sache so unvergleichlich taugt wie Jacobsohn, und ihr, so wie er, ein Leben lang und mit ganzer Seele dient, ist beglaubigt und bestätigt.

Aber noch nicht erklärt und geschildert. »Man ist«, schreibt Nietzsche, »Schauspieler damit, daß man eine Einsicht vor dem Rest der Menschen voraushat: was als wahr wirken soll, darf nicht wahr sein. Der Satz ist von Talma formuliert; er enthält die ganze Psychologie des Schauspielers, er enthält – zweifeln wir nicht daran – die Psychologie und Moral des Theaters überhaupt.« Ist man damit wirklich Schauspieler, schon oder erst mit dieser Einsicht? Oder zweifeln wir daran? Ist man damit, mit dieser Grundeinsicht in das Wesen des Theaters, auch nur Kritiker? Der kleine Jacobsohn hat jedenfalls vor dem großen Talma und dem noch weit größeren Nietzsche eine andere Einsicht voraus: was als wahr wirken soll, und also nicht wahr sein darf, muß dennoch wahr sein. Mehr als das: nämlich wirklich muß es sein, und wirklicher als wirklich! Man lese in diesem Band Jacobsohns Meisterstück, den von großer Liebe getragenen Nachruf für den groß gesehenen, groß erfühlten, großen Adalbert Matkowsky. Diese Darstellung reicht, wie wohl Matkowsky selbst, bis ins Erhabene, ohne auch nur für einen Augenblick den Bezirk des Natürlichen, der rein schauspielerischen Natur zu verlassen, ohne je die Kompetenz des streng Theaterkritischen zu überschreiten. Matkowsky, ein Glücksfall der Natur, die unter Zivilisierten endlich wieder auch einen Ur-Mann zeigen durfte; ein Heros aus unbändiger Echtheit; überlebensgroß und überlebendig; ein Krösus an verschwenderischem Temperament; ein Gestalter, weil selbst Gestalt; ein König der Liebe, weil überreich an Sonnenkraft; dem üppigeren Wachstum einer geräumigeren Zeit entsprossen: »... wenn man ein Schuljunge war, hing man über der Brüstung der Galerie und ergoß ein Meer von Tränen aufs Parkett. Die Bühne stand in Flammen!« Ein bestimmendes Kindheitserlebnis, das die Verwechslung Nietzsches, der den Theatraliker für den Schauspieler nimmt, ausschloß. Die Bühne in Flammen! Von solchem Feuerzauber erweckt, mußte der Bezauberte ihn immer wieder herbeirufen. Denn er ist arm, wo er, was seine Sinne, seinen Geist endlich-unendlich anspricht, entbehren muß. Dagegen, in die Wechselwirkung schöpferischer Kräfte eingeschaltet, fühlt er sich erst im wahren Leben und doppelt begnadet, weil er die flüchtige Gottesgabe weiter zu schenken vermag. Das klingt pathetisch. Aber man ermesse Glück und Unglück des idealen Zuschauers: an seiner nichtendenwollenden Dankbarkeit, die jeden echten Zug, jeden Anhauch von Natur und Individualität in die Dauer hinüber zu retten trachtet; und an der eifernden Unduldsamkeit, ja Rachsucht, die kein kleines oder großes Weh, kein Unbehagen unvergolten läßt, das Unnatur und Untalent ihm zugefügt haben. Auch ein Irrtum noch wäre hier verdienstlich, wenn er nur das unbeirrbare Gefühl für künstlerische Wahrheit ausdrückt.

Jacobsohn muß Kind geblieben sein, um so gestimmt im Theater sitzen zu können. Damit aber der unleugbar Erwachsene, die sondernde Urteilskraft, hier einen Beruf und eine Berufung betätige, muß es immer wieder echte Schauspieler und hie und da auch künstlerisches Theater gegeben haben. Von den Schauspielern hat Jacobsohn keinen und keine vergessen; er hat sie am Leben erhalten, wie sie ihn am Leben erhalten haben. Und Jacobsohn weiß, was er den beiden modernen Berliner Epochen – Brahm und Reinhardt – zu verdanken hat: die eigene Daseinsberechtigung. Was sie ihm an Wahrheit und Reiz, an Temperament und Stil geboten haben, hat er empfangen und weitergeformt, über das Gebotene hinaus. Sein Wahrheitsbegriff war lebendiger als der des Realismus, und sein Stilbedürfnis wesentlicher fundiert als der neue Stil. Aber er hat die Ernte der Zeit mit hereingebracht und das Niveau von heute mitgeleistet. Und es ist eine offene Frage, ob er auch die nächsten Varianten so liebevoll wird verstehen können.

Es gibt heute eine Art von Solidarität, die das Theater nur schätzt als eine Möglichkeit, Literatur zu verkörpern oder sie doch wenigstens, da auch dramatische Dichtung sich am reinsten in der Phantasie des Lesers verkörpere, zu propagieren. Anders Jacobsohn, der Kritiker und wohl auch der Empfinder. Er bringt genug Literatur mit, aber soll er sie rundum erleben und mit Evidenz beurteilen, braucht er die Bühne. Dann lebt's aber auch mit Eindringlichkeit! Er hat die Gabe, durch das Medium des Theaters hindurch alles, die Kunst und die Natur, und zuerst und zuletzt die Menschlichkeit zu erreichen. Er war einst ein überaus intellektueller Jüngling gewesen, der am liebsten und sehr scharfsinnig über Hebbel und Ibsen räsonierte. Er wurde mit den Jahren immer einfacher und immer anschaulicher, ein Zuschauer, der so dicht und unmittelbar wie keiner vor der Szene sitzt, der Einmaligkeit des Geschehens mit allen Sinnen hingegeben. Wie nun aber so nach und nach alte und neue Werke in immer anderer Auffassung und gewandelter Perspektive erschienen, gestaltete sich ihm die Epoche, und er notiert heute, indem er die Entwicklung des eigenen Urteils wahrnimmt, die Schraubenwindung der Zeit, die sich in Ewigkeit einbohrt.

Es gibt neben ihm Talente, die gelegentlich des Theaters reicheren und merkwürdigeren Geist entwickeln als Jacobsohn; problematischere und anregendere Fälle, erfinderischere Köpfe; gibt es doch zum Beispiel in der Schaubühne selbst einen als Theaterkritiker verkleideten Wiener Dichter, den der Herausgeber neidlos liebt. Aber es gibt kaum einen gleich sachlichen Fanatiker, für den die öffentliche Angelegenheit ›Theater‹ so seine wesentlichste Privatangelegenheit wäre, wie für Jacobsohn – keinen Theaternarren, der so wie er das Theater als ein Lebensbedürfnis fühlen ließe, und die Zukunft des deutschen Theaters zu einer leidenschaftlichen Hoffnung machte.

Über Alfred Polgar

Alfred Polgar hat vielleicht nie erfahren, was er der Jugend seiner Zeit und seines Ortes bedeutete. Er ist keine Lehrernatur. Er hat niemals Talent zur Väterlichkeit gehabt, auch nicht seinen eigenen geistigen Kindern gegenüber. Er war der geborene und an den Tag verlorene Sohn und ist es bis heute geblieben, ohne zu altern. Ein feiner, freier, spöttischer Geist ging von ihm aus, und er ging ihm nach. An seiner geistigen Wiege sind zwei Feen gestanden, Externistinnen unter den Feen, die sich nicht olympisch anstellen und einstellen lassen: die Skepsis und die freie Laune. Und der Sohn Polgar schlug die Augen auf, warf einen ersten furchtsamen Blick auf seine Göttinnen und sprach ungefähr dieses Gelöbnis: »Ich will meine Leichtigkeit schwer nehmen, ohne daß man es merken soll! Ich will das feinste Lächeln der Feinsten meiner Zeit erregen! Ich will die Menschen verachten und sie, über sie hinaus, unterhalten! Ich will das unvergleichliche Individuum Alfred Polgar sein und bleiben und mich zu ihm bekennen, mit ganzer Kraft zu seiner ganzen Schwäche, mit höchstem Mut zu seiner tiefsten Furchtsamkeit! Ich will das Weib lieben mit der Inbrunst meines kritischen Vorbehalts und es anbeten, als einen in seiner Grausamkeit wohltätigen Genie-Blitz Gottes!« Und er stieg aus der geistigen Wiege, ergriff sein Pseudonym und begann seinen an Sicht und Kritik abwechslungsreichen Spaziergang durch das Leben, das wir führen; nicht ganz unähnlich jenem witzigen Wiener Spaziergänger Daniel Spitzer, welcher dereinst in die Feuilletonspalten der damaligen Neuen Freien Presse, scheinbar achtlos, geschliffene Edelworte fallen ließ.

Aber Polgar wäre mit Recht gekränkt, wenn man ihn als einen Wiener

Feuilletonisten ansprechen wollte. Jene klassische Kunst eines Daniel Spitzer oder Ludwig Speidel, so sehr sie auch als eine der Vorbedingungen der Jüngeren gelten mag, ist als Gattung längst überfällig geworden. Und ein Polgar hat sich gerade dadurch gegen die Unbilden dieser Zeit behauptet, daß er die gefällige Form wie mit scharfer Säure aufgelöst hat in perspektivische Verkürzungen. Seine Angriffslust geht inniger und bösartiger dem zerfließenden und sich verflüchtigenden Wesen nach. Er fand kein haltbares gesellschaftliches Fundament vor und kein ihn erfüllendes Maß der Erscheinungen. Alles war hier reif geworden für den Satiriker, der Polgar nicht ist, denn ihm fehlt die richtige Idee und Absicht. Und der Dichter dieses Ortes und dieser Zeit sah ein so rasches Blühen, daß gesungen beinahe schon gewelkt hieß; daß ein verklärendes Herz gar nicht rasch genug schlagen konnte, um die flüchtigen höheren Augenblicke einzuholen; daß nur noch eine Art Paroxysmus der Begeisterung inneren Schritt halten konnte. Zwischen beiden, zwischen dem Dichterischen und dem Satirischen, etwa zwischen Peter Altenberg und Karl Kraus, beschritt ein Alfred Polgar den feinen Rand, an den wir Gröberen nicht ganz heranreichen.

Es war gefährlich, hier spazierenzugehen, und doch immer noch lohnend, wie Polgar bewiesen hat. Es gehörte eine seltene Grazie dazu, um nicht in die Banalität abzustürzen und um der Gemeinheit auszuweichen. Einer wie Polgar konnte ja auch nicht ins Literarische abbiegen, sich hinter einem Werk verstecken. Er mußte immer auf der Spur des täglichen Lebens bleiben. Und er konnte von Kunst und Leben nur nehmen, was er noch zu erreichen vermochte, ohne sich auf die Zehen zu stellen; was er noch verwirklichen durfte, ohne geistig und seelisch zu mogeln. Dabei war zu retten und durchzusetzen die unverkümmerte Haltung eines Feinorganisierten, eines musischen und musikalischen Nervensystems.

Ein Kritiker wie Polgar ist zuerst und zuletzt ein verheimlichter Musiker. Sein Verhältnis zu Gedanken und Werken und Dingen ist zuinnerst ein musikalisches. Was ihn zum Erklingen bringt, gilt ihm; so mußte das, was größer war als er, auf ein zartes Instrument reduziert werden; während oft gerade das Unzulängliche die schönste Musik auf ihn machte. Auch Polgar ist, wie so mancher Künstler seiner Rasse, ein verhaltener Lyriker, dem ein aggressiver Aphoristiker durchs miese Leben hilft.

Was nun das Maß zwischen Größe und Kleinlichkeit in diesem inneren Haushalt anlangt, so ist es ein fließendes; und doch waltet dabei eine gefühlsmäßige Methode, eine höhere Mathematik für den täglichen Privatgebrauch. Polgar präpariert von jedem Erlebnis das nervenmäßige Integral heraus. In diesem Sinne kann man von ihm sagen, daß er mit einem Mikroskop arbeitet. Sein erklärter Lehrer darin ist Peter Altenberg, ein Genie der Kleinwelt, der Verinnerlichung des Details. Eine ähnlich verengte Berührung und kapillare Beziehung verbindet ihm auch das Schreiben mit dem Sein. In seiner Jugend soll Polgar die Zumutung, aus dem Schreiben einen

Beruf zu machen, mit dem zornigen Ausruf zurückgewiesen haben: er sei kein Schreiber, sondern ein Seier. Trotzdem und gerade deshalb war er zum Schreiben berufen; aber der wahre Auftraggeber seines täglichen Pensums blieb das Sein. Auch mit der Druckerschwärze der Zeitungen vervielfältigt, wirkt deshalb sein Text als verbürgte Handschrift. Rechts und links von seiner zarten Zeile und über und unter ihr stand mit fetten Lettern der wahlloseste Schmutz zu lesen, Tag für Tag und Jahr um Jahr. Das hat sein Wort nicht abgelenkt. Wo ein Polgar schreibt, verschwindet das Papier, auf dem er schreibt. Der Funke geht direkt in den Leser über; elektrische Spitzenwirkung, das ist seine Art Geist und Witz. Seine Zartheit und Zierlichkeit hat eine Intransigenz bewiesen, als wäre sie, mit der Zeit verquickt, dennoch geschützt durch eine magische Schicht der Ungemeinsamkeit.

Wie der Mensch, frei geboren, zum ersten echten und zum ersten falschen Zahn kommt, zu seinem Stil und zu seinem grauen Haar; das ist jedermanns sentimentale Reise, deren Endstation jedermanns Sarg oder Urne ist. Beim modernen Menschen aber ist es die Geschichte seiner öffentlichen Behauptungen und geheimen Kompromisse, seiner Genuß- und Reizmittel, seiner Depressionen und Äquivalente. Von Alfred Polgar ist im besonderen zu sagen: daß er sich erzogen hat zu einem Meister der Elastizität zwischen Abwehr und Mimikry; daß sein Genuß von Kunst und Leben, seine Vermittlung zwischen beiden Sphären auf der tabula rasa unseres Geschmacks die letzten guten Manieren des geistigen Menschen von heute bewährt; und daß sein Äquivalent für alles, was er sich und uns versagen mußte, eine in ihrer Zartheit merkwürdig unzerstörbare Menschlichkeit gewesen und geblieben ist.

Der Spaziergänger ist von Natur aus ein Einzelgänger, dafür darf er es aber mit der Gesellschaft, die er sich zuzieht, nicht so genau nehmen; er adelt sie durch seine Anwesenheit, die aber nicht zum Gewohnheitsrecht werden darf. Die Flucht in ein anderes Kaffeehaus, das Verschwinden in den Korridoren eines Allerwelthotels gehört zur besonderen Technik eines solchen Lebenskünstlers, der keinen Boden besitzt und in seinem eigenen Kreis als Tangente auftritt, ohne sich je tangieren zu lassen. Ich glaube, daß ein Menschenfeind aus Zartgefühl wie Polgar die Guten eher meidet als die Bösen. An den Guten fürchtet er die Grenzen, die ihm da besonders weh tun. Die Vorzüge der Minderwertigen ergeben für den skeptischen Idealisten den größeren Überschuß. Niemand kann abschätzen, wie unsagbar wohl sich Polgar zuweilen unter Pflanzen und Gesteinen gefühlt haben mag. Geliebte Bücher hat er nur im Notfall dem unlieben Nächsten preisgegeben. Gern hat er über seine Menschen geschrieben, also über rohere Objekte; und berufsmäßig über jenen Teil der Welt, der nach Indiskretion schreit, über das Theater. Auf das Theater war er besonders ingrimmig angewiesen als auf das lebendige Abbild der Zeit, auf die vermittelnde Sphäre zwischen Kunst und Leben. Das war für die Zeitgenossen belustigender als für Polgar selbst. Denn sein Witz ist nicht zuletzt die gelungene Rache des Überempfindlichen. In der Betrachtung der lebensnahen Geistesschatten auf der Bühne gelingt ihm immer wieder eine geniale Synthese von kleinen verräterischen Zügen hüben und drüben; und in ergötzlicher Weise läßt er teilhaben an seinem innigen kupplerischen Vergnügen, wenn die Unzulänglichkeiten einander liebend umschlingen. Immer wieder erzielt er aber auch die edelste Sonderung, die Keuschheit der Erscheinungen, den Reingewinn seiner Menschlichkeit.

Menschlichkeit! Polgar haßt das Wort. ›Der Mensch‹ als Begriff scheint ihm die Verklärung eines üblen Tatbestands. Der Mensch als das Maß der Dinge gilt ihm als die böseste Weltverfälschung und Wertverzerrung. Die Probe auf das Exempel: der Weltkrieg. Und gerade da, als die Hölle losging, bewahrte der Schriftsteller Polgar in unvergeßlicher Weise jene tätige Eigenschaft, welche ich, *malgré lui*, seine Menschlichkeit nenne, als die unverbrauchte Essenz einer antipathischen Existenz, als eine Gesinnung im guten Sinn des *bon sens*. Damit ist Polgar beherzt und trocken durch den blutigen Sumpf gelangt, in dem so viele Denker und Dichter der Epoche steckengeblieben sind. Die ‹große Zeit› war ihm vom ersten Signal des jubelnden Aufbruchs bis zur kläglichen Heimkehr die kleinste aller kleinen Zeiten, so recht geschaffen für die aggressive Kleinlichkeit seiner Bedenken und Beklemmungen. Er blieb bei der Skepsis, als alle Welt den Kopf verlor. Als der ganze öffentliche Geist jene Begeisterung erzeugte, für die man geistverlassen ins Massengrab übersiedelte; als die Seelsorge zum Gasangriff auf die Religion überging, die Medizin sich als die Kunst der Menschenverstümmlung betätigte und die Justiz Gewalt vor das lapidarste Menschenrecht setzte: da war Alfred Polgar der einzige ›Journalist‹, der ein bis ins innerste Herz vernehmliches Nein aufbrachte, da diente er dem blutigen Tage als freiwilliger Menschenfreund, als Sanitäter auf dem Schlachtfeld der öffentlichen Meinung; da bewährte er sich als der unbestechliche Kritiker der verwirrten Zeit. Und seitdem weiß man: dieser Schreibende ist ein Seiender geblieben.

Soeben sind im Verlage Ernst Rowohlt, Berlin, die gesammelten Kritiken Alfred Polgars erschienen. Man nimmt mit Staunen wahr, welch ein geistiger Reichtum auf den Rand ging, an den Polgar zu schreiben liebte. Witz konserviert, Stil erhält lebendig. Was dieser Schriftsteller den vergänglichen Tagen an Essenz entpreßte; was er an Kunstform und Menschengestalt dem Scheinleben entriß, um es in eine freier lockende Zukunft zu retten – er, der Zukunft war, weil er geistige Jugend war, nicht weil er Zukunft wollte –: das wird einer nächsten Jugend eine erfrischende Quelle sein, aus dem formlosen Geschiebe der Zeit entspringend und Persönlichkeit sprühend, Persönlichkeit weckend in der Not des Unpersönlichen, der wir entgegenwandern. Aus unendlich vielen, unendlich kleinen Zügen ein befreiender Zug, der weiterführt, das ist Alfred Polgar.

Alfred Polgar-Essenz

>Pfeile schießen und die Götter nicht ehren ...<

»Es sind von mir vier Bände kritischer Schriften erschienen, neun Bände voll ungewöhnlicher Geschichten ...«, so schreibt Alfred Polgar dem Verleger Oprecht, in einem Brief, der einem Buch Aphorismen als Vorwort dient. »Die sogenannte öffentliche Meinung bewahrt meinen Büchern gegenüber vornehme Zurückhaltung.« Aber welche öffentliche Meinung meint er, die sich mit seinen literarischen Sachen beschäftigen sollte? Ist er nicht ein Meister deutscher Sprache? Jener, die in Deutschland offiziell zur Zeit nicht gesprochen wird? Was erwartet er also?

Er kann doch nur den Anspruch erheben, daß wir uns zu unserer Pflicht bekennen, die Bücher emigrierter Autoren zu besprechen, nicht nur um die Autoren, sondern um die deutsche Literatur am Leben zu erhalten. Also Freundeskritik, Kameradschaftskritik? Aller Pflicht zum Trotz könnte ich das Buch eines in Deutschland verpönten Autors nicht loben, wenn ich es schlecht fände. Ist es aber gut, dann bedeutet das in den meisten Fällen, daß es dem Autor schlecht geht.

In einem tiefern Sinn ist das ja mit der Kunst und dem Künstler immer so gewesen. Ein Absatz bei Kierkegaard lautet: »Was ist ein Dichter? Ein unglücklicher Mensch, der heiße Schmerzen in seinem Herzen trägt, und dessen Lippen laute Seufzer entweichen, die aber dem fremden Ohr wie eitel Musik ertönen. Es ergeht ihm wie einst jenen Unglücklichen, die in Phalaris' Stier durch ein matt brennendes Feuer langsam gemartert wurden, und deren Schreien nicht bis zu den Ohren des Tyrannen dringen konnte, ihn zu erschrecken: ihm klang es wie heitere Musik.« Bis auf eine Unterschätzung des Tyrannen, den kein noch so natürliches Geschrei der Opfer erschrecken könnte, ist hier treffend geschildert: die äußere und innere Situation eines Menschen, der ein deutscher Dichter ist und Emigrant.

Ist aber Alfred Polgar, erstens, ein Emigrant? Der Wiener hat sich nach Wien zurückgezogen, den Ort seiner physischen und geistigen Geburt. »Auch sonst eine bezaubernde Stadt«, bemerkt Polgar. Möge sie ihm noch lange so erscheinen – und ihm, und anderen schönen Resten deutschen Kulturgeistes, ein ungestörtes Refugium gewähren. – Und doch ist er ein Emigrant zu nennen, insofern ihm die Goebbels-Presse ihr Stigma aufgedrückt, ihn aus der deutschen Literatur und Presse, ihren Erwerbs- und Verbreitungsmöglichkeiten ausgebürgert, ihn wegen seiner – nicht nur während des Krieges und nicht nur den Erscheinungen der Kriegs-Welt gegenüber – bewährten menschlichen Gesinnung nachdrücklich beschimpft hat. Solchen Schimpf könnte ein Polgar als eine Auszeichnung, als ein wahres Signum Laudis tragen, wenn es ihm um Orden und nicht um die unbeschränkte Publizität seines Wortes, soweit die Sprache reicht, die er meistert, und um die große deutsche Leserschaft zu tun sein müßte. Ein Stilist, der, seinem Stil verpflichtet, dem gemeinen Geschmack niemals Konzessionen gemacht hat, beschränkte sich selbst ohnehin auf die auserlesenen Leser. Die Wenigen, die sich eine Ehre draus machten (und ein großes Vergnügen), ein Buch Alfred Polgars zu kaufen, waren die geistige Avantgarde der Vielen, die solch ein Buch heute gar nicht mehr zu Gesicht bekommen, es nicht mehr kaufen dürfen. Das muß als ein unzweifelhafter ministerieller Erfolg des Goebbels gebucht werden, den er gegen den Geschmack seiner Untertanen und gegen manchen guten Autor errungen hat. Man schmälere dem Manne diesen Erfolg, indem man einen Polgar in die Emigrationsliteratur einbürgert, die uns, wenn der Autor Alfred Polgar heißt, neue Kraft durch Freude gibt. Also erstens: Polgar ist ein Emigrant.

Ist er, zweitens, ein Dichter? Man lese seine Bücher, man lese sie heute nochmals, und erfahre selbst, was da, bevor ein Goebbels nach dem Rechten sah, unter den Händen eines Tagesschriftstellers, eines Theaterkritikers entstehen konnte! An den täglichen Anlässen einer Zeit, die noch gar nicht groß war, und die ihm erst recht klein erschien, als sie im Kriege so groß wurde, erwuchs dieses Werk eines Humoristen der verräterischen Sekunde, eines Skeptiker, der das Allzumenschliche, seines und unseres, in flagranti ertappte, um es zu mikroskopischen Gebilden der Sprachkunst zu verdichten. Er war ein Theaterkritiker, aber auch das Leben spielte ihm etwas vor, ihm zum Schmerz und uns zur Lust, wie Kierkegaard es dem Dichter zuweist. Es war damals noch erlaubt, empfindliche Nerven und ein unbestechlich feines Unterscheidungsvermögen zu besitzen und solche Gaben sogar zu nützen, auf eigene Gefahr freilich. Bei Polgar war es, als ob er von der Bühne gelernt hätte, das Leben zu durchschauen – und umgekehrt; die Bühnen-Illusion erschien dabei immer noch als eine der besten Illusionen seiner Zeit und Klasse. Genauer besehen, hat er einen jahrzehntelangen öffentlichen Guerilla-Krieg gegen die Lüge, die große und die kleine, in Kunst und Leben geführt, mit einer nie erschöpften Angriffslust, einer perspektivischen Laune, die uns als Lacher auf seine Seite brachte, sogar im Ernstfall. Die deutsche Sprache bevorzugte ihn von Anfang an, sie setzte hohe Lustprämien auf seine Treffer, die zahllos waren; sie konzentrierte und verschärfte sich zu seinen Gunsten, gewann aber dabei an Spiel-Leichtigkeit, an Eleganz (eine mit Recht als undeutsch bezeichnete Eigenschaft, die nur durch ein Fremdwort ausgedrückt werden kann). Und so ist er geblieben. Sein Stil ist der eines Romantikers, den das Leben eines Schlechteren belehrt hat. Der letzte Schluß von Polgars Lebensweisheit: »Der Mensch ist ein armer Teufel. Aber zum Glück weiß er das nicht. Wenn er es wüßte – was wär er für ein armer Teufel« – dieser Satz wird zwar durch Theorie und Praxis des Dritten Reiches täglich neu erwiesen, aber gerade deshalb müßte schon um seinetwillen sein Autor verboten werden, so wie die ›Silly Symphonies‹ des göttlichen Walt Disney mit Recht verboten sind. Denn auch dessen Tiere verraten zuviel von der wahren Natur des Menschen, den sie jeder angemaßten Würde entkleiden. Wir lachen über sie wie über Polgars Pasquille gegen die Menschenwelt, die er fortfährt, boshaft und schwermütig an den Rand seiner Zeit und ihrer Zeitung zu schreiben, mit filigraner Schrift hingekritzelte Bemerkungen eines Lesers, der sich durch keinen Bombast täuschen läßt. Aber diese Kritzeleien haften mehr als der großspurige Text mit seinen Tot-Schlagzeilen. Deshalb – weg damit! – Wir aber sagen: Her damit! Sie sind eine feine Dosis von dem Gegengift, das die auf den Tod erkrankte bürgerliche Kultur ausschied. Eine gesündere Zukunft wird ihren medizinischen Wert erkennen, ohne deshalb ihren ästhetischen weniger zu genießen, mit einem immer besseren, immer freieren Lachen. In diesen Büchern lebt eine geistige Unabhängigkeit, die verloren gegangen ist, die aber wieder errungen werden wird, auf gerettetem Fundament. Es wird eines Tages, so hoffen wir, seinen Lesern besser gehen, als es Polgar selbst je gegangen ist, auch in bequemerer Zeit, auch im Frieden. »Der treffende Aphorismus setzt den getroffenen Aphoristiker voraus.« Mit diesem Satz verrät Polgar das Geheimnis seines Berufes und seiner Berufung. Und er fügt, in Klammern, hinzu: »Wort als Stigma der geistigen Passion.« Ja, er hat dieses Stigma (nicht nur jenes andere von Goebbels' Gnaden). Sein Wort ist die Frucht geistiger Passion, in der doppelten Bedeutung des Wortes, der leidens- und freudenvollen. Eine Passion, ihn zu lesen, auch heute noch, und heute erst recht ...

Das kleine Buch, das mich zu dieser panegyrischen Abschweifung vom politischen Thema des Tages verleitete, erschien im Verlag Oprecht, Zürich, und nennt sich ›Handbuch des Kritikers‹. Das ist es nun eigentlich nicht. Es ist eher ein Polgar-Handbüchlein, eine Auslese, wiegt federleicht, kann in die schmalste Tasche gesteckt werden, enthält aber – und spendet – köstliche Polgar-Essenz. Wer es kauft, wird es um manchen Satzes willen lieben. Ich erhielt mein Exemplar vom Autor geschenkt, den ich seit mehr als dreißig Jahren liebe.

Zur Theatertheorie
und Theaterpraxis

Theaterwirkung

Das Theater ist die Laterna magica, vor der die Erwachsenen wieder zu Kindern werden. Hier ist die greifbarste Illusion geboten. Das schauende Auge wird reiner und wesentlicher von der Malerei beschäftigt, das lauschende Ohr von der Musik. Wer Gestalt und Gebärde bei der Bildhauerei und das Wortwerden des Geistes und Gemütes bei den Dichtern sucht, wird dem Zauber der Kunst tiefer und höher hinauf nachgehen können. Auf der Bühne vereinigen sich die Künste alle, aber jede wird nur benützt, keine kommt zu ihrem eigentlichen Selbst. Es ist das Wesen der Künste, daß sie dauernde Formen schaffen, daß sie den ergreifenden Augenblick zeitlos machen und bewahren. Die Szene verwandelt alles in den Augenblick, löst in Vergänglichkeit auf und dient so der unmittelbarsten, weiblichsten Kunst, der Schauspielkunst, von der Fanatiker behaupten, sie sei überhaupt nicht Kunst im strengen Sinn des Wortes.

Im Schauspieler ist der lebendige Mensch, der Körper des Individuums künstlerisches Instrument geworden. Und der wirkliche, überzeugende Schauspieler ist schon deshalb ein Künstler, weil seine Wirkungen in ihm werden, weil er sie nicht kalten Blutes und mit frei schaltender Absichtlichkeit fabrizieren kann. Er kann sich zu einem genauen, willigen und selbstbeherrschten Instrument jener bildnerischen Naturkraft erziehen, die ihn von innen heraus bewegt. Er kann alles Können und alle gute Sicherheit erlernen, die zum Gewerbe gehören, wie sich ja jeder Künstler das Fachliche, die Beherrschung seiner besonderen Mittel oft mühsam genug erwerben muß. Aber das Wichtigste ist und bleibt beim Schauspieler wie bei jedem anderen Künstler die tiefe Nachgiebigkeit gegen jenes Ahnen und Drängen, das aus der Unwillkürlichkeit, aus den Nerven, dem Blut, dem Gemüt kommt. Der Schauspieler muß erst selbst ein Bezauberter gewesen sein, bevor er bezaubern kann. Der Rausch des Spielers auf der Szene ist wie der jedes ausübenden Künstlers ein nüchterner Rausch, eine traumwandlerische Sicherheit, anders als der Rausch des Zuschauers, des Empfängers. Das künstlerische Gebilde hat sich in vielen Augenblicken gesammelt, bevor es als ein abgeschlossenes Ganzes ausströmen kann. Es gibt Schauspieler, die zitternd hinter der Kulisse stehen, sie haben jedes Wort ihrer Rolle ‹vergessen› und ihre Knie tragen sie nicht. Kaum aber treten sie auf die Szene, so sind sie mit einem Schlage sicher, überlegen, alle ihre Einfälle von ehedem schießen ihnen wieder zu und jeder an seinem Ort, sie verschwenden förmlich Witz, Beredsamkeit, lebendiges Detail, und scheinen zu beherrschen, wo sie doch eigentlich die Beherrschten sind.

In der Schauspielkunst können die künstlerischen Wirkungen nur persönlich von der begabten Persönlichkeit aus empfangen werden, indem man ihr direkt zusieht. Der Kinematograph und das Grammophon, auch wenn man sich die beiden zu einem Apparat vereinigt denkt, können doch niemals eine schauspielerische Leistung übermitteln wie das Buch die Leistung des Dichters. Auch die gelungenste Kopie in totem Material bleibt hier nur ein Surrogat, das wohl bestenfalls Erinnerungswerte produziert, aber niemals den persönlichen Reiz des Spielers auf der Szene wiedergibt. Hier gilt es, die Wärme oder Kälte zu fühlen, die von einem Menschen ausgeht, der Tonfall, die Miene, die Gebärde sagen nichts, wenn man nicht unmittelbar die Gemütsbewegung, die Vitalität spürt, die in einer wirklichen Person sich mit realer Gegenwart, mit der ganzen Intensität des atmenden Körpers ereignet.

Für den großen Schauspieler ist denn auch seine Kunst Selbstzweck. Man kann ihn in den Dienst einer Dichtung stellen, aber er wird auch das elendeste Machwerk zum Anlaß seiner Wirkungen nehmen, wenn es ihm nur irgendwelche Anlässe bietet. Der geniale Italiener Novelli verstümmelt Shakespeare, um sich die Rollen selbstherrlich zurechtzumachen. Und Girardi ist köstlich auch in der idiotischsten Operette. Diese beiden Künstler sind so groß, daß mit ihnen der Humor selbst, die Tragik auf der Bühne leben, gleichgültig, ob nun ein Textfabrikant oder ein dramatischer Zauberer die Geister beschwört.

Es ist überhaupt das Wesen der Theaterillusion, daß sie aus dem armseligsten Material gewonnen werden kann. Das alberne Rührstück erpreßt dem verständigen Mann wohltätige Tränen, und die Hanswurstiade wird vom Gelächter sonst geschmackvoller und kritischer Leute belohnt. Hier kommt es auf die überrumpelnde Wirkung des Augenblicks an, die tiefst verborgene Naivität wird hervorgelockt. Man muß eben wieder kindlich werden, um in dieses Himmelreich zu kommen, und meistens tut man ein übriges und wird sogar kindisch – um eines sorglosen, vergnüglichen Abends willen. Die bereitwillige Empfänglichkeit des Zuschauers kommt hier weit besser davon als die immer wache, lauernde Kritik.

Man schäme sich nicht der raschen Tränen und des locker sitzenden Gelächters! Wer vernünftig bleiben will, gehe zur Wissenschaft. Vom Parkett oder von der Galerie aus gilt es zu schauen und zu horchen, sich der Buntheit zu freuen und frommen Herzens das rührende Spiel mitzuspielen. Nur fordere, wer das Theater liebt, ein gutes Theater. Er verlange, daß um die begabten einzelnen Spieler ein fein abgestimmtes Ensemble gestellt wird, er wünsche sich sinnenfrohe, stilstarke und originelle Bühnenbilder, und er bleibe nicht aus, wenn dieses ganze wirksame Instrument in den Dienst eines wahren Dichters gestellt wird. Man muß nur den Namen Shakespeare nennen, um auszudrücken, welche Wunder man vom Theater erwarten darf, welch gottartige Fülle der Menschenwelt, vom Niedrigsten bis zum Tiefsten, vom Heldenhaften bis zum Erhabenen, über die ganze prachtvolle Breite des Lebens hin mit seinem unerschöpflichen Nebeneinander und Durcheinander, der enge Rahmen der Bühne zu umspannen vermag. Gelingt es dem Theater, solche Köstlichkeit und Herrlichkeit dem Zuschauer irgendwie näher zu bringen, als der Leser sie hat, so ist die Kunst der Bühne wahrhaft geadelt und aller Begeisterung, aller liebevollen Mühe würdig zu nennen.

Probenarbeit

Wenn ein Laie zum erstenmal eine Probe besucht, pflegt er auszurufen: »Ich habe ja gar nicht gewußt, daß ein Theaterstück so viel Arbeit und so ernste, mühsame, exakte Arbeit erfordert!« Es ist gut, es ist wichtig, daß man das nicht weiß. Eine gute Vorstellung muß ja nach frei spielender Phantasie aussehen, nicht nach Arbeit. Unwillkürlichkeit, Unmittelbarkeit, Erstmaligkeit – sind die Kennzeichen der Theaterillusion. Die Spuren jeglicher Mühe müssen verwischt werden, alles wirke wie die Laune des Augenblicks, wie ein Geschenk der Götter. Das gerade erarbeitet sich ja der Schauspieler auf den Proben: das Selbstverständliche, Hemmungslose, Traumwandlerische der Vorstellung, das freie Ausströmen der Kräfte, dem niemand mehr ankennt, wie sehr es technisch bedingt ist. »Bühnenkunst soll künstlerisches, arbeitsames Spiel sein, aber nicht Exerzieren und nicht Philosophie«, sagt August Strindberg. Was einexerziert wurde, was ausgeklügelt ist, wird nie wahrhaft lebendig wirken. Was aber nicht gründlich gearbeitet wurde, bleibt Stümperei, Dilettantismus, so echt und schön es immer gefühlt und gewollt sein mag.

Ich hörte einmal einen jungen Schauspieler sagen: »Ich liebe meinen Beruf um der Proben willen – die Vorstellung müßte nicht sein, sie könnte unterbleiben, ohne daß mir etwas fehlte.« Dieser junge Schauspieler war noch kein Schauspieler – so urteilte ich nach diesem Ausspruch. Denn das eigentlich Schauspielerische ergibt erst die Vorstellung, der Augenblick, da die Intention Wirkung wird, das volle Leben der Szene, der magnetische Kontakt mit dem Publikum. Aber der Sprecher dieses paradoxen Satzes konnte auf dem besten Weg sein, ein Schauspieler zu *werden*. In seinem Ausspruch verriet sich ein künstlerischer Lerneifer, Lust am Experimentieren, am Suchen und Versuchen. Für den schauspielerischen Handwerker mag die Probe eine lästige Notwendigkeit sein, für den Künstler ist sie, soviel Qual sie ihm auch bringen mag, jedenfalls voll Erlebnis, voll Finderglück und sportlichen Interessen.

Dem Regisseur freilich ist die Probe alles. Denn wenn der Vorhang am Abend der Premiere aufgeht, verschwindet der Regisseur in der Kulisse, mit dem schrecklichen Gefühl der Ohnmacht, nun nicht mehr helfen und raten zu können, nun nichts mehr wollen zu dürfen. Der Regisseur nimmt auf den Proben die Wirkung vorweg, er führt zum Publikum hin. Er hat das ganze Stück aufgefaßt – und das heißt: alle Rollen miteinander – er hat, am besten doch vor der ersten Probe, eine ideale Vorstellung vor sich gesehen, und nun bildet er sie heran, heraus. Wie der Schauspieler sich am Publikum entzündet, so der Regisseur am Schauspieler. Die Proben sind für ihn der äußerst lebendige Augenblick, wo es gilt. Horchen, schauen, spüren, bemerken, ertappen, festhalten und ausmerzen muß er, und das alles mit größter Empfänglichkeit und mit größter Geistesgegenwart, in einem steten höchst schmerzlichen und höchst beglückenden Nervenzusammenhang mit allem, was sich auf der Bühne regt, mit allem, was sich ankündet, mit allem, was da fehlt. Aus dieser starken elektrischen Spannung springen ihm die Einfälle auf. Hier erlebt er seine Freuden und Verzweiflungen. Denn es ist wunderbar schön, aus der lebendigen Persönlichkeit des Schauspielers zu schöpfen und künstlerische Werte für das Ganze der Vorstellung zu empfangen, aber es ist kläglich, es ist überaus quälend, wenn, was der innere Blick als Gestalt der Dichtung sah, von den Grenzen des jeweiligen Verkörperers beengt und beschnitten wird, wenn die leidenschaftliche Absicht vergeblich an diesen Grenzen zerrt und rüttelt. Gar nicht zu sprechen von den Grenzen des Bühnenraumes, von der gemeinen Deutlichkeit der ausgesprochenen und sichtbar gewordenen Dinge, von den tiefgefühlten Grenzen des Regisseurs selbst.

Aber die große und eigentliche Sache der Proben ist und bleibt der Schauspieler. Er ist nicht nur die Hauptperson, für die hier alles geschieht und auf die es schließlich allein ankommen wird, er ist vor allem das kostbare, empfindliche Material, das behandelt und geschont werden muß. Charakteristisch für das Leben des Schauspielers auf der Probe ist die sogenannte Probennervosität. Ob sie nun mit Energie oder mit Geduld bekämpft werden soll, vor allem muß sie verstanden sein. Denn sie ist durchaus nicht immer Unfug, Mangel an Disziplin, Stümperei – sie liegt tief im Wesen der Sache, und der nervöse Schauspieler ist oft der feinste Künstler, ist oft gerade in seinen lebendigsten künstlerischen Augenblicken nervös. Hier stört alles. Störung lauert hinter der Szene und im dunklen Zuschauerraum, Störung lauert im Parterre, in jedem Requisit. Ein im Weg stehender Stuhl, eine zu steile oder zu seichte Stiege, ein unhandliches Requisit, ein versäumtes Stichwort, ein unzeitgemäßer Zwischenruf des Regisseurs – und es macht den Eindruck, als hinge der Schauspieler plötzlich in der Luft, als stürzte er, ein beim Namen genannter Nachtwandler, jäh hinab. Die Aufregung steht scheinbar in krassem Widerspruch zur Geringfügigkeit der Ursache. Der Schauspieler arbeitet eben in ganz besonderer Weise mit seinen Nerven. Er tastet sich in eine Rolle hinein, er fühlt sich ein in ganz bestimmte Situationen, er wächst mit seinem Ich in einen bestimmten Menschen hinüber. Er sucht tausend Übergänge aus der Nüchternheit seines privaten Ichs in eine erhöhte, angespannte Existenz. Er prüft seine Mittel, wühlt in sich, wählt in sich, setzt an zu einem Ausdruck, wagt Bewegungen, Stellungen, die aus dem Zustand des Spröden, Ungelenken, Bewußten in Selbstverständlichkeit, in Spontaneität umschlagen sollen und in jedem Augenblick der Probe umschlagen können – verschmilzt alles Stoffliche und Technische der Rolle mit seiner Natur. Man erwäge, was hier Störung zerreißen, im Keim vernichten, in der Regung ersticken kann. Der Einfall ist oft so flüchtig, so vergänglich, Anhauch mehr als Gedanke. Und wenn zum erstenmal Stimmung da ist, die sogenannte Probenwärme, erhöhter Pulsschlag, wenn das Pathos sich aufschwingt, die Melodie entspringt – dann um Gottes willen Lautlosigkeit, nur keine Unterbrechung und Wegsehen über fehlerhafte Details, über Vergriffenes und Mißverstandenes. Hier braucht gerade der Künstler, der mit all seinen Nerven schafft, einen Regisseur, der ihm atemlos lauscht, ihn betreut – wie aber auch freilich das Überschlagen des Temperaments in Zuchtlosigkeit, in Wehleidigkeit, in das ›Ach was!‹, wie aber auch aller Unfug des Ichs, aller unsachliche, eitle Schauspieleregoismus, alle falsche Reizbarkeit mit Strenge abgewehrt und eingedämmt werden muß.

Man kann nicht jeden Fehler an einem Tag ausmerzen, nicht jede Anregung an einem Tag verwirklichen. Es braucht viele Tage, nicht nur wegen der Quantität des Materials, die ein Stück bietet, sondern auch aus inneren Gründen, weil es eben Zeit braucht zum Reifen, zum Werden, zum Hineinwachsen, weil manches überschlafen werden muß, manches wieder vergessen, ehe es neu angepackt wird, manches feststehen muß, bevor anderes festgestellt werden kann. Aber dafür schenkt auch das Herausschälen, das graduelle Deutlich- und Sicherwerden des Werkes eine Fülle von Arbeitsfreuden, die der harmlose Zuschauer alle am Abend genießt, wenn er das Fertige genießt. Vorausgesetzt, daß es wirklich fertig, wirklich gut war – was freilich die Arbeit nicht immer zu bewirken vermag. Denn Kunst ist zuerst und zuletzt doch immer Gnade, Gabe, Göttergeschenk.

Die schöpferische Tätigkeit des Regisseurs

Es muß den Regisseur immer gegeben haben, auch wo er nicht überliefert ist. Das ist eine heutige Ansicht. Wir Heutigen hönnen uns den schöpferischen Anteil des Regisseurs vom Theater nicht wegdenken. Um es gleich vorwegzunehmen: Wir hören manchmal Zweifel, ob wir heute den Dramatiker haben; die Zweifel aber, die sich an den Regisseur knüpfen, werden nur in der oft vertretenen Ansicht laut, daß wir den Regisseur nur zu sehr haben.

Zwischen der Anschauung, der Regisseur habe das Theater gerettet, und der andern, er bringe es schon wieder in Gefahr, schwankt die öffentliche Meinung.

Daß sich die Frage nach dem schöpferischen Wesen des Regisseurs, und zwar verbunden mit der zweiten Frage nach seinem schöpferischen Recht gegenüber dem Autor heute aufdrängt, daß sie mit einem aktuellen Recht zum Gegenstand unserer Versammlung wird, bedeutet wohl, daß das Theater wieder einmal an einer Wende steht. Und bezeichnenderweise wird diese Wende, die sich mit dem Primat des Regisseurs beschäftigt, immer wieder als die Krisis des Dramatikers empfunden. Dazwischen flackern zwei andere Bewegungen, die auch antagonistisch miteinander verknüpft sind, ein anderes Gegensatzpaar tut sich auf: und zwar äußert sich das eine Faktum bald als die Gefahr des Startums, bald als die Emanzipation des Schauspielers, auf der anderen Seite wird gekämpft um das Ensemble und regen sich allerorten von Ensemble-Gedanken aus Truppenbildungen. Solche Inseln des Ensembles entstehen sogar innerhalb der einzelnen Theater, und, wer schärfer zusieht, bemerkt, daß die Geschichte der einzelnen Betriebe von ihnen beherrscht wird. Niemand wird behaupten, daß es an einzelnen Schauspielern fehle und auch die Behauptung, es fehle der Dramatiker, bedeutet für keinen Menschen, daß es an dramatischen Begabungen mangle, sondern nur, daß noch immer gewartet werde auf den einen großen Dramatiker, der die vielen Intentionen der Epoche zu einem einheitlichen Weltbau zusammenbringe. Was dem heutigen Theater ganz bestimmt am wenigsten abgeht, ist der Star. Im Gegenteil zeigt sich die unheilvolle Neigung, alles und jedes zum Startum emporzubieten. Es scheint manchmal, als ob wir nurmehr Stars hätten und der letzte Star, den wir gefunden haben, und den wir wieder loswerden zu wollen beginnen, ist der Regisseur, der sogar einen gewalttätigen Anreger modernen Bühnenstils, den Maler, mit Haut und Haar verschlungen hat, der den Schauspieler zum Instrument und die dramatische Dichtung zum Textbuch, in dem er willkürlich schaltet, zu degradieren droht. Hier springt übrigens wieder ein Gegensatzpaar der letzten Jahre hervor, indem die Erneuerung des Theaters zwischen zwei Polen schwankte, zwischen der Absolutierung des Wortes und der Neuerrichtung eines optischen Weltbildes. Innerhalb des Schauspielerischen selbst zeigt sich eine letzte Zuspitzung zwischen dem individualistischen Mimiker und dem Tänzer und Akrobaten. Und sogar noch der Mimiker zerfällt wieder in den Charakteristiker der Sprache und in den, möchte ich sagen: Filmschauspieler der Bühne. Um es an all diesen Spaltungen und Gegensätzen noch nicht genug sein zu lassen, muß vorgestellt werden, daß heute die größte Interesselosigkeit des Publikums für das Theater, was eben die Heranzüchtung von Zugkräften, das Startum, bedingt, und andererseits die Überwucherung der üppigen Schau den Revue-Charakter erzwingt, daß also zugleich mit dieser Theatermüdigkeit der großen Masse in dieser Zeit so fanatisch wie noch niemals der Kampf um den Kunstwert der Bühne geführt wird und sich bei jedem neuen Ereignis in regelrechten Schlachten austobt. Es steht also der nur noch schaulustigen Menge ein mit strengstem Theaterwillen geladener Kreis und viele solche Kreise – der Theaterentwertung die Überbetonung des Theaterwerts – gegenüber. Was sich auch darin ausdrückt, daß die Theaterwerte überall mit Leidenschaft diskutiert werden und die Frage, ob denn überhaupt das Theater all diese Leidenschaft wert sei, zu einer brennenden geworden ist. Ich brauche nicht erst zu sagen, daß sich diese vielfältige Problematik im Wirtschaftlichen des Gebietes genau abmalt. Und ich will nur erwähnen, wie sehr sie für den Soziologen und Politiker von der Gesellschaftskrise bedingt ist. Nicht nur für den Klassenkämpfer, auch für den Kulturphilosophen bedeutet der heutige Zustand des Theaters teils Agonie einer Gesellschaft und ihrer Kultur, teils die Bemühung um die Geburtshilfe neuer soziologischer und geistiger Fundamente.

Es genügt, einen Blick in dieses Chaos zu werfen, die überall hervordrohende Anarchie der Kräfte zu fühlen, um sofort die heute besondere Notwendigkeit des Regisseurs zu verstehen. Daß der Regisseur sich abgezweigt und vorangestellt hat, daß seine Funktion so viel schöpferische Kräfte des Theaters an sich gezogen hat, daß er zu seinem schöpferischen Eigenleben gelangt ist, bedeutet zunächst wohl, daß wir es heute, und nicht nur im Theater, so ungemein schwer haben, zur Einheit zu gelangen. Der Regisseur ist der Vereinheitlicher der verschiedenen Vitalitäten und Ideen, der verschiedenen Kunstgattungen, die auf der Bühne gegeneinander kämpfen und miteinander verschmelzen. Wie wir den Regisseur heute sehen und erleben, produziert er die lebendige Einheit, indem er die Gegensätze hervorlockt, ermutigt und bestärkt, um sie auf höherer Ebene aufzuheben. Wie das Werk des Dichters eine Wortwelt ist, ist das Werk des Regisseurs die Erscheinungswelt der Vorstellung, gebaut aus den Vitalitäten der Bühne, in Raum und Licht mit einer Physik des Imaginären, in Zeit und Idee mit einer Verkörperung des Geistigen durch Verbindung und Verschmelzung der Genialität des Schauspielers mit den dichterischen Intentionen in der Aufdeckung, Anwendung und Bewährung aller Gesetze, die das Leben der Bühne regeln und eine Hierarchie der Kräfte erreichen, den Zufall ausschalten und einbeziehen, das Natürliche erhöhen und das Geistige veranschaulichen.

Naturgemäß müßte der Dramatiker auch der berufene Regisseur sein, wie er es vielleicht auch ursprünglich mit Selbstverständlichkeit war und wie er sich auch immer wieder bis in die letzte Zeit von Goethe bis Tschechow, Hauptmann, Strindberg und Wedekind erprobt und bewährt hat. Der Dramatiker müßte mindestens sein eigener Dramaturg und Regisseur und sogar auch sein eigener Schauspieler, sein eigener Protagonist sein, wenn sich hier nicht mit der Konsequenz einer bedeutungsvollen Entwicklung das eingestellt hätte, was wir heute ›Arbeitsteilung‹ nennen, was eine Individualisierung, Distanzierung und Differenzierung ohnegleichen bedeutet und die höhere Mathematik des modernen Lebens und Strebens ergibt. Daß Aug und Ohr sich gegeneinander stellen, daß der Mensch des produktiven Wortes nicht zugleich der Augenmensch des lebendigen Bildes sein muß, ist uns selbstverständlich, sogar zu sehr selbstverständlich geworden, ebenso selbstverständlich wie die Abspaltung des Musikalischen und zugleich ebenso selbstverständlich wie das moderne Bedürfnis, alle Gegensätzlichkeit mit letzter Intensität ineinander zu organisieren. Der alle Geister aller Musen rief und ruft, ist und bleibt der Dramatiker. Sein Wortwerk enthält bereits alle Intention: Bühne, Regie und Schauspielerei. Von der Verwirklichung in der Praxis der Szene aber hat sich der Autor immer mehr zurückgezogen, ja oft flieht er sie, um sie nicht zu stören, und überläßt sein Werk einer

Gesetzmäßigkeit, die ihn zwar als eine Hoffnung allebendiger Verkörperung inspiriert hat, deren Verwirklichung ihn aber, ob sie auch seinem Traum gilt, persönlich ausschließt. Das alles erhärtet die Notwendigkeit der Regie, erhebt aber noch immer nicht den Regisseur, wie es die Entwicklung getan hat, über die Anonymität, macht ihn wohl zu einer selbständigen Instanz und verschafft ihm die Kompetenzen und Rechte einer solchen, aber erklärt nicht seine persönliche Produktivität und setzt ihn nicht durch als einen individuellen Schöpfer, wie sie es mit dem Schauspieler längst getan hat.

Der große Befreier der schauspielerischen Individualität, der sie legitim gemacht und geadelt hat, der von ihr aus das Weltbild des Theaters neu fundiert hat, heißt Shakespeare. Shakespeare, zugleich der Schöpfer des individualistischen Dramas, der Allmimiker, produktivster Dramaturg aller Zeiten, der aber alles, Schauplatz und Regie, in den Schauspieler verlegt hat, sodaß dem Minimum an Regiebemerkungen ein Minimum an Gegenständlichkeit der Bühne entsprechen konnte. Hier ist alles wortgewordener Schauspieler, hier enthält der Text eine neuentdeckte, ewig überraschende Fülle kreatürlicher Gebärde, und er spiegelt so sehr dramatisch beleuchtet Welt, Natur, Gegenständlichkeit, daß alle Dekoration entbehrlich wird. Dieser Durchbruch dramatischen Menschentums ist so gewaltig, daß hier, vom Regisseur gar nicht zu reden, beinahe der Dichter anonym geblieben wäre. Dieses charakterologische Riesenwerk wird immer die unerschöpfliche Erneuerung der Schauspielerei bleiben und sie wird doch immer jedes Versuchs der regiemäßigen Vereinheitlichung spotten. Und jede andere Zeit wird Shakespeare nur mit Opfern spielen, jeder Stil wird an ihm wachsen, um ihn ärmer zu machen. Die Einheit und das Maß der Shakespeareschen Bühnenwelt ist das schauspielerische Genie, die mimische Vollpersönlichkeit, und deshalb wird mit Rechte alle Schauspieleremanzipation immer wieder von Shakespeare ausgehen. Shakespeares Folgen für das deutsche Theater sind unendliche, aber er ergibt keine Tradition. Er ergibt keinen Stil. Die großen Stile und Traditionen aber, ob es nun die des griechischen Theaters oder das spanische Theater des Calderon oder die französische Klassik sein mag, fesselten die Schauspielerei zur Konvention und kannten nur den anonymen Regisseur. Es mag in Zwischenzeiten der Maler und der Architekt geherrscht haben, und das heißt dann immer, daß das Theater seine innere Größe verliert, daß sein glühender Kern sich umkrustet.

. . .

Wenn ich dagegen die Emanzipation des Regisseurs geistig lokalisieren soll, nicht um sie historisch festzulegen, aber um sie am größten Urbild zu verdeutlichen, so würde ich niemals den Geist Shakespeares zitieren, von dem zwar jeder dramatische Mensch die Feuertaufe empfangen kann, der sich aber sozusagen von selbst spielt, und ich würde mich auch nicht an die hohen Stile wenden, die ihrerseits immer wieder die Maße höher strecken

werden, nicht an die erhabenen Wortkristallisationen des griechischen, spanischen, französischen Theaters, die eine strenge Ideenzucht betrieben haben
und vom Begriff der Tradition unlösbar sind, die aber alle Kräfte des
Theaters von der Dichtung her zu binden streben, und wie sie das Schauspielerische in ein Zeremoniell umsetzen und in eine Konvention drängen,
wie das Wort.

...

Wie das absolute Wort sich am absoluten Redner genug tut, so bedurfte es,
solange es sich im lebendigen Zusammenhange aufbaute, gewiß nicht des
schöpferischen Regisseurs; dessen Ursprung suche ich auch nicht bei der
Meiningerei aller Zeiten und finde ich nicht, wo der Maler wuchert, der
Architekt baut, niemals dort, wo das Theater in seiner bunten Sinnenfülle
an sich selbst genug hat und sein Diesseits ausbeutet, sondern alle Romantik
scheint mir der Ursprung des eigenproduktiven Szenikers, alle Bestrebung,
das Theater zum Ort der Sehnsucht und der Magie, zum Durchgang einer
unendlichen Perspektive zu machen. Es verführen mich nicht die Dramen
des Naturalismus durch die Tatsache, daß sie mehr Regiebemerkungen als
dramatische Aktivität enthalten, und ein Theater, das sich fortwährend mit
dem Draußen vergleicht, im Milieu einnistet, und den Alltag photographiert,
bedurfte wohl des genauen Pflegers seiner geistigen Reinlichkeit, des Beobachters und des Kritikers. Nein, ich denke an Richard Wagner und seine
grandiose Konzeption des Gesamtkunstwerks; er, Regisseur und Dekorateur
und Bühnenbauer in einer Person, Theaterdiktator, ist durchaus Magier,
Beschwörer aller Dämonen der Natur. Sein Sprechgesang war die tyran-
nische Festlegung des dramatischen Ausdrucks, das selbständig gewordene
dramatische Wort, eingegliedert in den Riesenbau einer Aufführung, die
mit dem religiösen Fanatismus einer Hierarchie jeden Seufzer bindet. ...

[fragmentarisch]

Schauspieler-Psychologie

Wie wenig grundlegend die Emanzipation des Schauspielers verfuhr, kann ersehen werden aus der Tatsache, daß es eine besondere Schauspieler-Psychologie gibt, die den Mimen anders als einen Menschen erklärt und wertet. Diese Psychologie, und wenn sie sich auch à la Nietzsche philosophisch gebärdet, ist – der Juden-Psychologie vergleichbar – der Übermut einer alten sozialen Sonderstellung, eines Ausnahme-Gesetzes. Diese Psychologie ist tief in das Kulturbewußtsein eingedrungen, sie imprägniert die Kritik und nicht zuletzt die Schauspieler-Seele selbst. Sie wertet den Schauspieler als ein Wesen von endemischer Hysterie, als ein Geschöpf, das nicht Mann und Mensch zu sein vermag, mit dem man eigentlich nur fiktiv und nur zu seiner Bändigung Verträge schließt. Der Schauspieler sei wesentlich asozial und eigentlich nur ein Appendix von Rollen, eine entmannte, entmenschte Reizbarkeit der Nerven. Auch hier, wie überall, wo Sonderpsychologien auftreten, kündigt sich an, daß sozial etwas nicht in Ordnung ist. Und tatsächlich herrscht auch heute noch allgemein die Anschauung von der Unmöglichkeit von Schauspieler-Organisationen. Fügt man noch hinzu, daß der Schauspieler nicht einmal für einen originären Künstler geachtet, sondern nur als Reproduzierender, als Instrument, als Mittel zu einem sogar nur selten wahrhaft künstlerischen Zweck betrachtet wird, so kann man, die Vergötzung des Menschen hinzugerechnet, eine groteske Bilanz ziehen aus Wertigkeiten, für die Menschen, begabte Menschen sogar, ihre Kraft, ihre Leidenschaft, ihr Leben einsetzen sollen.

Auch wer das Theater und sein Problem rein konservativ vom Werk aus betrachtet – wie etwa Richard Wagner, der letzte Moderne, der vom Theater Großes verlangte – wird unausweichlich darauf hingeführt werden, die beiden lebendigen Faktoren des Theaters, das Publikum und den Schauspieler, in ihrem Wesen verstehen zu müssen. Um nun beim Schauspieler zu verweilen, so müßte doch, wer ihn mit romantisierender Psychologie behandelt, zunächst jene ansehnliche Kaste von Theaterhandwerkern ausschalten, zu denen ja gewiß nicht nur die Bühnenarbeiter gehören. Diese ganze große Klasse von Leuten, die das Theater vielleicht aus irgend einer Sehnsucht gesucht haben, um doch nur ein Gewerbe zu finden – für die kann doch gewiß kein seelisches oder soziales Ausnahmegesetz gelten. Sie teilt sich zweifellos in die Heerlager des Proletariats und des Kleinbürgertums auf, wozu noch an den ehemaligen Hof- und jetzigen Staatstheatern die Bourgeoisie des respektablen Beamten kommt. Auch hier könnte freilich eine Art Berufspsychologie einsetzen – wie man ja auch das Menschliche nach dem Schneider- und Schustergewerbe typisieren kann – und müßte konstatieren, daß das Herabkommen des Gewerbes bis zur Vergnügung heutiger Bourgeoisie dem Stand geschadet hat und daß die gewerkschaftliche Organisation, die erwachende Solidarität der Interessen, die beginnende Konsolidierung in einem Standesbewußtsein von Nutzen sein muß. Wirtschaftliche Werte, soziale Rechte, Menschenrechte erkämpfen, wirkt überaus erzieherisch und Charakter-bildend nicht weniger als zum selbständigen Denken erweckend.

Der Rest sind Künstler. Der eigentliche Schauspieler. Von ihm habe ich oben ein Schreckbild gezeichnet, weil ich ihn liebe und verehre. Ich halte ihn nicht für einen Reduzierenden, sondern für einen Schaffenden. Wohl ist hier eine Unterscheidung nötig zwischen dem Genius, der das bleibende Werk schafft – und dem Künstler des Augenblicks, der – zwischen Menge und Individuum – Gemeinschaft des lebendigen Gefühls zeugt. Er hat die Gabe – die Gnade –, im Spiel seine Unmittelbarkeit entfalten zu können. Er öffnet sein Ich – oder vielmehr: die Masse öffnet es. Er befruchtet die Masse, indem die Masse ihn verführt, ihn zur Potenz erhebt. Aber es ist Potenz der Individualität, und zwar schöpferische, künstlerische. Im Spasmus wird er zum Gestalter seiner selbst, Menschengestalter . . .

[fragmentarisch]

Erziehung zum Schauspieler

Es ist durchaus nicht so, daß Theaterspielen als eine naive Improvisation begonnen werden könnte, wo und wann Leute zusammenkommen mit der Absicht, Theater zu spielen.

Es ist lehrreich, gewissen Versuchen der Improvisation beizuwohnen, die von Schauspielschülern nach der sogenannten Stanislawski-Methode unternommen werden. Sie denken sich Situationen aus, welche sie dann pantomimisch darstellen. Zugrundegelegt werden nicht ohne Grund seelische Elementar-Zustände wie Angst, Erwartung, Enttäuschung usw. Es ist dabei die Annahme, daß jede nur mögliche Schauspielerei sich aus einer Kombination und aus der Entwicklung solcher emotioneller Elemente ergibt. Freilich müssen, damit sie spielbar sind, zu diesen Emotionen Situationen erfunden werden, die sie auslösen.

Es stellt sich dabei sofort heraus, daß der schauspielerische Ausdruck nicht von vornherein gegeben ist. Ja, schon die einfachsten Bewegungen – Gehen, Sitzen, Liegen etc. – erfordern eine Schulung, die gewöhnlich nach geltenden Regeln, Konventionen vorgenommen wird. Man erinnere sich an die Regeln, die Goethe seinen Schauspielern mitgegeben hat. Sie stellten eine klassische Konvention dar, die der Naturalismus später auszujäten bestrebt war. Statt ihrer brachte dieser seine eigene, naturalistische Konvention auf, die später wieder überwunden werden mußte. Die Schilderung dieser Konventionen und ihres Ablaufs ist Gegenstand der Theatergeschichte.

Wenn hier statt des Wortes Stil (Darstellungsstil) der bescheidenere Ausdruck ›Konvention‹ gebraucht wird, so geschieht das nicht ohne Absicht. Zunächst wird bei solchen Versuchen keineswegs ein Stil angestrebt. Es handelt sich zuerst darum, sich auf einer Bühne – in dem einer Bühne entsprechenden, abgegrenzten Raum, vor Zuschauern, und sei es auch nur vor einem einzelnen Partner – von der Stelle zu bewegen, und zwar willentlich und planmäßig, um eine noch so primitive Handlung auszuführen. Daß der Zufall dabei helfen könnte, erweist sich bald als ein Glücksfall. Freilich wird der Zufall angewendet und der Gelegenheit dienstbar gemacht, wenn auch nicht ohne die Erwartung, daß zu dem Zufall der Einfall komme und ihm rettend beispringe. Gewiß spielt die Erfahrung eine Rolle dabei, und zwar eine bedeutende. Zwar fehlt es den jungen Leuten an der selbsterworbenen Bühnenerfahrung, jedoch haben sie ausübenden Schauspielern, schlechten und guten, oft genug zugesehen, mit lernbegierigen, ehrgeizigen und eifersüchtigen Augen. Sie trachten ihre Vorgänger nachzuahmen, nicht selten reproduzieren sie deren Unarten und üble Manieren, die sich leichter einprägen als das einfache, anscheinend selbstverständliche Gebaren der Meister, oder die besondere Ausdruckskraft origineller Persönlichkeiten, die gern mit Manier verwechselt wird. Affektiertheit als Vorstadium künstlerischer Eigenart mag nicht selten vorkommen. Affektiertheit anstelle der Wahrhaftigkeit im Ausdruck ist häufig zu finden. Dem ungeübten Anfänger wird sie nicht aus der Verlegenheit helfen, gerade wenn es sich um die Darstellung einfacher Situationen und Motive handelt.

Dazu kommt, daß es heute keine Tradition der Pantomime gibt. Der stumme Film war die letzte Form, die sich, wenn auch nur aushilfsweise, der Pantomime zu bedienen genötigt sah. Sie muß also neu erfunden werden. In solcher Notlage verläßt sich der Neuling besser auf die Beobachtung des Lebens als auf die der Bühne. Es zeigt sich dann auch bald, daß die gelungensten stummen Szenen die am meisten realistischen sind, die im täglichen Leben beobachtet werden konnten.

Es war übrigens eine voreilige Behauptung, daß es heute keine ausgeübte Form der Pantomime mehr gibt. Das Ballett, in all seinen heute gebrauchten Stilen, liefert eine. Nur nähert sich jede Darstellung, die sich das Ballett zum Muster nimmt, ganz unwillkürlich dem Tanz und der Choreographie. Auch diese Körpersprache mag als eine Vorschule zur Schauspielerei betrachtet werden. Gelegentlich der von der Stanislawski-Schule vorgeschriebenen einfachen Situationen ist sie nicht – oder nur ausnahmsweise – ergiebig, wenn sie zum schauspielerischen Ausdruck führen soll. Zwar gibt es Abarten des modernen Tanzes, die mimische Grotesken und Humoresken sind, geschult an der phantastischen Übertreibung, der Karikatur menschlichen Verhaltens. Sie können als Ausdrucks- und Charakterstudien dienen; aber ich würde sie nicht als fundamentale Grundlage allgemeiner Art empfehlen. Sie verlangen Musik als emotionelle Untermalung, als rhythmische Unterstützung. Es zeugt vielleicht für meine Einseitigkeit eines Anhängers des Sprechtheaters, daß ich lieber als der Musik dem Wort die Führung und Regelung des vom Drama, als von einer sinnvollen Handlung bewegten Ensembles von Körpern anvertrauen möchte.

Es wird ja auch bei den Improvisationen, wie sie Stanislawski, als eine Art Wiedererweckung des Stegreif-Theaters, für seine Schulzwecke eingeführt hat, gesprochen; und zwar ergibt sich der, wenn auch noch so knappe, begleitende Text, aus der zur Aufgabe gestellten Situation, zwangsläufig, mit praktischer Notwendigkeit; umso besser, je mehr auch mit idealer Notwendigkeit. In diesem Sinne einer Konzentration auf das Wesentliche, auf einen ausreichenden dramatischen Inhalt und Gehalt, empfiehlt sich die Teilnahme an solchen Übungen auch für den lernenden Dramaturgen, den werdenden Dramatiker und den zukünftigen Regisseur. Es empfiehlt sich, die mitwirkende Schülerschaft von vornherein in Schauspieler, Dramatiker, Regisseure und Kritiker einzuteilen und sie, in einem regelmäßigen Turnus, diese Standpunkte tauschen zu lassen.

Bei der Verwendung eines bereits bestehenden dramatischen Textes als Vorlage zu einer schauspielerischen, bühnenpraktischen Gestaltung verhält es sich umgekehrt: die Worte sind da, der Dialog existiert und soll durch Spiel, durch körperliche Bewegung und Ausdruck, gefüllt, erfüllt, realisiert werden.

Was sich dabei an regelrechtem Vorgehen, an Methode, an Freiheit und Notwendigkeit ergibt, entspricht mehr oder weniger dem Unterricht, wie er an heutigen Schauspielschulen gang und gäbe ist: er leitet sich von der Erfahrung der üblichen Bühnenproben her, und ist im allgemeinen so gut und so schlecht, wie diese zu sein pflegen. Der Unterricht wird meistens von Schauspielern geführt, die sich im Besitze ihres technischen Handwerkszeuges den sich darbietenden Lehraufgaben gewachsen fühlen. Die amerikanischen Universitäten, an denen nicht nur Theatergeschichte, sondern auch ausübende Theaterkunst ein Lehrgegenstand, eine ausgewachsene Disziplin ist, gehen auf alle Probleme der Theaterpraxis – so auf die Herstellung der Dekorationen und der Kostüme durch die Schüler – ein und erzielen manchmal Aufführungen, die auch von kritischen Kennern hoch gerühmt werden. Ich habe zu wenige solcher Aufführungen gesehen und nur die Jahres-Programme zur Kenntnis genommen, welche alle historisch feststellbaren Stile und Konventionen des bisherigen Theaters umspannen. Es wird immer wichtig bleiben, auf das Fundament der Sache zu gehen und das überhaupt Lehrbare der Theaterkunst festzustellen. Denn trotz aller großen Muster beginnt das künstlerische Theater mit jeder Generation neu.

Das Glück, Theaterdirektor zu sein

Gestern Nacht träumte ich. Ich war in eine fremde Stadt berufen worden, als Theaterkritiker.

So ganz fremd war mir die Stadt ja eigentlich nicht. Mancher Freund hatte dort gelebt, gefühlt und gedacht, und mir von der Stadt erzählt – mit Liebe der, mit Bitterkeit jener. Mancher Geist, über dieser Stadt schwebend und von ihrem Reiz sich nährend, hatte mich angezogen und mich, eine Zeitlang wenigstens, festgehalten. Ich war also der Stadt Dank schuldig gewesen, bevor ich sie noch gekannt hatte. Und ich glaubte zu wissen: die Stadt war schön, sie lebte, sie hatte eine lebendige Seele. In meinem Traum aber war es weit wichtiger, daß sie ein Theater hatte, und einen Theaterdirektor.

Schüchtern stand ich vor dem mächtigen Theatergebäude, beklommen stieg ich die Treppe hinan – und wurde sogleich vom Direktor empfangen und in sein Arbeitszimmer geführt. Es war ein imponierender Raum. Überall von den Wänden herab begönnerten mich die Porträts gewesener Theatergötter, manche verstorbene Diva lächelte mir zu, mit ihrer Anmut von einst, und mancher Held verachtete mich mit einer Grandezza, die nun auch dahin war. Der Direktor aber saß mir durchaus freundlich gegenüber, weltbürgerlich, wie nur ein großer Theaterdirektor. Er war ein schöner und abgeklärter Mann und gewohnt, über das Theatervolk zu herrschen, welches bekanntlich ein kindliches, launenhaftes und wetterwendisches Völkchen ist. Von mancher glücklich überstandenen Regierungskrise war im Wesen des Direktors zweierlei zurückgeblieben: ein Schimmer von Weisheit auf der hohen Stirn, und ein Zucken von Ungeduld um den strengen Mund.

»Glücklicher Mann«, so begann ich, »glücklicher Mann –«

Er staunte. »Ich – glücklich«, unterbrach er mich sofort, »oder vielmehr Sie selbst? Ich muß wagen und mich plagen. Sie aber genießen und urteilen. Ich muß mit einem schwerfälligen Apparat, mit widerspenstigen Menschen und Dingen kämpfen, um endlich die Illusion hervorzuwingen, von der Sie sich in aller Gemächlichkeit blenden lassen – oder nicht blenden lassen. Jedenfalls liefere ich Ihnen alles fix und fertig und ein bequemes Fauteuil dazu, und Sie – Sie notieren dann mit dem raschen, leichten Stift ein paar Einfälle, zu denen ich Ihnen verholfen habe!«

»Oh, wie gerne möchte ich mit Ihnen tauschen!«, rief ich aus. »Glücklicher Mann! Ich war ja selbst des Theaters beflissen, in den schweren Theaterjahren 1912 und 1913, in der harten Zeit vor dem Kriege –«

»Wie? Die Zeit vor dem Kriege nennen Sie hart? Und die jetzige? Aber das war doch noch die Zeit der Phäaken, und Sie arbeiteten sogar, irre ich nicht, in der Hauptstadt der Phäaken –«

»Der überfütterten, geschmäcklerischen Phäaken, jawohl. Damals waren die Leute satt und matt vor trägem, ewig gleichem Wohlleben, im tiefsten

Herzen verdorben durch die ewige Sicherheit. Vor lauter Zerstreuung waren sie so zerstreut, daß nichts stark genug schien, um sie, wenn auch nur für zwei Stunden, zu sammeln. Die Kunst – die Kunst hat kein Glück bei den Glücklichen! War, streng genommen, das Theater schon immer eine Art Guckkasten für erwachsene Kinder gewesen, welch unholde, verzogene, verdorbene Rangen des Schicksals saßen damals in der Laterna magica! Wollte sie ein Spielleiter zum Ernst oder gar zur Erhabenheit verlocken, so mußte er allerhand effektvolle Scherze mit dem Rahmen treiben, allerhand Zauberkünste mit dem Format der Bühne. Man konnte das Wie gar nicht genug überwürzen, um ein Was einzuschmuggeln, genau so, wie eine verzweifelte Mutter einem garstigen Kinde unversehens Suppe oder Spinat beibringt, indem sie einen Pfau an die Wand malt, was gar kein Pfau ist und wo keiner hingehört. Kein Einfall war damals gut, wenn er nicht zugleich schrie! Der Regisseur verwandelte sich in einen Magier, in einen Medizinmann, dessen Leistung nicht so sehr, dessen Abrakadabra erst den Zulauf der Menge garantierte. Und doch liefen die Leute in einer Art Panik zur Operette – zu einer Operette, die so flach und schal geworden war wie der faule, gedankenlose Friede von damals. Doch strömte man zu Eisenbach, zu dem Genre Eisenbach, das, witzärmer als das Original, überall das Volksstück verdrängt hatte und alle Bühnen überwucherte. Doch nahm man –«

Er unterbrach mich wieder. Denn seine Ungeduld an den Mundwinkeln war größer als seine Weisheit auf der Stirn. Die Weisheit hätte mich ausreden lassen, denn sie mußte sehen, daß sich diese Rede zu lange in mir angestaut hatte, als daß es möglich gewesen wäre, sie mit Erfolg aufzuhalten.

»Ja, hat sich denn«, drohte er, »an diesen Dingen irgendwas geändert? Läuft man nicht heute umso wilder, umso schamloser zu Eisenbach? Heute, da die erwachsenen Kinder der Zuchtrute des Krieges entlaufen, wenn sie ins Theater rennen? Heute, da kein Scherz derb genug sein kann, da es doch gilt, die Not wegzulachen? Da vielfach nur die dunkelste Wolke des Kummers zerstreuen will, wer Zerstreuung sucht! Sie kommen doch, irre ich nicht, aus Wien –«

»Ja, leider«, seufzte ich, »aus Wien! Und bin noch ganz verstimmt von der Traurigkeit, von der Trostlosigkeit dortiger Theatervergnügungen. Vielleicht wäre es mir auch in Budapest nicht besser ergangen. Ich gebe zu, daß der Krieg andere Sorgen gehabt zu haben scheint als wie gerade die Erziehung des Publikums. Im Gegenteil, der Krieg hat vielfach ein ganz besonders übles Publikum reich und mündig gemacht – ein Publikum, das auch in Ihrem Parkett nicht völlig fehlen wird. Es kann heute vorkommen, daß auf den besten Plätzen die schlechtesten Leute sitzen; Leute, die sich unterhalten wollen, aber nicht wissen, wie; Leute ohne Tradition im Genuß, ohne Niveau im Urteil, ja sogar ohne den Schein eines Niveaus, der sonst die Leute befähigt, wenn auch nicht Kunst zu genießen, so doch geläufig über Kunst zu plaudern. – Jedoch, weil sich der Krieg um die Erziehung des Publikums nicht gekümmert hat, folgt daraus, daß sich niemand darum kümmern soll? Weil eine Methode nicht angewendet wird, muß sie deshalb falsch sein?«

»Ihre Methode –?«

»Glücklicher Mann! Die allereinfachste Methode! Sie beruht auf einem Axiom, und zwar: heute sind beinahe alle Theater voll, und es ist beinahe gleichgültig, was und wie man spielt. Die Leute kommen ja doch. Ich glaube, die Menschen gehen heute ins Theater, weil die Tränen auf der Bühne süß sind, und nicht salzig; weil das Blut, das auf der Bühne fließt, ein so besonderer Saft ist – vielleicht auch nur, weil die leckeren Speisen, die auf dem Tafelgeschirr der Bühne serviert werden, nicht mit Lebensmittelkarten, sondern durch die Zauberlampe Aladins beschafft werden. Sollte man vor solch einem Auditorium nicht das Verrückteste wagen dürfen – nämlich das Echte und Gediegene? Das Kühnste und Seltenste – geradezu das Schlichte sogar? Niemand wird es mir ausreden, daß man heute auch ohne die Mittel eines Hoftheaters und ohne das faszinierende Magiertum eines Reinhardt es sich erlauben darf, Gutes und gut zu spielen! – Ich kenne die zermürbenden, auffressenden Mühen und Erregungen des Theaters – wie genau ich sie kenne! Die rastlose Nervenarbeit, die erbarmungslose Seelenplage im künstlichen Licht, das seine Puppen nie in den lichten, gesunden Tag hinausläßt. Am Abend der Premiere ist dann alles aus, man steht ausgepumpt und nüchtern, als wäre man plötzlich alt und arm geworden, hinter dem Vorhang und spioniert durch eine Lücke ins Haus, wo man das leichtsinnige Publikum schon brodeln hört, wie Wasser, das kocht und übergehen will! Und doch hätte ich damals mit keinem da draußen getauscht, mit keinem, der sich wohlig zurücklehnt, um sich ein Stück vorspielen zu lassen, am wenigsten aber mit dem einen Zuschauer, der sich nie ganz hinreißen lassen darf, der wach bleiben und sich selbst belauern und den Trug auf der Bühne gegen den Trug in seiner Phantasie abwägen muß. So dachte ich damals, als das Publikum nicht wollte, als man Geld und Arbeit und manchmal auch Talent an leere Häuser verschwendete. Heute aber will das Publikum! Und deshalb sage ich nochmals und nochmals und nochmals: Glücklicher Mann! Beneidenswerter Mann! Ja, ich beneide Sie! Und wenn ich Sie mit meinen kritischen Ansprüchen, mit meinen übertriebenen Träumen vom Theater jemals quälen sollte, so verstehen Sie es, erklären Sie es – aus meinem Neid.«

Ich stand auf.

Der Direktor schwieg ein Weilchen. Dann aber sprach er, voll Ruhe und Weisheit, wie es sich für einen König geziemt: »Träumen Sie nur, mein Lieber! Beanspruchen Sie! Ich habe auch die Kritik des Neides nicht zu scheuen. Und auf Wiedersehen!« – »Halt!« rief er da plötzlich, mit einer Gebärde der Ungeduld: »Ihre Methode hat ein Loch. Sie sagen: *beinahe* alle Theater sind voll. Und es ist *beinahe* gleichgültig, was und wie man

spielt. Wie aber, wenn nun ein Theater wirklich Ihren Traum riskiert und das Publikum bleibt aus? Was tun Sie dann, Herr Kritiker?«
»Dann, Herr Direktor, kritisiere ich das Publikum.«
Ich verbeugte mich – und erwachte.

Der neue Raum

Entgegnung auf Friedrich Wolfs expressionistische ›Forderung‹

Das Ineinanderfallen des Raumes, wie der ›Expressionismus‹ es malt, hat ohne Zweifel seine tiefe Bedeutung. Man versuche zunächst nicht, hier – wo von innen heraus das Lebensgefühl sich zu wandeln scheint – theoretische Begründungen zu finden! Wer vor einem solchen Bilde – etwa vor den ›Hohen Häusern‹ Feiningers in der ›Sturm‹-Ausstellung – unvoreingenommen verweilt und, ohne zu denken, mitempfindet, wie diese Gebäude sich gegeneinanderneigen, wie sie wanken und gleichsam abrutschen, als wären sie plötzlich auf eine schiefe Ebene geraten – oder vor den großartigen Phantasien Chagalls erlebt, wie Lampen klaffen, Tische tanzen, Geträumtes in Wirkliches ungehemmt einbricht und – zuerst oder zuletzt – auch die Köpfe nicht mehr auf den Schultern festsitzen: ein solcher Beschauer wird ebenso wie etwa der offene Hörer von Bechers Dithyramben, in denen die Sprache bildernd zu kreisen scheint, um eine neue Anschauung und einen neuen Gedanken zu gebären –, der wird *spüren*, was hier geschieht. Wird es spüren, ohne es sich zunächst erklären zu können. In der Dichtung ist es – wie gesagt – ein stammelndes Aneinanderreihen von Bildern, Melodiefragmenten, halbbewußten Apperzeptionen, in denen sich eine neue Logik, eine neue Metaphysik, eine neue Melodie vorbereitet. Der Dichter überläßt sich widerstandslos dem Zeitstrom, der – eine Gedankenflucht, ein Silbenraten – durch sein Inneres wogt. Der Maler fühlt den Raum fliehen. Die beiden entgegengesetzten Extreme sind vertreten: die Abstraktion non plus ultra, etwa das Zurückgreifen auf geometrische Grundverhältnisse, als ob man sich daran, im letzten Moment noch, festhielte – und das Durcheinanderfließen aller Grenzen und Linien, die mediumistische Durchdringbarkeit der Körper, ein neuer Chemismus der Vorstellungen, der Farben und Formen, die sich selbständig gemacht haben (Kandinsky). Ein Zerlegen und Zersetzen wie bei Picasso, ein Zusammenschauen wie bei Chagall.
Vielleicht wird der Kenner diese meine Eindrücke für kindlich erklären; ich sage nur meinen Eindruck: Zersetzung und neues Anordnen. Das ist der Laieneindruck von einer expressionistischen Ausstellung: diese Welt scheint bei einem Erdbeben gemalt, bei einer katastrophalen Erschütterung, die durch das ganze Vorstellungsleben geht. Deshalb dieses Stürzen der Räume,

der Körper und Formen – deshalb auch dieses ekstatische Aufglühen und Aufblühen der Farben! Ein Weltuntergang, ja – aber auch das Werden einer neuen Welt aus dem Chaotischen! Ein Kreißen sicherlich – ein Gebären vielleicht!

Nun, wem schon vor dem Kriege, aber unweigerlich und unaufhaltsam seit dem ersten Kriegstage die äußere wie die innere Welt zusammenstürzte – der wird vor einem expressionistischen Gemälde nicht staunen; wird sich eher wundern, daß nicht auch ein so merkwürdig irrealer Raum wie das Verhandlungszimmer der Weltfriedenskommission in Versailles wankt, rutscht und zerscherbt, und nicht wenigstens die Stühle dort schaukelnd gegen die Etikette protestieren! Und wird zu dem innigsten Wunsche neigen, daß die Labilität der menschlichen Dinge nicht bei den Malern Halt machen, sondern endlich auch der Egoismus, diese totsicherste Stabilität, ins Wirbeln geraten möge! Daß Raum und Zeit, Körper und Form nur *Funktion der Seele* sind – welche uralte idealistische Erkenntnis heute, wie rasend geworden – von allen Wänden tobt –: wird auf solche Beschauer nur tief tröstlich wirken!

Auch auf der Bühne werden die beiden entgegengesetzten Extreme sich gestalten: das Zurückgreifen auf abstrakte Räume und Körper, auf geometrische Vereinfachung, auf kubistischen Puritanismus – und ein flüssiges Werden der Vorstellung, der nicht mehr der Dekorateur, nur mehr der Beleuchter wird gerecht werden können. Zweifellos ist das dämonische Eigenleben der Körper, die Beseelung der toten Dinge auch auf der Bühne eine große schöpferische Möglichkeit; zweifellos ist die tausendfache Beziehung zwischen Mensch und Raum noch nicht annähernd ausgelebt. Und wenn der Mensch, der expressionistische Dramen erlebt, sich verkörpern soll – »verkörpern« im buchstäblichen Sinn des Wortes –: wird seine Gebärde hemmungslos hinausgreifen und den Raum mit bewegen müssen. Für diese Geschöpfe wäre die naturalistische Bühne zu eng und starr und leer geworden. Für sie genügte eine Illusion, welche etwa dem ›Fuhrmann Henschel‹ genügt hat, nicht mehr. Die neue Illusion – und der Illusion wird sich der Mensch ja niemals entschlagen können – wird zwar mit weniger Identitätsbeweisen, Wahrscheinlichkeitsdaten und Tatsächlichkeitsmerkmalen auskommen, sie wird dafür aber eine ganz andere Identität erstreben und sie nicht weniger genau und eindringlich im Material durchsetzen! Was auch hier dem Wagemut reiche Zukunftsmöglichkeiten verheißt, ist die Gnade der Phantasie, welche die Welt plötzlich aus neuer Perspektive erschauernd erschaut!

Die expressionistische Bühne, die Friedrich Wolf hier unlängst verkündet hat, wird also werden. Aber der geistreichen Raumtheorie, mit der die Wolf seine Forderung erklären wollte, muß ich widersprechen. Niemals war der Raum »beziehungslos zur Gebärde«, er hat nur zumeist eine andere – aber notwendige – Beziehung gehalten. Mit der »Stabilität des Raumes«, die

Wolf beklagt, hat es so seine Bewandtnis. Wenn Faust, an seinem Wissen verzweifelnd, über den Schreibtisch hingepreßt lag, so zeigte gerade der »luftige vertikale Raumkörper« über ihm seine Haltung an. Nicht ›mit Recht‹, sondern sehr mit Unrecht fragt Wolf: »Was hindert den Niedergepreßten sich aufzurichten, da doch hinreichend Platz nach oben vorhanden ist?« Die niedergepreßte *Seele* hindert ihn, sonst nichts! Und daß sonst gar nichts, nur seine innere Notwendigkeit, ihn hinderte, zeigte eben der »hinreichende Platz.«

Die Gebärde selbst ist ein endlicher, begrenzter und *labiler* Raum, aber sie ist nur, sie kann nur gesehen werden, wenn sie gegen den unendlichen, unbegrenzten und stabilen Raum wirkt. Der Mensch in seinem Zweifel ist genug schauspielerischer Ausdruck; die Studierstube muß nicht erst mit zweifeln, wenn nur der Studierende zu zweifeln versteht. Es gibt eine Grenze für die Hilfsmittel der Phantasie, die gewahrt bleiben muß, wenn nicht aus eitel Phantastik Phantasielosigkeit sich ergeben soll. Und jedes Wort hat und erfordert seinen eigenen Stil. Ein Faust bis zum Nabel – derart mag der Faust eines expressionistischen Dichters seinen Kopf verlieren; der von Goethe hat ihn nun einmal anders verloren – und wiedergefunden. Ein ganzer Schauspieler wird hier immer besser seinen Mann stellen als ein zerstückelter. Es wird und muß immer ein Nebeneinander und Gegeneinander von Bühnenkörper und Gebärde geben, mögen noch so viele Schattenschichten es begleiten und zerschneiden! Auch das labilste Gleichgewicht des Raumes wird sich zuletzt auf einen stabilen Raum beziehen müssen; sonst hat die ganze Labilität keinen Sinn. Verdeutlichung, Steigerung des Wesentlichen bis zur Exaltation – bravo! Aber allzudeutlich ist stumpfsinnig und wird bedeutungslos. Und die Gebärde des Schauspielers wird auch in Zukunft mit Tisch, Stuhl, starrem Winkel, mit Gegenständen hantieren – und wird den Raum Raum sein lassen, in der Regel. Denn sie lebt von der Undurchdringlichkeit der Körper und von der Durchdringbarkeit des Raumes. Sie lebt im Raum und an den Dingen.

Und das ist der Punkt, wo mein Widerspruch einsetzt. Es handelt sich mir nicht darum, die Bühnenforderungen Wolfs durch Anti-Logik ad absurdum zu führen. Im Gegenteil! Ich habe den expressionistischen Dichter, der – sehr erfreulicherweise – pro domo sprach, für seine inneren Gesichte, die er nach außen tragen will, wohl verstanden und möchte seine Versuchsbühne am liebsten schon morgen aufschlagen, um darauf die Notschreie der bedrängtesten Zeit, die hilfesuchende Geste ihrer mit innerem und äußerem Raume in Zwiespalt geratenen, sich hinter allen Räumen und Zeiten selbst suchenden Seele verwirklichen zu helfen. Der Dichter muß auch nicht wissen, daß das Theater – wenn man es mit einer der in ihrem Material phantastisch frei schaltenden Künste (Dichtung, Malerei, Musik) vergleicht – auf einen ewigen Kompromiß angewiesen bleibt. Denn das Theater ist an die brutale Greifbarkeit seiner stofflichen Welt ganz anders gebunden. Der Dichter, der

Dramatiker kümmere sich darum nicht – er fordere! Aber er – und mit ihm der Maler – respektiere die Eigenart jenes schöpferischen Elementes, dem die Bühne zunächst als naturgegeben zugehört: er respektiere den *Schauspieler*! Der Schauspieler steigere sich dem Dichter entgegen; der Schauspieler verwandle sich, durch Dichtung verzaubert; er belebe seine Gebärde futuristisch oder expressionistisch, wenn die eigene verwandelte Seele es verlangt! Aber kein Picasso wird den Schauspieler zerstückeln, in Nase, Augenbrauen und Kniescheiben zerlegen dürfen. Zur Not kann höchstens noch der Kopf vom Rumpf getrennt werden! Aber nur ausnahmsweise. Dieser Körper – der des Schauspielers – ist und bleibt undurchdringlich; dieser Raum – den der Schauspieler ausfüllt – darf nicht einstürzen. Neben dem Schauspieler ist alles, was sich auf der Bühne befindet, eine Wirklichkeit zweiter Ordnung. Muß das erst ein Regisseur als die – ehrfürchtig erkannte – Grenze der eigenen Macht anerkennen? Muß über den Schauspieler ein neuer ›Laokoon‹ geschrieben und den neuen Malern in die Hand gedrückt werden?

Nun, Friedrich Wolf hat ja selbst, in einem sehr beherzigenswerten Aufsatz über den ›Untergang der Sprache‹, die Grenze aufgezeigt, an der auch die expressionistische Dichtung Halt machen muß –: Sprache, Logik, Gedanke! Es ist die Grenze, die allein noch eine Möglichkeit der Formen zuläßt; insbesondere die Möglichkeit einer so komplizierten, für das Eigenleben auf der Bühne bestimmten Form, wie das Drama eine ist. Und vielleicht wird es noch als ein segensreicher Zwang empfunden und erkannt werden, daß schon das Drama, um so mehr aber die Bühne der Zersetzung Widerstand leistet. Der Schauspieler, so oft als ein nur Reproduktiver verleumdet, wird, wenn er seine eigene wahrhaft schöpferische Sphäre vor den Übergriffen der anderen – beim Theater nur helfenden – Künste zu retten gezwungen ist, damit vielleicht auch diese anderen Künste merkwürdigerweise mit retten helfen.

Deutsches Zukunfts-Theater

In der großen Krisis, die Deutschland jetzt erleidet, wandeln sich die beiden Begriffe ›Staat‹ und ›Volk‹ an sich und aneinander. Der Staat erscheint jetzt besonders deutlich als ein Unternehmen des Volkes, in diesem Fall ein mißglücktes. Vor aller Augen vergeht der Staat, das Volk aber bleibt übrig; – ob auch das Volk den Gesetzen der Wandlung unterliegt wie der Staat, fühlt doch das Volk sich in der aktiven Form als wandelnd dem Staate gegenüber, den es wandelt. Anders gesehen: der Staat kann nicht, das Volk kann gerettet werden. Und wie der einzelne Mensch, der für ein Unternehmen zuviel gewagt und schließlich mit dem Gewinn auch den Einsatz verloren hat, sich retten kann, indem er, den verfehlten Plan aufgebend, sich einschränkt und neu beginnt – moralisch: indem er sich auf sein Selbst besinnt –, so auch hier das Volk. Solch ein neu anfangender Mensch mag, wenn sein Kern echt ist, empfinden, daß er nur Äußerliches, Reichtum, Ansehen, Ehrenprunk, vergängliche Güter und vergängliche Wünsche, eitle Bedürfnisse verloren, dafür aber – trotz und in aller Not – das Wesentliche, das Eigentliche wiedergewonnen hat. Es wiedergewonnen hat, eben indem er sich auf ein Wesen, einen Grundwert plötzlich neu besann.

Da orientiert sich denn auch der Begriff ›Volk‹ nicht mehr nur an äußeren Geltungen wie etwa Großmachtstellung, Valuta, Prestige und so weiter. Sondern wieder an den inneren Werten, und an Symbolen, die das Innere sichtbar werden lassen, an Zeichen, die das Volksleben als Seelenleben einer Gemeinschaft erklärten. Als ein Zeichen dieser Art wird jetzt wieder das Theater verstanden. Die ernsten Stimmen derer mehren sich, die das Theater wieder als ein solches Zeichen dringlich ansprechen. Und das ist ein gutes Symptom, könnte eines sein – trotz des wirtschaftlichen Druckes und gerade wegen des wirtschaftlichen Druckes. Ein schlimmes Symptom wäre es freilich, wenn der Wille zum Theater nur vom Willen zur Wirklichkeit, vom Willen zur Tat ablenken wollte.

Wer aber das Theater so hoch wertet, der muß ein Theater wollen, das so hohe Wertung aushält; der wird, vom realen Theater äußerst unbefriedigt, das ideale Theater suchen; der wird das Theater der Gegenwart verleugnen und das Theater der Zukunft behaupten. Freilich entspricht es dem Wesen des Theaters, daß der Fordernde da bald in einen – mindestens theoretischen – unlösbaren Zwiespalt gerät. Er will das Theater als Mittel gebrauchen, um damit wahre Gemeinschaft, Volkstum im idealen Sinne zu erregen und zu bilden; während doch erst eine lebendige Gemeinschaft, verwirklichtes Volkstum das in diesem Sinne wahre Theater erregen und bilden könnte. Da das moderne Publikum ebensowenig Gemeinschaft, ›Volk‹ ist wie das moderne Theater lebendiges Symbol für die Seele einer Gemeinschaft, für den Willen, den Glauben, die Idee eines Volkes, so suchen die Fordernden, die Utopisten sachliche Anhalte, Aprior.täten des Theaters, Fundamente jenseits dieser schwierigen Problematik.

Vielleicht werden, in der Praxis, Theater und Gemeinschaftsleben einander wechselwirkend fördern. Schon um dieser Möglichkeit willen sollte man die Hypothesen, die Rettungspläne des Theateridealisten sammeln und sichten, sollte man Theatergedanken ernst nehmen und sie zuerst einmal überhaupt beachten. So will ich fortlaufend auf Schriften dieser Art hinweisen, wenn sie mir die Erneuerung des Theaters – und nicht nur des Theaters anzukündigen, anzuregen und wenigstens gedanklich vorzubereiten scheinen. Ich will, ohne vielleicht endgültig kritisieren zu können, anmerken, was ich davon und wie ich es verstanden habe. Und nicht davor zurückscheuen, daß vorläufig noch die Praxis der Theorie, am Ende gar die Theorie sich selber widerspricht. Heute führen die Wege kreuz und quer und nicht selten in die Irre; sodaß, wer ehrlich sucht, auch den Selbstwiderspruch nicht fürchten darf, in der Hoffnung, daß er sich auf höherer Ebene wieder aufheben wird.

›Von Schiller zur Gemeinschaftsbühne‹, von André Jolles, Professor an der Universität Leipzig. Das Buch erschien vor kurzem in dem Leipziger Verlag von Quelle und Meyer. – Als Vorwort eine Erörterung der Volksbühnen-Frage durch Dr. L. Pallat; der nachweist, daß diese Frage mit der Verstaatlichung oder Kommunalisierung der bisherigen Hofbühnen (Stadt-Theater) keineswegs gelöst wäre. Und auch die Sozialisierung aller Privattheater böte noch immer keine befriedigende Lösung. Das betrifft zunächst die Platzfrage. In beide Berliner Hofbühnen käme jedermann alle zwei Jahre zur Not einmal. Die anderen Theater, alle zusammengenommen, würden vielleicht genug Plätze ergeben – genug, um Theaterkunst wirklich in die Breite des Volkes zu tragen. Aber die in den Vergnügungszentren gelegenen Theater wären schon rein örtlich für die in den Außenbezirken Wohnenden nicht popularisierbar. Also – »neue Theater in den Außenbezirken« täten not! Neubauten – »in den kargen Zeiten, die uns bevorstehen«? Was zunächst eine materielle Frage ist. Darüber steht die Stilfrage, die Frage nach dem idealen Volksstil der Theaterkunst. Bedeutsamerweise fühlen sich die Theater-Idealisten durch die Not der Stunde, die eine äußerste Beschränkung der Mittel fordert, eher ermutigt als eingeschüchtert. »Erziehung ist Formung. Sie ist leichter in beschränkten Verhältnissen als in üppigen. Aber wie nur der den andern formen kann, der selbst in Form ist, so kann auch ein Theater ohne Stileinheit nicht erzieherisch wirken.« Aus der großen Not ließe sich also eine Haupt-Tugend machen. Nur fort mit dem ›stillosen Durcheinander‹ der landläufigen Spielpläne und Spielarten! »Mit dem Sozialisieren der Bühnen allein ist uns also nicht geholfen, wir brauchen für die Volksbühne eine neue Form; und mit dieser Form muß das Volk innerlich so verwachsen, daß es sie als seine eigene Schöpfung empfindet.« (Nur empfindet? Nicht schafft?)
Professor Jolles versucht nun, diese neue Form theoretisch herauszukristallisieren. Er geht von Schiller aus, und zwar von dem synthetischen, dem bewußt eine endgültige Form bauenden Schiller, der »innere Wahrheit, Notwendigkeit und Bestimmtheit« anstrebt; der in der ›Braut von Messina‹ eine große allgemeine Form sich zum Problem macht, aber sie erst im ›Wilhelm Tell‹ erreicht, weil er hier von einem großen allgemeinen Inhalt aus baut. So wird dem heutigen Reformator gerade der ›Tell‹, Schillers Ende, der Anfang einer neuen Entwicklung des deutschen Dramas. Professor Jolles geht also, da er das Theater erneuern will, vom *Drama* aus. Der ›Tell‹ ist ihm ein Muster dessen, was ihm als notwendig vorschwebt: eines *Volksstückes* im strengen und hohen Sinn dieses Wortes; eines Volksfestspieles, das es nicht auf das Besondere, sondern auf das Allgemeine an-

legt, das die Gemeinschaft in der großen Idee sammelt. Es ist, bei Schiller, die Idee der Freiheit. Der junge Schiller hat Freiheit in gewaltigen satirischen Anklagen gedichtet, der romantische, der historische Schiller hat sie individualistisch gefaßt, der Schiller des ›Tell‹ hat Freiheit politisch-menschlich als Volks-, als Menschheits-Idee zum großen allgemeinen, ewig-gültigen Vorbilde erhöht – und hat damit das klassische Volksstück, ein Menschheitsdrama zugleich gestaltet. Für Jolles ist der ›Tell‹ ein Anfang, der ohne Fortsetzung blieb. »Weder die Dichter, noch die Schauspieler und Regisseure des neunzehnten Jahrhunderts haben eine ihrer Zeit und ihrem Volke entsprechende Form gefunden. Deshalb haben wir Schauspieler, kennen aber das Schauspiel nicht, besitzen wir Dramatiker, aber fehlt uns das Drama. Deshalb pendeln unsere Seelen zwischen Ibsen und Offenbach und irren von Shakespeare – ich meine eigentlich Tieck-Schlegel – nach Kadelburg und Blumenthal. Deshalb experimentiert Reinhardt wie ein alter Alchymist mit allen denkbaren Materien – von Kot und Hühnereien bis Quecksilber und Bismut –, ohne daß es ihm gelingt, Gold zu machen, und reitet Hauptmann wahllos die Pferde seiner Laune. Dichterisch, inhaltlich und als seltsamer Guckkasten kommt einiges dabei heraus, als Form ist alles zusammen ein nützliches Sammelsurium, und unsere gänzlich herunter-gekommene Kochkunst zeigt dennoch einen geschlosseneren Stil als unser Theater.«

Der ›Tell‹ habe die Möglichkeit einer idealen volkstümlichen Dramatik gezeigt. »Ein Volk soll zuschauen, ein Volk spielt. Aus dem Volk ist es geboren, an das Volk wendet es sich.« Die von Jolles gegebene Analyse des ›Tell‹ – eigentlich weniger eine Analyse als ein Beispiel von *normativer Kritik*, die nicht mehr, wie die impressionistische Kritik, Qualitäten sucht, Reize siebt und Erlebnisse nachdichtet, sondern eine Norm aufstellt, ein Gesetz herauskristallisiert, eine Form aufbaut – gibt ihr Bestes, wo sie nachweist, wie im ›Tell‹ der Held das Volk, und zwar Volk in einem idealen Sinne, ist. Der ›Tell‹ schafft einen idealen Volksbegriff. Form wäre hier die reine, notwendige, vollendete Gestalt eines idealen Inhaltes. Indem Professor Jolles den ›Tell‹ wertet, klärt er zugleich seinen wohl vorgefaßten Begriff vom Drama. »Das Drama ist Gemeinschaftskunst.« – »Das Drama ist Synthese.« – »Wer spielt in frühen Zeiten das Drama? Das ganze Volk oder doch eine Gruppe, die sich durch eine gemeinsame Idee gebunden fühlt. Diese Idee kann religiös, sie kann auch ganz anders sein, aber sie herrscht in allen einzelnen Mitgliedern vor, sie zwingt sie zu einer darstellenden Einheit. Spieler und Zuschauer sind dieselben, Subjekt und Objekt der Aufführung lassen sich nicht trennen. Wie bei der Musik und beim Tanz, den beiden Künsten, mit denen das Drama am meisten Verwandtschaft zeigt, fallen ursprünglich Kunstwerk und Publikum zusammen.« – Und: »Synthetisch war das Drama von Anfang an, da Dichtung, Tanz, Musik und Darstellung zusammenkommen mußten, um es zu schaffen.« –

Aber die wahre Gemeinschaft all dieser Künste werde erst vollzogen durch: die Architektur. (»Denn die Baukunst ist es, die in den Menschen das Empfinden des Gemeinsamen wachruft.«) – Die Griechen wußten es, daß die Kunst der Szene nicht durch die Flächenkunst der Malerei, welche das Dreidimensionale nur perspektivisch vortäuschen, aber niemals die Struktur einer Handlung wesentlich aufbauen kann, daß sie nur architektonisch zu verwirklichen ist. Auch die Mysterienspieler des Mittelalters wußten es noch. Das große Prinzip sei erst zerbrochen, die Einheit auseinandergerissen worden im sechzehnten und siebzehnten Jahrhundert, als »dem Volksdrama ein höfisches Drama gefolgt war«. Da kam das Trennende auch in den Organismus der Bühne, und »die Bühne löste sich aus der Synthese«, »das Glas des Guckkastens trennte den Beschauer vom Bilde«. – »Während sich der Saal den höfischen Sitten und der Klassentrennung immer mehr anpaßte, verfiel auf der Bühne der architektonische Zusammenhang, um einem immer stärker werdenden Illusionismus Platz zu machen.« – Ob die historische Entwicklung verlief, wie Professor Jolles sie darstellt, weiß ich nicht; die Geschichtshypothese soll ein Grunddogma, das der architektonischen Bühnenkunst, begründen. Wichtig ist hier nicht die Begründung, sondern die Norm. Die Szene sei räumliche Gliederung der dramatischen Idee. Der Bühnenarchitektoniker behaupte sich gegen den Bühnenmaler! Der gesetzmäßige Aufbau des dramatischen Vorgangs, der gestaltete Rhythmus wird gefordert; Stimmung, Ausschmückung, Dekoration bleibe der Phantasie überlassen, und das heißt: den Worten des Dichters. Auch Schiller, ein selbstherrlicher, individualistischer Dichter, »einer aus dem Geschlechte der Alleinherrscher«, verfehlte, auch er, »den Weg zur neuen Synthese – denn die Architektur einer Dichtung kann nur zur Geltung kommen, wenn sie von der Architektur der Bühne getragen, von der Architektur in Gewandung und Gebärden der Schauspieler begleitet wird. Die illusionistische Bühne, die Schiller vorfand und zu deren Änderung er als Dichter nicht beitragen zu müssen glaubte, deren Meister er sich wähnte und deren Sklave er war, verhinderte den letzten Schritt. Vielleicht hätte er ihn dennoch getan, aber nach ›Tell‹ kam der Tod.« – Diesen letzten Schritt, die Sprengung der Illusionsbühne, die wiederhergestellte Gemeinsamkeit zwischen dem Repräsentanten, der spielt, und dem mittätigen Publikum, das mitspielt, hat auch Richard Wagner nicht getan, der Letzte, der das Theater entscheidend ernst nahm. Auch Wagner blieb diese letzte Erfüllung, äußerlich und innerlich, schuldig, auch seine gewaltigen Gemeinschaftsideen mündeten doch wieder nur in das höfische Schauspiel – und in die, wenn auch kosmisch erweiterte, Illusionsbühne.

Dieser erste kritische Teil des Buches scheint mir, gerade weil er so dogmatisch alles von einer starren Norm aus beurteilt, sehr wertvoll zu sein. Der zweite Teil gibt praktische Reformpläne. »*Wie baut man der neuen Siedlung ihre Bühne, wie schreibt man der neuen Siedlung ihr Drama?*« Der

Reformator geht also jetzt, den umgekehrten Weg nehmend, von der sozialen Utopie aus, von der neuen Menschengemeinschaft, deren Organ die neue Bühne werden soll. Aber er greift doch sofort wieder auf die bestehenden sozialen Verhältnisse zurück. »Die Theaterversuche der letzten Jahrzehnte mit immer wachsenden Schauspieler- und Figurantenmassen, in immer größeren Räumen, mit immer ausgedehnteren Mitteln, haben weder in der Großstadt noch anderswo zum Ziele geführt. Das heißt, es hat sich aus ihnen nirgends jene Stileinheit ergeben, von der wir sprachen und die wir als Grundlage einer Gemeinschaftskunst betrachteten. Sie blieben ein Belustigungsmittel, das im Grunde der Volksseele fernstand. Auch aus dem Ergebnis ging das hervor. Ließ sich die Menge zeitweise zu Tausenden in einem Zirkus zusammentreiben, auf die Dauer verlief sie sich lieber zu Hunderten in zehn bis zwanzig Kintopps. Völkerpsychologen hatten oft Gelegenheit festzustellen, daß von dieser Menge viel eher eine Dezentralisierung als eine Zentralisierung angestrebt wurde. Sehen wir uns noch einmal in der Geschichte um, so ging die Sehnsucht vielmehr nach einem Puppenspiel aus, das sich auf jedem Markt, an jeder Straßenecke zeigen konnte, als nach einem riesenhaften Festspiel in irgendeinem Kolosseum.« Und so kommt Professor Jolles zu der Forderung der »vielen kleinen Theater«, und er beurteilt die Bewohner einzelner Stadtteile der Großstadt wie die Bewohner einzelner Siedlungen. Er beobachtet, daß die heutige Gesellschaft, je weiter die Austilgung der sozialen Klassen fortschreitet, sich um so mehr in einzelne Kreise teilt, was »den gewaltigen Zahlen der jetzigen Bevölkerung und deren notwendiger Differenzierung« entspreche. »Dezentralisierung und Verstaatlichung sind die einzigen Mittel, eine dramatische Gemeinschaftskunst zu erzielen.« Das ist sozial gedacht, aber nicht bis zur letzten Konsequenz. Nicht der Staat, die Theatergemeinschaften müßten ihre Theater besitzen. Professor Jolles überspringt diese grundlegende Frage und gibt sofort seinen Einheitstyp, entwirft den Plan eines Theaters nach seinen Prinzipien, von der Bühne – und sein Bühnenplan ist überaus beachtenswert und wird manchen Fachmann überzeugen können – bis zum Musterdrama der Zukunft, von dem er auch einen Einheitstyp aufstellt. Der Dogmatismus, der hier mit einem Ruck aus der Utopie in die Praxis springt, erscheint mir zwar kindlich und künstlerisch recht dürftig, aber die Beispiele des Reformators sind wichtig wegen des Prinzips, das sie noch anschaulicher machen, und weil sie dem Kaleidoskop der heutigen Produktion eine strenge Gesetzmäßigkeit entgegenstellen wollen. Wertvoller als etwa die These von den fünf schauspielerischen Grundtypen sind mir die kritischen Nachträge über ›Ort und Zeitabschnitt auf der Bühne‹ und über ›Verismus‹. Eine Erkenntnis wie diese, daß »die Kunstgattung, durch die das Zeit- und Raumlose zum Ausdruck kommt: die Architektur; dagegen die Kunst, die uns das Historische, den Ort, die Zeit der Handlung veranschaulicht: die Dichtung« sei, eine solche Erkenntnis umschreibt scharf und wohltätig die

Grenzen und Möglichkeiten der Bühne. Und befreit die Bühne von dem Ballast der tausend Identitätsbeweise mit der unerreichbaren Natur und der hunderttausend niemals glückenden Illusionen. Befreit sie zu sich selber, zu ihrem eigentlichen Mut und Gelingen, zu ihrer wahren Stilgröße. »Und so muß der Schauspieler als Figur, als Träger des Gewandes und der Maske wiederum zeit- und ortlos sein, während er als Stimme Herold des Historischen wird.« Und, so möchte ich ergänzen, als Körper Verwirklichung des Seelischen. Denn in dem Begriff »das Historische« steckt alles Vergängliche, alles Psychologische, alles Individuelle, auf das der Neuerer verzichten zu können glaubt. Daß er aber mit den Dekorationen nicht auch zugleich auf das ganze holde Leben des Augenblicks und seine tausend Übergänge verzichten muß, dafür bürgt der Körper – nicht nur das Gesicht – des Schauspielers, dieser Spiegel der Natur. Denn so wahr es ist, daß weder der Verismus der Gegenstände, noch der Verismus der Zahl auf der Bühne wesentlich sein kann; so wahr es ist, daß der Regisseur »mit der Phantasie und nicht mit den Augen des Zuschauers rechnen« soll; daß das Leben des Lichtes (eben die *Beleuchtung* der Dinge) für die Seele unendlich ergiebiger ist als die Häufung starrer Details: so ist doch die wahrste Wahrheit der Bühne der Schauspieler und seine Gebärde, wenn auch eine Gebärde, wie dieser eifernde Idealist des Theaters sie versteht, die gesetzmäßige, repräsentative Gebärde, der rhythmische Aufbau der Idee im Körperlichen, die sichtbar werdende Synthese der Gegensätze. So ist, mit Recht, die ›architektonische Gebärde‹ die letzte Forderung des Idealisten.

Es ist meine Überzeugung, daß die dogmatische Kritik des Herrn Professor Jolles dem ›Illusionstheater‹, oder, besser, den individualistischen Entwicklungen jener vielfältigen Dramatik, die etwa von Shakespeare herkommt und im Expressionismus etwa des späten Strindberg endet, damit dem ganzen Gegenwartstheater nicht gerecht werden kann, daß sie aber die notwendige Reaktion auf diese endende Entwicklung darstellt und damit den Anfang eines Neuen, Notwendigen und Idealen. Aber dieses Neue wird nicht aus der Retorte geboren und nicht nach theoretischen Mustern geformt und gefunden werden. »Wenn ich mit meinen kurzsichtigen kulturgeschichtlichen Augen«, sagt Professor Jolles, bevor er seine Zukunftspläne entwickelt, »das lange Geschehene überschaue, so hat sich überall dort, wo eine wirkliche Gemeinschaft herrschte, aus dieser allmählich auch ein Volksdrama entwickelt. Fast würde ich sagen, es ist die Probe auf das Exempel, und man kann die innere Güte der Gemeinschaft daran ermessen. Wenn also aus dem neuen Deutschland kein Drama sich ergibt, dann ...« Ja, es sei die Probe auf das Exempel. Professor Jolles hat Recht, wenn er alles von der Gemeinschaft und von der großen tragenden Idee, die in der Gemeinschaft Wurzel geschlagen hat, abhängig macht. Nur aus diesen Lebendigkeiten, nicht aber nur aus Programmatik, wird das ideale Theater, das deutsche Zukunftstheater wachsen.

Richtiger: Regie *und* Interpretation. Regie ist längst nicht mehr dasselbe wie Interpretation. Ein Auseinander-Fallen (in den besten Augenblicken ein Auseinander-Wachsen) der beiden Begriffe, das eine Problematik unserer Zeit bedeutet, weit hinaus über das Problematische unseres Theaters. Regie, die Theatervorstellung schaffend, ist dem Wortwerk des Dramatikers gegenüber so eigenmächtig, so selbständig, so verselbständigend, so eigenlebendig und eigengesetzlich geworden, daß es oft heißen muß: Regie *oder* Interpretation. – So daß schon das Wort ›Interpretation‹ in diesem Bereiche heute wieder neu klingt und sein bloßes Aussprechen hier und dort aufhorchen machen könnte. Der Regisseur als Interpret –: Das große moderne Beispiel dafür war unter den Kapellmeistern des Musikdramas zu erleben und hieß *Gustav Mahler.* Man höre sich daraufhin seine Kompositionen, seine Lieder und Chöre an, man genieße das ›Lied von der Erde‹ als ein Wunder an Welt-Interpretation, Regie-Interpretation eines hohen Herzens. Auch wer den Dirigenten Mahler nicht persönlich erlebt hat, empfängt seine Wirkungen noch heute, denn sie sind in die Seele der Zeit übergegangen. Zum Dirigenten gehört die Partitur. Die Partitur mit ihren genauen Zeichen begrenzt und erweckt die schöpferische Freiheit des Interpreten. Mahler ist durch die Partitur Richard Wagners erweckt worden, durch die Partitur des Gesamtkunstwerks, das immer noch unsere Idee vom Theater beherrscht. Hier war der dramatische Ausdruck (Betonung und Geste) diktatorisch fixiert und noch jeder Seufzer mit dem Fanatismus einer priesterlichen Hierarchie eingeordnet. Der Schauspieler und seine Gebärde erstarrten zur Konvention, Wagner selbst aber tobte sich als der dämonische All-Regisseur in der gigantischen Wahllosigkeit aller Mittel aus. Was der Theatrarch Wagner wollte: eine Pan-Dämonologie der Natur; was sein Orchester erreichte und vermochte: ein Kompendium praktischer moderner Psychologie! Hier ward die Bühne, die dramatische Praxis erweitert bis tief hinunter auf den Meeresgrund der unbewußten Regungen; hier ward Unsagbares hörbar und genau hörbar; und für das Ohr wenigstens wuchs der dramatische Raum, aus Tönen gebaut, in chaotische Allheit aus. –
Gustav Mahler nun erlebte die Partitur mit seinem besonderen Temperament, er setzte die brennende Aktualität seiner königlichen dramatischen Seele dagegen und zerrte die Riesenpopanze in sein fressendes Feuer. So wurde das alles erklärende, alles verstehende Orchester Wagners nochmals kristallisiert und einheitlich zusammengedrängt, der chaotisch weit ausschweifende Raum zusammengehalten und in der menschlichen Figur, im schauspielerischen Ausdruck epigrammatisch aktualisiert. (Die Gewalt dieser Interpretation erschien als das Walten schöpferischer Freiheit.) Mozart dagegen wurde musikdramatisch gesteigert, der große Dramatiker aus ihm

auf die Bühne interpretiert. Weit entfernt von dem lahmen, sentimentalen Rokoko, von der geschmäcklerhaften Spielerei sonstiger Mozart-Aufführungen löste und erlöste sich hier ein glühender revolutionärer Kern der Mozartschen Humanität. Die Grazie war wieder die Tochter des flammenden Firmaments geworden, und aus den so lebendig angeschauten Noten der Partitur ergaben sich mit strengster Gesetzmäßigkeit, form-vollendend, form-auswirkend, die Bewegungen auf der Bühne und erhöhten sich zum Tanz. (Heute noch ist die Tradition Gustav Mahlers an Marie Gutheil-Schoder zu erleben.) So lachte und tanzte die ›Hochzeit des Figaro‹ auf dem vulkanischen Boden der Revolution, deren Grollen hinter der Herrenlaune eines Genußlebens vernehmbar wurde. So hatte der Freiheitschor der Gefangenenszene im ›Fidelio‹ eine bisher unerhörte dynamische Gewalt, ein Dröhnen unterirdischer Sehnsucht zum Licht empor. Und wie war dieses ›Drunten‹ und dieses ›Empor‹ szenisch gestaltet! Wie drängte und reckte sich alles im Dunkel zu einem Lichtstreif hinan! – So verschlang der jähe Vorhang als ein Höllenrachen den Don Juan, mit undramatischem Radikalismus den harmonischen Ausklang des Werkes einfach wegstreichend. Wie fanatisch entschlossen akzentuierten die Farben im ›Don Juan‹ – rot, schwarz und weiß – die große Handlung! Das Schöpfertum dieses Regie-Interpreten lebte sich aus in Kühnheiten des Streitens und Gliederns, in Eigenmächtigkeiten des Tempos, in der Tyrannisierung der Darsteller als der zur Präzision zu bringenden Instrumente. – Unvergeßlich Mahlers Gebieterblick, wenn er, ehe er den Taktstock hob, mit einem gewaltsamen Ruck das Profil zum Zuschauerraum drehte und ihn verstummen und erstarren machte. – »Tradition ist Schlamperei«, lautet ein oft zitierter Aphorismus Mahlers. Und doch war er nur Interpret, fühlte sich nur als solchen, als getreuen Diener der Partitur.

Ein anderes Beispiel eines schöpferischen Interpreten: der Regisseur Vallentin, Reinhardts Mitarbeiter und Vorläufer. Die Theatergeschichte erwähnt ihn selten, mir und manchem anderen, der ihn erlebt hat, ist er unvergeßlich geblieben. Er war der treueste Zuende-Dichter auf der Szene! Ich machte in Wien seine Inszenierung von Bahrs ›Die Andere‹ mit, ein Versuch, zwiespältiges Seelenleben und das Walten unterbewußter Antriebe im Weib-Wesen dramatisch zu gestalten. Das antibürgerlich Elementare dieses Abends, die Vorwegnahme Strammscher ›Kräfte‹ der Regie, jähe Eruptionen der Triebe, Sprachzwang statt der Konversation, Selbstverrat körperlicher Impulse erregten einen gewaltigen Theaterskandal. Doch das ›Hannele‹ desselben Vallentin war die zarteste dichterische Überwindung der Gegenständlichkeit der Bühne, aber nicht durch ›Stilisierung‹, sondern durch Betonung und Beleuchtung der armen Alltagsdinge, die der Traum vom Himmel dann mit offener Magie verwandelte, in aller Einfalt. Da tanzte ein Himmelsschneiderlein bizar-körperlich (nicht banal-phantastisch) über die Szene, auf dem ein so rührender Abglanz höheren Humors lag, daß

Hannele auf ewige Kinderweise in die erhabenen Sphären wuchs. Da war der ›Naturalismus‹ durch die Kraft der Liebe hinweg interpretiert.

Reinhardt selbst war und blieb in soundso vielen Fällen ein idealer Interpret. Ich erinnere nur an seinen ›Clavigo‹, seine ›Stella‹ – zuletzt an die leichte Hand eines Kammermusikanten, deren Fingerspitzen entlang die sechs Personen einen Pirandello suchten. – Interpretation bleibt die Regie, solange sie den Willen, die Linie einer Dichtung wahrt, mag sie zuende dichten oder denken, steigern oder mildern, verzeitlichen oder verewigen nach Herzenslust. Jede noch so kühne Art der Deutung ist noch Interpretation, jede neue Beleuchtung, jede vom Sinn des Werkes besessene Verkörperung. Aber Reinhardt hat auch jene andere Gattung der Regie gepflegt und populär gemacht (und damit vielleicht überhaupt erst Regie als eine selbständige Kunst durchgesetzt), der das dramatische Werk, das Textbuch nur ein Anlaß, ein Vorwand sogar für die Entfaltung eines Spiels der Bühnenkräfte an und für sich ist. Die Wiedererweckung des autonomen Komödiantentums, seine Emanzipation vom Text, ein Stegreifspiel zwischen den Zeilen und oft gegen den Sinn der Vorlage, das Phänomenale des Theaters, sein eigenes Ereignis geworden: das alles geht für unseren Zeit- und Ortssinn auf Reinhardt zurück. Magie der Bühne, die Zaubereien der Illusion, der Szeniker als Diktator, als Star! – Die Masse und ihr abergläubischstes Mirakel, griechisches und mittelalterliches Kulttheater als Regie wiedergekehrt! Das waren so die Lockungen, die einen modernen Theatermenschen vom geduldigen und strengen Dienst um so weiter fortführen mochten, als die formauflösende Dekadenz des Dramatikers ihn selbst herrisch werden ließ.

Der so entstandene Typus des Regisseurs beherrscht heute die Bühne – überall, wo ein neuer fanatischer Wille das Theater ergriffen hat. Allerdings geht es ihm nicht mehr nur um das Spiel seiner Kräfte – sondern um eine Neuwertung des Dramatischen, um eine Utopie des Dramas, dem aus vorhandenen Ansätzen eine Form gebaut werden soll – um eine ideale Forderung, die aus der Zeit heraus der Zeit vorgreift und entschlossen ist, sich möglichst unabweisbar zu verdichten. Am weitesten entfernt von einer Interpretation arbeiten heute die Russen, Taïrow und insbesondere Meyerhold (obwohl auch da in manchem Glücksfall sich die wagemütigste szenische Gestaltung zuletzt doch mit einer Interpretation im besten Sinne des Wortes deckt). In Rußland wird die Umwertung des Theaters von dem großen Bruch der russischen Revolution mit aller europäischen Bildungskultur ungeheuer gefördert. Dabei zeigen sich (für unser Auge) riesenhafte Ansätze eines neuen kollektivistischen Theaters, mögen sie auch zunächst in artistische Schnörkel auslaufen! – Dieses Theater entwickelt sich zunächst jenseits des Dichterischen. – Wir aber bauen noch, wenn auch in einem erneuernden, elementarisierenden Sinn am individualistischen Drama und bleiben tief verpflichtet zur Interpretation des dramatischen Dichters. Wir kämpfen, Schauspieler und Szeniker, im Schatten Shakespeares, dessen Masken einer

Allmenschlichkeit der Bühne uns nicht loslassen, um neuen Inhalt und seine eindeutige Form! Unsere höchste Hoffnung ist die Selbstermächtigung des Dramatikers, der den schöpferischen Willen der Zeit vollziehen und das ganze Theater zu seinem lebendigen Interpreten machen wird.

Das Theater der Zeit

Das Theater soll der Ort sein, an dem das Volk seine Idee vom Leben in einem wachen Traume erblickt. Ein Ort der Verdichtung, Entzündung und Entladung schöpferischer Phantasiekräfte der Volksseele, welche sich mimisch, körperhaft gestaltet.

Das Volk erlebe auf der Bühne sein anschauliches Ringen mit der Gegenwart; und das nahe herangebrachte Planen der Zukunft, also Gegenwart im utopischen Sinn. – So sei das Theater der Ort der bildhaften Selbstbegegnung für das ewige Kind im Volke! –

Wir haben statt des Volkes das Publikum. Wir haben die dünne Schicht der Gebildeten; der Städter. Wir pflegen das Theater wie eine Gartenanlage, wenn wir an seinen Wert glauben und um diesen Wert kämpfen. Darüber hinaus fristet das Theater als eine öffentliche Vergnügungsstätte ein merkantilisches Dasein. Der Staat, die Stadt erhalten einige von den allzu gierigen Augenblicksbedürfnissen unabhängigere Bühnen. Die Gründung von Volksbühnen bedeutet eine moderne Wendung in der Theaterfrage; eine Wendung, welche sich noch lange nicht entscheidend genug ausgewirkt hat. Organisation des Publikums: das wäre zunächst ein Ersatz für das organische Wachstum des Volkes. Aber so nützlich auch der durch Organisation gesicherte Besuch für den Bestand des Theaters erscheinen mag, die eigentliche Bedeutung der Volksbühnen würde sich erst erfüllen, wenn das neue Publikum, vom Willen zum Theater erweckt, sich seiner Bedeutung bewußt würde, und selbst weckend und befruchtend auf das Theater einzuwirken begänne.

Und schon haben auch die Berliner Theatertrusts, als Großindustrie einer Ware, welche die Theatervorstellung heißt, sich der neuen Methode zum Zwecke der Selbsterhaltung bemächtigt; sie organisieren ihr Publikum, und im weiteren Verlauf der Dinge werden sie wohl auch ihre Betriebe zu organisieren versuchen. Was das Produkt, eben die Theatervorstellung, betrifft, so bleibt sie auf den Rang des Regisseurs, auf die Gestaltungskraft des Schauspielers, und zuletzt doch wohl auch auf den Dramatiker angewiesen: also auf Allerpersönlichstes, welches sich nicht organisieren läßt. Im Hintergrund des ganzen Betriebes höchst gespannter Kräfte – Energien, muß man zeitgerecht sagen – steht still-lächelnd Shakespeare und wartet ab. Er weiß, daß alles, was da an Blut und Nerv und Berechnung aufgeboten wird, zuletzt an ihm sich erproben muß. Zu ihm, dem erlauchtesten Ausländer, kehrt das deutsche Theater immer wieder zurück und prüft, ob es die Maße des Ahnherrn mit neuem Wuchs zu erfüllen vermag.

Die deutschen Klassiker dagegen haben ihre wechselnden Gezeiten der Wiederkehr und der immer neuen Wirkung auf unseren Bühnen. Wie die Meisterwerke – ›Der Prinz von Homburg‹ oder ›Kabale und Liebe‹, ›Egmont‹ oder ›Götz‹ – immer wieder in den Spielplan aufgenommen werden: darin vollzieht sich so etwas wie ein Plebiszit, eine Befragung der Volksseele nach ihrem augenblicklichen Befinden, nach ihrem Wollen und Brauchen. So wurde etwa im vorigen Jahre Grabbe herangebracht, an manchem Orte, und ziemlich allgemein festgestellt, daß dieser stets Unzeitgemäße heute in besonderer Weise befremdet, obwohl er interessiert. Was uns an ihm heute mehr denn je erschreckt, weil wir es mehr denn je fürchten: ist innere Ziellosigkeit. – So wird Hebbel wieder eingesetzt werden, der Gedanken-Dramatiker, der grüblerische Berechner einer absoluten Form und Formel für die moderne und die zeitlose deutsche Problematik. – Dieses Zurückgreifen auf die eisernen Bestände der dramatischen Literatur hat ganz deutlich etwas Versucherisches; bald kühn, bald zaghaft wird mit den Werten experimentiert. Was abgegrenzt und vollendet schien, zeige immer wieder eine neue Seite, entzünde sich in einem neuen Lichte, und leuchte der Zukunft voraus, welche wir mehr ahnen und wollen als kennen.

Andere Beispiele. Strindbergs Traumspiele und bürgerliche Apokalypsen, Weltuntergänge im zusammengedrängten Raum, trafen plötzlich auf ein erhöhtes und vertieftes Verständnis in der kurzen aktivistischen und expressionistischen Periode, welche der Weltkrieg ausgelöst hatte; jetzt sind diese Werke wieder in ein wartendes Halbdunkel zurückgewichen, ohne deshalb für immer verschwunden zu sein. Desselben Dichters Königsdramen, großartige Versuche einer auf Selbstbestimmung verzichtenden, fatalistischen Geschichtsbetrachtung, wären nach dem Gefühle manches Entdeckers seit Jahren sozusagen ›fällig‹; es wird auch immer wieder, mit einzelnen Aufführungen, vorgetastet, ob das Publikum schon geneigt ist, diese Schöpfungen zu empfangen, ohne daß bis jetzt die ganze Aufmerksamkeit, genug Ohr für dieses schicksalhafte, zur Selbstbescheidung mahnende Wort zu haben gewesen wäre. Es hat den Anschein, als ob die Zeitgenossen durchaus noch nicht bereit wären, den Verlauf der Weltgeschichte fatalistisch zu empfinden (obwohl der neue Berliner Erfolg des ›Wallenstein‹ vielleicht doch auf ähnliche Regungen der Zeitseele zurückzuführen sein dürfte). Im allgemeinen ist die Epoche, so tief und schmerzlich sie auch Geschichte erlitten hat, immer noch mit allen Wünschen des Herzens und Kräften des Hirns bestrebt, Geschichte zu machen. – Der große Anarchist Frank Wedekind, genialischer Totengräber der bürgerlichen Moral, scheint zwar zunächst vom Theater aufgezehrt und zu Ende genossen zu sein, obwohl seine Alterswerke noch ihrer verständnisvollen Verwirklichung harren. Was im Augenblicke an lebendigem Interesse in dieser Richtung sucht, wendet sich der Jugend zu, die Wedekind fortsetzt und zeitgerecht umdeutet. Ein Fatalismus des Blutes, wie die Jüngsten ihn durchzusetzen sich gedrängt fühlen, trifft jedenfalls auf lebendigeren Nerv – auch wenn er in hitziger Abwehr sich verrät – als ein Fatalismus der Geschichte. Die Lockerung des Trieblebens entspricht zwangsläufigen Wünschen der Zeit, während der politische Sinn sich diszipliniert und tätig erhält. –

Eine ›Philosophie des Spielplans‹, wie sie hier in höchst unvollständiger Weise, durchaus skizzenhaft angeregt wird, legt den Schluß nahe, daß das Theater, trotz aller die Besuchermassen binden wollender Organisation, um die Notwendigkeit nicht herumkommen wird, sich den, bewußt oder unbewußt, in der Zeit lebendig wirkenden Kräften anzuschließen. Ein Theater der bloßen Bildung, als des Genusses langhin erworbener geistiger und seelischer Güter, als des Gebrauchs schöner Formen (ohne daß sie verbraucht würden): ist längst nur mehr als seltene Ausnahme und besonderer Glücksfall denkbar. Es kann heute nichts und niemand im Zustand ruhigen Besitzes verbleiben, ohne Bewährung gegen die Rechte alles Lebendigen ringsum. – Wenn ich nun behauptet habe, daß Shakespeare immer noch als eine Art Polarstern über den Entwicklungswellen des deutschen Theaters steht (jeder neue Darstellungs-Stil versucht und mißt sich an Shakespeare als der höchstmöglichen Erfüllung), so meine ich, daß diese Tatsache ihre besondere Bedeutung hat. Sie bedeutet mir: daß das deutsche Theater, das deutsche Drama, der deutsche Schauspieler trotz aller Schwankungen, Strebungen und Schwebungen individualistisch geblieben sind.

Anders das russische Theater. In Rußland zeigen und behaupten sich wirklich starke Ansätze eines kollektivistischen Theaters, welches alle überlieferten Formen sprengt (obwohl die kollektivistische Linie seit jeher durch das russische Theater geht, wie durch das deutsche die individualistische). Es ist dort ein heftiges und rücksichtsloses, wie besessenes Suchen und Greifen nach allseitigen Möglichkeiten der Wirkung auf die Masse. Bis zur Gewalttätigkeit steigert sich das Besitz-Ergreifen der Massenseele vom Bühnenraum, welcher sich weit und breit ins Leben der Straße und des neuen Tages hinaus öffnet. Alle Elemente des Zirkus, der Artistik, der politischen Agitation, Lichtreklame und Magie der Geräusche, Film und Radio durchsetzen das mimische Spiel der Menschen, die Handlung des Stückes mit dem Rohstoff des Lebens und seinen Schlagworten. Mit völlig bedenkenloser Brutalität wird die Dichtung nach den aktuellen Bedürfnissen zerschnitten, zerrissen, umgemodelt, umgedeutet in das Gegenteil ihres Sinnes verkehrt und mit Improvisationen angefüllt. Die Persönlichkeit des Dichters und des Darstellers verschwinden in diesem explosiven Gemenge. Auch das deutsche Theater wies um den Krieg und die Revolution herum verwandte Strebungen auf. Der aktivistische Versuch, die Bühne zur Tribüne, zur Kanzel für die Idee einer erneuten Menschlichkeit – für die Verkündigung des Friedens und der Weltbrüderschaft – zu machen, hat sich doch nur an die Wenigen gewendet; er konnte, bei aller Reinheit der Gesinnung, niemanden überzeugen, der nicht schon mit demselben Glauben im Herzen gekommen war. Für die Eroberung weiter Kreise waren diese Formen zu sehr literarisch formelhaft, die beschwingte Rede zu künstlich. – Das expressionistische Theater, an einen Seelenaufschwung der absoluten Malerei, an kühne, aber chaotisch-ungestaltete dichterische Entwürfe sich anschließend, vom durchdringenden Formwillen einiger Dichter, Spielleiter und Kritiker vorwärts gepeitscht: erreichte seine stärksten Wirkungen im Satirischen, im Auflodernlassen alles Fratzenhaften und Teuflischen der Walpurgisnacht unserer Kultur; es wurde mit großer Entschiedenheit die ›Apokalypse‹ der Zeit, der Weltuntergang als eine Phantasmagorie in den Raum hinausgestellt. Das vielfach gebrochene, vielfach anregende Spiegel- und Spielwerk Georg Kaisers bewies hier vielleicht die lebendigste Fühlung mit der Zeit und brachte es schließlich bis zum Publikumserfolg. (Namen, die im Verlauf dieses Vorwortes weiterer Betrachtungen noch nicht genannt werden, seien darum nicht vergessen. Es handelt sich zuletzt mehr um das Wesen als um die Namen.) Auch diese Gestaltungswelle blieb in der Bucht der Isolation, in den Grenzen des Kennertums stehen und stecken.

Aber der Kampf um das Theater der Zeit geht weiter. Zunächst ist ein erfrischender Sozialkritiker wie Bernard Shaw, der auf seiner Lustspielbühne den Aufmarsch der gesellschaftlichen Typen und Formen besorgt, der große Sieger des Publikumserfolges. Er bereitet den Menschen das Vergnügen einer Selbsterkenntnis, dem manches tiefere Leid folgen wird. Was man durch Lachen überwunden zu haben glaubt, kehrt mit blutigen Tränen wieder, und wir sind mit der Tragödie noch lange nicht fertig. Die Wirklichkeit, die uns mit tausend schrecklichen Unter- und Überwirklichkeiten bedrängt, beginnen wir wieder im Sinne Kants zu verstehen: welcher uns gelehrt hat, daß uns eine Wirklichkeit nicht etwa gegeben ist, um sie als ein uns bestimmtes Milieu einfach hinzunehmen und anzuempfinden; (wie die Vordergrunds-Theorie des Naturalismus behauptet hat; dichterische Praxis hat solche Ansicht vom fertig Vorhandenen stets schöpferisch überboten): sondern daß wir die Wirklichkeit erst mitschaffen müssen. Verwirklichung, immer wahrere, moralisch klarere und ideell reinere ist die Aufgabe unseres Lebens und unseres Theaters; eine Aufgabe, die uns wohl erschöpfen kann, aber selbst nicht zu erschöpfen ist.

Die ›Masken‹ aber wollen das Theater auf den vielen Wegen zu diesem Ziele begleiten; und so nicht nur dem Theater dienen, auch nicht nur das Theater betrachten. Es soll vielmehr versucht werden, die geistigen Mächte der Zeit zu verstehen, von denen das Theater abhängt, und auf die gegenzuwirken sein kühnster Vorsatz ist.

Auf der Bühne produziert der Mensch sich. Diese allgemeine Formel habe ich aus einer grundlegenden Schrift des Dramatikers Bertolt Brecht herausgelesen. Wenn Schauspieler diese Schrift auf nüchternen Magen lesen, werden sie wahrscheinlich nicht klüger werden. Der Begriff der ›Verfremdung‹, um den sie sich dreht, wird sie zunächst bestürzen, durch seinen polemischen Charakter, der der Grundauffassung des sogenannten ›epischen Theaters‹ entspricht. ›Episches Theater‹ – eine an sich paradoxe Zusammenspannung zweier kontradiktorischer Begriffe – hat etwas zu erzählen, es stellt – darin der alten Weisheit des Aristoteles durchaus entsprechend – eine Handlung dar. Jedes ›Stück‹ – der gängige, nicht sehr edle Ausdruck für die Ware, welche die Bühne feilbietet –, Komödie sowohl wie Tragödie und Schauspiel, hat eine ›Fabel‹, eine auf die eine oder andere Art zusammenhängende Folge von Geschehnissen, die einen – wenn auch nicht immer klar ausgesprochenen – Sinn ergeben müssen, und zwar mit verteilten Rollen gespielt, durch die sinnvoll verwobenen Beziehungen von Einzelcharakteren in Gang gehalten. Diese Charaktere sind ebenso wohl erfunden wie das, was sie miteinander vorhaben. Das europäische Theater – seit Shakespeare – war stolz darauf, daß diese Charaktere sich im Verlauf der Handlung – des Dramas – entwickelten, und zwar eben an der Handlung, die immer mehr und am Ende beinahe ausschließlich zu diesem Zwecke erfunden wurde. Die Entwicklung der Handlung war schließlich von jener der Charaktere nicht zu trennen, verschmolz mit ihr. Die von der Renaissance – und der Reformation – freigesetzte – und integrierte – Individualität beherrschte das Drama mehr, als daß sie – wie noch bei den alten Griechen, den Gründern des europäischen Theaters, vom Schicksal, das über Götter und Menschen waltete, beherrscht wurde. Aus dieser dramatischen Individualität, dem Helden oder Protagonisten und seinen Gegenspielern, kam dann der bürgerliche Mensch mit seinem durch das Milieu bestimmten Ich in all seinen sich mit der gesellschaftlichen Entwicklung abwandelnden Typen hervor. Darüber läßt sich heute bereits Geschichte schreiben, sie wurde und wird auch vielfach geschrieben, und sie schildert, so lückenlos, wie sie es vermag, eine Art von gesetzmäßigem Ablauf, exemplifiziert an den bedeutenden, epochemachenden Dramatikern und den verschiedenen, durch die Realisierung ihrer Werke bestimmten Darstellungsstilen. Diese ergaben sich in rascher Folge, in einer dialektischen Bewegung gegensätzlicher, einander ablösender Formen, die der Verschiedenheit der Inhalte entsprach. Es bedeutet eine neue und entschiedene Wendung, wenn der junge Theoretiker des deutschen Dramas, Brecht, wieder die Fabel als das Primäre anspricht und auf sie hinweist, indem er von ihr ausgeht. Wenn er trotzdem dabei bleibt, daß auf dem Theater der Mensch sich selber produziere, so will er wohl sagen, daß er es nur durch die Fabel vermag, und ohne sie überhaupt nicht oder in falscher Weise. Schließlich stimmt das auch für den Naturalismus, der den modernen Menschen auf die Bühne brachte. Auch bei Stanislawski, in den Dramen Tschechows, die diesen Darstellungsstil am reinsten herauskristallisierten, wobei die menschlichen Charaktere vieldeutig und in der Schwebe blieben und im Zustand der Unentschiedenheit verharrten, während das Milieu die menschlichen Stimmungen färbte und sie solcherart bestimmte, konnte das nur am Bande einer, wenn auch geringfügig vorrückenden Handlung, oder Fabel, geschehen. Die Handlung kann freilich – wie sie es in so vielen Lustspielen auch heute noch tut – zur Anekdote zusammenschrumpfen und sich, viel klüger, als ein Witz erzählen lassen. Sie kann einen politischen Leitartikel beispielhaft illustrieren; und sie kann repräsentative Bedeutung gewinnen. In der neueren dramatischen Literatur, und also auch auf unseren Bühnen, pflegte sie sich um soziale Probleme oder um psychologische Komplexe zu drehen – eine Entwicklung, die von jenen Kritikern bekämpft wurde, die vom Drama große, allgemeingültige Gegenstände und vom Theater ethische (moralische) Entwicklungen verlangte. Das Theater als eine moralische Anstalt wurde nicht nur von Lessing und Schiller gefordert. Als solches trat es freilich immer mehr inselhaft, als Ausnahmefall, auf in der gesellschaftlich-ökonomisch bedingten Entwicklung des Theaters zur Vergnügungsindustrie. . . .

[fragmentarisch]

Theater-Not

Lieber Herr Jacobsohn, Ihre Beurteilung des Streiks der Schauspieler (in Nummer 49 der ›Weltbühne‹) erscheint mir so summarisch, daß ich sie umso persönlicher beantworten will. Mit »ich« anfangen und mit »ich« aufhören, weil einer sich auf die eigne Erfahrung beschränkt, ist schließlich die sachlichste Methode (»Ausatmen nur, was eingeatmet war«); während Sie, Herr Jacobsohn, über den Streik der Schauspieler aus der Vogelperspektive eines Andern, nicht eines Theaterliebhabers, sondern irgendeines Volkswirtschaftlers, der Sie gar nicht sind, geurteilt haben. So weise ich zunächst das Argument zurück, daß es Universitätsprofessoren und Rechtsanwälten noch schlechter geht als den Schauspielern. Ich kann nicht entscheiden, was wichtiger ist: die Schauspieler vor dem Untergang zu retten oder die Universitätsprofessoren. Meine Sorge gilt den Schauspielern, weil ich Regisseur bin. Und Sie, Herr Jacobsohn, verdanken eine gewaltige Summe des Erlebens der Schauspielerei. Wenn Sie heute eine Bilanz Ihrer Jahre zögen, welch eine Zahl des Genusses und des Erkennens müßten Sie hinmalen in die Rubrik ›Schauspielerei‹ – welch ein Verhältnis, auf Sie bezogen, zur ganzen übrigen

Welt würden Sie da herausrechnen! Nun kann man Ihnen gewiß nicht nachsagen, daß Sie Ihre Dankesschuld nicht abgetragen haben. Im Gegenteil: ich glaube, daß der Hauptantrieb Ihres Schreibens die Dankbarkeit ist, und sogar eine geradezu kindliche Dankbarkeit. Wenn Sie Matkowsky danken (und Sie schaffen sich oft willkürlich die Gelegenheit, es zu tun), dann werden Sie zum Dichter. Aber Sie sind in den letzten Jahren theatermüde geworden. Das Phänomen ›Schauspieler‹ interessiert Sie nur noch in seinen üppigsten Verkörperungen. Je länger, je öfter ziehen Sie vor, zu schweigen, statt zu tadeln. Sogar Ihre immer allgemeiner werdende Duldsamkeit ist ein Zeichen von geschwächter innerer Beteiligung. Ihre Begeisterung über einen heftigen, wenn auch einseitigen Vorstoß der Sprechkunst in den letzten Jahren war ein Aufflammen. Sie haben noch gestern eine neue Epoche begrüßt, sogar mit Fanatismus, und heute wieder alle Hoffnung verloren. In einer Zeit der Verarmung und der Gewissensangst erscheinen Ihnen die weckenden ebenso wie die spiegelnden Künste der Bühne überflüssig; und von allen grauenvollen Verkommenheiten der Werte, Dinge und Menschen die Depravation des Theaters bei weitem die läßlichste. Sie wollen sich nicht einmal mehr die Mühe nehmen, wohlgezielt zu stoßen, was hier zu Boden, und also in den allgemeinen Dreck der Zeit fällt. Deshalb haben Sie dem Streik der Schauspieler gegenüber so wenig Partei genommen, haben den ganzen Aufwand als zwecklos vertan mit einem skeptischen Lächeln, das grade Ihnen nicht gut gelingt, abgelehnt – und nicht gefühlt, daß sich hier mit den Zuckungen einer Agonie die Wehen einer Geburt vermengten, daß ein letzter, vorletzter Versuch, zu retten im Untergange, sich, wenn auch nur mit Symptomen, jedem Mitfühlenden angekündigt hat.

Im Gegensatz zu Ihnen habe ich niemals das Naturereignis der Schauspielerei an sich vergöttern dürfen ohne Gewissensbiß, wie starke Impulse mich auch oft zu solchem Kultus hingetrieben haben. Ich behaupte sogar, daß wir mit der Entwicklung des Individualismus, mit der Anarchie der Reize jedes Maß verloren, um die Schauspielerei in den Rang der künstlerischen Werte sicher einordnen zu können, so daß Lob und Tadel immer zugleich zu viel und zu wenig sagen. Nicht zuletzt an seiner Maßlosigkeit geht das Theater zugrunde. Mit Erschütterung und Grauen erlebe ich, was heute die großen schauspielerischen Individualitäten erleiden. Entwurzelt, dem Ensemble entrissen, irren sie unstet von Theatergeschäft zu Theatergeschäft, um an dem ungesundesten Raubbau, der mit ihren gestalterischen Anlagen getrieben wird, mit großem Geldgewinn beteiligt, als Spekulationsobjekt vor dem unerzogensten Publikum ausgeschlachtet zu werden. Oder ich sehe die schauspielerische Urkraft von Riesenrolle zu Riesenrolle taumeln, kaum je eine empfangend und austragend, sie mit den notdürftigsten Vorbereitungen halbroh hineinschlingend und aus sich herauswürgend, dafür notdürftigst entlohnt von Direktoren, die dem Spieltrieb und dem Ehrgeiz Blut- und Nervenopfer abpressen und ihre eigne zerschundene und zerbeulte Existenz freilich zur Entschuldigung für die Verwüstung des Ganzen anführen dürfen. Ich sehe, wie solche Stars ihre schauspielerischen Exzesse auf einer Hetzjagd erledigen, die sie oft an einem Tage durch mehrere Filmateliers schleudert, vom Automobil in die Garderobe, von der Kantine auf die Bühne, vom Alkohol in den Scheinwerfer: und die Frage, wieviele halbe Stunden diese unglücklichen Lieblinge Berlins zuhause, in einem ruhigen Zimmer, mit ihrer Frau oder mit sich allein verbringen mögen, hat mich oft bange gemacht. Dieses Ungeheuer und Scheusal, das heutige Berlin, verschlingt allabendlich auf der Leinwand und auf den Brettern soundsoviele (immer dieselben) Vitalitäten, die zu diesem Zweck zu Schwerathleten des Effekts aufgefüttert und aufgepeitscht werden müssen, gleichviel mit welchen Reizmitteln welche kernzerstörenden Wucherungen des Gestaltungstriebs hier erzeugt werden.

Ich habe einen Traum gehabt, den Traum von Berlin: da saß auf einem ungeheuern Platze abendlich die Menschheit versammelt, und auf den flachen Dächern von Wolkenkratzern, die, wo eins zum andern übersprang, Abgründe offenließen, gingen mit verbundenen Augen riesige Pferde. So oft eines der Pferde abstürzte, johlte das Publikum. Ein Schimmel, sanftester Riese, weises und mildes Geschöpf, sauste dicht vor mir aufs Pflaster nieder, zerbarst und ergoß auf die gierige Menschheit sein Inneres: es war Milch und Blut. So träumt die Angst, und sie weiß am hellen Tage: daß, mit allen noch übrigen Gütern und Werten, auch das Theater einer Gesellschaft ausgeliefert ist, die sich in der Verzweiflung einer formlosen Genußgier austoben muß, weil sie jeden innern Grund und Boden verloren hat. Aber das entschuldigt nicht die Hehler und Helfer der Verwüstung, und von den Direktoren müssen nachgrade als die tauglichsten jene gelten, die am krassesten nur Manager und Vergnügungsspekulanten sind. Die George-Grosz-Gesichter und die schrecklichen Hände entsprechen ihren Auftraggebern, sie sind gezeichnet und auf tausend Schritt erkennbar. Hüte sich Jeder, der eine Kunst oder auch nur ein Können zu verkaufen hat, daß er nicht solche Umwelt mit täuschenden Hüllen versorge; daß er nicht Vampyre mit süßem Blut belebe und neu gestärkt, gieriger als je auf eine haltlose Menschheit loslasse! Deshalb sind heute die ärgsten Direktoren jene geworden, die mit Intentionen, mit dem Anschein eines bessern Willens täuschen, ohne die äußere und die innere Möglichkeit, dem Chaos auch nur einen Inselstreifen reinlicher Sprache und Gestalt abzugewinnen. Es geschieht Jedem recht, der in ihren Diensten, von der Kunst mit Ohnmacht geschlagen, die Richtung verliert, auf der er aus der Kindheit herangekommen war!

Man muß in einem solchen Betriebe, der Hölle auf Erden, zu arbeiten versucht haben, um zu erfahren: daß es eine Unordnung gibt, die, von oben und unten wachsend, alles zerrüttet, alles verdirbt, Talent und Charakter, Jugend und Reife; eine Unlust, unterbrochen von Wechselfiebern fruchtloser

Betätigung; ein rastloses Tempo, das jeden Augenblick gespenstisch in Stagnation zerrinnt; eine Zerstreutheit des Befehlens und ein Hohngelächter des Gehorchens; freche Überhebung des geringsten Teils und uferlose Verlogenheit des Ganzen: Zynismus die Lust und Verzweiflung die Wille! In solchem Milieu hilft nur, wenn einer sein Leben liebt, die schleunigste Flucht, und sollte man flehentlich um die nackte Freiheit betteln müssen. Grade wenn man weiß, wieviel Anständigkeit der menschlichen Gesinnung und wieviel guter Wille in diesem Unwesen mitverdorben wird, ist man geneigt, weniger auch den unfähigsten Direktor anzuklagen als die Schauspielerschaft, die der Lust des Zerstörtwerdens zu geringe Widerstände entgegensetzt und oft genug der Zuchtlosigkeit wie eines Opiats zu frönen scheint. Je hoffnungsloser man sich entfernt sieht von dem, was der feine Mensch und zuverlässige Führer Ludwig Körner unlängst in einer Versammlung als das Ideal aufgestellt hat, im Bilde der Gartenzucht, der brüderlichen Betreuung, der sorgsamen Pflege und stetigen Entwicklung natürlicher Anlagen: umso rücksichtsloser möchte man, da es sich um Menschen und nicht um Pflanzen handelt, eine ganze Generation von Theaterleuten aussterben machen, um jenseits dieser chaotischen Menge, die ja ohnedies bald auch das Handwerkliche verlernt haben wird, eine gesündere Zukunft herankommen zu sehen.

Es mag Gestalter geben, die grade im Chaos ihren besten Rohstoff, ihre höchste Spannung erreichen. Vielleicht wuchern gewisse Begabungen hier besonders üppig – obwohl ich glaube, daß am Ende die Trust-Polypen am üppigsten gewuchert haben werden! Das Entsetzliche ist, daß im heutigen Theater die Unterschiede längst fließende, ja zusammenfließende geworden sind – daß, wie in der Gesellschaft, hier kaum noch ein Fußbreit festen Bodens von der trüben, beizenden Flut unangewühlt und unangefressen bleiben konnte. Auch jene Betrachter, deren Auge auf die paar literarischen Premieren (mehr Versuche als Versuchungen) geheftet bleibt, werden, wenn sie nur die Theaterzettel und ihre Verwilderung ins Barnumhafte studieren, bald heraushaben, wie sich diese ganze Niederung unsres öffentlichen Genusses unaufhaltsam zur Wasserpantomime senkt. Wahnsinnige Vergeblichkeit, hier den reinen Willen oder das ideale Werk oder die edlere Persönlichkeit zur Wirkung zu bringen – oder, wo solche Wirkung gelang, die Menschen und Dinge, von denen sie ausging, auch nur über Tage hinaus rein und ideell zu erhalten. Zwar sind im letzten Augenblick, wie immer, neue, vom wirtschaftlich-gesellschaftlichen Entwicklungsstrome zunächst einigermaßen abgedämmte Institutionen entstanden – Staatstheater, Volksbühne –, nach Art der Arche Noah in der Sintflut; aber nur bei lückenlosester Dichtung, bei zielhaftester Führung werden sie hinübergelangen. Und weil, wie die menschliche Hoffnung, die Kunst niemals endet, ist mitten in der wüstesten Sprachverwirrung, mitten in der Zersetzung, Abbröckelung, Vermengung aller Formen der charaktervolle Ansatz einer mit verzweifelter Energie zusammengerafften Dramatik erschienen, rhythmisch gehämmert und von geschärftester Diktion, gerettete Idee und bis zum Erstarren geschlossener Umriß – eine männlichere, stoisch behauptete Theaterkunst, die gegenüber dem anarchisch-formlos-üppigen Zergehen des individualistischen Mimentums gradezu dogmatisch, abstrakt und karg bis zur Reizlosigkeit anmuten mochte. Ein äußerstes Eben-Noch machte die Verzerrung dieser Gebilde aus. Man wird erst später das Verdienst solchen Formwillens erkennen, daß er, das Drama auf die Urtheatralik zurückreißend, eine Art Damm oder Wehr aufzurichten versuchte. Wie jede Not sich ihr Organ bildet, kam nach Reinhardt der neue Typus des Regisseurs, ausgerüstet, um aus dem Untergang einen Übergang zu machen. Reinhardt selbst, der Allkomödiant, hatte alle Möglichkeiten des Theaters seiner Zeit in sich und hat sie alle auf komödiantisch ausgedrückt – damit hat er manches vorweggenommen und vieles mit verschuldet. Aus tiefer Notwendigkeit ist der Regisseur nach Reinhardt nicht zuletzt Dramaturg – ja, dieser Begriff wurde erst wieder zu rettenden Ehren gebracht. Und sofort versuchte auch die Kritik, über den – Reize verdichtenden – Impressionismus ins Gesetzgeberische, Normative zu gelangen. Aber dieser so heftige und seines Sieges so übersichere Vorstoß scheint schon wieder in Aussichtslosigkeit erlahmt – und die Regisseure wird man bald daran erkennen, daß eine unwiderstehliche Zentrifugalkraft sie aus den Theatern, aus den Ensembles schleudert. Ja, auch der seiner strengen Aufgaben der Bildung und der Zucht zuletzt so bewußt gewordene Regisseur droht ins Starhafte zu entarten und dem Gesetz der anarchischen Zerstückelung nachzugeben.

Über solche Symptome ist man, trotz allem Personenkult, beinahe ohne Frage zur Tages-Unordnung übergegangen. Und erst der Streik hat für einige Stunden aufhorchen gemacht. Der Streik der Schauspieler, weil es ›geistige Arbeiter‹, nein, Schauspieler waren, welche die *ultima ratio* des klassenkämpfenden Proletariats anzuwenden nicht umhin konnten. Das Publikum interessierte sich, obwohl und grade weil der Streik für solche als ein unziemliches (Künstler!) und ein untaugliches (Luxusware, Unterhaltungssklaven!) Mittel gilt; obwohl und grade weil das Publikum alles für Komödie hält, was Schauspieler treiben, sogar den Hunger! Es erregte Wohlwollen, daß diesmal auch die Stars und Lieblinge in der gemeinen Reihe mitmachten, und daß sie – trotzdem sie als vielfach am Theatergewinn Beteiligte, als Halb-Direktoren und Drittel-Unternehmer, den größten Schaden und den geringsten Nutzen davontragen mußten – standhielten. Man fühlte wohl auch allgemein, daß beim Theater mehr und andres als nur die Löhne mit der Fieberkurve der Zeit nicht mitkommen konnte: eine schwunghafte Schauspielerversammlung ließ ›ideelle Forderungen‹ wie Leuchtraketen steigen; ein Direktor-Romanschriftsteller, mit den Wirkungen auf die breiteste Ebene der Bourgeoisie berufsmäßig vertraut, schrie »Bolschewismus!«; einige Vollblutschauspieler, in der Bötzow-Brauerei Schiller spielend, zeigten, in mitreißender Freiwilligkeit, die naive Spielfreude, welche sie wieder aufbringen könnten, wenn sie erst vom Betriebe befreit wären, und lieferten so die Vor-Skizze der Theatertruppen, in die sich die Schauspielerschaft auflösen würde, wenn die öffentlichen Theaterhäuser und die konzessionierten Kunsttempel krachen gingen. Vorüber, ach, vorüber! Berlin braucht jeden Tag andre Tote. Die Schauspieler haben den Streik nicht gewonnen, die Direktoren haben ihn nicht verloren. Der Schaden ist für die Schauspieler (in Gegenwart und nächster Zukunft) der weit größere, und so haben sie auch nicht um den größern Spott zu sorgen. Zuletzt um den Spott über ihre ›ideellen Forderungen‹, welche sie unverbraucht wieder nachhause tragen durften.

Aber der Streik, den die Genossenschaft, die Gewerkschaft der Schauspieler, vielleicht fehlerhafter Weise, beschlossen hatte, ging doch um die Löhne, um rein Materielles? Gewiß. So gewiß, wie sich in allen materiellen Dingen des heutigen Theaters das ganze Chaos, die ganze Krankheit spiegelt. Daß von hier aus, vom Allertatsächlichsten her das ganze große Kulturelend des Theaters aufgerollt werden kann und muß, haben beide Parteien sehr wohl gefühlt: die Schauspieler, indem sie über die Lohnregelung hinaus ideelle Forderungen unterbringen wollten; die Direktoren, indem sie ihre Verhandlungs- und Vergleichsbereitschaft davon abhängig machen wollten, daß die ideellen Forderungen zurückgestellt würden und es in alle Zukunft blieben. Aber gab es denn zwei Parteien? Auf der einen Seite war das ganze produktive Theater, mit den Schauspielern Regisseure, zum ersten Mal als tendenziöse Gruppe zusammengeschlossen, ferner die lebendig interessierte Kritik, obgleich sie nicht mitstreikte, und bestimmt auch die junge Dramatik, wenn man sie zu Hilfe gerufen hätte – auf der andern Seite dreißig Unternehmer, die in der Mehrzahl als Künstler oder auch nur Kunstsachverständige gar nicht oder nicht ernsthaft in Betracht kommen. Die Direktorengruppe erhielt diesmal ihre besondere Physiognomie durch die allzu drastischen Theater-Spekulanten und über Nacht herangewachsenen Trustherren. Die paar nervösen Erben und unsicher gewordenen Verwalter einer schon vor dem Kriege sich zersetzenden Tradition (die heute nur noch mitkommen, indem sie in überstürzter Eile die schönen Reste Stück für Stück losschlagen) mochten grade während dieser Prüfungszeit gefühlt haben, daß es ihnen kaum mehr lange möglich sein wird, sich den umfassenden Armen des großen Trustpolypen zu entziehen. Man konnte vom andern Ufer her gewahren, wie der Eine, Ritterlichkeit im Busen (als ob er aus freiwilliger Solidarität handelte), sich kopfüber in das Ungeheuer stürzte, während der Andre, klaren Kopfes, angestrengte Fluchtmanöver machte. Müssen nicht über Herrn Barnowsky seine Kollegen rasen, weil er offenkundig werden ließ, was sie diesmal zur Not noch unterdrückten, nämlich einen sehr peinlichen

Niveauunterschied: und daß innerhalb des Direktorenverbandes eine reinlichere Scheidung verflucht notwendig, aber wohl auch verflucht unmöglich gewesen wäre? Gleichzeitig mit dem Versuch des Verbandes der Bühnenleiter, den Einzelnen, in dem die bessere Tradition sich aufgebäumt hat, zu ächten und auszutilgen, kündigt sich vernehmlich der Plan an, nach Abstoßung der zwei, drei ›gemeinnützigen‹ Institute alle Privattheater in einen Trust zu verschlingen. Vielleicht muß es dazu erst kommen; und vielleicht muß außerdem der Film alle noch lebendigen bildnerischen Reste des Theaters in sich aufgenommen und verwertet haben: ehe rein und keusch ein Außerhalb, ein opferbereites und kampfzähes Fürsichselber des Sprechdramas sich an- und durchsetzen kann. So wahr es Victor Barnowsky über alle Solidaritätsschmerzen hoch hinaus hebt, daß er einbekannt hat, die Krankheit zu kennen und um die besondere Mitverantwortlichkeit der Direktoren (wenn auch in Zukunft Direktor von dirigieren kommen soll) zu wissen; und daß er die unvermeidliche Suggestionsfrage nach der geistigen Legitimation unsrer Ensemble-Besitzer zunächst mit einem wohlgeratenen wirtschaftlich-menschlichen Axiom beantwortet hat: »Ich kann nur mit Schauspielern arbeiten, denen es gut geht«: so entsetzlich genau weiß der andre, ihm entgegengesetzte, neuere Typ der Direktoren, was er heute will und soll! Und es ist jetzt an der Genossenschaft, klar zu erkennen, welche Physiognomie die Organisation der Unternehmer heute angenommen hat; mit welcher wirtschaftlichen und geistigen Kaste sich die Schauspielerschaft hier zwangsläufig verbunden hat; und ob der Tarifvertrag mit seinen Besserungen es wert ist, so verbunden zu bleiben. Es ist an einem neuen Theatergesetz, schützend und vorbeugend in die weitere Entwicklung einzugreifen. Und es ist an der Genossenschaft, sich der großen Krisis, welche sie jetzt begriffen haben dürfte, durch Verjüngung, Vergeistigung und eine umfassende Durchbildung ihren sachlichen Methoden anzupassen, anstatt die von der Zeit gebrannte Jugend in die unfruchtbare Opposition zu drängen.

Lieber Herr Jacobsohn! Haben Sie das alles geahnt, gefühlt, vielleicht sogar gesagt?
Sie waren unparteiisch!

Schauspieler-Sozialismus

Keine soziale Ordnung wird diese Erden-Welt vom Erbfluch befreien! Mangel und Schranke bleiben Menschen-Teil. Es wird immer das Blut der Edlen und den Schweiß Aller – und umgekehrt – kosten, dieses Leben lebenswert zu machen. Grund genug, um zu arbeiten und nicht zu verzweifeln! Wer nun nach dem großen Zusammenbruch wieder bauen will, der wisse, daß er vom Fundament aus beginnen muß – und sehe sich nach Bau-Systemen um. Aber kann denn das System überhaupt fraglich sein? Jedermann schwört auf den Sozialismus – und hält am Egoismus fest. Der alte Adam hat nicht abgedankt; er hat sich nur vertausendfacht, atomisiert. Ein Höllen-Breughel von Einzelinteressen, ein Babel-Turm von Forderungen! Sprachenverwirrung nach wie vor der Sintflut. Noch immer reißt ein Schützengraben die Welt in zwei hassende Teile, aber jetzt verläuft die Front durch die Hinterländer. Die Walze der allgemeinen Wehrpflicht ist rückwärts gerollt – das war die Revolution! Sie ist noch nicht zu Ende. Immer weiter wird abgetragen, gesprengt, unterwühlt. Man ist – offenbar – noch immer nicht bei einem tragfähigen Fundamente angelangt. Die einzige Antwort, groß und allgemein genug, um alle Fragen zu beruhigen, die Religion – bleibt heute aus. So scheint denn der Mensch, diese Ameise von einem Architekten, wirklich auf die Experimente einer planenden Vernunft angewiesen.

Inzwischen sozialisiert die Armut, die Not! Immerhin: wer mit einem Utopistenblick schaut, wird, im Ruinenschutt dieser Kultur von gestern, an vielen Orten den beginnenden Plan eines neuen Gewölbes gewahren, ein weitumfassendes Sich-Besinnen des ordnenden Instinkts. Eins wird immer deutlicher: die alte privilegierte Ordnung nach Klassen und Kasten darf es nicht mehr sein. Noch weniger der Wolkenkratzer-Raubbau des Kapitalismus mit seinen sozialen Notverbänden. Diese Ordnung war Anarchie der Interessen – und der Terror von heute führt sie nur konsequent fort. Das wilde Unternehmertum hat ausgewuchert. Die wilde Technik hat sich überspielt. Und mit den Trusts der Ausbeuter werden zugleich die Genossenschaften der Ausgebeuteten verschwinden. Kapitalistische Bourgeoisie und Proletariat – Wechselwirkungen, deren gemeinsame Ursache es auszuschalten gilt.

Darüber sind sich die Besten einig: wir brauchen den organischen Aufbau aus sozialen Gemeinschaften. Gemeinschaftbildend ist aber freilich nur der wahre Geist. Ehe dieser Geist noch beschworen ist, hat jedoch der zunächst einmal rein architektonische ›Räte-Gedanke‹ sein Gutes. Seine Gliederung nach Berufsgenossenschaften geht ja von einem lebendigen Zentrum aus, von der Arbeit, von dem, was einer baut, und was deshalb auch ihn baut. Dieser Gedanke, auf die Sache eingestellt, organisiert! Und bringt die Tüchtigsten an die Spitze. Er muß, wenn er sich ruhig ausgestaltet, ordnen und aufgipfeln – in welch einen Gipfel immer das Ganze auch schließlich auslaufen möge. Nur darf dieses Prinzip, soll es seinen Wert hergeben, nicht wieder das Einheitliche in Zünfte und Innungen dividieren, sondern es müßte den lebendigen Zusammenhang aller Sachlichkeiten durch einen lebendigen Zusammenhalt aller Menschlichkeiten vollenden.

Keine größere Gefahr heute, als daß Jeder mitreden zu sollen glaubt, auch wo er nichts weiß und nichts aus eigner Anschauung zugelernt hat. Jeder verliert sich heute gern in – vornehmlich wirtschaftlich-ideologische – Phantas-Theorien, statt am eignen kleinen Wirkungskreis nach bestem Erfahrungswissen innigst mitzuschaffen. Es fehlt überall an Zivilcourage und an der Idealität des Berufs.

Ich habe bisher zwei Arten von ›Betrieb‹ mittätig kennengelernt: die Zeitung und das Theater. Beides sehr prinzipielle Fälle. Weder bei der Zeitung noch beim Theater bedarf es eines privaten Geld-Unternehmertums. Beide, Schaubühne wie öffentliche Meinung, erzeugen soziale Werte. Hier produziert eine Sozialität, und die Sozialität konsumiert. Das Produkt ist Allgemeingut wie Luft und Licht. Zeitung und Theater haben überhaupt nur diesen Wert, ›Gemeinschaft‹ zu leisten. Das Gemeinwesen hat denn auch das natürlichste Anrecht an diese Institute. Nur wer die entsetzliche Problematik der Presse noch nicht erlebt und durchdacht hat, wird leugnen, daß sie zur Vergesellschaftlichung reif ist. Das Theater und die öffentliche Meinung werden nur so gesunden. Der Journalist und der Schauspieler werden daran wachsen. Hier wird, wenn es mit rechten Dingen zugeht, der Ideal-Fall, der erstrebenswerte Grenzfall eintreten: daß die Vergemeinschaftlichung die Individualität rettet! Daß jede Zeitung und jedes Theater mindestens einen leitenden, initiativen Kopf braucht, daß der Redakteur ebenso unentbehrlich ist wie der Dramaturg und der Regisseur, soll keinen Augenblick geleugnet werden. Geist und Kunst erscheinen für alle Zeiten, heute wie je, an Individualität gebunden. Sie sind natur-adlig und werden immer ihren Grad zum Parnaß empor abstufen. Was nicht hindern kann, daß sich Zeitung und Theater, nachdem sie das Privatunternehmen ausgeschieden haben, zu schöpferischen Gemeinschaften zusammenschließen werden.

Man denke: eine Zeitung, die nicht länger Ware ist, vom Inseratenwesen abgelöst und mit strengst verantwortlichem, vereidigtem Nachrichtendienst, und von der Gemeinschaft, die sie erhält (Leser-Gemeinschaft, Partei oder Staat), gesetzmäßig unabhängig gemacht, durch Selbstverwaltung, durch Kontrolle von unten! Ist es zu utopistisch, davon zu träumen, daß sich so die Journalistik zur Publizistik wieder emporläutern könnte? In jeder Zeitung sitzt mindestens ein zu Befreiender, hie und da sogar ein Freier. Solche müßten von innen heraus den Stand heben! Das Theater könnte noch rascher gesunden. Die Schaubude liegt immer noch weniger weit von der Schaubühne weg. Der Schauspieler ist seinem Urzustande näher geblieben. Das religiöse Theater, das Weihespiel, das Festspiel haben wir zwar verloren. Unser Theater dient dem Publikum. Aber immer noch setzt sich hier der nackte Mensch hinter der Maske ganz ein – immer wieder. Noch vor wenigen Jahren hat es die Bühne Brahms gegeben, ein Seelen-Theater. Und Reinhardt – der Schauspieler-Regisseur im Gegensatz zu Brahm, dem Geistes-Regisseur – hat, in seinen glücklichen Augenblicken, dies Phänomen ›Theater‹ wieder aufgeweckt, das sinnliche Theater, wenn schon nicht das geistliche Theater. Und einige Hofbühnen haben in schönen und edlen Resten die Tradition des Kultur-Theaters gewahrt und weitergepflegt. Und Volksbühnen begannen hie und da zu entstehen, moralischere Anstalten für ein urtümlicheres Publikum. Und abseits der Berliner Kunst- und Kino-Sphäre gedeihen in ruhigern Gegenden künstlerische Triebe.

Ein gutes Theater muß aus einer Einheit bestehen von Ensemble, Repertoire und Publikum. Was haben nun, seit der Revolution, die Theater getan, um sich für die Gemeinschaft, die werdende, umzugestalten? Zunächst sind einmal die Staats- (Hof-) und Stadt-Theater ›sozialisiert‹ worden. Wohl haben sie ihr bourgeoises – neben ihrem gut bürgerlichen – Publikum beibehalten; und müssen auch fernerhin auf eine gewisse Rentabilität bedacht bleiben; aber der Spielplan beginnt sich dennoch schon hie und da zu mausern. Das ist das Eine. Wichtiger noch scheint mir, daß in diesen Theatern – aber auch schon in den Privat-Theatern – das ›Räte-System‹ durchbricht, daß die Produktiven sogar auf Regie, Ensemblebildung und Spielplan mitbestimmend einwirken wollen. Das ist sehr wichtig; obwohl erst die Praxis hier die sozialen Notwendigkeiten gegen die künstlerischen Werte abzugrenzen lehren wird. Doch können sich hier lebendigere Gemeinschaften von höherer schöpferischer Gesamt-Spontaneität herausbilden. Der Sachverständige Siegfried Jacobsohn hat unlängst erst, unter Protest der Schauspieler, diese Wichtigkeit geleugnet. Siegfried Jacobsohn sitzt im Zuschauerraum, von diesem Platz aus ein wahrhaft Sachverständiger, und erlebt an der Vollkommenheit und an der Unvollkommenheit der Bühne seine Seligkeit und seine Höllenpein. Ideologe, ja Romantiker des Theaters, glaubt er an den Schauspieler, der die Rolle spielt – und der nichts als nur die Rolle kennt und kennen soll. Jacobsohn hat so lange selbstlos um die Totalität des Theaters gekämpft und so viel für diese Totalität geleistet, daß er es wagen darf, im Schauspieler die Befangenheit des Teiles zu respektieren und ihm über die Rolle hinaus keinerlei Kompetenz einzuräumen. Er billigt dem ›Angestelltenrat‹ jede soziale Berechtigung und jedem Mitglied eines solchen Angestelltenrates das künstlerische Privileg auf jeden Rollenneid zu. Ich würdige diese Skepsis, denn sie stammt aus der eifernden Liebe zur Sache. Aber ich behaupte, daß die Mitverantwortlichkeit der Mitglieder die Einzelinteressen der Schauspieler ausequilibrieren und den Rollenegoismus nur inniger in die Einheit verweben und für die künstlerische Gemeinschaft verwerten könnte, ohne ihn, was ungesund wäre, lahmzulegen. Und ich erwarte, daß die große Berufs-Republik des Theaters, ›von der Putzfrau bis zum Caruso‹, in der die einzelnen Gemeinschaften organisch eingebettet sein werden, das Theater im allgemeinen und jedes Theater im besonderen nach den natürlichen Lebensbedingungen und den sachlichen Gesetzen entwickeln wird. Dieses ganze Bild muß schließlich jede Individualität nur umso farbiger befreien, nicht zuletzt die Selbständigkeit der Leitung, aber in einer neuen, bessern Art von Kompetenz. Organisation müßte den Spieltrieb nicht vernichten, sondern sollte ihn zum Selbstzweck erlösen. Wobei die soziale Sicherung die Urgrausamkeit der Kunst, die, wo sie Werte fordert, kein Mitleid kennt, zwar nicht tilgen, wohl aber entgiften könnte. Und ich bin genug Utopist, um an die erst so fundierte Überlegenheit einer geistigen Leitung zu glauben, die in solcher Gemeinschaft wurzelt. Der Titel macht es nicht, auch die Faust macht es nicht, die Sklavenpeitsche des Ausbeuters macht es schon gar nicht – sondern die Persönlichkeit macht es. Sie ist nicht zu fesseln, wie überhaupt schöpferische Kraft; durch keine ›Sozialisierung‹. Jacobsohn zitiert den Geist Otto Brahms. Könnte er ihn nur zitieren! Mir wäre auch vor dem unbotmäßigsten Künstlerrat dann nicht mehr bange. Die Verfassung, auch die gebundenste, wäre sofort nur ein Instrument mit vielen Tasten, worauf ein Brahm meisterhaft spielen würde, zu unsrer aller Erbauung.

Während ich aber die Befürchtungen eines so furchtlos aufrichtigen, – und später in der Selbstverteidigung allzu groben – Sachverständigen nicht zu teilen vermag, vermochte ich auf der Delegierten-Versammlung unsrer Bühnengenossenschaft auch die große Freude über den neuen ›Tarif-Vertrag‹ nicht mitzuempfinden. Gewiß: Präsident Rickelt, der Kurator aller Schauspieler, freute sich mit Recht, und mit Recht wurde ihm zugejubelt. Denn er hat seit Jahren für die Lebens- und Kunstbedingungen der Bühnenmenschen erbittert gekämpft, und nun hat er gesiegt! Von nun an werden die Schauspieler menschenwürdige Verträge schließen. Aber hat da nicht die Revolution mitgesiegt? Wer heute den neuen Vertrag durchliest, der wird – heute! – nur Selbstverständlichkeiten lesen, überfällig und unvermeidlich für ein neues Theatergesetz, das unvermeidlich ist. Freilich: das Gesetz ist noch nicht da – und der Vertrag ist da! Wie wurde er erreicht? Durch gütliches Abkommen, durch eine Rechtsverbindung mit dem Bühnenverein, dem Unternehmerverband! Gewerkschaftlich gedacht – ein Erfolg! Aber im Sinne einer Berufsgemeinschaft, der auch alle Leitungen angehören müßten, wenn sie überhaupt zum Theater gehören wollten – da ›Direktoren‹ nur mehr als Endkonsequenz einer Gemeinschaft denkbar wären? Für diesen Vertrag hat die Gewerkschaft den Trust der Unternehmer und damit das Unternehmertum im Prinzip und in der Realität anerkannt und sanktioniert, hat – in dieser kritischen Stunde – das Theaterunternehmertum gradezu gerettet und gewissermaßen verewigt. Wurde da nicht ein Vorteil, der sich gesetzmäßig ohnehin hätte ergeben müssen, zu teuer erkauft – mit dem Prinzip? O, es war eine kritische Stunde für den Unternehmer-Verein – aber sie ging vorüber, dank dem Tarifvertrag! Auch die Tatsache, daß der Unternehmerverein jetzt so eng an die Genossenschaft gebunden ist, vielleicht eng genug, um in der Entwicklung mitgeschleift zu werden, befreit mich nicht von dem peinlichen Gefühl, daß nach dem neuen Abkommen unsre Staats- und Stadttheater, unsre Gemeinschafts-Theater in das Unternehmer-Kartell eintreten müssen! Da sehe ich sie nun stehen, den einen

Fuß im vorigen, den andern im kommenden Jahrhundert! Präsident Rickelt, mit seiner alten Erfahrung, meinte, wir müßten uns gradatim auf das gemeinsame Ideal-Ziel hinentwickeln. Ich, mit meiner aus einem Gemeinschaftstheater von heute gewonnenen, vielleicht allzu jungen Anschauung, meinte dasselbe. Aber ich glaubte, wir müßten dieses Idealziel zuerst einmal richtig sehen und dann fixieren; wir müßten uns auf unser Prinzip festlegen, wann, wenn nicht heute? Das Unternehmertum soll nicht terroristisch ausgemerzt, aber es darf auch nicht künstlich gestützt werden, gegen die Entwicklung.

Der Sachverständige Jacobsohn ist mir zu skeptisch, der Sachwalter Rickelt zu positivistisch. Klammere ich mich an die tote Doktrin, statt die lebendige Persönlichkeit zu stützen? Will ich zugunsten einer Utopie immerhin wertvolle Wirklichkeiten ›zerstören‹? Ich vermag, zum Beispiel, auch den Betrieb Reinhardts nicht als Zukunfts-Muster anzuerkennen, ich bin töricht genug, den Regisseur Reinhardt längst aus diesem Betrieb ›gerettet‹ sehen zu wollen. Aber wenn wirklich die Entwicklung der Dinge Reinhardts Großstadt-Rekord-Theater schließlich von Grund aus umgestalten sollte: es ist meine Utopie, daß kein Räte-System der Welt den Bühnenbeherrscher Max Reinhardt um seine Machtfülle über die Phantasie seiner Spieler auf der Bühne und seiner Mit-Spieler im Parkett bringen wird.

Rede über das Theater

Es ist nicht leicht, zu Menschen, die man nicht kennt, über das Theater zu sprechen – und seien sie selbst Studenten der Theaterwissenschaft. Nach einem ganzen, der Praxis des Theaters – der Theorie nur im engsten Zusammenhang mit der Praxis – gewidmeten Leben ist das für mich nicht leichter geworden. Von Zeit zu Zeit war ich gezwungen, es zu versuchen – (und zwar hauptsächlich) in London, in New York, in Los Angeles, wo ich bestrebt war (in mehr oder weniger verständlicher Weise), das europäische und vor allem das deutsche Theater zu erklären, eine für die anderen nicht leicht verständliche Sache. Zuletzt, vor einundeinhalb Jahren, sprach ich über Theaterprobleme der Gegenwart – in ebenso freier, improvisierter Rede wie heute hier – auf Schloß Leopoldskron, zu internationalen Studenten der Wissenschaft vom Theater, die mir – das muß ich gleich sagen – eine fremde Wissenschaft ist, von der ich bezweifle, ob es sie – als eine Wissenschaft im strengen Sinne des Wortes – überhaupt geben kann. Jedenfalls komme ich mir ihr gegenüber – nach 37 Jahren Bühnenpraxis, die mir zur Theaterwissenschaft nur wenig Zeit übrig ließ – als ein Laie vor, der (zu dieser Wissenschaft) nur einen höchst zweifelhaften Beitrag liefern kann, nämlich das Scherflein seiner Theatererlebnisse und seiner Theatererfahrung.

Das aber ist es, was es mir so schwer macht, zu Ihnen, Studenten oder Liebhabern des Theaters, zu sprechen, daß ich nicht weiß (und auch nicht erraten kann), welche Erlebnisse, ja, welche Art des Erlebens (überhaupt), Sie dem Theater verdanken. Ich weiß es weder von Ihnen noch vom Wiener Publikum. Vom Beifall, vom Warmwerden und Kaltbleiben des Publikums in beiden Hemisphären, zu verschiedenen Zeiten und in verschiedener Zusammensetzung habe ich herauszufinden versucht, was es im Theater erlebt. Ich meine nicht nur die bange Erfahrung, die ich mit meiner eigenen Theaterarbeit, mit Stücken, die ich inszenierte, gemacht habe. Sondern ich denke an die vielen, vielen Abende und Nachmittage, die ich, nur als Zuschauer – aber deshalb nicht weniger leidenschaftlich beteiligt – im verdunkelten Zuschauerraum verbracht habe, damit den Hauptteil meines Lebens vergeudend. Daß es vergeudete Zeit war, muß ich annehmen, wenn ich an alle die vielen hochgebildeten, wesentlichen und wichtigen Zeitgenossen denke, denen das Theater nichts bedeutet, die es eher meiden als aufsuchen und dabei allem Anschein nach recht gut fahren. Als ein ausgesprochener Theaterromane wehre ich mich dagegen, solche Leute als vollwertige Menschen gelten zu lassen. Aber wenn ich mich noch so sehr sträube, muß ich, im – wenn auch seltenen – persönlichen Umgang mit ihnen, ihre Menschenwürdigkeit – seufzend – anerkennen, und wenn ich auf ihre Leistungen – als Wissenschaftler, Techniker, Ärzte, Ingenieure, soziale Fürsorger und Helfer – blicke, werde ich meiner eigenen, dem Theater verfallenen Existenz unsicher. (Und gar als ein durch das Theater allzuoft lahmgelegter Schriftsteller möchte ich bedauern, dem Theater je begegnet und von ihm abgelenkt worden zu sein. Denn wer, der eigene Texte zu ersinnen imstande ist, müßte nicht bereuen, Zeit und Kraft der Reproduktion fremder, nicht immer besserer so rastlos und restlos, wie der Regisseur es tut, hinzuopfern.) Dazu kommt, daß die Zahl der am Theater nicht Interessierten, besonders in unseren Breiten, täglich zu wachsen scheint. Seitdem die Politik das Drama an sich gerissen hat, und die öffentlichen Vorgänge an Drastik und tragischem Ereignis nichts mehr zu wünschen übriglassen, ist das Theater – sollte man annehmen – in den Überschuß des Interesses geraten. Die Rolle, die es mit all seinen Rollen zu spielen vermag, ist fragwürdig geworden, und sogar wo die blutrünstigen Schrecken wenigstens zeitweise nachgelassen haben, der Krieg, wenn auch nur aus Übermüdung, und nur auf Teilstücken der von Menschen bewohnten Erde, ausgesetzt hat, die Menschheit sich vom Terror, ja von der Folter, wenn nicht für immer befreit, so doch für jetzt beurlaubt fühlt, scheinen der Ernst und die Schwierigkeit des täglichen Daseins, wenn nicht die bare Not dem heutigen Theater nur das Leichteste an Erleichterung, das Eintagsfliegenartigste an Zerstreuung zu gestatten: den billigsten Wunschtraum und das lockerste Lachen. Damit wären wir bereits tief in den Theaterproblemen der Gegenwart und bei dem eigentlichen Wesen dessen angelangt, was man die heutige Theaterkrise nennt, die meiner Meinung nach mehr eine Krise der dramatischen Produktion, die Krise des dramatischen Schaffens, die des Dramatikers ist, und weniger die etwa der sogenannten Reproduktion, des Schauspielers. Davon wird noch ausführlicher zu sprechen sein. Ich muß indes weiter zurückgehen zum Ursprung des Theatererlebnisses, das bei mir schon früh in meiner Wiener Kindheit begann, mich zu beglücken und zu verstören. Damals war es, in meinem zehnten Lebensjahr, die ›Gefesselte Phantasie‹ von Ferdinand Raimund, die meine Theaterphantasie entfesselte. Ja, ich hatte das Glück, noch die Reste des Wiener Volksstücks, das dann in der Operette unterging, zu erleben – und auch die Großen des Burgtheaters, Sonnenthal, Baumeister, Lewinsky, Robert, die Medelsky, die junge Bleibtreu – alle, mit Ausnahme Mitterwurzers und der Wolter, dagegen Josef Kainz in der Fülle seiner Gestalten, vom heiß umkämpften Gastspiel-Debüt als Romeo an. Dann die unvergeßliche Periode Gustav Mahlers an der Oper, seine Wagneraufführungen, seinen ›Fidelio‹, seinen ›Don Juan‹ und seinen ›Figaro‹, die den Dramatiker in Mozart entdeckten und jeden Schritt, jede Geste aus der Partitur holten; dann die Gastspiele der Berliner Ensembles, erst Otto Brahms und dann Max Reinhardts, die den modernen Stil in das konservativere Wien brachten, in zwei sich ergänzenden Bestrebungen, die soziale Dramatik Ibsens und Hauptmanns hier, die damalige Neuromantik dort einer komödiantisch bunteren Gestaltung, aber auch sie ein Theater der Dichtung bringend, das die bürgerliche Kultur des Burgtheaters fortsetzte und erneuerte. Ich unterdrücke alles Für und Wider und gebe statt der genaueren Dialektik der Entwicklung nur blitzschnelle Hinweise, die für die heutige Erörterung von Nutzen sein mögen. Zu den Kindheits- und Jugenderinnerungen gehören auch die Gastspiele großer auswärtiger Darsteller in fremden Sprachen, der Réjane, der Sarah Bernhardt, der Duse, Zacconis und Novellis. Sie alle hinterließen ihre Spuren in uns, die wir damals in Wien Adepten und Novizen des Theaters waren. All diese Erlebnisse befruchteten mein Streben, als 1911 in Wien, in einem renovierten Kino in der Neubaugasse, jene Volksbühne, unter Stefan Großmann und Artur Rundt, gegründet wurde, die bis 1916, im Ganzen nur vier Jahre lang bestand, an der neben der damals schon kunstreifen Maria Mayer, Rudolf Forster, Fritz Kortner, Ernst Deutsch, neben dem alten Carl Götz, große Rollen und eine größte Rolle spielten. Neben Gerhart Hauptmann und Nestroy wurden dort neue Dramatiker, Galsworthy, Georg Kaiser, Sternheim, Eulenberg gespielt und ein neuer Stil angebrochen, der später als Expressionismus Mode machte. Daran war ich als Dramaturg und Regisseur teilhaftig und mitschuldig. Mir handelte es sich damals, wie immer, um das dichterische Theater, das die jüngste dichterische Diktion in Bühnensprache und Bühnengestalt umsetzte, und zwar nicht nur als ein Theater der sogenannten besseren, der gebildeten, bürgerlichen Gesellschaft, sondern eben, wie es dem Programm dieser Gründung entsprach, für die Mitglieder einer

Volksbühne, für ein aus der Arbeiterschaft zu gewinnendes Publikum. Wie dieses Theater, das in seinen Bestrebungen durch den ersten Weltkrieg unterbrochen wurde, seine Existenz fristete, wieviel ihm schon damals gelang und wieweit es beim Versuch blieb, gehört nicht zur Sache. Das könnte der große Überlebende der damaligen Theaterkritik, Alfred Polgar, bezeugen. Persönlich, im Gespräch, tut er es und spricht diesem Intermezzo den Wert eines Ereignisses zu, das historisch zu wenig gewürdigt wurde. – Aber ich müßte, wenn ich aus meiner zum größten Teil heute bereits verschollenen und vergessenen persönlichen Erfahrung sprechen soll, noch weiter zurückgehen, indem ich vom Theatererlebnis spreche, das wir uns als Knaben verschafften, indem wir miteinander und untereinander Klassiker lasen und sogar aufführten, beginnend, wie in meinem Falle, mit Theodor Körner, fortsetzend mit dem ›Fiesco‹ und dem ›Julius Cäsar‹. Es handelte sich dabei nicht um Schul-, sondern um Hausübungen, die zum Schulunterricht in leidenschaftlicher Opposition standen. Und da sofort um jene Art des Erlebnisses, die sich für mich bis heute, durch den ganzen seither erfolgten Ablauf von Stilen, nicht geändert hat. Dieses Erlebnis hat mich schon damals zu der Ansicht verlockt, es gäbe eben typologisch gesprochen, mimische Menschen und nicht mimische Menschen. Solche, welche die Sprache des mimischen Ablaufs verstehen, der gesetzmäßigen Folge von Ausdruck und Gebärde bedürftig sind, welche sich ohne diese Sprache zu einem teilweisen Verstummen, zu einer wesentlichen Einbuße an Vitalität verdammt fühlen und wissen. Nur wer einer solchen Sprache überhaupt offen ist, sei es als Darsteller, sei es als Zuhörer und Zuschauer, wird, was auf einer Bühne vorgeht, als ein bedeutungsvolles, repräsentatives Handeln und Geschehen erleben und auffassen. Das gilt für das Publikum nicht weniger als für die Kritik, und für die Schauspieler. Es gibt theaterfremde Kritiker, die ihren – für sie besonders schweren – Beruf mit der größten Gewissenhaftigkeit ausüben, ohne zu ihm eine wirkliche, eine wesentliche Beziehung zu haben. Es gibt Schauspieler, die Handwerker und oft vorzügliche Techniker sind und sich als solche beträchtlicher Erfolge rühmen können. Sie dienen dem Theater, und das Theater braucht und gebraucht sie. Aber sie erleiden nicht den schöpferischen Prozeß, ohne den es kein eigentliches Theatererlebnis gibt, ohne den keine Vorstellung zum Ereignis wird. Und dieses Kriterium gilt ebenso von der Tragödie wie von der Komödie, die Operette nicht ausgenommen, die letzten Endes nur von echten Spieltemperamenten und der von ihnen ausgehenden Verzauberung lebt, während alles rein handwerkliche dieses Genres imstande ist, mit aller äußeren Gefälligkeit nur den ödesten Trübsinn zu erregen. Mit einem Wort: so wie es unmusikalische Menschen gibt, so gebe es auch theater-amusische Menschen.

Ich war also geneigt – oder, ich habe mich oft dazu verstiegen –, den Sinn für das Mimische, für das Dramatische als eine Naturanlage zu begreifen,

die wohl geübt und entwickelt, aber letztlich nicht erlernt werden kann. Gegen eine solche Annahme spricht die Tatsache, daß wir es hier mit einer sehr allgemeinen Anlage zu tun haben. Das wird jeder im Umgang mit Kindern bald feststellen können. Das Spiel der Kinder ist zweifellos eine Vorform des Theaterspielens, und eine der Vorstufen des dramatischen Schaffens und Erlebens überhaupt. Die fiktive und doch so reale Welt, in der die spielenden Kinder sich so heimisch fühlen, daß sie sich, in ihre Zustände befangen, nur schwer herausreißen und höchst ungern stören lassen, ist mehr als eine bloße Nachahmung, eine unselbständige Nachäffung der Welt der Erwachsenen, wohl aber eine Art der Vorübung und Einübung in deren zukünftige Realitäten. Freilich ist das Spiel der Kinder von bewußter schauspielerischer Gestaltung noch weit entfernt, (wenn auch nicht durchaus wesentlich verschieden). Es zeigt am ehesten eine eigentümliche Verwandtschaft mit dem chinesischen Theater in manchen Zügen, wie darin, daß die Örtlichkeiten der Handlung, die Gesten sowohl als die Utensilien fiktiv bleiben. Dagegen fehlt der abstrahierende und symbolhafte, formelhafte Charakter des chinesischen Theaters, und ebenso die Fülle und Ausführlichkeit des Mimischen, die im höheren Sinne repräsentative Bedeutung des Theaters der Erwachsenen überhaupt. (Es gibt Theaterschulen für Kinder, die als ihre Lehrmethode das Stegreifspielen benutzen, und seit Stanislawski sind ähnliche Übungen auch für erwachsene Lehrlinge des Theaters im Schwang. Daran ist wohl etwas Nützliches, aber nicht ein so großer Nutzen, wie man gerne annimmt.) Das eigentliche Spielen der Kinder, wenn es nicht für Zuschauer geschieht, ist anderer Art, entspringt einem viel tieferen Bedürfnis und entspricht weit mehr einer elementaren dramatischen Anlage. Der Zustand, in dem die Kinder sich während des naiven Spielens befinden, ist auch ein durchaus anderer, wesentlich verschiedener. Gewiß spielen sie nicht nur miteinander, sondern auch mit Erwachsenen, wobei sie jedoch nicht vorspielen, sondern den Erwachsenen einbeziehen und ihn nur soweit brauchen und gebrauchen können, als er sich ihren diktatorischen Fiktionen willig fügt und sie mitzumachen, sie fortzusetzen bestrebt ist, so gut er eben kann. Die angenommene Welt wird starrsinnig durchgesetzt und weitergeführt, weitergesponnen, es liegt etwas Zwangsläufiges in dem Spiele, zugleich äußert sich ein Spielernst, der manchem Schauspieler zu wünschen wäre. Es ist aber keineswegs gesagt, daß jene Kinder, die am lebhaftesten und mit der größten Erfindungsgabe spielen, später den Schauspielerberuf ergreifen, und auch aus dem Kindstar wird nicht immer ein erwachsener Schauspieler. Die hier waltenden Antriebe sind psychologisch noch wenig erforscht, man spricht gerne von dem Exhibitionismus, der zum Theater treibe, und vom wechselweisen Walten von Inferioritäts- und Superioritätskomplexen – doch würde ein Eingehen auf diese Möglichkeiten und Tatbestände mich von meinem heutigen Thema abziehen. –
Diesem Thema näher käme eine Psychologie des Publikums als solchem.

Darüber will ich zunächst nur feststellen, daß – wie sich in der Praxis des Theaters zeigt – das Wesen des Publikums sich nicht in einer Summe der einzelnen Zuschauer erschöpft und als solche erfaßt werden kann. Das Publikum hat – auch heute noch, und heute erst recht wieder – die Charaktereigenschaften eines Kollektivwesens. Sogar wenn es sich – wie bei manchen Generalproben – aus Kennern zusammensetzt, wird es durch das Spiel auf der Bühne kollektiviziert, es reagiert zugleich dümmer und klüger als der Einzelne, es kann durch die Kraft der Schauspielerei verschmolzen und reguliert werden und wird den Einzelnen, wenn er sich nicht mit seinem gesammelten kritischen Bewußtsein dagegenstemmt, mitreißen und jedenfalls in seinem Empfinden affizieren. Man denke etwa an Aufführungen der ›Neunten Sinfonie‹, die als ein Werk höchster dramatischer Kraft anzusprechen ist, und man wird sich den bayrischen König, der sich, als einem einzelnen Zuschauer, die Opern Wagners vorspielen ließ, kaum vorstellen können. Es war der Theatrarch Max Reinhardt, der mir gegenüber einige Jahre nach der russischen Revolution die Äußerung tat, wie sehr er Stanislawski darum beneide, daß dieser in den Arbeitern und Bauern Rußlands ein frisches, naives, noch unverdorbenes, ein elementares Publikum besitze, das an den dramatischen Darbietungen einen ganz anderen Anteil nehme, als eine bereits blasierte, kennerhafte Menge von gewöhnten und verwöhnten Theatergängern, die sich vornehme, mehr auf das Wie als auf das Was zu achten, die von vornherein den Gegenstand der Handlung weniger ernst nehme als das Wie der Ausführung. Was er damit aussprach, war sein Glaube an das Publikum als ein Plastikum, bei dem der Zustand theatralischer Empfänglichkeit umso schwerer zu erreichen ist, je größer seine Voreingenommenheit ist. Tatsächlich läßt sich konstatieren, wie sehr etwa die Empfänglichkeit eines großstädtischen Publikums von der Zeitungskritik abhängt. Wurde ein Stück oder eine Vorstellung in mehreren vielgelesenen Blättern en bagatelle behandelt, dann kann es leicht geschehen, daß das Publikum in Einzelne zerfällt, die Bescheid wissen. Freilich sind auch umgekehrt, was auch immer die Kritik gesagt habe, Langweile und Befremdung im Theater ansteckend. Was man Mundreklame nennt, das Weitergeben des Eindrucks im breiteren Publikum, kann ebenso anlockend wie abschreckend wirken und die Häuser ebenso füllen wie leeren. Aber das ist eine andere Sache. Gemeint wird hier die Wirkung auf diejenigen, die sich im Theater eingefunden haben und nun dem unmittelbaren Effekt der Vorstellung ausgesetzt sind.

Es ist aber das Publikum nicht nur ein Plastikum, mit dem dramatisch verfahren wird – das geknetet und geballt, aufgerüttelt und gerührt, belustigt und geschockt, überrascht und überwältigt oder ins Einverständnis gezogen, in die theatralische Verschwörung mitverwickelt wird –: es ist selbst Verursacher und Mitschöpfer und -Töpfer, Mitproduzent. Es inszeniert sein Interesse, seine Interessen – es ist nicht nur Teig, sondern auch Bäcker – es wirkt – vergleichsweise – wie ein *vacuum cleaner*, der Sinn und Seele aus Stück und Vorstellung saugt. Insofern war ein seiner Wirkungen sicherer Theatermann wie Reinhardt sich nicht klar darüber, was er wünschte, wenn er russische Arbeiter und Bauern vor sich im Parkett versammeln wollte. Das Publikum ist jenes X, das in die Gleichungen der Theaterwissenschaft so schwer einzusetzen ist. Was eine auch nur beschreibende, historisierende Theaterwissenschaft so fragwürdig macht, ist das Unwiederholbare gewesener Theatervorstellungen, die von noch ephemererem Charakter sind als historische Vorgänge überhaupt. Der Sprechfilm macht es heute möglich, Vorstellungen als Konserve aufzubewahren, wenigstens für geraume Zeit. Freilich würden sie unverhältnismäßig bald unverständlich werden. Das erleben wir an alten Filmen. Nicht nur das Kostüm veraltet, sondern auch die Gestik, der Ausdruck, das Pathos. Wir wissen das sowohl aus den Stummfilmen als auch von den phonographischen Platten her, die theatralische Leistungen einer jüngeren Vergangenheit festgehalten haben. Sarah Bernhardt im Film, ja sogar die Duse, ein Sprecher moderner Art wie Kainz, dessen Schüler und Nachfahren noch heute auf unseren Bühnen anzutreffen sind, erregen Befremdung und Enttäuschung, wenn nicht eine unwiderstehliche Heiterkeit, die im Film allerdings auch mit dem rapiden Veralten der Technik, nicht zuletzt der Technik der Menschendarstellung, zu tun haben. Was im Film, auch im Sprechfilm nicht wiederzugeben ist, die psychophysische Gegenwart der Schauspieler, bezieht sich vor allem auf das Fehlen des Publikums, auf die Abwesenheit der Zeitgenossen, die den vielköpfigen Widerpart des Schauspielers gebildet haben. Schon der einzelne Schauspieler oder Sprecher, und wäre er eine große Individualität, wirkt wie die Detailstudie eines Gemäldes. Erst das Ensemble gibt ein ganzes Bild. Typologisch ist jedes Schauspielerensemble von den Vertretern der jeweiligen, zeitentsprechenden Menschheit besetzt. Das ist es auch, was der Arbeit des Regisseurs eine besondere Bedeutung gibt. Dieses, als ein Theaterensemble, ist in seiner nach allen Richtungen ausstrahlenden Gegenwart durch den Sprechfilm nicht zu reproduzieren. Aber auch der einzelnen, in figura festgehaltenen Schauspielerindividualität fehlt die Ergänzung durch das Publikum, die den Darsteller und Protagonisten erst zu vollem Leben bringt. Der Kampf des Schauspielers um seine Bühnenexistenz und Wirkung, sein Ringen mit dem Publikum gibt dem Vorgang erst seine Spannung, er potenziert den Darsteller, die Kräfte, die er im Publikum erweckt hat, strömen ihm wieder zu, auch den durch ihn zu besiegenden Widerstand braucht er zu seiner vollkommenen Aktualisierung ebenso wie das Verständnis, die Sympathie, die Zustimmung, die zum Triumph sich steigern kann. Bühnensiege werden oft, nicht mit Unrecht, gewonnene Schlachten genannt. Dieser Vergleich trifft auch die eigentümliche, unvergleichliche Urgenz der Theaterarbeit. Es geht in ihr um Leben und Tod, um Leibesnot und Seelenheil. Diese Polarität zwischen dem Schauspieler und dem Publikum wird, meines Wissens, in der

Theorie zu wenig beachtet. Die Trance des Schauspielers, in deren Bann er seine Rolle ausschöpft, erlaubt ihm eine gesteigerte Hellhörigkeit und Hellsichtigkeit in seinem Feldzug gegen das Publikum. Das Publikum spielt die größte Rolle, für und gegen den, der im Stück die große Rolle spielt: es ist der vielköpfige Partner des Helden. Der Naturalismus, mit seiner weggenommenen vierten Wand, wodurch der Einblick in ein Innenleben auf der Bühne gewährt wird, die Theorie Stanislawskis und seiner noch immer weiterwirkenden Schule, überhaupt die Anschauung von der möglichst vollkommenen Identifizierung des Schauspielers mit der durch ihn verkörperten Gestalt beschränkt den freiwilligen Zuschauer (ganz) auf die Funktion eines unfreiwilligen Zeugen. Erst der Expressionismus, besonders in seiner Zweigart des Aktivismus und später das epische Theater, hat mit dieser Anschauung grundsätzlich gebrochen, und bei Brecht ist sie am klarsten überwunden. Brecht geht zum anderen Extrem, wenn er verlangt, daß der Schauspieler neben seine Rolle trete, sie sowohl spiele als auch dem Publikum erkläre und demonstriere, allerdings nicht als der Privatmann Zettel, der seinen Kopf bisweilen, dem Publikum zuzwinkernd, aus dem Eselskopf herausstreckt, sondern in seinem Amte als bewußter Gestalter der dem Stück zugrunde liegenden Idee, als Ansager der historischen und sozialen Bezüge, als ein repräsentativer Zeitgenosse zwischen dem Dichter und dem Publikum. Brecht setzt bei alledem die genaueste Einfühlung des Schauspielers in die Figur, die er spielt, voraus, sie ist auch für ihn ein wesentlicher Teil der Theaterarbeit. Die Spaltung des Darstellers zwischen dargestelltem Charakter und auf diesen hinweisenden Erläuterer ist nur als technischer Behelf in einem speziellen Stück, das für solche Zwecke konzipiert ist, denkbar. Aber die überlegene, gestaltende Planung der Rolle und ihre bewußte Durchführung vor dem Publikum macht das Wesen schöpferischer Leistung des Schauspielers aus und unterscheidet sie sowohl von den Spielen der Kindheit wie von allem naiven Figurantentum. Das Mimische und Szenische ist eben, wie schon anfangs gesagt, eine Sprache, in der etwas mitgeteilt wird, (im höchsten Fall) in einer Handlungsfolge von geistiger, dichterischer Bedeutung. Daß dabei das heute so gerne berufene Unbewußte mittätig ist, das Instinktive kleiner und großer Art, wird dadurch nicht abgeleugnet. Handelt es sich doch um menschliche Verhaltensweisen bei jedem schauspielerischen Schritt. Sie können in sehr verschiedener Weise geweckt und gelenkt werden. Schließlich sind sie einem Organismus, dem des Dramas, eingeordnet und im höchsten Fall vom Dramatiker vorgezeichnet. Zwischen dem Wissen um Sinn und Gehalt dessen, was ein Schauspieler darstellt, und dem lückenlosen, körperlichen Darleben ist Raum für einen schöpferischen Prozeß, der in der bedeutenden Schauspielerei nicht nur als reproduktiv angesprochen werden kann, und den bis ins letzte Detail bewußt zu machen, kaum möglich und auch nicht wünschenswert wäre. Viel Strömendes würde dadurch gehemmt, Unwillkürliches, die Möglichkeiten der Eingebung, ja die eigentliche Spiellaune können unterbunden und ausgeschaltet werden. In der Praxis der Bühne ergibt sich immer wieder dieses Beieinander und Ineinander von willentlich Gespieltem und unwillkürlich Getroffenem, von Natur und Organisation, von Können und Kunst. In der Vorstellung waltet schließlich ein – wenn auch noch so sorgfältig vorbereiteter und eingeübter – Automatismus, der ein ihn begleitendes Bewußtsein, ein ständiges Mitdenken und Mitfühlen, eine noch in Trance mögliche Kontrolle nicht ausschließt. In der Vorstellung muß, was dargestellt wird, zur zweiten Natur geworden sein, zu Gegenwart und Existenz, die aber wiederholbar sein müssen, zu einer aus Menschenwesen bestehenden Maschine, die, angedreht, immer wieder abläuft und einem objektiven Spielwerk gleichkommt, obwohl sie von Blut und Nerven genährt wird. Der Schauspieler ist Bildhauer und Statue in einer Person, und erst seitdem es den Film gibt, kann er sich spielen sehen und sich aus dieser Einsicht heraus korrigieren. Aber die Erfahrung hat – mich wenigstens – gelehrt, daß ihm solche Selbstbetrachtung und Bespiegelung auch zum Schaden gereichen und ihn in seiner Weiterentwicklung lähmen und jedenfalls beeinträchtigen kann.

Denn dieses, worin der Grund für solche Gefährdung liegen mag, ist der wesentliche Unterschied zwischen der Schauspielerei im Film und der im Theater. Im Film repräsentiert die Kamera den Zuschauer. Sie sucht den Schauspieler auf: ihre und seine Chance ist, wenn sie in ihn eindringen kann, ohne Widerstand zu finden. Je passiver er sich verhält, umso besser liest sie, an seinem Blick, an dem spärlichen Spiel seiner Muskeln, seiner Miene seine innersten Regungen, seine gedanklichen und emotionellen Reaktionen ab. Auf der Bühne dagegen stellt der Schauspieler in den Leerraum zwischen sich und dem Zuschauer die Gestalt hinaus, die er, sie sich einbildend, ausbildet nach der Vision, die er von ihr hat und die er im Publikum von ihr hervorruft. Er verhält sich dabei aktiv, gleichgültig, ob er viel oder wenig tut. Daß er sich selbst nicht zusehen kann, konzentriert ihn ebenso wie die Verdunklung des Zuschauerraumes, welche die einzelnen Gesichter im Parkett zur dunklen Masse des Publikums zusammenfließen macht. Das Auge des Publikums ist ein kollektives Subjektiv, das an der Schöpfung des Schauspielers fühlend mitwirkt, nicht aber das herzlose Objektiv eines Apparates, der von einem indiskret beobachtenden Auge gelenkt wird, das auf verräterische Zeichen Jagd macht.

In dieser Weise bedingt das Publikum, als ein wesentlicher Faktor, die Aktualisierung des Schauspielers, sein sich Ausleben und sein schöpferisches Vollenden: die Probe auf das Exempel für das, was auf der Theaterprobe geschaffen und erarbeitet wurde. Wir können, leider, jetzt öfter in Wien erleben, was geschieht, wenn das Publikum zuhause und das Theater leer bleibt. Wie sieht eine Nestroy-Posse, noch so heißblütig inszeniert und mit der größten Hingebung gespielt, aus, wenn, wo Raum für achthundert Zuschauer wäre, nur etwa dreißig bis vierzig da sind, die ein paar individuelle Lacher von sich geben? Die gähnende Leere macht die Pointen verpuffen, verzerrt die Gesten ins Krampfhafte und läßt den lustigen Vorgang auf der Bühne gespenstisch erscheinen. Dies ist ein für den Liebhaber des Theaters schwer erträgliches Schauspiel. Ich halte es auch für ein Mißverständnis und eine völlig theaterfremde Vornehmheit, wenn den Schauspielern versagt wird – oder wenn sie es sich selbst versagen, für den Endapplaus zu danken. Es verschlägt, meiner Meinung nach, nichts, wenn der im Stück gestorbene Tragöde nach dem Schluß der Tragödie wieder aufersteht, um sich zu verneigen. Der Jubel des Publikums ist dessen Selbstbefreiung von den erlittenen Emotionen, und zwar eine beglückende, die von der Schminke rein wäscht und für beide, Spieler und Zuschauer, eine Art von Katharsis bedeutet.

Worin aber besteht der Zündstoff, der die Proben heizt, denen doch – mit Ausnahme des Regisseurs, jenes vorläufigen und ersten Zuschauers – kein Publikum beiwohnt? Es fehlen auch die illusionsfördernden Dekorationen und Kostüme, es fehlt das Licht in seinen Abwandlungen und Steigerungen. Was auf der Bühne steht, gleicht den Grundrissen eines Architekten, den Zweckapparaten eines Ingenieurs. Das Stück selbst ist vorhanden als tote Sprache, als durch szenische Anweisungen unterbrochene und gegliederte Folge von Dialogen. Das Technische der ganzen Angelegenheit ist hervorstechend und für den Neuling entmutigend. Zwar hat sich der geübte Darsteller zuhause mit dem Stück und seinem Text beschäftigt, sich wenigstens über seine Rolle einige Klarheit verschafft, sie gesichtet, vielleicht sogar schon – im Sinne einer möglichen Gestaltung – gesehen. Und wenn gar das ganze Stück ihn interessiert, können die nüchternen Vorbereitungen auf der Bühne einen mächtigen Appetit, eine große Arbeitsfreude in ihm erwecken, und zwar oft eine umso größere, je nüchterner sie sind – und das erinnert wieder daran, daß Kinder oft dem prächtigsten Spielzeug einfache, noch nicht ausgeführte Gegenstände vorziehen, die ihre Phantasie anregen und ihr Raum gibt, zu arbeiten. Der Spielernst mag bei Jung und Alt der gleiche sein. –

Schauspieler können aber nur zur gemeinsamen Arbeit kommen, wenn eine gemeinsame Sprache sie verbindet. Und dazu ist mehr nötig, darunter ist mehr gemeint als die gleiche Landessprache, dieselbe Mundart. Sie müssen auf den gleichen Nenner einer Diktion gebracht werden, und dazu gehört ein gemeinsames Vokabular der Gestik, des Ausdrucks, ein für das Ensemble verbindlicher Theaterstil, der einem auf demselben Fruchtboden gewachsenen Lebensstil entspricht, aus ihm stammt, von einer einheitlichen Weise des Verhaltens hergenommen ist, wie auch immer dieses abgeleistet, gestaltet, sublimiert werden mag. Die absolute Vereinheitlichung bleibt ein Ideal, dem die Leistung des Spiels nachstrebt, die ursprünglich wohl der

Dramatiker, der Autor selbst, als der eigentliche Dramaturg besorgte (inne-hatte). Sie ist vorgebildet und in den Mund der Sprecher gelegt vom Text des Autors, im höchsten Falle der Prägung eines Dichters. Aber es gibt Zeiten der Stilverwirrung, der gesellschaftlichen Zersetzung, in denen es bis zur Unmöglichkeit schwierig wird, eine Diktion zu schöpfen, ja einen Dialog zu schreiben. Das Argument, welches sich in einem Drama entfaltet, entbehrt der Schlüssigkeit. Die Skala der Werte, deren sich der Dramatiker bedienen muß, ist zweifelhaft geworden, sie ist abgebraucht, nicht länger gültig. Kein Stoff läßt sich mehr – oder noch – mit Gültigkeit, mit Origi-nalität und Konsequenz behandeln, und daher kommt keine repräsentative Handlung zustande. Das ist die Krisis des Dramas, wie wir sie heute er-leben.

Theaterkritik

Und es wird Abend, da spielen wir Theater, und es wird Morgen, da lesen wir die Theaterkritik – *ein* Tag! Das gesteigerte Leben, das abends die Bühne erfüllt hat, setzt sich am Morgen in einer Rubrik der Zeitung ab, als Tagesneuigkeit. So leben wir. – Niemand hat je so Zeitung gelesen, wie der Schauspieler jene Rubrik, in der er, noch einmal, nackter als nackt aller Öffentlichkeit preisgegeben ist, ohne noch einmal seine Individualität ein-setzen zu können gegen den allmächtigen Buchstaben, der sich unaufhaltsam fortpflanzt, wie eine Bakterie in alle Gehirne dringt und eine Magie, ge-waltiger als je eine unmittelbar persönliche Wirkung, im grellen Tageslicht ausübt, vor dem alle Rampen verblaßt sind. Das Zittern und Zähneklap-pern, mit denen die Kritik erwartet wird, gleicht oft der Todesfurcht, *ist* Todesfurcht – denn der Buchstabe zerstört die Illusion, die hier eins und alles ist, der Buchstabe verleiht dem Auge der Zuschauer den bösen Blick, der tot sieht, was noch um Leben kämpft; der Buchstabe macht den quellen-den Augenblick in Menschen versiegen, die nur diesen Augenblick haben, und ihn nur haben, indem sie spielen. Der entwertete Schauspieler muß weiter spielen und gegen eine Suggestion, die stärker ist als die seine, mit durchschnittenen Nerven aufkommen.

Man male sich die Empfindlichkeit dieses Berufes aus! Man ermesse, welch schrankenlose Macht über Persönlichstes und Empfindlichstes hier in die Hand von Laienrichtern gegeben ist, und welche Gefahr besteht, daß sie schrankenloser ausgeübt werden könnte, da ja nirgends unverantwortlicher, nirgends gesetzloser entschieden wird. Auf keinem anderen Gebiet ist mit größerer Ungezwungenheit, nirgends so auf den Augenschein und den Ohren-schall hin je geurteilt und gerichtet worden. Niemals persönlicher, als hier,

wo hüben und drüben in phantastischem Grade das Persönliche hyper-
trophiert, der Richter selbst um einen Namen, um einen Ruhm, um zeitliche
Wirkung, um den öffentlichen Augenblick mit fanatischem Ehrgeiz und mit
einer Empfindlichkeit, die der des Schauspielers fast ebenbürtig ist, täglich
kämpft und weiterkämpft. Seine Prominenz der Schauspieler und seine
Eminenz der Kritiker, das Mensch gewordene Ereignis und seine ebenso
allzumenschliche Unvergeßlichkeit von vierundzwanzig Stunden, der lebendige Augenblick und seine sensible Markierung auf der Uhr – sie sind beide
darauf angewiesen, ihre Zeit zu erfüllen, Zeit zu fressen, wieviel sie davon
nur erlangen können, drängen beide in die allergegenwärtigste Gegenwart
und ringen um den reichsten, um den von Leben berstenden Zeitpunkt. Nur
für die Zeitungen haben die einen zuletzt gespielt, nur für die Zeitung die
andern geschrieben; die einen suchen, die andern sind das Echo der Zeit.
Im Flüchtigsten lebend und das Flüchtigste wiedergebend, so treibt dieser
Wellenschaum der Öffentlichkeit dahin und vertreibt die Zeit und wird mit
der Zeit vertrieben.

So lebt das moderne Theater, davon lebt es, daran steigert es sich, aus dieser Qual blüht es, an dieser Reizung erhält es sich aktuell. Und diesem
Theater entsprach nichts so sehr wie die impressionistische Kritik, die ihm
mit wunderbarer Geschmeidigkeit angepaßt war. Sie war die atmosphärische
Auswirkung des Theaters, sein Tau-Tropfen-Niederschlag bei Sonnenaufgang (wenn die Theatermaschinen ruhen und die Zeitungsmaschinen erwachen), sein farbiger Abglanz, an dem der vor- oder nachgenießende Leser
das Theaterleben hatte. Dieser Kritiker wetteiferte mit dem Theater an
Augenblickswirkung. Er war ebenso persönlich wie der Mime, ebenso vor-
aussetzungslos, ebenso selbstisch und deshalb, Macht gegen Macht, gleichberechtigt, stand er doch ebenso ›draußen‹. Er wurde der von der Theatervorstellung inspirierte Nach- und Nacht-Dichter im Alltags-Licht, seine
Kritik durfte ihm als höhere Zeitung künstlerischer Selbstzweck sein. Seine
Kunst war es, aus den Reizen des Abends ein neues Bukett für den Leser
zusammenzustellen, aus Beobachtungen ein überraschendes Bild zu wirken.
Der Kritiker ließ sich vom Theater welt-philosophisch anregen, es fiel ihm
bei dessen Gelegenheit etwas Selbständiges ein. Als ein Blitzableiter zog er
aus der dramatischen Atmosphäre Blitze und Witze und ganze Gewitter
von amüsantem Ereignis. An der Unmittelbarkeit der Bühne wurde er zum
Schöpfer zweiten Grades und zur Persönlichkeit erster Güte; die Bühne war
ihm statt des Lebens, wozu einer Kind geblieben oder Dyspeptiker geworden sein muß (der Magenkranke, der sich von bereits durchgesiebter Speise
nährt). – Das ergab eine Auslese eigenproduktiver Zuschauer und Hörer,
Matadore weibmännlicher Empfänglichkeit, Momentphotographen der Ge-
nießerseele, Peter Altenberge des Parketts. Der Geist des Dichters, der
Körper des Schauspielers, hier erst wurden sie Profil und Physiognomie.
Der Naturalismus ermöglichte freilich wahre Glücksfälle von Kritiken und

von Kritikern solcher Art, denn er bot ja so viel Natur gebliebenes Leben, das erst durch die Kritik Form werden sollte. Kritische Willkür hatte oft mehr geistige Prägung als die stoffnahe Methode der Realisten, und einer Kunst gegenüber, die natur-treu sein wollte, brauchte der Kritiker keine andere Legitimation als das persönliche Talent, den Tonfall und den Erfolg.

Vielleicht war das alles nur möglich in jener glücklicheren Zeit, als der Anblick des modernen Lebens in seiner Naturtreue – also der Naturalismus – noch erfreulich, und mindestens erträglich war, oder schien; als eine Art bürgerlich-sinnlicher Wohlhabenheit und Wohllebenheit alle Gegensätze ausglich. Seither mußte der Expressionismus strengere und doch so hilfreiche Formen bieten, um unsere Zeit für die Zeitgenossen, und die Zeitgenossen einander geistig-künstlerisch erlebbar zu machen. Eine seiner Wurzeln ist ohne Zweifel unsere tief berechtigte Wehleidigkeit. Nach diesem Krieg (im tieferen Sinn freilich schon vorher) und mitten in diesem Frieden müßte die Zeit jede Impression und alle Impressionabilität entschieden hinaus verlangen – beneidenswert, wer es nicht nötig hatte! – Als gedeihlicher Lebensrest bleibt Sport und Technik, realer Zukunftsboden, neues Material. Oder Flucht ins Privatleben. – Sich heute mit allgemeinen Dingen, wenn auch nur im Spiel befassen, heißt soziale und politische Utopie treiben. Die Utopie ist der einzige Realismus, den wir uns noch leisten können! Oder von diesem Leben eine künstlerische Form streng abstrahieren, (Kunstform), Übernatur als Selbstzweck herauskristallisieren. Auch auf der Bühne ist nun die anregende Privatleben-Nähe verpönt, und nur noch das Theater als System der Spannungen, die sich selbst genug sind, wird heiß gewollt, Kräfte werden entbunden, in sich selbst berechtigt, unvernünftig wie eben Kräfte, deren Spiel jedoch die Vernunft regelt. Es handelt sich [in] dieser Vorbereitungszeit darum, die »dramatischen Komplexe« (Jhering) aus der Welt herauszuziehen und für sich funktionieren zu lassen, sie sollen aber nicht am nächsten Morgen wieder mit dem Alltag vermischt werden, wieder in Detail aufgelöst, in Einfälle zerpulvert. Will das Drama heute gelten, dann muß es den radikalen Willen aufbauen, ohne den wir verloren sind; und der darf nicht nachher wieder gemildert werden, es läßt sich nicht über ihn plaudern, eher könnte man seinen Steigungswinkel berechnen. So entstand auf der Bühne mit Notwendigkeit eine Architektonik des Willens statt einer Palette der Reize. Und so kam die dogmatische Kritik zu einer höchst prinzipiellen Wiederkehr.

Aber dogmatische Kritik in einer Tageszeitung! Am Tage nach der Vorstellung! – Eine neue Technologie des Theaters, am lebendigen Beispiel erhärtet! Ein zweck- und zielbornierter Konstruktivismus, dem lieben Publikum geboten, paragraphenweise! Eine Wissenschaft des Augenblicklichen, augenblicklich gelehrt, demonstriert, vivinziert, angeordnet; ein tägliches Lehramt, das die Schauspieler auf offener Bühne prüft, sodaß sie sich bei jeder Replik auf die Antwort besinnen, statt ihre Rolle zu sprechen, den Gegenstand memorieren und mitten in der Aktion (wie ein starker Schauspieler gesagt hat) Tempo mit Hast verwechseln! Das Theater verflüchtigt sich wie eine Chimäre, wenn das prinzipielle Stadium allzulange dauert. Wer hier allzu sachlich sein will, wird sich bald durch das Allerpersönlichste geäfft sehen. Theaterpolitik wird erzwingen wollen, was nicht schnell genug organisch wächst, und Politik ist heute, ob sie will oder nicht, terroristisch. Der Terrorismus aber vertreibt den sinnlichen Spuk des Theaters, der einen so gewaltigen Fanatismus der Liebe flieht und höchst unglückliche Liebhaber zurückläßt. – Terroristische Dogmatik in der Tageszeitung, die tägliche Erscheinung beurteilend, der Bühnenleidenschaft das gedruckte Verdikt folgen lassend, heißt das Machtproblem der Tages-Kritik bis zur äußersten Paradoxie steigern, es bis zum Zerbrechen anspannen. Und erinnert auf eine neue Weise an jene Theaterkritiken, die Goethe »die gewöhnlichen« nannte, und von denen er sagte: sie »sind unbarmherzige Sündenregister, die ein böser Geist vorwurfsweise den armen Schächern vorhält, ohne hülfreiche Hand zu einem besseren Weg«. Der bessere Weg wird hier wohl, als Formel, verlautbart, aber so, daß das Prinzipielle, der allgemeinste Begriff, das lebendig Besondere wie ein Felsblock eine Eidechse erschlägt und unter sich zerquetscht.

Ich glaube, daß gegen solche Gefahr eine Wiederbelebung der impressionistischen Kritik – mag sie durch einzelne Persönlichkeiten lebendig geblieben sein und bleiben – schützen kann. Ich gebe auch ausdrücklich zu . . .

[fragmentarisch]

Sachverständige Zeitungskritik?

Ernst Hardts ›Gudrun‹ war in Bonn durchgefallen und rasch vom Spielplan abgesetzt worden. Der Verleger des Werkes machte die Theaterdirektion haftbar. Im Vertrag stand als Bedingung, daß die Aufführung »in einer würdigen Weise« zu geschehen habe. Als Zeugnis für die nicht erfüllte Bedingung zitierte die Klägerin die Rezension einer Zeitung, in der es hieß, daß »wo man hätte weinen müssen, auf der Bühne der Jux angefangen« habe. Nach dem Urteil des Kritikers, der offenbar als Augenzeuge fungierte, hätte die Direktion eine Konventionalstrafe zahlen müssen. Aber das königliche Landgericht in Berlin wies die Klage ab, weil es fraglich sei, ob ein Kritiker auch immer ein berufener Beurteiler sei.

Dieser kluge Richter weiß also, daß eine Aufführung, welche ein Theaterkritiker ulkig findet, sehr ernsthaft und ernst zu nehmend gewesen sein kann. Der Kenner erschrickt förmlich, wenn er hören muß, daß einer

Theaterrezension, also der subjektivsten, flüchtigsten, abhängigsten, stimmungsmäßigsten Sache der Welt, der Wert einer objektiven, von Gerichts wegen mit Geld aufzuwiegenden Wahrheit gegeben werden soll. Die Urteilsbegründung des Berliner Gerichtes verwandelt den Schrecken in erlösende Heiterkeit. In diesem Urteil kam die folgende sehr markante Stelle vor: »Daß eine Aufführung nicht würdig gewesen sei, kann die Klägerin nicht durch Vorlegung einer Kritik erweisen. Niemand ist gehindert, Kritiken zu schreiben, den Nachweis einer literarischen Bildung und Befähigung braucht er nicht zu führen, die Zeitung ist nicht behindert, Rezensenten aufzunehmen, deren Bildungsgang sie in keiner Weise zu dem Anspruche berechtigt, namens der Allgemeinheit in den Zeitungen zur Kritik von Aufführungen und Dichtungen das Wort zu ergreifen. Das Gericht braucht sich auf eine Untersuchung, wer die betreffenden Kritiken geschrieben hat, wie der Lebensgang dieser betreffenden Personen gewesen ist, in welcher Weise sie zu derartigen Rezensionen vorgebildet sind, nicht einzulassen.«

Wie oft bringt die Lebensfremdheit buchstabengelehrter Richter zum Staunen und zur Erbitterung! Dieser Berliner aber – eine auffallende Ausnahme – scheint sich die Verhältnisse und Menschen der Theaterkritik aus der Nähe angesehen zu haben. Man kann die Unverbindlichkeit, Rechtsungültigkeit der Rezensionen nicht treffender charakterisieren. Obwohl die Einführung eines richtigen kritischen Amtes die Sache schwerlich bessern würde. Mancher Herr, der eine regelrechte literarische Vorbildung nachzuweisen hat, steht vor jedem neuen und wirklich neuartigen Kunstwerk durchaus als ein Esel da. Und im allgemeinen urteilen auch redliche Kritiker nicht anders als nach Standpunkten, Schlagworten, Stimmungen, mit oder gegen Modeströmungen. Wenn auch freilich die Zeitungschefs ihre Rezensionslehrlinge mindestens auf ihre sachverständige Kenntnis des Theaters hin prüfen sollten!

Nur eines täte not: Das Publikum gewöhne sich die Leicht- und Gerngläubigkeit an die Zeitungsrezensionen ab! Das Publikum vertraut in gleicher Weise den berufenen und den unberufenen Kritikern, es baut eben auf die Zeitung als Autorität. Das Publikum lerne seine Rezensenten rezensieren. Es lerne so verfängliche Fragen und Forderungen stellen wie der kluge Richter in Berlin. Dann wird die Kunst weniger oft das Pönale zahlen müssen.

Anhang

Theater-Biografie Berthold Viertels

Nachdem Ernst Ginsberg 1956 die Dichtungen Berthold Viertels zusammengestellt und herausgegeben hatte, blieb noch ein umfangreicher Nachlaß
von Schriften, in denen sich Viertel mit dem Theater seiner Zeit beschäftigt:
mit Dramen und Autoren, mit dem theoretischen und praktischen Weg vom
Regiekonzept bis zur fertigen Aufführung, Schriften, die zum Teil allgemeine und grundsätzliche Beiträge zur Entwicklungsgeschichte der Bühne
darstellen, die aber zugleich auch Markierungen für Viertels eigenes Thea-
terschaffen setzen. Mit ihrer Veröffentlichung kann ein Detail des Bildes
gegeben werden, das wir uns heute – trotz eines durch die Zerstörungen des
zweiten Weltkrieges fast unüberwindlich gewordenen Abstandes – vom
deutschsprachigen Theater der ersten dreißig Jahre unseres Jahrhunderts zu
rekonstruieren versuchen: das Bild einer Epoche, die durch ihre Versuchs-
freudigkeit manche Grundlagen moderner Bühnenkunst schuf, auch wenn
solche formalen Ansätze – durch die Zeit des Ungeistes in ihrer Entwicklung gebrochen – sich nicht organisch dem Theater unserer Gegenwart über-
liefern konnten.

Berthold Viertel zählt im gegenwärtigen Urteil nicht mehr zu den offensicht-
lichen Repräsentanten dieser drei Jahrzehnte, wie Max Reinhardt oder
Leopold Jeßner. Seine Regiekunst liegt nicht in einer absoluten, einheitlich
übertragbaren Konzeption begründet, die sich der Gefahr einer unlebendi-
gen Verfestigung aussetzt, sondern sie entwickelt sich punktuell an Ideen
und Erkenntnissen, bei denen sich der Versuch abzeichnet, zumindest in den
frühen Bühnenrealisierungen einen dem jeweiligen Stück individuell kon-
gruenten Regiestil zu finden, nicht einen einmal gefundenen Regisseur-Stil
jedem zu inszenierenden Schauspiel aufzuerlegen. In dieser Haltung eines
Spielleiters, der primär dem Drama verpflichtet ist und Stücktreue dem
persönlichen Regieeinfall voranstellt, hat Viertel auch seine kritischen Texte
zum Theater geschrieben. Auch wenn ihm bei seinen frühen Inszenierungen
manches Mal von der Kritik vorgeworfen wurde, virtuose Regie sei hier
in den Vordergrund geraten – habe zum Beispiel über die minderen Qualitäten eines Stückes durch blendendes Spiel hinweggetäuscht –, so ist doch den
grundsätzlichen Überlegungen Viertels zu Theorie und Praxis des Theaters
zu entnehmen, daß er auch als Regisseur die Haltung eines Schriftstellers

beibehielt und der Sprache verpflichtet blieb, was für ihn allerdings auf dem Theater zugleich erforderte, daß die technische und regieliche Handhabung aller Bühnenmittel in weitestem Maße zu erlernen und im Sinne des Dramas anzuwenden war.

Als Sohn eines jüdischen Kaufmanns wird Berthold Viertel am 28. Juni 1885 in Wien geboren. Nach dem Abitur in Zürich studiert er in Wien Philosophie und Geschichte, veröffentlicht ab 1905 Theaterkritiken, Essays und – in der *Fackel* – erste Gedichte. 1911 beginnt seine Theaterlaufbahn. An der von Stefan Großmann und Artur Rundt gegründeten *Wiener Volksbühne* wird er Dramaturg und Regisseur. Er inszeniert Stücke von Strindberg, Gerhart Hauptmann, Sternheim und Turgenjew, unter seiner Regie spielen u. a. Ernst Deutsch, Helene Thimig und Rudolf Forster, Jürgen Fehling erhält seine ersten kleinen, Fritz Kortner seine ersten größeren Rollen.

Der Weltkrieg unterbricht die Theaterarbeit. Anfang des Jahres 1918 wird Viertel von seiner ersten Frau, Grete Rouszicka, geschieden und heiratet im April des gleichen Jahres die Schauspielerin Mea Steuermann [eigentlich Salomea Sara Steuermann, nennt sich später Salka; wird von der Berliner Kritik oft fälschlich Mea oder Salka Scheuermann genannt]. Er wird Theaterkritiker und Feuilletonchef am *Prager Tagblatt* und analysiert von hier aus in Glossen und Kritiken den Verfall des Wiener Theaters. Seine literarischen Arbeiten und seine Kritiken über das *Deutsche Theater* eröffnen ihm den Eingang in die Prager Kunstkreise, wo er mit Kafka, Max Brod und Anton von Webern verkehrt. Graf Seebach vom *Königlichen Schauspielhaus Dresden* wird auf ihn aufmerksam und engagiert ihn im Herbst 1918 als Regisseur, während Mea Steuermann-Viertel unter Falckenberg an den Münchner Kammerspielen unter Vertrag steht. Nach den Ereignissen der Novemberrevolution 1918 wird Viertel zu einem der fünf Direktoren des Dresdner Theaterrats ernannt. Sein Ruf als Regisseur dringt durch seine expressionistischen Uraufführungen weit über Dresden hinaus, sodaß schließlich sogar die Berliner Kritik zu seinen Inszenierungen kommt.

Am 9. Oktober 1919 hat die Uraufführung von Friedrich Wolfs *Das bist du* Premiere. Stück und Inszenierung werden von der Kritik freundlich abwartend und überwiegend unsicher beurteilt. »Etwas Feierliches und Weihespielmäßiges muß man der Dichtung nachrühmen, die ohne Symbolik Tiefstes versinnlichen will. [...] Sie ist im Kerne vielleicht nicht so unerhört neu wie sie sein möchte, bahnt aber doch eine neue Form des Dramas an, die im Bereich des Möglichen bleibt. Denn es gelang, sie in die Bühnendarstellung wirkungsvoll umzusetzen. Zum ersten Male hat die neue Malerei von der Dresdner Schaubühne herab gewirkt. Felixmüller hat mit Linnebach Bilder geschaffen, die den Geist der Dichtung trafen. Die pyramidischen

Gebirgshöhen in farbigem Licht standen da als reine Wesen ohne naturalistische Kennzeichen, nur die Körperlichkeit der Schauspieler ließ sich nicht restlos in die kubischen Formen einpassen. Aber die dreieckigen Lichtkeile im Schlußbild gaben ein bisher hier noch nie gesehenes Schauspiel von überirdischer Fremdheit des Raumgebildes [...]. Berthold Viertel hat als Spielleiter an dem Ganzen eine bedeutende, zukunftsweisende Arbeit vollbracht, die neuen Schönheiten Raum auf der Bühne schafft. Als vorsichtig und maßvoll angefaßter Anfang zu Neuem ist die Aufführung dankbar zu begrüßen.« So urteilt Felix Zimmermann in den Dresdner Nachrichten. Friedrich Kummer im Dresdner Anzeiger: »Darstellerisch bringt der Expressionismus eine Einengung des Persönlichen. Die Darsteller werden vom Saitenspieler zum bloßen Saitenspiel in der Hand des Dichters oder des Spielleiters herabgestürzt. Sie können nur, auf großen Bogen wandelnd, Stilfiguren schaffen, zu typischen Gestaltungen gelangen. Eintönigkeit, Gedankenschauspielkunst, Entsagung und Entäußerung der Persönlichkeit. [...] Das Publikum dankte ohne Widerspruch der vornehmen schönen Gabe. Die Meinungen werden darüber auseinandergehen. Die Vorstellung wird viele verwirren, aber sie wird erziehen, diese Vorstellung. Was wir da sehen, ist nicht die Kunst, aber es wird vielleicht die Kunst.«

Nach einer bedeutenden Inszenierung von Georg Kaisers *Gas* findet ein Jahr später, am 28. Oktober 1920, die Uraufführung von Hasenclevers *Jenseits* statt. Die im Urteil noch unsicherer gewordene Kritik spielt die Schwächen des Stückes gegen die Regie aus: »Daß Hasenclevers neues Drama seine innerlichen Schwächen so geschickt verbergen und beinahe wie eine tiefgreifende Dichtung wirken konnte, ohne es doch im Kern zu sein, war das Verdienst der geschmackvoll feinsinnigen Aufführung unter Berthold Viertel.« [F. Zimmermann in den Dresdner Nachrichten.] Das mühsame und etwas zähe Liebesdrama hat in Viertels Inszenierung immerhin soviel Erfolg, daß die *Kammerspiele München* den Dresdner Regisseur bitten, das Stück hier noch einmal in Szene zu setzen. Zur Aufführung, die am 3. Februar 1921 Premiere hat, schreibt Hanns Braun in der Münchner Zeitung: »Es ist nicht angenehm, von einem Stück sagen zu müssen, man habe es nicht verstanden. Sage es aber rundheraus: Hasenclevers ›Jenseits‹ – habe ich nicht verstanden. [...] Fixieren wir eine sublime Schuld: Jeane hat beim ersten Anblick Raul begehrt, Raul Jeane. Der Mann war auf Reisen. Wir haben ein hübsches Ehebruchsdrama. Bemühen wir keine Geister. Nennen wir das Stück getrost: Diesseits.
Aber es gibt noch eine andere Perspektive, von der aus wir das Stück doch Jenseits nennen müssen: aus der Perspektive der Regie. Hasenclever hat einmal für Reinhardts Zirkus eine ›Antigone‹ geschrieben. Diesmal lautet die Frage: wie mache ich das Jenseits regiefähig?
[...] Die ganze Suggestion der Filmromantik-Kurzszenen, Raum verwan-

deln, Unwirklichmachen der Gegenstände, Gespensterzauber – davon lebt sein Jenseits! Vom Film flossen Wirkungen hierher zurück; Wirkung ist alles! (Darum ist, was geredet wird, ganz gleichgültig. Nüchtern überlegt, ist es meist purer Unsinn.)

Berthold Viertel vom Dresdner Landestheater, der Gastregisseur dieses Abends, ist allerdings ein Meister in der Bewältigung der Szene. Statt vieler Beispiele eines: wie er durch stufenweises Zusammenziehen der Vorhänge den Raum um das arme Opfer Jeane verengerte und dann durch gleichzeitiges Aufgehen all dieser Wände dem Schlußgerede Rauls einen monumentalen Rahmen verlieh, das war vorbildlich, gültig, musterhaft! [...] Was ist uns Hasenclever? Antwort: ein sehr geschickter, ein allzu geschickter Herr! Daß am Schlusse, neben den Darstellern, der eigentliche Held des Abends, Berthold Viertel, immer wieder gerufen wurde, war eine sehr zu billigende Anerkennung der Tatsache: Regie heiligt die (Hasencleversch dünnen) Mittel. Selbst im Jenseits!« Ähnliche Publikumsreaktionen wie von München werden auch von der Dresdner Aufführung berichtet: »Darsteller und Spielleiter rief am Schluß ein lang währender Beifall widerspruchslos auf die Szene, während der Dichter nicht ohne Gegnerschaft blieb.« [Friedrich Kummer im Dresdner Anzeiger.] »So war es mehr als die übliche Geste, wenn Hasenclever laute Ehrungen immer wieder an die Künstler weiterwies. Denn er dankt ihnen viel ...« [J. F. Wollf in den Dresdner Neuesten Nachrichten.]

Am 14. Mai 1921 bringt Viertel die nächste Uraufführung. Zwei Dichtungen August Stramms, *Haidebraut* und *Erwachen,* werden vom Dresdner Publikum jedoch nicht mehr hingenommen; man empört sich, es entsteht ein ›Skandal‹. Die Kritik sieht sich genötigt, noch deutlicher als bei den übrigen expressionistischen Inszenierungen ihre Wertung nach Regieleistung und Dramentext zu unterscheiden. So schreibt J. F. Wollf in den Dresdner Neuesten Nachrichten: »Die Aufführung ist kaum zu übertreffen, die Regiearbeit Berthold Viertels von einer ungewöhnlichen Hingebung und stärksten Farbigkeit und Wirkung. In dem nächtlichen Spuk ›Erwachen‹ sind zweiunddreißig Schauspieler in *einen* rasenden Rhythmus versetzt. In diesem unheimlichen Reigen prägen sich fast alle 32 Gestalten ein. [...] Die außergewöhnlich energische Ablehnung, die Pfiffe und Pfuirufe galten nicht den Dresdner Künstlern. Ihr Können und das malerische, farbige, bildhafte der jungen Weimarer Franz Singer und Friederike Dicker scheinen an ein kurzlebiges Experiment verschwendet. Es schadet nichts, daß hier einmal Spruch und Widerspruch sich ohne Zaum und Zaun begegneten. Den Schaden tragen im Grunde die wenigen Begabten unter den Modernen, deren Namen geschäftiger Klüngeleifer auf die gleichen Spektakelfahnen schreibt, wie den August Stramms. Wer in *diesem* ›Expressionismus‹ noch einen Weg zur Kunst sieht, nicht die unentrinnbare Sackgasse, ist kunstblind. Oder allzu geschäftstüchtig auch noch bei sinkender Konjunktur. Auflösung der Form,

Auflösung der Kunst müßte das Ende sein.« Felix Zimmermann in den Dresdner Nachrichten: »Hier muß der Regisseur schöpferisch werden. Berthold Viertel hat es vermocht. Szene, Aufbau, Tempo, Wortsinn und Betonung, Raumgestaltung sind fast völlig sein Werk. [...] Viertel hat mit einer Arbeit, die vollste Hochachtung verdient und seine Eignung für diese Künste unzweifelhaft macht, etwas von Bedeutung geschaffen. Die strahlende Farbenschönheit des ersten Stückes, die hochgebaute Szene des zweiten, mit Blick in die Unterbühne, mit technischen Kunststücken und Feuerzauber, mit einem Hexensabbath von Massenregie waren durchaus etwas Neues und trotz seiner Wildheit und seinem Lärm etwas Kunstvolles. Nur ob Zweck und Mittel im angemessenen Verhältnis standen, ist die Frage.

Einen Teil der Antwort gab das Verhalten des Publikums. Es nahm das erste Stück, nicht ohne Befremden, aber von der Einfachheit der Linienführung und der Ursprünglichkeit der Darstellung gebannt, in Ruhe hin und dankte beifällig. In der Mitte des zweiten Stückes wurde es unruhig. Es gab Gelächter, einige verließen das Haus. Ohne eigentliche Störung wurde der Schluß erreicht. Pfeifen und Klatschen setzte ein. Verschiedene ihrer eigenen Pfiffigkeit nicht trauend, bedienten sich vorsorglich mitgebrachter pfeifender Instrumente. Die Künstler erschienen unsicher vor dem lärmenden Hause. Auch der Spielleiter. Ein Herr rief ausdauernd und stimmkräftig: ›Raus!‹, vergaß aber hinzuzufügen, wen er hinaus haben wollte. Es war also ein ›Theaterskandal‹, soweit ich schätzen kann, mittlerer Stärke. Die Abwehr galt offensichtlich nicht Stramm, sondern ›der ganzen Richtung‹ ...«

Diese »Richtung« wird vom Publikum aber bereits ein halbes Jahr später durchaus wieder ohne Protest akzeptiert, als am 27. Januar 1922 Hasenclevers *Gobseck* uraufgeführt wird. Auch hier ist den Kritiken im ganzen nur das Urteil zu entnehmen, daß die Regie besser gewesen sei als das Stück: »Die Regiekunst kann man schätzen, den Fleiß bewundern, die Darsteller bedauern, das Stück muß man ablehnen. [...] Virtuosenkunst gießt um dieses Werk auf der Bühne den trügerischen Glanz. Bewundernswert und gefährlich. Man sieht, daß Berthold Viertel als Spielleiter heute die gefährliche Gabe besitzt, auch das Nichtige bedeutend, mindestens verführerisch erscheinen zu lassen. Er ist in dieser Inszenierung durchaus der spielende, glänzende, herrschende Virtuos. Er freut sich der Macht über die Geister. Daß er nur der Eintagskunst hier dient, wird er wissen.« So Friedrich Kummer im Dresdner Anzeiger.

In der damaligen deutschen Theatermetropole *Berlin* findet Viertel ab 1922 einen etwas geeigneteren Boden für seine experimentellen Inszenierungen. Moritz Seeler, Gründer der *Jungen Bühne* am Deutschen Theater, übergibt ihm die Regie der zweiten deutschen Aufführung von Arnolt Bronnens *Vatermord*. Nachdem die ersten Proben unter der Leitung Bertolt Brechts dazu geführt hatten, daß Heinrich George seine Rolle niederlegte und

Agnes Straub in Weinkrämpfe ausgebrochen war – wie Bronnen berichtet –, besetzt Berthold Viertel die Rolle des Vaters mit Alexander Granach, präzisiert Brechts Regiekonzept und steigert es zu »beklemmender Spannung«. Bronnen spricht von einer »sich zwischen die Sätze schmiegenden Regie«. Auch diese erste Berliner Inszenierung Viertels erweckt Aufsehen, das Publikum reagiert extrem: Protest gegen Beifall. Herbert Jhering, Kritiker des Berliner Börsen-Courier, berichtet: »Einen der stärksten Theatereindrücke der Spielzeit hat man dem Idealismus einiger Schauspieler, der Arbeitsleidenschaft eines Regisseurs, der eruptiven Kraft eines jungen Dichters zu danken. Von der Vorstellung ging eine solche Bannkraft aus, daß das Publikum sich während des Spiels musterhaft ruhig verhielt und das Pfeifen am Schluß von orkanartigem Beifall niedergefegt wurde.« Alfred Döblin hat die Reaktion des Publikums detaillierter geschildert: »Die ›Junge Bühne‹ in Berlin, die sich etwa um das Programm des entschlafenen Vereins ›Junges Deutschland‹ bemüht, brachte Sonntag Nachmittag das Schauspiel Bronnens als erste Leistung heraus. Berthold Viertel inszenierte es, das ›Deutsche Theater‹ gab den Raum; in den drei Hauptrollen, Vater, Mutter, Sohn, wurden vorzügliche Schauspieler, Granach, Frau Straub, Twardowsky, beschäftigt. Die Aufführung verlief ohne Unruhe; in großen Teilen war die Aufmerksamkeit des Publikums durch das sehr verzögernde Tempo des Spieles nicht voll gefesselt. Dann wurde lebhaft geklatscht. Eine Kinderpfeife wird hörbar. Der Beifall erreicht reaktiv und demonstrativ eine große Stärke. Das Pfeifen geht jetzt von mehreren Teilen des Saales aus. Sobald das Klatschen beendet ist und der Autor mit den Darstellern erschienen ist – Bronnen ist übrigens Angestellter von Wertheim am Leipziger Platz, ein schlanker, kräftiger, ehrlicher Mensch –, flöten die Hausschlüssel, und der Kampf muß wieder beginnen. Plötzlich, während kaum nennenswert viel Leute den Saal verlassen (das Theater war ausverkauft), hält einer vom Balkon eine Ansprache; er protestiert gegen das Stück, protestiert, daß er mit seinen grauen Haaren sich hier derartige Schweinereien bieten lassen müsse. Hallo, Gegenreden von Herren, die unten die Sessel besteigen. Allgemeines Zusammendrängen nach vorn. Man hört inselweises Streiten in dem Geschiebe. Immer neues Klatschen, Pfeifen, tapferes Vortreten des Autors und der Darsteller. Der eiserne Vorhang; trotzdem kein Ende der Schlacht. Ein grauer Schutzpolizist erscheint. Er besteigt einen Sessel, bläst seine trillernde Polizeipfeife; Gelächter, Klatschen. Er will sprechen, man hört ihn nicht. Die Erregung an einzelnen Stellen – die Mehrzahl sind Zuschauer, Genießer am Krakeel – hat noch nicht nachgelassen. Endlich auf dem Korridor, nachdem Verdunklung im Saal eingetreten ist, das, worauf schon lange zu rechnen war: Schlägerei und antisemitisches Gebrüll. Ein junger, kräftiger Graf mit Schmissen, ruhiges Assessor- oder Bankbeamtengesicht, hat ›Saujude‹ gegen einen klatschenden kleineren Herrn gerufen, der nun wie ein Stier gegen ihn anrennt, ihn stößt, packt. Der Graf, sehr blaß, stammelt, wird tiefer in das kreischende Gedränge gestoßen. Geschrei auch anderswo. Vor dem Theater steht alles fest und dicht beisammen. Diskussion, Lärm geht weiter. Der einzelne Sipomann kann nichts ausrichten. Er brüllt sich rot. [...] Bronnen geht hochrot und sichtlich unerfreut durch. Der Sipomann stürzt drohend fort. Lachen: ›Jetzt kommen Maschinengewehre!‹ Es kommt ein fliegendes Detachement der Grauen, Knarre auf dem Buckel, bildet eine Kette, schiebt alles vor sich.« Resümee des Kritikers Emil Faktor: »Eine denkwürdig alarmierende Sonntagsvorstellung, die das Zeug in sich hat, historisch zu werden.«

Wenn Viertel auch in weiteren Inszenierungen den expressionistischen Regiestil weitgehend prägt und immer wieder seine Theaterarbeit für expressionistische Stücke einsetzt, so ist seine Regietätigkeit jedoch nicht nur von dieser aktuellen Dramatik her zu kennzeichnen. Schon von seinen ersten praktischen Theatereindrücken her hat Viertel vor allem das Werk Shakespeares gereizt. Nachdem er in Dresden bereits *Der Widerspenstigen Zähmung, Ein Sommernachtstraum* [mit Erich Ponto als Puck] und *Richard II.* inszeniert hatte, bringt er, von Max Reinhardt ans *Deutsche Theater* berufen, im September 1922 *Richard II.* zur Aufführung; mit einem Ensemble, in dem sich die Schauspielergrößen der Zeit versammelt hatten: Alexander Moissi, Heinrich George, Alexander Granach, Elisabeth Bergner, Hans Schweikart und Gertrud Eysoldt. 1923 verläßt Viertel – wie auch Karl Heinz Martin – das Deutsche Theater Reinhardts und inszeniert an den *Hellmer-Bühnen.*

Im gleichen Jahr gründet er ein eigenes Ensemble, *Die Truppe.* In der Eröffnungsvorstellung, *Der Kaufmann von Venedig,* stehen, neben Fritz Kortner als Shylock, Johanna Hofer und Leonard Steckel auf der Bühne. Herbert Jhering, der dem Ensemblegedanken der ›Truppe‹ wohlwollend gegenüberstand, da er jede Regung begrüßte, die sich gegen den Hang zum schauspielerischen Startum, wie es sich bei Reinhardt auszuprägen begann, richtete, nahm die Vorstellung zum Anlaß, Viertel als Regisseur zu analysieren: »In Berthold Viertel bekämpfen sich zwei Elemente: ein lauterer, gläubiger Kunstwille und ein getrübtes, unklares Kunstgefühl. Als man Szenenbilder seiner Dresdner Inszenierungen sah, glaubte man, das unsichere Kunstgefühl zu erkennen. Als er in Berlin die ›Wölfe‹, ›Judith‹ und vor allem ›Vatermord‹ inszenierte, überzeugte der leidenschaftliche Kunstwille. In der Eröffnungsvorstellung der ›Truppe‹ bekämpft das Kunstgefühl den Kunstwillen.«

In dem halben Jahr ihres Bestehens bringt ›Die Truppe‹ acht Inszenierungen, darunter zwei in der Regie Heinz Hilperts, der dem Ensemble als Dramaturg und Regisseur angehörte. Geschäftsleiter des Unternehmens, dem die Inflation ein Ende setzte, war Heinrich Fischer. Außer den schon genannten Schauspielern bildeten Rudolf Forster, Walter Franck, Oscar Homolka, Paul Bildt, Aribert Wäscher, Sybille Binder und Mea Steuermann das Ensemble. Zu den bedeutendsten Aufführungen, die die ›Truppe‹ vollbrachte, gehört die Uraufführung von Georg Kaisers *Nebeneinander,* durch die der Autor in Berlin den ersten durchschlagenden Erfolg erringen konnte. Auch mit der Uraufführung von Robert Musils Komödie *Vinzenz oder Die Freundin bedeutender Männer* wurde für den Autor auf der Bühne Pionierarbeit geleistet. Die Reaktion Musils auf den seiner Meinung nach allzu pathetisch und tiefsinnig gewordenen Expressionismus zeigte sich in diesem – nach dem bis dahin nicht aufgeführten Drama *Die Schwärmer* – zweiten Bühnenstück, das eine neue Komödienlaune im Sinne Wedekinds einleiten wollte. Zur Uraufführung am 4. 12. 1923 schrieb Alfred Kerr: »Dies Stück (das kein ›Stück‹ ist – vielmehr ein Bündel oft spaßiger Vorgänge) bedeutet eine Parodierung nicht nur des Expressionismus; sondern des Zeitalters, wo er Mode zu werden schien. [...] Also: Wedekindscher Tanz um die Frau. Welt voll abgebrühter Lumpen. Sexualtrottel. Hochstapler. Gründer. Zuhälter. Feiglinge. Cocain. Entgötterung. [...] Das ist ›unsere‹ Welt, sagt Musil verstehend. Das ist ›ihre‹ Welt, sagt er humoristisch. [...] Berthold Viertel, Spielwart, ist nicht nur glücklich im Ausknipsen des Lichts, ehe der Vorhang fällt – was recht gut einen abrupten, ausschnitthaften Eindruck macht. Sondern auch glücklich in parodistisch-tänzerhaften Bewegungen seiner Künstler. In wohl-angebrachten Spitzgebärden; in Huschtempi.« Und Herbert Jhering schließt seine Kritik: »Dieser Abend war trotz seiner Halbheit ein erfreulicheres Zeichen für die ›Truppe‹ und die Stoßkraft der Berliner Theater als ‹sichere› Aufführungen. Wenn auch nur deshalb, weil er das Erlebnis bestärkte: die ›Literatur‹ im übertragenen Sinne wird überflüssig. Das Dichterische, das Künstlerische, das Unmittelbare, das Wesentliche wird als Sehnsucht gefühlt. Es ist die Halbheit Musils als Dichter und Viertels als Regisseur, daß sie gegen übertragene Kunst mit übertragenen Mitteln angehen: fern von der Unmittelbarkeit, gegen das Kunstgewerbe *mit* dem Kunstgewerbe.«

Nach dem Zusammenbruch der ›Truppe‹ inszeniert Viertel seinen ersten *Film,* zu dem er auch das Drehbuch schreibt. *Die Geschichte eines Zehnmarkscheins [Abenteuer einer Banknote]* wird heute noch als interessantes Experiment des deutschen Stummfilms angesehen. Während er weitere Filme, darunter *Nora* mit Olga Tschechowa und Fritz Kortner, dreht, wirkt er auch als freier Regisseur am *Lessing-* und am *Staatstheater Berlin.* 1926 lernt er anläßlich einer Lesung seiner Übertragung der *Bacchantinnen des Euripides* in Köln Louise Dumont und Gustav Lindemann kennen. Zwar wird der Plan, diese Bacchantinnen-Übertragung in Düsseldorf aufzuführen, nicht realisiert, doch beruft man Viertel als Regisseur an das *Düsseldorfer Schauspielhaus.* Hier findet er ein Theater und ein Ensemble vor, das aus dem Geist der Dichtung und vom Festgedanken des Theaters her eine

Art Bayreuth des Schauspiels zu schaffen sucht; auf eine Theaterkunst besonnen, die nicht in erster Linie der Bühnenwirkung verpflichtet sein wollte, sondern die es sprachlich und dramaturgisch auf eine dem Stück kongruente ideale Realisation anlegte. Diese Verpflichtung gegenüber der sprachlichen Form des Dramas kam Viertels persönlichen Intentionen entgegen. Mit seinen Inszenierungen von *Maria Stuart* [mit Mea Steuermann in der Titelrolle], *Grabmal des unbekannten Soldaten* von Raynal [mit Ernst Ginsberg und Ehmi Bessel] und Sternheims *Bürger Schippel* begründet Viertel schnell in Düsseldorf und in dem internationalen Gastspielkreis, den das Schauspielhaus bereiste, seinen Ruf als verantwortungsvoller, dezenter Regisseur, dessen Einfallsreichtum nie zu einer Überfülle von Theatralischem führt, sondern stets der Intensivierung des Ensembles gilt. Anläßlich seiner Inszenierung von *Grabmal des unbekannten Soldaten* sprechen manche Kritiker davon, daß das, was Viertel hier auf der Bühne bewirkt habe, eigentlich nicht mehr im konventionellen Sinn ›Regie‹ genannt werden könne; hier müsse man sprechen von »einem geistigen Bekenntnis, das unmittelbar Bühnenform« erhalten habe, nicht mehr von Körperregie, sondern von »Seelenregie«.

1927 unternimmt Viertel den Versuch, das im Originaltext etwa acht Stunden Spieldauer beanspruchende Drama *Ignorabimus* von Arno Holz in einer um die Hälfte eingestrichenen Fassung uraufzuführen, ein Stück, das der Autor fünfzehn Jahre lang nicht für die Bühne freigegeben hatte. Es gelingt jedoch nicht ganz, durch eine konzentrierende Regie die unmäßige Konzeption des Stückes als Einheit zu realisieren. Ungeachtet des großen Erfolges, den die Aufführung hatte, trifft Viertel zum ersten Mal seit seiner Dresdner Zeit wieder der Vorwurf, eine brillante Regie habe hier Übergewicht über das Drama bekommen.

1928 trennt er sich vom Düsseldorfer Schauspielhaus, kehrt nach Berlin zurück, inszeniert – an den *Kammerspielen des Deutschen Theaters* – Georg Kaisers *Papiermühle* und, in eigener Bearbeitung, *Peer Gynt* von Ibsen [mit Werner Krauß in der Titelrolle].

Im gleichen Jahr folgt er einem Angebot für Filmregie nach *Hollywood*. Hier entsteht die endgültige Fassung des Drehbuchs zu *Vier Teufel*, nach Hermann Bang, das er zusammen mit Karl Mayer für den Regisseur Murnau schreibt. Bis Ende 1932 ist er als Regisseur in Hollywood tätig, zunächst für *Fox*, dann für *Warner Brothers* [1930] und schließlich für *Paramount*. Viertels Aufzeichnungen aus diesen Jahren und einem größeren Aufsatz über Hollywood ist zu entnehmen, daß ihm schließlich die zur Regie zugewiesenen Drehbücher und die Einmischung der Produzenten eine weitere Filmtätigkeit unmöglich machten. Er bricht 1931 seine Verbindungen zu Paramount ab, kommt nach Deutschland, kehrt jedoch, durch die Zuspitzung der politischen Lage gedrängt, bereits 1932 nach Amerika zurück, wo er sich nun endgültig einbürgert.

1933, als ihm die in Hollywood angebotenen Filmstoffe nicht zusagen, versucht er erneut, in Deutschland zu arbeiten. In Berlin bietet man ihm die Regie zur Verfilmung von Falladas *Kleiner Mann – was nun?* an. Er beginnt am Drehbuch zum Film zu arbeiten, zu dem Kurt Weill die Musik komponieren sollte. Nach Hitlers ‹Machtergreifung› muß Viertel jedoch emigrieren, ohne den Film selbst abgeschlossen zu haben.

Über Wien, Prag und Paris flieht er nach *London*. Dort arbeitet er in Film- und Theaterregie, kehrt 1939 zu seiner in Amerika verbliebenen Familie zurück und versucht, in *New York* als Theaterregisseur tätig zu werden. Er beteiligt sich intensiv am kulturellen Leben der Emigranten. Unter anderem wird er Mitbegründer des *Aurora-Verlages* und Mitarbeiter am *Austro American Tribune.*

1942 leitet Viertel in der New Yorker *Tribüne* die erste Aufführung von vier Szenen aus Brechts *Furcht und Elend des Dritten Reiches* und inszeniert drei Jahre später eine vollständige Aufführung des Stückes unter dem amerikanischen Titel ›The private Life of the Master Race‹ im *Theatre of All Nations*, New York. Hier übernahm er die Regie, die Piscator niedergelegt hatte und gestaltete die Aufführung gemeinsam mit Bertolt Brecht.

1947 kehrt Viertel nach Europa zurück. In *London* arbeitet er sechs Monate bei *BBC*. 1948 entstehen seine ersten Schauspielinszenierungen nach dem Krieg. Am *Züricher Schauspielhaus* führt er Regie in Ibsens *Hedda Gabler* und in *Zu viel Geld* von Shaw. Im gleichen Jahr beginnt er mit Tennessee Williams' *Glasmenagerie*, das er neben anderen Williams-Stücken übersetzt hatte, seine Wiener Theaterzeit, die den letzten Abschnitt seiner Arbeit für die Bühne darstellen wird. 1949 heiratet er die Schauspielerin Elisabeth Neumann.

Im gleichen Jahr versucht Brecht, ihn als Regisseur für das *Berliner Ensemble* zu gewinnen, doch gelingt das nur für eine Gastinszenierung: Gorkis *Wassa Schelesnowa*, mit Therese Giehse in der Hauptrolle, hat am 23. 12. 1949 Premiere. Über die Regiearbeit an dieser Aufführung berichtet Wolfgang Böttcher: »Viertels Methode ist es, bei den Leseproben den einzelnen Darstellern ein möglichst vielfältiges Bild der Figur zu entwerfen und ihre Phantasie anzuregen, dies Bild weiterzuentwickeln. Er will sie zu schöpferischer Mitarbeit erziehen und dazu bringen, mit einem Zuviel an Einfällen auf die Probe zu kommen, so daß er nur hinwegzunehmen und zu ordnen braucht. Er vermeidet es möglichst, dem Darsteller etwas ›vorzuspielen‹, er sitzt im Parkett und lenkt und kontrolliert von dort aus. Und er kontrolliert nicht nur dauernd die Arbeit der Darsteller, sondern auch seine eigene. Immer, wenn er einen Szenenausschnitt probiert hat, läßt er die ganze Szene vorspielen und überprüft, ob Stellungen und Gänge richtig gegliedert sind.«

In seinen fünf letzten Lebensjahren wirkt er als Regisseur am *Wiener Burgtheater*. Diese Jahre werden zum Höhepunkt seiner Regietätigkeit, die sich mehr und mehr auf die poetische Intensität der zu inszenierenden Stücke konzentriert und den äußeren Bühnenablauf dem sprachlichen Gehalt harmonisch unterzuordnen sucht. Da er sich während der Emigration zu einem Kenner vor allem englischer und amerikanischer Dramen ausgebildet hatte, konnte er nun – im allgemeinen Nachholbedarf deutschsprachiger Bühnen während der fünfziger Jahre – seine Auswahl mit sicherer Hand treffen. Neben seiner Aufgeschlossenheit dem modernen Drama gegenüber steht seine – sein Regie-Leben kennzeichnende – Auseinandersetzung mit Shakespeare. Nach *Richard II.* und *Othello* hat am 28. Februar 1953 seine letzte Inszenierung Premiere: Käthe Gold, Werner Krauß und Ewald Balser spielen in Shakespeares *Antonius und Cleopatra*.

Am 24. September 1953 stirbt Berthold Viertel in Wien.

Gert Heidenreich

Zu dieser Ausgabe

Die vorliegende Edition versammelt jene Schriften aus dem Nachlaß Viertels, die sich unmittelbar mit dem Theater und allgemein mit darstellender Kunst auseinandersetzen. Die wenigen Texte, die hier nicht aufgenommen wurden, decken sich entweder thematisch und gedanklich mit einem der hier gedruckten Beiträge oder handeln, wie manche Theaterkritiken, von lediglich zu ihrer Zeit kurzfristig interessanten Stücken oder Schauspielern. Ebenso wurden Aufsätze zum Thema Film weitgehend ausgeklammert. Soweit die Texte in Zeitschriften bereits veröffentlicht sind, können ihre Titel der Werk-Bibliografie [S. 515 f] entnommen werden. Neben den hier abgedruckten Schriften Viertels existieren im Nachlaß, teils auch in Zeitschriften bereits gedruckt, Aufsätze, die sich mit Literatur, Philosophie und gesellschaftskritischen Themen befassen. Zusammen mit dem 1956 erschienenen Band *Dichtungen und Dokumente* sind nun mit der vorliegenden Ausgabe die wichtigsten schriftstellerischen Arbeiten Berthold Viertels zugänglich.

Die Edition der Texte folgt bei bereits veröffentlichten Arbeiten nicht immer früheren Druckfassungen. Wo es dem Herausgeber sinnvoll erschien, dem handschriftlichen Manuskript zu folgen statt einer durch Zeitschriftenredaktionen bearbeiteten Textfassung, wird in den Anmerkungen darauf verwiesen; ebenso, wenn die vorliegende Druckfassung eine Kombination verschiedener fragmentarischer Handschriften darstellt. Die oft eigenwillige Rechtschreibung und Zeichensetzung Viertels wurde für diesen Band beibehalten, da die Abweichungen von den Duden-Vorschriften – wie auch in den Dichtungen – meist bewußt gesetzt wurden [z. B. ›alles geistig-Mimische‹, ›der Fascismus‹]. Nur eindeutige Fehler in Manuskripten oder redaktionelle Eingriffe bei in Zeitschriften gedruckten Fassungen wurden berichtigt. Ferner wurden gelegentliche Schwankungen in der Schreibung von Orts- und Personennamen und Stücktiteln beseitigt, ebenso Flüchtigkeiten in Zitaten. Einige veraltete Schreibweisen [z. B. ›die Shakespeare'sche Scene‹, ›Cirkus‹, ›Dreigroschen Oper‹] wurden dem heutigen Gebrauch angeglichen. Der Lautstand blieb unverändert. Die Transkription russischer Eigennamen erfolgte einheitlich nach Steinitz.

Werktitel und Hervorhebungen im Text wurden in ›einfache‹, Ironisierungen und Anspielungen in ‹umgekehrte› einfache französische Anführungszeichen gesetzt. Echte Zitate wurden durch »doppelte« französische Anführungen gekennzeichnet. S p e r r u n g e n sind einheitlich *kursiv* wiedergegeben. Auslassungen des Herausgebers sind im Text durch [. . .], Zusätze des Herausgebers durch [Wort] gekennzeichnet und in den Anmerkungen begründet. Fragmentarische Aufsätze sind durch . . . [fragmentarisch], nicht eindeutig zu entziffernde Textstellen durch [?] kenntlich gemacht worden.

Für Unterstützung und Hilfe bei der oft schwierigen Beschaffung der Texte, vor allem aus der Zeit der Emigration Viertels, danke ich in erster Linie Frau Elisabeth-Neumann-Viertel, dem Literaturarchiv des Schiller-Nationalmuseums Marbach – vor allem Herrn Dr. Werner Volke – und Herrn Roman Ahrens, Wien.

Ebenso möchte ich für Anregungen und Beratungen bei der Zusammenstellung der Edition dem Kösel-Verlag in München – besonders Herrn Friedrich Pfäfflin – und dem Henschelverlag in Berlin – besonders Herrn Manfred Nöbel – danken.

München 1969   Gert Heidenreich

Quellennachweis und Anmerkungen

(Namen, zu denen keine Anmerkungen aufgeführt sind, sind im Namenregister biografisch aufgeschlüsselt)

Über Dramen

›Die Bacchantinnen‹ des Euripides
Vorwort zur Übertragung ›Die Bacchantinnen‹ des Euripides von Berthold Viertel, Hellerau 1925 – Der Aufsatz entstand Oktober 1924 in Berlin

[Shakespeare-Gestalten]
Manuskript aus dem Nachlaß, entstanden um 1922–1925, Titel vom Herausgeber

23 *Kortners sanfter Othello* – ›Othello‹, Staatliches Schauspielhaus Berlin, 11. 11. 1921, Regie Leopold Jeßner
Bassermann dagegen erfand für den Neger – ›Othello‹, Deutsches Theater Berlin, 10. 12. 1910, Regie Max Reinhardt
24 *den hohen ungebrochenen Wuchs eines Matkowsky* – Adalbert Matkowsky (1857 bis 1909) spielte den Othello 1886–1889 in Hamburg

›Othello‹
Programmheft des Burgtheaters Wien, 23. 12. 1951 (vgl. Inszenierungsverzeichnis)

›Antonius und Kleopatra‹
Programmheft des Burgtheaters Wien, 28. 2. 1953 (vgl. Inszenierungsverzeichnis)

›Maria Stuart‹
Masken XX 8/1926/27 Düsseldorf (vgl. Inszenierungsverzeichnis 1926)

31 *der Moral-Trompeter von Säckingen* – Friedrich Nietzsche ›Götzendämmerung, 1888, Streifzüge eines Unzeitgemäßen‹
32 *wie es in Berlin geschah* – ›Die Räuber‹, Staatliches Schauspielhaus Berlin 11. 9. 1926, Regie Erwin Piscator
Trotzki – Lew Dawidowitsch Trotzki (1879–1940), eigentlich Leib Bronstein, russ. Politiker; 1927 aus der KPdSU ausgeschlossen, 1929 des Landes verwiesen – In dem 1926 geschriebenen Artikel bezieht sich Viertel auf den Anarchisten Trotzki, dem er Piscators Spiegelberg-Auffassung entgegensetzt

imposanter als Spiegelberg – In der ›Räuber‹-Inszenierung Piscators (1926) wurde der »romantische Narr« Karl Moor gegen Spiegelberg ausgespielt, der nach Piscators Meinung »geladen genug« war, »noch viele Generationen der bürgerlichen Gesellschaft mit seinem Atem anzublasen, daß sie aus den Pantinen kippen«. (Erwin Piscator, ›Das politische Theater‹, Berlin 1929, S. 86)

34 ›*Maria Stuart*‹ *in Frankfurt* – Schauspielhaus Frankfurt/M., 1920

Vorbemerkungen zu Kleists Lustspiel ›Der zerbochne Krug‹
Blätter der Salzburger Festspiele. Offizielles Programm. Hrsg. v. d. Direktion der Salzburger Festspiele, o. J. (1951), Nr. 1, S. 28 f, in dt., engl. u. franz. Sprache

Beschreibung einer Rolle
Theater heute V, 7/1965, S. 21 – Aus einem Brief Berthold Viertels an Elisabeth Neumann, die Darstellerin der Frau Brigitte in Viertels Salzburger Inszenierung 1951

Nestroys ›Kampl‹
Programmheft der Volksbühne Wien, Dezember 1912

39 ›*Kampl*‹ – Johann Nestroy (1801–1862) ›Kampl oder Das Mädchen mit Millionen und die Nähterin‹, Posse mit Gesang; Uraufführung 1852 Carltheater Wien
Mit Nestroy eröffnen – Eröffnungsvorstellung der Wiener Volksbühne, die von Artur Rundt und Stefan Großmann 1911 gegründet wurde (vgl. S. 229 ff u. Anm. zu S. 229) – Viertel war dort zunächst als Dramaturg tätig und inszenierte erst ab 1913

Ludwig Thoma und seine ›Magdalena‹
Programmheft der Volksbühne Wien, März 1913

41 ›*Magdalena*‹ – Volksstück, ersch. 1911
Peter Schlemihl des ›*Simplicissimus*‹ – Ludwig Thoma (1867–1921) schrieb ab 1899 unter diesem Pseudonym an der 1896 gegründeten satirisch-literarischen Zeitschrift
Thomas Theodor Heine – Grafiker (1867–1948), satirischer Zeichner des ›Simplicissimus‹, emigrierte 1933 nach Schweden

›Die Sippe‹
Programmheft der Volksbühne Wien, März 1914

43 ›*Die Sippe*‹ – Schauspiel, ersch. 1913

Der Kampf um ›Glaube und Heimat‹
März V, 2/1911, S. 181 ff

45 ›*Glaube und Heimat*‹ – ›Die Tragödie eines Volkes‹ von Karl Schönherr (1867 bis 1943), ersch. 1910
ein Pamphlet – ›Glaube und Heimat‹, ein Stück über die katholische Gegenreformation um 1600 in Österreich, war seit seiner Uraufführung (1911) heftigen Angriffen

der Kritik ausgesetzt, wobei die Thematik als Diffamierung des Katholizismus, die Dramaturgie des Stückes als ›reißerisch‹ beanstandet wurden

Schönherrs Drama
Die Fackel XII, 313–14/1910, S. 43 ff

47 *Diese Dichtung* – ›Glaube und Heimat‹ (siehe oben)
›*Erde*‹ – ›Eine Komödie des Lebens‹ von Karl Schönherr, ersch. 1907

›Justiz‹
Programmheft der Volksbühne Wien, Oktober 1913

50 ›*Justiz*‹ – John Galsworthy (1867–1933) ›Justice‹, ersch. 1910, dt. 1913

›Die Möwe‹
Programmheft des Akademietheaters Wien, 17. 5. 1952 (vgl. Inszenierungsverzeichnis)

52 *am Kaiserlichen Alexandrinski Theater in Petersburg uraufgeführt* – 17. (19.) 10. 1896, Regie nicht genannt
Moskauer Künstlertheater – s. Anm. zu S. 381
K. S. Stanislawski und W. I. Nemirowitsch-Dantschenko – Konstantin Sergejewitsch Stanislawski (1863–1938) Schauspieler, Regisseur und Theaterleiter (vgl. S. 379 ff und Anm. zu S. 381); Wladimir Iwanowitsch Nemirowitsch-Dantschenko (1859–1943), Schriftsteller und Regisseur (vgl. Anm. zu S. 381)
53 *die Darstellerin der jungen Schauspielerin Nina* – diese Rolle spielte Wera Kommissarshewskaja (1864–1910)
Maurice Hirschmann in seiner Tschechow-Biographie – M. Hirschmann ›Anton Tschechow‹, 1947
54 ›*Sklaven der Liebe*‹ *nennen* – Knut Hamsun ›Sklaven der Liebe‹ in: ›Novellen‹, ersch. 1912

Bemerkungen zu ›Wassa Schelesnowa‹
Theater heute VI, 7/1965 (vgl. Inszenierungsverzeichnis 1949)

57 *Stolypinsche Reaktion* – benannt nach dem russ. Innenminister und Ministerpräsidenten P. A. Stolypin (1862–1911), mit dessen Namen die Unterdrückung der ersten russ. Revolution 1905–1907 und die darauffolgende Periode der brutalen politischen Reaktion in Rußland verknüpft sind

General Gabler
Programmheft des Schauspielhauses Zürich, 1. 12. 1948 (vgl. Inszenierungsverzeichnis)

58 *Handlung Heddas* – H. Ibsen ›Hedda Gabler‹, ersch. 1890

›Gespenster‹
Masken XX, 5/1926–27

60 *Eine Aufführung der* ›Gespenster‹ *wie diejenige* – Düsseldorfer Schauspielhaus,
3. 3. 1926 oder 22. 10. 1926
Die Leitung einer ernsthaften Zeitschrift – ›Masken‹, Blätter des Düsseldorfer
Schauspielhauses, Schriftleitung Berthold Viertel

Bemerkungen zu Gerhart Hauptmanns ›Gabriel Schillings Flucht‹
Programmheft der Volksbühne Wien, Januar 1913

›Die Ratten‹
Programmheft des Burgtheaters Wien, 17. 9. 1952 (vgl. Inszenierungsverzeichnis)

68 *bei seiner Berliner Premiere* – Uraufführung 14. 11. 1911 Lessing-Theater Berlin,
Regie Otto Brahm
neuerlichen Aufführung – 23. 12. 1917 Volksbühne Berlin, Regie Felix Hollaender

›Die lange Jule‹ von Carl Hauptmann
Programmheft der Volksbühne Wien, 16. 11. 1913 (vgl. Inszenierungsverzeichnis) – Vorliegende Fassung folgt dem handschriftlichen Manuskript aus
dem Nachlaß

71 ›*Die lange Jule*‹ – Schauspiel von Carl Hauptmann (1858–1921), ersch. 1912

Herbert Eulenbergs Dichtung ›Alles um Geld‹
Programmheft der Volksbühne Wien, Mai 1913 (vgl. Inszenierungsverzeichnis)

73 ›*Alles um Geld*‹ – Schauspiel von Herbert Eulenberg (1876–1949), ersch. 1911

Hermann Bahrs ›Prinzip‹
Programmheft der Volksbühne Wien, Februar 1913

76 ›*Das Prinzip*‹ – Komödie von Hermann Bahr (1863–1934), ersch. 1912

›Die letzten Tage der Menschheit‹
Austro American Tribune II, 10. 5. 1944

78 ›*Die letzten Tage der Menschheit*‹ – Tragödie in fünf Akten mit Vorspiel und Epilog
von Karl Kraus (1874–1936), ersch. 1919
aus der ›*Fackel*‹ – Die Zeitschrift ›Die Fackel‹, herausgegeben von Karl Kraus,
erschien von 1899 bis 1936

Christian Wach
Der Zwinger III, 9/Mai 1919, S. 231 ff (vgl. Inszenierungsverzeichnis)

81 ›*Die Menschenfreunde*‹ – Drama von Richard Dehmel (1863–1920), ersch. 1917

Arno Holz und sein Drama ›Ignorabimus‹
Masken XX, 14/1926–27 (vgl. Inszenierungsverzeichnis 1927)

87 ›*Phantasus*‹-*Gedicht* – Arno Holz (1863–1929), ›Phantasus‹, 2 Bde., 1898 f (erweitert 1916, 1924)

›Das Grabmal des unbekannten Soldaten‹
Masken XX, 2/1926–27 (vgl. Inszenierungsverzeichnis 1926)

91 *Paul Raynal* – franz. Dramatiker (geb. 1885) ›Le Tombeau sous l'Arc de Triomphe‹, Übertragung Hedwig von Gerlach, Straßburg 1926: ›Das Grab des unbekannten Soldaten‹; Uraufführung 1. 2. 1924 Comédie-Française; mit über 9000 Aufführungen das meistgespielte europäische Drama nach dem ersten Weltkrieg – Die von Viertel aufgeführte Textfassung ist als Textbuch im Dumont-Lindemann-Archiv Düsseldorf vorhanden; aus dieser Fassung stammen die Zitate
94 *als Regisseur der Uraufführung* – deutsche Erstaufführung 23. 3. 1926 Kleines Theater Berlin, Regie Berthold Viertel

›Wollen Sie spielen mit mir?‹
Masken XX, 9/1926–27 (vgl. Inszenierungsverzeichnis 1926)

95 *Marcel Achard* – franz. Komödienautor (geb. 1900) ›Voulez-vous jouer avec moi?‹ (1924, dt. 1925) – Die von Viertel aufgeführte Textfassung ist als Rollenbuch (Rolle Crockson) im Dumont-Lindemann-Archiv Düsseldorf vorhanden.

›Die schöne Schlafende‹
Masken XXI, 10/1927

98 *Rosso di San Secondo* – ital. Dramatiker (1887–1956) ›La bella addormentata‹ (1919), dt. ›Die Dorfhure‹ (1919)

Ferdinand Bruckners Drama ›Die Rassen‹
Rede anläßlich einer Lesung des Werkes im Hunter College New York, 7. 2. 1942 (vgl. Inszenierungsverzeichnis)

100 *Uraufführung in Zürich* – 30. 11. 1933, Schauspielhaus Zürich, Regie Gustav Hartung; Ernst Ginsberg als Siegelmann
101 *auch in New York – am Broadway aufgeführt* – 1934, Aufführung der New Yorker ›Theatre Guild‹

Georg Kaiser
Die neue Weltbühne XXXIV, 33/1938, S. 1028

103 *soeben bei Querido erschienen* – Amsterdam 1938
   Kasper Hauser – Findelkind ungeklärter Herkunft, das außerhalb der Gesellschaft aufwuchs; tauchte 1828 in Nürnberg auf und starb 1833
104 *Cordelia-Motiv* – vgl. Shakespeare ›König Lear‹
106 *Blubonenpest* – Wortbildung aus »Blubo« (Blut-und-Boden-Ideologie des Nationalsozialismus)

106 *Der ist lange drüben geblieben* – Georg Kaiser (1878–1945) emigrierte, nachdem
   seine Stücke 1933 verboten wurden, 1938 in die Schweiz
   ›*Die Koralle*‹ – Schauspiel, ersch. 1917
   ›*Gas*‹ – Schauspiele, ›Gas I‹ (1918), ›Gas II‹ (1920)
108 ›*Von morgens bis mitternachts*‹ – Stück, ersch. 1916 (vgl. Inszenierungsverzeichnis
   1922)
   Als wir, in der Berliner ›*Truppe*‹, *die Premiere von* ›*Nebeneinander*‹ *hatten* –
   ›Nebeneinander‹, Volksstück 1923; Uraufführung 15. 11. 1923 (vgl. Inszenierungs-
   verzeichnis)
   George Grosz – Zeichner und Maler (1892–1932), entwarf mit John Heartfield
   (1891–1968) die Dekorationen zu ›Nebeneinander‹
   ›*Die Bürger von Calais*‹ – Bühnenspiel, ersch. 1914
   ›*Der gerettete Alkibiades*‹ – Drama, ersch. 1920
   ›*Oktobertag*‹ – Drama, ersch. 1928
   Vor zwei Jahren hatte ich einen Streit – »Discussion on ›Der englische Sender‹«
   (Manuskript im Nachlaß Viertel); Rundfunkdiskussion bei BBC London 1936, mit
   Martin Esslin, Berthold Viertel und Christopher Dilk über Kaisers Hörspiel ›Der
   englische Sender‹, das am 16. 11. 1936 von BBC London gesendet wurde

Zur Uraufführung von ›Zu viel Geld‹
Programmheft des Schauspielhauses Zürich, 2. 10. 1948 (vgl. Inszenierungsverzeichnis)

109 ›*Zu viel Geld*‹ – engl. ›Buoyant Billions‹, ersch. 1947, dt. 1948

›Androklus und der Löwe‹
Programmheft der Volksbühne Wien, März 1913

112 ›*Androklus und der Löwe*‹ – ersch. 1912, dt. 1913

Bernard Shaws ›Major Barbara‹
Programmheft des Burgtheaters Wien, Juni 1949 (vgl. Inszenierungsverzeichnis)

114 ›*Major Barbara*‹ – ersch. 1905, dt. 1909

›Der Preispokal‹
Programmheft des Schauspielhauses Zürich, November 1952 (vgl. Inszenierungsverzeichnis)

117 ›*Der Preispokal*‹ – engl. ›The Silver Tassie‹, ersch. 1929, dt. 1952
118 *Karl Kraus* ›*Die letzten Tage der Menschheit*‹ – s. S. 80 ff

Jean-Paul Sartres Höllenfahrt
Austro American Tribune III, 6/Januar 1947

120 *Der richtende Areopag* – (griech. >Areshügel<) Der älteste Rat von Athen, nach
einem Hügel westlich der Akropolis genannt, wo er seine Sitzungen abhielt. Nach
Beseitigung des Königtums eigentliche Regierungsbehörde. Seit dem 5. Jh. n. d. Z.
nur noch Blutgerichtshof.
   seinem Höllendramolett >Huis-Clos< – dt. >Bei geschlossenen Türen< / >Geschlossene
Gesellschaft<, Uraufführung 27. 5. 1944 Théâtre Vieux-Colombier Paris
121 *desselben Autors Roman* >La Nausée< – 1938; dt. >Der Ekel<, ersch. 1949

Bemerkungen zu Tennessee Williams' >Endstation Sehnsucht<
Die vorliegende Textfassung folgt dem Druck im Programmheft der Schaubühne Berlin, Spielzeit 1962/63

124 *mit seiner* >Glasmenagerie< *entdeckt* – ersch. 1944, Uraufführung 26. 12. 1945
   Civic Theatre Chicago, dt. 1946
   >Endstation Sehnsucht< – ersch. 1947, Uraufführung 4. 11. 1947 Barrymore Theatre
   New York, Regie Elia Kazan; dt. 1949
125 >Strange Interlude< – dt. >Seltsames Zwischenspiel< (O'Neill), Uraufführung
   30. 1. 1928 >Theatre Guild< im John Golden Theatre New York

»Bornierte Analyse«
Antwort Berthold Viertels im >Sonntag<, Berlin 28. 5. 1950, auf eine Be-
sprechung des Kritikers Max Schroeder (vgl. Inszenierungsverzeichnis 1950)
   Da es sich hier um eine Polemik gegen Tennessee Williams und dessen Stück handelt
   und nicht gegen Viertels Inszenierung, wurde auf eine Wiedergabe von Schroeders
   Kritik verzichtet.

>Sizilianische Rose<
Manuskript aus dem Nachlaß, vermutlich im Frühjahr 1953 entstanden

130 >Sizilianische Rose< – >The Rose Tattoo<, ersch. 1951, Uraufführung 3. 2. 1951
   Martin Beck Theatre New York, dt. 1952
   bei der Erstaufführung . . . in der Josefstadt – dt. Erstaufführung der >Tätowierten
   Rose< war nicht im Theater in der Josefstadt Wien, sondern im Thalia-Theater
   Hamburg, 30. 9. 1952, Regie Leo Mittler
131 *mit einer Bemerkung . . . im Vorwort* – Das hier angekündigte Zitat fehlt in den
   handschriftlichen Fassungen und wurde vom Herausgeber hinzugefügt.

Über Dramatiker

Kleist der Überlebende
Der Merker II, 28/1911, S. 1151 f

135 *in diesen Tagen* – am 21. 11. 1911 wurde der 100. Todestag Heinrich von Kleists
   begangen

500

136 *Arthur Eloesser* – A. Eloesser (1870–1938), Literatur- u. Theaterkritiker, Publizist, Verfasser einer ›Deutschen Literaturgeschichte‹ in 2 Bänden

Karl Schönherr
Der Merker II, 7/1911, S. 295 f

138 ›*Erde*‹ – ›Eine Komödie des Lebens‹ von Karl Schönherr (1867–1943), ersch. 1907
139 *Schönherrs Erstling* . . . ›*Die Bildschnitzer*‹ – ersch. 1900
140 ›*Sonnwendtag*‹ – Drama, ersch. 1902

Die Komödie Sternheims
Der Zwinger III, 2/1919, S. 43 f – Zur Premiere der Komödie ›Bürger Schippel‹ im Dresdner Schauspielhaus, am 16. 1. 1919 (vgl. Inszenierungsverzeichnis)

144 ›*aus dem bürgerlichen Heldenleben*‹ – Unter diesem Titel hat Sternheim eine Reihe seiner bedeutendsten Stücke zusammengefaßt, die zwischen 1908 und 1920 entstanden sind, darunter ›Die Hose‹ (1911), ›Die Kassette‹ (1912), ›Bürger Schippel‹ (1913), ›Der Snob‹ (1914), ›1913‹ (1915), ›Tabula rasa‹ (1916); eine genaue Zuordnung ist schwer möglich, da Sternheim nur drei Stücke im Manuskript bezeichnete

145 ›*Bürger Schippel*‹ – Uraufführung 5. 3. 1913 Kammerspiele des Deutschen Theaters Berlin, Regie Max Reinhardt

Die ultrabürgerliche Komödie
Masken XX, 6/1916–27 (vgl. Inszenierungsverzeichnis 1926)

149 *Naturwuchs eines Niebergall* – Ernst Elias Niebergall (1815–1843), volkstümlicher Dramatiker und Mundartdichter; Darmstädter Lokalpossen, z. B. ›Datterich‹, 1841
150 »*In einem Dutzend Komödien* . . .« – Zitat aus Sternheims Aufsatz ›Privatcourage‹, erschienen in der Zeitschrift ›Das Kunstblatt‹, Potsdam, VIII. Jg. 1924, S. 124 f

August Strindberg
Manuskript aus dem Nachlaß, vermutlich 1921 (vgl. Inszenierungsverzeichnis ›Rausch‹) oder 1949 (vgl. Inszenierungsverzeichnis ›Kronbraut‹)

Dramen von Hamsun
Der Zwinger III, 6/1919, S. 139 f (vgl. Inszenierungsverzeichnis)

151 *Hamsun* – Knut Hamsun (1859–1952), norweg. Romancier und Dramatiker, Nobelpreis 1920; Hamsun mußte sich 1946 vor einem norweg. Gericht wegen seiner Zusammenarbeit mit den Nationalsozialisten verantworten und wurde zu einer hohen Geldstrafe verurteilt – Viertel bezieht sich in seiner Darstellung (1919) auf frühe Dramen des Schriftstellers: ›Ved Rigets Port‹, 1895 (An des Reiches Pforten, dt. 1899), ›Livets Spil‹, 1896 (Spiel des Lebens, dt. 1910), ›Aftenroede‹, 1898 (Abendröte, dt. 1904), Munken Vendt, 1902 (dt. 1903), ›Dronning Tamara‹, 1903 (Königin Tamara, dt. 1903), ›Livet ivold‹, 1910 (Vom Teufel geholt, dt. 1911)
155 *Der Regisseur Reinhardt* . . . ›*Vom Teufel geholt*‹ – 6. 3. 1914 Kammerspiele des Deutschen Theaters Berlin

Für Gerhart Hauptmann
Die Fackel XII, 317–318/1911, S. 52 f – Anläßlich der Uraufführung von
G. Hauptmanns ›Die Ratten‹, Lessing-Theater Berlin, 14. 1. 1911

158 *Ob nun Herr Harden* – Maximilian Harden (1861–1927), polit. Publizist, Literatur-
und Theaterkritiker, 1892–1923 Herausgeber der Wochenschrift ›Die Zukunft‹
oder Herr Goldmann – Paul Goldmann (1865–1935), Theaterkritiker und Publizist,
Neue Freie Presse

Gerhart Hauptmann
Austro American Tribune V, 1/August 1946; kritischer Nachruf zum Tod
Gerhart Hauptmanns am 6. 6. 1946

161 *nach der Premiere* ... ›*Vor Sonnenaufgang*‹ – Uraufführung 20. 10. 1889 Freie
Bühne Berlin (Lessing-Theater)
162 *Paul Wiegler* – (1867–1949): ›Geschichte der deutschen Literatur‹, 2 Bde., Berlin
o. J. (1930); Zitat Bd. 2, S. 682

Frank Wedekind
Aus ›Zwei Dichter: Frank Wedekind, D'Annunzio‹, in Die neue Weltbühne XXXIV, 10/1938, S. 306 ff

165 *Deines Erdendaseins höchste Gabe* – ›An Bruno‹ aus dem Zyklus ›Die vier Jahres-
zeiten‹ von Frank Wedekind (1864–1918)
nannte Thomas Mann – ›Eine Szene von Wedekind‹, Ges. Werke XII, Frankfurt/M.
1960
166 *der Un-Moral-Trompeter von Säckingen* – vgl. Anm. zu S. 31
der Petronius Wilhelms des Zweiten – ironische Anspielung auf Arbiter Titus
Petronius (gest. 66 n. d. Z.), röm. Schriftsteller und Satiriker, lebte am Hof Neros
als Meister des Lebensgenusses und wurde wegen einer angeblichen Verschwörung
gegen Nero zum Selbstmord gezwungen
ins Kittchen setzen ließ – Wedekind wurde 1899 wegen Majestätsbeleidigung zu
Festungshaft verurteilt
Gregors Wehrle – Gestalt aus Ibsens ›Die Wildente‹
167 *jener Scholz* – Gestalt aus Wedekinds ›Der Marquis von Keith‹
sein Rodrigo Quast – Gestalt aus Wedekinds ›Die Büchse der Pandora‹
Er war, in seinem Verleger – Albert Langen

Der Dramatiker Bertolt Brecht
Austro American Tribune III, 12. Juli 1945 (vgl. Inszenierungsverzeichnis
›The Private Life of the Masterrace‹ und S. 216 ff)

167 *den Holinshedschen Chroniken* – Raphael Holinshed (gest. um 1580), englischer
Chronist
170 ›*Grand Guignol*‹ – Ursprünglich Name einer franz. Kasper-Marionette, später Bezeichnung für Schauer- und Gruselstücke
171 *den durchschlagenden Erfolg seiner* ›*Dreigroschenoper*‹ – 31. 8. 1928 Theater am
Schiffbauerdamm Berlin, Regie Erich Engel

Bert Brecht
Die neue Weltbühne XXXIV, 5/1938, S. 147 ff

174 *Und so traf ich dich im Nebel Londons* – vermutlich November 1934
175 *anläßlich der Erstaufführung – seinen* >Baal< *ummontierte* – >Baal< entst. 1918,
Urauff. 8. 12. 1923 Altes Theater Leipzig; Viertel bezieht sich hier auf die Berliner
Erstaufführung, für die Brecht das Stück zum >Lebenslauf des Mannes Baal< um-
geformt hatte; >Junge Bühne< am Deutschen Theater 14. 2. 1926, Regie Bertolt
Brecht, Titelrolle Oscar Homolka

Zur Dramentheorie

Der Kampf um das Drama
Vortrag vor den Mitgliedern der Stage Society, New York 1942 (?)

183 *als ich die* >Drei Schwestern< *kürzlich wiedersah* – 1938 (vgl. >Tschechow in Eng-
land<, S. 324 f u. Anm. zu S. 324)
Saint Denis' wundervolle Vorstellung – Michel Saint-Denis (geb. 1897) Schauspieler,
Regisseur, Mitdirektor der Royal Shakespeare Company; seine Inszenierung der
>Drei Schwestern< 12. 11. 1935, Old Vic Theatre London
wie die berühmte von Stanislawski – Uraufführung der >Drei Schwestern<, Moskauer Künstlertheater, 31. 1. (13. 2.) 1901
Als ich das Stück >Frieden< *in Paris sah* – vermutlich 1935/36
crazy-comedies – groteske Komödien amerik. Ursprungs
184 >*Journey's end<* – Drama von Sean O'Casey 1929, dt. >Die andere Seite<
>*Das Grabmal des unbekannten Soldaten<* – Drama von Paul Raynal (vgl. S. 91 ff
u. Anm. zu S. 91)
185 *Stephen Spenders* >Death of a Judge< – Stephen Spender (geb. 1909), engl. Schriftsteller, gehörte zur Gruppe um Auden und Isherwood; sein Drama >Trial of a Judge<
wurde 1938 veröffentlicht
Audens und Isherwoods szenische Impromptus – Wystan Hugh Auden (geb. 1907),
engl./amerik. Schriftsteller; Christopher William Isherwood (geb. 1904), engl. Erzähler und Dramatiker – Viertel bezieht sich wahrscheinlich auf folgende Stücke,
die Auden und Isherwood gemeinsam verfaßt haben: >The Dog beneath the Skin<
(1935), >The Ascent of F. 6< (1936), >On the Frontier< (1938)
Gershwins >Of Thee I sing< – Musical Comedy von George Gershwin (1898 bis
1937), Wahlkampf-Persiflage, Uraufführung 26. 12. 1931 Music-Box-Theatre New
York (dt. >Von Dir singe ich<, nicht übersetzt)

Aufzeichnungen zur Tragödie
Notizen zu einem geplanten längeren Essay mit dem Versuch einer Phäno-
menologie der Tragödie; handschriftliches Manuskript aus dem Nachlaß
(nach 1949), keine zusammenhängende Fassung nachweisbar

186 »*Bacchantinnen«, die mir, noch ehe ich sie kannte* – vgl. >Die Bacchantinnen< des
Euripides, S. 17 ff

187 *Gustav Landauer über den* >*Coriolan*< – G. Landauer (1870–1919), Mitglied der Münchner Räterepublik (USPD); Publizist; >Shakespeare<, dargestellt in Vorträgen, 2 Bde., Frankfurt/M. 1920, Zitat Bd. 2, S. 237

188 *Mir war dies zuerst und zuletzt eine*... – Manuskript stellenweise ausgerissen – [Neher]: vom Hrsg. ergänzt

190 *bei der Orffschen* >*Antigone*< – Viertel bezieht sich auf die Uraufführung der >Antigonae< zu den Salzburger Festspielen, 9. 8. 1949, Regie Oscar Fritz Schuh

Das tabula rasa der Tragödie
Theater der Zeit 6/1955, S. 101; Datierung ungewiß (nach 1945)

Das dramatische Ich
Fragmentarisches Manuskript aus dem Nachlaß; Datierung ungewiß (um 1925?)

[Bemerkungen zum Drama]
Manuskript aus dem Nachlaß unter dem Titel >Bemerkungen zum Kampf um das Drama< (um 1925/26)

196 *Engel unternahm*... *ein verwandtes Experiment am* >*Coriolan*< – Gastspiel des Deutschen Theaters im Berliner Lessing-Theater, 27. 2. 1925 (Bühnenfassung und Regie Erich Engel, Bühnenbild Caspar Neher); 1937 gleicher Versuch

Umgang mit Dramen
>Die vierte Wand<, Organ der deutschen Theaterausstellung in Magdeburg, Doppelheft 14/15, S. 71 (14. 5. 1927)

198 *Beispiel Gustav Mahlers* – G. Mahler (1860–1911) hatte 1897–1907 die Leitung der Wiener Hofoper, an der er auch inszenierte

199 *vier Wochen* >*Sommernachtstraum*< – Dresden 1921 (vgl. Inszenierungsverzeichnis)
Als ich Knut Hamsun inszenierte – Dresden 1919 >Spiel des Lebens< und Berlin 1923 >Vom Teufel geholt< (vgl. Inszenierungsverzeichnis u. Anm. zu S. 151)
durfte ich einen Schiller inszenieren, die >*Maria Stuart*< – Düsseldorf 1926; die Inszenierung wurde 1927 wieder in den Spielplan übernommen (vgl. Inszenierungsverzeichnis)
>*Armand Carell*< *von Moritz Heimann* – Uraufführung Dresden 1921 (vgl. Inszenierungsverzeichnis)

200 >*Das Grabmal des unbekannten Soldaten*< – deutsche Erstaufführung Berlin 1926 (vgl. Inszenierungsverzeichnis, S. 91 ff und Anm.)
die gewaltige Tragödie von Arno Holz, >*Ignorabimus*< – Uraufführung Düsseldorf 1927 (vgl. Inszenierungsverzeichnis u. S. 84 ff)

Die dramatische Praxis
Theater der Zeit 4/1955, S. 61; Datierung ungewiß

Der Sohn
Masken XX, 4/1926

202 *das Erstlingswerk Arnolt Bronnens,* >*Die Geburt der Jugend*< – Uraufführung durch
>Die Junge Bühne< unter Viertel im Lessing-Theater Berlin, 13. 2. 1925
desselben Autors Hauptwerk >*Vatermord*< – zweite deutschsprachige Aufführung
durch >Die Junge Bühne< unter Viertel im Deutschen Theater Berlin, 14. 5. 1922
Hasenclevers >*Sohn*< – Walter Hasenclever >Der Sohn<, entstanden 1913/14, Uraufführung 8. 10. 1916 Albert-Theater Dresden, Regie Adolf Edgar Licho
205 *Der Philosoph Scheler* – Max Scheler (1874–1928), Philosoph und Soziologe, ein-
flußreich besonders durch die von ihm neu belebte philosophische Anthropologie,
>Vom Ewigen im Menschen< (1921)
206 *Der geniale Otto Weininger* – O. Weininger (1880–1903), >Geschlecht und Cha-
rakter<, ersch. 1903

Heimkehrer-Drama
Austro American Tribune V, 8/März 1947

208 >*Skydrift*< – Stück konnte nicht ermittelt werden
Irwin Shaw – amerik. Dramatiker (geb. 1913) >Bury the Dead<, dt. >Bestattet die
Toten< (1936)
Maxwell Andersons >*Truckline Café*< – Uraufführung 1946
>*Deep Are the Roots*< – dt. >Tiefe Wurzeln<, Schauspiel von James Howe und
Arnould d'Usseau (1946)
209 *O'Neills* >*The Iceman Cometh*< – dt. >Der Eismann kommt<, Uraufführung 6. 10.
1946 Martin Beck Theatre New York
Maxwell Andersons >*Joan of Lorraine*< – dt. >Johanna von Lothringen< (1946)
Arthur Millers . . . >*All My Sons*< – dt. >Alle meine Söhne<, Uraufführung 29. 1. 1947
Coronet Theatre New York
>*Focus*< – Roman von Arthur Miller, ersch. 1945, dt. >Brennpunkt< (1946)
Group Theatre – New Yorker Theatertruppe (1931–1941), aus der Theatre Guild
hervorgegangen
Harold Clurman – amerik. Regisseur und Theaterleiter (geb. 1901); Historiker des
Group Theatre; >The Fervent Years<, New York 1945
Elia Kazan – (geb. 1909), amerik. Schriftsteller, Theater- und Filmregisseur, türk.
Herkunft; Mitbegründer des >Actors Studio< New York, 1948, brachte Stücke von
A. Miller und T. Williams zur Aufführung
Clifford Odets – (1906–1963), amerik. Dramatiker; >Paradise Lost< (1935),
>Golden Boy< (1937) u. a.; Mitbegründer des Group Theatre, New York, 1931

Inszenierungsskizzen

Notizen zu >Faust II<
Zwei handschriftliche Manuskripte aus dem Nachlaß, fragmentarisch (1942?)

215 *die Grundidee meiner Inszenierung* – Viertel hat >Faust< I. und II. Teil nie auf der
Bühne inszeniert; Viertel meint hier die Lesung einzelner Szenen aus >Faust II<, die
er am 18. 5. 1942 im Hunter College New York leitete (vgl. Inszenierungsverzeichnis).

Brechts ›Furcht und Elend des Dritten Reiches‹
Manuskript aus dem Nachlaß, New York 1945 (vgl. Inszenierungsverzeichnis)

216 ›*Furcht und Elend des Dritten Reiches*‹ – entst. 1935–38, Urauff. Paris 21. 5. 1938,
7 Szenen unter dem Titel ›99 %‹ – Amerik. Erstauff. (in dt. Sprache) 28. 5. 1942,
Tribüne für freie deutsche Literatur und Kunst in Amerika (Theatersaal des Fraternal
Clubhouse, New York), Regie Berthold Viertel, Musik Hanns Eisler; 4 Szenen:
›Rechtsfindung‹, ›Das Kreidekreuz‹, ›Die jüdische Frau‹, ›Der Spitzel‹ (die angekündigte Szene ›Die Kiste‹ wurde nicht aufgeführt) – Englischsprachige Aufführung 12. 6. 1945, Theatre of All Nations, Übersetzung Eric R. Bentley; 9 Szenen:
›Der Spitzel‹, ›Das Kreidekreuz‹, ›Moorsoldaten‹, ›Die jüdische Frau‹, ›Rechtsfindung‹, ›Der Spitzel‹, ›Die Kiste‹, ›Bergpredigt‹, ›Volksbefragung‹ (vgl. Inszenierungsverzeichnis)
Es ist geplant – die hier veröffentlichte ›Rahmenhandlung‹ ist Entwurf geblieben
und wurde in der New Yorker Aufführung 1945 nicht gespielt
218 *bei den Wartenden* – Dramensatz (auch ff) vom Herausgeber
219 ›*The Informer*‹ – ›Der Spitzel‹ (in der Aufführung 1945 dargestellt von Albert
u. Else Bassermann)
»*I'm willing to teach* . . .« – Aus ›Der Spitzel‹: »Ich bin ja bereit, alles zu lehren,
was Sie gelehrt haben wollen, aber was wollen Sie gelehrt haben? Wenn ich das
immer wüßte! Was weiß ich, wie Sie wollen, daß Bismarck gewesen sein soll! Wenn
Sie so langsam die neuen Schulbücher herausbringen!«
221 *das Zeichen für die nächste Verwandlung* – vermutlich war die Szene ›Physiker‹
beabsichtigt

[Zu ›Wassa Schelesnowa‹ von Maxim Gorki] Analyse der Figuren
Theaterarbeit, sechs Aufführungen des Berliner Ensembles, Hrsg. vom Ber-
liner Ensemble, Helene Weigel, Dresden o. J. (1951), Berlin 1961 u. 1967,
S. 52 ff (vgl. Inszenierungsverzeichnis 1949)

224 *Stolypinsche Reaktion* – s. Anm. zu S. 57

Über Schauspielhäuser und Theaterstädte

Volksbühne 1911
Handschriftliches Fragment aus dem Nachlaß (um 1920/21), vgl. Inszenierungsverzeichnis 1913

229 *Stefan Großmann* – (1875–1935), Essayist, Kritiker und Dramatiker, Feuilleton-
redakteur der Wiener ›Arbeiterzeitung‹ und Mitbegründer der ›Freien Volksbühne
Wien‹ 1906/11; Herausgeber der Zeitschrift ›Das Tagebuch‹; gründete 1918 den
›Deutsch-österreichischen Volksbund‹, der für den Anschluß Österreichs an Deutschland eintrat
Dr. Artur Rundt – Publizist (1881–1939), Neue Freie Presse, Prager Tagblatt,
Basler Nationalzeitung; ›Die Mausefalle‹ (1920), ›Palästina‹ Reisetagebuch (1923,
mit A. Höllriegel), ›Amerika ist anders‹ (1926), ›Der Mensch wird eingebaut‹
(1951)

Der Olymp und das Burgtheater
Prager Tagblatt XLIII, 198/27. 8. 1918

232 *die Oper unter Gustav Mahler* – s. Anm. zu S. 198

Richard Beer-Hofmann – österr. Schriftsteller und Bühnenautor (1866–1945), gehörte dem Kreis der Wiener Spätromantiker an; großer Bühnenerfolg mit dem Trauerspiel ›Der Graf von Charolais‹ (1904), der Nachdichtung eines alten engl. Barockspiels

234 *Hermann Bahr, externes und korrespondierendes Mitglied des Olymp* – H. Bahr (1863–1934), österr. Schriftsteller und Publizist; war 1918–1919 erster Dramaturg am Wiener Burgtheater

dafür von Reinhardt ja vorgebildet – H. Bahr war 1906–1907 Regisseur und Dramaturg bei Max Reinhardt am Deutschen Theater (›Ringelspiel‹, ›Hedda Gabler‹, ›Komödie der Liebe‹)

Leopold von Andrian – Leopold Reichsfreiherr Ferdinand von Andrian zu Werburg (1875–1951), Erzähler (›Der Garten der Erkenntnis‹, 1895) und Diplomat (1899 bis 1918); 1918 Intendant der Wiener Hoftheater, 1920 Mitbegründer der Salzburger Festspiele; emigrierte 1938

235 *Professor Roller* – Alfred Roller (1864–1935), ab 1903 Vorstand des Ausstattungswesens der Wiener Hofoper, später Professor der Wiener Kunstgewerbeschule; schuf Bühnenbilder für Berlin, Wien, Dresden, New York

Albert Heine – (1867–1949), Schauspieler, Regisseur; seit 1900 Regisseur am Wiener Burgtheater, Burgtheater-Direktor 1918–1921 (vgl. ›Millenkovich-Heine‹, S. 361 ff)

Das Burgtheater
Manuskript aus dem Nachlaß, Datierung ungewiß (nach 1945)

235 *das heute als Ruine auf seine Wiederherstellung wartet* – nach der Zerstörung 11. 4. 1945 1951–1955 wiederaufgebaut

236 *Ich war Zeuge seines Gastspiels auf Engagement* – Josef Kainz (1858–1910) gastierte November 1898 zum zweiten Male mit beispiellosem Erfolg und war vom 1. 9. 1899 bis zu seinem Tode am Wiener Burgtheater engagiert

Hamlet des Berliner Deutschen Theaters – Alexander Moissi (1880–1935) spielte dort den Hamlet in Reinhardts Inszenierungen 1909 und 1913

Reinhardt ... seine erste Version des ›Sommernachtstraumes‹ – erstmalig 31. 1. 1905 Neues Theater Berlin, Ausstattung Gustav Knina, Neueinstudierung 1907 am Deutschen Theater Berlin u. a.

Die Neu-Klassikerin Bleibtreu – Hedwig Bleibtreu (1868–1958), seit 1893 Burgschauspielerin

237 *als Reinhardt ... die Wiener Studenten im ›Ödipus‹* – Aufführung in Zirkus Renz Wien, 10. 10. 1910

Das Gastmahl des Trimalchio
Manuskript aus dem Nachlaß (1925)

238 *Petronius* – Arbiter Petronius (gest. 66 n. d. Z.), röm. Schriftsteller, satirisches Hauptwerk ›Das Gastmahl des Trimalchio‹ (vgl. auch Anm. zu S. 166)

239 ›*Segel am Horizont*‹ – Schauspiel von Rudolf Leonhard (1889–1953), Uraufführung Volksbühne Berlin, 14. 3. 1925, Regie Erwin Piscator

240 *Dramatisierung des Schicksals Oscar Wildes* – Carl Sternheim ›Oscar Wilde‹, Deutsches Theater Berlin, 31. 3. 1925, Regie Carl Sternheim, in der Titelrolle Rudolf Forster

241 *Dieses Gastspiel des Wiener Raimundtheaters* – ›Franziska‹, Deutsches Volkstheater Wien, 2. 4. 1925, Regie Karl Heinz Martin

242 *des Pfadfinders Bendow* – Wilhelm Bendow (1884–1950) Schauspieler, Direktor von ›Bendows Bunter Bühne‹ Berlin

Dramatische Opposition
Manuskript aus dem Nachlaß (1924)

242 *Indes das Deutsche Theater von der* ›Heiligen Johanna‹ *lebt* – Premiere 14. 10. 1924, Regie Max Reinhardt, Titelrolle Elisabeth Bergner

243 *die Uraufführung von Brechts* ›Dickicht‹ – gemeint ist die Inszenierung ›Dickicht‹ im Deutschen Theater Berlin, 29. 10. 1924, Regie Erich Engel; Uraufführung war jedoch die Inszenierung ›Im Dickicht‹ von Erich Engel im Residenztheater München, 9. 5. 1923

Pirandellismus, Klassizismus und ›Junge Bühne‹
Manuskript aus dem Nachlaß (1925)

244 *Curt Goetz … will mit seinem* ›Lampenschirm‹ – Curt Goetz (1888–1960), ›Der Lampenschirm‹, Komödie; Uraufführung 19. 1. 1924 Kammerspiele des Deutschen Theaters Berlin

245 *Verschwunden die … Fratze Richard des Dritten* – W. Shakespeare ›Richard III.‹, 5. 9. 1920 Staatliches Schauspielhaus Berlin, Regie Leopold Jeßner

verstummt die Pritsche … des Amoralisten von Keith – Frank Wedekind ›Marquis von Keith‹, 12. 3. 1920 Staatliches Schauspielhaus Berlin, Regie Leopold Jeßner

ausgetilgt der unterbürgerliche ›Überteufel‹, *der Essig* – Hermann Essig (1878 bis 1918) ›Überteufel‹, Uraufführung durch ›Die Junge Bühne‹, 23. 9. 1923 Staatliches Schauspielhaus Berlin, Regie Leopold Jeßner

›Prinz von Homburg‹ – Staatliches Schauspielhaus Berlin 13. 2. 1925, Regie Ludwig Berger (geb. 1892)

246 ›Die Hinterwäldler‹ *Carl Zuckmayers* – C. Zuckmayer (geb. 1896) ›Kiktahan oder Die Hinterwäldler‹ (›Pankraz erwacht‹); Uraufführung durch ›Die Junge Bühne‹, Deutsches Theater Berlin 15. 2. 1925, Regie Heinz Hilpert

Werbeschrift für die Gründung eines Theaters in Berlin
Manuskript aus dem Nachlaß; vermutlich 1923, kurz vor Gründung der ›Truppe‹, entstanden

Wege zur Truppe
Manuskript aus dem Nachlaß (1923)

Um 1923 wurden in Berlin verschiedene freie, meist nur kurze Zeit existierende Schauspielergemeinschaften gegründet: z. B. das von Heinrich George begründete ›Schauspielertheater‹, das von Berthold Viertel und Reinhard Bruck geleitete Ensemble ›Die Truppe‹ und ›Das Theater‹ von Jo Lhermann.

252 *Der große und vergebliche Schauspielerstreik* – 27. 11. 1922, Streik gegen alle Privattheater in Berlin, an dem sich nur Leopold Jeßner nicht beteiligte (vgl. ›TheaterNot‹, S. 452 ff)

Die Dramaturgie der Angst
Manuskript aus dem Nachlaß (1932)

256 *und jetzt soll sogar Brechts* ›*Johanna*‹ *von der Volksbühne . . . gebracht werden* – Eine Aufführung der ›Heiligen Johanna der Schlachthöfe‹ (entst. 1929/30) kam damals nicht zustande, lediglich die Ursendung einer Hörspielfassung durch Radio Berlin (11. 4. 1932)
Die Rotters – (eigentlich Fritz und Alfred Schaie) Berliner Theaterdirektoren (›Rotter‹-Konzern) mit einem vorwiegend auf das Kommerzielle ausgerichteten Spielplan

257 *Reinhardt hat das Deutsche Theater . . . aufgegeben* – 1932 brach der ›Rotter‹-Konzern zusammen, dem neun Theater angehörten. Juni 1932 gab Reinhardt die Direktion seiner Berliner Bühnen ab, die er ab 1929 abermals übernommen hatte: »... wegen unüberwindlicher Abneigung gegen das Unternehmertum.« Seine Nachfolger wurden Karl Heinz Martin und Rudolf Beer.

258 ›*Of Thee I Sing*‹ – Musical Comedy von George Gershwin (vgl. Anm. zu S. 185)
›*1931*‹ – Schauspiel von Claire Sifton, Uraufführung Mansfield Theatre New York, 10. 12. 1931

259 *Albers im unbekümmert verberlinerten* ›*Liliom*‹ – Franz Molnár ›Liliom‹ (deutsche Bearbeitung: Alfred Polgar), gemeint ist die Inszenierung an der Volksbühne Berlin 6. 1. 1931, Regie Karl Heinz Martin, in der Titelrolle Hans Albers

260 *Ein* ›*Cromwell*‹ – Vermutlich bezog sich Viertel auf das Stück ›Oliver Cromwell‹ von Walter Gilbricht, das in der Volksbühne, Spielzeit 1932/33, uraufgeführt wurde
ein Sigismund – ein Stück dieses Titels ist im Inszenierungsverzeichnis des Deutschen Theaters Berlin nicht nachweisbar

Wiedersehen mit dem Berliner Theater
Fragmentarisch, Manuskript aus dem Nachlaß (1948)

262 *Der Spielplan Berlins* – ›Nathan der Weise‹: Deutsches Theater (Regie Fritz Wisten), ›Minna von Barnhelm‹: Schloßparktheater (Regie Willi Schmidt), ›Stella‹: Kammerspiele des Deutschen Theaters (Regie Ludwig Berger), ›Baumeister Solness‹: Renaissance-Theater (Regie O. Kurth, Bühnenbild J. Fehling), ›Die Hose‹: Kammerspiele des Deutschen Theaters (Regie Willi Schmidt), ›Der Hauptmann von Köpenick‹: Deutsches Theater (Regie Ernst Legal)

263 *Thornton Wilders . . .* ›*Wir sind noch einmal davongekommen*‹ – 1948 Hebbel-Theater Berlin, Regie Karl Heinz Stroux

264 ›*Des Teufels General*‹ – entstanden 1942, Uraufführung 14. 6. 1946 Schauspielhaus Zürich
Aufführung der Brechtschen Einakter am Deutschen Theater Berlin – ›Furcht und Elend des Dritten Reiches‹, dt. Erstauff. 30. 1. 1948, Regie Wolfgang Langhoff

Der Reichskanzleistil
Unvollendetes Manuskript aus dem Nachlaß (um 1950)

266 *Als ich später bei einem Vortrag* – 1949 (vgl. ›Max Reinhardt‹, S. 364 ff)

267 *der ›Hamlet‹ Stanislawskis* – K. S. Stanislawski hat nie den ›Hamlet‹ inszeniert, assistierte aber 1911 bei Gordon Craigs ›Hamlet‹-Inszenierung am Moskauer Künstlertheater – »akademisch und opernhaft« bezieht sich vermutlich auf Stanislawskis Schilderung, nach der sich die Inszenierung »in ihrer Monumentalität, ihrer Allgemeingültigkeit und ihrer dekorativen Erhabenheit« »in den Vordergrund drängte und durch ihre Pracht die Schauspieler verdeckte«. (K. S. Stanislawski ›Mein Leben in der Kunst‹, engl. New York 1924, dt. Berlin 1951; Zitate der dt. Ausg. S. 571/81)

Düsseldorfer Erfahrungen
Manuskript aus dem Nachlaß (1927)

269 *Hier haben Louise Dumont und Gustav Lindemann* – Louise Dumont (1862 bis 1932), Schauspielerin und Theaterleiterin (›Bühne der Wahrheit‹, die Durchsetzung Ibsens); 1887–88 Burgtheater Wien, 1898–1904 Deutsches Theater Berlin; 1905 mit ihrem Gatten Gustav Lindemann (1872–1960) Gründung des Düsseldorfer Schauspielhauses, das Gustav Lindemann bis 1933 leitete
Aufführung der ›Gespenster‹ – erste Inszenierung in Düsseldorf 7. 11. 1905, dann in fast sämtlichen folgenden Spielzeiten des Düsseldorfer Schauspielhauses bis 1930/ 1931; Viertel bezieht sich wahrscheinlich auf die Inszenierungen der Spielzeiten 1925/26 (Premiere 3. 3. 1926) oder 1926/27 (Premiere 22. 10. 1926)
Daß der ›Peer Gynt‹ – erste Düsseldorfer Inszenierung 3. 6. 1910, Neuinszenierung 26. 12. 1927
der ›Brand‹ – erste Düsseldorfer Inszenierung vom 13. 1. 1910, weitere Inszenierungen in den Spielzeiten 1914/15 und 1915/16
›Kaiser und Galiläer‹ – ›Kaiser und Galiläer I (Cäsars Abfall)‹, Düsseldorf 27. 9. 1924; ›Kaiser und Galiläer II (Julian)‹, Düsseldorf 30. 9. 1924
ein prächtiger ›Prinz von Homburg‹ – Düsseldorf 23. 12. 1925
›Fröhlichen Weinberg‹ – Düsseldorf 12. 2. 1926

270 *hier das ›Grabmal des unbekannten Soldaten‹* – vgl. Inszenierungsverzeichnis 1926 u. S. 91 ff
›Maria Stuart‹ – vgl. Inszenierungsverzeichnis 1926
die gewaltige Tragödie ›Ignorabimus‹ – vgl. Inszenierungsverzeichnis 1927 u. S. 84 ff

Theaterkritiken

Wedekinds ›Liebestrank‹
Der Merker II, 5/1910, S. 219 f

273 *›Der Liebestrank‹ war ein erster Versuch* – ein 1891/92, nach ›Frühlings Erwachen‹, entstandener Schwank; ursprüngl. Titel ›Fritz Schwigerling‹, ersch. 1899

›Der ledige Hof‹
Der Merker II, 8/1911, S. 361

275 ›*Der ledige Hof*‹ – Schauspiel von Ludwig Anzengruber (1839–1889), ersch. 1876

›Der Gardeoffizier‹
Der Merker II, 10/1911, S. 469 f

275 ›*Der Gardeoffizier*‹ – Komödie von Franz Molnár (1878–1952), ersch. 1910

Schmidtbonn: ›Marias Kind‹
Der Merker II, 13/1911, S. 570 f

277 ›*Marias Kind*‹ – Tragikomödie von Wilhelm Schmidtbonn (1876–1952), ersch. 1911

›Elga‹ von Gerhart Hauptmann
Der Merker II, 14/1911, S. 609 f

279 ›*Elga*‹ – ›ein Nocturnus‹ von Gerhart Hauptmann (1864–1946), ersch. 1905
      Novelle Grillparzers – Franz Grillparzer ›Das Kloster von Sendomir‹ (1828)

›Traum eines Frühlingsmorgens‹ – ›Der Kammersänger‹
Der Merker II, 18/1911, S. 771

280 ›*Traum eines Frühlingsmorgens*‹ – it. Schauspiel von Gabriele d'Annunzio (1863
      bis 1938), ersch. 1899
      ›*Der Kammersänger*‹ – Einakter von Frank Wedekind (1864–1918), ersch. 1899

Frank Wedekind: ›Der Erdgeist‹
Der Merker II, 27/1911, S. 1124 f

282 ›*Der Erdgeist*‹ – Tragödie von Frank Wedekind (1864–1918), entst. 1892–94,
      Uraufführung 25. 2. 1898 Stadttheater Leipzig
      Albert Steinrück – dt. Schauspieler (1872–1929), wirkte hauptsächlich in München

Gerhart Hauptmann in Lauchstädt
März VI, 3/1912, S. 154 f

284 ›*Gabriel Schillings Flucht*‹ – Drama von Gerhart Hauptmann (1864–1946), entst.
      1906
      Das Experiment von Lauchstädt – Hauptmann wünschte eine »einmalige Aufführung,
      vollkommenster Art, in intimstem Theaterraum«. Die Uraufführung fand deshalb
      nicht in Berlin, sondern im Goethe-Theater Lauchstädt, 14. 6. 1912, statt; Regie
      Paul Schlenther

Gerhart Hauptmanns Premiere in Lauchstädt
Der Strom II, 4/1912, S. 120 f

286 *die Berliner Premiere seines* ›Michael Kramer‹ – Uraufführung 21. 12. 1900 Deutsches Theater Berlin
die ›Pippa‹ – ›Und Pippa tanzt‹ ein Glashüttenmärchen, ersch. 1905, Uraufführung 19. 4. 1906 Lessing-Theater Berlin

Bancban
Prager Tagblatt XLIII, 14/16. 1. 1918

290 ›*Ein treuer Diener seines Herrn*‹ – Trauerspiel, entst. 1826/27, Uraufführung 28. 2. 1828 Burgtheater Wien
Bancbanus, der eisgraue Ungarnritter – hist. Gestalt zu Beginn des 13. Jh.

›Gyges und sein Ring‹
Prager Tagblatt XLIII, 35/12. 2. 1918

293 ›*Gyges und sein Ring*‹ – Tragödie, ersch. 1856, Uraufführung 25. 4. 1889 Burgtheater Wien

Thaddäus Rittner: ›Der Garten der Jugend‹
Prager Tagblatt XLIII, 46/24. 3. 1918

294 *Thaddäus Rittner* – Dramatiker (1873–1921) – vgl. Anm. zu S. 359; ›Der Garten der Jugend‹ ersch. 1917

›Wallenstein‹
Prager Tagblatt XLIII, 76/3. 4. 1918

297 *unser Deutsches Theater* – ehemaliges Deutsches Landestheater Prag

›Die Straße nach Steinaych‹
Prager Tagblatt XLIII, 94/24. 4. 1918

›Eifersucht‹
Prager Tagblatt XLIII, 212/28. 4. 1918

302 *Arzibaschew* – Michail Petrowitsch Artschibaschew (1878–1927), russischer Boulevard-Autor – ›Eifersucht‹ ersch. 1913
306 ›*Sanin*‹, ein 1907 veröffentlichter Roman, der in viele Sprachen übersetzt wurde und bei seinem Erscheinen in Rußland heftige Diskussionen und – wegen einiger erotischer Stellen – einen Prozeß zur Folge hatte
Autor des ›Katzensteg‹ – Hermann Sudermann (1889)

Gastspiel Hans Lackner
Prager Tagblatt XLIII, 128/4. 6. 1918

306 *Hans Lackner* – österr. Schauspieler (1876–1930)

> Die Höhe des Gefühles‹ [und ›Der Kammersänger‹]
Prager Tagblatt XLIII, 133/11. 6. 1918

307 ›*Die Höhe des Gefühls*‹ – Lustspiel von Max Brod (1884–1968)
›*Der Kammersänger*‹ – Einakter von Frank Wedekind (1864–1918), ersch. 1899

Gastspiel Ernst Deutsch
Prager Tagblatt XLIII, 138/16. 6. 1918

309 *Ernst Deutsch* – (1890–1969), dt. Schauspieler, von Viertel 1914 an die Wiener
Volksbühne geholt; dann Dresden (1917), Berlin (1918), emigrierte 1933 nach Wien,
Prag, Brüssel, London, Hollywood, 1947 Rückkehr, Berlin und Wien

Gastspiel Hans Lackner
Prager Tagblatt XLIII, 149/29. 6. 1918

› Das bist du‹
Der Zwinger III, 20/1919, S. 534 ff; Uraufführung 9. 10. 1919 unter Viertel
(vgl. Inszenierungsverzeichnis)

312 *Erstlingswerk eines jungen Dramatikers* – erste Bühnenaufführung Friedrich Wolfs
(1888–1953), 9. 10. 1919 Schauspielhaus Dresden (vgl. Inszenierungsverzeichnis)

Jüdisches Theater
Die Weltbühne XVIII, 37/14. 9. 1922, S. 284 ff.

318 ›*Der Dybbuk*‹ . . . *ein chassidisches Gespensterdrama* – Salomon Samuel (?)
Rappaport Anski, jidd. Schriftsteller (1863–1920): ›Der Dybbuk‹ (1916), Dramatisierung einer chassidischen Legende; zuerst 1920 in Jiddisch unter David Hermann
durch die Wilnaer Truppe aufgeführt, 1922 in Hebräisch unter Jewgeni Wachtangow
durch das Moskauer Theater ›Habima‹ – *Dibbuk* (jidd. ›Anhaften‹) nach kabba-
listischer Vorstellung der Geist eines Toten, der in den Körper eines Lebenden fährt,
Befreiung des Besessenen durch Beschwörung

Tschechow in England
Die neue Weltbühne XXXIV, 8/1938, S. 248 ff

324 *Seine Stücke nehmen auf den englischen Bühnen* – ›Drei Schwestern‹ seit den zwan-
ziger Jahren in London aufgeführt: Court Company (1926), Constance Garnett,
Barnes (16. 1. 1926, 25. 10. 1926), Fortune (23. 10. 1929), Old Vic (12. 11. 1935),
Queen's (28. 1. 1938) u. a.; ›Der Kirschgarten‹: Stage Society (1911), Old Vic
(1925, 1933) u. a.; ›Onkel Wanja‹: Stage Society (10. 5. 1914), Constance Garnett,
Barnes (16. 1. 1926), Westminster (5. 2. 1937, 2. 9. 1943) u. a.

325 *Michel St. Denis* – Schauspieler, Regisseur (geb. 1897), s. Anm. zu S. 183
John Guilgud – engl. Schauspieler (geb. 1904), vorwiegend Darsteller von Shake-
speare-Rollen

325 *Die tiefen, satten Farben Stanislawskis* – Tschechow ›Drei Schwestern‹, Moskauer Künstlertheater 3. 1. 1901, Regie K. S. Stanislawski, Tournee-Aufführungen 1906 und 1922 in Berlin

›Macbeth‹
Handschriftliches Manuskript aus dem Nachlaß, kein Drucknachweis (um 1938)

326 ... *St. Denis, hat London eine* ›Macbeth‹-*Aufführung gegeben* – im Old Vic Theatre (26. 11. 1937) und im New Theatre (14. 12. 1937) mit Lawrence Olivier und Judith Anderson
Michel St. Denis – s. Anm. zu S. 183

›Die Mutter‹
Die neue Weltbühne XXXV, 11/1939, S. 346 ff

329 *Dieses menschlich erschütternde Stück Karel Čapeks* – K. Čapek (1890–1938), tschech. Schriftsteller: ›Matka‹, Schauspiel, Uraufführung 12. 2. 1938 Prag; engl. ›The Mother‹ (1939), dt. ›Die Mutter‹ (1957)
desselben Dichters ›Weißer Tod‹ – ›Bílá nemoc‹, Uraufführung 29. 1. 1937 Prag; dt. ›Die weiße Krankheit‹ (1937), engl. ›Power and Glory‹ (1938)
das Insektenstück – ›Ze života hmyzu‹ (1921), dt. ›Aus dem Leben der Insekten‹, engl. ›The Insect Play‹, 1923; zusammen mit seinem Bruder Josef (1887–1938) geschrieben
das Roboterstück – ›R. U. R. (Rossum's Universal Robots)‹, Uraufführung 25. 1. 1921 Prag, dt. 1922
das Stück von den Engeln in Menschengestalt – ›Adam Stovitel‹ (1927), dt. ›Adam der Schöpfer‹, ebenfalls mit seinem Bruder Josef

Über Schauspieler, Theaterleiter, Regisseure und Kritiker

Novelli
Der Merker III, 1/1912, S. 22 ff

335 *Novelli* – Ermete Novelli, ital. Schauspieler (Lucca 1851–Neapel 1919)
337 *seinen Luigi XI.* – Titelrolle eines Schauspiels von Jean François Casimir Delavigne (1793–1843), ersch. 1832

Der letzte Wiener
Prager Tagblatt XLIII, 92/21. 4. 1918

339 *Girardi gestorben* – Alexander Girardi (geb. 1850) starb am 20. 4. 1918 in Wien.
daß Girardi, am Ende noch, ans Burgtheater kam – Girardi begann am 1. Januar 1918 sein Engagement am Wiener Burgtheater; vorher: 1874–1896 Theater an der Wien, 1896–1897 Carltheater, 1898–1900 Deutsches Volkstheater
sein Fortunatus Wurzel – eine von Girardi oft verkörperte Gestalt aus ›Der Bauer als Millionär‹ von Ferdinand Raimund

514

399 *Sein Valentin* – ebenfalls eine Girardi-Rolle, Gestalt aus ›Der Verschwender‹ von Ferdinand Raimund; Girardis Debüt am Burgtheater (15. 2. 1918)

Über Fritz Kortner
Die Kunst der Bühne Bd. 3: ›Fritz Kortner‹, hrsg. v. H. Ludwigg und A. Kerr, Berlin 1928, S. 37 ff – Teilabdruck in dem Programmheft der Kammerspiele München zur Geburtstagsfeier für F. Kortner, 11./12. 5. 1967

342 *seines Shylock* – Fritz Kortner (geb. 1892) spielte den Shylock, u. a. zur Eröffnungsvorstellung der ›Truppe‹, September 1923, Regie Berthold Viertel

Jagd auf Greta Garbo
Die Weltbühne XXVIII, 52/1932, S. 934 ff

Charles Laughton
Handschriftliche Notiz aus dem Nachlaß (1938/39?)

Der deutsche Schauspieler Werner Krauß
Das Neue Tagebuch 36/1937, S. 360 f

348 *Werner Krauß* – dt. Schauspieler (1884–1959), ab 1913 Deutsches Theater und Staatstheater Berlin, ab 1929 Burgtheater Wien; in den dreißiger Jahren viele Filmrollen
Hoffentlich berät er seinen Staat gut – Ab 1933 unterstanden die Bühnen-, Film- und Musikvereinigungen der ›Reichs-Theaterkammer‹, als deren stellvertretender Präsident Werner Krauß berufen wurde. In der ›Reichsfilmkammer‹ wurde Krauß als ›Reichskultursenator‹ geführt.
349 *Jack der Aufschlitzer* – ironische Anspielung auf Jack the Ripper (Gestalt des Massenmörders aus Wedekinds Tragödie ›Die Büchse der Pandora‹), den Werner Krauß in mehreren Stummfilmrollen verkörperte
351 *George Grosz* – satirischer Graphiker und Maler (1893–1959), Ankläger des Militarismus und der sozialen Mißstände der bürgerl. Gesellschaft, emigrierte 1932 in die USA

Über Emil Jannings
Manuskript aus dem Nachlaß (um 1928/29)

351 *Emil Jannings* – (1884–1950) nach einer Bühnenlaufbahn in Leipzig, Mainz, Nürnberg und Berlin (bei Jeßner und Reinhardt) widmete er sich ab 1925 fast ausschließlich dem Film
352 *im ›Letzten Mann‹* – ›Der letzte Mann‹, dt. Stummfilm 1924, Ufa-Produktion, Drehbuch Carl Mayer, Regie Friedrich Wilhelm Murnau
›The way of all flesh‹ – dt. ›Der Weg allen Fleisches‹, Paramount-Produktion, Hollywood 1927, Regie Victor Fleming
353 *›Last Command‹* – ›The Last Command‹, dt. ›Sein letzter Befehl‹, Paramount-Produktion, Hollywood 1928, Regie Josef von Sternberg

Wiedersehen mit Emil
Das neue Tagebuch 33/1937, S. 789

354 *Emil Jannings, den* ›*Herrscher*‹ – ›Der Herrscher‹ 1937, Produktion: Tobis-Magna-Film, Drehbuch Thea von Harbou und Curt J. Braun frei nach Gerhart Hauptmanns ›Vor Sonnenuntergang‹; mit E. Jannings, Marianne Hoppe, Hilde Körber u. a., Regie Veit Harlan; 1937 Nationaler Filmpreis
der schmuddelige ›*Professor Unrat*‹ – ›Der blaue Engel‹, Ufa-Film 1930, nach Heinrich Manns Roman ›Professor Unrat‹, Drehbuch Robert Liebmann, Regie Josef von Sternberg
nicht jener russische Großfürst – In ›The Last Command‹, dt. ›Sein letzter Befehl‹ (vgl. Anm. zu S. 353)
355 *Harbou . . ., der Mutter der* ›*Nibelungen*‹ – Die Prosa-Nacherzählung des Nibelungenliedes durch Thea von Harbou (1888–1954) diente Fritz Lang als Vorlage zu seinem zweiteiligen Nibelungenfilm (›Siegfried‹, ›Krimhilds Rache‹, 1924)

Die Giehse
Manuskript aus dem Nachlaß (1950)

355 *Therese Giehse* – (eig. Th. Gift), geb. 1898, dt. Schauspielerin; begann am Kabarett, 1933 Schauspielhaus Zürich, England, nach 1945 hauptsächlich Zürich und München
›*The last Chance*‹ – dt. ›Die letzte Chance‹ (1945), Regie Leopold Lindtberg
356 ›*Mutter Courage*‹ – Uraufführung von B. Brechts ›Mutter Courage und ihre Kinder‹, Schauspielhaus Zürich 19. 4. 1941, Regie Leopold Lindtberg, Titelrolle Therese Giehse
›*Der 106. Geburtstag*‹ – (1941), Komödie von Jean Sarment (geb. 1897), deutschsprachige Erstaufführung 22. 10. 1943 Wiener Scala und Thalia Theater Hamburg

Brief an Käthe Gold
Manuskript aus dem Nachlaß (1952), vgl. Inszenierungsverzeichnis

357 *Käthe Gold* – österr. Schauspielerin (geb. 11. 2. 1907), nach Bern, Breslau, München, Berlin hauptsächlich am Wiener Burgtheater tätig

Thaddäus Rittner
Prager Tagblatt, XLIII, 45/23. 2. 1918

359 *Thaddäus Rittner* – Dr. jur., Ministerialbeamter in Wien (1873–1921); Erzähler und Dramatiker in poln. und dt. Sprache
360 ›*Der Mann im Souffleurkasten*‹ – ›Der Mann aus dem Souffleurkasten‹, dt. 1912, poln. 1913 (›Czlowiek z budki suflera‹)

Millenkovich – Heine
Die Schaubühne, XIV, 30/25. 7. 1918, S. 82 ff

361 *Hofrat von Millenkovich* – Max von Millenkovich (1866–1945), Dramatiker, Musiker, Theaterkritiker und österr. Kulturreferent; 1917 als Hof- und Ministerialrat zum Burgtheaterdirektor ernannt, 1918 von Albert Heine abgelöst

516

362 *Knut Hamsun* – s. Anm. zu S. 151
Dem verewigten Girardi – s. Anm. zu S. 339
363 *Albert Heine* – (1867–1949), seit 1900 Schauspieler und Regisseur am Burgtheater, das er 1918–1921 auch leitete (vgl. ›Millenkovich–Heine‹, S. 361 ff)

Max Reinhardt
Handschriftliches Fragment aus dem Nachlaß – Manuskript eines Vortrages, den Viertel 1949 auf Schloß Leopoldskron gehalten hat

Theater-Zukunft
Der Zwinger III, 12/15. 6. 1919, S. 312 ff

366 *Eine von Max Reinhardt und Richard Strauss inaugurierte* . . . *Denkschrift* – Ein von Hugo von Hofmannsthal verfaßter Aufruf, der den Gedanken der Salzburger Festspiele einleitend und grundsätzlich formulierte (1918)
367 *Die Zusammenarbeit von Sophokles oder Aischylos mit Reinhardt* – Max Reinhardts Inszenierungen von ›König Ödipus‹ des Sophokles (Nachdichtung Hugo von Hofmannsthal) 1910 in München, Wien, Berlin, 1912 Tournee; Aischylos' ›Orestie‹ unter Reinhardt (Bearbeitung Carl Vollmoeller) 13. 10. 1911 Zirkus Schumann und 28. 11. 1919 Großes Schauspielhaus Berlin
die Stilvereinigung: Hofmannsthal–Reinhardt–Richard Strauss – ›Der Rosenkavalier‹, 26. 11. 1911 Königliches Opernhaus Dresden; Molières ›Der Bürger als Edelmann‹, Stuttgart 24. 10. 1912 (Vorspiel zu ›Ariadne auf Naxos‹); 9. 4. 1918 Deutsches Theater Berlin
368 *lange vor dem siegreichen Vorstoß des Schauspielersozialismus* – Viertel wendet den Begriff »Schauspielersozialismus« ohne eine genaue ideologische Fixierung an (vgl. auch ›Schauspielersozialismus‹ S. 458 ff). Er versteht darunter eine gewisse Mitbestimmung der Schauspieler an Spielplangestaltung und Theaterleitung. Die Einführung der ›Künstlerräte‹ November 1918 in Dresden dient ihm als Kennzeichen des »Schauspielersozialismus«, wobei er diesen Begriff auch im Folgenden als *Vergleichs*begriff zu den vor dem November 1918 bestehenden Zuständen an den Theatern gebraucht.
›*Die Tribüne*‹ . . . *bekennt* – In dem Manifest der ›Tribüne‹, von Karl Heinz Martin 1919 gegründet, heißt es u. a.: »Wir haben einen Standpunkt und eine Richtung. [. . .] Wir werden nicht spielen, sondern Ernst machen. [. . .] Die unaufschieblich notwendige Revolution des Theaters muß mit einer Umgestaltung des Bühnenraumes beginnen. Aus der unnatürlichen Zweiheit von Bühne und Zuschauerraum muß die lebendige Vereinigung eines künstlerischen Raumes zur Vereinigung Schaffender entstehen. Wir wollen kein Publikum, sondern im einheitlichen Raum eine Gemeinde, [. . .] keine Bühne, sondern eine Kanzel [. . .].« – Unter Karl Heinz Martins Leitung bestand die ›Tribüne‹ allerdings nur ein Jahr (in diesem Jahr Uraufführung von Ernst Tollers Drama ›Die Wandlung‹, 1. 10. 1919), dann übernahm Eugen Robert die Bühne und gestaltete sie zu einer konservativen Kammerspielbühne um.
369 *ehe sie von dem sozialistischen Staate* – In ähnlichem Sinne wird hier »sozialistisch« von Viertel als Synonym für die revolutionären gesellschaftlichen Verhältnisse 1918/19 verstanden

wenn in Wien Albert Heine – Heine übernahm 1918 die Leitung des Burgtheaters
(vgl. ›Millenkovich–Heine‹, S. 361 ff u. Anm. zu S. 363)

in München Albert Steinrück – Albert Steinrück, Schauspieler (1872–1929)

Das Dresdner Hoftheater war auch unter Seebach – Nikolaus Graf von Seebach
(1854–1930), Generaldirektor des Dresdener Hoftheaters 1894–1919, hatte Berthold
Viertel 1918 an das Dresdener Hoftheater engagiert und übergab im November
1918 seine Direktion an einen ›Theaterrat‹, der sich aus fünf Mitgliedern (darunter
auch Viertel) zusammensetzte

370 *Geheimrat Zeiß* – Dr. Karl Zeiß (1871–1924) ab 1901 erster Dramaturg und
Regisseur, 1912–1916 künstlerischer Leiter des Schauspiels des Königlichen Hoftheaters Dresden

Paul Wiecke – Schauspieler, Regisseur (1862–1944), 1918 Mitglied des ›Künstler-
rates‹ in Dresden, Februar 1919 zum künstlerischen Leiter des Schauspiels gewählt;
1920–1928 Schauspieldirektor des Dresdner Staatstheaters

Gustav Landauer – s. Anm. zu S. 187

Direktion Dumont-Lindemann – Louise Dumont und Gustav Lindemann ab 1905
Leiter des Düsseldorfer Schauspielhauses (vgl. Anm. zu S. 269)

Krise des Theaterstils
Theater und Zeit, 4/1954, S. 61; Datierung ungewiß

In memoriam Max Reinhardt
Die Schau, 19/10, Wien 1953 – Gedenkrede für Max Reinhardt, die Viertel
1943 in New York gehalten hat

374 *Der Tod Max Reinhardts* – 31. 10. 1943 New York

Rede über Leopold Jeßner
Manuskript aus dem Nachlaß; Rede zum 65. Geburtstag; 1943 in Hollywood
gehalten

375 *Leopold Jeßner* – Regisseur und Theaterleiter (1878–1945); übernahm 1919 das
Staatliche Schauspielhaus Berlin, das er bis Februar 1933 leitete (11. 2. 1933 Ulbrich
wird Intendant, Hanns Johst Dramaturg); Jeßner emigrierte in die USA

377 *Diese damalige programmatische Eröffnungsvorstellung, der* ›*Wilhelm Tell*‹ –
12. 12. 1919, Staatliches Schauspielhaus Berlin, Regie Leopold Jeßner

daß sie Abstraktion bleiben müßte. – Im folgenden enthält das Manuskript einen
von Berthold Viertel gestrichenen Absatz:
Es galt, nach der Definition Hamlets, »der Natur gleichsam den Spiegel vorzuhalten;
der Tugend ihre eigenen Züge; der Schmach ihr eigenes Bild, und dem Jahrhundert
und Körper der Zeit den Abdruck seiner eigenen Gestalt zu zeigen«.

Man hört oft von Jeßners Treppe reden – ›Jeßner-Treppe‹, eine von Emil Pirchan
für Jeßner konstruierte Bühnengestaltung, die unter weitgehendem Verzicht auf ein
Bühnenbild nur von einer meist im Mittelpunkt beherrschend postierten Treppe bestimmt wird (z. B. für Jeßners Inszenierung von Shakespeares ›Richard III.‹).

378 ›*Fiesco*‹ – 16. 5. 1921 Staatliches Schauspielhaus Berlin, Regie Leopold Jeßner

›*Don Carlos*‹ – 13. 2. 1922 und 3. 11. 1929 Staatliches Schauspielhaus Berlin, Regie Leopold Jeßner

›*Richard III.*‹ – 5. 9. 1920 Staatliches Schauspielhaus Berlin, Regie Leopold Jeßner

Hermann Essigs ›*Überteufel*‹ – 23. 9. 1923 Staatliches Schauspielhaus Berlin, Regie Leopold Jeßner

Jeßners Aufführung der ›*Beiden Sedemunds*‹ – Ernst Barlach ›Die echten Sedemunds‹, ersch. 1920, Uraufführung 23. 3. 1921 Kammerspiele Hamburg; Jeßner brachte das Stück im April 1921 im Berliner Staatstheater heraus – Über die einzige Aufführung eines seiner Stücke, die Barlach je gesehen hat, äußerte er sich enttäuscht: »Mit Filmtempo und Expressionismus will ich nichts zu tun haben.«

Wedekinds ›*Marquis von Keith*‹ – 12. 3. 1920 Staatliches Schauspielhaus Berlin, Regie Leopold Jeßner

379 ›*Mann ist Mann*‹ *von Bertolt Brecht* – 6. 2. 1931 Staatliches Schauspielhaus Berlin, Regie Ernst Legal / Bertolt Brecht

Stanislawski
Die neue Weltbühne XXXIV, 33/1938, S. 1028 ff

379 *Von den fünfundsiebzig Jahren seines so reichen Lebens* – Konstantin Sergejewitsch Stanislawski (geb. 1863) starb am 7. 8. 1938 in Moskau

380 *Moskwin* – Iwan Michailowitsch Moskwin (1884–1940), Schauspieler am Moskauer Künstlertheater (Mchat), Volkskünstler der UdSSR

die Knipper – Olga Leonardowna Knipper-Tschechowa (1868–1959), Schauspielerin am Mchat; heiratete 1901 Anton Tschechow

Katschalow – Wassili Iwanowitsch Katschalow (1875–1948), Schauspieler am Mchat, Volkskünstler der UdSSR

die Germanowa – Maria Nikolajewa Germanowa (1884–1940), Schauspielerin am Mchat

die Meininger – Ensemble des Herzogs Georg II. von Meiningen (1826–1914), 1874–1890 Gastspiele in ganz Europa

381 *als sich der Vorhang des Moskauer Künstlertheaters zum ersten Male hob* – Das von K. S. Stanislawski und Wladimir Iwanowitsch Nemirowitsch-Dantschenko (1858 bis 1943) gegründete Moskauer Akademische Künstlertheater (Mchat) wurde am 14. (27.) 10. 1898 mit der Tragödie ›Zar Fjodor‹ von Alexej K. Tolstoi im Theater ›Eremitage‹ eröffnet, Regie K. S. Stanislawski / W. I. Nemirowitsch-Dantschenko

382 *begann mit der* ›*Möwe*‹, *die vorher ... durchgefallen war* – Aufführung des Moskauer Künstlertheaters, 17. (29.) 12. 1898; das Stück wurde 1896 in Petersburg mit geringem Erfolg uraufgeführt (vgl. »Die Möwe«, S. 52 ff u. Anm. zu S. 52)

383 *Als wir, vor dem Weltkrieg, die herrlichen Stanislawski-Aufführungen sahen* – 1906 Tournee des Moskauer Künstlertheaters mit ›Zar Fjodor‹ (A. K. Tolstoi), ›Onkel Wanja‹, ›Drei Schwestern‹, (Tschechow), ›Nachtasyl‹ (Gorki), ›Ein Volksfeind‹ (Ibsen) in Berlin, Prag, Wien u. a.

Das Ensemble
Handschriftliches Fragment aus dem Nachlaß (um 1928)

385 *der* »*Dybbuk*« – s. Anm. zu S. 318

Sergei Eisenstein
Manuskript aus dem Nachlaß (Februar 1949)

385 *Die Meldung vom Tode Sergei Eisensteins* – Eisenstein (geb. 1898) starb am
11. 2. 1948 in Moskau
Premiere seines berühmten Films ›Panzerkreuzer Potemkin‹ *in Berlin* – 1. 5. 1926
386 ›*Panzerkreuzer Potemkin*‹ – (Das Jahr 1905), entst. 1925, Idee N. Agadshanowa
(geb. 1889), Buch N. Agadshanowa u. S. Eisenstein, Regie S. Eisenstein
387 ›*Zehn Tage, die die Welt erschütterten*‹ – entst. 1927 nach der gleichnamigen Reportage von John Reed (1887–1920), russ. Titel ›Oktober‹, Szenarium u. Regie
S. Eisenstein u. G. Alexandrow
388 *seinem Manuskriptschreiber Alexandrow* – Grigori Wassiljewitsch Alexandrow
(geb. 1903), Assistent u. Mitarbeiter Eisensteins, ab 1932 eigene, preisgekrönte
Filme
der große Kameramann Tisse – Eduard Kasimirowitsch Tisse (1897–1961), russ.
Kameramann schwed. Herkunft; begann 1914 als Filmreporter u. 1918 als Front-
kameramann der Wochenschau; ab 1924 Zusammenarbeit mit Eisenstein, dessen
sämtliche Filme er aufnahm; arbeitete nach Eisensteins Tod mit Grigori Alexandrow
zusammen
›*Alexander Newski*‹ – 1938 entst., Szenarium P. Pawlenko u. S. Eisenstein, Regie
S. Eisenstein u. D. Wassiljew, Titelrolle N. Tscherkassow
›*Donner über Mexiko*‹ – ›Thunder over Mexico‹, 1933; Film nach Eisensteins
›Que viva Mexico‹ (1930/31), den der Produzent Sol Lesser nach Eisensteins Mate-
rial willkürlich zusammengestellt hatte
›*Iwan der Schreckliche*‹ – 1944 u. 1945 entst. zwei Teile, Szenarium u. Regie
S. Eisenstein, Musik S. Prokofjew, Titelrolle N. Tscherkassow
389 *hatte der junge Mann ein dickes, von ihm geschriebenes Manuskript mitgebracht:*
›Streik‹ *hieß es* – ›Streik‹ entst. 1925, S. Eisensteins erste Filmregie, das Szenarium
verfaßte Eisenstein mit einem Kollektiv des Moskauer Proletkult-Theaters

Der Regisseur Fred Zinnemann
Austro American Tribune III, 3/Oktober 1944

390 ›*The Seventh Cross*‹ – ›Das Siebente Kreuz‹; der Film entstand 1944 in Hollywood nach dem gleichnamigen Roman (engl. 1942, dt. 1946) von Anna Seghers

Begräbnisrede für Friedrich Wilhelm Murnau
Manuskript aus dem Nachlaß (Hollywood 1931)

393 *Wir sehen ihn noch vor uns* – Murnau (geb. 1889) starb am 11. 3. 1931
394 *seinen Südseefilm zu machen* – ›Taboo‹ (›Tabu‹), zusammen mit Robert Flaherty,
entst. 1929–30

Der neue René Clair
Manuskript aus dem Nachlaß (1938)

395 ›*A Ghost goes West*‹ – 1936 in England entstanden, dt. ›Gespenst auf Reisen‹ /
›Gespenst zu verkaufen‹

396 >*Break the News*< – 1938, ebenfalls in England, dt. >Gewagtes Spiel< / >Heraus mit der Wahrheit<

Chaplin und sein >Monsieur Verdoux<
Manuskript aus dem Nachlaß (vorliegende Fassung); veröffentlicht in Austro American Tribune V, 11/Juni 1947

397 >*Monsieur Verdoux*< – entst. 1944–47 nach einem Szenarium von Orson Welles

Geburtstagsrede für Josef Gielen
Manuskript aus dem Nachlaß (1950)

402 *Josef Gielen* (1890–1968), Schauspieler und Regisseur in Darmstadt, Dresden, Berlin, Wien (1937–1939 Burgtheater), Buenos Aires (1939–1948); war 1948 bis 1954 Burgtheaterdirektor; Regisseur bei den Salzburger Festspielen
und Felix weiß es – vermutlich ist der Maler und Grafiker Conrad Felixmüller (Conrad Felix Müller, geb. 1897) gemeint, der sich damals am Staatstheater Dresden auch als Bühnenbildner betätigte

Karl Kraus und das Burgtheater
Handschriftliches Fragment aus dem Nachlaß, dort unter dem Titel >Weigel und das Burgtheater<; Datierung ungewiß (vermutlich nach 1947)

Ein Theaterkritiker
Der Friede, Bd. II, 31/23. 8. 1918, S. 116 f

405 *Siegfried Jacobsohn* – Publizist und Kritiker (1881–1926); 1901–1904 Kritiker der >Welt am Sonntag<, begründete 1905 die >Schaubühne< (seit 1918 >Weltbühne<) – >Jahre der Bühne<, 10 Bde., ersch. 1911/12
406 »*Man ist*«, *schreibt Nietzsche*, – >Der Fall Wagner< 8 (1888), am Schluß ungenau zitiert

Über Alfred Polgar
Die literarische Welt II, 30/1925/26, S. 5

411 *Soeben sind im Verlage Ernst Rowohlt, Berlin* – >Ja und Nein<, Schriften des Kritikers, 3 Bde., Berlin 1926, 4. Bd. 1927

Alfred Polgar-Essenz
Die neue Weltbühne XXXIV, 3/1938, S. 88 ff

414 *Das kleine Buch* – Alfred Polgar >Handbuch des Kritikers<, Zürich 1938

Zur Theatertheorie und Theaterpraxis

Theaterwirkung
Der Strom II, 10/1913, S. 324 f

418 *Der geniale Italiener Novelli* – Ermete Novelli, ital. Schauspieler (1851–1919), vgl. S. 335 ff

521

Probenarbeit
Der Strom III, 12/1914, S. 373

Die schöpferische Tätigkeit des Regisseurs
Mehrere fragmentarische Handschriften im Nachlaß, die vom Hrsg. zum vorliegenden Abdruck zusammengestellt wurden (um 1925)

426 *jeden Seufzer bindet* ... – Der im Manuskript noch folgende Text ist identisch mit den Sätzen über Richard Wagner in ›Regie – Interpretation‹ (S. 444)

Schauspieler-Psychologie
Handschriftliches Fragment aus dem Nachlaß; Datierung ungewiß (vermutlich 1918)

Erziehung zum Schauspieler
Manuskript aus dem Nachlaß; Datierung ungewiß

428 *nach der sogenannten Stanislawski-Methode* – Wann Viertel mit den Unterrichtsmethoden Stanislawskis bekannt wurde, ist nicht sicher nachweisbar. Eine engl. Ausgabe von Stanislawskis Hauptwerk ›Die Arbeit des Schauspielers an sich selbst‹ erschien 1936 in New York unter dem Titel ›An Actor Prepares‹ (Verlag Robert McGregor, Theatre Art Books). Die russische Ausgabe kam 1938 heraus. 1938 erschien in der Schweiz auch die erste deutsche Übersetzung unter dem Titel ›Das Geheimnis des schauspielerischen Erfolges‹. 1924 erschien Stanislawskis Autobiografie ›Mein Leben in der Kunst‹ in den USA (›My Life in Art‹), russ. 1926, dt. 1951

Das Glück, Theaterdirektor zu sein
Prager Tagblatt XLIII, 29/5. 2. 1918

432 *dem Genre Eisenbach* – aus Budapest importiertes Vorstadttheater; Heinrich Eisenbach (1870–1923), Artist, Schauspieler, später Direktor des Budapester ›Orpheums‹ in Wien, wo er erfolgreich in Jargonpossen auftrat

Der neue Raum
Der Zwinger III, 10/1919, S. 269 ff

434 *Friedrich Wolfs expressionistische ›Forderung‹* – erschienen in ›Der Zwinger‹ III, 9/1919, S. 226 ff

Deutsches Zukunfts-Theater
Der Zwinger III, 18/1919, S. 478 ff

Regie – Interpretation
Die Premiere, Heft 1/1925, S. 9 f

444 *Gustav Mahler* – (1860–1911), Direktor der Wiener Hofoper 1898–1907
445 *Marie Gutheil-Schoder* – Sängerin und Regisseurin (1874–1935)
    der Regisseur Vallentin – Richard Vallentin (1874–1908) ging bereits 1904 von

Berlin nach Wien ans Deutsche Volkstheater; 1908 gründete er mit Eugen Robert und Oskar Kaufmann in Berlin das Hebbel-Theater und starb kurz danach; es wurde später von Meinhard und Bernauer als ›Theater an der Königgrätzer Straße‹ weitergeführt

446 *Taïrow und insbesondere Meyerhold* – Alexander Jakowlewitsch Taïrow (1885 bis 1950), Schauspieler und Regisseur, Gründer des Moskauer ›Kammertheaters‹ (1914); Wsewolod Emiljewitsch Meyerhold (1874–1940), zuerst Schauspieler bei Stanislawski, später Regisseur, Gründer des ›Meyerhold-Theaters‹ (1920/23)

Das Theater der Zeit
Masken XX, 1/1926–27 – Eingangsaufsatz zum Heft 1 des 20. Jahres der Zeitschrift ›Masken – Zeitschrift für deutsche Theaterkultur‹, hrsg. von Louise Dumont und Gustav Lindemann (Schauspielhaus Düsseldorf), Schriftleitung Berthold Viertel

Krise des Theaters
Fragment aus dem Nachlaß (um 1931–1933)

451 *aus einer grundlegenden Schrift des Dramatikers Bertolt Brecht* – [?] vermutlich ›Maßstäbe bei der Beurteilung der epischen Schauspielkunst‹ in Berliner Börsen Courier Nr. 113, 8. 3. 1931 oder ›Schema des epischen Theaters‹ in Die Scene (Berlin) XXI, 5/Mai 1931, S. 133

Theater-Not
Die Weltbühne XVIII, 52/28. 12. 1922, S. 673 ff – Offener Brief an Siegfried Jacobsohn zum Thema Schauspielerstreik (vgl. ›Wege zur Truppe‹, S. 252 ff)

456 *Der Streik der Schauspieler* – 27. 11. 1922, vgl. Anm. zu S. 252

Schauspieler-Sozialismus
Die Weltbühne XV, 20/8. 5. 1919, S. 539 ff

458 Zum Titel ›Schauspieler-Sozialismus‹ s. Anm. zu S. 368

Rede über das Theater
Vortrag auf Schloß Leopoldskron (1949)

Theaterkritik
Fragment aus dem Nachlaß; Datierung ungewiß (um 1922–1925)

Sachverständige Zeitungskritik
Der Strom II, 8/1912, S. 254

Inszenierungsverzeichnis

Dieser Zusammenstellung der Theater- und Film-Inszenierungen Viertels liegt der erste Versuch eines solchen Verzeichnisses zugrunde, der von F. Pfäfflin in dem Flugblatt des Kösel-Verlages >Berthold Viertel – Zur 80. Wiederkehr seines Geburtstages<, München 1965, unternommen worden war. Leider liegen vor allem über die Inszenierungen während Viertels Emigrationszeit fast nur zufällige Aufzeichnungen vor, die von vornherein eine Vollständigkeit des Verzeichnisses ausschließen.

Die Aufstellung entstand unter der dankenswerten Mitarbeit von Frau Elisabeth Neumann-Viertel. Für hilfreiche Informationen bei den weitgehenden Ergänzungen und Berichtigungen danke ich Frau Salka Viertel, dem Institut für Theaterwissenschaft der Universität Köln, Herrn Mario Hindermann (Schauspielhaus Zürich), Frau Pahlitzsch (Staatsschauspiel Dresden), Herrn Dr. Kurt Loup (Dumont-Lindemann-Archiv Düsseldorf), Herrn Otto Kerry (Wien) und Herrn Hugo Fetting (Deutsche Akademie der Künste zu Berlin).

Abkürzungen

BS: *Besetzung* (nennt meist nur die wichtigsten Darsteller der jeweiligen Inszenierung)
BB: *Bühnenbild*
AkademieTH: *Akademietheater Wien*
Burg: *Burgtheater Wien*
Dresden: *Sächsisches Landestheater (Staatstheater) Dresden*
DTH: *Deutsches Theater Berlin*
Düsseldorf: *Schauspielhaus Düsseldorf*
GS: *Großes Schauspielhaus Berlin*
KLTH: *Kleines Theater Berlin*
LessingTH: *Lessingtheater Berlin*
RenaissanceTH: *Renaissancetheater Berlin*
Truppe: *Die Truppe, Berlin*
VB Berlin: *Volksbühne Berlin*
VB Wien: *Volksbühne Wien*
Zürich: *Schauspielhaus Zürich*

Theaterinszenierungen

1913

Iwan Turgenjew: Das Gnadenbrot; BS: Carl Götz; VB Wien

John Galsworthy: Der Zigarettenkasten; BS: Ernst Deutsch; VB Wien

Eugen Heltai: Die Modistin; BS: Rudolf Forster, Willi Kleinoschegg, Josef Danegger, Jürgen Fehling, Gisela Wurm, Cristl Siampetro.
VB Wien 10. 4. 1913

Herbert Eulenberg: Alles um Geld; BS: Fritz Kortner, Henny Herz, Ernst Deutsch; BB: Walter Fürst.
VB Wien 9. 5. 1913

August Strindberg: Paria; BS: Karl Ettlinger, Fritz Kortner, Gisela Wurm, Rudolf Forster.
VB Wien Mai 1913

Carl Hauptmann: Die lange Jule; BS: Maria Mayer, Rudolf Forster, Jürgen Fehling, Auguste Pünkösdy.
VB Wien 16. 11. 1913

Carl Sternheim: Bürger Schippel; BS: Edgar Klitsch, Auguste Pünkösdy, Rudolf Forster, Karl Ettlinger; BB: Remigius Geyling.
Residenzbühne Wien Oktober 1913

1914

Oskar Maurus Fontana: Die Milchbrüder; BS: Gisela Wurm, Anton Pointner, Paul Gerhard, Rudolf Forster.
VB Wien Juni 1914

August Strindberg: Die Stärkere / Schwanenweiß; BS: Helene Thimig, Ernst Deutsch.
Residenzbühne Wien Mai 1914

1919

Carl Sternheim: Bürger Schippel; BS: Walter Iltz, Alfred Meyer, Maximiliane Bleibtreu, Alice Verden, Alexander Wierth, Hanns Fischer, Erich Ponto, Lothar Mehnert, Paul Paulsen, Carl Jaedicke.
Dresden 16. 1. 1919

Anton Wildgans: Dies Irae; BS: Lothar Mehnert, Maximiliane Bleibtreu, Gerd Fricke, Gertrud Strelewitz, Erich Ponto, Friedrich Lindner, Jenny Schaffer, Louise Firle, Alfred Meyer, Maria Polte, Ernst Martens, Paul Bühler, Frank Ostwald, Walter Zickler, Charlotte Buek, Alice Dagny, Carla Hacker, Albert Blumenreich, Gustav Feidler, Wilhelm Piltz; BB: Otto Altenkirch / Adolf Linnebach.
Dresden 6. 3. 1919

Richard Dehmel: Die Menschenfreunde; BS: Lothar Mehnert, Walter Iltz, Maximiliane Bleibtreu, Erich Ponto, Tom Farecht, Paul Paulsen, Alexander Wierth, Hans Wahlberg; BB: Adolf Linnebach.
Dresden 8. 5. 1919

Wilhelm Stücklen: Die Straße nach Steinaych; BS: Hans Wahlberg, Clara Salbach, Alice Verden, Friedrich Lindner, Alexander Wierth, Alfred Meyer, Lothar Mehnert, Rudolf Schröder, Alice Dagny, Erich Ponto, Tom Farecht, Maria Polte, Wilhelm Piltz; BB: Adolf Linnebach.
Dresden 22. 5. 1919

Gerhart Hauptmann: Kaiser Karls Geisel; BS: Hans Wahlberg, Jenny Schaffer, Robert Müller, Paul Wiecke, Willi Kleinoschegg, Ernst Martens, Ida Bardou-Müller, Clara Sal-

bach, Louise Firle, Carla Hacker, Eugen Huff, Albert Blumenreich, Fritz Gerst, Charlotte Buek, Lotte Crusius, Doris Krauß, Dora Kubitz, Wilhelm Piltz, Gustav Feidler; BB: Otto Altenkirch / Adolf Linnebach.
Dresden 7. 6. 1919

William Shakespeare: Was ihr wollt; Inszenierung von Hanns Fischer. Spielleitung (Übernahme): Berthold Viertel; BS: Friedrich Lindner, Hedda Lembach, Alice Verden, Paul Paulsen, Alfred Meyer, Alexander Wierth, Adolf Müller, Carl Jaedicke, Erich Ponto, Jenny Schaffer, Hans Wahlberg, Siegfried Lewinsky, Walter Weymann, Fritz Gerst, Johannes Schöneberger, Wilhelm Höhner, Ernst Martens, Frank Ostwald; BB: Otto Altenkirch / Adolf Linnebach.
Dresden 1. 9. 1919

Friedrich Wolf: Das bist du; BS: Alfred Meyer, Melitta Leithner, Walter Iltz, Lothar Mehnert, Hans Wahlberg, Paul Paulsen, Clemens Wrede, Ernst Martens; BB: Felixmüller (d. i. Conrad Felix Müller) / Adolf Linnebach; Kostüme: Felixmüller.
Dresden 9. 10. 1919

Henrik Ibsen: Klein Eyolf; BS: Paul Wiecke, Melitta Leithner, Irene Korolanyj, Olga Fuchs, Alexander Wierth, Lotte Crusius; BB: Otto Altenkirch / Adolf Linnebach.
Dresden 23. 10. 1919

Knut Hamsun: Spiel des Lebens (Übersetzung: Christian Morgenstern); BS: Alfred Meyer, Alice Verden, Antonia Dietrich, Charlotte Buek, Friedrich Lindner, Olga Fuchs, Walter Iltz, Adolf Müller, Erich Ponto, Lotte Crusius, Wilhelm Dettmer, Siegfried Lewinsky, Ernst Martens, Paul Buhler, Hans Wahlberg, Rudolf Schröder, Wilhelm Höhner, Gustav Feidler, Walter Zickler, Frank Ostwald, Walter Bruns, Eugen Huff, Johannes Schöneberger, Clemens Wrede, Paul Paulsen, Louise Firle, Doris Krauß, Erna Jüngst, Carl Jaedicke, Maria Polte, Walter Weymann, Willy Gunz, Fritz Gerst, Tom Farecht, Wilhelm Piltz, Albert Blumenreich; BB: Walter Spies / Adolf Linnebach.
Dresden 23. 12. 1919

1920

Franz Grillparzer: Des Meeres und der Liebe Wellen; BS: Antonia Dietrich, Adolf Müller, Willi Kleinoschegg, Alexander Wierth, Charlotte Buek, Tom Farecht, Rudolf Schröder, Louise Firle, Wilhelm Piltz; BB: Adolf Linnebach.
Dresden 29. 1. 1920

Georg Kaiser: Gas; BS: Adolf Müller, Lothar Mehnert, Antonia Dietrich, Alexander Wierth, Friedrich Lindner, Erich Ponto, Alfred Meyer, Rudolf Schröder, Tom Farecht, Eugen Huff, Hans Wahlberg, Ernst-Josef Aufricht, Wilhelm Dettmer, Wilhelm Höhner, Frank Ostwald, Carla Hacker, Lotte Crusius, Maximiliane Bleibtreu, Walter Iltz, Paul Paulsen, Ernst Martens, Siegfried Lewinsky, Carl Jaedicke, Paul Bühler, Fritz Gerst, Walter Zickler, Walter Bruns, Wilhelm Piltz, Gustav Feidler, Albert Blumenreich, Johannes Schöneberger, Louise Firle, Charlotte Lier, Charlotte Buek, Erna Jüngst, Margarete Seemann, Else York; BB: Constantin von Mitscheke-Collande/Adolf Linnebach.
Dresden 29. 2. 1920

Julius Meier-Graefe: Reine Farbe; BS: Friedrich Lindner, Alice Verden, Lothar Mehnert, Erich Ponto, Rudolf Schröder, Carla Hacker, Lotte Crusius, Ida Bardou-Müller, Paul Paulsen; BB: Adolf Linnebach.
Dresden 2. 9. 1920

526

Ferdinand Raimund: Der Verschwender; BS: Alice Verden, Ernst Martens, Alexander Wierth, Rudolf Schröder, Alfred Meyer, Olga Fuchs, Fritz Gerst, Walter Zickler, Adolf Müller, Franz Öhmig, Hans Wahlberg, Charlotte Lier, Paul Paulsen, Tom Farecht, Willy Gunz, Eugen Huff, Frank Ostwald, Gustav Feidler, Siegfried Lewinsky, Paul Bühler, Albert Blumenreich, Maximiliane Bleibtreu, Johannes Schöneberger, Carl Jaedicke, Doris Krauß, Walter Bruns, Else York, Fritz Schulze, Eugen Norden, Kurt Norden, Toska Richter, Wilhelm Höhner; BB: Adolf Mahnke / Adolf Linnebach; Kostüme: Leonhard Fanto; Musikalische Leitung: Dr. Arthur Chitz.
Dresden 5. 9. 1920

Walter Hasenclever: Jenseits; BS: Walter Iltz, Alice Verden; BB: Adolf Linnebach; Kostüme: Leonhard Fanto.
Dresden 28. 10. 1920

Carl Sternheim: Die Marquise von Arcis; BS: Friedrich Lindner, Melitta Leithner, Maximiliane Bleibtreu, Antonia Dietrich, Johannes Schöneberger, Carl Jaedicke; BB: Adolf Linnebach; Kostüme: Leonhard Fanto.
Dresden 11. 11. 1920

Paul Hermann Hartwig: Das gewandelte Teufelchen; BS: Jenny Schaffer, Olga Fuchs, Antonia Dietrich, Hedda Lembach, Alexander Wierth, Else York, Eva Weißhaar, Toska Richter, Wilhelm Höhner, Alfred Meyer, Charlotte Lier, Louise Firle, Maximiliane Bleibtreu, Ernst Martens, Hans Wahlberg, Ernst-Josef Aufricht, Walter Zickler, Rudolf Schröder, Gerda Basarke, Auguste Diacono, Carla Hacker, Carl Jaedicke, Franz Öhmig, Siegfried Lewinsky, Clara Salbach, Maria Polte, Frank Ostwald, Albert Blumenreich, Eberhard Schmidt, Fritz Schulz, Heinz Kallenbach, Johannes Schöneberger, Paul Bühler, Reinhold Kreideweiß, Rudolf Hornuff, Alexander Trobisch, Doris Krauß, Fritz Gerst, Ellinor Hallden, Werner Firle; BB: Rudolf Schröder / Adolf Linnebach; Kostüme: Leonhard Fanto.
Dresden 9. 12. 1920

1921

Walter Hasenclever: Jenseits; BS: Erwin Kalser, Sybille Binder; BB: Adolf Linnebach.
Kammerspiele München 3. 2. 1921

William Shakespeare: Der Widerspenstigen Zähmung; Inszenierung: Hanns Fischer; Spielleitung (Übernahme): Berthold Viertel; BS: Herbert Dirmoser, Alfred Meyer, Walter Zickler, Louise Firle, Siegfried Lewinsky, Franz Öhmig, Ottokar Vahlkampf, Fritz Gerst, Frank Ostwald, Paul Paulsen, Ernst Martens, Adolf Müller, Alice Verden, Antonia Dietrich, Alexander Wierth, Wilhelm Dettmer, Willi Kleinoschegg, Tom Farecht, Rudolf Schröder, Erich Ponto, Eugen Huff, Willy Gunz, Carl Jaedicke, Walter Bruns, Charlotte Lier, Wilhelm Höhner, Walter Weymann, Paul Bühler, Albert Blumenreich; BB: Adolf Linnebach.
Dresden 24. 2. 1921

August Strindberg: Rausch; BS: Walter Iltz, Alice Dagny, Paul Paulsen, Johannes Günther, Erich Ponto, Alice Verden, Louise Firle, Adolf Müller, Tom Farecht, Doris Krauß, Siegfried Lewinsky, Paul Bühler, Johannes Schöneberger, Frank Ostwald, Carl Jaedicke, Fritz Gerst, Maria Polte; BB: Adolf Mahnke / Adolf Linnebach.
Dresden 24. 3. 1921

527

August Stramm: Die Haidebraut / Erwachen; BS: (Die Haidebraut:) Alice Verden, Willi Kleinoschegg, Erich Ponto, Paul Wiecke, Louise Firle; (Erwachen:) Herbert Dirmoser, Melitta Leithner, Antonia Dietrich, Alfred Meyer, Ernst Martens, u. a.; BB: Franz Singer / Friedericke Dicker.
Dresden 14. 5. 1921

William Shakespeare: Ein Sommernachtstraum; BS: Ernst Martens, Rudolf Schröder, Willi Kleinoschegg, Herbert Dirmoser, Johannes Schöneberger, Wilhelm Höhner, Frank Ostwald, Alfred Meyer, Alexander Wierth, Ernst-Josef Aufricht, Tom Farecht, Charlotte Lier, Olga Fuchs, Antonia Dietrich, Alice Verden, Jenny Schaffer, Erich Ponto u. a.; BB: Alexander Baranowsky / Adolf Linnebach / Leonhard Fanto; Choreographie: Mary Wigman.
Dresden 16. 6. 1921

Moritz Heimann: Armand Carell; BS: Friedrich Lindner, Wilhelm Haardt, Ernst Martens, Herbert Dirmoser, Adolf Winterheld, Rudolf Schröder, Alfred Meyer, Frank Ostwald, Ernst-Josef Aufricht, Erich Ponto, Alice Verden, Olga Fuchs, Alexander Wierth, Clara Salbach, Paul Bühler, Doris Krauß, Ellinor Hallden; BB: Adolf Mahnke.
Dresden 27. 10. 1921

William Shakespeare: König Richard der Zweite; BS: Friedrich Lindner, Adolf Müller, Rudolf Schröder, Walter Iltz, Willi Kleinoschegg, Ernst Martens, Wilhelm Dettmer, Wilhelm Haardt, Erich Ponto, Frank Ostwald, Eugen Huff, Herbert Dirmoser, Alexis Posse, Walter Weymann, Willy Gunz, Franz Öhmig, Alfred Meyer, Tom Farecht, Paul Paulsen, Ernst-Josef Aufricht, Siegfried Lewinsky, Antonia Dietrich, Clara Salbach, Ida Bardou-Müller, Maria Polte, Adolf Winterheld, Wilhelm Höhner, Alexander Wierth, Carl Jaedicke, Walter Bruns, Fritz Gerst, Paul Bühler, Kurt Schönbach, Albert Blumenreich; BB: Otto Hettner / Adolf Linnebach.
Dresden 1. 12. 1921

1922

Walter Hasenclever: Gobseck; BS: Friedrich Lindner, Alice Verden, Ernst-Josef Aufricht, Erich Ponto, Olga Fuchs, Ernst Martens, Alexander Wierth, Wilhelm Höhner, Ida Bardou-Müller, Frank Ostwald, Gerda Basarke; BB: Adolf Linnebach; Kostüme: Leonhard Fanto.
Dresden 27. 1. 1922

Georg Kaiser: Von morgens bis mitternachts; BS: Erich Ponto, Ida Bardou-Müller, Lotte Crusius, Erna Jüngst, Gerda Basarke, Melitta Leithner, Herbert Dirmoser, Alexander Wierth, Alfred Meyer, Ernst-Josef Aufricht, Siegfried Lewinsky, Frank Ostwald, Eugen Huff, Tom Farecht, Alexis Posse, Carla Hacker, Hedwig Herder, Eva Weißhaar, Lisa Ortallo, Adolf Winterheld, Antonia Dietrich, Wilhelm Haardt, Rudolf Schröder, Jenny Schaffer, Maria Polte, Ernst Martens, Wilhelm Höhner, Olga Fuchs, Franz Öhmig, Carl Jaedicke, Kurt Schönbach, Paul Bühler, Albert Blumenreich, Gustav Feidler, Victor Kowarzik, Ellinor Hallden, Walter Bruns, Willy Gunz; BB: Adolf Mahnke; Kostüme: Leonhard Fanto.
Dresden 13. 4. 1922

Johann Nepomuk Nestroy: Der Zerrissene; VB Berlin

Henrik Ibsen: Klein Eyolf; VB Berlin

Romain Rolland: Die Wölfe; BS: Werner Krauß, Wilhelm Dieterle, Eugen Klöpfer, Aribert Wäscher, Fritz Kampers, Hans Brausewetter, Walter Voelker, Gerhart Bienert, Hans Deppe, Siegfried Ritter; BB: Franz Dworsky; Kostüme: John Heartfield.
DTH 20. 2. 1922

Friedrich Hebbel: Judith; BS: Agnes Straub, Heinrich George, Hans Schweikart, Hans Brausewetter, Paul Günther, Carl Hannemann, Mea Steuermann; BB: Ernst Schütte.
DTH 11. 3. 1922
(Übernahme d. Inszenierung ins GS im Mai 1922)

Arnolt Bronnen: Vatermord; BS: Alexander Granach, Agnes Straub, Hans Heinrich von Twardowski, Elisabeth Bergner, Victor Blum; BB: Franz Dworsky.
DTH Junge Bühne 14. 5. 1922
(Übernahmen d. Inszenierung in: Neues Operettentheater Berlin im Juni 1922 und in: Kammerspiele Berlin im Oktober/November 1922)

William Shakespeare: Richard II.; BS: Alexander Moissi, Elisabeth Bergner, Heinrich George, Alexander Granach, Wilhelm Diegelmann, Gertrud Eysoldt, Hans Schweikart, Hans Deppe; BB: T. C. Pillartz.
DTH 14. 11. 1922

1923

Henrik Ibsen: John Gabriel Borkmann; BS: Fritz Kortner, Lina Lossen, Rosa Bertens, Lothar Müthel, Kitty Aschenbach, Martin Wolfgang; BB: Franz Singer / Friedl Dicker.
GS 24. 4. 1923

William Shakespeare: Der Kaufmann von Venedig; BS: Fritz Kortner, Johanna Hofer, Leonhard Steckel, Martin Wolfgang, Aribert Wäscher, Lutz Altschul, Aenne Roettger, Sybille Binder, Erhard Siedl; BB: Franz Singer / Friedl Dicker.
Truppe September 1923

Knut Hamsun: Vom Teufel geholt; BS: Salka Steuermann, Aenne Roettger, Ludwig Andersen, Karl Hannemann, Ernst Martens, Lothar Müthel, Leonhard Steckel, Martin Wolfgang, Aribert Wäscher, Walter Frank.
Truppe 6. 10. 1923

Georg Kaiser: Nebeneinander; BS: Rudolf Forster, Leonhard Steckel, Aribert Wäscher, José Almas, Salka Steuermann; BB: George Grosz.
Truppe 15. 11. 1923

Robert Musil: Vinzenz oder Die Freundin bedeutender Männer; BS: Rudolf Forster, Sybille Binder, Leonhard Steckel, Aribert Wäscher, Erhard Siedel, Ernst Martens; BB: Franz Singer / Friedl Dicker.
Truppe 2. 12. 1923

Friedrich Hebbel: Herodes und Mariamne; BS: Heinrich George, Salka Steuermann; GS

1924

Eugene O'Neill: Kaiser Jones; BS: Oscar Homolka, Heinz Hilpert, Aribert Wäscher, Karlheinz Carell; BB: Friedrich Kiesler.
Truppe 17. 1. 1924

John M. Synge: Der Held des Westerlands; BS: Lothar Müthel, Dagony Servaes, Ernst Martens, Cäcilie Lvovsky, Leonhard Steckel; Regie: Heinz Hilpert.
Truppe

Frank Wedekind: Der Liebestrank; Regie: Heinz Hilpert.
Truppe 6. 3. 1924

Karl Kraus: Traumtheater / Traumstück; mit einer Rede Berthold Viertels: ›Die 25 Jahre der Fackel‹; BS: Lothar Müthel, José Almas, Cäcilie Lvovsky, Ernst Martens, Leonhard Steckel, Heinz Hilpert, Salka Steuermann; BB: Leopold Blonder.
Truppe 25. 3. 1924
(Gastspiel d. Inszenierung: 29. 4. 1924 i. Neue Wiener Bühne, Wien)

1925

Eugene O'Neill: Gier unter Ulmen; BS: Paul Wegener, Gerda Müller, Lothar Müthel; BB: Traugott Müller.
KLTH 14. 10. 1925

Salomon Anski: Der Dybbuk; BS: Wladimir Sokoloff, Gerda Müller, Fritz Strehlen; BB: Joseph Budko. KLTH

Edmond Rostand: Der junge Aar; BS: Lothar Müthel, Wolf von Beneckendorf, Hans Heinrich von Twardowski, Gerda Müller, Oscar Homolka, Hans Deppe, Dagony Servaes.
LessingTH

1926

Paul Raynal: Das Grabmal des unbekannten Soldaten; BS: Günther Hadank, Sybille Binder, Albert Steinrück.
KLTH 20. 3. 1926

Paul Raynal: Das Grabmal des unbekannten Soldaten; BS: Ernst Ginsberg, Ehmie Bessel, Franz Everth; BB: Eduard Sturm.
Düsseldorf 18. 9. 1926

Carl Sternheim: Bürger Schippel; BS: Fritz Reiff, Hermann Greid, Ernst Ginsberg.
Düsseldorf 20. 11. 1926

Friedrich Schiller: Maria Stuart; BS: Salka Steuermann, Lilly Kann, Ernst Ginsberg, Peter Esser; BB: Eduard Sturm.
Düsseldorf 21. 12. 1926

Marcel Achard: Wollen Sie spielen mit mir?; BS: Ehmie Bessel, Fritz Reiff, Rudolf Fernau, Ludwig Schmitz, Eugen Dumont; BB: Hein Heckroth.
Düsseldorf 31. 12. 1926

1927

Arno Holz: Ignorabimus; BS: Peter Esser, Salka Steuermann, Hermann Greid; BB: Eduard Sturm.
Düsseldorf 14. 4. 1927

Carl Sternheim: Die Hose; BS: Franz Everth, Rudolf Fernau, Ehmie Bessel, Eduard Marcks, Karl Kyser; BB: Eduard Sturm.
Düsseldorf

Hans J. Rehfisch: Razzia; BS: Ehmie Bessel, Ernst Ginsberg, Eugen Dumont, August Weber, Lilly Kann, Kurt Reiss; BB: Eduard Sturm.
Düsseldorf 26. 2. 1927

Georg Kaiser: Papiermühle; BS: Grete Mosheim, Otto Wallburg, Heinz Rühmann, Lothar Müthel; BB: Arthur Pohl.
DTH Kammerspiele 30. 5. 1927

Hans Kaltnecker: Die Schwester; BS: Ida Roland.
DTH Kammerspiele

1928

Henrik Ibsen: Peer Gynt; BS: Werner Krauß, Johanna Hofer, Blandine Ebinger, Frieda Richard; Tiedtke, Falkenstein, Kampers, Schröder, Walter, Hörbiger, Schroth, Faber; BB: Oscar Strnad.
DTH Kammerspiele 6. 1. 1928

1939

Max Catto: They walk alone; BS: Beatrix Lehmann.
Shaftesbury-Theatre London Januar 1939

1940

Max Catto: The Grey Farm; BS: Oscar Homolka.
Hudson-Theatre New York Mai 1940

1941

Max Catto: They walk alone; BS: Elsa Lanchester.
Shubert-Theatre New York 12. 3. 1941

1942

Bertolt Brecht: Furcht und Elend des Dritten Reiches; vier Szenen; BS: Ludwig Roth, Elisabeth Neumann, Lotte Stein.
Tribüne für freie deutsche Literatur und Kunst in Amerika, New York Januar 1942

Ferdinand Bruckner: Die Rassen / Kundgebung gegen Rassenverfolgung und Intoleranz; BS: Harald Maresch, Walter Kohler, Peter Preses, Ludwig Roth, Paul Marx, Eleonore von Mendelsohn, Harald Dyrenfurth, Lothar Rewalt.
Tribüne für freie deutsche Literatur und Kunst in Amerika, New York 7. 2. 1942

Johann Wolfgang Goethe: Faust II, Lesung einzelner Szenen; BS: Paula Janower, Elisabeth Neumann, Lotte Stein, Ludwig Roth, E. v. Wagner.
Hunter College New York 18. 5. 1942

1945

Bertolt Brecht: The private Life of the Master Race (Furcht und Elend des Dritten Reiches), englische Leseaufführung; BS: Albert Bassermann, Elsa Bassermann, Paul Andor (d. i. Wolfgang Zilzer), Clarence Derwent, Margaret Bell, Elisabeth Neumann, Ludwig Roth, James Walsh, Grace Huffman, Vima Kuerer, Eda Reiss-Merin, Klaus Kolmar.
Theatre of All Nations, New York 12. 6. 1945

1947

Karl Kraus: Die letzten Tage der Menschheit, Leseaufführung; BS: Ludwig Roth, P. Lindenberg, E. v. Wagner, L. Rewalt, M. Schulz, W. Engel.
New York 11. 5. 1947

1948

Bernard Shaw: Zu viel Geld; BS: Hermann Wlach, Will Quadflieg, Maria Becker, Walter Richter, Wilfried Seyferth, Erwin Kalser, Therese Giehse; BB: Teo Otto.
Zürich 21. 10. 1948

Henrik Ibsen: Hedda Gabler; BS: Maria Becker, Wilfried Seyferth, Stella David, Annemarie Blanc, Siegfried Schürenberg, Lukas Amman; BB: Teo Otto.
Zürich 1. 12. 1948

1949

Tennessee Williams: Die Glasmenagerie; BS: Helene Thimig, Käthe Gold, Curd Jürgens, Josef Meinrad; BB: Teo Otto.
AkademieTH 22. 1. 1949

Bernard Shaw: Major Barbara; BS: Rudolf Forster, Rosa Albach-Retty, Erland Erlandsen, Maria Becker, Hilde Mikulicz, Fred Liewehr, Josef Meinrad, Lily Karoly, Gandolf Buschbeck, Beatrix Degenschild, Otto Schmöle, Albin Skoda, Vera Balser-Eberle, Karl Friedl, Otto Storm; BB: Max Meinecke.
Burg 22. 6. 1949

August Strindberg: Die Kronbraut; BS: Käthe Gold, Hedwig Bleibtreu, Max Paulsen, Ferdinand Onno, Curd Jürgens, Auguste Pünkösdy, Victor Braun, Maria Mayer, Ferdinand Mayerhofer, Lili Stepanek, Jenny Lattermann, Loni Friedl, Fritz Friedl, Werner Krauß, Felix Steinböck, Erich Majkut, Maria Eis, Elfi Zach; BB: Teo Otto.
AkademieTH 29. 10. 1949

Maxim Gorki: Wassa Schelesnowa; BS: Therese Giehse, Friedrich Gnaß, Erwin Geschonneck, Angelica Hurwicz, Regine Lutz, Gerti Soltau, Maria Schanda, Gert Schaefer; BB: Teo Otto.
Berliner Ensemble, DTH Kammerspiele 23. 12. 1949

1950

William Shakespeare: König Richard II.; BS: Albin Skoda, Rudolf Forster, Max Paulsen, Judith Holzmeister, Hedwig Bleibtreu, Maria Eis, Fred Liewehr, Heinz Moog, Fred Hennings, Otto Kerry, Viktor Braun, Felix Steinböck, Emmerich Reimers, Otto Schmöle, Karl Friedl, Ferdinand Maierhofer, Hans Thimig; BB: Caspar Neher.
Burg 17. 3. 1950

Tennessee Williams: Endstation Sehnsucht; BS: Peter Mosbacher, Angelika Hauff, Marianne Hoppe, Franz Nicklisch; BB: Ita Maximowna.
Schloßparktheater Berlin (zu Gast in der Komödie am Kurfürstendamm) 10. 5. 1950

Carson McCullers: Frankie und die Hochzeit; BS: Alfred Neugebauer, Johanna Matz, Werner Kreindl, Hilde Mikulicz, Elisabeth Kallina, Peter Dux, Maria Eis, Lily Karoly, Otto Schmöle, Michael Janisch, Jenny Lattermann, E. Albrechtshofer, Gerhart Senft; BB: Gustav Manker.
AkademieTH 23. 11. 1950

1951

T. S. Eliot: Die Cocktail Party; BS: Attila Hörbiger, Alma Seidler, Rosa Albach-Retty, Eva Zilcher, Ulrich Bettac, Helmut Janatsch, Ewald Balser, Julia Janssen, Karl Friedl; BB: Gustav Manker.
AkademieTH 24. 2. 1951

Tennessee Williams: Endstation Sehnsucht; BS: Käthe Gold, Maria Kramer, Curd Jürgens, Franz Nicklisch, Lilli Stepanek, Otto Schmöle, Michael Janisch, Vera Balser-Eberle, Edith Mill, Loek Huismann, Auguste Pünkösdy, Felix Steinböck; BB: Ita Maximowna.
AkademieTH 20. 4. 1951

Heinrich v. Kleist: Der zerbrochne Krug; BS: Oscar Homolka, Therese Giehse, Inge Konradi, Wilfried Seyferth, Erich Auer, Elisabeth Neumann; BB: Rochus Gliese.
Salzburger Festspiele 10. 8. 1951

William Shakespeare: Othello; BS: Ferdinand Onno, Fred Hennings, Felix Steinböck, Ewald Balser, Erich Auer, Werner Krauß, Heinrich Schweiger, Otto Schmöle, Hilde Mikulicz, Maria Kramer, Edith Mill, Josef Wichart, Otto Kerry, Wolfgang Litschauer, Eduard Volters, Emmerich Reimers, Karl Friedl, Kurt Prade, Walter Sturmvoll, W. Regelsberger; BB: Teo Otto.
Burg 23. 12. 1951

1952

Gerhart Hauptmann / Carl Zuckmayer: Herbert Engelmann; BS: O. W. Fischer, Hilde Wagner, Eva Zilcher, Fred Hennings, Ulrich Bettac, Hermann Thimig, Curd Jürgens, Heinz Moog, Otto Schmöle, Maria Eis, Gusti Wolf, Elisabeth Kallina, Michael Janisch, Helmuth Krauss, Josef Meinrad, Hans Thimig, Maria Kramer, Maria Ott, Elli Nowak, Hermann Wawra, Karl Friedl; BB: Max Meinecke.
AkademieTH 8. 3. 1952

Anton Tschechow: Die Möwe; BS: Maria Eis, Erich Auer, Max Paulsen, Käthe Gold, Otto Schmöle, Hilde Wagener, Maria Kramer, Curd Jürgens, Fred Hennings, Otto Kerry, Walter Stumvoll; BB: Teo Otto.
AkademieTH 14. 5. 1952

Gerhart Hauptmann: Die Ratten; BS: Attila Hörbiger, Auguste Pünkösdy, Annemarie Düringer, Heinz Moog, Heinrich Schweiger, Maria Kramer, Otto Schmöle, Otto Kerry, Wolfgang Glück, Ewald Balser, Käthe Dorsch, Albin Skoda, Inge Konradi, Maria Eis, Gusti Wolf, Wilhelm Schmidt, Lilly Karoly, Karl Friedl; BB: Gustav Manker.
Burg 27. 9. 1952

Sean O'Casey: Der Preispokal; BS: Hermann Wlach, Ricklef Müller, Ernst Stankovski, Gustav Knuth, Kurt Horwitz, Elisabeth Neumann, Walter Richter; BB: Teo Otto.
Zürich 8. 11. 1952

1953

William Shakespeare: Antonius und Kleopatra; BS: Ewald Balser, Albin Skoda, Herbert Herbe, Käthe Gold, Eva Zilcher, Maria Kramer, Erika Berghöfer, Stefan Skodler, Werner Krauß, Erich Auer, Helmuth Janatsch, Eduard Volters, Felix Steinböck, Paul Pranger, Fred Hennings, Michael Janisch, Otto Schmöle, Karl Friedl, Otto Kerry; BB: Teo Otto.
Burg 28. 2. 1953

533

Film-Inszenierungen und -Drehbücher

1922

Nora; nach H. Ibsen; BS: Olga Tschechowa, Fritz Kortner, Lucie Höflich, Anton Edthofer; (Stummfilm) Ufa Berlin

1924

Die Perücke; BS: Otto Gebühr; Kamera: Helmar Lerski; Berlin

1926

Das Abenteuer eines Zehnmarkscheins (Abenteuer einer Banknote); BS: Oscar Homolka, H. Fütterer, Wladimir Sokoloff; Idee: Béla Balacs; Berlin

1927

Die vier Teufel; Drehbuch (mit Karl Mayer) nach Hermann Bang; Fox, Hollywood; Urauff. 3. 10. 1928 (nach Huff) od. August 1929 (nach Kinematograph Weekly). Dtsch. Erstauff. 21. 11. 1929 Universum Berlin

Das tägliche Brot; Drehbuch; Regie: F. Murnau; Hollywood

1929

Seven Faces; BS: Paul Muni; Fox, Hollywood

The Spy; BS: Kay Johnson, Neil Hamilton, John Halliday, Freddi Frederick, Henry Kolker; Fox Hollywood

The magnificent Lie; BS: Ruth Chatterton, Claudette Colbert; Fox, Hollywood

1930

The Sacred Flame; nach S. Maugham; BS: Hans Heinrich von Twardowski, Wladimir Sokoloff, Dita Parto, Salka Viertel; Warner Brothers, Hollywood

1931/32

The wiser Sex; BS: Claudette Colbert, Melvyn Douglas, Charles Boyer, Frenchot Tone; Paramount, Hollywood

1932

The man from yesterday, BS: Clive Brook, Claudette Colbert, Charles Boyer; Paramount, Hollywood

The Cheat; BS: Tallulah Bankhead, Frenchot Tone, Melvyn Douglas; Paramount, Hollywood

1933

Little Friend; BS: Nova Pilbean; Gaumont british, London

1936

The Passing of the Third Floor back; BS: Conrad Veidt, Sara Allgood, Beatrix Lehmann; Gaumont british, London

Rhodes of Africa; BS: Walter Huston, Peggy Ashcroft, Oscar Homolka; Gaumont british, London

1950

Das gestohlene Jahr; Drehbuch zusammen mit Stefan Zweig; Wien

534

Bibliografie

Aufgrund des ersten Versuches, sämtliche Veröffentlichungen Berthold Viertels aufzuzeichnen, der von Barbara Lehmann in dem Flugblatt des Kösel-Verlages ›Berthold Viertel – Zur 80. Wiederkehr seines Geburtstages‹, München 1965 unternommen wurde, konnte die folgende Bibliografie zusammengestellt werden. Trotz vieler Ergänzungen und Berichtigungen, deren Auffindung ich vor allem Herrn Friedrich Pfäfflins tatkräftiger Mitarbeit verdanke, kann auch diese Aufstellung nicht den Anspruch auf letzte Vollständigkeit erheben. Vor allem aus der Zeit der Emigration Viertels lassen sich seine Veröffentlichungen in Zeitschriften oft nur bruchstückhaft oder undatiert nachweisen.

Buchveröffentlichungen

Die Spur (Gedichte); Leipzig: Kurt Wolff 1913. (Der jüngste Tag, Band 13) 2. Auflage: Kurt Wolff 1918

Karl Kraus. Ein Charakter und die Zeit; Dresden: Kaemmerer 1921

Die Bahn. Gedichte (1900–1920); Hellerau: Verlag von Jakob Hegner 1921

Karl Kraus zum fünfzigsten Geburtstag. Rede, gesprochen bei der Festaufführung von ›Traumtheater‹ und ›Traumstücke‹ am 29. April 1924 in der Neuen Wiener Bühne. Wien: Lanyi 1924

Die schöne Seele. Eine Komödie; Hellerau: Jakob Hegner 1925

Das Gnadenbrot; Hellerau: Jakob Hegner 1927

Fürchte dich nicht. Neue Gedichte; New York: Barthold Fles 1941

Der Lebenslauf. Gedichte; New York: Aurora-Verlag 1946

Der Lebenslauf. Gedichte; Berlin: Aufbau-Verlag 1947 (1.–10. Tausend)

Dichtungen und Dokumente. Gedichte, Prosa, Autobiographische Fragmente. Ausgewählt und herausgegeben von Ernst Ginsberg; München: Kösel-Verlag 1956

Übersetzungen

Die Bacchantinnen des Euripides. Übertragen von Berthold Viertel; Hellerau: Jakob Hegner 1925. – Frei übertragen von Berthold Viertel. (Bühnenmanuskript)

Tennessee Williams: Die Glasmenagerie. Ein Spiel der Erinnerung. Übersetzt von Berthold Viertel; Basel: Theaterverlag Reiss AG. (Bühnenmanuskript) 1947

Arthur Miller: Alle meine Söhne. All My Sons. Schauspiel in drei Akten. Deutsch von Berthold Viertel; Berlin: Gustav Kiepenheuer Bühnenvertriebs GmbH (Bühnenmanuskript)

Chang Heng · Knochen auf dem Wege; in: Sinn und Form II (1950) 2, S. 31 ff.

Tennessee Williams: Camino Real. Ein Stück in 16 Stationen; Frankfurt: S. Fischer 1954

Tennessee Williams: Endstation Sehnsucht – Die Glasmenagerie. Zwei Stücke; Frankfurt: S. Fischer 1954 (1965 – 200. Tausend)

Tennessee Williams: Die tätowierte Rose; Frankfurt: S. Fischer 1956

Tennessee Williams: Der steinerne Engel (Sommer und Rauch); Frankfurt: S. Fischer 1961

Beiträge in Zeitschriften, Almanachen, Anthologien

(Innerhalb der Jahrgänge kann die chronologische Folge der Beiträge nur in der jeweiligen Zeitschrift als gesichert betrachtet werden.)

Abkürzungen: (A) = *Aufsatz*; (G) = *Gedicht*; (GL) = *Glosse*; (P) = *Prosa*: Erzählungen, Betrachtungen, autobiographische Fragmente; (T) = *Theaterkritik*; (K) = *Kritik*; (F) = *Filmkritik*

1910

Den fünfzehnjährigen Selbstmördern (G); in: Die Fackel XI/298–99, S. 33
Vorfrühling (G); in: Die Fackel XII/301–02, S. 36
Pferderennen (G); in: Die Fackel XII/303–04, S. 35
Stunden: Es wird Nacht. Gebet. Es wird Tag (G); in: Die Fackel XII/305–06, S. 25
Sonntag Abend in der Großstadt (G); in: Die Fackel XII/307–08, S. 23.
Rilkes Buch (K zu: R. M. Rilke: Die Aufzeichnungen des Malte Laurids Brigge; Leipzig 1910); in: Die Fackel XII/309–10, S. 20 ff.
Neue Menschen (K zu: Otto Soyka: Herr im Spiel; München 1910); in: Die Fackel XII/311–12, S. 40 ff.
Schönherrs Drama (K); in: Die Fackel XII/313–14, S. 43 ff.
Wedekinds ›Liebestrank‹ (zur erfolgreichen Aufführung in der Wiener Residenzbühne) (T); in: Der Merker II/5, S. 219 f.
›*Ysbrand*‹ von Frederik van Eeden (T); in: Der Merker II/6, S. 275 f.
Die Tarnowska-Sensation (GL); in: März IV/2., S. 77 ff.
Karl May (A); in: März IV/2., S. 247 f.
Die öffentliche Justiz (GL); in: März IV/2., S. 399 ff.
Die Ehrung (GL über Multatuli); in: März IV/2., S. 509 f.
Roosevelts Heimkehr von der Europareise (A); in: März IV/3., S. 78
Die Partei Luegers (A); in: März IV/3., S. 156 f.
Ein Brief aus Amerika (GL); in: März IV/3., S. 253 f.
Eine Gewissensfrage (GL); in: März IV/3., S. 332 f.
Heinedenkmal (GL); in: März IV/3., S. 413
Ein Brief Liliencrons (GL); in: März IV/3., S. 413 f.

Im Kinematographentheater (GL); in: März IV/4., S. 173 f.

Arme Sünder (GL); in: März IV/4., S. 347 ff.

Zwei schlechte Schüler (A); in: März IV/4., S. 532 ff.

Brahms Ibsen (K zu: >A. Polgar: Brahms Ibsen<); in: Die Schaubühne VI/11, 17. 3. 1910, S. 282 ff.

Eine Begegnung (P); in: Der Sturm I (1910/11), S. 142 f.

Die Stadt (G); in: Simplicissimus XV (1910/11), S. 447

Ein Abenteuer (P); in: Simplicissimus XV (1910/11), S. 520

Vogelruf in der Frühe (G); in: Simplicissimus XV (1910/11), S. 575

Warnung (G); in: Simplicissimus XV (1910/11), S. 807

Perdita (P); in: Simplicissimus XV (1910/11), S. 880 f.

1911

Eine deutsche Ausgabe Péladans (K); in: Die Fackel XII/315–16, S. 37 ff.

Für Gerhart Hauptmann (A); in: Die Fackel XII/317–18, S. 51 ff.

Liliencron und seine Briefe (K zu: Detlev von Liliencron: Ausgewählte Briefe. Hrsg. von R. Dehmel; 2 Bde. Berlin 1910); in: Die Fackel XII/319–20, S. 39 ff.

Begegnung (G); in: Die Fackel XIII/321–22, S. 25

Qual des Lichts (G); in: Die Fackel XIII/324–25, S. 49

Einsam (G); in: Die Fackel XIII/334–35, S. 37

Karl Schönherr (A); in: Der Merker II/7, S. 295 ff.

>Der ledige Hof< von Anzengruber (T); in: Der Merker II/8, S. 361

Vorlesung Eduard Stucken (T); in: Der Merker II/8, S. 362

>Der Gardeoffizier< von Molnar (T); in: Der Merker II/10, S. 469 f.

>Der Herr Abgeordnete< angeblich ein Schwank. Von Jacoby und Lipschitz (T); in: Der Merker II/10, S. 471 f.

Vorlesung Jacob Wassermann; in: Der Merker II (1910/11), S. 478

Die prosaischen Schriften Hugo von Hofmannsthals; in: Der Merker II (1910/11), S. 524 ff.

>Marias Kind< von Schmidtbonn (T); in: Der Merker II/13, S. 570 f.

>Die Rampe< von Henri de Rothschild (T); in: Der Merker II/14, S. 608

>Elga< von Gerhart Hauptmann (T); in: Der Merker II/14, S. 609

Vortrag Gertrude Eysoldt (T); in: Der Merker II/14, S. 614

>Traum eines Frühlingsmorgens< von Gabriele d'Annunzio. >Der Kammersänger< von Frank Wedekind (T); in: Der Merker II/18, S. 771

>Der Erdgeist< von Frank Wedekind (T); in: Der Merker II/27, S. 1124 f.

Kleist der Überlebende. Ein Epilog (A); in: Der Merker II/28, S. 1151 ff.

Vortrag Otto Soyka (T); in: Der Merker II/29, S. 1201 f.

Eine Reise des Herrn Maximilian Harden oder Der nachträgliche Pharisäer (GL?); in: März V/1., S. 45 ff.

Ein Märtyrer (Über die Verurteilung des Adventisten Naumann) (A); in: März V/1., S. 185 f.

Der ruhige Rodin (GL); in: März V/1., S. 373 f.

Studentenunruhen (GL); in: März V/1., S. 427 f.

Frauen mit Hosen! (GL); in: März V/1., S. 551 f.

Der Kampf um >Glaube und Heimat< [Schönherr] (K); in: März V/2., S. 181 ff.

Die Lästerung Gottes (GL); in: März V/2., S. 257 f.

Harden contra Goethe oder Der nachgewiesene Dilettant (GL); in: März V/2., S. 268 ff.
Nochmals: Harden contra Goethe. Ein ausführlicher Nachtrag (GL); in: März V/2.,
S. 371 ff.
Das Mißverständnis von Drohobycz (GL); in: März V/3., S. 85 ff.
Der Lyriker (GL); in: März V/3., S. 389 ff.
Als die Mona Lisa [Über den Diebstahl des Bildes] (GL); in: März V/3., S. 406 f.
Staatsgewalttat (GL); in: März V/4., S. 75 ff.
Eine Christin (GL über einen Mordprozeß); in: März V/4., S. 156 f.
Der Pol-Cook (GL); in: März V/4., S. 239
Neue Kunst und die Kritik (A); in: Der Strom I/2, S. 37 ff.
Ein idealer Mensch (P); in: Jugend 16 (1911), S. 564 f.
Frühling (P); in: Simplicissimus XVI (1911/12), S. 91 ff.
Der Morgen (G); in: Simplicissimus XVI (1911/12), S. 252
Das gute Herz (P); in: Simplicissimus XVI (1911/12), S. 304 f.
Die zu wohl Geratenen. Eine Legende (P); in: Simplicissimus XVI (1911/12), S. 488 f.
In der Nacht (G); in: Simplicissimus XVI (1911/12), S. 837

1912

Novelli (A); in: Der Merker III/1, S. 22 ff.
Abend (G); in: Der Merker III/8, S. 307
Strindberg-Feier (GL); in: März VI/1., S. 239 f.
Eine Kulturprognose (K zu Auburtin: ›Die Kunst stirbt‹); in: März VI/2., S. 488 ff.
Gerhart Hauptmann in Lauchstädt (T); in: März VI/3., S. 154 ff.
Ein Gespräch (P); in: März VI/3., S. 217 ff.
Eine Anekdote (P); in: März VI/3., S. 234 f.
Der bedrohte Parsival (GL über Bayreuth); in: März VI/3., S. 438 f.
Ein Todesfall (P); in: Der Strom I/11, S. 339 ff.
Ein Aphoristiker (GL); in: Der Strom I/12, S. 383 f.
Philipp Langmann (GL); in: Der Strom II/1, S. 30 f.
Bauernpferde (G); in: Der Strom II/2, S. 53
Das Kino (GL); in: Der Strom II/2, S. 62 f.
Für Karl May (A); in: Der Strom II/3, S. 86 f.
Arthur Schnitzler (A zum 50. Geburtstag); in: Der Strom II/3, S. 95 f.
Gerhart Hauptmanns Premiere in Lauchstädt (T); in: Der Strom II/4, S. 120 ff.
Der produktive Haß (GL); in: Der Strom II/4, S. 127 f.
Franz Werfel: Der Weltfreund (K); in: Der Strom II/5, S. 158 f.
Ein Verbrecherroman (GL); in: Der Strom II/7, S. 222 f.
Sachverständige Zeitungskritik? (GL); in: Der Strom II/8, S. 254 f.
Bemerkungen zur Gerhart Hauptmann Feier (A); in: Der Strom II/9, S. 270 ff.
Die Dilettantin (P); in: Die Schaubühne VIII/50, 12. 12. 1912, S. 642 ff.
Gedichte. – Vor dem Einschlafen, Vanitas, Roter Mond (G); in: Herder-Blätter (1911/12)
H. 415, S. 20 f.
Tubutsch (Albert Ehrenstein) (K); in: Die neue Rundschau XXIII, S. 741 f.
Erfüllung (P); in: Der Ruf 1., S. 56 ff.
Die Insel (G); in: Der Ruf 5. (1912/13), S. 26 ff.
Der Selbstmord (G); in: Simplicissimus XVII (1912/13), S. 798
Das Siegesmahl (P); in: Simplicissimus XVII (1912/13), S. 848 f.; 852

Die Dilettantin (P); in: Theaterkalender auf das Jahr 1913, hrsg. von Hans Landsberg u. Arthur Rundt; Berlin: Oesterheld & Co 1912/13

1913

Pferderennen (G); in: Die Bücherei Maiandros, Buch 4/5, S. 62 f.
Ein Kuß (G); in: Simplicissimus XVIII, S. 148
Ein Brief (G); in: März VII/1., S. 399
Geschichten fürs Lesebuch; 1. Eine ledige Mutter (P); in: März VII/1., S. 442 ff.
Theaterwirkung (A); in: Der Strom II/10, S. 324 f.
Die Schlafende (G); in: Der Strom II/11, S. 358 f.
Neue Gedichte von Felix Braun (K); in: Der Strom II/12, S. 392

1914

Ein Kuß (G); in: Das bunte Buch; Leipzig: Kurt Wolff 1914, S. 119
100 000 (A zum 100 000. Exemplar von Nietzsches: Also sprach Zarathustra); in: März VIII/1., S. 393 f.
Androklus und der Löwe. Märchenspiel von Shaw (A); in: Der Strom III/11, S. 344 ff.
Probenarbeit (A); in: Der Strom III/12, S. 373 ff.
Zweierlei Grauen (GL); in: Der Strom IV/1, S. 30
Jules Verne auf den Index (GL); in: Der Strom IV/2, S. 60 f.
Hamsun (A); in: Die Schaubühne X/1, S. 323 ff.
Die Galeere (K des Romans von Ernst Weiß); in: Die neue Rundschau XXV, S. 302 f.
Ein Experiment (P); in: Die neue Rundschau XXV, S. 1094 ff.
Die Frau (Jeder an die Seine) (G); in: Simplicissimus XIX (1914/15), S. 521

1915

Morgen nach dem Marsch (G); in: März IX/2., S. 186
Nachtmarsch (G); in: März IX/3., S. 140
Kirchenglocken (G); in: Simplicissimus XX (1915/16), S. 224

1916

Kote 708 (G); in: Österreichischer Almanach auf das Jahr 1916. Hrsg. von Hugo von Hofmannsthal. Leipzig: Insel [1916] S. 182
Einsam (G); in: Vom jüngsten Tag; Leipzig: Kurt Wolff 1916, S. 51
Ostjuden (GL); in: Die Schaubühne XII/2., S. 553 ff.; 574 ff.; 598 ff. (in drei Folgen über die Auseinandersetzung Ostjuden–Westjuden; Martin Buber und die Zeitschrift Der Jude).
Die Frau und der Dichter (G); in: Die Schaubühne XII/12, 21. 3. 1916, S. 280
Kreuzabnahme (G); in: Die Schaubühne XII/15, 13. 4. 1916, S. 357
Eine Freundeskritik (K über die Gedichtbände ›Die weiße Zeit‹ u. ›Der Mensch schreit‹ v. Albert Ehrenstein); in: Die Schaubühne XII/23, 8. 6. 1916, S. 543 ff.
Georg Trakl (Nachruf); in: Die Schaubühne XII/29, 20. 7. 1916, S. 53 f.
Ein Land (G); in: Die Schaubühne XII/31, 3. 8. 1916, S. 117
Der Letzte. Variationen zu Rilkes ›Aufzeichnungen des Malte Laurids Brigge‹ (P); in: Die Schaubühne XII/45, 9. 11. 1916, S. 429 ff.
Sauer (A für ein Gedenkbuch zu Sauers 60. Geburtstag); in: Die Schaubühne XII/49, 7. 12. 1916, S. 529

Zwei Gedichte: Die Schlacht. Bauernstube. (G); in: Die weißen Blätter III/1., S. 164 f.
Feldfrühling 1916 (G); in: Simplicissimus XXI, S. 134

1917

Der Staffel (P); in: Das Flugblatt I, S. 8
Verfinsterung (GL?); in: Das Reich II (1917/18), S. 693
Karl Kraus (A, Vorwort); in: Die Schaubühne XIII/11, 15. 3. 1917, S. 246 ff.
Karl Kraus I (A); in: Die Schaubühne XIII/12, 22. 3. 1917, S. 268 ff.
Karl Kraus II (A); in: Die Schaubühne XIII/13, 29. 3. 1917, S. 291 ff.
Karl Kraus III (A); in: Die Schaubühne XIII/14, 5. 4. 1917, S. 317 ff.
Karl Kraus IV (A); in: Die Schaubühne XIII/15, 12. 4. 1917, S. 338 ff.
Karl Kraus V (A); in: Die Schaubühne XIII/16, 19. 4. 1917, S. 365 ff.
Karl Kraus VI (A); in: Die Schaubühne XIII/18, 3. 5. 1917, S. 408 ff.
Karl Kraus VII (A); in: Die Schaubühne XIII/19, 10. 5. 1917, S. 431 ff.
Karl Kraus VIII (A); in: Die Schaubühne XIII/22, 31. 5. 1917, S. 499 ff.
Karl Kraus IX (A); in: Die Schaubühne XIII/23, 7. 6. 1917, S. 520 ff.
Karl Kraus X (A); in: Die Schaubühne XIII/24, 14. 6. 1917, S. 546 ff.
Karl Kraus (A, Nachwort); in: Die Schaubühne XIII/26, 28. 6. 1917, S. 594 ff.

1918

Bancban (T); in: Prager Tagblatt XLIII/14, 16. 1.
Bilder vom Demonstrationstag (GL); in: Prager Tagblatt XLIII/20, 24. 1.
Die Schauspielerin (GL); in: Prager Tagblatt XLIII/23, 27. 1.
>*Die zärtlichen Verwandten*‹ *und* ›*Der Vetter*‹ *von Roderich Benedix* (T); in: Prager Tagblatt XLIII/24, 29. 1.
Das Glück, Theaterdirektor zu sein (GL); in: Prager Tagblatt XLIII/29, 5. 2.
Die Mutter (P); in: Prager Tagblatt XLIII/34, 10. 2.
Gyges und sein Ring (T); in: Prager Tagblatt XLIII/35, 12. 2.
Der Enthobene (GL); in: Prager Tagblatt XLIII/40, 17. 2.
Thaddäus Rittner (A); in: Prager Tagblatt XLIII/45, 23. 2.
Thaddäus Rittner: Der Garten der Jugend (T); in: Prager Tagblatt XLIII/46, 24. 2.
Erfüllung (P); in: Prager Tagblatt XLIII/55, 7. 3.
Frank Wedekind (A); in: Prager Tagblatt XLIII/58, 10. 3.
Jugendfreunde (T); in: Prager Tagblatt XLIII/65, 19. 3.
Graphologie (P); in: Prager Tagblatt XLIII/67, 21. 3.
Wallenstein (T); in: Prager Tagblatt XLIII/76, 3. 4.
Aktivismus (GL); in: Prager Tagblatt XLIII/80, 7. 4.
Der Redner Czernin (GL); in: Prager Tagblatt XLIII/87, 16. 4.
Der letzte Wiener (A, Nachruf auf A. Girardi); in: Prager Tagblatt XLIII/92, 21. 4.
Die Straße nach Steinaych (T); in: Prager Tagblatt XLIII/94, 24. 4.
Flüchtige Notizen bei einer Vorlesung (K zu Ernst Feigls ›Don Juan‹); in: Prager Tagblatt XLIII/107, 10. 5.
Anton Kuh, der Sprecher; in: Prager Tagblatt XVIII/108, 11. 5.
Reparatur (P); in: Prager Tagblatt XLIII/116, 22. 5.
Eifersucht (T); in: Prager Tagblatt XLIII/121, 28. 5.
Gastspiel Hans Lackner (T); in: Prager Tagblatt XLIII/128, 4. 6.
Peter Altenberg. Sein neues Buch ›*Vita ipsa*‹ (K); in: Prager Tagblatt XLIII/129, 6. 6.

›Die Höhe des Gefübles‹ von Max Brod (T); in: Prager Tagblatt XLIII/133, 11. 6.

Mister Billing (GL); in: Prager Tagblatt XLIII/137, 15. 6.

Gastspiel Ernst Deutsch (T); in: Prager Tagblatt XLIII/138, 16. 6.

Gastspiel Hans Lackner (T); in: Prager Tagblatt XLIII/149, 29. 6.

Millenkovich-Heine (GL); in: Prager Tagblatt XLIII/152, 4. 7.

Das Deutsche Theater (A); in: Prager Tagblatt XLIII/155, 7. 7.

Der Olymp und das Burgtheater (GL); in: Prager Tagblatt XLIII/198, 27. 8.

Tolstois Tagebuch (K); in: Prager Tagblatt XLIII/212, 12. 12.

Die Mutter (P); in: Der Friede I, S. 43

Galizien (A); in: Der Friede I, S. 103 ff.; 157 ff.; 182 f.; 201 f.

Zerstörte Galizische Stadt (G); in: Der Friede I, S. 286

Die fixe Idee (P); in: Der Friede I, S. 290

Seele wendet sich; in: Der Friede I, S. 405

Pogrom. Zu Anton Kuh: ›Pogrom‹ (A); in: Der Friede I, S. 471 ff.

Die hohe Kritik (GL); in: Der Friede I, S. 603

Ein Theaterkritiker (A üb. S. Jacobsohn); in: Der Friede II, S. 116 f.

Zwei Satiriker (A üb. Sokrates' ›Thersites‹); in: Der Friede II, S. 164 f.

Der Schauspieler Karl Etlinger und sein ›Perikles‹. Zu: Shakespeare, Perikles von Tyrus; bearb. v. Etlinger (K); in: Der Friede II, S. 358 f.

Tätiger Geist (A zu ›Tätiger Geist‹, hrsg. v. Kurt Hiller); in: Der Friede II, S. 395 ff.; 425 ff.; 447 f.

Millenkovich-Heine (GL zum Wechsel der Burgtheaterdirektion); in: Die Schaubühne XIV/30, 25. 7. 1918, S. 82 ff.

Der Tod Victor Adlers (A); in: Die Weltbühne XIV/49, 5. 12. 1918, S. 529 f.

S. J. Agnon: Und das Krumme wird gerade (K); in: Der Jude III (1918/19), S. 294 ff.

Schneelied; in: Wieland 4 (1918/19) H. 9, S. 18

1919

Menschenliebe (GL); in: Der Zwinger III/1, S. 22 ff.

Die Komödie Sternheims (K); in: Der Zwinger III/2, S. 43 ff.

Erinnerung an Peter Altenberg (A); in: Der Zwinger III/3, S. 68 ff.

Der Valentin (G); in: Der Zwinger III/4, S. 89

Dramen von Hamsun (K); in: Der Zwinger III/6, S. 139 ff.

Kindheit (G); in: Der Zwinger III/7, S. 164 ff.

Christian Wach (K über R. Dehmel: ›Menschenfreunde‹); in: Der Zwinger III/9, S. 231 ff.

Der neue Raum (A zu Friedrich Wolfs expressionistischer ›Forderung‹); in: Der Zwinger III/10, S. 269 ff. [›Forderung‹ in Zwinger III/9]

Theater-Zukunft (A); in: Der Zwinger III/12, S. 312 ff.

Kino (GL); in: Der Zwinger III/13–14, S. 349 ff.

Drei Fassungen Hölderlins (A); in: Der Zwinger III/17, S. 429 ff. [›Dichtermut‹]

Deutsches Zukunfts-Theater (K); in: Der Zwinger III/18, S. 478 ff.

Das bist du (T zur Uraufführung, Friedrich Wolf, im Dresdner Schauspielhaus 9. 10. 1919); in: Der Zwinger III/20, S. 534 ff.

Hamsun (A); in: Der Zwinger III/22, S. 581 ff.

Peter Altenberg. Zu seinem Tode (A); in: Die Weltbühne XV/1., S. 64 ff.

Schauspieler-Sozialismus [Offener Brief an Jacobsohn] (A); in: Die Weltbühne XV/1., S. 539 ff.

1920

Zwei Sonette: Anrufung. Aus einem Briefe (G); in: Der Zwinger IV/1
Gedichte (9); in: Neue Blätter für Kunst und Dichtung III (1920/21), S. 18 f. (erschien als Sammelband)

1921

Gedichte: Verspätetes Kind. Die Seele. Der Gast. Der Brief. Dein Wort. Die Schlacht. Mythischer Abend. Wüste. Der Flur. Die Bahn; in: Der Zwinger V/4, S. 123 ff.
Der Schauspieler (P); in: Die neue Schaubühne III, S. 125
Die letzten Tage der Menschheit (A); in: Die Weltbühne XVII/41, S. 377

1922

Gedichte (4); in: E. Singer (Hrsg.), Bänkelbuch; Leipzig, Wien, Zürich: Tal, 1922, S. 137 ff.
Der Frieden (GL); in: Die Weltbühne XVIII/16, S. 406 f.
Knaben und Mörder (K über Hermann Ungars Buch); in: Die Weltbühne XVIII/31, S. 114 f.
Jüdisches Theater (A); in: Die Weltbühne XVIII/37, S. 284 ff.
Theater-Not (A); in: Die Weltbühne XVIII/52, S. 673 ff.

1923

Die Bahnhofshalle (GL); in: Die Weltbühne XIX/3, S. 87
Der Tod (GL); in: Die Weltbühne XIX/7, S. 227
Villa Carlotta (GL); in: Die Weltbühne XIX/9, S. 240
Der Wunschtraum (GL); in: Die Weltbühne XIX/14, S. 406
Die Verstümmelten (K über Hermann Ungars zweites Buch); in: Die Weltbühne XIX/23, S. 661 ff.

1924

Die 25 Jahre der ›Fackel‹. Rede, gehalten am Abend der Uraufführung von ›Traum-theater‹ und ›Traumstücke‹; in: Die Komödie. Blätter des Lustspielhauses Berlin (1924) 25. 3., S. 1 ff.
Karl Kraus. Zum 50. Geburtstag. (A); in: Künstlerhilfe-Almanach; Wien/Leipzig: Lite-raria-Verlag 1924, S. 31 ff.

1925

Regie – Interpretation (A); in: Premiere I, S. 9 f.
Bemerkungen zum Thema »Amerikanische und europäische Filmkunst« (A) (1. Teil; Fort-setzung unterblieb); in: Die literarische Welt I/3, S. 2 f.

1926

Über Alfred Polgar (A); in: Die literarische Welt II/30, S. 5
Theater und Film (Vortrag auf der Internationalen Schauspieler-Konferenz Berlin) (A); in: Vossische Zeitung 149, 29. 6.
Das Theater der Zeit (A); in: Masken (d. i. ständige Ztschr. d. Düsseldorfer Schauspiel-hauses) XX/1 (1926/27)
Das Grabmahl des unbekannten Soldaten (K); in: Masken XX/2 (1926/27)

Georg Trakl (A); in: Masken XX/3 (1926/27)
Die Hauptprobe (P); in: Masken XX/3 (1926/27) (Auszug. Vollst. in: Dichtung und Dokumente; München: Kösel 1956)
Der Sohn (A); in: Masken XX/4 (1926/27)
Gespenster (A); in: Masken XX/4 (1926/27)
Der falsche Frieden (GL); in: Masken XX/6 (1926/27)
Die ultrabürgerliche Komödie (A üb. Sternheim); in: Masken XX/6 (1926/27)
Maria Stuart (A); in: Masken XX/8 (1926/27)
Wollen Sie spielen mit mir? (K üb. die Zirkuskomödie von Marcel Achard); in: Masken XX/9 (1926/27)
Knut Hamsuns gesammelte Werke (A); in: Masken XX/11 (1926/27)
Theater und Film (A); in: Masken XX/11 (1926/27)
Arno Holz und sein Drama ›Ignorabimus‹ (A); in: Masken XX/14 (1926/27)
Der Knabe. Knaben. Der Vater. Wiedergeburt. Die kleine Frau. Begegnung. Einsam. Der Bettler. Geburt eines Hengstes. Wüste. (G); in: Masken XX/15 (1926/27) (Abdruck aus: Die Bahn. Gedichte; Hellerau: J. Hegner 1921)

1927

›Die schöne Schlafende‹ von Rosso di San Secondo (K); in: Masken XXI/10 (1927/28)
Rainer Maria Rilke (A); in: Masken XXI/1 (1927/28) S. 11 f.
Umgang mit Dramen (A); in: Die Vierte Wand, Organ der deutschen Theaterausstellung Magdeburg, Dopp. Heft 14/15, 14. 5. 1927, S. 71

1928

Über Fritz Kortner (A); in: Die Kunst der Bühne Bd 3: Fritz Kortner, hrsg v. H. Ludwigg u. A. Kerr; Berlin 1928, S. 37 ff.

1929

6 Gedichte; in: M. Roseno (Hrsg.): Gedichte unserer Zeit; Berlin: Weidmann 1929, S. 132 ff.
Einsam (G); in: Der Freihafen 12 (1929) 14, S. 109

1931

Murnau (A zum Tod des Filmregisseurs); in: Das Tagebuch 12, S. 661 ff.

1932

Straßenballade (GL); in: Das Tagebuch 13, S. 2073
Jagd auf Greta Garbo (GL); in: Die Weltbühne XXVIII/52, S. 943 ff.

1934

Zu Karl Kraus' sechzigstem Geburtstag; in: Stimmen über Karl Kraus zum 60. Geburtstag (Wien: Lanyi 1934), S. 40 ff.

1937

Auswanderer (G); in: Das Neue Tagebuch 5 (1937) 23, S. 551
Zwei Gedichte: Der Tod. Zeitgenosse (G); in: Das Neue Tagebuch 5 (1937) 30, S. 719
Wiedersehen mit Emil [Der Schauspieler Jannings gleichgeschaltet]; in: Das Neue Tagebuch 5 (1937) 33

543

Eine Generation (G); in: Das Neue Tagebuch 5 (1937) 34, S. 815
Der deutsche Schauspieler Werner Kraus[s]; in: Das Neue Tagebuch 5 (1937) 36
Die Nürnberger Konfession (GL); in: Das Neue Tagebuch 5 (1937) 38, S. 905 f.

1938

Für Gerhart Hauptmann (A); in: Die neue Weltbühne XXXIV/2, S. 48 ff.
Alfred Polgar-Essenz (A); in: Die neue Weltbühne XXXIV/3, S. 88 ff.
Bert Brecht (A); in: Die neue Weltbühne XXXIV/5, S. 147 ff.
Tschechow in England (T); in: Die neue Weltbühne XXXIV/8, S. 248 f.
Zwei Dichter. Frank Wedekind. D'Annunzio (A); in: Die neue Weltbühne XXXIV/10, S. 306 ff.
Närrische Komödien (GL); in: Die neue Weltbühne XXXIV/11, S. 343 ff.
Legende (G); in: Die neue Weltbühne XXXIV/14, S. 440 f.
Selbstmörder (A); in: Die neue Weltbühne XXXIV/17, S. 525 ff.
Nachruf [Für Ossietzky]; in: Die neue Weltbühne XXXIV/19, S. 579
Der alte Jude (P); in: Die neue Weltbühne XXXIV/20, S. 632 f.
Ein Kollektiv von Gedichten (A); in: Die neue Weltbühne XXXIV/22, S. 684 ff.
Antifascismus in London (GL); in: Die neue Weltbühne XXXIV/26, S. 810 ff.
Johannes R. Becher (K); in: Die neue Weltbühne XXXIV/28, S. 872 ff.
Jüdische Köpfe (K); in: Die neue Weltbühne XXXIV/30, S. 949 ff.
Im Zaubersumpf (K); in: Die neue Weltbühne XXXIV/31, S. 972 ff.
Stanislawski (A); in: Die neue Weltbühne XXXIV/33, S. 1028 ff.
Upton (G zu U. Sinclairs 60. Geburtstag); in: Die neue Weltbühne XXXIV/40, S. 1261
Der englische Friede (A); in: Die neue Weltbühne XXXIV/41, S. 1285 ff.
Ein Roman um fünf Kinder (K); in: Die neue Weltbühne XXXIV/43, S. 1354 ff.
Mars im Radio (K); in: Die neue Weltbühne XXXIV/45, S. 1418 ff.
Die Gräber (G); in: Die neue Weltbühne XXXIV/46, S. 1452
Schutz öffentlicher Werte (K); in: Die neue Weltbühne XXXIV/47, S. 1492 f.
Ein Wiener (GL); in: Die neue Weltbühne XXXIV/49, S. 1557 f.
Das Menü (A); in: Die neue Weltbühne XXXIV/51, S. 1619 ff.

1939

Die neuen Pharaonen (G); in: Die neue Weltbühne XXXV/1, S. 22
Heil dem Sieger (GL); in: Die neue Weltbühne XXXV/2, S. 54 f.
Ein englischer Zauberer (GL); in: Die neue Weltbühne XXXV/5, S. 138 ff.
Versprechen und sich versprechen (GL); in: Die neue Weltbühne XXXV/6, S. 183 f.
Georg Kaiser (A); in: Die neue Weltbühne XXXV/10, S. 300 ff.
Die Mutter (T); in: Die neue Weltbühne XXXV/11, S. 346 ff.
Doktor Artur Rundt (A); in: Die neue Weltbühne XXXV/16, S. 503 ff.
Nach einem Geburtstag (GL); in: Die neue Weltbühne XXXV/24, S. 537 f.
Karl Kraus. Zu seinem Todestag; in: Die neue Weltbühne XXXV/29, 20. 7., S. 902
Am Grabe eines Emigranten (A über E. Toller); in: Die neue Weltbühne XXXV/34, S. 747 ff.
In diesem Augenblick (G); in: Das Wort IV/1, S. 3 ff.
Auden, Wystan Hugh: Die Ballade von James Honeyman. Übertragen von B. Viertel (G); in: Maß und Wert III (1939/40), S. 521 ff.

1942

Über Stefan Zweig; in: Aufbau, 27. 2. 1942

1943

Ohne Decken, ohne Kohlen (G) ; in: Austro American Tribune I/12 (Juni)
Ansprache an Alfred Döblin. Zum 65. Geburtstag des Dichters. (A) ; in: Die Westküste.
A fortnightly section of >Aufbau< for California, Oregon and Washington IX/34
(20. August)

1944

Heinrich Mann (G) ; in: Austro American Tribune II/8 (März)
Offener Brief an die Austro American Tribune; in: Austro American Tribune o. J.
(1944 ?)
Die letzten Tage der Menschheit (A) ; in: Austro American Tribune II/10 (Mai)
Zu Lion Feuchtwangers sechzigstem Geburtstag (A) ; in: Austro American Tribune II/12
(Juli)
>The Seventh Cross< als Film. Der Regisseur Fred Zinnemann (F) ; in: Austro American
Tribune III/3 (Oktober)
Geburtstage. Skizze einer Epoche (A) ; in: Austro American Tribune III/2 (Oktober)

1945

Austria Rediviva (A) ; in: Austro American Tribune III/6 (Januar)
Der Dramatiker Bertolt Brecht (A) ; in: Austro American Tribune III/12 (Juli)
Rückkehr nach Europa? (A) ; in: Austro American Tribune IV/4 (November)

1946

Gerhart Hauptmann. Ein kritischer Nachruf. (A) ; in: Austro American Tribune V/1
(August)
Der Angeklagte Knut Hamsun (A) ; in: Austro American Tribune IV/6 (Januar)
Heinrich Mann 75 Jahre (A) ; in: Austro American Tribune IV/9 (April) u. i. Freies
Deutschland [Mexico], März/April 1946
Hermann Broch (A zum sechzigsten Geburtstag) ; in: Austro American Tribune V/4
(November)
The Group Theatre (Text i. engl. Sprache) ; in: The Kenyon Review VIII/2, S. 302 ff.
Die Tote (G) ; in: Das Silberboot 2 (1946) 1, S. 28
Die Steineiche (G) ; in: Das Silberboot 2 (1946) 4, S. 146
Die Steineiche (G) ; in: Die Fähre 1 (1946) S. 312

1947

Jean Paul Sartres Höllenfahrt (T) ; in: Austro American Tribune V/6 (Januar)
Der Novellist Bruno Frank (K zu: Bruno Frank, The Magician; New York: Viking
Press 1946) ; in: Austro American Tribune V/7 (Februar)
Heimkehrer-Drama (A) ; in: Austro American Tribune V/8 (März)
*Erinnerung an Karl Kraus [Rede anläßlich der Veranstaltung des Austro American Coun-
cil];* in: Austro American Tribune V/9 (April)
Kramers Zeitgedichte (K) ; in: Austro American Tribune V/10 (Mai)

Chaplin und sein Monsieur Verdoux (F); in: Austro American Tribune V/11 (Juni)
Die Karawane (G); in: Austro American Tribune V/11 (Juni)
An ihren Träumen sollt ihr sie erkennen! (Zu Siegfried Kracauers neuem Buch From Caligari to Hitler) (K); in: Austro American Tribune VI/1 (August)
Filmkarriere eines Ferkels. Ludwig Bemelmans Hollywood-Roman ›Dirty Eddie‹ (K); in: Austro American Tribune VI/3 (Oktober)
Der Wandsbecker Bote. In der Höhe. Sprache der Zukunft. (G); in: Morgenröte. Ein Lesebuch; hrsg. von den Gründern des Aurora-Verlages; Einführung von Heinrich Mann; New York: Aurora 1947

1948

Auf Urlaub (P); in: Die Weltwoche XVI/788, 17. 12., (ident. mit: Der Matrose auf Urlaub)
Gedichte; in: Ost und West, H. 1, S. 47 ff.

1949

Die Vergangenheit (GL); in: Weltpresse 53, 4. 3. 49
Der Rock des Toten (P); in: Weltpresse 300, 23. 12. 49
Karl Kraus, der Warner; in: Der Abend, Wien (1949) 98, 26. 6. 1949, S. 3

1950

Tragödie aus dem Geist des Jazz. Bemerkungen zu Tennessee Williams' ›Endstation Sehnsucht‹ (A); in: Die Neue Zeitung 108, 10. 5. 1950
Heinrich Mann (A); in: Die Wiener Bühne XXVI/5

1951

Tennessee Williams: Der steinerne Engel. Eine Szene. Übersetzung von Berthold Viertel; in: Almanach ›Das fünfundsechzigste Jahr‹, Frankfurt/M: S. Fischer 1951, S. 147 ff.
Endstation Sehnsucht (A); in: Neues Österreich, 18. 4. 51
[4 Gedichte]; in: Heute und Morgen (1951) 1, S. 29 f.
Erinnerungsblatt aus der Zeit der Verbannung; in: Dem Dichter des Friedens J. R. Becher. Berlin 1951, S. 158 ff.

1952

Ein unbedeutender Vorfall (P); in: Das jüdische Echo I/5–6 (Dezember 52/Januar 53)
Die Werbung (P); in: Story 7 (1952) 10, S. 48 ff.
Brief an Jakob Hegner; in: Briefe zu seinem siebzigsten Geburtstag. Hrsg. von J. Rast und H. Wild. Olten/München 1952, S. 118 ff.

Postume Veröffentlichungen

1953

Der Blick nach innen (GL); in: Neues Österreich, 4. Oktober
Die Werbung (P); in: Neues Österreich, 15. November
Kindheitssaga (P). *Der Judenknabe* (G); in: Das jüdische Echo II/1 (Juli/August)
Aus dem Nachlaß: Vorspruch (P). *Geist und Magen* (G). *Dichtung und Wahrheit* (P mit einem Gedicht: *Kampf aus tapferer Seele). Schild Davids* (G). *Selbstgespräch* (P). *Der*

Dornbusch (G); in: Das jüdische Echo II/4–5 (November/Dezember)
Realität-Illusion (P); in: Wiener Zeitung 242 (18. Oktober)
Autobiographische Fragmente und Gedichte; in: Die Schau, Heft 12
In memoriam Max Reinhardt (A); in: Die Schau, Heft 19/20

1954

Hartes Holz (P); in: Neues Österreich, 20. Juni
Der Rock des Toten (P); in: Neues Österreich, 25. Juli
Onkel Max und der Quartaner (P); in: Neues Österreich, 31. Oktober
Die Werbung (P); in: Welt der Arbeit, 2. April
Du kommst heim (G); in: Aufbau, 26. November
Die Werbung (P); in: Die Frau in Leben und Arbeit XXVI/11, S. 13
Abraham (P); in: Das jüdische Echo III/1
Kindergebet (G); in: Das jüdische Echo III/8
Karl Kraus, der Warner (GL); in: Neue Wege X/99, S. 4
Erinnerungen an Karl Kraus (A); in: Neue Wege X/99, S. 12 f.
Krise des Theaterstils (A); in: Theater und Zeit II/4, S. 61

1955

Disput mit Aro (P); in: Neues Österreich, 24. April
Das tabula rasa der Tragödie (GL); in: Theater und Zeit 6/1955, S. 101
Dramatische Praxis (A); in: Theater und Zeit III/4 (Dezember)

1956

Abschied von Stefan Zweig (A); in: Weltpresse 277, 28. November (Abdruck aus: Der große Europäer Stefan Zweig. Hrsg. u. eingeleitet von Hanns Arens. Mit Beiträgen von Thomas Mann, Romain Rolland, Rainer Maria Rilke, Hans Carossa, Oskar Maurus Fontana, Hermann Kesten, Carl Zuckmayer, Berthold Viertel, Franz Werfel, Jules Romain u. a.; München: Kindler Verlag 1956)
Der Weg zur Volksdichtung (A); in: Theater und Zeit III/8

1958

Isten. (Übersetzt von György Sebestyên); in: Magyar Híradó II/51, 22. Dezember

1959

Weltgeschichte (P); in: Neues Österreich, 8. März
Gedichte. – Kalifornischer Mittag. Nachgefühl. Lerchentod. Der Werdende; in: Das Silberboot 5 (1959), S. 85 f.

1960

Die Fabel vom Glück (GL); in: Neues Österreich, 26. Juni
Der Matrose auf Urlaub (P); in: Neues Österreich, 4. Dezember
Wintersonne (G); in: Neues Österreich, 8. Dezember
Franzi, der Spielzeug-Krösus (P); in: Neues Österreich, 25. Dezember
Baucis in der Eisenbahn (P); in: Die Presse, 3. Juli
Das gestohlene Jahr (Erinnerungen an Stefan Zweig) (A); in: Blätter der Stefan-Zweig-Gesellschaft VIII/10, S. 14 ff.

1961

Vision im Winter (G); in: Neues Österreich, 6. Januar
Das Ende einer Party (P); in: Neues Österreich, 29. Januar
Schnee (G); in: Neues Österreich, 5. Februar
Solidarität (GL); in: Neues Österreich, 5. März
Legende vom barmherzigen Tod (G); in: Neues Österreich, 2. April
Die Tonsillen des Herrn Jaromir (P); in: Neues Österreich, 20. August
Der Besuch der jungen Dame (P); in: Neues Österreich, 18. Juni
Spinat (GL); in: Neues Österreich, 26. November
Erste Begegnung mit dem Theater (P); in: Die Volksbühne XI/3, September 1961

1962

Klein Ottos häßliche Nase (P); in: Neues Österreich, 28. Januar
Schaufensterpuppen (G); in: Neues Österreich, 6. Oktober
[Brief an Erhard Buschbeck] 30.6.1950; in: E. Buschbeck, Mimus Austriacus. Salzburg/Stuttgart: Das Berglandbuch 1962, S. 287

1965

Ode an Deutschland (G); in: Deutsches Friedensbuch; Berlin/Weimar: Aufbau-Verlag 1965, S. 677 f.
Zwei Texte zum Theater. Bemerkungen zu >Wassa Schelesnowa<. Beschreibung einer Rolle (A); in: Theater heute VI/7, Juli 1965; S. 21

1967

Die Ritze (P); in: Literatur und Kritik (1967), S. 542 f.
Die Kindheit; in: Literatur und Kritik (1967), S. 541 f.

o. J.:

[Druckfragmente aus dem Nachlaß]
Erinnerungen an Peter Altenberg (P, geschrieben 1923 in Berlin); in: Österreichisches Tagebuch (Jetzt in: Dichtungen und Dokumente; München: Kösel-Verlag 1956)
Noah in der Wüste. Ein Dialog (Frgm. dramat. Versuch);
Christopher Isherwood and Dr. Friedrich Bergmann (A in engl. Sprache); in: Theatre Arts
Das Theater ist tot – Es lebe das Theater! (A);

Beiträge in Programmheften

1912

Nestroys >Kampl<; Programmheft der Volksbühne Wien, 20. 12.

1913

Bemerkungen zu Gerhart Hauptmanns >Gabriel Schillings Flucht<; Programmheft der Volksbühne Wien, 23. 1.
>Die lange Jule< von Carl Hauptmann; Programmheft der Volksbühne Wien, 16. 12.
Hermann Bahrs >Prinzip<; Programmheft der Volksbühne Wien, 8. 2.
Ludwig Thoma und seine >Magdalena<; Programmheft der Volksbühne Wien, 8. 3.

548

Herbert Eulenbergs Dichtung >*Alles um Geld*<; Programmheft der Volksbühne Wien, 9. 5.

Justiz. Drama in vier Akten (fünf Bildern) von John Galsworthy; Programmheft der Volksbühne Wien, 8. 10.

1914

Androklus und der Löwe. Märchenspiel von Bernard Shaw; Programmheft der Volksbühne Wien, 7. 2.

Die Sippe. Schauspiel von Ludwig Thoma; Programmheft der Volksbühne Wien, 7. 3.

1948

Eine Komödie von Bernard Shaw. Zur Uraufführung von >*Zu viel Geld*<*. Chor aus dem* >*Herakles*< *des Euripides; Übertragung von Berthold Viertel;* Programmheft des Schauspielhauses Zürich, 21. 10.

General Gabler; Programmheft des Schauspielhauses Zürich, 1. 12.

1949

Endstation Sehnsucht (A Streetcar Named Desire). Schauspiel von Tennessee Williams; Programmheft des Schauspielhauses Zürich, 10. 11.

>*Die Kronbraut*< *(Strindberg, Ein Traumspiel);* Programmheft des Akademietheaters Wien 29. 10.

Bernard Shaws >*Major Barbara*<; Programmheft des Burgtheaters Wien, 22. 6.

1950

Frankie und die Hochzeit (The member of the Wedding). Von Carson McCullers; Programmheft des Akademietheaters Wien, 25. 11.

Über das neuere amerikanische Drama. Zur bevorstehenden Aufführung von The member of the Wedding; Programmheft des Akademietheaters Wien, 25. 11.

Endstation Sehnsucht. Drama von Tennessee Williams; Programmheft des Schloßparktheaters Berlin, 10. 5.

Shakespeares >*Richard II.*<; Programmheft des Burgtheaters Wien, 17. 3. 1950

1951

>*Die Cocktailparty*< *von T. S. Eliot;* Programmheft des Akademietheaters Wien, 24. 2.

Othello. Bemerkungen anläßlich der Neuinszenierung im Burgtheater; Programmheft des Burgtheaters Wien, Dezember

Vorbemerkungen zu Kleists Lustspiel >*Der zerbrochne Krug*<; *in deutscher, englischer und französischer Sprache;* Blätter der Salzburger Festspiele. Offizielles Programm, hrsg. v. der Direktion der Salzburger Festspiele; o. J. [1951], Nr. 1, S. 28 f.

1952

Anton Tschechow: >*Die Möwe*<; Programmheft des Akademietheaters Wien, 14. 5.

Die Ratten; Programmheft des Burgtheaters Wien, 27. 9.

Der Preispokal; Programmheft des Schauspielhauses Zürich, 8. 11.

1953

>*Antonius und Kleopatra*<; Programmheft des Burgtheaters Wien, 28. 2.

Postume Veröffentlichungen

1962

Bemerkungen zu Tennessee Williams' ›*Endstation Sehnsucht*‹; Programmheft der Schaubühne Berlin, Spielzeit 1962/63

1967

Shylock [Auszug aus: ›*Über Fritz Kortner*‹, *s. 1928]*; Programmheft der Kammerspiele München zur Geburtstagsfeier für Fritz Kortner 11./12. Mai

Sprechplatten

Für die Wiener Stadtbibliothek spricht Berthold Viertel: ›*Das graue Tuch*‹ – *Aus den Gedichten der Emigration:* ›*Den Kopf gesenkt*‹, ›*Die deutsche Sprache*‹, ›*Wenn der Tag zuende gebrannt ist*‹ *(Einsam),* ›*Späte Wissenschaft*‹, ›*Der Fliederstrauß*‹ (Aufnahme 1949).

›*Im oberen Stock*‹ – ›*Das graue Tuch*‹ – ›*Christkindlmarkt*‹ – ›*Die Heimkehr*‹ (Aufnahme 1949?).

Interview mit Berthold Viertel und Werner Hinz vor der Aufführung des ›*Zerbrochnen Kruges*‹ *von Heinrich von Kleist bei den Salzburger Festspielen. Werner Hinz spricht während und nach dem Interview die Gedichte:* ›*Einsam*‹, ›*Die deutsche Sprache*‹ (Aufnahme 1951).

Nachtrag

Nach Redaktionsschluß wurden uns noch folgende Veröffentlichungen Berthold Viertels bekannt, die zum Teil unter dem Pseudonym *Parolles* erschienen:

1911

Worte (P); in: Ton und Wort I/10, 15. 10. 1911, S. 21 f
Die Verrohung des Lobes (P); in: Ton und Wort I/11, 15. 11. 1911, S. 12 f

1912

Der Heller (G); in: Ton und Wort II/2, 30. 1. 1912, S. 12
Neue Kunst und die Kritik (P); in: Der Strom I/2, S. 37

1932

Jagd auf Greta Garbo (GL); in Die neue Weltbühne I/14, S. 430 ff

1933

Jagd auf Greta Garbo (GL); in: Die neue Weltbühne II/1, S. 11 ff
Ludwig Ullmann antwortet (A); in: Die neue Weltbühne II/1, S. 24 ff

Der Valentin (G); in: Die neue Weltbühne II/2, S. 46 ff
Der tote Kaiser; in: Die neue Weltbühne II/4, S. 123

1937

Imaginäre Porträts (P); in: Die neue Weltbühne XXXIII/36, S. 1134
Denn Spanien (G); in: Die neue Weltbühne XXXIII/37, S. 1163
Ein Hitlerfilm (K); in: Die neue Weltbühne XXXIII/42, S. 1331 ff
Der gefesselte Prometheus (Scene); in: Die neue Weltbühne XXXIII/43, S. 1353 ff
Ein englischer Künstler (A); in: Die neue Weltbühne XXXIII/47, S. 1494 f
In Rom (G); in: Die neue Weltbühne XXXIII/48, S. 1507
Ein deutscher Dramaturg (A); in: Die neue Weltbühne XXXIII/50, S. 1588 f
Spanische Erde (G); in: Die neue Weltbühne XXXIII/52, S. 1651
Heinrich Mann (G); in: Die neue Weltbühne XXXIII/52, S. 1627
Die Fabel vom Glück (P); in: Die neue Weltbühne XXXIII/53, S. 1684 f
Brief aus London (P/*Parolles*); in: Die neue Weltbühne XXXIII/52, S. 1640 ff

1938

Im Londoner Nebel (Parolles); in: Die neue Weltbühne XXXIV/2, S. 57 f
Der Zeichner Low (A/*Parolles*); in: Die neue Weltbühne XXXIV/39, S. 1236 f
Chefredakteur Rudolf Thomas (A/*Parolles*); in: Die neue Weltbühne XXXIV/43,
S. 1365 ff
Der Friede von München (G/Parolles); in: Die neue Weltbühne XXXIV/45, S. 1431
Drei Gedichte; in: Internationale Literatur VIII/7, S. 40 f
Denn Spanien (G); in: Internationale Literatur VIII/7, S. 40
Heinrich Mann (G); in: Internationale Literatur VIII/7, S. 40
Vaterunser (G); in: Internationale Literatur VIII/7, S. 41

1939

Wiener Elegie (G); in: Internationale Literatur IX/1, S. 106
Der Valentin (G); in: Internationale Literatur IX/1, S. 107

1940

Einem Emigranten (G); in: Der Aufbau 1940/3.

1941

Grüße an F(reies) D(eutschland); in: Freies Deutschland 1941/1.
Die deutsche Sprache (G); in: Freies Deutschland 1941/2.
52. Geburtstag des Tyrannen (A); in: Der Aufbau 1941/17.
Die Fremde wächst (G); in: Der Aufbau 1941/22.
Kutusow's Schatten (G); in: Der Aufbau 1941/47.

1942

Der Berg (G); in: Der Aufbau 1942/16.
Dem ‹Führer› zu Ehren (G); in: Der Aufbau 1942/17.
Zur Debatte über den deutschen Volkscharakter – Befreiung oder Bestrafung der Völker?
(A); in: Der Aufbau 1942/36.

1943

Nazi-Buren 1943 (G); in: Der Aufbau 1943/7.
Alexander Granach: ›Der Weg‹ (K); in: Der Aufbau 1943/18.
Ansprache an Alfred Doeblin; in: Der Aufbau 1943/34.

1944

Gedenkstein (G); in: Freies Deutschland 1944/7.

1945

Ode an Deutschland (G); in: Freies Deutschland 1945/12.

Register

Die folgenden Register beziehen sich auf die Texte Berthold Viertels. – Namen, Titel und Rollen, die im Geleitwort oder in einer der Abteilungen des Anhangs auftauchen, werden hier nicht nachgewiesen.

I. Namen-Register

II. Titel-Register

III. Rollen-Register